Supply Chain Management

Lizenz zum Wissen.

Sichern Sie sich umfassendes Wirtschaftswissen mit Sofortzugriff auf tausende Fachbücher und Fachzeitschriften aus den Bereichen: Management, Finance & Controlling, Business IT, Marketing, Public Relations, Vertrieb und Banking.

Exklusiv für Leser von Springer-Fachbüchern: Testen Sie Springer für Professionals 30 Tage unverbindlich. Nutzen Sie dazu im Bestellverlauf Ihren persönlichen Aktionscode C0005407 auf *www.springerprofessional.de/buchkunden/*

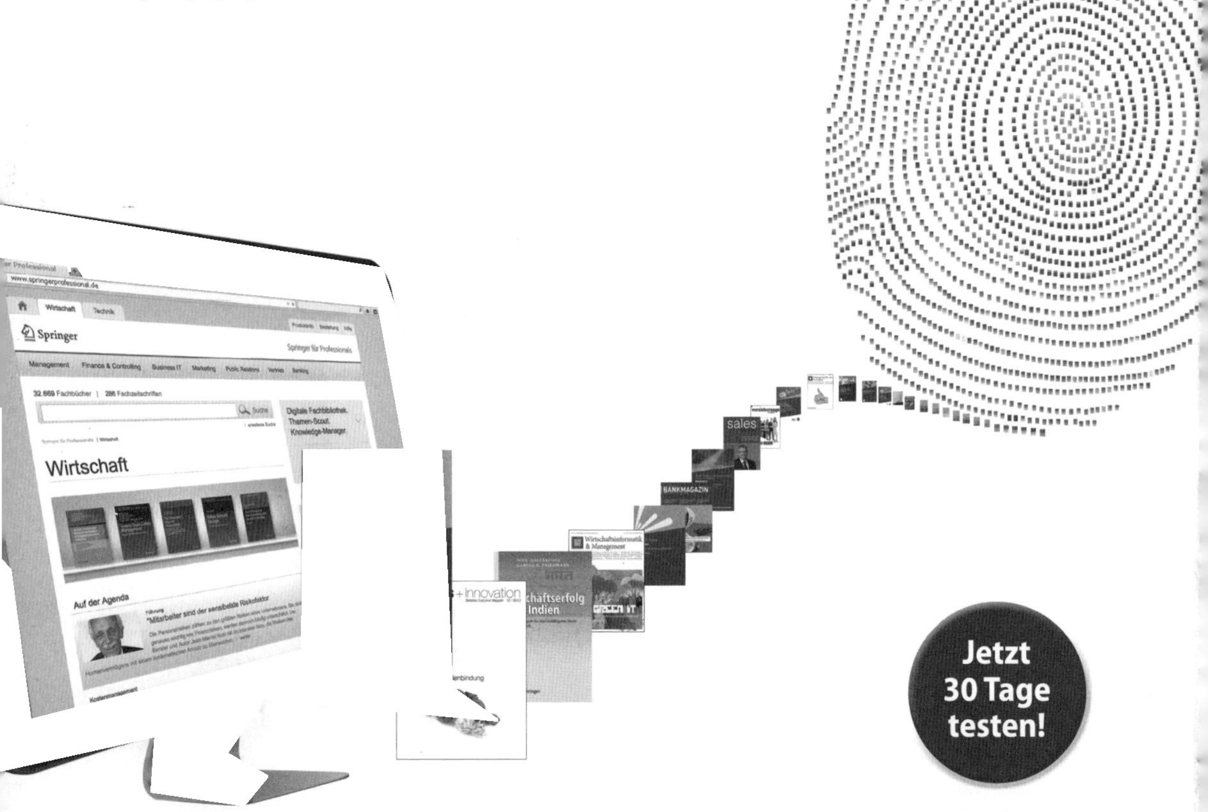

Springer für Professionals.
Digitale Fachbibliothek. Themen-Scout. Knowledge-Manager.

- Zugriff auf tausende von Fachbüchern und Fachzeitschriften
- Selektion, Komprimierung und Verknüpfung relevanter Themen durch Fachredaktionen
- Tools zur persönlichen Wissensorganisation und Vernetzung

www.entschieden-intelligenter.de

Springer für Professionals

Hartmut Werner

Supply Chain Management

Grundlagen, Strategien, Instrumente und Controlling

5., überarbeitete und erweiterte Auflage

Prof. Dr. Hartmut Werner
Wiesbaden Business School
Hochschule RheinMain
Wiesbaden, Deutschland

ISBN 978-3-8349-3259-4   ISBN 978-3-8349-3769-8 (eBook)
DOI 10.1007/978-3-8349-3769-8

Die Deutsche Nationalbibliothek verzeichnet diese Publikation in der Deutschen Nationalbibliografie; detaillierte bibliografische Daten sind im Internet über http://dnb.d-nb.de abrufbar.

Springer Gabler
© Springer Fachmedien Wiesbaden 2000, 2002, 2007, 2010, 2013
Das Werk einschließlich aller seiner Teile ist urheberrechtlich geschützt. Jede Verwertung, die nicht ausdrücklich vom Urheberrechtsgesetz zugelassen ist, bedarf der vorherigen Zustimmung des Verlags. Das gilt insbesondere für Vervielfältigungen, Bearbeitungen, Übersetzungen, Mikroverfilmungen und die Einspeicherung und Verarbeitung in elektronischen Systemen.

Die Wiedergabe von Gebrauchsnamen, Handelsnamen, Warenbezeichnungen usw. in diesem Werk berechtigt auch ohne besondere Kennzeichnung nicht zu der Annahme, dass solche Namen im Sinne der Warenzeichen- und Markenschutz-Gesetzgebung als frei zu betrachten wären und daher von jedermann benutzt werden dürften.

Lektorat: Susanne Kramer, Renate Schilling

Gedruckt auf säurefreiem und chlorfrei gebleichtem Papier

Springer Gabler ist eine Marke von Springer DE. Springer DE ist Teil der Fachverlagsgruppe Springer Science+Business Media.
www.springer-gabler.de

Für Brigitte und unsere geliebten Söhne

Constantin, Frederik und Adrian

hartmut.werner@hs-rm.de

Vorwort

Vorwort zur fünften Auflage

„Man muss das Unmögliche versuchen, um das Mögliche zu erreichen."

(Hermann Hesse)

Alles ist einem ständigen Wandel unterworfen, dies wusste bereits der griechische Philosoph *Heraklit*. Doch ein manches Mal geht es schneller, als ursprünglich gedacht: Nach nur zwei Jahren ist es bereits notwendig geworden, „Supply Chain Management" komplett zu überarbeiten und zu erweitern. Die Themenbereiche Bestandsfinanzierung, Strukturierung der Supply Chain (hierarchisch pyramidale und polyzentrische Wertschöpfungsketten), Supply Chain Performance, Ersatzteilmanagement sowie elektronische Ausschreibungen und Auktionen wurden komplett neu in der vorliegenden Schrift integriert. Deutlich mehr Raum bekamen die Untersuchungsfelder Kanban, Qualitätsmanagement, Zielkonflikte der Supply Chain und Supply Chain Scorecard eingeräumt. Weiterhin wurde eine grundlegende Überarbeitung der vielfältigen Praxisbeispiele ebenso vorgenommen, wie die Aktualisierung der herangezogenen Literatur.

Zum guten Gelingen dieses Buchs haben einige Menschen unschätzbare Dienste geleistet. Sehr herzlich bedanken möchte ich mich bei meinen Tutoren, Herrn Christian Sibus und Herrn Mahir Emektar. Sie haben mir beispielsweise bei der Erstellung von Abbildungen und der Literaturrecherche geholfen. Weiterhin möchte ich den Studierenden der Wiesbaden Business School meinen Dank aussprechen (Studiengänge „Bachelor of Arts in Business Administration" und „Master of Arts in Controlling and Finance"). Im Rahmen von Vorlesungen und Seminaren führten wir eine Vielzahl von Diskussionen, denen ich wertvolle Anregungen entnehmen konnte. Seitens des Gabler-Verlags bedanke ich mich für die unkomplizierte und jederzeit angenehme Zusammenarbeit bei Frau Susanne Kramer und Frau Anneliese Meisenheimer.

Vorwort

Und auch in dieser fünften Auflage gilt schließlich mein besonders herzlicher Dank meiner Frau Brigitte, die mir den Rücken (insbesondere von unseren Kindern) frei gehalten hat. Dies war gerade in den letzten Wochen sehr notwendig, als es in die heiße Phase dieser Schrift ging und viele andere Dinge erst einmal zur Seite gelegt werden mussten.

Schließlich ist noch ein Versprechen einzulösen: Mittlerweile sind unsere Söhne (zum Glück!) alt genug, sich eine eigene Meinung bilden zu können. Daher freut es mich umso mehr, Frederik und Adrian in puncto Fußball an die schwarz, weiß, grüne Borussia herangeführt zu haben (nur Constantin schlägt hier deutlich aus der Reihe; aber was nicht ist, kann ja bekanntlich noch werden…). Mit Frederik habe ich kürzlich eine Wette abgeschlossen. Dabei musste ich versprechen, ihm im Falle des Verlierens dieser Wette, einen Wunsch zu erfüllen. Er wollte gern ein kurzes Zitat in dieses Buch einbringen – wobei ich nicht mehr so recht weiß, ob ich diese Wette vielleicht gar mit Absicht verloren habe…

„Ja, wir schwören Stein und Bein,
auf die Elf vom Niederrhein."

Für eine Diskussion um das Supply Chain Management stehe ich (nicht nur Gladbach-Fans) gern zur Verfügung.

hartmut.werner@hs-rm.de

Hartmut Werner   Wiesbaden, im Januar 2013

Vorwort zur ersten Auflage

Kaum ein Begriff hat in den letzten Jahren in der Betriebswirtschaftslehre für solch eine Furore gesorgt wie der des Supply Chain Managements. Immer mehr Unternehmungen versuchen im Rahmen ihrer Schnittstellenoptimierung Potentiale zur Rationalisierung auszuschöpfen. Die Wettbewerber geben traditionelle Denkmuster auf, und sie übernehmen die Philosophie der Integration von Unternehmungsabläufen.

Das Thema Supply Chain Management ist zur Zeit in der Praxis allgegenwärtig. Bei einem Gang durch die Hallen produzierender Unternehmungen, im Handel und bei Dienstleistern taucht der Begriff vor allem dann auf, wenn es um die Einleitung von Programmen zur Kostensenkung geht. Auch die Literatur beschäftigt sich verstärkt mit dem Supply Chain Management. Vor allem im angloamerikanischen Sprachraum hat sich das Thema mittlerweile etabliert. In Deutschland hingegen erhält das Supply Chain Management bislang nur recht zögerlich Eingang in wissenschaftliche Publikationen. Die Unterschiede zwischen einem Supply Chain Management und verwandten Konzepten wie Logistik, Einkauf, Beschaffung oder Materialwirtschaft werden allerdings zumeist kaum deutlich.

In diese Lücke stößt das vorliegende Buch. Als Lehrbuch konzipiert, ist es auf der einen Seite insbesondere für Studierende der Wirtschafts- und Ingenieurwissenschaften von Interesse. Auf der anderen Seite findet der Praktiker zahlreiche und konkret beschriebene Anregungen zur Implementierung eines Supply Chain Managements in seiner Unternehmung. Der Schwerpunkt der Ausführungen bezieht sich auf den Industriesektor. Aber auch für weitere Branchen werden eine Reihe von Beispielen zur Nutzbarmachung des Supply Chain Managements angegeben.

Das Buch untergliedert sich in fünf Kapitel. In Kapitel A werden die grundlegenden Begriffe geklärt. Der Abschnitt B beschäftigt sich mit dem generellen Einfluß von Führungskonzepten auf die Gestaltung eines Supply Chain Managements. Zur Umsetzung dieser Metaführungsansätze sind im Supply Chain Management Strategien von Versorgung, Entsorgung und Recycling einzuleiten. Diese Strategien werden in Kapitel C diskutiert. Der Abschnitt D beschreibt diverse Instrumente des Supply Chain Managements. Sie dienen einer Realisierung der unter Gliederungspunkt C gekennzeichneten Strategien. Dazu zählen Instrumente zur Bestands- und zur Frachtkostenreduzierung, zur Informationsgewinnung, zur Qualitätssicherung sowie zur DV Unterstützung. Schließlich werden in Kapitel E die Einsatzmöglichkeiten neuer Tools des Controllings im Supply Chain Management beispielhaft charakterisiert.

Vorwort

An dieser Stelle möchte ich mich bei allen Personen ganz herzlich bedanken, die mich beim Verfassen dieses Buchs unterstützt haben. Die meisten Abbildungen wurden durch meine Tutoren, die Herren *Ingo Becker* und *Jörg Dallmann*, erstellt. Eine Engelsgeduld bewies Herr *Becker*, indem er meine (durchaus zahlreichen) Änderungswünsche gewissenhaft in die Druckformatvorlage integrierte. Für die Mühen des Korrekturlesens danke ich meinem guten Freund Herrn Dr. *Wolfgang Buchholz*. Die Eltern von Herrn *Dallmann*, Frau *Erika Dallmann* und Herr Dr. *Hermann Dallmann*, waren so freundlich, das Buch ebenfalls Korrektur zu lesen. Den Studierenden der Fächer Beschaffung / Produktion sowie Unternehmungsplanung an der Fachhochschule Wiesbaden möchte ich für Anregungen zum Supply Chain Management meinen Dank aussprechen. Schließlich bedanke ich mich bei Frau *Ulrike Lörcher* vom *Gabler Verlag* für die gute Zusammenarbeit.

Das Buch widme ich meiner Mutter, Emmi Werner, und meinem leider schon viel zu früh verstorbenen Vater, Ernst Werner. Sie schenkten meiner Schwester, Carmen Kopka, und mir eine sehr liebevolle sowie geborgene Kindheit und Jugend.

Ich würde mich sehr darüber freuen, das Thema Supply Chain Management gemeinsam mit den Lesern dieses Buchs fortzuführen. Gern stehe ich für eine rege Diskussion zum Supply Chain Management zur Verfügung.

Hartmut Werner Wiesbaden, im August 2000

Inhaltsverzeichnis

Vorwort VII

Abbildungsverzeichnis XXI

Verzeichnis der Beispielblöcke XXV

Verzeichnis der Begriffsblöcke XXVII

Abkürzungs- und Akronymverzeichnis XXIX

A Grundlagen 1
  A.1 Lernziele und Vorgehensweise 1
  A.2 Supply Chain Management: Historie und Begriff 3
      A.2.1 Allgemeine Charakterisierung 3
      A.2.2 Typisierungsmöglichkeiten und Entwicklungsstufen
             des Supply Chain Managements 8
          A.2.2.1 Typisierungsmöglichkeiten des
                    Supply Chain Managements 9
              A.2.2.1.1 Typologie nach *Bechtel/Jayaram* 9
              A.2.2.1.2 Typologie nach *Otto* 10
              A.2.2.1.3 Typologie nach *Göpfert* 12
          A.2.2.2 Entwicklungsstufen des
                    Supply Chain Managements 13
  A.3 Abgrenzung zu verwandten Konzepten 15
      A.3.1 Abgrenzung von traditionellen Begriffen 16
      A.3.2 Abgrenzung von benachbarten Managementansätzen 17
          A.3.2.1 Wertschöpfungskette 17
          A.3.2.2 Logistikkette 18
          A.3.2.3 Demand Chain Management 19
          A.3.2.4 Customer Relationship Management 19
          A.3.2.5 Supplier Relationship Management 21
          A.3.2.6 Beziehungsmanagement 21
          A.3.2.7 Supply Chain Relationship Management 22
          A.3.2.8 Zusammenfassung der Ergebnisse 23

Inhaltsverzeichnis

A.4 Strukturierung der Supply Chain 25
    A.4.1 Hierarchisch pyramidale Supply Chains 26
    A.4.2 Polyzentrische Supply Chains 27
A.5 Aufgaben und Ziele des Supply Chain Managements 29
    A.5.1 Allgemeine Charakterisierung 29
    A.5.2 Zielkonflikte einer Supply Chain 33
A.6 Motive für die Entstehung von Supply Chains 36
    A.6.1 Total Cost of Ownership 36
        A.6.1.1 Allgemeine Charakterisierung 36
        A.6.1.2 Verzahnung mit Maverick-Buying 41
            A.6.1.2.1 Maverick-Buying: Grundlegende Überlegungen . 41
            A.6.1.2.2 Eindämmung von Maverick-Buying über Purchasing Cards 43
    A.6.2 Transaktionskosten 46
    A.6.3 Bullwhip-Effekt 47
    A.6.4 Globalisierung und gesteigerte Kundenanforderungen 50
A.7 Netzwerkkoordination in Supply Chains 51
    A.7.1 Modellierung und Systematisierung von Netzwerken 51
    A.7.2 Netzebenen 54
    A.7.3 Netzkompetenz 55
A.8 Materialflussanalysen in Supply Chains 56
    A.8.1 Motive für Materialflussanalysen 57
        A.8.1.1 Systemdefinition 57
        A.8.1.2 Materialflusserfassung 58
            A.8.1.2.1 Direkte Materialflusserfassung 59
            A.8.1.2.2 Indirekte Materialflusserfassung 59
        A.8.1.3 Materialflussanalyse und -visualisierung 60
    A.8.2 Kritische Würdigung 62
A.9 Gestaltungsmodelle des Supply Chain Managements 64
    A.9.1 SCOR-Modell 64
        A.9.1.1 Grundlagen 64
        A.9.1.2 Prozessstufen 65
            A.9.1.2.1 Top-Level (Ebene 1) 65
            A.9.1.2.2 Configuration-Level (Ebene 2) 66
            A.9.1.2.3 Process-Element-Level (Ebene 3) 69
            A.9.1.2.4 Implementation-Level (Ebene 4) 71

A.9.1.3	Messung über SCOR 72
A.9.1.4	Kritische Würdigung 79

A.9.2 Aufgabenmodell für Supply-Chain-Software 80
    A.9.2.1 Grundlagen 80
    A.9.2.2 Supply Chain Design 81
    A.9.2.3 Supply Chain Planning 82
        A.9.2.3.1 Bedarfsplanung 82
        A.9.2.3.2 Netzwerkplanung 83
        A.9.2.3.3 Beschaffungs-, Produktions- und Distributionsplanung 84
        A.9.2.3.4 Order Promising 84
        A.9.2.3.5 Beschaffungsfein-, Produktionsfein- und Distributionsfeinplanung 85
        A.9.2.3.6 Kollaborative Planung 86
    A.9.2.4 Supply Chain Execution 86
    A.9.2.5 Kritische Würdigung 88

A.10 Verständnisfragen 89

B Einfluss von Führungskonzepten auf die Gestaltung der Supply Chain 91

B.1 Lernziele und Vorgehensweise 91

B.2 Markt- und Ressourcenfokussierung 92
    B.2.1 Charakterisierung 92
        B.2.1.1 Isolierte Marktfokussierung 92
        B.2.1.2 Isolierte Ressourcenfokussierung 94
        B.2.1.3 Integrierte Markt- und Ressourcenfokussierung 95
    B.2.2 Auswirkungen auf das Supply Chain Management 98

B.3 Total Quality Management 99
    B.3.1 Charakterisierung 99
    B.3.2 Auswirkungen auf das Supply Chain Management 103

B.4 Business Reengineering 104
    B.4.1 Charakterisierung 104
    B.4.2 Auswirkungen auf das Supply Chain Management 106

B.5 Time Based Competition 108
    B.5.1 Charakterisierung 108
    B.5.2 Beschleunigungsmanagement 109

Inhaltsverzeichnis

        B.5.2.1 Simultaneous Engineering 109
        B.5.2.2 Rapid Prototyping 111
    B.5.3 Entschleunigungsmanagement 113
    B.5.4 Auswirkungen auf das Supply Chain Management 114
B.6 Verständnisfragen 116

C Strategien des Supply Chain Managements 117

C.1 Lernziele und Vorgehensweise 117
C.2 Grundlagen 117
    C.2.1 Vertikale Kooperationsstrategien 118
        C.2.1.1 Lieferantenkooperation 118
        C.2.1.2 Kundenkooperation 122
    C.2.2 Horizontale Kooperationsstrategien 123
C.3 Strategien der Versorgung 124
    C.3.1 Efficient Consumer Response 125
        C.3.1.1 Komponenten der Logistik 127
            C.3.1.1.1 Vendor Managed Inventory 127
            C.3.1.1.2 Cross Docking 136
            C.3.1.1.3 Synchronized Production 140
        C.3.1.2 Komponenten des Marketings 141
        C.3.1.3 Komponenten der Informationstechnologie 142
    C.3.2 Customer Relationship Management
            und Mass Customization 143
        C.3.2.1 Customer Relationship Management 143
            C.3.2.1.1 Komponenten 145
            C.3.2.1.2 Weiterentwicklung zu
                        Enterprise Relationship Management 146
        C.3.2.2 Mass Customization 148
            C.3.2.2.1 Soft Customization 150
            C.3.2.2.2 Hard Customization 151
    C.3.3 Postponement 153
        C.3.3.1 Grundlagen 153
        C.3.3.2 Arten 156
            C.3.3.2.1 Form Postponement 156
            C.3.3.2.2 Time Postponement 157

C.3.4 Sourcing-Strategien 159
   C.3.4.1 Single Sourcing 160
   C.3.4.2 Modular Sourcing 162
   C.3.4.3 Global Sourcing 164
C.3.5 Beschaffungsstrategien 165
   C.3.5.1 Kanban 166
   C.3.5.2 Fortschrittszahlen 172
   C.3.5.3 Belastungsorientierte Auftragsfreigabe 174
   C.3.5.4 Retrograde Terminierung 177
C.3.6 Ersatzteilmanagement 179
   C.3.6.1 Bestandsmanagement 181
   C.3.6.2 Prozessmanagement 182
   C.3.6.3 Lager und Infrastruktur 184
   C.3.6.4 Kooperationen 185
C.3.7 E-Supply Chains 186
   C.3.7.1 Grundlagen 186
   C.3.7.2 Electronic Commerce 192
      C.3.7.2.1 Elektronische Marktplätze 193
      C.3.7.2.2 Kollaborative Prozesse 195
      C.3.7.2.3 Virtuelle Frachtbörsen 197
      C.3.7.2.4 Elektronische Ausschreibungen
                und Auktionen 199
      C.3.7.2.5 Tracking and Tracing 201
   C.3.7.3 Zukünftige Einsatzfelder und Gefahren 202
C.4 Strategien der Entsorgung und des Recyclings 206
  C.4.1 Strategien der Entsorgung 209
  C.4.2 Strategien des Recyclings 212
  C.4.3 Green Supply Chains: Sustainability 216
   C.4.3.1 Allgemeine Charakterisierung 216
   C.4.3.2 Product Carbon Footprint 217
   C.4.3.3 Bedeutung der Ökobilanz für
          Green Supply Chains 219
   C.4.3.4 Nachhaltigkeit und Lifecycle Costing 220
C.5 Verständnisfragen 223

Inhaltsverzeichnis

D Instrumente des Supply Chain Managements 227

D.1 Lernziele und Vorgehensweise 227

D.2 Instrumente zur Bestandsreduzierung 228

    D.2.1 Dekomposition der Bestände 230

    D.2.2 Gängigkeitsanalyse 235

    D.2.3 Reichweitenmonitoring 240

    D.2.4 Konsignationsanalyse 244

    D.2.5 Bestandsfinanzierung 250

    D.2.6 Durchlaufzeitenanalyse 255

    D.2.7 Rüstzeitenanalyse 256

D.3 Instrumente zur Frachtkostenreduzierung 257

    D.3.1 Maschinelle Frachtkostenermittlung 260

    D.3.2 Standardisierung von Verpackungen 262

    D.3.3 Milk Run 262

D.4 Instrumente zur Informationsgewinnung 263

    D.4.1 Benchmarking 264

    D.4.2 Reverse Engineering 269

D.5 Instrumente zur Qualitätssicherung 270

    D.5.1 Quality Function Deployment 273

    D.5.2 Failure Mode and Effects Analysis 278

    D.5.3 Bottleneck Engineering 281

D.6 Instrumente zur IT-Unterstützung 282

    D.6.1 Electronic Data Interchange (EDI) und Web-EDI 283

    D.6.2 Barcode 285

    D.6.3 Radio Frequency Identification (RFID) 286

    D.6.4 Data Warehouse 294

    D.6.5 Computer Integrated Manufacturing 297

        D.6.5.1 Produktionsplanung und -steuerung (PPS) ... 298

        D.6.5.2 Computer Aided Design (CAD) 300

        D.6.5.3 Computer Aided Planning (CAP) 301

        D.6.5.4 Computer Aided Manufacturing (CAM) 302

        D.6.5.5 Computer Aided Quality Assurance (CAQ) ... 304

    D.6.6 Enterprise Resource Planning und
            Advanced Planning and Scheduling 304

D.7 Verständnisfragen 311

E Controlling der Supply Chain 313

- E.1 Lernziele und Vorgehensweise 313
- E.2 Betriebswirtschaftliche Grundlagen und Cost Tracking 314
  - E.2.1 Betriebswirtschaftliche Grundlagen 314
  - E.2.2 Cost Tracking 316
    - E.2.2.1 Cost Tracking von Materialpreisen 316
    - E.2.2.2 Cost Tracking von Frachtkosten 319
    - E.2.2.3 Cost Tracking von Beständen 321
- E.3 Kennzahlenmanagement in der Supply Chain 323
  - E.3.1 Allgemeine Grundlagen 323
  - E.3.2 Arten von Kennzahlen 324
    - E.3.2.1 Absolute und relative Kennzahlen 324
    - E.3.2.2 Erfolgs-, Liquiditäts- und Wertsteigerungskennzahlen 325
    - E.3.2.3 Strategische und operative Kennzahlen 331
    - E.3.2.4 Leistungs- und Kostenkennzahlen 331
  - E.3.3 Kennzahlentypologie der Supply Chain 332
    - E.3.3.1 Input: Kennzahlen der Beschaffung 334
      - E.3.3.1.1 Generische Kennzahlen 335
      - E.3.3.1.2 Produktivitäts- und Wirtschaftlichkeitskennzahlen 336
      - E.3.3.1.3 Qualitäts- und Servicekennzahlen 337
    - E.3.3.2 Throughput: Kennzahlen der Lagerung, der Kommissionierung und der Produktion 338
      - E.3.3.2.1 Generische Kennzahlen 339
      - E.3.3.2.2 Produktivitäts- und Wirtschaftlichkeitskennzahlen 345
      - E.3.3.2.3 Qualitäts- und Servicekennzahlen 348
    - E.3.3.3 Output: Kennzahlen der Distribution 351
      - E.3.3.3.1 Generische Kennzahlen 352
      - E.3.3.3.2 Produktivitäts- und Wirtschaftlichkeitskennzahlen 354
      - E.3.3.3.3 Qualitäts- und Servicekennzahlen 355
    - E.3.3.4 Payment: Kennzahlen der Finanzprozesse 356
      - E.3.3.4.1 Generische Kennzahlen 357
      - E.3.3.4.2 Produktivitäts- und Wirtschaftlichkeitskennzahlen 361
      - E.3.3.4.3 Qualitäts- und Servicekennzahlen 362

Inhaltsverzeichnis

E.3.3.5 Kennzahlentypologie im Überblick 364
E.3.4 Ausgewählte Visualisierungsformen des
Kennzahlenmanagements 366
    E.3.4.1 Werttreiberbaum (Value Driver Tree) 366
        E.3.4.1.1 Werttreiberbaum über den Knoten EVA 368
        E.3.4.1.2 Werttreiberbaum über den Knoten ROCE 372
    E.3.4.2 Kennzahlenradar 378
E.3.5 Grenzen des Kennzahlenmanagements
einer Supply Chain 382
E.4 Hilfsmittel des Controllings im Supply Chain Management 383
  E.4.1 Hard-(Soft)-Analyse 383
    E.4.1.1 Charakterisierung 383
    E.4.1.2 Beispiel für das Supply Chain Management 384
    E.4.1.3 Kritische Würdigung 386
  E.4.2 Target Costing 388
    E.4.2.1 Charakterisierung 388
    E.4.2.2 Festlegung der Zielkosten über
Market-into-Company 389
    E.4.2.3 Dekomposition produktbezogener Zielkosten 391
    E.4.2.4 Weitere Target-Costing-Verfahren im Überblick 392
    E.4.2.5 Beispiel für das Supply Chain Management 393
    E.4.2.6 Kritische Würdigung 396
  E.4.3 Prozesskostenrechnung 397
    E.4.3.1 Charakterisierung 398
    E.4.3.2 Beispiel für das Supply Chain Management 400
    E.4.3.3 Kritische Würdigung 404
  E.4.4 Economic Value Added 405
    E.4.4.1 Charakterisierung 405
    E.4.4.2 Beispiel für das Supply Chain Management 407
    E.4.4.3 Kritische Würdigung 409
  E.4.5 Working Capital Management 410
    E.4.5.1 Charakterisierung 410
    E.4.5.2 Besondere Bedeutung des Cash-to-Cash-Cycle 411
    E.4.5.3 Beispiel für das Supply Chain Management 412
    E.4.5.4 Kritische Würdigung 413

- E.4.6 Supply Chain Performance und Scorecard 414
  - E.4.6.1 Charakterisierung 414
  - E.4.6.2 Alternative Supply Chain Scorecards in der Diskussion 420
    - E.4.6.2.1 Ansatz nach *Brewer/Speh* 420
    - E.4.6.2.2 Ansatz nach *Stölzle/Heusler/Karrer* 423
    - E.4.6.2.3 Ansatz nach *Weber/Bacher/Groll* 424
    - E.4.6.2.4 Ansatz nach *Richert* 426
    - E.4.6.2.5 Ansatz nach *Werner* 427
  - E.4.6.3 Perspektiven der Supply Chain Scorecard 428
    - E.4.6.3.1 Finanzperspektive 428
    - E.4.6.3.2 Kundenperspektive 430
    - E.4.6.3.3 Prozessperspektive 433
    - E.4.6.3.4 Lieferantenperspektive 436
    - E.4.6.3.5 Integrationsperspektive 439
    - E.4.6.3.6 Supply Chain Scorecard im Überblick 441
  - E.4.6.4 Von der Scorecard zur Strategy Map 445
    - E.4.6.4.1 Allgemeine Implikationen der Strategy Map 446
    - E.4.6.4.2 Strategy Map der Supply Chain 448
    - E.4.6.4.3 Kombination von Scorecard und Strategy Map ... 452
  - E.4.6.5 Kritische Würdigung 456
- E.5 Verständnisfragen 457

Glossar 459

Literaturverzeichnis 473

Stichwortverzeichnis 499

Abbildungsverzeichnis

Abbildung A.1	Aufbau der Schrift	4
Abbildung A.2	Order-to-Payment-S in der Supply Chain	9
Abbildung A.3	Entwicklungsstufen des Supply Chain Managements	15
Abbildung A.4	Supply Chain Management und verwandte Konzepte im Überblick	24
Abbildung A.5	Hierarchisch pyramidale Supply Chain	26
Abbildung A.6	Polyzentrische Supply Chain	28
Abbildung A.7	Total Cost of Ownership	40
Abbildung A.8	Purchasing Cards	44
Abbildung A.9	Bullwhip-Effekt	49
Abbildung A.10	Materialflussmatrix und Sankey-Diagramm	62
Abbildung A.11	SCOR-Toolbox (Ebene 2)	68
Abbildung A.12	Kausalkette (Ebene 3)	70
Abbildung A.13	Regelkarte (Ebene 3)	71
Abbildung A.14	Hauptkennzahlen von SCOR	73
Abbildung A.15	Aufgabenmodell für SCM-Software-Systeme	81
Abbildung B.1	**Ge**schäftsfeldattraktivität-**K**ern**k**ompetenzen-Portfoli**o** (GEKKO)	97
Abbildung B.2	Paradigmenwechsel durch TQM	100
Abbildung B.3	Drei-Ebenen-Modell der Qualität	102
Abbildung B.4	Komponenten des Business Reengineerings	106
Abbildung C.1	Vertikale und horizontale Integration	118
Abbildung C.2	Komponenten von Efficient Consumer Response	126
Abbildung C.3	VMI bei Twentieth Century Fox	136
Abbildung C.4	Zweistufiges Cross Docking	138

Abbildungsverzeichnis

Abbildung C.5	Hybride Wettbewerbsstrategien	148
Abbildung C.6	Arten von Mass Customization	153
Abbildung C.7	Kostenaufwuchskurve	154
Abbildung C.8	Strategien des Time Postponements	159
Abbildung C.9	Modular Sourcing	163
Abbildung C.10	Kanban	167
Abbildung C.11	Beispiel eines Produktionskanbans	168
Abbildung C.12	Beispiel zur Bestimmung von Fortschrittszahlen	174
Abbildung C.13	Belastungsorientierte Auftragsfreigabe	177
Abbildung C.14	E-Commerce im Überblick	189
Abbildung C.15	B2B im Einkauf	190
Abbildung C.16	Formen von Offshoring im Überblick	214
Abbildung D.1	Gesamtkosten der Bevorratung	230
Abbildung D.2	ABC- und XYZ-Analyse integriert mit Arten der Materialbeschaffung	235
Abbildung D.3	Einteilung der Gängigkeit	236
Abbildung D.4	Gängigkeit von Beständen	238
Abbildung D.5	Maßnahmen zur Reduzierung ungängiger Bestände	239
Abbildung D.6	Reichweitenmonitoring	243
Abbildung D.7	Konsignationsprozess	250
Abbildung D.8	Ablauf der Bestandsfinanzierung	252
Abbildung D.9	U-Problematik zwischen Frachtkosten und Beständekosten	258
Abbildung D.10	Frachtkosten-Beständekosten-Portfolio (FREDI)	260
Abbildung D.11	Arten des Benchmarkings	266
Abbildung D.12	Quality Function Deployment	277
Abbildung D.13	Formblatt einer FMEA (Wareneingangskontrolle)	280
Abbildung D.14	CIM-Architektur	298

Abbildungsverzeichnis

Abbildung E.1	Cost Tracking von Materialpreisen	318
Abbildung E.2	Cost Tracking von Frachtkosten	320
Abbildung E.3	Cost Tracking von Beständen	322
Abbildung E.4	Typologie relativer Kennzahlen	325
Abbildung E.5	Beispiel zur Berechnung des Return on Investment	328
Abbildung E.6	Verbesserung des ROI durch Bestandssenkung	329
Abbildung E.7	Strategische und operative Kennzahlen	331
Abbildung E.8	Leistungs- und Kostenkennzahlen	332
Abbildung E.9	Struktur der Kennzahlentypologie einer Supply Chain	334
Abbildung E.10	Indikatoren der Kennzahlentypologie einer Supply Chain	365
Abbildung E.11	Werttreiberbaum über den Economic Value Added	372
Abbildung E.12	Werttreiberbaum über den Return on Capital Employed	378
Abbildung E.13	Kennzahlenradar einer Supply Chain	381
Abbildung E.14	Hard-(Soft)-Analyse	387
Abbildung E.15	Festlegung der Gesamtzielkosten	390
Abbildung E.16	Zielkostenkontrolldiagramm	396
Abbildung E.17	Prozesskostenrechnung	403
Abbildung E.18	Dimensionen der Unternehmungsleistung	415
Abbildung E.19	Performance Management in Supply Chains	418
Abbildung E.20	Supply Chain Scorecard nach *Brewer/Speh*	422
Abbildung E.21	Supply Chain Scorecard nach *Stölzle/Heusler/Karrer*	423
Abbildung E.22	Supply Chain Scorecard nach *Weber/Bacher/Groll*	425
Abbildung E.23	Supply Chain Scorecard nach *Richert*	427
Abbildung E.24	Strategische Ziele und KPIs der Finanzperspektive	430

Abbildungsverzeichnis

Abbildung E.25	Strategische Ziele und KPIs der Kundenperspektive	433
Abbildung E.26	Strategische Ziele und KPIs der Prozessperspektive	436
Abbildung E.27	Strategische Ziele und KPIs der Lieferantenperspektive	438
Abbildung E.28	Strategische Ziele und KPIs der Integrationsperspektive	441
Abbildung E.29	Supply Chain Scorecard nach *Werner*	442
Abbildung E.30	Strategische Ziele und Kennzahlen der Supply Chain Scorecard	443
Abbildung E.31	Kausalkette einer Supply Chain Scorecard	445
Abbildung E.32	Strategy Map einer Supply Chain	453
Abbildung E.33	Verzahnung von Scorecard und Strategy Map in der Supply Chain	455

Verzeichnis der Beispielblöcke

Beispielblock a.1	Supply Chain Management in der Praxis	31
Beispielblock a.2	Total Cost of Ownership und Maverick-Buying	43
Beispielblock a.3	Bullwhip-Effekt	49
Beispielblock b.1	Verkürzung der Time-to-Market	109
Beispielblock b.2	Simultaneous Engineering	110
Beispielblock c.1	Lieferantenintegration in Hambach	119
Beispielblock c.2	Resident Engineering	121
Beispielblock c.3	Kundenintegration	123
Beispielblock c.4	Mass Customization über das Internet	150
Beispielblock c.5	Beispiel zu Postponement	155
Beispielblock c.6	Problembehaftete Front-End-Back-End-Beziehungen	188
Beispielblock c.7	Möglichkeiten im B2C-Geschäft	192
Beispielblock c.8	Fachportal	194
Beispielblock c.9	Collaborative Planning, Forecasting and Replenishment	197
Beispielblock c.10	Virtuelle Frachtbörse	198
Beispielblock c.11	Tracking and Tracing via GPS	202
Beispielblock c.12	Fourth-Party-Logistics-Provider	203
Beispielblock c.13	Kurier, Express- und Paketdienste	204
Beispielblock c.14	E-Fulfillment	205
Beispielblock c.15	Bohrinsel „Deepwater Horizon"	209
Beispielblock c.16	Recycling im Netzwerk	213
Beispielblock c.17	Recycling über Computer Aided Dispatching	214
Beispielblock c.18	Recycling in der Automobilindustrie	215
Beispielblock c.19	Optimierung der Transportmittelauslastung	217

Verzeichnis der Beispielblöcke

Beispielblock c.20	Beispiel des Lifecycle Costings	222
Beispielblock d.1	Dekomposition der Bestände	231
Beispielblock d.2	ABC-Analyse (Prozentangaben beispielhaft)	232
Beispielblock d.3	Lieferanten-Logistik-Zentrum	249
Beispielblock d.4	Reduzierung von Rüstzeiten	257
Beispielblock d.5	Benchmarking	267
Beispielblock d.6	Beispiele zu Quality Function Deployment	273
Beispielblock d.7	Quo Vadis RFID?	294
Beispielblock d.8	Advanced Planning and Scheduling	308
Beispielblock e.1	Berechnung des Net Operating Profit After Tax	408
Beispielblock e.2	Berechnung des Capital	408
Beispielblock e.3	Berechnung des Economic Value Added	409

Verzeichnis der Begriffsblöcke

Begriffsblock A.I	Definition des Supply Chain Managements	6
Begriffsblock A.II	Bereiche im Order-to-Payment-S	8
Begriffsblock A.III	Effektivität und Effizienz sowie Zielharmonie von Erfolgsfaktoren	30
Begriffsblock B.I	Vier „Re's" des Business Reengineerings	105
Begriffsblock B.II	Pionier- und Follower-Management	108
Begriffsblock B.III	Ausgewählte Techniken des Rapid Prototypings	112
Begriffsblock C.I	Möglichkeiten der Lieferantenanbindung	120
Begriffsblock C.II	VMI und benachbarte Begriffe	128
Begriffsblock C.III	Customer Relationship Management und verwandte Konzepte	143
Begriffsblock C.IV	Multiple Sourcing, Double Sourcing und Sole Sourcing	161
Begriffsblock C.V	Arten von Abrufen	172
Begriffsblock C.VI	Arten elektronischer Marktplätze	193
Begriffsblock C.VII	Strategien des Recyclings	212
Begriffsblock D.I	XYZ-Analyse	233
Begriffsblock D.II	Arten der Materialbeschaffung	234
Begriffsblock D.III	Definition der Lagerreichweite	240
Begriffsblock D.IV	Gründe zur Durchführung von Konsignation	245
Begriffsblock D.V	Arbeitsplan	256
Begriffsblock D.VI	Qualitätsbegriffe	271
Begriffsblock D.VII	EDIFACT und ODETTE	283
Begriffsblock D.VIII	EAN-Code und Global Commerce Initiative	286
Begriffsblock D.IX	MRP-Systeme	305

Verzeichnis der Begriffsblöcke

Begriffsblock E.I   Design-to-Cost 389
Begriffsblock E.II   Value Engineering und Value Analysis 391
Begriffsblock E.III Basisformel des Economic Value Added 406

Abkürzungs- und Akronymverzeichnis

2PL	Second-Party-Logistics-Provider
3PL	Third-Party-Logistics-Provider
4PL	Fourth-Party-Logistics-Provider
A2A	Administration-to-Administration
A2B	Administration-to-Business
A2C	Adminstration-to-Customer
ABS	Antiblockiersystem
Act	Actual
AEI	Automatic Equipment Identification
AM	After Market
AMR	Advanced Manufacturing Research
APO	Advanced Planner and Optimizer
APS	Advanced Planning and Scheduling
Athene	Applied Theories Enabling Network Excellence
ATP	Available-to-Promise
B2A	Business-to-Administration
B2B	Business-to-Business
B2C	Business-to-Customer
BDE	Betriebsdatenerfassung
BGB	Bürgerliches Gesetzbuch
Bit	Binary Digit
BMI	Buyer Managed Inventory
BOA	Belastungsorientierte Auftragsfreigabe
BSE	Bovine Spongiforme Enzephalopathie
BTO	Built-to-Order
Bud	Budget
C2A	Customer-to-Administration
C2B	Customer-to-Business
C2C	Customer-to-Customer
c^*	Gesamtkapitalkostensatz
cw	Luftwiderstand

Abkürzungs- und Akronymverzeichnis

CAD	Computer Aided Design
CADIS	Computer Aided Dispatching
CAE	Computer Aided Engineering
CAM	Computer Aided Manufacturing
CAP	Computer Aided Planning
CAO	Computer Assisted Ordering
CAQ	Computer Aided Quality Assurance
CH_4	Methan
CIM	Computer Integrated Manufacturing
CMI	Co-Managed Inventory
CNC	Computerized Numeric Control
CO_2	Kohlendioxid
CPFR	Collaborative Planning, Forecasting and Replenishment
CPL	Collaborative Planning
CR	Continuous Replenishment
CRM	Customer Relationship Management
CRP	Capacity Requirement Planning
CTP	Capable-to-Promise
CSCW	Computer Supported Cooperative Work
DCM	Demand Chain Management
Demantra	Demand Management
DESADV	Despatch Advice
DFMA	Design-for-Manufacturing-and-Assembling
DFÜ	Datenfernübertragung
DIN	Deutsche Industrie Norm
DNC	Direct Numeric Control
DRP	Distribution Requirement Planning
DVD	Digital Versatile
EAN	Europäische Artikelnummer
EAS	Electronic Article Surveillance
EBIS	European Business Information Systems
EBIT	Earnings before Interest and Taxes
ECR	Efficient Consumer Response
EDI	Electronic Data Interchange
EDIFACT	Electronic Data Interchange for Administration, Commerce and Transport
EDITT	Dynamic Interoperale Track and Trace

Abkürzungs- und Akronymverzeichnis

EDL	Externer Dienstleister
EEPROM	Electrical Erasable Programmable Read Only Memory
EKG	Elektrokardiogramm
ERM	Enterprise Relationship Management
ERP	Enterprise Resource Planning
ESP	Elektronisches Stabilitätsprogramm
EST	Electronic Sell Thru
EUL	Efficient Unit Loads
EVA	Economic Value Added
FAB	Feinabruf
FCKW	Flurchlorkohlenwasserstoff
FOX	vgl. TCFHE
FMAE	Failure Mode and Effects Analysis
F & E	Forschung und Entwicklung
FREDI	Frachtkosten-Beständekosten-Portfolio
G & V	Gewinn- und Verlustrechnung
GEKKO	Geschäftsfeldattraktivität-Kernkompetenzen-Portfolio
GoB	Grundsätze ordnungsgemäßer Buchführung
GPS	Global Positioning System
HGB	Handelsgesetzbuch
HRL	Hochregallager
IFRS	International Financial Reporting Standards
Incoterms	International Commercial Terms
INVRPT	Inventory Report
ISO	International Standardization Organization
IT	Informationstechnologie
ITS	Internet Transaction Server
JiT	Just-in-Time
JiS	Just-in-Sequence
KB	Kilobyte
KEP	Kurier, Express- und Paketdienst
KLT	Kleinladungsträger
KMU	Kleine und mittelgroße Unternehmungen
KPI	Key Performance Indicator
KrW/AbfG	Kreislaufwirtschafts- und Abfallgesetz
KVP	Kontinuierlicher Verbesserungsprozess
LAB	Lieferabruf

Abkürzungs- und Akronymverzeichnis

LCD	Liquid Crystal Display
LLZ	Lieferanten-Logistik-Zentrum
lmi	Leistungsmeneninduziert
lmn	Leistungsmengenneutral
LOM	Laminated Object Manufacturing
M€	Millionen Euro
MA	Mitarbeiter
MIDAS	Maintenance of Item, Display and Store Relationship
MIRS	Modular Integrated Robotized System
MIS	Management-Informationssystem
MIT	Massachusetts Institute of Technology
MITI	Japanese Ministry of International Trade and Industry
MPA	Materialpreisabweichung
MPS	Master Production Scheduling
MRO	Maintenance, Repair and Overhaul (Operations)
MRP I	Material Requirements Planning
MRP II	Manufacturing Resource Planning
MTE	Make-to-Engineer
MTO	Make-to-Order
MTS	Make-to-Stock
N_2O	Flurchlorkohlenwasserstoff
NC	Numeric Control
NIAT	Net Income after Tax
NOPAT	Net Operating Profit after Tax
NOPBT	Net Operating Profit before Tax
NVE	Nummer der Verladeeinheit
ODETTE	Organization for Data Exchange by Teletransmission in Europe
OEM	Original Equipment Manufactured Part
OES	Original Equipment Spare Part
OLAP	Online Analytical Processing
Olk	Outlook
OP	Operating Profit
ORDRSP	Pegged Orders
OSP	On Screen Programming
P-3-Analyse	Position-3-Analysis
PCF	Product Carbon Footprint

PMG	Performance Measurement Group
POP	Payment-on-Production
POS	Point-of-Sale
PPE	Property, Plant & Equipment
PPM	Parts per Million
PRTM	Pittiglio Rabin Todd & McGrath
PPS	Produktionsplanung und -steuerung
PZK	Prozesskosten
QFD	Quality Function Deployment
qm	Quadratmeter
R & D	Research and Development
RAM	Random Access Memory
RAP	Rechnungsabgrenzungsposten
RCO	Real Cost of Ownership
RCS	Roll Cage Sequencing
RFID	Radio Frequency Identification
RECADV	Receiving Advice
RKW	Rationalisierungs-Kuratorium der Deutschen Wirtschaft
ROA	Return on Assets
ROCE	Return on Capital Employed
ROE	Return on Equity
ROI	Return on Investment
ROM	Read Only Memory
ROTC	Return on Total Capital
ROS	Return on Sales
RPZ	Risikoprioritätszahl
SC	Supply Chain
SCC	Supply Chain Council
SCEM	Supply Chain Event Management
SCM	Supply Chain Management
SCOR-Model	Supply Chain Operations Reference Model
SCRM	Supply Chain Relationship Management
SF_6	Schwefelhexalfluorid
SILS	Supply-in-Line-Sequence
SLSRPT	Sales Report
SMI	Supplier Managed Inventory
SNP	Supply Network Planning

Abkürzungs- und Akronymverzeichnis

SPC	Statistical Process Control
SRM	Supplier Relationship Management
T€	Tausend Euro
TBO	Total Benefit of Ownership
TCO	Total Cost of Ownership
TCFHE	Twentieth Century Fox Home Entertainment
TQM	Total Quality Management
TV	Television
UHF	Ultra-High-Frequency
USA	United States of America
US-GAAP	United Stated General Accepted Accounting Principles
VfW	Vereinigung für Wertstoffrecycling
VDI	Verband Deutscher Ingenieure
VDA	Verband der Automobilindustrie
VIA	Verbund Initiative Automobil
VMI	Vendor Managed Inventory
VOD	Video on Demand
VTW	Vertriebswege
WACC	Weighted Average Cost of Capital
WIP	Work-in-Process
WM	Warehouse Management
WWF	World Wildlife Fond
XML	Extensible Markup Language
YE	Year End
YTD	Year to Date

A   Grundlagen

A.1   Lernziele und Vorgehensweise

Das Supply Chain Management (SCM) ist seit geraumer Zeit in Theorie und Praxis allgegenwärtig. Vor allem auf Grund der hohen Rationalisierungspotenziale, die dem Konzept beigemessen werden, versuchen immer mehr Organisationen ein Supply Chain Management auszurollen. Zum Beispiel konnte *IBM* offenkundig innerhalb eines Geschäftsjahres Kosteneinsparungen durch eine nachhaltige Straffung der Wertschöpfungsaktivitäten von circa sieben Milliarden US-Dollar erzielen (vgl. *Wannenwetsch* 2005, S. 1). *Wal Mart*, der weltweit größte Warenhauskonzern, sieht in einer Optimierung der Supply Chain Möglichkeiten zur Kostenreduzierung von circa 25%. Weiterhin unterstellt die Consulting-Gesellschaft *PRTM* dem Supply Chain Management folgende Verbesserungsmöglichkeiten (vgl. *Becker* 2004, S. 86; ähnlich *Poluha* 2010, S. 87):

„It's a hot thing and it's getting hotter…"

Kriterium	Verbesserungspotenzial
Bestände	50% bis 80%
Liefertreue	10% bis 25%
Rückgang überfälliger Bestellungen	70% bis 90%
Verkürzung der Auftragsabwicklungszeit	40% bis 75%
Gemeinkostensenkung	10% bis 30%
Verkürzung der Herstellzyklen	30% bis 90%

Auch wenn solche Zahlenangaben immer mit großer Vorsicht zu genießen sind, weil diese Werte nur **ceteris paribus** gelten (wie kann mit Sicherheit festgestellt werden, dass diese Verbesserungen ausschließlich einem Supply Chain Management zuzuschreiben sind?), scheint sicher:

Das Geld liegt im Prozess!

A Grundlagen

Dem Ansatz sind immense Optimierungspotenziale geschuldet. Das Geld liegt offenkundig nicht länger im Einkauf (gemäß einer alt gedienten These der Betriebswirtschaftslehre), sondern in einer Prozessverbesserung, und in dem forcierten Management interner sowie über Netzwerke gerichteter Schnittstellen von Organisationen.

Mit der Stange im Nebel stochern

Das Supply Chain Management zieht in seinem Sog eine Reihe weiterer Ansätze mit sich. Selten wird allerdings deutlich, was sich hinter den Schlagworten verbirgt. Auch bleiben die Hinweise auf die konkrete Anwendung der Konzepte zumeist nebulös. Diesem Problem stellt sich die vorliegende Schrift. In diesem Buch wird der Versuch unternommen, eine Antwort auf die Frage zu geben, wie Unternehmungen die Verbesserungspotenziale heben können, die einem Supply Chain Management inhärent sind. Dabei wird auf eine Vielzahl von **Beispielen** zurückgegriffen, welche dabei helfen, die folgenden Ausführungen besser zu verstehen.

Aufbau der Schrift

Zunächst sind in diesem **Kapitel A** die Grundlagen des Supply Chain Managements darzustellen. **Abschnitt B** zeigt den Einfluss moderner Managementkonzepte auf die Gestaltung der Supply Chain. In diesem Rahmen werden Markt- und Ressourcenfokussierung, Total Quality Management, Business Reengineering sowie Time Based Competition beschrieben. Für die Nutzung dieser Konzepte sind Strategien zu formulieren. In **Kapitel C** wird eine dezidierte Kennzeichnung von Strategien vorgenommen, welche für ein Supply Chain Management von Bedeutung sind. Diese lassen sich in zwei Gruppen einteilen: Einerseits in Versorgungsstrategien, wie Efficient Consumer Response, Sourcing-Ansätze oder neuere Beschaffungskonzepte. Andererseits in Strategien von Entsorgung und Recycling. Zur Umsetzung dieser Strategien sind unterschiedliche Instrumente notwendig, die unter dem **Hauptgliederungspunkt D** beschrieben werden. Mögliche Hilfsmittel des Supply Chain Managements stellen Maßnahmen zur Reduzierung von Bestands- und Frachtkosten, Instrumente zur verbesserten Informationsgewinnung sowie zur forcierten Qualitätssicherung dar. Außerdem wird unter Gliederungspunkt D deutlich, welche IT-Systeme das Supply Chain Management unterstützen. Schließlich finden sich in **Abschnitt E** wesentliche Aspekte des Controllings logistischer Ketten. Dieses Kapitel bezieht sich auf neuere Controlling-Ansätze. Abbildung 1 spiegelt den Aufbau dieser Schrift.

Zum Umgang mit dem Buch

Jedem Kapitel werden im Folgenden seine **Lernziele** und die **Vorgehensweise** der Bearbeitung vorangestellt. In Marginalien sind die wesentlichen Inhalte hervorgehoben. Übersichtlich werden die verwendeten zentralen Begriffe in einem Glossar zusammengefasst. Viele Beispiele aus der Praxis unterstreichen die theoretischen Ausarbeitungen. Am Ende der Gliederungsabschnitte finden sich zudem jeweilige Verständnisfragen.

Das **Lernziel** und die **Vorgehensweise** von Kapitel A bestehen darin, das Supply Chain Management von unterschiedlichen Bereitstellungsansätzen (Einkauf, Materialwirtschaft und Logistik) sowie modernen Management-Konzepten abzugrenzen. Zunächst wird die historische Entwicklung des Supply Chain Managements beschrieben. Anschließend sind zentrale Begriffe des Konzepts zu klären. Weiterhin sind Typisierungsmöglichkeiten und Entwicklungsstufen von Supply Chains ebenso zu diskutieren, wie deren Entstehungsmotive. Schließlich finden sich in diesem Kapitel Netzwerkkoordinationen, Materialflussanalysen und Gestaltungsmodelle innerhalb der Supply Chain.

Lernziele und Vorgehensweise

A.2 Supply Chain Management: Historie und Begriff

A.2.1 Allgemeine Charakterisierung

Die Wurzeln des Supply Chain Managements liegen in den USA. Anfang der 80er Jahre prägten angloamerikanische Consultants den Begriff (vgl. *Houlihan* 1985; *Jones/Riley* 1985). Vor allem *Oliver* und *Webber* (vgl. *Oliver/Webber* 1992) sind als praxisorientierte Protagonisten des Supply Chain Managements zu nennen. Die Theorie nahm sich dem Konzept in den späten 80er Jahren, wiederum zunächst in den USA, an. Zu den **Wegbereitern** einer theoretischen Festigung des Begriffs zählen *Bothe* (1989), *Copra/Meidl* (2008), *Christopher* (2004), *Davis* (1993), *Ellram/Cooper* (1990/1993), *Fawcett et al.* (2006), *Fisher* (1997), *Hewitt* (1994), *Macbeth/Ferguson* (1993), *Simchi-Levi et al.* (2007), *Stevens* (1989) und *Towill* (1996). In Deutschland etablierte sich das Supply Chain Management in Theorie und Praxis Mitte der 90er Jahre. Hierzulande nahmen die wissenschaftlichen Arbeiten auf diesem Gebiet in den letzten Jahren zu.

SCM: Ein Begriff aus der Praxis

A | *Grundlagen*

Abbildung A.1 | *Aufbau der Schrift*

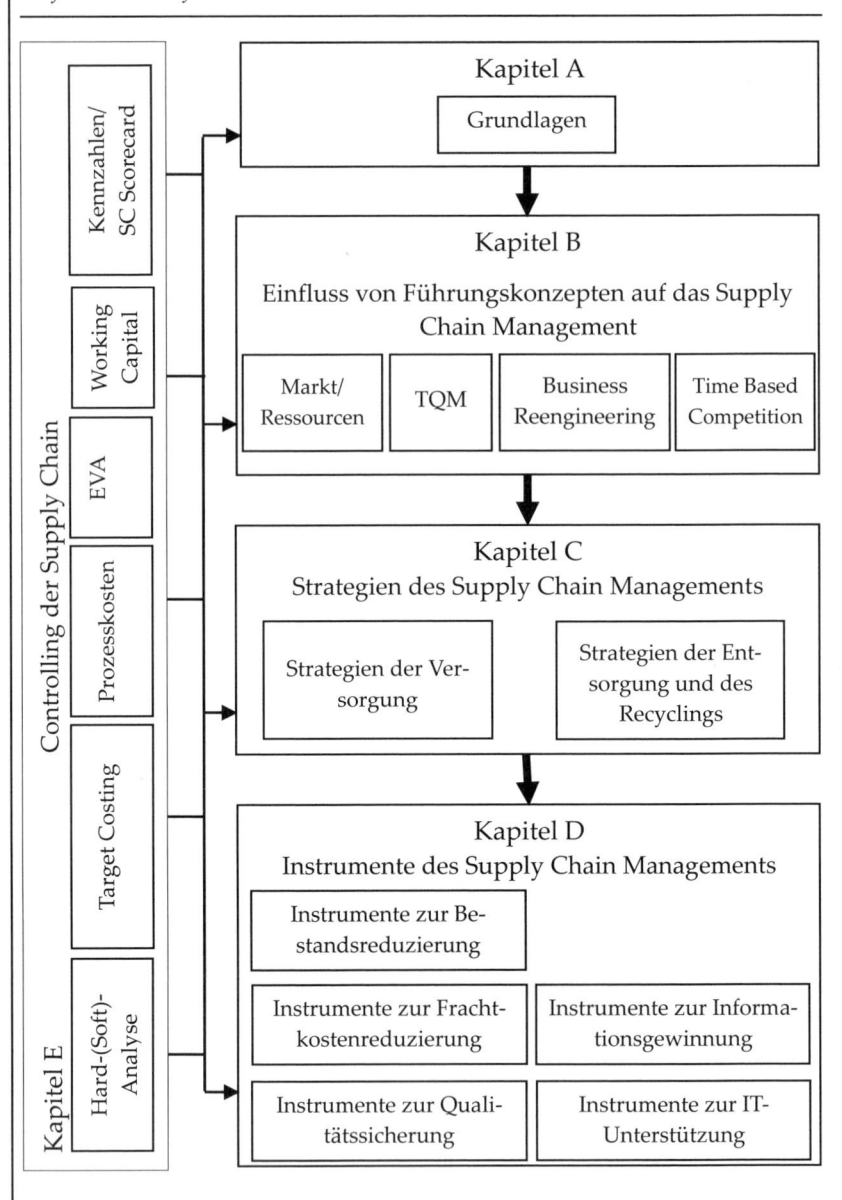

```
                          ┌─────────────────────────────────────────┐
                          │              Kapitel A                  │
                    ┌────▶│            Grundlagen                   │
                    │     └─────────────────────────────────────────┘
     ┌──────────┐   │                       │
     │Kennzahlen│   │                       ▼
     │SC Scoreca│   │     ┌─────────────────────────────────────────┐
     └──────────┘   │     │              Kapitel B                  │
                    │     │  Einfluss von Führungskonzepten auf das │
     ┌──────────┐   │     │        Supply Chain Management          │
     │ Working  │   │     │ ┌────────┬──────┬──────────┬──────────┐ │
     │ Capital  │───┤     │ │Markt/  │ TQM  │Business  │Time Based│ │
     └──────────┘   │     │ │Ressour.│      │Reengin.  │Competit. │ │
                    │     │ └────────┴──────┴──────────┴──────────┘ │
     ┌──────────┐   │     └─────────────────────────────────────────┘
     │   EVA    │   │                       │
     └──────────┘   │                       ▼
                    │     ┌─────────────────────────────────────────┐
     ┌──────────┐   │     │              Kapitel C                  │
     │Prozesskos│───┤     │  Strategien des Supply Chain Managements│
     └──────────┘   │     │  ┌────────────────┬──────────────────┐  │
                    │     │  │Strategien der  │Strategien der Ent│  │
     ┌──────────┐   │     │  │Versorgung      │sorgung u. Recycl.│  │
     │  Target  │   │     │  └────────────────┴──────────────────┘  │
     │  Costing │   │     └─────────────────────────────────────────┘
     └──────────┘   │                       │
                    │                       ▼
     ┌──────────┐   │     ┌─────────────────────────────────────────┐
     │Hard-(Soft│   │     │              Kapitel D                  │
     │)-Analyse │───┘     │  Instrumente des Supply Chain Managem.  │
     └──────────┘         └─────────────────────────────────────────┘
```

Controlling der Supply Chain

Kapitel E

Kapitel A – Grundlagen

Kapitel B – Einfluss von Führungskonzepten auf das Supply Chain Management
- Markt/Ressourcen
- TQM
- Business Reengineering
- Time Based Competition

Kapitel C – Strategien des Supply Chain Managements
- Strategien der Versorgung
- Strategien der Entsorgung und des Recyclings

Kapitel D – Instrumente des Supply Chain Managements
- Instrumente zur Bestandsreduzierung
- Instrumente zur Frachtkostenreduzierung
- Instrumente zur Informationsgewinnung
- Instrumente zur Qualitätssicherung
- Instrumente zur IT-Unterstützung

Kapitel E – Controlling der Supply Chain
- Kennzahlen/SC Scorecard
- Working Capital
- EVA
- Prozesskosten
- Target Costing
- Hard-(Soft)-Analyse

Supply Chain Management: Historie und Begriff   A.2

Im Rahmen einer **begrifflichen Klärung** zum Supply Chain Management gehen die oben genannten Autoren zum Teil deutlich auseinander (vgl. zur Begriffsfindung *Otto/Kotzrab* 2001, S. 157ff. und Gliederungspunkt A.2.2 der vorliegenden Schrift). Beispielsweise bedeutet für *Towill* (vgl. *Towill* 1996, S. 15ff.) ein Supply Chain Management die Verkettung von Systemen zur Auftragsabwicklung. *Fisher* (vgl. *Fisher* 1997, S. 105ff.) hingegen sieht in einer Supply Chain vor allem einen Absatzkanal, der die Fertigungsstätten mit den Kunden verbindet. Ganz anders *Harrington* (vgl. *Harrington* 1995, S. 30ff.). Er beschreibt ein Supply Chain Management als Gebilde zur Abwicklung kombinierter Material- und Informationsflüsse. Für *Stevens* (vgl. *Stevens* 1989, S. 3ff.) reicht die Supply Chain von der „Source of Supply" bis zum „Point of Consumption". Schließlich bedeutet für *Ellram* und *Cooper* (vgl. *Ellram/Cooper* 1990, S. 1ff.) ein Supply Chain Management die Verknüpfung von Wertschöpfungsprozessen. Im Folgenden wird zunächst deutlich, warum *Ellram* und *Cooper* ihr Verständnis von einem Supply Chain Management auf die Integration von Wertschöpfungsprozessen beziehen. Später ist die dem Buch zu Grunde liegende Definition für ein Supply Chain Management vorzustellen.

Von der Source of Supply bis zum Point of Consumption

Unabhängig von den differierenden begrifflichen Klärungen scheint allgemein akzeptiert, dass im Supply Chain Management, basierend auf der **Wertschöpfungskette** (Value Chain) von *Michael E. Porter* (vgl. *Porter* 2006; *Porter* 2008; *Porter* 2010), der Gedanke einer *Integration* von Unternehmungsaktivitäten aufgegriffen wird. Grundsätzlich misst die Wertschöpfung die selbst erstellten Leistungen einer Unternehmung, abzüglich erbrachter Vor- und Fremdleistungen. Während bislang die einzelnen Bereiche weitgehend losgelöst voneinander standen, werden im Supply Chain Management die Verbesserungspotenziale an den Schnittstellen – sowohl unternehmungsintern als auch netzwerkgerichtet – aufgedeckt.

Wertschöpfungskette als Ursprungsquelle

Ein Supply Chain Management erstreckt sich über komplette Unternehmungsnetzwerke. Es entsteht ein kooperatives Partnergeflecht, das sich über mehrere Ebenen ausrollt (verstanden als „Lieferanten-Hersteller-Kunden-Verbund"). In diesem Netzwerk laufen eine Vielzahl von Aktivitäten ab. Ein wichtiges Ziel besteht darin, durch eine umfassende Kostenanalyse die **Transaktionskosten** innerhalb der kompletten Supply Chain zu reduzieren. Transaktionskosten fallen für aufeinander folgende Tätigkeiten an (vgl. zu Transaktionskosten ausführlich S. 46f.). Zur Koordination der Prozesse werden deshalb zwischen den beteiligten Partnern institutionelle Regelungen für den Austausch von Waren sowie

Senkung von Transaktionskosten in Netzwerken

A

Grundlagen

Diensten vorgegeben. Bei der Minimierung der Transaktionskosten sind die Wahl der Organisationsform, die Spezifizierung der Prozesse und der Grad an Unsicherheit relevante Stellhebel. Insbesondere durch die rasanten Entwicklungen auf dem Gebiet der Informationstechnologie (IT), wird die Ausschöpfung von Kostensenkungspotenzialen über optimierte Transaktionen gefördert.

Interaktionen zwischen den Akteuren

Ein einheitliches Verständnis gegenüber einem Supply Chain Management hat sich bislang noch nicht durchgesetzt. Dies mag insbesondere der Tatsache geschuldet sein, dass der Ansatz seine Wurzeln in der Unternehmungspraxis hat. Es scheint jedoch allgemein akzeptiert, sämtliche Ziele und abgeleitete Handlungen der Supply Chain zur Sicherung und Verbesserung von Güter- und Werteflüssen im Wettbewerb zu nutzen. Die Komponenten innerhalb einer Supply Chain stellen **kein unverbundenes Nebeneinander** dar. Sie beziehen sich vielmehr auf die komplette Wertschöpfungskette: Von der Anlieferung, über die Fertigung und den Verkauf, bis zur Entsorgung oder zum Recycling.

SCM berücksichtigt explizit Finanzströme

Auch die begleitenden **Geldflüsse** finden Berücksichtigung. Es handelt sich dabei um Finanzströme, wie die Fakturierung im Rahmen der Auftragsabwicklung. Besondere Beachtung ist hier den *Zahlungen auf Ziel* zu schenken (vgl. Working Capital Management und Cash-to-Cash-Cycle auf S. 410ff.). Grundsätzlich gilt, dass mit steigender Zahlungsfrist der Finanzierungsbedarf wächst. Es muss bei einer Zahlung auf Ziel quasi eine Vorfinanzierung vorgenommen werden, die zu Opportunitätskosten führt, weil das gebundene Geld nicht gewinnbringend eingesetzt werden kann.

Begriffsklärung der vorliegenden Schrift

Aus den oben beschriebenen elementaren Inhalten eines Supply Chain Managements leitet sich die in dieser Schrift herangezogene **Begriffsklärung** ab. Sie lehnt sich im Kern an die Definitionen von *Ellram* und *Cooper* (vgl. *Ellram/Cooper* 1990, S. 1ff.) sowie von *Harrington* (vgl. *Harrington* 1995, S. 30ff.), dehnt diese jedoch erheblich aus. Sie ist bewusst weit gefasst und wird in Block A.I wiedergegeben.

Begriffsblock A.I

Definition des Supply Chain Managements

Ein Supply Chain Management kennzeichnet interne wie netzwerkgerichtete integrierte Unternehmungsaktivitäten von Versorgung, Entsorgung und Recycling, inklusive begleitende Geld- und Informationsflüsse.

Supply Chain Management: Historie und Begriff — A.2

Umgangssprachlich können Supply-Chain-Aktivitäten als **Lieferkettenmanagement** verstanden werden. Wie deutlich wurde, reichen sie nach *Stevens* (vgl. *Stevens* 1989, S. 3ff.) von der „Source of Supply" bis zum „Point of Consumption". Ein Supply Chain Management bezieht sich einerseits auf die Prozesse innerhalb einer Unternehmung (*unternehmungsinterne Supply Chain*). Auf der anderen Seite erstreckt sich das Supply Chain Management auf eine Verzahnung dieser Organisation mit ihrer Umwelt (*netzwerkgerichtete Supply Chain*). Abbildung A.2 unterstreicht diesen Zusammenhang.

Modernes Lieferkettenmanagement

- **Unternehmungsinterne Supply Chain**: Der Bezugspunkt der internen Supply Chain hängt von der Fertigungstiefe einer Unternehmung ab. In Abbildung A.2 bezieht sich die Supply Chain auf eine Montageunternehmung. Für eine fertigende Organisation oder einen Dienstleister wären die Elemente der Kette hinsichtlich ihrer Spezifika zu modifizieren. Die interne Supply Chain umfasst in diesem Beispiel folgende Stufen: Wareneingang, Hochregallager, Kommissionierung, Vormontage, Zwischenlager, Endmontage und Versand. Ein vorgelagerter Bereich *versorgt* seinen jeweils nachgelagerten. Der physische Warenfluss verläuft in dieser Richtung. Die Wertschöpfung nimmt stufenweise zu.

Beispiel einer internen Supply Chain

- **Unternehmungsintegrierte Supply Chain**: Eine integrierte (netzwerkgerichtete) Supply Chain positioniert sich auf die externen Schnittstellen einer Unternehmung. Eingangseitig findet eine Verzahnung dieser Organisation mit ihren Lieferanten statt. Und ausgangseitig ist die Unternehmung mit den Kunden verbunden. In dieses Netzwerk sind auch die „Lieferanten der Lieferanten" und die „Kunden der Kunden" einbezogen. Anders ausgedrückt, umspannt eine integrierte Supply Chain sämtliche Aktivitäten im Netzwerk der Akteure. Und sie reicht vom Last-Tier-Lieferanten bis zum ultimativen Endverbraucher.

Netzwerkgerichtete Supply Chain

Der Verlauf innerhalb des Supply Chain Managements folgt einem **"Order-to-Payment-S"** (vgl. *Klaus* 2012, S. 457ff.; *Werner* 2013a, S. 10). Abbildung A.2 zeigt das Grundprinzip des Konzepts. Innerhalb der Verkettung sind drei Bereiche zu unterscheiden. Sowohl die interne als auch die integrierte Supply Chain gehen in das Order-to-Payment-S ein (vgl. Begriffsblock A.II).

Darstellung über das Order-to-Payment-S

A Grundlagen

Begriffsblock A.II — *Bereiche im Order-to-Payment-S*

- **Bereich 1**: Der erste Bereich verläuft flussaufwärts, von rechts nach links. Ein Kunde gibt einen Auftrag (**Order**) an die Unternehmung (Pullorientierung). Die Schnittstellen zwischen den Partnern gewährleisten die Disponenten, wobei die Liefer- (LAB) und Feinabrufe (FAB) den Prozess regeln. Über die *Abrufe* werden die zu fertigenden Bauzahlen bestimmt. Der Disponent stellt seine Informationen dem Einkauf zur Verfügung, welcher den Warennachschub gewährleistet.

- **Bereich 2**: Der physische Materialfluss strömt von links nach rechts (flussabwärts). Eine Erfüllung des Kundenauftrags steht im Mittelpunkt. Die gelieferten Teile werden im Wareneingang angenommen. Nach ihrer Lagerung und Kommissionierung erfolgt die Montage. Eine vorgelagerte Stelle versorgt ihre jeweils nachgelagerte. Die Wertschöpfung steigt schrittweise, bis die Fertigwaren den Kunden zugestellt werden.

- **Bereich 3**: Die Waren sind schließlich durch den Kunden zu bezahlen (das flussaufwärts gerichtete **Payment**). Dieser Bereich beschreibt den Geldfluss. Außerdem verlaufen eine Entsorgung und ein Recycling von rechts nach links. Die beiden letzten Komponenten gewinnen, auf Grund ökologischer und rechtlicher Aspekte, an Bedeutung (vgl. Green Supply Chains auf S. 216ff.).

A.2.2 Typisierungsmöglichkeiten und Entwicklungsstufen des Supply Chain Managements

Systematisierung von Supply Chains

Nachstehend werden einige **Möglichkeiten zur Typisierung** unterschiedlicher Ansätze um das Supply Chain Management diskutiert. Diesbezüglich ist zunächst das Konzept nach *Bechtel* und *Jayaram* (vgl. *Bechtel/Jayaram* 1997, S. 15ff.) vorzustellen, das vier verschiedene Denkschulen des Supply Chain Managements kennt. Anschließend werden die Typologien nach *Otto* (vgl. *Otto* 2002, S. 89ff.) und *Göpfert* (vgl. *Göpfert* 2004, S. 25ff.) charakterisiert. Weiterhin sind die prägenden vier Entwicklungsstufen des Supply Chain Managements näher zu beschreiben.

Supply Chain Management: Historie und Begriff | **A.2**

Order-to-Payment-S in der Supply Chain | *Abbildung A.2*

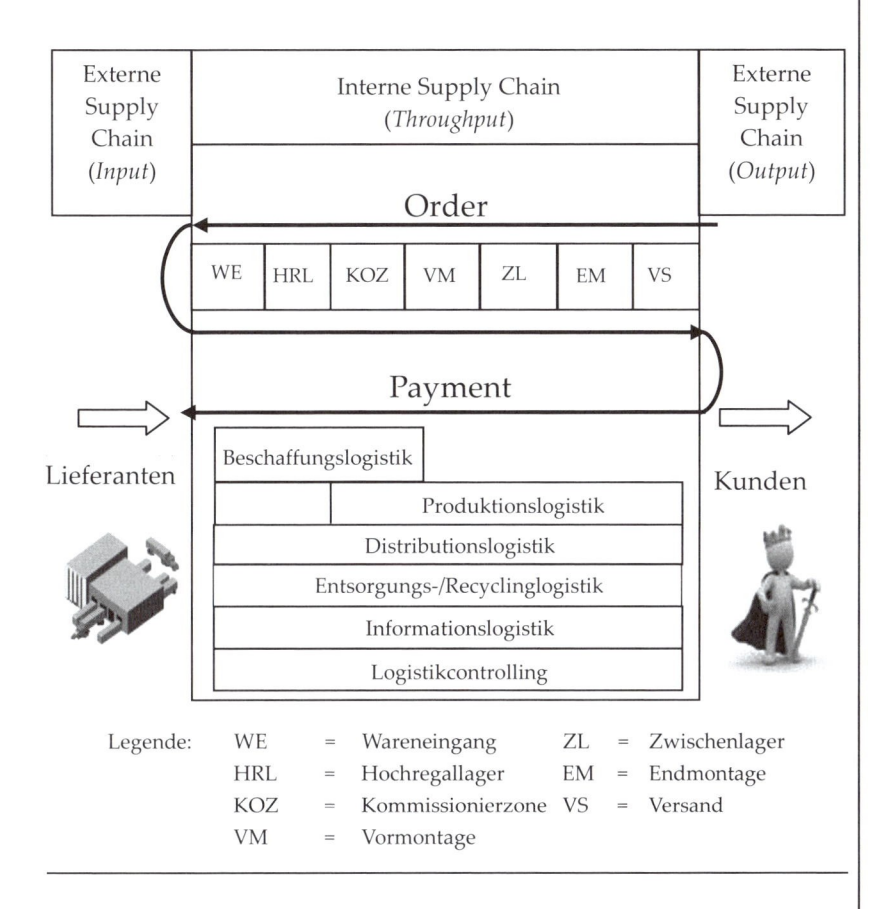

| Externe Supply Chain (*Input*) | Interne Supply Chain (*Throughput*) | Externe Supply Chain (*Output*) |

Order

| WE | HRL | KOZ | VM | ZL | EM | VS |

Payment

Lieferanten → ... → Kunden

- Beschaffungslogistik
- Produktionslogistik
- Distributionslogistik
- Entsorgungs-/Recyclinglogistik
- Informationslogistik
- Logistikcontrolling

Legende:
- WE = Wareneingang
- HRL = Hochregallager
- KOZ = Kommissionierzone
- VM = Vormontage
- ZL = Zwischenlager
- EM = Endmontage
- VS = Versand

A.2.2.1 Typisierungsmöglichkeiten des Supply Chain Managements

A.2.2.1.1 Typologie nach *Bechtel/Jayaram*

Nach *Bechtel/Jayaram* (vgl. *Bechtel/Jayaram* 1997, S. 15ff.) sind die Erklärungsversuche um das Supply Chain Management in **vier verschiedene Denkschulen** einzuordnen. Sie nennen diesbezüglich Chain Awareness, Linkage School, Information School und Integration School.

Denkschulen von Supply Chains

Grundlagen

Ansätze des Bewusstseins

- **Chain Awareness**: Der Ansatz Chain Awareness ist weit ausgelegt. Nach diesem Konzept umspannt das Netzwerk sämtliche Tätigkeiten von der Rohstoffgewinnung bis zum ultimativen Endverbraucher. *Stevens* gehört beispielsweise der Denkschule einer Chain Awareness an (vgl. *Stevens* 1989, S. 3ff.). Wie oben dargestellt, reicht für ihn eine Supply Chain von der „Source of Supply" bis zum „Point of Consumption".

„Stell die Verbindung her…"

- **Linkage School**: Nach der Linkage School stellen Supply Chains logistische Beziehungen und Verbindungen zwischen den beteiligten Organisationen dar. Der Schwerpunkt dieser Überlegungen ist Transportentscheidungen geschuldet. Zu den bekanntesten Vertretern dieser Schule gehört *Simchi-Levi*: "The supply chain, which is also referred to as the logistics network, consists of suppliers, manufacturing centers, warehouses, distribution centers and retail outlets, as well as raw materials, work-in-process inventory, and finished products that flow between the facilities." (*Simchi-Levi et al.* 2007, S. 1).

Bidirektionaler Informationsfluss

- **Information School**: Diese dritte Einordnungsmöglichkeit von Denkansätzen des Supply Chain Managements betont einen bidirektionalen Informationsfluss zwischen den Akteuren. Der Information School gehört beispielsweise *Bowersox* an: „Supply Chain Management is a collaborative-based strategy to link cross-enterprise business information to achieve a shared vision of market opportunity." (*Bowersox* 1998, S. 181).

Business Integration

- **Integration School**: Schließlich bezieht die Integration School ein Supply Chain Management auf eine Prozess- und Systemsicht. *Cooper et al.* stellen wichtige Vertreter dieser Denkrichtung dar: „The integration of business processes across the supply chain is what we are calling supply chain management." (*Cooper/Lambert/Pagh* 1997, S. 2).

A.2.2.1.2 Typologie nach *Otto*

Typisierung nach Otto

Eine zweite Typisierungsalternative des Supply Chain Managements geht auf *Otto* zurück (vgl. *Otto* 2002, S. 89ff.). Der Verfasser trifft eine Differenzierung nach Wertschöpfungsprozess, Unternehmungsgruppe, Netzwerk vertikal alliierter Partner und Superorganisation. Nachstehend wird die Supply-Chain-Typologie nach *Otto* näher charakterisiert.

Wertschöpfungsnetzwerke

Zunächst kann ein Supply Chain Management als **Wertschöpfungsprozess** identifiziert sein. Darunter ist jedwede Form arbeitsteiliger Erstellung materieller Produkte zu verstehen. „The term supply chain is used to the chain linking each element of the production and the supply process from materials through to the end customer. Typically such a chain will cross several organizational boundaries." (*Scott/Westbrook* 1991, S. 23). Die einzelnen Partner dieser Kette agieren weitgehend losgelöst voneinander. Dabei kann sich die Wertschöpfungskette intern wie generisch ausrichten (vgl. *Otto* 2002, S. 92ff.).

- Einerseits wird sich das Supply Chain Management auf den **internen Wertschöpfungsprozess** erstrecken. Dann erfasst die Supply Chain sämtliche wertschöpfenden Aktivitäten innerhalb einer Organisation („Intra-Company"): „The supply chain management is a business process." (*Hewitt* 1994, S. 2).   *Intra-Company*

- Auf der anderen Seite zielt ein Supply Chain Management auf **generische Wertschöpfungsprozesse**. Darunter sind allgemein gültige, modulare, rekonfigurierbare Versorgungsströme von Organisationen zu verstehen. Das Order-to-Payment-S, welches zur begrifflichen Klärung der vorliegenden Schrift dient, ist diesem Segment ebenso zuzuordnen, wie das SCOR-Modell (vgl. S. 64ff.).   *Netzwerkgerichtete Wertschöpfungskette*

Einen weiteren Bezugsrahmen der Typologie um ein Supply Chain Management bildet die **Unternehmungsgruppe** ab. „A Supply Chain ... comprises all companies that participate in transforming, selling and distributing the product from raw material to final customer." (*Chow et al.* 1994, S. 22). Die Akteure innerhalb dieser Kette übernehmen in der Regel eindeutig definierte Wertschöpfungsinhalte (so genannte *Business Function*), welche sich durch ihre funktionale Verschiedenheit auszeichnen: „Supply chain management extends this concept of functional integration beyond the firm to all the firms in the supply chain." (*Ellram/Cooper* 1990, S. 1).   *Unternehmungsverbund*

Nach *Otto* (vgl. *Otto* 2002, S. 96) ist ein Supply Chain Management als **Netzwerk vertikal alliierter Unternehmungen** zu verstehen, wenn die einzelnen Akteure im Rahmen ihrer Zusammenarbeit bestimmte Attribute aufweisen. Zu diesen Merkmalen zählen „gemeinsame Strategien", „kooperative Zusammenarbeit" oder „gemeinsame Verantwortung": „A network of connected and interdependent organizations mutually and cooperatively working together to control, manage and improve the flow of materials and information from suppliers to end-users." (*Christopher* 1999, S. 19). Ein weiterer Vertreter dieser Sichtweise ist *Swaminathan*: "Supply Chain Management ... as a network of autonomous or semiautonomous business entities collectively responsible for procurement, manufacturing and distribution activities associated with one or more families or related products." (*Swaminathan et al.* 1998, S. 607).   *Vertikal alliierte Partner*

A *Grundlagen*

"Das ist das neue Spiel. Es heißt ‚Alle gegen Alle'…"

Schließlich sind Supply Chains als **Superorganisationen** zu bezeichnen, wenn sie nicht länger rechtlich selbständige Gebilde, sondern unitäre Organisationen darstellen („Extended Enterprise" oder „Extra Corporate Organization"): „We are now entering the era of supply chain competition. …real competition is not company against company but rather supply chain against supply chain" (*Christopher* 1999, S. 28).

A.2.2.1.3 Typologie nach *Göpfert*

Zwei Gruppen von Supply Chains

Die Typisierung von Erklärungsansätzen um das Supply Chain Management nach *Göpfert* (vgl. *Göpfert* 2004, S. 25ff.) ordnet diese zwei generischen Gruppen zu. Das Unterscheidungskriterium nach *Göpfert* ist der direkte Logistikbezug (erste Gruppe) und der indirekte Logistikbezug (zweite Gruppe).

SCM als erweiterte Logistikfunktion

Die erste Gruppe der Typologie nach *Göpfert* (vgl. *Göpfert* 2004, S. 28) leitet den Begriff „Supply Chain Management" unter **expliziter Bezugnahme auf die betriebliche Logistik** ab. In diesem Segment finden sich die für ein Supply Chain Management synonym verwendeten Begrifflichkeiten „Lieferkette", „Versorgungskette" oder „Logistikkette". Manche Autoren setzen gar die Begriffe Supply Chain Management und Logistik gleich, so *Simchi-Levi*: „… we do not distinguish between logistics and supply chain management." (*Simchi-Levi et al.* 2007, S. 3). In diese Kategorie von Erklärungsversuchen um das Supply Chain Management fallen auch *Handfield/Nichols*: „Supply chain management … all activities associated with the flow and transformation of goods from raw materials stage … through the end user, as well as the associated information flows." (*Handfield/Nichols* 1999, S. 2).

SCM in der Variante Zero Based

In der zweiten Gruppe begrifflicher Klärungsansätze um das Supply Chain Management findet **keine direkte Bezugnahme zur Logistik** statt. Eine Lieferkette wird dem „Management von Geschäftsprozessen", einem „Kooperationsmanagement" oder dem „Beziehungsmanagement" gleichgesetzt: „The integration of all key business processes across the supply chain is what we are calling supply chain management." (*Cooper et al.* 1997, S. 2). Nach *Göpfert* entfernen sich diese Ansätze zum Teil recht weit vom eigentlichen Kerninhalt des Supply Chain Managements. Anders als dort dargestellt, ist ein Supply Chain Management außerdem eng mit dem Entstehungsprozess einer Logistik verbunden (vgl. *Göpfert* 2004, S. 30).

A.2.2.2 Entwicklungsstufen des Supply Chain Managements

Das Supply Chain Management hat nach *Baumgarten* vier elementare Entwicklungsstufen durchschritten (vgl. *Baumgarten* 2004, S. 54ff.). Diese reichen von der Integration der Funktionen interner Supply Chains (Stufe 1), einem Informationsaustausch zwischen Kunden, Lieferanten und Logistikdienstleistern (Stufe 2), dem kollaborativen Management kompletter Netzwerke (Stufe 3), bis zur Synchronisation und Reduzierung interner wie externer Supply Chains (Stufe 4). Nachstehend findet sich eine Beschreibung der Inhalte dieses Phasenmodells (vgl. *Baumgarten* 2004, S. 55ff.). Abbildung A.3 zeigt diese Entwicklungsstufen in übersichtlicher Weise auf.

Historische Entwicklung

- **Stufe 1: Integration der Funktionen interner Supply Chains**. Zu Beginn der 90er Jahre startete der Versuch, die unterschiedlichen unternehmungsinternen Funktionsbereiche (Einkauf, Vertrieb, Technik, Finanzen oder Produktion) miteinander zu verzahnen. Zum Beispiel ist es die Aufgabe des Vertriebs, Änderungswünsche der Kunden an die weiteren Funktionseinheiten unverzüglich weiterzureichen („Forecast Accuracy"). Dazu werden **Prozessketten** aufgebaut, welche sich aus den unternehmungsinternen Tätigkeiten speisen.

  Integrationen im Partnergeflecht

- **Stufe 2: Informationsaustausch zwischen Kunden, Lieferanten und Dienstleistern**. Mitte der 90er Jahre starten Organisationen ihren intensivierten Informationsaustausch mit Kunden, Lieferanten und Dienstleistern. Dazu nutzen sie die Möglichkeiten moderner IT (zum Beispiel Web-Lösungen). Die Akteure schmieden zur Ausschöpfung synergetischer Potenziale **Wertschöpfungsallianzen**. In dem Beziehungsgeflecht schälen sich Systemlieferanten heraus (vgl. Modular Sourcing S. 162ff.). Auch für die Logistikdienstleister beginnt ein neues Zeitalter. Ihnen wird mehr Verantwortung übertragen. Sie bewirtschaften Lieferanten-Logistik-Zentren (LLZ) oder Konsignations-Lagerstätten. Weiterhin werden sie in elektronische Gutschriftverfahren oder Einkaufskartensysteme eingebunden. Viele heute beobachtbare Supply-Chain-Prozesse in der Unternehmungspraxis befinden sich in diesem Stadium.

  Wertschöpfungsnetzwerke

- **Stufe 3: Kollaboratives Management kompletter Netzwerke**. Basierend auf den Ergebnissen der zweiten Phase, wird seit Beginn dieses Jahrtausends der Versuch unternommen, Informationen in Echtzeit durch das Netzwerk beteiligter Akteure zu schleusen. Beispielsweise ergeben sich kurzfristige und nicht vorhersehbare Änderungen in den Kundenabrufen. Diese wirken sich schlagartig auf die Kapazitäts- und Ressourcenplanung der Produktion aus (das Verschieben der Auf-

  Simultanplanungszeiten

Grundlagen

Fit for the Supply-Chain-Future!

tragsreihenfolgen). Zur Lösung dieser Problemstellung werden Systeme im Sinne von **Advanced Planning and Scheduling** (vgl. ausführlich S. 304ff.) eingesetzt. Darunter sind Simultanplanungskonzepte zu verstehen, welche die Durchgängigkeit des Informationsflusses lancieren. Etliche Organisationen versuchen sich derzeit an diesen Systemen.

▪ **Stufe 4: Synchronisation und Reduzierung interner wie externer Supply Chains**. Diese vierte Phase des Supply Chain Managements ist eher Wunschvorstellung und Vision denn Realität. Eine zentrale Rolle nimmt nach *Baumgarten* (vgl. *Baumgarten* 2004, S. 58f.) in diesem Kontext das E-Business ein. Teilweise finden sich riesige Netzwerke, in welche mehr als Tausend Akteure eingebunden sind. Diese Supply Chains zeichnen sich durch hohe Komplexität, Kompliziertheit und Intransparenz aus. Im Sinne von **Virtual Community** sind Kundenwünsche bereits an die Entwicklungspartner durchzureichen (vgl. die Gedanken zu „Resident Engineering" auf S. 121). Elektronische Beschaffung (E-Procurement) und elektronische Bestandsführung (E-Fulfillment) sind bereits heute vielerorts vorzufinden. Zukünftig wird das IT-gestützte Engpassmanagement ebenso an Bedeutung gewinnen, wie der elektronische After-Sales-Service. Von besonderer Bedeutung sind dabei die Koppelungssysteme für Beschaffung, Produktion und Vertrieb. *Baumgarten* (vgl. *Baumgarten* 2004, S. 58) unterstellt in seinen **visionären Ausführungen**, dass ein Forecasting des Produktionsprogramms zukünftig über Internet-basierte Plattformen abzuwickeln ist. Die Kundenaufträge werden online für Internet-Applikationen beim Händler eingespeist, um eine automatische Aktualisierung der Absatzprognose zu erwirken. Darauf basiert eine direkte Ableitung des Fertigungsprogramms, verbunden mit einer Kapazitäts- und Materialüberprüfung. Online spielen sich die Kundenaufträge in den Auftragskalender ein. Dadurch wird eine direkte Produktionsplanung für jedes Werk angestoßen. Simultan erfolgt die Weitergabe der Kundenbedarfe an vorgelagerte Stufen der Supply Chain. Im Anschluss an eine Verfügbarkeitsplanung (Capable-to-Promise), wird dem Kunden automatisch ein verbindlicher Liefertermin weitergegeben (Available-to-Promise).

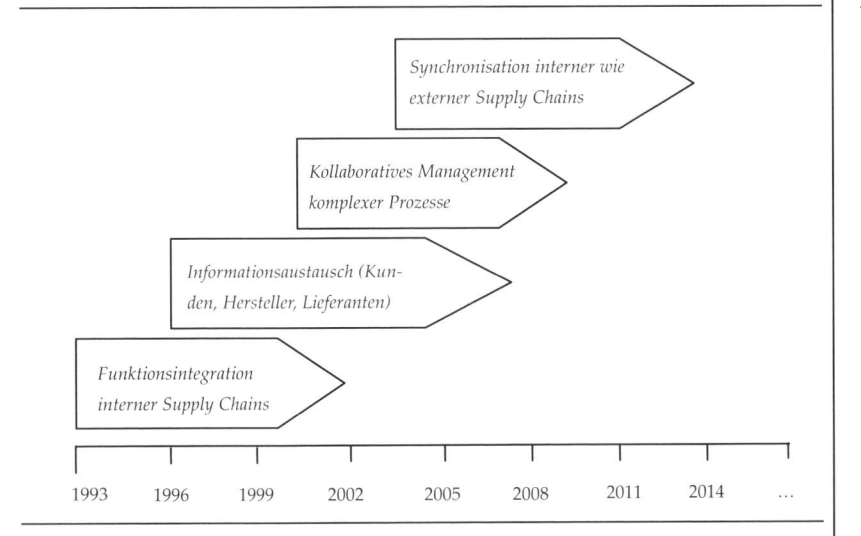

Entwicklungsstufen des Supply Chain Managements — *Abbildung A.3*

- Funktionsintegration interner Supply Chains
- Informationsaustausch (Kunden, Hersteller, Lieferanten)
- Kollaboratives Management komplexer Prozesse
- Synchronisation interner wie externer Supply Chains

1993 1996 1999 2002 2005 2008 2011 2014 ...

A.3 Abgrenzung zu verwandten Konzepten

Synonym für ein Supply Chain Management prägten sich in den letzten Jahren die Begrifflichkeiten **Network Sourcing**, **Value Stream Management** oder **Supply Pipeline Management** (vgl. zu diesen Begriffen *Croom et al.* 2000, S. 67). Allerdings schaffen diese Bezeichnungen für ein Supply Chain Management keinen wirklichen Mehrwert. Im Gegenteil, sie tragen eher zur Verwirrung bei und werden daher nachstehend nicht näher gewürdigt.

Begriffliche Festigung

Eine Abgrenzung des Supply Chain Managements von benachbarten Konzepten kann dennoch erfolgen. Diese erstreckt sich zunächst auf die **traditionellen** Begriffe Einkauf, Materialwirtschaft und Logistik. Anschließend wird das Supply Chain Management von **modernen** verwandten Ansätzen abgegrenzt.

Tradierte und moderne Ansätze

Grundlagen

A.3.1 Abgrenzung von traditionellen Begriffen

Konventionelle Bereitstellungsansätze

Die Abgrenzung des Supply Chain Managements von Einkauf, Materialwirtschaft und Logistik erfolgt fließend. Sämtliche Begrifflichkeiten korrelieren mit dem Management moderner Lieferketten und beinhalten eine **Warenbereitstellung** (vgl. *Hess 2010*). Die Aktivitäten und die Objekte zwischen Einkauf, Materialwirtschaft und Logistik überschneiden sich zum Teil (vgl. *Arnolds et al. 2013; Large 2009*).

Strategischer und operativer Einkauf

- **Einkauf**: Der Einkauf kann in einen strategischen und in einen operativen Bereich getrennt werden, wobei die Übergänge fließend verlaufen. Die Tätigkeiten des operativen Einkaufs sind vornehmlich abwickelnder Art und auf eine Steigerung der *Einkaufseffizienz* gerichtet. Ein typischer operativer Einkaufsprozess umfasst die Arbeitsschritte: Dispositionsmeldung, Bedarfsfeststellung, Bestellbearbeitung, Terminverfolgung, Rechnungsabgleich sowie Termin-, Mengen- und Qualitätsüberwachung. Der strategische Einkauf hingegen verfolgt eine Optimierung der *Einkaufseffektivität*. Somit sind die Aktivitäten des strategischen Einkaufs primär langfristig ausgerichtet. Ein solcher Prozess beinhaltet häufig die Phasen Versorgungserkennung, Beschaffungsmarktforschung, Anfrage und Ausschreibung, Preisverhandlung und Angebotsauswertung, Vertragsabschluss sowie Leistungsmessung (Einkaufs-Performance). Der Einkauf im Allgemeinen wird auch mit den Terminus „Supply Management" gleichgesetzt; der strategische Einkauf im Speziellen mit „Beschaffungsmanagement".

Materialwirtschaft als Subsystem der Supply Chain

- **Materialwirtschaft**: Eine Materialwirtschaft beinhaltet den wirtschaftlichen Umgang mit Waren und ist grundsätzlich weiter gefasst als der Einkauf. Sie umspannt die Lagerbewirtschaftung, den innerbetrieblichen Transport und die Materialversorgung, bis zur Bereitstellung in der Fertigung. Das Supply Chain Management nimmt die gleichen Tätigkeiten wie eine Materialwirtschaft wahr. Es ist aber umfangreicher, weil die unternehmungsinterne Kette alle Bereiche – vom Wareneingang bis zum Versand – abdeckt. Außerdem werden im Supply Chain Management die externen Schnittstellen (Lieferanten und Kunden) sowie Geld- und Informationsflüsse berücksichtigt.

Physische Raum- und Zeitüberbrückungsfunktion

- **Logistik**: Eine Logistik beschäftigt sich primär mit dem physischen Materialfluss (der Warenverfügbarkeit) innerhalb der Unternehmung sowie zwischen einer Organisation und ihrer Umwelt. Die Funktionen der Raum- und der Zeitüberbrückung stehen im Mittelpunkt. Ein Supply Chain Management nutzt die tradierte Logistik zur physischen Transaktionsabwicklung (vgl. Gliederungspunkt A.3.2.2).

A.3.2 Abgrenzung von benachbarten Managementansätzen

In den letzten Jahren haben sich um ein Supply Chain Management einige **benachbarte Konzepte** herausgeschält. Folgende verwandten Ansätze sind von dem Supply Chain Management abzugrenzen: Wertschöpfungskette, Logistikkette, Demand Chain Management, Customer Relationship Management, Supplier Relationship Management, Beziehungsmanagement sowie Supply Chain Relationship Management. Im Folgenden findet sich eine kurze Beschreibung dieser Ansätze.

Moderne Managementkonzepte

A.3.2.1 Wertschöpfungskette

Das Supply Chain Management lehnt sich, auf Grund seines Integrationsgedankens, an die **Wertschöpfungskette** (synonym **Wertekette** genannt) von *Michael E. Porter* (vgl. *Porter* 2006; *Porter* 2008; *Porter* 2010). Nach *Porter* sind die Organisationsabläufe als Folge wertschöpfender Aktivitäten zu verstehen. Als Primärtätigkeiten der **internen Wertschöpfungskette** gelten Eingangslogistik, Operations, Marketing und Vertrieb, Ausgangslogistik sowie Kundendienst. Diese sind von den Funktionen Infrastruktur, Personalwirtschaft, Technologieentwicklung sowie Beschaffung umgeben. Weitere unterstützende Bereiche (wie Treasury, Finanzen oder Rechtsabteilung) vernachlässigt *Michael E. Porter* hingegen. Nach *Porter* basieren Differenzierungs- oder Kostenvorteile gegenüber der Konkurrenz aus einer Optimierung der internen Wertschöpfungskette. Beim Aufbau dieser Verflechtungsbeziehung ist zu hinterfragen, welchen Wert die Organisationstätigkeiten schaffen und wie deren Kosten determiniert sind (vgl. *Porter* 2010, S. 25).

Porter als treibende Kraft des Market-Based-View

Außerdem bezieht sich *Porter* auf die **unternehmungsübergreifende Wertschöpfungskette** (vgl. *Porter* 2010, S. 60). Die interne Wertekette von Unternehmungen ist zumeist mit vorgelagerten und nachgelagerten Netzwerken externer Organisationen verwoben. Im Eingangsbereich liegen Interdependenzen mit Lieferanten vor. Mit Vertriebskanälen und Kunden bestehen ausgehende Verknüpfungen.

Einbezug der Determinanten des Marktes

Die **Abgrenzung** zwischen einem Supply Chain Management und der Wertschöpfungskette ist darin zu sehen, dass sich erster Ansatz auf die Aspekte von Versorgung, Entsorgung und Recycling richtet. Ein Supply Chain Management umfasst die physische Verfügbarkeit, Beseitigung, Verwendung oder Verwertung von Waren, wobei diese Aktivitäten von Informations- und Geldströmen umgarnt sind. In einer Wertschöp-

Abgrenzung zum Supply Chain Management

Grundlagen

fungskette finden hingegen *sämtliche wertsteigernden sowie wertvernichtenden Einflussfaktoren* auf Unternehmungsleistungen ihren Niederschlag. Dazu zählen beispielsweise Aspekte wie *Design* oder *Image*. Diese Größen sind hingegen für ein Supply Chain Management kaum von Bedeutung.

A.3.2.2 Logistikkette

Attribute von Logistikketten

In einer **Logistikkette** vereinen sich Prozess- wie Kundenorientierung. Üblicherweise manifestiert sich eine Logistikkette mehrstufig: Von der Urproduktion, über die Transformations- und die Transferaktivitäten, bis zum Endverbraucher. Dabei kennzeichnen folgende **Merkmale** eine Logistikkette (vgl. *Klaus/Krieger* 2012, S. 359):

Untergeordnete Bedeutung von Geldflüssen

- Die Logistik verfolgt eine horizontale Sichtweise von Tätigkeiten, welche primär der **physischen** Raum- und Zeitüberbrückung dienen. Im **Unterschied** zum Supply Chain Management, sind Informationsflüsse zwar gleichwohl bedeutsam, doch spielen Geldflüsse in der Logistikkette nur eine untergeordnete Rolle.

Aufbauorganisatorische Integration

- Eine Logistikkette ist stets als **Ganzes** zu betrachten, weil die beteiligten Akteure in ein Geflecht ständiger Wechselwirkungen eingebunden sind. Die einzelnen Elemente werden derart aneinandergereiht, dass sie ablauforganisatorisch in einem stringenten sachlogischen Zusammenhang stehen (vgl. *Schulte* 2012, S. 271).

Interne und externe Kundenbetrachtung

- Innerhalb der Logistikkette sind Abfolgen von Lieferanten-Kunden-Beziehungen zu identifizieren. Neben der Befriedigung von Wünschen ultimativer Endverbraucher, sind diesbezüglich auch die Anforderungen **interner Kunden** (Intercompany-Beziehungen) zu stillen.

Abgrenzung zum SCM

Verglichen mit der Logistikkette, ist ein Supply Chain Management das umfassendere Konzept. Während eine Logistikkette auf die interne wie die externe horizontale Verzahnung von Unternehmungsbereichen zielt, umfasst ein Supply Chain Management komplette vertikale Netzwerke. Dabei bedient sich das Supply Chain Management zur Wahrnehmung der Aktivitäten von Versorgung, Entsorgung und Recycling durchaus tradierten Logistikfunktionen (Beschaffungs-, Produktions-, Distributions-, Informations- und Entsorgungslogistik).

A.3.2.3 Demand Chain Management

Ein **Demand Chain Management** wird auch als „Chain of Customer" oder „Demand Collaboration" bezeichnet (vgl. *Jansen/Reising* 2001; *Marbacher* 2001). Demand Chains richten schwerpunktmäßig auf den Kunden aus (konsequente Pullorientierung). Zumeist sind als Kunden ultimative Endverbraucher zu verstehen (B2C-Abwicklung). Es können aber auch institutionelle Verflechtungen zwischen Hersteller und nachgelagertem Distributor mit dem Begriff „Demand Chain Management" umschrieben werden (B2B- oder B2A-Abwicklung).

Chain of Customer

Marbacher (vgl. *Marbacher* 2001) vollzieht die explizite Verschmelzung von Angebots- und Nachfragesicht in einem **„Demand and Supply Chain Management"**. Dieser Ansatz subsumiert bekannte Inhalte wie Category Management oder Customer Relationship Management. Im Kern basieren die Gedanken *Marbachers* auf dem Prinzip kollaborativ gestaltbarer Nachfrage. *Zentes et al.* messen dem integrierten „Demand and Supply Chain Management" ein gegenseitiges Bedingen und Fördern bei (vgl. *Zentes et al.* 2004, S. 53).

Demand and Supply im Gleichschritt

Im **Unterschied** zum Supply Chain Management fokussiert sich ein Demand Chain Management ausschließlich auf den Kunden. Lieferantenattribute deckt es, wenn überhaupt, nur sekundär ab. In der vorliegenden Schrift wird eine Trennung zwischen Supply Chains auf der einen Seite und Demand Chains auf der anderen Seite nicht weiter verfolgt. Hat sich doch der Begriff „Supply Chain Management" in Theorie und Praxis etabliert, er ist als feststehend zu betrachten. Die bloße "Worthülse" Demand Chain Management schafft daher keinen wirklichen Mehrwert.

Abgrenzung zum SCM

A.3.2.4 Customer Relationship Management

Ein Customer Relationship Management stellt die Planung, die Steuerung und die Kontrolle sämtlicher auf aktuelle wie potenzielle Marktpartner gerichteter Maßnahmen einer Unternehmung dar, mit dem Ziel, die **Kundenbeziehungen** zu intensivieren (vgl. ausführlich S. 143ff.). Mit Hilfe moderner Informations- und Kommunikationssysteme wird der Aufbau dauerhafter Interaktionen mit ausgewählten Kunden anvisiert (vgl. *Hippner et al.* 2011; *Raab/Werner* 2010).

Profitable Kunden langfristig binden

A Grundlagen

Funktionalitäten des Customer Relationship Managements

Die **Funktionalitäten** eines Customer Relationship Managements sind kommunikativ, operativ sowie analytisch geprägt. Im **kommunikativen** Customer Relationship Management manifestiert sich die Synchronisation sämtlicher Kommunikationskanäle in Richtung Kunde (Internet, E-Mail, Telefon oder Verkaufsgespräch). Ein **operatives** Customer Relationship Management zeichnet sich durch die Verschmelzung von Front-Office (Kontaktpunkt zum Kunden) und Back-Office (IT-gestützte Realisationssysteme, wie ERP- oder APS-Lösungen) aus. Schließlich ist das **analytische** Customer Relationship Management der Aufzeichnung und späteren Auswertung von Kundenkontakten und Kundenreaktionen geschuldet. Beispielsweise dürfen Beschwerden innerhalb der Logistikkette nicht versickern. Sie sind vielmehr bis zu ihrer Lösung systematisch zu verfolgen („Closing-the-Loop").

Share of Wallet

Prägend für ein Customer Relationship Management ist der Wandel des Transaktionsmarketings zum echten Beziehungsmarketing. Um den „Share of Wallet" zu ernten, sind nicht nur einzelne Transaktionen zu realisieren, sondern vielmehr stabile Kundenbeziehungen zu initiieren und zu intensivieren. Entscheidend für die Auswahl von Marktpartnern ist folglich deren jeweiliger **Customer Value** (vgl. *Cornelsen/Diller* 2000). Um den Kundenwert möglichst langfristig abzuschöpfen, sind dem direkten Nutzen weitere Anreize hinzuzufügen, welche den Käufer zur Fortsetzung der Geschäftsbeziehung verleiten („Relationship Equity").

Collaborative CRM

Ein traditionelles Customer Relationship Management kann zum **kollaborativen Customer Relationship Management** geweitet sein. Darunter verstehen *Kracklauer et al.* (vgl. *Kracklauer et al.* 2002, S. 24) die gemeinsame Gewinnung, Bildung und Weiterentwicklung von Kundenbeziehungen. Sämtliche Stufen zur Absatzgewinnung sind in derartige kollaborative Prozesse einzubeziehen (Industrie, Handel und Kunden). Im **Gegensatz** zum Supply Chain Management, werden vorgelagerte Aktivitäten der Lieferanten diesbezüglich jedoch nicht berücksichtigt. Für ein kollaboratives Customer Relationship Management steht insbesondere die Bündelung des Know-hows der Akteure, wie der abgestimmte Einsatz von Marketing-Maßnahmen, im Vordergrund (vgl. *Hertel et al.* 2011, S. 189). Die Schnittstelle zum Supply Chain Management besteht für ein Collaborative Customer Relationship Management zu den Logistik- und den Marketing-Tools (Category Management) des Efficient Consumer Response (zum Beispiel über gebündelte Sales-Promotion-Aktivitäten am Point-of-Sale).

A.3.2.5 Supplier Relationship Management

Das **Supplier Relationship Management** (vgl. *Hildebrand* 2002) umfasst sämtliche Aktivitäten der Lieferantenauswahl, Lieferantenentwicklung und Lieferantenintegration. Das Lieferantenmanagement speist sich aus der operativen wie der strategischen Ausgestaltung von Beschaffungsprozessen. Die übergeordneten **Ziele** des Supplier Relationship Managements liegen in der Optimierung der Beziehungen zu Lieferanten, einer Reduzierung von Prozesskosten, der Senkung von Einstandspreisen, einer Verbesserung der Produktqualität sowie der kontinuierlichen Kontrolle von Einkaufstätigkeiten (vgl. *Appelfeller/Buchholz* 2010, S. 3).

Lieferanten als echte Wertschöpfungspartner

Folglich stellt das Supplier Relationship Management einen **Ausschnitt** des Supply Chain Managements dar. Das Konzept verfolgt eine Verbesserung der eingehenden Lieferantenströme. Nachgelagerte Kundenbeziehungen blendet das Supplier Relationship Management hingegen völlig aus. Das **Pendant** des Supplier Relationship Managements stellt das Customer Relationship Management dar.

Abgrenzung zum SCM

Die **allgemeinen Merkmale** für ein Supplier Relationship Management bestehen nach *Appelfeller/Buchholz* (vgl. *Appelfeller/Buchholz* 2010, S. 9ff.) in der Lieferantenbasis (geografische Struktur, Lieferantenanzahl), vertikaler Kooperationsintensität (Wertschöpfungsumfang), Materialgruppe (Standardisierung, Mengenbündelung) und horizontaler Kooperationsintensität (Partnerschaft). **Prozessbezogene Merkmale** sind hingegen der Vertragsentstehung (Ausschreibungen, Preisverhandlungen) sowie dem operativen Beschaffungsmodell (für Materialien und Dienste) geschuldet.

Merkmale

Im Rahmen des Supplier Relationship Managements entsteht derzeit ein interessantes Betätigungsfeld für den Wettbewerb. Beispielsweise offeriert *SAP* mit *„mySAP Supplier Relationship Management"* eine entsprechende **Software** potenziellen Marktpartnern. Es versteht sich, dass *SAP* das Consulting für diese Software gleich mitliefern kann.

IT-Support

A.3.2.6 Beziehungsmanagement

Ein Beziehungsmanagement beschreibt die Abstimmung von Leitbildern und Maßnahmen vertikal operierender Unternehmungen, verbunden mit dem Anspruch, die Beziehung aufrechtzuerhalten und zum gegenseitigen Nutzen auszubauen. Den Schwerpunkt des Beziehungsmanagements bilden **Sozialfaktoren und psychologische Phänomene** ab (vgl. *Wiedmann/Dunz* 2000, S. 46f.).

Sozialfaktoren und psychologische Implikationen

A *Grundlagen*

Abgrenzung zur Supply Chain

Im hier verstandenen Sinn, stellt ein Beziehungsmanagement ein **Subsystem der Supply Chain** dar. Und zwar mit einem Fokus auf zwischenmenschliche und interorganisatorische Verflechtungen („weiche Faktoren"). Das Beziehungsnetzwerk der Akteure spiegelt Sicherheit und Vertrauen, informelle Kommunikation als auch kooperative oder konfliktäre Verhaltensmuster (vgl. *Krupp/Klaus* 2012, S. 64ff.).

Zunehmende Bedeutung weicher Faktoren für ein SCM

Für ein Supply Chain Management stellt die explizite Berücksichtigung von Beziehungen eine recht neue Herausforderung dar. **Emotionale Bindungen** zu Lieferanten, Händlern, Distributoren oder Kunden sind allerdings schwer messbar und unterliegen einer hohen Subjektivität. Dennoch sind Mensch-zu-Mensch-Beziehungen innerhalb der Supply Chain allemal von einiger Bedeutung. Ein Beispiel dafür ist die Einkäufer-Verkäufer-Bindung zwischen Kunde und Lieferant. Wurde die Untersuchung dieser Einflussfaktoren innerhalb der Betriebswirtschaftslehre bisher insbesondere dem Marketing und der Unternehmungsführung überlassen, richtet sich zukünftig auch ein Supply Chain Management auf die Optimierung von Sozialfaktoren aus.

A.3.2.7 Supply Chain Relationship Management

SCRM als Sonderform des Supply Chain Managements

Das Supply Chain Relationship Management (SCRM) basiert einerseits auf dem Supply Chain Management. Andererseits hat es seine Wurzeln im (generischen) Beziehungsmanagement. Folglich stellt das Supply Chain Relationship Management eine **Sonderform** des Beziehungsmanagements dar, welche die Inhalte speziell auf moderne Lieferkettenströme ausschüttet. Als **Stellhebel** des Supply Chain Relationship Managements sind nicht Material-, Informations- und Geldflüsse zu werten. Anlog zum generischen Beziehungsmanagement, stellen für ein Supply Chain Relationship Management eher logistikspezifische Sozialfaktoren und psychologische Phänomene entscheidende Erfolgskomponenten dar.

Sozialnetz und Sozialkompetenzen

Nach *Trumpfheller/Hofmann* (vgl. *Trumpfheller/Hofmann* 2004, S. 72) greift das Supply Chain Relationship Management auf die Konzepte Customer Relationship Management sowie Supplier Relationship Management zurück. Traditionell bestehen zwischen Lieferanten (Supplier), Herstellern und Kunden (Customer) Material-, Informations- und Wertnetze. Durch ein Supply Chain Relationship Management werden diese Beziehungen um eine **Sozialebene** erweitert.

Abgrenzung zu verwandten Konzepten

A.3

Die **Ziele** des Supply Chain Relationship Managements bestehen in der Schaffung von Vertrauen, einer Zunahme der Verbundenheit, der Förderung von Kommunikation, einer Steigerung von Transparenz sowie einer Erhöhung der Koordination (vgl. *Trumpfheller/Gomm* 2004, S. 301ff.). Interne wie netzwerkgerichtete zwischenmenschliche Beziehungen werden beispielsweise bei Lieferantentagen, Verkaufsgesprächen, Auditierungen, Kunden-Events, gemeinsamen Qualifikationen, Kongressen oder Tagungen geschaffen.

„People are people so why should it be you and I should get along so awfully…"

In die Koordination und Steuerung der Supply-Chain-Partnerschaft können **„Beziehungspromotoren"** einbezogen sein (vgl. *Walter* 2002, S. 124ff.). Ein Beziehungspromoter initiiert den Informationsaustausch, sucht nach geeigneten Kontaktpersonen sowie weiteren Partnern, führt die Menschen zusammen und fördert ihren Dialog. Außerdem greift der Promoter bei Konflikten schlichtend ein. Dieser Beziehungspromotor kann ein führender Mitarbeiter einer beteiligten Organisation sein, der über persönliche und fachliche Kompetenz zur Bewältigung genannter Aufgaben verfügt. Auch die Mitarbeiter neutraler „Clearing-Stellen" (beispielsweise Consultants) können in die Rolle eines Beziehungspromotors schlüpfen.

Beziehungspromotoren als Initiatoren

A.3.2.8 Zusammenfassung der Ergebnisse

Ein Supply Chain Management hat einige Gemeinsamkeiten mit benachbarten Konzepten. Wie oben aufgezeigt, gilt dies insbesondere für die Ansätze Wertschöpfungskette, Logistikkette, Demand Chain Management, Customer Relationship Management, Supplier Relationship Management, Beziehungsmanagement sowie Supply Chain Relationship Management. Bei allen inhaltlichen Verflechtungen mit diesen Begrifflichkeiten, grenzt sich ein Supply Chain Management von diesen benachbarten Konzepten jedoch ab. In den zuvor dargestellten Ausführungen wurden die **Gemeinsamkeiten** und die **Unterschiede** ausführlich herausgearbeitet. Abbildung A.4 zeigt die Kernaussagen dieser Zusammenhänge in übersichtlicher Weise auf.

„To cut a long story short, I lost my mind…"

A Grundlagen

Abbildung A.4 | *Supply Chain Management und verwandte Konzepte im Überblick*

Managementkonzept	Beschreibung
Supply Chain Management (SCM)	SCM kennzeichnet interne wie netzgerichtete Unternehmungsaktivitäten von Versorgung, Entsorgung und Recycling, inklusive Geld- und Informationsflüsse.
Wertschöpfungskette	Wertschöpfungsketten berücksichtigen Faktoren, die zur Wertsteigerung und -vernichtung beitragen. Dazu zählen mit Image und Design Größen, welche für eine Supply Chain nur sekundäre Bedeutung besitzen.
Logistikkette	Eine Logistikkette erstreckt sich auf physische Tätigkeiten zur Raum- und Zeitüberbrückung. Im Gegensatz zum SCM, werden Geldflüsse kaum berücksichtigt. Während eine Logistikkette primär auf die Verzahnung tradierter Unternehmungsbereiche zielt, umspannt ein SCM komplette organisatorische Netzwerke.
Demand Chain Management (DCM)	DCM bildet eine Integration von Aktivitäten in Richtung Kunde ab (Pullorientierung). Im Gegensatz zum SCM, berücksichtigt DCM Lieferantenattribute kaum.
Customer Relationship Management (CRM)	CRM stellt die Planung, Steuerung und Kontrolle sämtlicher auf Marktpartner gerichteter Maßnahmen einer Unternehmung zur Intensivierung der Kundenbeziehungen dar. Anders als ein SCM, umfasst das CRM keine Lieferantenströme.
Supplier Relationship Management (SRM)	SRM beinhaltet sämtliche Aktivitäten zur Lieferantenauswahl, -entwicklung und -integration. Im Gegensatz zum SCM, berücksichtigt SRM externe Kunden kaum.
Beziehungsmanagement	Beziehungsmanagement kennzeichnet die Abstimmung von Leitbildern und Maßnahmen vertikal kooperierender Akteure, verbunden mit dem Anspruch, Beziehungen aufrechtzuerhalten und zum gegenseitigen Nutzen auszubauen. Der Schwerpunkt richtet sich auf die Sozialebene (psychologische und emotionale Faktoren).
Supply Chain Relationship Management (SCRM)	SCRM basiert auf dem SCM und auf dem Beziehungsmanagement. Untersuchungsfelder des SCRM sind soziale Beziehungen (und nicht Material-, Informations- und Geldflüsse). Der Ansatz stellt somit einen beziehungsaffinen Teil des SCM dar.

A.4 Strukturierung der Supply Chain

In einer Supply Chain kooperieren Wertschöpfungspartner zumeist multilateral, wobei die Akteure in der Regel ihre rechtliche Selbständigkeit aufrecht erhalten. Die einzelnen Organisationen übernehmen spezielle Aufgaben, häufig konzentrieren sie sich dabei auf ihre Stärken. Auch Supply Chains folgen einem **Lebenszyklus**: Sie werden gegründet, betrieben und aufgelöst (vgl. *Wildemann* 2006, S. 204).

Multilaterale Zusammenschlüsse eigenständiger Akteure

- **Gründungsphase**: Die Gründung einer Lieferkette orientiert sich an den Strategien der involvierten Partner. Aus ihren Einzelzielen leitet sich die Gesamtstruktur der Supply Chain ab. Von besonderer Bedeutung für den Aufbau eines Wertschöpfungsverbunds sind der Zweck und die Dauer einer beabsichtigten Kooperation. Dabei können sich die Netzwerke durchaus auch auf Schwerpunkte einer Supply Chain konzentrieren (zum Beispiel Produktionszusammenschluss oder Entwicklungsallianz).

Zur Initiierung von Wertschöpfungsketten

- **Betriebsphase**: Nach der Gründung einer Supply Chain beginnt die Zuteilung der Ressourcen. Dabei versuchen die eingebundenen Partner, synergetische Potenziale auszuschöpfen. Im Idealfall erreichen die Akteure eine „Win-Win-Situation", wozu sie vorzugsweise ihre jeweiligen Kernfähigkeiten in den Verbund einbringen.

Das Ganze ist mehr als die Summe seiner Teile

- **Auflösungsphase**: Ständig werden die betroffenen Organisationen überprüfen, ob sie die anvisierten Ziele erreichen konnten (Supply Chain Performance). Je weniger dies der Fall ist, desto eher droht die Auflösung der Supply Chain. Zum Teil ist auch ein temporäres Verlassen einzelner Glieder aus der Wertschöpfungskette denkbar.

„When it's over…"

Zwischen den Akteuren einer Supply Chain verwischen klassische **Koordinationsmechanismen**: Es fehlt innerhalb der Lieferkette zumeist eine übergeordnete leitende Instanz. Daher sind in Supply Chains Weisungen, Programme oder Pläne von ihrem Wirkungsgrad her schwächer ausgeprägt, als dies in einer einzelwirtschaftlichen Unternehmung der Fall ist. Außerdem ist stets ein Konsens notwendig, um eine möglichst langfristige Kooperation aufzubauen (vgl. *Wildemann* 2006, S. 204).

Zur Abstimmung im Partnergeflecht

Bei der **Strukturierung** von Supply Chains lassen sich zwei grundsätzliche Typen ausmachen: Es sind einerseits hierarchisch pyramidale und andererseits polyzentrische Lieferketten zu unterscheiden (vgl. *Wildemann* 2006, S. 204). Diese beiden Ausgestaltungsformen (so genannte „Phänotypen") von Wertschöpfungspartnerschaften werden im Folgenden näher vorgestellt.

Ausgestaltungsformen moderner Netzwerke

A *Grundlagen*

A.4.1 Hierarchisch pyramidale Supply Chains

Monozentrische Netzwerkstruktur

Innerhalb der **hierarchisch pyramidalen Supply Chain** steht eine strategisch relevante Unternehmung im Mittelpunkt. Sämtliche Wertschöpfungspartner richten nach dieser dominierenden Organisation („Hub Firm") ihre jeweiligen Aktivitäten aus. Die Beherrschung des Netzwerks erfolgt beispielsweise durch die Größe, die Finanzausstattung oder das Wissenspotenzial der führenden Unternehmung. Aber auch der direkte Zugang dieser fokalen Unternehmung auf Beschaffungs- und Absatzmärkte kann die Strukturierung des Verbunds nachhaltig beeinflussen. Hierarchisch pyramidale Supply Chains orientieren sich folglich an der Marktmacht ihres „Leuchtturms". Die Zentralorganisation bindet ihre Partner vielfach über langfristige Kontrakte an sich.

Eindeutig strukturierte Netzverbindungen

Der Aufbau einer hierarchisch pyramidalen Supply Chain entspricht häufig der **produktbezogenen Zwangsfolge technologischer Arbeitsschritte** (vgl. *Bretzke* 2007, S. 15). Sämtliche Veredelungsschritte der Partner orientieren sich streng an dem jeweiligen Produktionsprozess. Die Fokalunternehmung ist zumeist der Endproduktersteller. In Abbildung A.5 ist ein Beispiel einer hierarchisch pyramidalen Supply Chain für die „Herstellung von Brot" angegeben. Die eingebundenen Glieder sind Saatgutproduzenten, Bauern, Mühlen und schließlich der Netzknoten: die Brotfabrik.

Abbildung A.5

Hierarchisch pyramidale Supply Chain

Saatgutproduzent — Bauer — Mühle — Brotfabrik

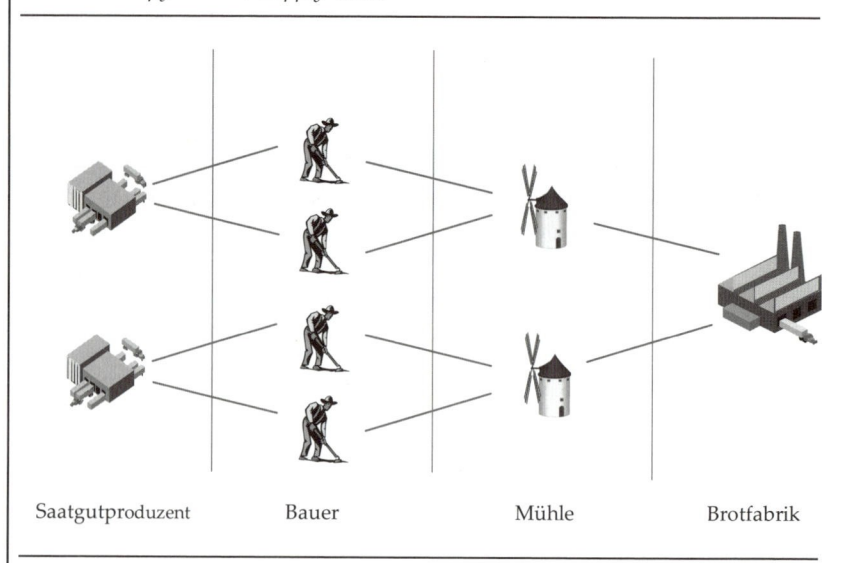

A.4.2 Polyzentrische Supply Chains

Im Gegensatz zur eindeutigen Strukturierung hierarchisch pyramidaler Supply Chains, liegen bei **polyzentrischen Supply Chains** homogene wechselseitige Abhängigkeiten vor. In diesem Netzwerk sind sowohl die Entscheidungskompetenzen als auch die Koordinationsaufgaben relativ gleichmäßig auf die jeweils eingebundenen Partner verteilt (vgl. *Wildemann* 2006, S. 204). Vertrauen und Offenheit der Beteiligten sind besonders wünschenswerte Eigenschaften in dieser Kette.

Homogene Supply Chains mit facettenreichen Ausprägungsmöglichkeiten

Innerhalb dieses **heterarchischen Netzwerks** werden die Führung und die Dominanz regelmäßig durch Verhandlungen neu geregelt. Teilweise koordinieren einzelne Akteure eigenverantwortlich bestimmte Bereiche, da sie beispielsweise über besondere Kenntnisse auf diesem Gebiet verfügen. Innerhalb eines Netzwerkverbunds wird dies als „Spezialisierungsfunktion" bezeichnet. Die Überlappung einzelner Tätigkeiten ist symptomatisch für polyzentrische Supply Chains, da die Aufgaben vielfach parallelisiert erbracht werden (Simultanplanung anstelle von Sukzessivplanung).

Ständige Abstimmungsprozesse

Die Koppelungen in einem polyzentrischen Verbund entstehen zumeist zur Lösung eines konkreten Kundenproblems. Dabei richtet sich die Koordination der Akteure strikt nach Angebots- und Nachfragesituation aus. Eine jeweilige Organisation ist häufig nicht exklusiver Bestandteil einer einzigen Supply Chain, sondern auch integrativer Akteur innerhalb einer weiteren Lieferkette (so genannte **multifunktionale Supply-Chain-Partnerschaften**). Beispielsweise produziert *Infineon* Prozessoren nicht ausschließlich für *Motorola*, sondern ebenso für *Sony* und *Nokia*. *Sony* wiederum bezieht seine Prozessoren aber nicht nur exklusiv von *Infineon*, sondern gleichzeitig von *Intel* und *AMD* (vgl. *Bretzke* 2007, S. 19).

Überlappende Interaktionen im Verbund

Während in hierarchisch pyramidalen Supply Chains die fokale Organisation eindeutig „den Ton angibt", müssen die Akteure polyzentrischer Netzwerke häufig **Kompromisslösungen** anvisieren. Beileibe herrscht in einer solchen Lieferkette nicht immer Einigkeit, wenn es beispielsweise um die Aufnahme neuer Partner, die Kostenverteilung, die Vergabe knapper Ressourcen oder das „Outphasen" beteiligter Unternehmen geht. Häufig reicht die Macht eines Akteurs – gerade wenn er nahe am Ursprung der Lieferkette angesiedelt ist – nicht über seine eigene Wertschöpfungsstufe hinaus.

Kompetenzgerangel zwischen den Mitgliedern

A | *Grundlagen*

Steuerung über Lenkungsausschuss

Auf Grund der nahezu gleichberechtigten Beziehungen zwischen den Einzelgliedern bietet sich in polyzentrischen Lieferketten die Implementierung eines **Steering Committees** an. Dieser Lenkungsausschuss setzt sich aus Vertretern der eingebundenen Partner einer Supply Chain zusammen. Gerade bei aufkeimenden Problemen innerhalb der Wertschöpfungskette werden mit Hilfe von Steering Committees – durch Mehrheitsentscheidungen – weiterführende Maßnahmen initiiert (vgl. *Corsten/Gössinger* 2007. S. 200f.).

Netzwerkknoten nicht eindeutig identifizierbar

Abbildung A.6 ist ein **Beispiel** für eine polyzentrische Supply Chain zu entnehmen. Darin wird deutlich, dass die Akteure dieses Netzwerks in überlappenden Abhängigkeiten miteinander stehen. Eine wirkliche Fokalorganisation ist nicht länger auszumachen. In letzter Instanz ziehen die ultimativen Endverbraucher die Waren aus dieser Supply Chain. Im Ursprung der Wertschöpfungskette stehen Rohstofflieferanten und Teilelieferanten in wechselseitigen Abhängigkeitsverhältnissen zueinander. Vielfach handelt es sich hierbei um mittelständische Unternehmungen. Am engsten ist wohl die Bindung zwischen Modullieferanten und Herstellern. Diese OEMs wiederum befinden sich in diversen Austauschprozessen mit dem Handel. Und der Handel hat schließlich sehr unterschiedliche Bindungen zu den Endusern.

Abbildung A.6 | *Polyzentrische Supply Chain*

Rohstoffe — Teile — Module — Hersteller — Handel — Endkunde

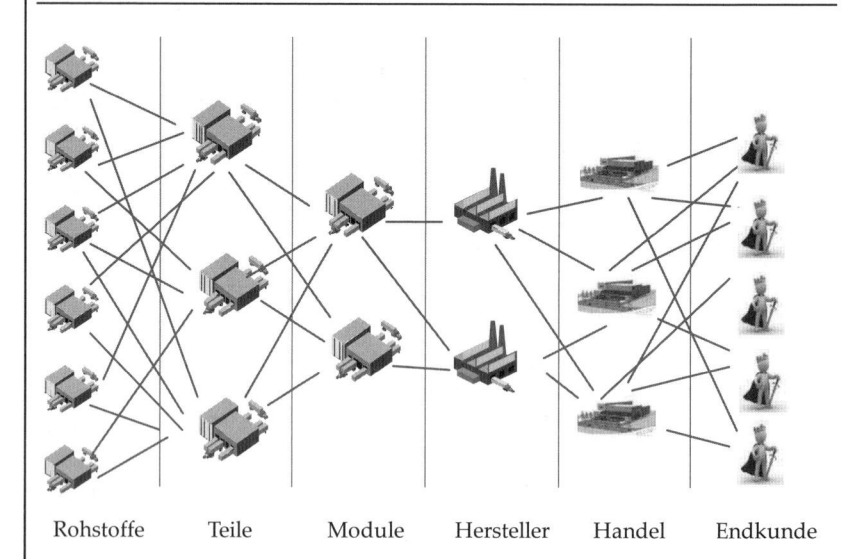

A.5 Aufgaben und Ziele des Supply Chain Managements

A.5.1 Allgemeine Charakterisierung

Die **Aufgaben** und die **Ziele** eines Supply Chain Managements leiten sich aus übergeordneten gesellschaftlichen und volkswirtschaftlichen Anforderungen ab (Human-, Ökologie- oder Sozialanforderungen). Außerdem basieren die Ziele und die Anforderungen einer Supply Chain auf den allgemeinen Unternehmungsleitlinien. Diesbezüglich verfolgen die Teilnehmer moderner Lieferketten Kosten-, Leistungs- oder Qualitätsverbesserungen.

Warum werden Supply Chains gegründet?

Vorrangige Aufgaben des Supply Chain Managements stellen die Versorgung (Verfügbarkeitsaspekt), die Entsorgung und das Recycling integrierter Unternehmungsaktivitäten dar. Im Rahmen der Wahrung dieser generischen Aufgaben, muss das Supply Chain Management unterschiedliche **Komponenten** beachten. Darunter fallen Quantitäten, Qualitäten, Preise, Liefer- und Lagerorte sowie (Liefer-) Termine.

Aufgaben moderner Lieferketten im Überblick

Die Akteure einer Supply Chain bilden ein heterogenes Interessentenbündel ab. Lieferanten, Hersteller, Händler, Distributoren, Dienstleister und Kunden sind in dieses Netzwerk eingebunden. Eine Supply Chain befindet sich in einem **latenten Spannungsverhältnis** der beteiligten Mitspieler. Auf der einen Seite erhoffen sich die Partner aus der über die Organisation greifenden Koordination eine gesteigerte Wettbewerbsfähigkeit. Andererseits streben die rechtlich selbständigen Organisationen nach Autonomie. Der Bezugsrahmen eines Supply Chain Managements muss diesen ständigen Balanceakt konkurrierender Ziele ausloten.

Akteure einer Lieferkette

Natürlich gibt es „Win-Win-Situationen" in diesem Partnergeflecht: Eine Begrifflichkeit, die im Supply Chain Management in den letzten Jahren wohl ein wenig zu euphorisch gefeiert – und kaum differenziert betrachtet – wurde. Doch herrschen auch in Lieferketten weiterhin freilich **schärfste Konkurrenzverhältnisse**. Beispielsweise erfolgt in einer Engpasssituation die Zuteilung knapper Ressourcen wenig altruistisch. Ebenso wird ein Lieferant seine Materialien kaum in eine jeweilige Supply Chain schleusen, wenn er in einem anderen Absatzkanal höhere Deckungsbeiträge wittert.

„You gotta fight for your right to party…"

A Grundlagen

Simultanverbesserung

Ein primäres Anliegen des Supply Chain Managements besteht in der Erfüllung oben beschriebener Aufgaben. Der Ansatz erstreckt sich dabei auf eine **Simultanoptimierung** der Unternehmenseffektivität und Unternehmenseffizienz sowie eine Harmonisierung der Wettbewerbsfaktoren Kosten, Zeit, Qualität und Flexibilität (vgl. Begriffsblock A.III).

Begriffsblock A.III

Effektivität und Effizienz sowie Zielharmonie von Erfolgsfaktoren

Doing the right things right

- **Effektivität und Effizienz**: Effektivität bedeutet, die richtigen Dinge zu tun („Doing the right things"). Effizienz meint hingegen, die Dinge richtig zu tun („Doing the things right"). Die Effektivität ist strategisch geprägt, und sie orientiert sich an der primär externen und langfristigen Erfolgswirksamkeit von Handlungen. Eine Effizienz bezieht sich auf die Erzielung günstiger Kosten-Nutzen-Relationen. Sie ist operativ, primär intern und kurzfristig ausgelegt. Das Grundanliegen besteht freilich darin, die richtigen Dinge richtig zu tun.

Wissen führt zum strategischen Pentagon

- **Harmonisierung von Wettbewerbsfaktoren**: Die entscheidenden Faktoren des Wettbewerbs sind Kosten, Zeit, Qualität und Flexibilität („strategisches Viereck"). Grundsätzlich hat sich ein Supply Chain Management auf sämtliche Erfolgsfaktoren ähnlich stark auszurichten (*Zielharmonie*). Temporär kann natürlich ein Faktor majorisieren.

Schlüssel der Supply Chain

Die Erfolgswirksamkeit von Supply-Chain-Aktivitäten speist sich aus einer Verbesserung oben aufgeführter **Wettbewerbsfaktoren** (Kosten, Zeit, Qualität und Flexibilität). Folgende beispielhaften Optimierungspotenziale sind diesen vier Schlüsselgrößen zuzuordnen:

Cash-throw-off-Potential

- **Kosten**: In der Supply Chain zielt die Schlüsselgröße Kosten auf Parameter wie Bestände, Frachten, Investitionen oder Abschreibungen auf logistische Assets (beispielsweise auf Flurförderzeuge oder Gebäude). Aus hohen Vorräten speist sich zwar eine Versorgungssicherheit innerhalb der Lieferkette. Jedoch zehren überhöhte Bestände am Kapital einer Organisation.

Beschleunigung versus Entschleunigung

- **Zeit**: Zumeist wird in der Wertschöpfungskette eine Beschleunigung der Aktivitäten verfolgt. Diese ist in der Regel über die Order Fulfillment Time zu messen. Ein modernes Supply Chain Management kann auch zur Reduzierung der Time-to-Market beitragen. Teilweise ist in der Supply Chain jedoch auch eine bewusste Entschleunigung von Prozessen anzuraten (Postponement).

Aufgaben und Ziele des Supply Chain Managements

A.5

- **Qualität**: Der Erfolgsfaktor Qualität innerhalb der Supply Chain kann beispielsweise anhand von Kriterien wie Ausschuss oder Nacharbeit gemessen werden. Im Kern wird eine Befriedigung der Kundenwünsche eingefordert, die vor allem im Ansatz Total Quality Management (vgl. ausführlich S. 99ff.) zum Tragen kommt.

Cosby: „Quality is free!"

- **Flexibilität**: Schließlich meint der Faktor Flexibilität in der Lieferkette, die Optimierung der Anpassungs- und Wandlungsfähigkeit von Organisationen. Dazu finden moderne IT-Systeme Einsatz. Beispielhaft dafür steht der unternehmungsübergreifende Ansatz von Advanced Planning and Scheduling (vgl. S. 304ff.).

Anpassungen und Wandlungen

Beckmann (vgl. *Beckmann* 2004, S. 14f.) segmentiert den **Nutzen** des Supply Chain Managements in marktseitige, innerbetriebliche sowie lieferantenseitige Attribute. Der **marktseitige Nutzen** besteht für die Akteure beispielsweise in der Konzentration auf das Kerngeschäft (Outsourcing), einer Reduzierung von Marktrisiken (hervorgerufen auf Grund eines durchgängigen Informationsflusses) oder der Steigerung der Kundenzufriedenheit (konsequente Ausrichtung der Geschäftsprozesse in Richtung ultimativer Endkunde). Außerdem beschleunigt die netzgerichtete Zusammenarbeit die Erschließung neuer Absatzmärkte.

„Was zählt, ist auf dem Platz…"

Supply Chain Management in der Praxis

Beispielblock a.1

Ein **Beispiel** für die Nutzung eines Supply Chain Managements in der Unternehmungspraxis liefert *Berentzen* (vgl. *Berentzen* 2000, S. 71ff.). Für den Spirituosenhersteller *Berentzen* zeigt er anhand von „Picks" die grundlegenden fünf Blöcke für ein Supply Chain Management auf. Das Projekt wurde seinerzeit bei *Berentzen* angestoßen und beinhaltet **P**rozesse, **I**nformationstechnologie, **C**ontrolling (Monitoring), **K**ooperation und **S**ervice. Diese Säulen stützen das Supply Chain Management von *Berentzen*. Die wichtigsten Neuerungen durch die Einführung eines Supply Chain Managements erstreckten sich für *Berentzen* auf die Bereiche Produktion (Konzentration der Abfüllstandorte und revidierte Fertigungsplanung), Distribution (intensivierte Einbeziehung externer Dienstleister sowie Aufbau eines Zentrallagers), IT (revolvierendes Updaten von *SAP*-Modulen) sowie Organisation (Gründung einer eigenen Logistikgesellschaft und verstärkte Zulieferintegration). Mit Hilfe von „Picks" gelang es *Berentzen*, die Produktionskosten um 20% und die Distributionskosten um 15% zu senken.

Ein **innerbetrieblicher Nutzen** erwächst aus dem Supply Chain Management durch optimierte Bedarfsprognosen oder permanenten Kapa-

Internal Benefits

A Grundlagen

zitätsabgleich. Moderne SCM-Systeme zeigen potenzielle Engpasssituationen (Bottlenecks) rasch auf. Daraus resultiert beispielsweise die Möglichkeit einer Bestandsreduzierung. Ferner entspringt der forcierten Planungsgenauigkeit ein Potenzial zur Losgrößenoptimierung.

Supplier Integration

Schließlich ist einem modernen Netzwerkmanagement der **lieferantenseitige Nutzen** inhärent. Dieses Phänomen resultiert aus der Übertragung von Verantwortlichkeiten an vorgelagerte Wertschöpfungsstufen (Lieferanten oder Hersteller). Beispielhaft dafür steht das Konzept Vendor Managed Inventory (vgl. ausführlich S. 127ff.). Aus diesen intensivierten Bindungen im Kunden-Hersteller-Lieferanten-Verhältnis resultiert vielfach eine Straffung der Einkaufsprozesse.

Keys of Success

Weiterhin zielt die Ausgestaltung von Supply Chains auf die Realisierung von **Schlüsselprinzipien**. Dazu zählen Kompression, Kooperation, Virtualisierung, Standardisierung, Integration, Kundenorientierung sowie Optimierung (zum Teil in Anlehnung an *Otto/Kotzrab* 2001, S. 166). Nachstehend werden diese prägenden Prinzipien des Netzwerkmanagements näher beschrieben.

Weniger ist manchmal mehr

- **Kompression**: Eine Kompression meint einerseits die reduzierte Anzahl von Knoten und Akteuren innerhalb eines logistischen Netzwerks. Andererseits sind die Entfernungen zwischen den Knoten zu minimieren.

Gemeinsam stärker sein

- **Kooperation**: Die Partner streben im Supply Chain Management nach der Nutzung von Verbundeffekten (Economies of Scope) in den Versorgungs-, Entsorgungs- und Recyclingströmen. Dabei richten sich die Kooperationsbestrebungen zunehmend globaler aus (Internationalisierung der Supply Chain).

Virtuelle Beziehungsgeflechte

- **Virtualisierung**: Ein prägender Punkt in modernen Supply Chains ist der Aufbau virtueller Netzwerke. Eine *virtuelle Unternehmung* meint die temporäre Verschmelzung von Kernkompetenzen. Das Gebilde tritt dem Kunden gegenüber als Einheit auf. Nach innen besitzt eine virtuelle Organisation jedoch keine juristischen und aufbauorganisatorischen Verzahnungen.

Mass Customization als Hybridstrategie

- **Standardisierung**: In den Lieferketten finden in zunehmendem Maße standardisierte Module Einsatz. Dadurch steigt die Möglichkeit des vereinfachten Datenaustauschs innerhalb der Supply Chain (beispielsweise wird Offshoring gefördert).

Bildung von Allianzen

- **Integration**: Eine Integration von Teilnehmern in der Supply Chain kann sich vertikal oder horizontal gestalten. Diese Verzahnung findet

Aufgaben und Ziele des Supply Chain Managements — **A.5**

unternehmungsintern wie netzwerkgerichtet statt und läuft sequentiell oder simultan ab.

- **Kundenorientierung**: Idealtypisch sind in einer Supply Chain die Aktivitäten erst einzuleiten, wenn ein konkreter Kundenbedarf vorliegt (Pullsteuerung). Dadurch sollen Langsamdreher in den Regalen vermieden werden.

  Kick-off des Kunden

- **Optimierung**: Die Optimierungen innerhalb der Wertschöpfungskette basieren vielfach auf mathematisch-analytischen Modellen. Sie entstammen insbesondere dem Operations Research. Da zählen Simulationen, Warteschlangenmodelle, lineare Optimierung, spieltheoretische Ansätze oder Transport- und Zuordnungsmodelle. Im Rahmen dieser Verbesserung sind Informationsbarrieren zwischen den Partnern abzubauen.

  Mathematisch-analytische Verbesserungen

A.5.2 Zielkonflikte einer Supply Chain

In einer Supply Chain prallen unterschiedliche **Interessenbündel** aufeinander. Differenziert nach Typisierungskriterien, lassen sich die Einzelziele einer Supply Chain in folgende Segmente unterteilen (vgl. in ähnlicher Weise *Gudehus* 2010, S. 74ff.):

Systematisierung einzelner Ziele

- **Humanziele**: Hierzu zählen beispielsweise eine Versorgung mit lebenswichtigen Gütern, die maximale Sicherheit von Menschen, die Entlastung körperlicher Arbeit, das Eliminieren von Routineaufgaben oder eine schnellstmögliche Versorgung in Krisenfällen.

  Grundbedürfnisse sichern

- **Ökologieziele**: In Zeiten nachhaltiger Lieferketten sind beispielsweise eine Senkung von Schadstoffemissionen, die Vermeidung (oder Verminderung) von Abfällen, eine Schonung von Ressourcen oder die Reduzierung von Lärm einzufordern.

  Umwelt entlasten, möglichst nachhaltig

- **Leistungsziele**: Innerhalb von Supply Chains erstrecken sich die Leistungsziele grundsätzlich auf Produkt- oder Prozessverbesserungen. So steht der Leistungsgrad (Lieferfähigkeit) ebenso latent auf dem Prüfstand, wie die Sendungsqualität (Vollständigkeit). Weiterhin ist die Termineinhaltung traditionell eines der prägenden Supply-Chain-Ziele (keine Überschreitung zugesagter Anlieferfenster).

  Supply-Chain-Performance

- **Effizienzziele**: Schließlich sind innerhalb moderner Lieferketten ständig Kostensenkungen einzufordern. Diese erstrecken sich beispielsweise auf den Auslastungsgrad von Ladungsträgern, den effizienteren Personaleinsatz, die Verminderung von Beständen oder einer Leistungssteigerung der Betriebsanlagen.

  Wirtschaftlichkeit steigern

A
Grundlagen

Ständiger Wechsel der Restriktionen

Die Planungsabläufe innerhalb moderner Lieferketten sind verschiedenen Restriktionen unterworfen. Diese **Rahmenbedingungen** beeinträchtigen fortwährend den Handlungsspielraum der Akteure. Da Supply Chains in der Regel eine hohe Dynamik und eine ausgeprägte Komplexität aufweisen, werden sich diese Randbedingungen rasch ändern können (vgl. *Gudehus* 2010, S. 78f.). Folgende Restriktionen nehmen in besonderer Weise Einfluss auf die Ausgestaltung von Lieferketten:

Quellen und Senken abstimmen

- **Räumliche Randbedingungen**: Dazu zählen die Standorte von Kunden-, Lieferanten und Dienstleistern oder verfügbare Produktions- und Transportflächen.

Gesetzliche Normen beachten

- **Zeitliche Rahmenbedingungen**: Hier sind Prozesszeiten (Abläufe), eigentliche Arbeits- und Bearbeitungszeiten (Schichtpläne) oder Distributionszeiten (Fahrpläne) zu beachten.

Schnittstellen der Einflussgrößen ausloten

- **Technische Randbedingungen**: Unter diesen Punkt fallen beispielsweise die Belastbarkeit der Transportmittel, die vorhandenen Lagerkapazitäten oder die Geschwindigkeit von Förderzeugen. Diese Faktoren können die Haltbarkeit oder die Beschaffenheit von Waren signifikant beeinflussen.

Knotenpunkte schaffen

- **Strukturelle und organisatorische Randbedingungen**: Die Ausgestaltung von Supply Chains wird weiterhin von der Infrastruktur (Verkehrswege, Transportnetze) oder den verfügbaren Informationssystemen und Datenbeständen beeinflusst.

Rechtliches Umfeld

- **Gesetzliche und ökologische Rahmenbedingen**: Vielfach sind besondere Sicherheitsauflagen zu beachten. Diese gelten insbesondere für wertvolle, knappe oder gefährliche Güter. Gesetze, Vorschriften oder Normen regeln diese Abläufe.

Generisches Porter-Problem

Auf Grund dieser differenzierenden Zielanforderungen und der begrenzenden Handlungsspielräume, ergeben sich vielfach Zielkonflikte innerhalb der Ausgestaltung von Lieferketten (vgl. auch *Schulte* 2012, S. 11). Eine klassische Zielkonkurrenz leitet sich aus dem latenten Spannungsverhältnis zwischen Kostensenkung und Qualitätsverbesserung ab **(Kosten-Qualitäts-Konflikt)**. Zur Linderung dieses Dilemmas können gegebenenfalls Outsourcing und Offshoring beitragen.

Kundenzufriedenheit um jeden Preis?

Ein weiteres Konfliktpotenzial ergibt sich aus der Divergenz von Vorratssenkung und Warenverfügbarkeit **(Bestands-Servicegrad-Konflikt)**. Gemeint ist hier der ausgehende Servicegrad: Eine Steigerung der Kundenflexibilität (für unvorhergesehene Bestellungen) wird zum Teil über höhere Fertigwarenbestände teuer erkauft. Die Akteure sollten hinter-

Aufgaben und Ziele des Supply Chain Managements

A.5

fragen, welchen zusätzlichen Grenzertrag (in Richtung Verfügbarkeit) ein Bestandsaufbau dabei stiftet.

Außerdem ist innerhalb von Supply Chains ein ständiges Kräftemessen zwischen Beständen und Frachtkosten zu beobachten (vgl. S. 258). Beide Zielgrößen simultan verbessern zu wollen, fällt schwer **(Bestands-Frachtkosten-Konflikt)**. Denn mit einer Reduzierung der Anlieferfenster (zum Herunterfahren der Transportkosten) ist in der Regel ein Bestandsaufbau verbunden. Dieser hängt zwar letztlich von den berücksichtigten Incoterms ab. Doch wird der Lieferant bei einer „Frei-Haus-Lieferung" seine Belastungen zum Teil über den erhöhten Verkaufspreis auf den Kunden überwälzen.

Intralogistisches Grundsatzproblem

Die Vorratshöhe konfligiert auch mit den ausgehandelten Materialpreisen **(Bestands-Materialpreis-Konflikt)**. Um die Materialpreise zu reduzieren, wird der Einkäufer möglichst versuchen, die Bestellmengen zu erhöhen (Purchase-Volume-Impact). Es versteht sich, dass dieser Effekt zu Lasten der Lagerhaltung geht und zusätzliche Kapitalbindung heraufbeschwört.

Einkaufs- vs. Logistikziele

Ein weiteres Problem leitet sich aus den unterschiedlichen Zielvorstellungen zweier Welten ab: Auf der einen Seite streben die Funktionsbereiche Logistik, Einkauf und Produktion nach Standardisierung, um die Variantenanzahl gering zu halten. Davon halten Mitarbeiter aus den Disziplinen Technik und Vertrieb jedoch nicht allzu viel, sie möchten Produkte vielmehr auf den Kunden zuschneiden **(Standardisierungs-Individualisierungs-Konflikt)**. Dadurch besteht die latente Gefahr eines Bestandsaufbaus. Zur Befriedung dieser unterschiedlichen Anforderungen kann jedoch Mass Customization beitragen (vgl. S. 148ff.).

Verschiedene Welten prallen aufeinander

Eben noch vereint, kurz darauf entzweit: Zwar streben Logistik und Fertigung beide nach Standardisierung. Doch möchte die Logistik dabei freilich mit möglichst niedrigen Beständen auskommen. Die Produktion hingegen versucht Stock-Outs an der Linie tunlichst zu vermeiden; sie wird daher einen möglichst hohen Bodensatz an Warenvorräten einfordern **(Bestands-Verfügbarkeits-Konflikt)**.

Wie hoch soll der Bestand denn nun sein?

Ebenso befinden sich die Attribute einer raschen Auslieferung und die optimale Auslastung der Transportmittel in einem grundsätzlichen Widerspruch **(Lieferungs-Auslastungs-Konflikt)**. Denn bei einer möglichst schnellen Auslieferung kann in aller Regel nicht darauf gewartet werden, bis das Transportmittel voll ausgelastet ist. Dadurch werden die Transportkosten in Mitleidenschaft gezogen, beispielsweise fahren viele Lastkraftwagen wegen dieser Schwierigkeit gänzlich leer.

Schnelligkeit gegen Kosten

A *Grundlagen*

Wie viel ist uns die Umwelt wert?

Mit der Verfolgung besonders schneller Auslieferungsprozesse werden aber nicht nur die Kosten aufgebläht. Auch ökologisch ist diese Vorgehensweise zum Teil desaströs **(Lieferungs-CO_2-Konflikt)**. Eine Beschleunigung der Distributionsvorgänge belastet die Umwelt, da verstärkt Kohlendioxid emittiert wird. Somit ergeben sich negative Auswirkungen auf die CO_2-Bilanzen eingebundener Supply-Chain-Partner.

A.6 Motive für die Entstehung von Supply Chains

Panta Rhei...

Das Wettbewerbsumfeld von Organisationen ist einem ständigen Wandel unterworfen. Ein Management moderner Lieferketten nimmt sich diesen Herausforderungen an. Insbesondere folgende Phänomene prägen seine Entstehung: Total-Cost-of-Ownership-Betrachtung, Transaktionskosten, Bullwhip-Effekt, Globalisierung sowie gesteigerte Kundenanforderung. Diese einzelnen Motive, die für den Aufbau weltweit umspannender logistischer Netzwerke prägend sind, werden nachstehend diskutiert.

A.6.1 Total Cost of Ownership

A.6.1.1 Allgemeine Charakterisierung

Explizite Berücksichtigung der Folgekosten

Ein erstes Motiv für die Entstehung moderner Lieferketten liegt in einer Betrachtung im Sinne von **Total Cost of Ownership** (TCO) begründet. Das Konzept wurde Mitte der 80er Jahre von der Beratungsgesellschaft *Gartner* entwickelt (vgl. *Kuhn* 2007). In der Ursprungsversion zielt der Ansatz auf die Informationstechnologie (IT). Später werden die Überlegungen auf weitere Organisationsbereiche übertragen. Eine Total-Cost-of-Ownership-Analyse ähnelt dem Lifecycle Costing (Vollkostenbetrachtung, vgl. ausführlich S. 220ff.). Während Lifecycle Costing jedoch im Kern auf Investitionen zielt (*Zeitorientierung*), widmet sich TCO vor allem Transaktionskosten (*Prozessfokus*). Der Übergang zwischen beiden Verfahren verläuft fließend. Neben den eigentlichen Anschaffungskosten eines Gutes, werden bei TCO auch dessen **Folgekosten** berücksichtigt. Diese fallen für Betrieb, Schulung, Wartung oder Reparatur eines Sachmittels über seine komplette Nutzungsdauer an.

Motive für die Entstehung von Supply Chains   **A.6**

Die Ermittlung von Total Cost of Ownership steigert die Transparenz in Supply Chains. Für die Unternehmungsführung bietet der Ansatz eine Entscheidungsgrundlage bezüglich der Auswahl homogener Güter. Aus seiner Berechnung schälen sich wesentliche Kostentreiber heraus. Diesbezüglich ist für eine Total-Cost-of-Ownership-Überlegung der **Gartner Group** die Differenzierung zwischen direkten und indirekten Kosten prägend:

Gartner-Group als Wegbereiter

- **Direkte Kosten**: Die direkten Kosten sind nach der *Gartner Group* sichtbar („hart messbar" oder budgetierbar). Der IT-gestützte Ansatz differenziert direkte Kosten in die drei Bereiche *Hard- und Software* (Beschaffung und Anwendung von Informationstechnologie), *Operations* (Vergütung der Mitarbeiter für den Betrieb der Systeme) sowie *Administration* (Aufwendungen für Organisation und Verwaltung). Für ein Supply Chain Management resultieren direkte Kosten beispielsweise aus Abschreibungen auf Investitionen, Löhnen und Gehältern, Versicherungen, Zöllen, Verpackungen, Reisekosten oder Beständen (Kapitalbindung).

Harte Kosten

- **Indirekte Kosten**: Die Ermittlung dieser „weichen" (unsichtbaren) Einflussgrößen bereitet in der Regel Schwierigkeiten. Die *Gartner Group* unterscheidet indirekte Kosten in die beiden Segmente End-User-Operations sowie Downtime. Unter die *End-User-Operations* fallen Wertverluste durch Schulung, Self- sowie Peer-to-Peer-Support (so genannte „Kommunikation unter Gleichen"; in einem Computernetzwerk sind sämtliche Rechner gleich bedeutsam, das Gegenteil stellt eine Client-Server-Lösung dar), Erstellung von Backups oder Futzing (IT-Benutzung für private Zwecke). Mit dem Begriff *„Downtime"* werden Systemausfälle umschrieben. Indirekte Kosten hemmen den Verbraucher in der Nutzung eines Wirtschaftsguts. Die Messung dieser Einflussfaktoren auf Investitionen ist allerdings einer ausgeprägten Subjektivität des Betrachters unterworfen. Unbestritten ist jedoch, dass indirekte Kosten erfolgswirksam sind. Laut *Krcmar* (vgl. Krcmar 2009, S. 191) belaufen sich diese weichen Einflussgrößen auf 23% bis 46% der gesamten Projektkosten. *Albrecht* beziffert eben jene indirekten Kosten sogar auf bis zu 53% der Gesamtkosten für IT-Projekte (vgl. *Albrecht* 2006, S. 85).

Bedeutung weicher Einflussgrößen

Neben der *Gartner Group* haben vor allem *Forrester Research* sowie die *Meta Group* den Ansatz von Total Cost of Ownership protegiert. Das Konzept von **Forrester Research** ist ebenfalls der Informationstechnologie entlehnt. Die beeinflussenden Kostenfaktoren einer Entscheidung setzen sich aus Infrastruktur (Kosten für Hard- und Software), War-

Weitere TCO-Modelle im Überblick

Grundlagen

tungsverträge, Management, Support, Schulung, Downtime sowie Vorsorge (Katastrophenschutz) zusammen. Die **Meta Group** hingegen transferiert eine Total-Cost-of-Ownership-Analyse in das Gewand von „Real Cost of Ownership" (RCO). Der Ansatz besagt, dass Kosten „belegbar" sind. Sie entsprechen weitgehend den direkten Kosten von *Gartner*. Der Ansatz der *Meta Group* ergänzt diese Größen jedoch um Einflussfaktoren, welche einen Produktivitätsverlust heraufbeschwören. Darunter fallen Kosten für die Aufrechterhaltung von Netzwerken oder die Migration von Anwendern in dieses Netzwerk.

Total Benefit of Ownership

Seit geraumer Zeit weitet sich das Konzept von Total Cost of Ownership zum **Total Benefit of Ownership** (TBO). Diese Methode ermittelt den Gesamtprojektnutzen über seinen kompletten Lebensweg. Neben den Kosten, sind auch die Leistungen (Erlöse) von Investitionen zu erfassen. Sämtliche Aktivitäten einer Supply Chain können diesbezüglich in Nutz-, Stütz-, Blind- und Fehlprozesse dekomponiert sein (vgl. *Albrecht* 2006, S. 85 und S. 271 dieser Schrift). Nutzprozesse sind durchaus von einem Benefit in Richtung Kunde geprägt. Stütz-, Blind- und Fehlprozessen ist hingegen kaum ein Nutzen inhärent (einseitiger Ressourcenverbrauch). Für ein IT-System erwächst ein möglicher Benefit beispielsweise aus einer künftigen Integrationsmöglichkeit weiterer Applikationen oder Updates in dieses System.

Beispiel für TCO

Im Folgenden wird eine Total-Cost-of-Ownership-Analyse für das Supply Chain Management exemplifiziert (vgl. in Auszügen *Krokowski* 1993, S. 14; *Schulte* 2012, S. 295). Das **Beispiel** bezieht sich auf die Lieferantenauswahl einer Handelsunternehmung. Der Einkäufer eines Kaufhausbetreibers möchte eine Kaufentscheidung für modische Herbstmäntel (Trenchcoats) treffen (vgl. Abbildung A.7). Sämtliche Kaufhäuser, in welche die Mäntel geliefert werden, befinden sich in Deutschland. Ein erster möglicher Lieferant fertigt seine Trenchcoats in China. Pro Mantel beträgt der Einkaufspreis 40,00 Euro. Alternativ liegt dem Einkäufer ein zweites Angebot eines deutschen Herstellers von 50,00 Euro pro Mantel vor. Im Lichte einer Total-Cost-of-Ownership-Analyse wird dieser Einkaufspreis um **Folgekosten pro Mantel** verrechnet (der Einkaufspreis des Mantels wird zu dessen Einstandspreis übergeleitet).

Frachtkosten

- Zunächst berechnet der Einkäufer die **Frachtkosten** pro Trenchcoat. Diese addieren sich auf 4,50 Euro für die chinesische Variante (Luftfracht 1,50 Euro und See-/Landfracht 3,00 Euro). Wird der Mantel von dem deutschen Hersteller bezogen, fallen Frachtkosten von insgesamt 1,30 Euro an (diese resultieren ausschließlich aus See-/Landfracht).

Motive für die Entstehung von Supply Chains

A.6

- Ferner entstehen für jeden aus China bezogenen Mantel Kosten für die **Verzollung** und die **Versicherung** in Höhe von 3,80 Euro, wobei der Raubanteil in Zollkosten besteht (3,50 Euro). Wird der Trenchcoat von dem deutschen Hersteller bezogen, fallen keine Zollkosten an. Die Versicherung kostet pro Mantel 0,25 Euro.

Zoll und Versicherung

- Für die Berechnung der **Kapital- und Lagerkosten** sind die Lieferzeit sowie die Transportzeit pro Mantel ausschlaggebend. Es ist angedacht, diese modischen Trenchcoats kurzfristig in witterungsabhängige Special-Sales-Aktivitäten einzubinden. Auf Grund seiner langen Lieferzeit, muss der Mantel des chinesischen Herstellers voraussichtlich im Durchschnitt 25,0 Tage auf Lager genommen werden. Daraus berechnet der Einkäufer Kapital- und Lagerkosten von 3,30 Euro pro Mantel (Opportunitätskosten, Lagerkosten und Handlingskosten). Für einen aus Deutschland bezogenen Trenchcoat fallen hingegen nur 1,55 Euro Kapital- und Lagerkosten pro Mantel an.

Kapitalbindung

- Weiterhin bezieht der Einkäufer **Sonstige Logistikkosten** in seine TCO-Berechnung ein. Diese setzen sich aus Kosten für Auswahl der Dienstleister, Bestellüberwachung, Kommunikation (inklusive Lieferantenbesuchen vor Ort), Qualitätskontrolle und Büroprovision (Betreuung durch einen Agenten im Auslandsbüro) zusammen. In Summe belaufen sich diese Einflussfaktoren für die chinesische Variante pro Trenchcoat auf 4,16 Euro. Wird der Mantel in Deutschland gefertigt, entstehen lediglich 0,08 Euro an Sonstigen Kosten pro Trenchcoat.

Weitere Einflussgrößen

- In **Addition** ergeben der Einkaufspreis (40,00 Euro) und die Folgekosten (15,76 Euro) für einen in China hergestellten Trenchcoat 55,76 Euro. Für die Mäntel gewährt der Produzent einen Bonus von 2% auf den Einkaufspreis (0,80 Euro). Folglich belaufen sich die Gesamtkosten der aus China bezogenen Trenchcoats auf 54,96 Euro. Der in Deutschland gefertigte Trenchcoat kostet 53,18 Euro (Einkaufspreis 50,00 Euro und Folgekosten 3,18 Euro). Da der deutsche Hersteller einen Bonus von 5% auf den Einkaufspreis pro Mantel abschlägt, kostet der Trenchcoat insgesamt 50,68 Euro. In diesem Beispiel „schlägt" ein in Deutschland hergestellter Mantel – trotz des erheblich höheren Einkaufspreises – die „chinesische Alternative" um 4,28 Euro pro Mantel (vgl. Abbildung A.7). Rein aus Kostensicht, wird der Einkäufer diesen Trenchcoat aus Deutschland beziehen. Es sei allerdings der Hinweis erlaubt, dass in diesem Beispiel ausschließlich direkte Kosten verrechnet wurden. Die Kalkulation könnte sowohl um indirekte Kosten, wie auch um mögliche Total Benefit of Ownership erweitert sein.

Ergebnis der Analyse

A Grundlagen

Abbildung A.7 — Total Cost of Ownership

Entscheidungskriterium	Lieferant A	Lieferant B
Einkaufspreis	40,00	50,00
- Luftfracht	1,50	0,00
- Seefracht/Landfracht	3,00	1,30
(A) Frachtkosten Total	4,50	1,30
- Zollkosten	3,50	0,00
- Versicherungen	0,30	0,25
(B) Zollkosten/Versicherungen Total	3,80	0,25
- Lieferzeit in Tagen	90,00	40,00
- Transportzeit in Tagen	25,00	1,00
- Lagerzeit in Tagen	25,00	1,55
(C) Kapitalkosten/Lagerkosten Total	3,30	1,55
- Kosten Dienstleisterauswahl	0,30	0,05
- Kosten Bestellüberwachung	0,23	0,00
- Kommunikationskosten	1,13	0,03
- Qualitätskontrollkosten	0,98	0,00
- Kosten für Büroprovision	1,52	0,00
(D) Sonstige Logistikkosten Total	4,16	0,08
Summe Folgekosten (A + B + C + D)	15,76	3,18
Zwischensumme	**55,76**	**53,18**
Abzug Bonus (2%/5%)	-0,80	-2,50
Endsumme	**54,96**	**50,68**

Legende: Lieferant A ist in China beheimatet, Lieferant B kommt aus Deutschland. Sämtliche Zahlenangaben in €

A.6.1.2 Verzahnung mit Maverick-Buying

A.6.1.2.1 Maverick-Buying: Grundlegende Überlegungen

Der Begriff „**Maverick-Buying**" steht für eine wilde, unkontrollierte Beschaffung, die an einem existierenden Rahmenvertrag vorbei durchgeführt wird. Die Erscheinungsformen erstrecken sich über unbewusstes, notgedrungenes, beabsichtigtes oder kriminelles Maverick-Buying (vgl. *Karjalainen et al.* 2008, S. 9ff.). Die Kennzahl „Rahmenvertragsquote" steht für die Messung dieses Phänomens (vgl. Kennzahlentypologie dieser Schrift auf S. 336). Eine unkontrollierte Beschaffung verschlingt zum Teil viel Geld. Nach *Wannenwetsch* (vgl. *Wannenwetsch* 2008, S. 17f.) steigen die Bezugskosten durch ein Maverick-Buying durchschnittlich um 15% (verglichen mit einer „kontrollierten" Beschaffung). Gerade der Einkauf von C-Artikeln gestaltet sich offenkundig recht chaotisch. Bis zu 30% dieser Sachnummern werden an bestehenden Verträgen vorbei bestellt (vgl. *Angeles/Nath* 2007, S. 110; *Wannenwetsch* 2008, S. 18).

Fluch wilder Beschaffung

Die **Motive** für Maverick-Buying lassen sich in zwei Kategorien unterteilen. Einerseits sind sie konkret vor dem Hintergrund der Einkaufstätigkeit, also dem Beschaffungsmanagement, zu betrachten. Andererseits können sie in einem generischen Zusammenhang gesehen werden: In einem von allgemeinen Normen abweichenden Arbeitsverhalten (vgl. *Karjalainen et al.* 2008, S. 4ff.). Letzte Beweggründe sind hier nur von untergeordneter Bedeutung. Die Ursachen für Maverick-Buying sind vielschichtig (vgl. *Karjalainen et al.* 2008, S. 4; *Large* 2009, S. 210; *Lonsdale/Watson* 2005, S. 159ff.):

Vielschichtige Ursachen für Maverick-Buying

- Operativ tätige Mitarbeiter wissen teilweise schlichtweg nicht um die Existenz von Lieferantenverträgen.

- Entscheidungen des Bedarfsträgers leiten sich allein über den Materialpreis ab. Mögliche Folgekosten bleiben unberücksichtigt.

- Konditionen aus Rahmenkontrakten werden als unvorteilhaft angesehen.

- Die Leistungsfähigkeit des Herstellers wird angezweifelt. Bedarfsträger sind der Meinung, dass Produkte nicht die geforderten Eigenschaften besitzen und von Dritten hochwertiger oder bedarfsgerechter bezogen werden können.

- Es existiert noch gar keine grundsätzliche Entscheidung über den Beschaffungsweg. Einkäufer agieren notgedrungen an möglichen strate-

Grundlagen

gischen Entscheidungen vorbei, da Standarddefinitionen bislang fehlen.

- Interessenkonflikte zwischen Fachabteilung und strategischem Einkauf. Der Bedarfsträger stellt lokale oder persönliche Interessen über unternehmungsweite Ziele (intrinsische Motivation).
- Machtspiele und Kompetenzstreitigkeiten zwischen den beteiligten Akteuren.
- Fehlende Anreize zur Einhaltung von Rahmenvereinbarungen.
- Ausgeprägter Budgetdruck, der den Einkäufer zur Suche neuer Beschaffungswege verleitet.
- Existenz von Handkassen (Korruption).
- Kapazitätsengpässe bisheriger Lieferanten zwingen den Kunden gegebenenfalls, kurzfristig anderweitige Beschaffungswege einzuschlagen.

Gründe der weichen Ebene

Neben eher rationalen Gründen für Maverick-Buying lassen sich auch **emotionale Ursachen** ausmachen. Dann weicht das Arbeitsverhalten von der Norm ab. Es äußert sich in Machtlosigkeit, Langeweile, Ungerechtigkeit, Frustration, fehlender Organisationsverbundenheit, persönlichem Schicksal oder allgemeinem Widerstand gegen Veränderungen (vgl. *Karjalainen et al.* 2008, S. 5ff.).

Indirektes Material ist besonders betroffen

Besonders ausgeprägt ist die wilde Beschaffung von **Gemeinkostenmaterial** (Büromaterial, Arbeitshandschuhe). Diese Sachnummern sind zwar nur von vergleichsweise geringem Wert. Doch sie verschlingen überproportional hohe Transaktionskosten (vgl. *Karjalainen et al.* 2008, S. 7; *Wannenwetsch* 2008, S. 17f.).

Auch Dienste bleiben nicht verschont

Weiterhin lastet auch auf dem Einkauf von **Dienstleistungen** vielfach der Fluch von Maverick-Buying. Dieses Dilemma kann darin begründet liegen, dass beispielsweise bei kurzfristig durchzuführenden Reparaturen die Kapazitäten der offiziellen Dienstleister nicht ausgereicht haben oder benötigtes Fachpersonal nicht zur Verfügung stand. Der folgende Beispielblock a.2 zeigt das untrennbare Nebeneinander von Total Cost of Ownership und Maverick-Buying.

Motive für die Entstehung von Supply Chains | **A.6**

Total Cost of Ownership und Maverick-Buying | *Beispielblock a.2*

Ein Kostenstellenverantwortlicher stöbert über das Wochenende ein „unschlagbares" Angebot für ein Notebook auf. Der Hersteller *Vobis* bietet dieses zu einem Preisvorteil von 100 Euro (verglichen mit ähnlichen Geräten der Konkurrenz) an. Im Laufe der kommenden Woche bestellt der Kostenstellenleiter fünf Notebooks bei *Vobis*. Dadurch ergibt sich für seine Organisation ein Preisvorteil von 500 Euro. Allerdings hat die Unternehmung einen Wartungsvertrag mit *Hewlett-Packard* abgeschlossen (welchen der Kostenstellenverantwortliche ignoriert). Nach kurzer Zeit schälen sich Probleme durch Inkompatibilitäten der Systemlandschaft heraus. Außerdem ergeben sich spätere Wartungsschwierigkeiten. Der originäre Preisvorteil von 500 Euro wird durch die Folgekosten überkompensiert **(Trade-off-Situation)**.

A.6.1.2.2 Eindämmung von Maverick-Buying über Purchasing Cards

Nicht zuletzt zur Vermeidung von Maverick-Buying, nutzen immer mehr Organisationen elektronische Einkaufskartensysteme **(Purchasing Cards)**. Diese sind vor allem für den Bezug von Gemeinkostenmaterialien gedacht. Die Einkaufskarten können physisch an ausgewählte Mitarbeiter einer Unternehmung ausgegeben werden. Allerdings ist auch die bloße Hinterlegung einer Kartennummer bei einem Kreditinstitut ausreichend. Autorisierte Mitarbeiter (beispielsweise Kostenstellenleiter) werden bevollmächtigt, über die Purchasing Card direkt bei zuvor definierten Lieferanten geringwertige Artikel oder Dienste zu bestellen (wie Büromaterial). Die Zahlung dieser Waren erfolgt über die Einkaufskarte. | *Purchasing Cards zur Lösung von Maverick-Buying*

Im Grunde protegieren Einkaufskartensysteme eine Dezentralisierung ausgewählter Bestellvorgänge, indem ein Teil der Beschaffungsverantwortung in die Funktionsbereiche ausgelagert wird. Daraus resultiert eine Entlastung zentraler Einkaufsabteilungen. Mit dem Einsatz von Purchasing Cards wird das Streben nach kontrollierten Beschaffungsaktivitäten lanciert. Die Gefahr für das Aufkeimen des **Maverick-Buying-Syndroms** ist deutlich zu mindern. Folgende **Arbeitsschritte** kennzeichnen ein Purchasing-Card-System, beschrieben an dem Beispiel „Bestellung von Büromaterial" (vgl. Abbildung A.8): | *Arbeitsschritte zur Implementierung von Purchasing Cards*

Grundlagen

1. Online-Bestellung des Büromaterials durch den Bedarfsträger bei einem zuvor definierten Lieferanten.
2. Die Bestellung geht beim Lieferanten ein. Anschließend werden die Daten zwischen Lieferant und Kreditkartenbetreiber, der so genannten „Clearing-Organisation", abgeglichen (Autorisierung).
3. Wenn eine Autorisierung erfolgt, wird das Büromaterial durch den Lieferanten zugestellt.
4. Im nächsten Arbeitsschritt findet der elektronische Zahlungsabgleich zwischen Kreditkartenbetreiber und Lieferant statt. Der Lieferant wird in der Regel recht schnell entlohnt.
5. Jetzt übermittelt die Kreditkartengesellschaft eine monatliche Sammelrechnung an den Auftraggeber.
6. Schließlich wird der Zahlungsabgleich zwischen dem Auftraggeber und der Kreditkartengesellschaft eingeleitet.

Abbildung A.8 | *Purchasing Cards*

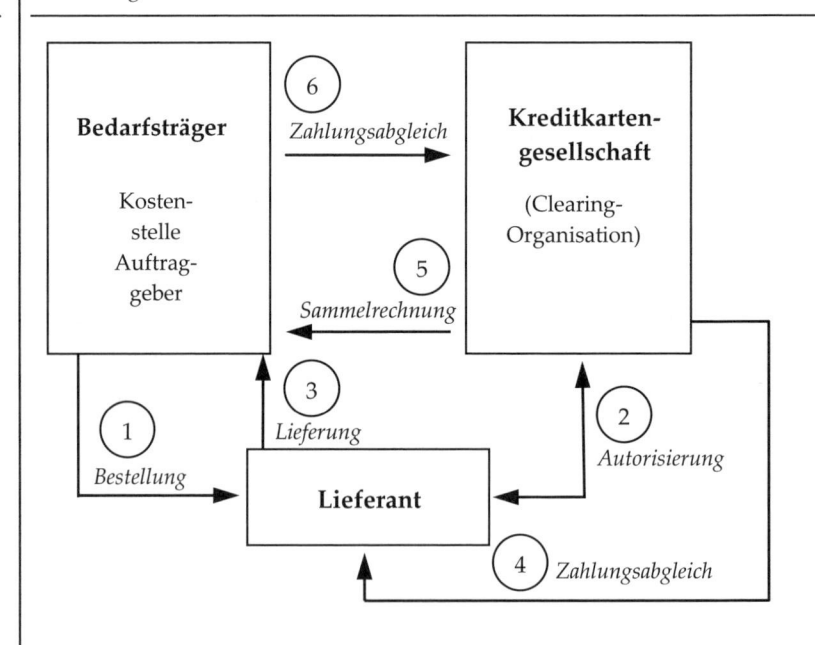

Motive für die Entstehung von Supply Chains

Einkaufskartensysteme werden von *UBS Visa*, *Airplus*, *MasterCard* oder *American Express* betrieben. Diese „Clearing-Organisationen" verfügen in der Regel über eigene Lieferantenlisten. Darin sind zumeist Anbieter aufgeführt, mit denen die Kreditkartenbetreiber bereits seit einiger Zeit Geschäftsbeziehungen pflegen. Zu den **Vorteilen** der Purchasing Card zählen:

Nutzen von Einkaufskarten

- Rasche und unkomplizierte Beschaffung nach standardisierten Spielregeln (richtlinienkonforme Beschaffung zur Eindämmung von Maverick-Buying).
- Personalkostenreduzierung beim Auftraggeber (Entlastung der Mitarbeiter des Zentraleinkaufs).
- Opportunitätsgewinne für den Lieferanten (rasche Bezahlung des Lieferanten durch die Kreditkartengesellschaft).
- Erzielung von Skalen-Effekten im Einkauf (Purchase-Volume-Impact durch Bündelung von Einkaufsvolumina).
- Abschaffung von „Handkassen" zwischen Lieferanten und Kunden.
- Buchung von Sammelrechnungen (Prozesskostenreduzierung in der Buchhaltung des Auftraggebers).
- Variabilisierung der Kostenstruktur (der Auftraggeber reduziert seine Fixkosten, indem er die Kreditkartengesellschaft nur bei Bestellung vergütet).
- Steigerung der Transparenz im Beschaffungswesen.

Technische Lösungen allein können jedoch nicht alle Ursachen des Maverick-Buyings ausschließen. Daher sind neben den informationstechnisch (IT)-orientierten Lösungsansätzen, wie der Purchasing Card, auch **verhaltensbasierte Lösungsansätze** in Betracht zu ziehen. Darunter fallen insbesondere Mitarbeiterführung, Dienstanweisung, Personal Empowerment, Anreizsysteme und Unternehmungskultur.

Hohe Margen als primäre Stolpersteine

- **Mitarbeiterführung**: Führungspersönlichkeiten müssen in der Lage sein, ihr Wissen über Existenz und Zweck von Rahmenvereinbarungen zu teilen (Vorbildfunktion).
- **Dienstanweisung**: Eine derartige Dienstanweisung könnte eine Buchung von Dienstreisen ausschließlich über Vorzugslieferanten gestatten.

Grundlagen

- **Personal Empowerment**: Übertragung von Verantwortung an die Mitarbeiter, um deren Motivation zu stärken. Mitarbeiter werden frühzeitig in den Entscheidungsprozess eingebunden und müssen für Fehlentscheidungen Rechenschaft ablegen.

- **Anreizsysteme**: Durch die Unterbreitung positiver oder negativer Anreize sollen Verhaltensweisen der Mitarbeiter beeinflusst werden.

- **Unternehmungskultur**: Starke Kulturen fördern Mitarbeitermotivation. Diese kann die Konformität zu Rahmenverträgen fördern.

Kritische Würdigung verhaltensbasierter Lösungsansätze

Generell können **verhaltensbasierte Lösungsansätze** die Arbeitsmoral der Mitarbeiter steigern und ihren Beitrag zur Eindämmung von Maverick-Buying leisten. Jedoch fällt die Messung ihrer Erfolgswirksamkeit schwer. Schließlich kann ein Personal Empowerment zu einer Trade-off-Situation führen: Die gesteigerte Autonomie von Mitarbeitern protegiert den wilden Einkauf, wenn die Bedarfsträger weiterhin persönliche über unternehmungsweite Interessen stellen.

A.6.2 Transaktionskosten

Coase als Wegbereiter

Allgemein charakterisiert eine Transaktion den Wechsel eines materiellen oder immateriellen Objekts aus dem Wirkungskreis eines Akteurs in den eines anderen (vgl. *Corsten/Gössinger* 2007, S. 3). Bei diesem Übergang fallen (Transaktions-) Kosten an. Die Theorie um Transaktionskosten geht vor allem auf *Ronald Coase* zurück, dem 1991 dafür der Nobelpreis verliehen wurde. Bezogen auf das Beispiel **„Vertragsabschluss"**, lassen sich Transaktionskosten folgenden Tätigkeiten beimessen:

Ex-ante-Betrachtung

- Transaktionskosten entstehen *vor* einem Vertragsabschluss **(ex ante)** beispielsweise für Informationsbeschaffung (Informationssuche über potenzielle Marktpartner), Anbahnung (Kontaktaufnahme) oder Vereinbarung (Verhandlung, Vertragsformulierung, Einigung).

Ex-post-Betrachtung

- *Nach* einem Vertragsabschluss **(ex post)** fallen Transaktionskosten für Abwicklung (Courtage oder Transport), Änderung (Termin, Preis oder Menge) und Kontrolle (Lieferabnahme) an.

Entstehungsgründe von Transaktionskosten

Diese **Einflussfaktoren** auf Transaktionskosten können noch von weiteren Tätigkeiten umgeben sein. Beispielhaft dafür stehen Kommunikationsbedarf, Missverständnisse, Verständigungsprobleme oder Konflikte zwischen beteiligten Personen. Die Höhe der Transaktionskosten kann

Geschäftsbeziehungen gänzlich zum Erliegen bringen. Sie werden in Total-Cost-of-Ownership-Analysen gemessen.

In einem Supply Chain Management entstehen Transaktionskosten vor allem an den Schnittstellen. Daher sind innerhalb der Lieferkette möglichst verbindliche Regelungen hinsichtlich des Material- und Informationsaustauschs aufzustellen, um die Transaktionskosten einzudämmen. Moderne IT-Systeme unterstützen diese Zielsetzung innerhalb der Supply Chain (beispielsweise Electronic Commerce), wobei die jeweilige **Organisationsstruktur** durchaus die Höhe von Transaktionskosten beeinträchtigt. Es gilt, rigide Beziehungen aufzulösen und koordinationsintensive Formen zu bilden. Die Virtuelle Unternehmung steht, auf Grund ihrer modularen organisatorischen Form, beispielhaft Spalier für diesen Anspruch.

Transaktionskosten in Supply Chains

A.6.3 Bullwhip-Effekt

Der **Bullwhip-Effekt** (vgl. Abbildung A.9) geht auf die Untersuchungen *Forresters* zu den „Industrial Dynamics" aus dem Jahr 1958 zurück (vgl. *Forrester* 1958, S. 37ff.). *Forrester* zeigte seinerzeit folgendes Phänomen empirisch auf: Wenn innerhalb einer Wertschöpfungskette (bestehend aus den Stufen Produzent, Distributor, Händler und Kunde) eine ungeplante Nachfragesteigerung um 10% festgestellt wird, reagieren die Hersteller über. Sie möchten den potenziellen Umsatz nicht verloren geben. Bis zu 40% erhöhen sie ihre Produktion. Und erst nach circa einem Jahr pendelt sich das Angebot bei der vorgegebenen Nachfragesteigerung von 10% ein. Das Dilemma der Akteure einer Supply Chain besteht nach *Forrester* darin, dass ein Marktpartner lediglich um die Bedarfe seiner jeweils vorgelagerten Stufe konkret weiß. Folgende **Gründe** nennt *Forrester* für das Aufkeimen logistischer Peitschenschläge (vgl. insbesondere *Forrester* 1958, S. 43ff.; vgl. weiterhin *Beckmann* 2004, S. 7f.):

Peitschenschlag-Effekt

- **Fehlende Bedarfstransparenz** in einer Wertschöpfungskette: Die Änderungen des Bedarfsniveaus ultimativer Endkunden führen nicht direkt zur Produktionsanpassung der vorgeschalteten Lieferstufen. Innerhalb der Zeitspanne zwischen Bedarfsänderung und Reaktion werden latent Überbestände in der Supply Chain aufgebaut.

Der Kunde, das unberechenbare Wesen…

- **Informationsverzerrung** in einer Supply Chain: Dispositionsentscheidungen und Bestellsysteme richten sich auf die eigene Organisation aus. Potenzielle Bedarfsänderungen von Verbrauchern werden nur

Sickerverluste in der IT

A Grundlagen

Beschaffungsroutine fehlt

mit Zeitverzug in dieses System geschleust (Sukzessivplanung statt Simultanplanung).

- Häufige **Anpassung des Bestandsniveaus**: Änderungen in der Bestandspolitik bewirken schwankende Bestellmuster vorgeschalteter Wertschöpfungsstufen des Herstellers.

Gründe für das Aufkeimen des Bullwhip-Effekts

Insbesondere *Lee et al.* trugen die Ergebnisse *Forresters* fort und weiteten diese zum **Bullwhip-Effekt** (vgl. *Lee et al.* 1997, S. 543ff.). Im Kern führen sie den Peitschenschlag-Effekt auf Informationsdefizite innerhalb der Lieferketten zurück. Besondere Probleme liegen in den Einflussfaktoren Bedarfsprognose, Beschaffungspolitik, Bedarfsbündelung sowie Preisvariation (vgl. *Lee et al.* 1997, S. 545ff.; vgl. weiterhin *Beckmann* 2004, S. 8f.):

Informationsdefizite über zukünftige Bedarfe

- **Bedarfsprognose**: Die Weitergabe der Bedarfsinformation an die Lieferanten erfolgt mit zeitlichem Verzug. So werden Änderungen in den Abrufen den Lieferanten nicht direkt mitgeteilt. Dadurch verlieren die Zulieferorganisationen die Sicht auf die tatsächliche Marktlage. Ein Beispiel dafür ist die Branche für Mobiltelefone zu Beginn dieses Jahrtausends. Zu dieser Zeit brach der erste Hype um Mobiltelefone ab. Die Hersteller korrigierten ihre Bedarfsprognosen deutlich nach unten. Bis die letzte Stufe der Supply Chain diese Information verarbeitet hatte, vergingen fast zehn Monate. Während dieser Zeit wurden in der Supply Chain latent Überbestände aufgebaut.

Problembehaftete Beschaffungsprozesse

- **Beschaffungspolitik**: Bei befürchteter Versorgungsknappheit ändert sich das strategische Bestellverhalten von institutionellen Kunden und Endverbrauchern schlagartig. Beispielhaft dafür stehen witterungsabhängige Saisonwaren, Trendartikel oder selten verfügbare Ressourcen (wie Impfstoffe). Kunden tendieren dazu, sich beim Lieferanten diese Kapazitäten zu horten. Die Folge ist ein Bestandsaufbau innerhalb der Supply Chain.

Reduzierung bestellfixer Kosten über Purchase Volume

- **Bedarfsbündelung**: Eine Bedarfsbündelung erfolgt durch die Aggregation von Kundenabrufen über mehrere Perioden. Der Kunde möchte die Ausnutzung von Skaleneffekten erreichen (Mengenrabatte im Einkauf erzielen) und seine bestellfixen Kosten reduzieren. Diese kumulierten Werte verleiten den Lieferanten zu dem Trugschluss erhöhter zukünftiger Bedarfe.

Preisschwankungen

- **Preisvariation**: Schließlich führen Verkaufsförderungsaktivitäten in der Regel zu einem kurzfristigen Nachfrageschub. Die Bestandsplanung vor, während und nach der Promotion ist besonders schwierig, da sich die Nachfrage sehr volatil verhalten kann. Beispielhaft dafür steht die teilweise rare Verfügbarkeit aktuell beworbener Kosmetika.

Motive für die Entstehung von Supply Chains — **A.6**

Bullwhip-Effekt — *Abbildung A.9*

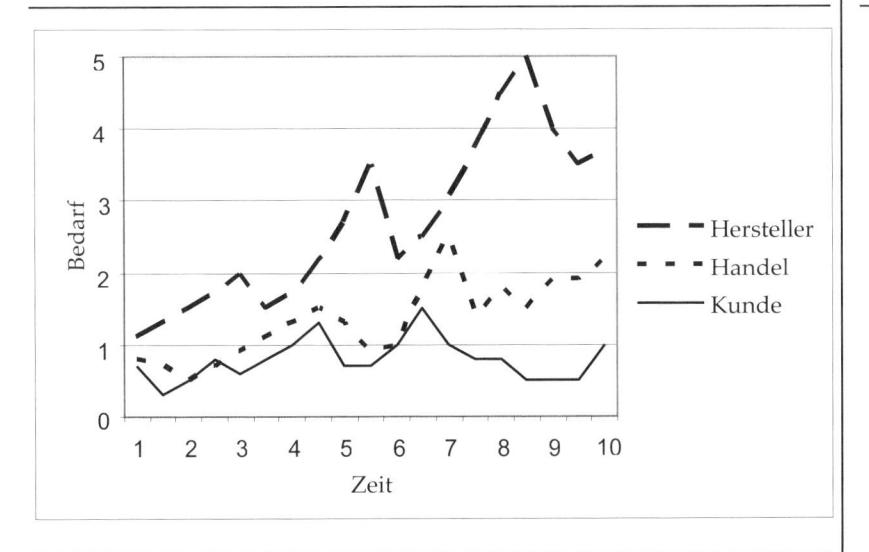

[Diagramm: Bedarf über Zeit (1–10), Linien für Hersteller, Handel, Kunde]

Nach dem Bullwhip-Effekt (vgl. Beispielblock a.3) führen bereits leichte Nachfrageschwankungen vorgelagerter Wertschöpfungsstufen zu größeren Aufschaukelungen der Bedarfe. Dieses Phänomen ist spielerisch im „Beer Game" zu erfahren. Anders ausgedrückt, verstärken sich selbst kleinere Veränderungen in den Endbedarfen in rückläufiger Richtung. Keine Wertschöpfungsstufe möchte Gefahr laufen, eine unvorhersehbare Nachfrage aufgeben zu müssen **(Peitschenschlag-Effekt)**.

Spielerische Erfahrung des Peitschenschlags

Bullwhip-Effekt — *Beispielblock a.3*

Der Begriff Bullwhip-Effekt geht auf *Procter & Gamble* zurück. Bei der Produktion von „Pampers"-Höschenwindeln war die Anzahl an Endverbrauchern (Babys) in den Vereinigten Staaten mittelfristig konstant. Daher unterstellte *Procter & Gamble* eine geringe Variabilität der Nachfrage. Und genau diese Situation trat auch ein. Dennoch beobachtete *Procter & Gamble*, dass die Abrufe des Handels für die „Pampers"-Windeln stark schwankten. Und die Oszillationen der Nachfrage steigerten sich umso mehr, je weiter sich eine Wertschöpfungsstufe vom Endverbraucher (Baby) entfernte.

Als **Werkzeuge zur Bekämpfung** des Bullwhip-Effekts (vgl. *Simchi-Levi et al.* 2007, S. 39ff.) dienen ein verbesserter Informationsaustausch in der

Bullwhip bekämpfen!

A | Grundlagen

Supply Chain über die tatsächliche Nachfrage (Reduzierung von Unsicherheit), Simultaneität der Aktionen (Vermeidung von Zeitverzögerungen und „Totzeiten"), Zentralisierung der Disposition, Bildung strategischer Partnerschaften sowie Verminderung der Variabilität (Synchronisation der Bestellzyklen).

A.6.4 Globalisierung und gesteigerte Kundenanforderungen

"London calling to the underworld – come out of the cupboard, you boys and girls..."

Ein weiteres Motiv für das Aufkommen moderner Supply Chains besteht in der zunehmenden Globalisierung, die sich beispielsweise aus der Liberalisierung des Handels ableitet (vgl. *Arndt* 2010, S. 8). Auch der europäische Integrationsprozess ist eine treibende Kraft für die Internationalisierung des Wirtschaftsgeschehens. Neben der wirtschaftlichen Liberalisierung, stellen günstigere und schnellere Transport- wie Kommunikationsmöglichkeiten weitere Hebel der Globalisierung dar. Nach *Arndt* (vgl. *Arndt* 2010, S. 9) sind die international getätigten **Exporte** von 1960 (127 Milliarden US-Dollar) bis zum Jahr 2000 (6.436 Milliarden US-Dollar) um mehr als das Fünfzigfache gestiegen.

Global is Hype!

Die global agierenden Organisationen nutzen möglichst kostengünstige und leistungsfähige Standorte. Daher überrascht der anhaltende Trend zur internationalen Beschaffung **(Global Sourcing)** nicht. Beispielsweise sichern sich die Unternehmungen durch globale Beschaffung die Versorgung knapper Ressourcen. Vorprodukte werden in der Regel nach Kostengesichtspunkten selektiert. Für arbeitsintensive Leistungen findet eine Verlagerung in Niedriglohnländer statt (Offshoring). Anspruchsvolle Aufgaben sind dort zu verrichten, wo qualifiziertes Personal beheimatet ist. Viele Produkte werden weltweit angeboten, wobei sich lokale und kundenspezifische Modifikationen (Customization) herausschälen.

Customization allerorten

Der Trend zur Globalisierung führt dazu, dass sich die **Kunden** weitgehend aussuchen können, *wo* sie ihre Produkte kaufen möchten. Die Forderung nach einer weltweiten Verfügbarkeit von Waren wird beispielsweise durch das Internet gestillt. Unabhängig von Ladenöffnungszeiten, sind Güter schnell und preiswert zu beziehen. Doch der Mausklick allein (Front-Office) sichert noch nicht das Geschäft. Es bedarf eines adäquaten logistischen Realisationswesens dahinter (Back-Office).

After-Sales-Services

Viele Produkte bieten mittlerweile hinsichtlich ihrer technischen Eigenschaften kaum Unterscheidungsmerkmale. Daher erbringen etliche Organisationen zur Erzielung von Wettbewerbsvorteilen **Added Services**. Zum Beispiel bietet *Honda* zeitweilig aktuellen und potenziellen Marktpartnern in London nicht nur das Fahrzeug selbst zum Kauf an. Der Added Value besteht in dem integrierten Verkauf eines Parkplatzes für das Auto. Ein Supply Chain Management setzt zur Befriedigung der Kundenwünsche auf hohe Liefertreue, kurze Lieferzeit und ausgeprägte Lieferflexibilität (vgl. *Arndt* 2010, S. 20).

A.7 Netzwerkkoordination in Supply Chains

Netzwerkmodelle dienen der **Strukturierung** logistischer Aktivitäten. Dazu sind komplette Wertschöpfungsprozesse in ihre einzelnen Komponenten zu zerlegen: In ein logistisches Netzwerk werden, von der Quelle bis zur Senke, sämtliche Verbindungen („Kanten") zwischen zuvor definierten Elementen („Knoten") aufgenommen. In den nächsten Gliederungsabschnitten finden sich Gedanken zur Modellierung und Systematisierung von Supply-Chain-Netzwerken. Später erfolgt die nähere Kennzeichnung der Ebenen von Netzmodellen. Schließlich wird in diesem Zusammenhang die aktuelle Diskussion um Netzkompetenzen innerhalb von Supply Chains beleuchtet.

SCM bedeutet Netzwerkkoordination

A.7.1 Modellierung und Systematisierung von Netzwerken

Zur Modellierung von Netzwerken sind unterschiedliche Merkmale zu erfüllen. Nach *Otto* (vgl. *Otto* 2002, S. 225) kennzeichnen insbesondere die nachstehenden **Kriterien** Supply-Chain-Netzwerke:

Merkmale der Netzwerkbildung

- Zwischen den Akteuren (Individuen oder Organisationen) findet ein Austausch statt.
- Die Partner sind dyadenübergreifend interdependent (eine Dyade wird hier als „Beziehung innerhalb einer Gruppe" verstanden).
- Entscheidungsprozesse unterliegen einer doppelten Reflexivität: Sie leiten sich sowohl aus der individuellen Zielfunktion einer Organisation als auch aus dem Netzwerk selbst ab.

A | Grundlagen

■ Innerhalb des Netzwerks sind die Akteure zu einer mehrstufigen Kompensation bereit.

Differenzierung verschiedener Netzwerktypen

Bei Erfüllung dieser Merkmale lassen sich diverse **Netzwerktypen** identifizieren. Dazu zählen Reproduktionsnetzwerke, Innovationsnetzwerke, Vermittlungsnetzwerke, Multiplikationsnetzwerke sowie Transportnetzwerke (vgl. *Otto* 2002, S. 229). Ein **Reproduktionsnetzwerk** spiegelt in der Regel die Abläufe von Supply-Chain-Aktivitäten. Allerdings können sekundär auch die unten angeführten Netzwerktypen vorliegen. Das Reproduktionsnetzwerk steht für die massenhafte und routinemäßige Fertigung materieller (Personal-Computer oder Textilien) und immaterieller (Akten oder Rechnungen) Objekte. Die Akteure sind innerhalb der Reproduktionsnetzwerke fest und langfristig miteinander verknüpft.

F&E-Affinität

Im Gegensatz dazu finden die Partner von **Innovationsnetzwerken** nur punktuell zueinander. Sie sind in Form von Forschungs- und Entwicklungsallianzen (High-Tech-Industrie) oder Beratungsprojekten anzutreffen. Mit Hilfe von Innovationsnetzwerken werden insbesondere Arbeitsteilung, Know-how-Transfer und Kostensplitting anvisiert.

Kontaktierung

Das wesentliche Anliegen der **Vermittlungsnetzwerke** besteht in der Kontaktherstellung. Ein Beispiel dafür ist die Vermittlung des Personalberaters zwischen Personalsuchendem und Arbeitssuchendem. Ähnlich gestaltet sich die Kreditvermittlung. Das Arrangement der Akteure richtig sich auf spezifische Vermittlungszwecke aus.

2 + 2 = 5

Multiplikationsnetzwerke finden sich bei *McDonalds*, indem das Franchise-System massenhaft über die Partner ausgerollt wird. Ähnlich gestaltet sich das Prinzip beim Finanzdienstleister *MLP*: Die zentrale Idee wird in möglichst identischer Form durch eine Vielzahl koordinierter Agenten an aktuelle und potenzielle Marktpartner transferiert.

Distributionsnetzwerke

Schließlich beschäftigen sich zum Beispiel Speditionen mit der Distribution von Sammelgütern innerhalb der **Transportnetzwerke**. Diese Netzwerkgattung dient primär zur Überbrückung von Räumen und Zeiten (verstanden als grundlegende Logistikfunktionen).

Typologie von Supply-Chain-Netzwerken

Für ein Supply Chain Management sind unterschiedliche **Systematisierungsansätze** von Netzwerken zu identifizieren. Diesbezüglich benennen *Gomm/Trumpfheller* strukturbezogene, ebenenbezogene und phasenbezogene Ansätze (vgl. *Gomm/Trumpfheller* 2004, S. 50ff.). Diese Konzepte werden im Folgenden näher beschrieben.

- **Strukturbezogene Ansätze**: Ein erstes Kriterium zur Typisierung von Netzwerken stellt deren **Größe** dar. Diese hängt von der Anzahl an Partnern, der Netzwerkdichte oder der räumlichen Ausdehnung ab. Weiterhin entscheiden spezifische **Eigenschaften** von Akteuren über den Aufbau der Netzwerke (Spezialisierungsgrad, Netzwerkerfahrung oder Kooperationsbereitschaft). Hinsichtlich der **Sozialkriterien** eines Netzwerks sind Vertrauensbasis, Machtverhältnis, Konfliktpotenzial und Netzkultur zu unterscheiden. Ebenso determiniert die Form der **Geschäftsbeziehung** die Struktur des Netzwerks. Diesbezüglich sind beispielsweise die Art und die Häufigkeit getätigter Transaktionen, wie auch die Stabilität der Geschäftsbeziehung zu nennen. Eine schließende Form zur Einordnung strukturbezogener Netzwerke kristallisiert sich in den **IT-Beziehungen** heraus (Internet, EDI, Web-EDI).

Strukturierungseigenschaften

- **Ebenenbezogene Ansätze**: Im Grundsatz sind die Ebenen der gesamtwirtschaftlichen Makro-Logistik, der einzelwirtschaftlichen Mikro-Logistik und der dazwischen liegenden Meta-Logistik für eine Typisierung von Netzwerken zu unterscheiden. Das Supply Chain Management ordnet sich bei dieser Differenzierung innerhalb der netzwerkgerichteten **Meta-Logistik** ein (vgl. *Gomm/Trumpfheller* 2004, S. 51). Eine weitere Möglichkeit zur Strukturierung von Netzwerken in Supply Chains stellt der **SCOR-Ansatz** dar. Nach diesem Konzept sind verschiedene Ebenen zu unterscheiden: Top-Level, Configuration-Level, Process-Element-Level sowie Implementation-Level (vgl. S. 64ff.).

SCM als Element der Meta-Logistik

- **Phasenbezogene Ansätze**: Innerhalb der phasenbezogenen Konzepte kooperierender Unternehmungen werden Entwicklungsschritte von Supply Chains differenziert. So können die Stufen Initializing, Processing und Reconfiguration durchschritten werden (vgl. *Zajac/Olsen* 1993, S. 139ff.). In der Initialisierungsstufe entwickelt jeder Partner seine eigene Kooperationsstrategie. Außerdem sind erste Kommunikations- und Austauschprozesse zwischen Akteuren zu identifizieren (zum Beispiel werden Basisnormen ausgegeben). Anschließend werden unter Processing sämtliche Tätigkeiten des formalen wie informalen Austauschs gefasst. Diese dienen der Konfliktregulierung sowie des Vertrauensaufbaus. Schließlich meint eine Rekonfigurierung die Bewertung der erzielten Ergebnisse einer Zusammenarbeit, die zur Beendigung, Anpassung oder unmodifizierten Fortführung der Austauschprozesse führt.

Zyklusbezogene SCM-Konzepte

Grundlagen

A.7.2 Netzebenen

Partialnetzwerke

Für ein Supply Chain Management sind Güternetze, Informationsnetze, Sozialnetze, Institutionelle Netze und Finanznetze zu unterscheiden (vgl. *Gomm/Trumpfheller* 2004, S. 54ff.; *Otto* 2002, S. 248ff.). Diese einzelnen Ebenen werden synonym als **Partialnetze** bezeichnet, und sie stehen in einem ständigen Interaktionsprozess zueinander.

Physische logistische Kernattribute

Ein **Güternetz** berücksichtigt logistische Kernaktivitäten, wie Transport, Handling, Kommissionieren, Sortieren, Lagern, Verpacken und Signieren. Dadurch decken Güternetzwerke Zeit-, Raum-, Mengen und Sortenänderungen ab. Der Übergang zu den Informationsnetzwerken gestaltet sich durch die Zuhilfenahme von Informations- und Kommunikationssystemen fließend.

IT- und Kommunikationsnetzwerke

Die **Informationsnetze** (auch „Datennetze" genannt) umfassen sämtliche IT-Systeme im engen Sinn. Neben Computernetzen zählen dazu weitere Kommunikations- (Post, Fax, Telefon) und Informationsnetze. Ceteris paribus steigen mit der Kompliziertheit von Supply-Chain-Prozessen die Anforderungen an die Informations- und Kommunikationssysteme. Als Basismedien stehen Telefon oder Fax für einfache Abläufe zur Verfügung. Besonders komplexe Netzwerke werden über kollaborative Lösungen gesteuert.

„Ich habe nichts gegen Menschen als solche, meine besten Freunde sind welche…"

Menschen gewährleisten den Aufbau und den Zusammenhalt einer Supply Chain (**Sozialnetz**). Innerhalb des Sozialnetzes spielen sich fachliche und persönliche Beziehungen der beteiligten Akteure ab. Doch nicht nur fachliches Wissen wird zwischenmenschlich ausgetauscht. Soziale Netze umspannen ebenso emotionale Bindungen und Gefühle. Beispielsweise kann es zwischen den Menschen zu derart angespannten Situationen kommen, dass Supply Chains im Extremfall aufgelöst werden (Belastungsverhältnis). Eine wesentliche Komponente sozialer Netzwerke stellt das Vertrauen der Partner dar.

Unternehmungszusammenschluss entscheidet über Bindungsintensität

Institutionelle Netzwerke zeichnen sich durch Kooperationsverträge, Kapitalbeteiligungen und Director Interlock aus. In den Kooperationsverträgen sind die Rechte und die Pflichten der Supply-Chain-Akteure niedergeschrieben. Außerdem finden zwischen den Partnern teilweise Kapitalverflechtungen statt (zum Beispiel gegenseitiger Aktienbesitz). Schließlich beschreibt ein Director Interlock institutionelle Netzwerke. Darunter wird der Austausch von Aufsichtsräten und weiterer hochrangiger Persönlichkeiten innerhalb der Supply Chain verstanden. Die institutionellen Verbindungen sind im Konzern sehr ausgeprägt. Geringer ist die Bindungsintensität institutioneller Partnerschaften beim Vorliegen kooperativer Unternehmungszusammenschlüsse ausgeprägt (strategische Allianz, Joint Venture, Kartell, BGB-Gesellschaft, virtuelle Organisation oder Genossenschaft).

Schließlich fließen in das **Finanznetz** einer Supply Chain sämtliche finanziellen Transaktionen („Payment") der Akteure ein. Diesbezüglich ist eine Unterscheidung in funktionale, institutionale und finanzwirtschaftliche Netzwerke vorzunehmen (vgl. *Pfohl et al.* 2003, S. 4). In der funktionsorientierten Sichtweise werden Logistikschnittstellen (Beschaffungs-, Produktions-, Distributions-, Informations- und Entsorgungslogistik) um Rechnungswesen, Controlling oder Treasury erweitert. Institutional sind die Partner der Supply Chain (inklusive ihrer Dienstleister) im Zusammenspiel mit Finanz- und Rechnungswesen/Controlling zu betrachten. Finanzwirtschaftliche Netzwerke berücksichtigen schließlich Auswirkungen von Logistikaktivitäten auf Prozesskosten, Anlagevermögen (Asset Management, Fleet Management) und Umlaufvermögen (Cash-Flow-Berechnungen).

Finanzielle Netzwerke

Diese fünf Partialebenen der Supply Chain befinden sich in ständiger **Interaktion**. Auf Basis des Güternetzes wird in letzter Konsequenz die Optimierung der finanziellen Ergebnisse (Finanznetz) anvisiert. Die drei dazwischen liegenden Netze sind zwar unabdingbar, aber dennoch lediglich Mittel zum Zweck: Sie ermöglichen die Planung und die Steuerung des Erstellungsprozesses von Produkten und Diensten.

Austauschbeziehungen in Netzwerken

A.7.3 Netzkompetenz

Insbesondere *Pfohl* (vgl. *Pfohl* 2004; ähnlich *Dominik/Hermann* 2007) protegiert in dem **„Athene-Projekt"** (Applied Theories Enabling Network Excellence) die Untersuchung von Netzkompetenzen innerhalb der Supply Chain. Darunter ist die räumliche wie zeitliche Abstimmung und Verbindung weltweit verstreuter Akteure einer Supply Chain zu verstehen. Im Rahmen des „Athene-Projekts" filtrieren sich logistische Kompetenzen von Organisationen hinsichtlich ihrer Material-, Informations-, Finanz- und Beziehungsströme heraus (vgl. *Pfohl* 2004, S. 3).

Pallas Athene, Göttin der Weisheit…

Der Ansatz um Netzkompetenzen beschreibt die Optimierung kooperativer Beziehungen im Partnergeflecht. Im Gegensatz zum „Resource-Based-View" (vgl. S. 94) fußen die Überlegungen zu Netzkompetenzen auf Austauschbeziehungen und dem Grundsatz des Teilens. Ressour-

Weiterentwicklungen des Resource-Based-View

Grundlagen

cenorientierte Ansätze akzentuieren hingegen die Einzigartigkeit und die Abgrenzung unternehmungsindividueller Faktoren (vgl. *Frunzke* 2004, S. 31). Und dennoch vereinen sich die beiden scheinbar hybriden Inhalte in dem **„Relational View"**. Danach entspringt die Netzkompetenz in Supply Chains individuellen und kollektiven Fähigkeiten (vgl. *Frunzke* 2004, S. 32ff.).

Singularität der Netzkompetenz

Bei Vorhandensein einer **individuellen Netzkompetenz** basiert ein Wettbewerbsvorteil der Akteure auf der Ausweitung der eigenen Ressourcenbasis. Dieser wird durch Zeitvorsprung, Economies of Scale, Ressourceninterdependenzen sowie (organisatorischer und technologischer) Innovation geschaffen. Zeitvorteile und Skaleneffekte entstehen durch die Absorption bereits vorhandenen Wissens von Kooperationspartnern. Ressourceninterdependenzen verschafft sich eine Organisation aus der Kombination eigener Mittel mit den Ressourcen externer Partner. Schließlich entwickelt sich eine Innovationskompetenz, indem Unternehmungen an den technologischen wie organisatorischen Möglichkeiten Dritter partizipieren.

Gemeinsam sind wir stark!

Eine **kollektive Netzkompetenz** hingegen entwickelt sich einerseits aus einer horizontalen oder vertikalen **Co-Spezialisierung**. Darunter wird verstanden, wenn einzelne Organisationen nur noch in denjenigen Bereichen agieren, in welchen sie ihre Stärken sehen. Die Ausführung anderer Aufgaben überlassen sie sonstigen Akteuren des Netzwerks. Andererseits entstehen auch völlig **neue Kooperationsformen kollektiven Denkens**. Diese äußern sich in interorganisatorischen Ressourcen (zum Beispiel siedeln sich die Partner eines Netzwerks in engster räumlicher Nähe zueinander an), dem Austausch und der Kombination von Wissen sowie der komplementären Ressourcenausstattung. Letzten Anspruch sichern gemeinsam genutzte Informations- und Kommunikationssysteme.

A.8 Materialflussanalysen in Supply Chains

Networking

Viele Supply Chains sind einer zunehmenden Eigendynamik globaler Märkte und sich wandelnden, multioptionalen Kundenanforderungen unterworfen. Mit Hilfe **netzwerkgerichteter Materialflussanalysen** versuchen modern operierende Supply-Chain-Akteure diesen Marktanforderungen zu begegnen. Der Einsatz adäquater IT-Systeme ist dafür conditio sine qua non (vgl. *Baumgarten* 2009, S. 1ff.; *Göpfert* 2004, S. 33ff.).

Materialflussanalysen in Supply Chains — **A.8**

A.8.1 Motive für Materialflussanalysen

Das **Management kompletter Materialflüsse** ist für sämtliche Wertschöpfungsakteure ein zentrales Anliegen. Kundenaufträge treffen ein logistisches Netzwerk, wodurch Interaktionsprozesse zwischen den beteiligten Akteuren angestoßen werden. Dabei kann die Zahl an Geschäftsprozessen und Schnittstellen rasant anwachsen. Mit zunehmender Komplexität im Partnergeflecht steigt die Gefahr kostenintensiver Stock-outs. Hier setzen moderne Materialflussanalysen an. Sie dienen dazu, die Unterbrechnungsrisiken in Logistikketten einzudämmen (vgl. *Beckmann* 2004, S. 1ff.; *Gienke/Kämpf* 2007, S. 803; *Haasis* 2008, S. 62ff.).

Frühzeitiges Aufdecken von Engpässen

Zu den **Kernaufgaben** des Supply Chain Managements gehören die Erfassung, die Visualisierung und die Analyse sich ständig wandelnder Materialflüsse. Mit Hilfe der Materialflussanalyse wird der Versuch unternommen, die Transparenz in diesem Netzwerk zu erhöhen, um die Materialflussstruktur zu erhalten, Schwachstellen und ihre Ursachen zu identifizieren sowie Materialflusskosten zu ermitteln.

Zum Begriff der Materialflussanalyse

Mit Hilfe der Materialflussanalyse soll die Wirtschaftlichkeit von Supply-Chain-Aktivitäten gesteigert werden. Dazu sind komplexe Materialflüsse des betrieblichen Umfelds in Simulationen modellhaft abzubilden. Eine **begriffliche Klärung** zur Materialflussanalyse liefern *Brunner* und *Rechberger*: „Material flow analysis is a systematic assessment of the flows and stocks of materials within a system defined in space and time. It connects the sources, the pathways, and the in-termediate and final sinks of a material." (*Brunner/Rechberger* 2003, S. 3).

Definitionsversuch

A.8.1.1 Systemdefinition

In einer Materialflussanalyse ist das zu erfassende System zunächst räumlich und zeitlich abzugrenzen, um die Interpretationsspielräume im Logistiknetzwerk einzudämmen:

- **Räumliche Systemgrenzen:** Das Prinzip der räumlichen Systemabgrenzung kennzeichnet die geografische Lokalisierung des Gesamtsystems. Darin sind lokale und intern ausgerichtete Logistikaktivitäten ebenso verortet, wie globale Netzwerke über die Organisationsgrenzen hinweg.

  Materialfluss im Raum begrenzen

- **Temporäre Systemgrenzen**: Eine Materialflussanalyse strebt nach Repräsentativität. Perioden, die größere saisonale Schwankungen aufweisen (zum Beispiel das Weihnachtsgeschäft) sind als Betrachtungs-

  Zeitschläge mindern

Grundlagen

zeitraum weitgehend ungeeignet. Zur Fortschreibung von Vergangenheitswerten können gleitende Durchschnitte berechnet werden. Ebenso bietet sich die exponentielle Glättung zur Ermittlung von Zukunftswerten an, um Ausreißer (Trend, Konjunktur, Saison) über Gewichtungsfaktoren „einzufangen".

Systemelemente definieren

Die Systemdefinition bezieht sich indessen auch auf die **Elemente des Systems**, die mit diesem interagieren. Darunter fallen Infrastrukturen (Wege, Flächen und Gebäude) ebenso, wie Material- und Informationsflussmittel (Lagerhaltungs- oder Informationstechnologie). Fertigungsspezifische und logistische Prozesse finden diesbezüglich gleichermaßen Berücksichtigung.

Materialien bilden den Kern der Analyse

Die systemrelevanten Elemente bilden freilich die **Materialien** selbst – und die sie umgarnenden Informationen – ab. Dennoch unterscheiden sich die Materialien von ihrer Gewichtung. Mit Hilfe der ABC-Analyse werden speziell diejenigen Materialien filtriert, welche repräsentativ sind und nachhaltigen Einfluss auf Umsatz oder Kosten ausüben. Analog dem Ablauf der XYZ-Analyse, können die Materialien auch nach ihrer Forecast Accuracy untergliedert sein. Unter Abschnitt D.2.1 (vgl. S. 232ff.) werden diese Inhalte näher beleuchtet.

A.8.1.2 Materialflusserfassung

Materialflüsse erfassen und verstehen

Erst nach der vollständigen Definition des zu analysierenden Systems erfolgt die **Erfassung** jedweder Materialflussbewegungen. Sie stellen sich als Transport- oder Lagerbewegungen dar. Indem sich bewegende und ruhende Materialien ermittelt werden, lässt sich die tatsächliche Richtung und Größe der Materialflüsse räumlich, zeitlich, kosten- und mengenmäßig erfassen. Dabei können die Daten zur Materialflussanalyse sowohl primär als auch sekundär (oder in Kombination) erhoben werden. Unabhängig von der gewählten Vorgehensweise, gilt es beispielsweise folgende relevante Fragen zu klären:

- „Warum wird gelagert/transportiert?"
- „Was und wie viel wird eingelagert/transportiert?"
- „Woher und wohin wird transportiert?"
- „Womit und wie wird gelagert/transportiert?"
- „Wann und wie lange wird gelagert/transportiert?"

A.8.1.2.1 Direkte Materialflusserfassung

Eine direkte Materialflusserfassung wird durch eine **primäre Datenerhebung** im laufenden Betrieb vollzogen. Sie findet Anwendung, wenn die erforderlichen Daten über Materialflussbewegungen nicht vorhanden sind oder lediglich in unzureichender Qualität vorliegen. Zu den gängigsten Verfahren zählen Ablauf- und Belastungsstudien (vgl. die unten stehenden Inhalte).

Primäre Datenerhebung

Das Ziel der **Ablaufstudie** ist die modellhafte Beschreibung und Abbildung von Prozessen und ihren Abhängigkeiten im Materialfluss durch direktes Beobachten, Messen oder Befragen. Mit Hilfe der Dekomposition des kompletten Materialflusses in seine Einzelprozesse, werden zeit- oder kostenverursachende Aktivitäten in Fertigung und Logistik (Transport oder Lagerung) identifiziert.

Ablaufstudie

Ausgehend von den Ablaufstudien, geben die **Belastungsstudien** einen Aufschluss über Richtung und Länge der Materialflüsse selbst sowie über ihre Interaktionen innerhalb des Materialflussnetzes. Mit der gemessenen Menge (beispielsweise Tonnen), die innerhalb eines definierten Zeitraums durch eine Supply Chain strömt, lassen sich die Materialflussintensitäten (zum Beispiel Tonnen pro Monat) mathematisch ableiten. Außerdem sind die Auslastungsgrade von Transport- und Lagerungsmitteln festzustellen (vgl. *Arnold/Furmans* 2009, S. 234ff.; *Gienke/Kämpf* 2007, S. 375ff.; *Martin* 2008, S. 31ff.).

Belastungsstudie

A.8.1.2.2 Indirekte Materialflusserfassung

Mit Hilfe einer **sekundären Datenerhebung** wird eine direkte Auswertung bereits existierender Materiaflussdaten ermöglicht. Als Grundlage für die sekundäre Datenermittlung dienen **moderne Informationssysteme**, wie Enterprise Resource Planning und Advanced Planning and Scheduling (vgl. zu ERP und APS S. 304ff.). Sie ermöglichen die Planung, die Steuerung und die Kontrolle logistischer Materialflussprozesse entlang der gesamten Supply Chain. Als sekundäre Informationsquellen sind sie für eine Materialflussanalyse von entscheidender Bedeutung (vgl. *Baumgarten* 2009, S. 45ff.).

Sekundäre Datenerhebung

Grundlagen

A.8.1.3 Materialflussanalyse und -visualisierung

Darstellungsformen von Materialflüssen

Bei der Erfassung von Materialflüssen werden üblicherweise große Datenmengen generiert. Um nicht im Datenmeer zu versinken, müssen relevante Informationen filtriert und komplette Materialflüsse **visualisiert** werden. Über die räumliche Anordnung und zeitliche Abfolge der relevanten Materialströme leitet sich die Struktur des Gesamtnetzwerks ab. Für die Erfassung und die Visualisierung von Materialbewegungen eignen sich qualitative und quantitative Methoden gleichermaßen. Nachstehend werden diese Inhalte näher erläutert.

Qualitative Materialflussanalyse

Die **qualitative Visualisierung** von Materialflüssen dient der strukturellen Systemanalyse der Supply Chain. Dabei wird das System in **Knotenpunkte** (Quellen und Senken) und Kanten (Materialflüsse) zerlegt. Quellen und Senken kennzeichnen logistische oder fertigungsspezifische **Leistungssektoren** (Wareneingang, Rohstofflager, Produktion, Fertigwarenlager oder Warenausgang). In ihnen finden Aktivitäten zur zeitlichen, räumlichen, quantitativen und qualitativen Materialtransformation (wie Lagern oder Produzieren) statt. **Kanten** repräsentieren dagegen **Transportbewegungen** zwischen den Knotenpunkten. Diese Transporte sind ebenfalls als logistische Prozesse aufzufassen, da sie eine räumliche und zeitliche Überbrückung der Materialien ermöglichen und die Leistungsstellen versorgen oder entsorgen. Als sendende Leistungsstelle initiiert die Quelle den Transportprozess. Die Senke hingegen beendet diesen als Empfangsbereich (vgl. *Gienke/Kämpf* 2007 S. 377ff.; *Grundig* 2012, S. 119ff.; *Gudehus* 2010, S. 7ff.).

Strukturelle Parameter der Supply Chain

Auf diese Weise stellt die Supply Chain ein netzwerkartiges System dar, das sich durch Transportbewegungen und Leistungsstellen definiert. Die strukturelle Ausgestaltung der Wertschöpfungskette leitet sich aus den jeweiligen Materialflüssen ab. Doch auch die Quellen und Senken bilden mit ihrem Standort, ihrer Funktion und ihrer Anzahl die **Strukturparameter der Supply Chain** (vgl. *Haasis* 2008, S. 62ff.).

Kombiniert qualitativ-quantitative Materialflussanalyse

Qualitative Strukturdarstellungen können um **quantitative Attribute** erweitert sein. Dann werden der zeitliche und der mengenmäßige Fluss von Materialien durch das logistische Gesamtsystem aufgezeigt. Somit wandelt sich die reine Struktur- zur Prozessanalyse. Dadurch werden Materialflussmengen pro Zeitintervall und **Materialflussintensitäten** zwischen Quellen und Senken sichtbar. Sie stellen sich als kumulierte Hochrechnungen statistischer Ausgangsmassen dar, die in eine selbe Richtung strömen. Zuvor ermittelte Durchsätze (wie Tonnen pro Zeiteinheit) werden jetzt als Leistungsgrößen für komplette Materialflüsse herangezogen (vgl. *Arnold/Furmans* 2007, S. 251ff.; *Gienke/Kämpf* 2007, S. 377ff.; *Grundig* 2012, S. 121ff.).

In der Folge werden mit der Materialflussmatrix und dem Sankey-Diagramm zwei qualitativ-quantitative Visualisierungsformen der Materialflussanalyse diskutiert. Speziell die **Materialflussmatrix** ist von einiger praktischer Relevanz. In dieser *„Von-nach-Matrix"* werden die Materialflussbewegungen zwischen den Quellen (*„Von"*) und Senken (*„Nach"*) erfasst. Somit lässt sich ein qualitativer Rückschluss auf die Flussrichtung in den Materialbewegungen ableiten, die vor- und rückwärts gerichtet sind. Dabei werden die Quellen auf der Vertikalen abgetragen, die Senken finden sich auf der Horizontalen.

Materialflussmatrix: Von der Quelle zur Senke

Um alle möglichen Materialflüsse lückenlos erfassen und abbilden zu können, werden die Leistungsstellen explizit in der Materialflussmatrix berücksichtigt. Das Konzept richtet sich nach dem **Prozessgedanken** aus. Demnach stellt der Output eines vorgelagerten Prozesses den Input des nachgelagerten dar. Die Matrix ist so zu lesen, dass beispielsweise die Quelle A („Beschaffungslager") die Senke B („Produktion") mit 37 Einheiten versorgt (vgl. Abbildung A.10).

Kausalketten abbilden

Auch **innerhalb einer Leistungsstelle** (zum Beispiel des Distributionslagers) können Materialflussbewegungen stattfinden. Diese Wechselbeziehungen spiegelt die Diagonale in der Matrix. Beispielsweise werden innerhalb des Distributionslagers von der Quelle zur Senke 3 Einheiten verschoben. So können Fertigwarenbestände vor ihrer Entsendung von einem Kunden auf einen anderen mit höherer Priorität umgeschichtet werden. Diese Erkenntnis kann zum Ausgangspunkt für eine detaillierte Materialflussanalyse werden, die sich ausschließlich mit diesem Phänomen befasst.

Interne Wechselbeziehungen

Während oberhalb der **Diagonale** alle vorwärtsgerichteten Materialflüsse zu finden sind, werden auf den darunter liegenden Matrixfeldern alle rückwärtigen Bewegungen abgetragen. Solche Rückwärtsströme im Materialfluss können erste Anzeichen von Ineffizienzen oder von Kostensenkungspotenzialen sein.

Vorwärts- und Rückwärtsaktivitäten

Ergänzend zur Materialflussmatrix finden weitere Methoden für die Analyse von Materialflüssen Anwendung. Eines dieser Instrumente ist das **Sankey-Diagramm** (vgl. Abbildung A.10). Damit können Materialflüsse innerhalb des betrachteten Systems maßstabsgetreu oder mengenbezogen dargestellt werden. Letzte Variante kommt insbesondere auf höher aggregierten Ebenen zum Einsatz: Zum Beispiel zur abstrakten Abbildung globaler Materialflüsse externer Supply Chains.

Sankey-Diagramm

A *Grundlagen*

Wesentliches auf einen Blick erfassen

Aber auch zur Darstellung interner Materialflüsse eignet sich das Sankey-Diagramm. Gerade die layoutgerechte Variante erzeugt eine hohe **Transparenz**, indem die Bedeutung der einzelnen Materialflüsse in der Supply Chain durch Pfeile gespiegelt ist. Die Stärke dieser Pfeile kann proportional zur Durchsatzmenge ins Verhältnis gesetzt werden. Abbildung A.10 verdeutlicht diesen Kontext. Zum Beispiel versorgt die Produktion das Fertigwarenlager mit 40 Einheiten und empfängt von diesem gleichsam 3 Einheiten (vgl. *Arnold/Furmans* 2007, S. 243ff.; *Gienke/Kämpf* 2007, S. 377ff.; *Grundig* 2012, S. 120ff.).

Abbildung A.10 — *Materialflussmatrix und Sankey-Diagramm*

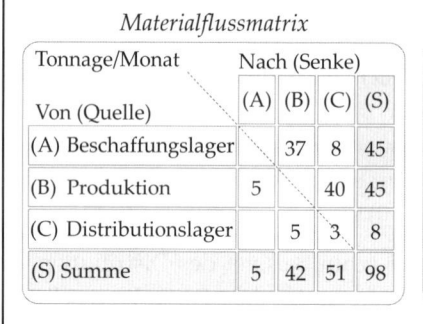

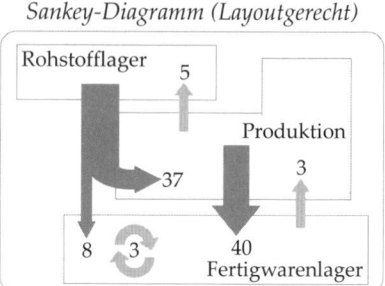

Materialflussmatrix

Tonnage/Monat Von (Quelle)	Nach (Senke)			
	(A)	(B)	(C)	(S)
(A) Beschaffungslager		37	8	45
(B) Produktion	5		40	45
(C) Distributionslager		5	3	8
(S) Summe	5	42	51	98

Sankey-Diagramm (Layoutgerecht)

Rohstofflager — 5
Produktion — 37 — 3
8 — 3 — 40
Fertigwarenlager

A.8.2 Kritische Würdigung

Möglichkeiten

Ein wesentlicher **Vorteil** der Materialflussanalyse ist sicherlich in der gesteigerten Transparenz zu sehen. Die Erfassung und die Auswertung von Materialflüssen gestalten sich schlichtweg einfacher, was durch nachstehende Erläuterungen unterstrichen wird:

Strategische Informationen

- **Operatives Instrument mit strategischem Charakter**: Die Materialflussanalyse liefert Informationen, die auch für strategische Entscheidungen herangezogen werden können. Aus ihr lassen sich Auswirkungen auf Sourcing-Entscheidungen ableiten, indem sie Rückschlüsse auf Transportkosten und Lagerkosten gewährt oder frühzeitig mögliche Stock-outs aufdeckt.

Planung und Modellierung der Materialflüsse

- **Strategische Netzwerkgestaltung**: Durch die Heranziehung einer Materialflussanalyse werden beteiligte Akteure zur kritischen Analyse ihrer Lieferkette gezwungen. Vernetzte Materialflüsse sind zu simulieren, um ein verbessertes Gesamtergebnis im Netzwerk zu erreichen.

Materialflussanalysen in Supply Chains **A.8**

In Kombination mit modernen Informationssystemen, kann die Materialflussanalyse zu einem wichtigen Werkzeug für das **Supply Chain Design und Planning** (vgl. S. 81ff. dieser Schrift) avancieren.

- **Prozessverständnis und Kostentransparenz:** Mit der Analyse von Materialflussbewegungen erhalten auch logistische Kernprozesse eine exakte Spezifizierung, so dass logistische Leistungsstellen zu bilden sind. Mit Blick auf die **Prozesskostenrechnung** (vgl. S. 397ff.), wird die Bedeutung der Materialflussanalyse für die Steigerung der Kostentransparenz in den indirekten Leistungsbereichen deutlich. Sie liefert wichtige Basisdaten, um die Gemeinkosten der Logistik verursachungsgerecht auf die Kostenträger umzulegen.

  Prozess- und Kostentransparenz

- **Flexibilität:** Die Materialflussanalyse steigert schlussendlich die Transparenz von Materialbewegungen, so dass Planungs-, Simulations- und Modellierungszeiten erheblich verkürzt werden können.

  Struktur und Schnelligkeit

Doch kennt natürlich auch eine Materialflussanalyse **Grenzen**. Nachstehend finden sich einige dieser Schwierigkeiten von Materialflussanalysen in Stichpunkten:

Grenzen

- **Kein Modellcharakter:** Die Materialflussanalyse ist kein idealtypisches Modell, das universell einsetzbar ist. Weder in der Praxis noch in der Theorie hat sich ein allgemeingültiges Konzept durchgesetzt. In letzter Konsequenz führt dies zu einem hohen Abstraktionsgrad mit einem eher anwendungsspezifischen Charakter.

  Kein generisches Referenzmodell

- **Hoher Informationsgehalt:** Mit Hilfe der Materialflussanalyse lassen sich erhebliche Datenmengen erfassen, die mit der Komplexität des Betrachtungsumfelds ansteigen. Daher ist eine Abgrenzung des Systems ebenso wichtig, wie die Selektion der Datenbasis, um fehlerhafte Analysen zu vermeiden. Speziell bei der erstmaligen Anwendung der Materialflussanalyse sind Fehlinterpretationen der Materialflussdaten kaum zu vermeiden.

  Konzentration auf das Wesentliche

- **Fehlende Nachhaltigkeit und Vergangenheitsbezug:** Es mangelt der Materialflussanalyse an Nachhaltigkeit, wenn sie dem Diktat der einmaligen Anwendung unterworfen ist. Auch der daraus resultierende Aufwand würde kaum die Ergebnisse rechtfertigen, die man sich mit ihrer Anwendung verspricht. Speziell vor dem Hintergrund der dynamischen Entwicklung von Materialflüssen, wären einmalige statische Momentaufnahmen wenig zielführend.

  Vergangenheitswerte in die Zukunft projizieren

A *Grundlagen*

Geschwätz von gestern...?

- **Ex-Post-Betrachtung**: Schließlich leiten sich Simulationen von Materialflüssen aus Werten der Vergangenheit ab. Interessanter wären aber wohl Zukunftsbetrachtungen.

A.9 Gestaltungsmodelle des Supply Chain Managements

Prägende SCM-Modelle

Nachstehend werden zwei ausgewählte Gestaltungsmodelle des Supply Chain Managements diskutiert. Zunächst findet sich in diesem Kontext eine nähere Beschreibung des SCOR-Ansatzes. Im Anschluss sind diese Überlegungen auf ein spezielles Aufgabenmodell für Software-Systeme zu übertragen, dessen Erarbeitung auf SCOR basiert.

A.9.1 SCOR-Modell

A.9.1.1 Grundlagen

Historie und allgemeiner Hintergrund

Das SCOR-Modell (Supply-Chain-Operations-Reference-Model) wurde mit der Zielsetzung aufgestellt, die Abläufe innerhalb einer Supply Chain zu standardisieren (vgl. *www.supply-chain-org.*; *Bolstorff et al.* 2008; *Cohen/Roussel* 2006; *Poluha* 2010b). Den Grundstein dazu legte 1996 der *Supply Chain Council* (SCC): Die beiden Beratungsgesellschaften *Pittiglio Rabin Todd & McGrath (PRTM)* sowie *Advanced Manufacturing Research (AMR)* schufen – gemeinsam mit 69 Unternehmungen unterschiedlicher Branchen – in Pittsburgh (USA) den Council. Bereits 1997 wurde der SCC in Pennsylvania in das Handelsregister aufgenommen. Dieser Verbund ist ein unabhängiger, nicht-gewinnorientierter Verein, der das SCOR-Modell fördern und ständig weiterentwickeln möchte. Die Tätigkeiten im Council werden durch Mitgliedsbeiträge finanziert. Mittlerweile gehören dem Council über 1.000 Mitglieder an. Die Teilnahme an diesem Verbund ist, gegen Zahlung einer geringen Gebühr, grundsätzlich möglich. In diesem Council finden sich beispielsweise *BASF, Black & Decker, Dow Chemical, Federal Express, General Electric, IBM, Merck, Motorola, Procter & Gamble, SAP* oder *Xerox*.

Gestaltungsmodelle des Supply Chain Managements

Im Kern ist das SCOR-Modell ein idealtypischer und über die Branche greifender Ansatz, in dem die Abläufe innerhalb der Supply Chain von den Partnern einheitlich beschrieben werden. Mit Hilfe von **Kennzahlen** sind die jeweiligen Abläufe in den standardisierten Lieferketten zu messen. Außerdem finden sich in dem Konzept Anforderungen an die berücksichtigte **Software**, samt Beschreibung der Funktionalitäten (Softwaredatenbank). Aktuell ist die SCOR-Version 11.0 im Einsatz. Das Modell befindet sich jedoch in kontinuierlicher Weiterentwicklung, wobei in rascher Abfolge Updates der eingesetzten Software erfolgen. Die Mitglieder im *Supply Chain Council* haben bereits circa sechs Monate vor der offiziellen Veröffentlichung einer neuen Softwaregeneration Zugang zur neuen Version.

Grundsätzliche Charakterisierung

Als **Prozessreferenzmodell** erstreckt sich der Ansatz über die komplette Supply Chain: Von der Source of Supply bis zum Point of Consumption. Die Abläufe sind konfigurierbar, es werden unterschiedliche Alternativen eines gleichen Prozesses abgebildet. Dadurch entsteht eine **normierte Sprache** für interne und netzgerichtete Kommunikationsprozesse. Dies ist eine wichtige Voraussetzung für den Leistungsvergleich zwischen den Partnern.

SCOR strebt nach Standardisierung

A.9.1.2 Prozessstufen

Das idealtypische Referenzmodell ist von hierarchischer Struktur und beinhaltet vier verschiedene Ebenen (Level). Im Fortgang zwischen den einzelnen Stufen nimmt der Grad an **Konkretisierung** ständig zu. Diese Entwicklungsstufen stellen Top-Level, Configuration-Level, Process-Element-Level und Implementation-Level dar. Diese verschiedenen Stufen werden nachstehend gekennzeichnet. Abbildung A.11 spiegelt diesen Zusammenhang.

Vier prägende Modellstufen

A.9.1.2.1 Top-Level (Ebene 1)

Die Ebene Top-Level definiert den Umfang sowie den Inhalt einer Supply Chain. Dabei werden die fünf unterschiedlichen **Prozesskategorien** (Aktivitätenbündel) Planen (Plan), Beschaffen (Source), Herstellen (Make), Liefern (Deliver) und Zurückführen (Return) spezifiziert.

Prozesskategorien in Ebene 1 spezifizieren

- **Planen** (Plan): In der Supply Chain sind zunächst die Angebots- und voraussichtlichen Nachfragestrukturen zu planen. Dazu werden Lieferquellen bewertet, Nachfrageanforderungen ermittelt, Bestände ge-

Generische Planung

Grundlagen

plant, Anforderungen an die Produktion und den Vertrieb gestellt, Materialien definiert oder Kapazitäten im Mengengerüst abgeglichen. Außerdem ist die „Infrastruktur" der Planung festzuschreiben. Diesbezüglich sind Entscheidungen hinsichtlich Make-or-Buy, Einlauf- und Auslaufsteuerung oder Commodity-Struktur zu treffen.

Input

- **Beschaffen** (Source): Anschließend sind im SCOR-Modell alternative Beschaffungsquellen zu vergleichen, um die Versorgungssicherheit zu gewährleisten. Der Prozess beinhaltet interne und externe Aktivitäten. Zu ersten zählen Warenannahme, Qualitätsprüfung, Lagerung oder Bezahlung. Letzte umfassen zum Beispiel die Zertifizierung von Lieferanten oder den Abschluss von Rahmenverträgen.

Throughput

- **Herstellen** (Make): Das dritte Aktivitätenbündel der Ebene Top Level beinhaltet die Herstellung nachgefragter Güter. Dazu muss der Fertigungsprozess mit seinen Schnittstellen (beispielsweise Engineering oder Qualitätssicherung) abgestimmt werden. Zur Erreichung einer hohen Kundenzufriedenheit, sind die Produkte qualitativ hochwertig herzustellen.

Output

- **Liefern** (Deliver): In der Prozesskategorie Deliver finden sich Maßnahmen, die zur Befriedigung der Kundennachfrage dienen. Hier werden die Kundenaufträge verwaltet (Bestellerfassung, Fakturierung oder Inkassowesen), Lager bewirtschaftet (Kommissionierung, Verpackung sowie Versand) und Waren distribuiert (Fleetmanagement, Incoterms oder Frachtwesen).

Re-Logistics

- **Zurückführen** (Return): Schließlich umfasst dieser Kernprozess sämtliche administrativen Tätigkeiten, welche mit der Rückgabe von Rohstoffen (an Lieferanten) oder dem Empfang rückgeführter Fertigwaren (von Kunden) verbunden sind. So deckt Return den Rückfluss defekter Produkte oder überschüssiger Artikel ab (Re-Logistics). Auch ungängige Sachnummern fallen unter die Rubrik „Return".

A.9.1.2.2 Configuration-Level (Ebene 2)

Bildung der Prozesskonfiguration

Auf Basis der Ebene Top-Level werden auf dieser zweiten Stufe verschiedene Standardmodule definiert, mit denen sich mögliche Supply Chains konfigurieren lassen. Dazu ist die komplette Supply Chain in unterschiedliche Teilprozesse zu zerlegen. Als **Prozesskategorien** dienen die „Aktivitätenbündel" der ersten Ebene: Plan, Source, Make, Deliver und Return (vgl. Abbildung A.11). In diesem Kontext sind beispielsweise folgende Fragen zu klären:

- *Plan*: „Findet ein Outsourcing von Tätigkeiten statt?" „Wie kann die potenzielle Nachfrage festgestellt werden?"
- *Source*: „Liegt eine Pullsteuerung vor?" „Handelt es sich bei der zu beschaffenden Ware um ein Katalogteil?"
- *Make*: „Fertigen wir in Masse?" „Können die Fertigungsanlagen rasch umgerüstet werden?"
- *Deliver*: „Sollen die Produkte kundenspezifisch verpackt werden?" „Eröffnen wir ein Zentrallager?"
- *Return*: „Welche Produkte bedürfen einer Rückführung?" „Wer führt den Rücktransport durch?"

Die Standardmodule der Toolbox können in einer Matrix dargestellt werden. Horizontal sind die fünf Prozesskategorien Plan, Source, Make, Deliver und Return abzutragen. Vertikal finden sich in der Matrix drei unterschiedliche **Prozesstypen**: Planning, Execution und Infrastructure.

Primäre Prozesstypen von SCOR

- *Planning* (Planung): Der Prozesstyp Planning zielt darauf, diejenigen Aktivitäten zu definieren, welche Angebot und Nachfrage optimal in Einklang bringen. Dazu zählt die revolvierende Durchführung der Planungsprozesse oder die Festlegung des voraussichtlichen Planungshorizonts.
- *Execution* (Ausführung): Im nächsten Schritt werden Aktivitäten eingeleitet, die zur Transformation der Planung dienen. Beispielsweise gehören dazu Termin- und Maschinenbelegungsdeterminierung.
- *Infrastructure* (Infrastruktur): Schließlich beinhaltet die Infrastruktur sämtliche Aktivitäten, welche die Voraussetzungen für die Realisierung von Planning und Execution schaffen. Hierunter fallen insbesondere Informationsaufbereitung und Datenpflege.

Durch die Interaktion der Prozesskategorien Plan (P), Source (S), Make (M), Deliver (D) und Return (R) mit den Prozesstypen Planning, Execution sowie Infrastructure entsteht eine Matrix. Sie wird von dem *Supply Chain Council* als **Configuration Toolbox** bezeichnet (vgl. Abbildung A.11). Bei näherer Betrachtung der Matrix fällt auf, dass der Prozesstyp **Execution** weiter untergliedert ist. Im Rahmen der Ausführungsprozesse wird folgende Differenzierung vorgenommen in:

Configuration Toolbox

A | *Grundlagen*

- *Source:* ("Stocked Product", "Make-to-Order Product", "Engineer-to-Order Product").
- *Make:* ("Make-to-Stock", "Make-to-Order", "Engineer-to-Order").
- *Deliver:* ("Stocked Product", "Make-to-Order Product", "Engineer-to-Order Product").
- *Return:* ("Source Return", "Deliver Return").

Alles kommt auf den Prüfstand

Aus diesen Hauptfeldern der Toolbox wählen Organisationen die für sie zutreffenden Prozessketten aus. Im Kern findet eine Spezifizierung der Problemstellung statt. Jede Unternehmung erhält so ihre geeignete Konfiguration. Dadurch werden **defizitäre Bereiche offen gelegt**: Die Toolbox trägt zur Identifikation von Redundanzen in der Supply Chain bei.

Abbildung A.11 SCOR-*Toolbox (Ebene 2)*

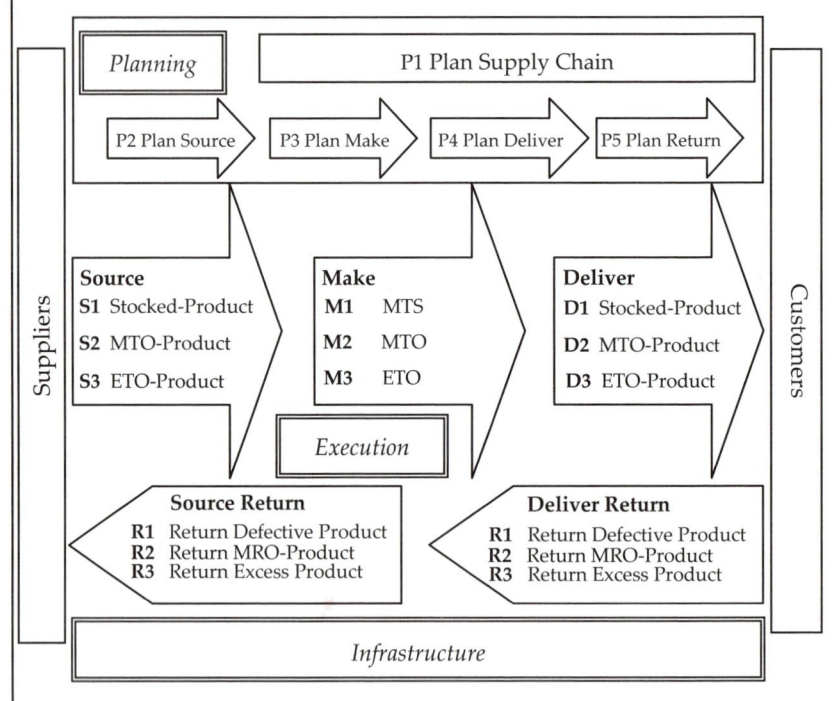

Planning
- P1 Plan Supply Chain
- P2 Plan Source
- P3 Plan Make
- P4 Plan Deliver
- P5 Plan Return

Suppliers

Source
- S1 Stocked-Product
- S2 MTO-Product
- S3 ETO-Product

Make
- M1 MTS
- M2 MTO
- M3 ETO

Deliver
- D1 Stocked-Product
- D2 MTO-Product
- D3 ETO-Product

Customers

Execution

Source Return
- R1 Return Defective Product
- R2 Return MRO-Product
- R3 Return Excess Product

Deliver Return
- R1 Return Defective Product
- R2 Return MRO-Product
- R3 Return Excess Product

Infrastructure

Legende: MTS = Make-to-Stock   MTO = Make-to-Order
ETO = Engineer-to-Order   MRO = Maintenance, Repair and Overhaul

A.9.1.2.3 Process-Element-Level (Ebene 3)

Auf der dritten Prozessstufe, der *Gestaltungsebene*, schreitet die Konkretisierung des SCOR-Modells weiter voran. Jetzt werden die Prozesskategorien in einzelne **Prozesselemente** zerlegt. Im Fokus stehen die Definition dieser Prozesselemente und die Ermittlung von Input-Output-Relationen je Prozesselement. Wenn möglich, sind für jedes Prozesselement Benchmarks festzulegen. Dadurch können Rückstände zu den Best Practices identifiziert werden. Schließlich ist die in der Supply Chain zu berücksichtigende Software zu spezifizieren.

Prozesselemente werden geformt

Jedes Feld in der Toolbox ist auf dieser dritten Ebene mit **Input-Output-Relationen** je **Prozesselement** versehen. Beispielhaft wird eine Input-Output-Beziehung für die einzelnen Prozesse von „M3", Engineer-to-Order („Kundenauftragsbezogen Fertigen"), diskutiert:

Exemplifizierung an Prozesselement „M3"

- Herstellaktivitäten terminieren („M3.1"),
- Material ausgeben („M3.2"),
- Herstellung und Überprüfung („M3.3"),
- Packen („M3.4") und
- Produkt bereitstellen („M3.5").

Originär werden die Aktivitäten dieser **Kausalkette** zur Terminierung der Herstellaktivitäten (**M3.1**) getrieben. Dazu bedarf es Informationen aus dem Produktionsplan (P = Plan), Auffüllsignalen zur Lieferung (D = Deliver) und zur Herstellung (M = Manufacturing). Als Ergebnis dieser Tätigkeiten kristallisiert sich ein geplanter Output für die Lieferung (D) und die Fertigung (P) heraus.

„M3" wird aufgebrochen

Die Auslösung des Bestandsignals ist die nächste Ursache dieser Kausalbeziehung, indem eine Materialausgabe erfolgt (**M3.2**). Diese wird für die anschließende Herstellung und Überprüfung (**M3.3**) benötigt. Das System stellt automatisch eine Bestandslücke fest (Auffüllsignal Herstellung). Im Anschluss an die Produktion erfolgt der Packvorgang (**M3.4**). Schließlich stehen die Fertigwarenbestände zur Versendung bereit (**M3.5**). Zum besseren Verständnis dieses Sachverhalts dient Abbildung A.12.

Ursache-Wirkungs-Zusammenhänge

A — *Grundlagen*

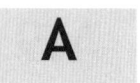

Abbildung A.12 | *Kausalkette (Ebene 3)*

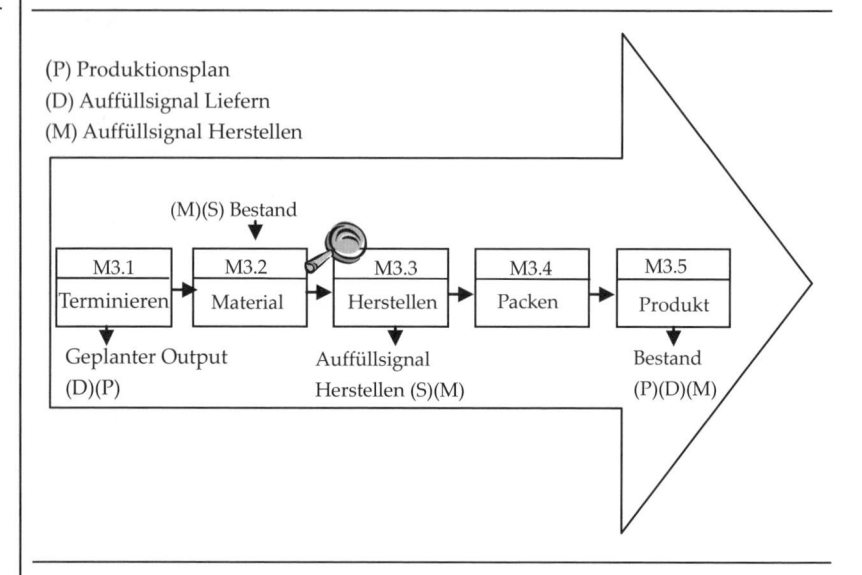

(P) Produktionsplan
(D) Auffüllsignal Liefern
(M) Auffüllsignal Herstellen

(M)(S) Bestand

M3.1 Terminieren → M3.2 Material → M3.3 Herstellen → M3.4 Packen → M3.5 Produkt

Geplanter Output (D)(P)
Auffüllsignal Herstellen (S)(M)
Bestand (P)(D)(M)

Für jedes Prozesselement eine Regelkarte

Innerhalb einer Prozesskategorie (M3) sind die einzelnen Prozesselemente minutiös zu definieren. Beispielhaft wird eine solche **Regelkarte** für das Prozesselement „Herstellung und Überprüfen" (M3.3) in Abbildung A.13 visualisiert.

KPIs zur Messung der Zielerreichung

Jedem Prozesselement werden die vier **Leistungsmerkmale** Flexibilität/Reaktionszeit, Kosten, Liefertreue/Qualität sowie Kapital beigemessen. Die Bewertung dieser Leistungsattribute erfolgt über spezifische Key Performance Indicators (KPIs). Zum Beispiel wird das Leistungsmerkmal „Kosten" für das Prozesselement M3.3 („Herstellung und Überprüfung") über die Kennzahlen „Garantiekosten", „Gesamtzahl Beschäftigter in der Produktion", „Kapitalumschlag" sowie „Wertschöpfung" beurteilt.

Gestaltungsmodelle des Supply Chain Managements **A.9**

Regelkarte (Ebene 3) | *Abbildung A.13*

Prozesskategorie: *Engineer-to-Order*	*Prozessnummer: M3*
Prozesselement: Herstellung/Überprüfung	Prozesselementnummer: M3.3
Prozesselementdefinition:	Die Aktivitäten, die vorgenommen werden, um Rohmaterial in den Endzustand zu überführen. Es stehen Prozesse in Verbindung mit der Validierung der Produktleistung, um deren Übereinstimmung mit den Spezifikationen und Anforderungen sicherzustellen.
Leistungsmerkmale	**Kennzahlen**
Flexibilität/Reaktionszeit	- Gesamte Reaktionszeit - Neuplanungszyklus
Kosten	- Garantiekosten - Beschäftigte in der Produktion - Kapitalumschlag - Wertschöpfung
Liefertreue/Qualität	- Kosten für Ausschuss und Nacharbeit - Qualitätsniveau - Fehlerrate im Prozess
Kapital	- Training und Ausbildung - Kapazitätsauslastung - Cycle Time

A.9.1.2.4 Implementation-Level (Ebene 4)

Die vierte Ebene ist der Implementierung geschuldet. In ihr findet die Detaillierung der Prozesselemente statt. Dazu sind die einzelnen Prozesselemente in unterschiedliche Aktivitäten zu zerlegen. Für das Prozesselement „M3.3" („Herstellung und Überprüfung") müssen Preise kalkuliert, Lagerraum geschaffen, Liefertermine festgelegt, Transportmittel definiert oder Fahrtrouten eingeplant werden.

Umsetzung von SCOR

Entscheidend ist in diesem Kontext die **Flexibilität** des SCOR-Modells. Dieses stellt sich nicht als rigides Gebilde dar. Es wird vielmehr hinsichtlich der jeweiligen Spezifika einer Organisation angepasst. Laut dem *Supply Chain Council* ist diese vierte Ebene zwar nicht dem SCOR-Ansatz direkt zugehörig: Weil zu viele Besonderheiten in der Unternehmenspraxis (insbesondere zwischen verschiedenen Branchen) vorliegen, kann

SCOR zielt auf Wandlungsfähigkeit

A *Grundlagen*

kein allgemeingültiges Konzept definiert werden. Die Stufe der Implementierung ist in ihrer Durchführung jedoch zwingend notwendig, da ein SCOR-Modell ansonsten unvollendet bliebe.

A.9.1.3 Messung über SCOR

Kennzahlenvergleich via SCOR

Wie oben kurz dargestellt, basieren zwei unterschiedliche Gruppen von Leistungsmerkmalen auf dem SCOR-Ansatz: Die ersten Indikatoren sind **extern** geprägt (Liefertreue/Qualität und Flexibilität/Reaktionszeit). Der zweiten Leistungskategorie sind **interne** Performanzkennzahlen zugehörig (Kosten und Kapital). Differenziert nach externen und internen Leistungsmerkmalen, ragen aus dem SCOR-Ansatz nachstehende acht **Hauptkennzahlen** heraus (vgl. *Becker* 2004, S. 83; *Bolstorff et al.* 2008, S. 77ff.; *Cohen/Roussel* 2006, S. 208ff.; *Poluha* 2010b): Kundenwunschliefertreue, Liefertreue zum bestätigten Termin, Auftragsabwicklungszeit, Produktionssteigerungsflexibilität, gesamte Supply-Chain-Kosten, Cash-to-Cash-Cycle, Bestandsreichweite und Kapitalumschlag. Abbildung A.14 stellt diese Zusammenhänge in übersichtlicher Form dar. Im Folgenden sind diese besonders wichtigen SCOR-Kennzahlen begrifflich zu klären.

- **Kundenwunschliefertreue** (*On Time Delivery to Request*): Nach SCOR misst dieser KPI den Prozentsatz pünktlich an Kunden ausgelieferter Bestellungen (bezogen auf den ursprünglich gewünschten Liefertermin).

- **Liefertreue zum bestätigten Termin** (*On Time Delivery to Commit*): Prozentsatz der bearbeiteten Aufträge, die zeitgerecht, oder vor dem eigentlich festgelegten Liefertermin, erledigt werden.

- **Auftragsabwicklungszeit** (*Order Fulfillment Leadtime*): Zeit in Tagen, welche für die Abfolge von Tätigkeiten zur vollständigen Bearbeitung eines Kundenauftrags benötigt wird.

- **Produktionssteigerungsflexibilität** (*Upside Production Flexibility*): Zeit in Tagen, die Organisationen benötigen, um eine ungeplante Nachfragesteigerung von 20% zu befriden.

- **Gesamte Supply-Chain-Kosten** (*Total Supply Chain Costs*): Diese Kennzahl wird vorzugsweise in Relation des Umsatzes gemessen. Nach SCOR setzen sich Supply-Chain-Kosten aus Auftragsabwicklungskosten, Materialbeschaffungskosten, Bestandskosten, Finanzierungskosten, Planungskosten und IT-Kosten zusammen. Sie beinhalten auch die Garantiekosten.

Gestaltungsmodelle des Supply Chain Managements

- **Cash-to-Cash-Cycle**: Zeitspanne in Tagen zwischen Rechnungsstellung des Lieferanten und Eingang der Kundenzahlung. Drei Reichweiten bemessen den Cash-to-Cash-Cycle: Debitorentage (Days Sales Outstanding), Lagerreichweite (Days on Hand) und Kreditorentage (Days Payables Outstanding); vgl. ausführlich S. 410ff. dieser Schrift.

- **Bestandsreichweite** (*Inventory Days of Supply*): Zeitspanne in Tagen, die ein Material ausreicht, um Abrufe zu decken (unter Berücksichtigung der aktuellen Lagerbestände).

- **Kapitalumschlag** (*Asset Turns*): Anzahl jährlicher Lagerumschläge.

Die *Performance Measurement Group (PMG)* führte bezüglich dieser aufgeführten Kennzahlen ein **Benchmarking** durch (vgl. *Cohen/Roussel* 2006, S. 286ff.; *Poluha* 2010b; *www.pmgbenchmarking.com*). *PMG* ist eine Tochtergesellschaft von *PRTM*. An dem Benchmarking nahmen 170 Unternehmungen verschiedener Branchen teil. Zur Anonymisierung der Organisationen fand eine Verdichtung des Materials in die fünf Segmente Computer/IT, Industrie, Telekommunikation, Chemie sowie Versandhandel statt. Das Benchmarking erstreckte sich ursprünglich über die Jahre 1999 bis 2000, und es wurde im Jahr 2010 aktualisiert (hier die neuen Zahlen).

Supply-Chain-Benchmarks

Hauptkennzahlen von SCOR

Abbildung A.14

Leistungskennzahlen innerhalb der Supply Chain	Service/ Qualität	Flexibilität/Zeit	Kosten	Kapital
Kundenwunschliefertreue	✓			
Liefertreue zum bestätigten Termin	✓			
Auftragsabwicklungszeit		✓		
Produktionssteigerungsflexibilität		✓		
Supply-Chain-Kosten			✓	
Cash-to-Cash-Cycle				✓
Bestandsreichweite				✓
Kapitalumschlag				✓

A
Grundlagen

Kundenwunschliefertreue

Obwohl es aus der Studie nicht explizit hervorgeht, ist anzunehmen, dass sich der Kundenwunschliefertermin dieses Benchmarkings auf externe Kunden bezieht (und nicht auf Intercompany-Lieferungen). Ein Wert des Best-in-Class nahe 100% überrascht nicht. Eher verwundert, dass im Durchschnitt beispielsweise in der Industrie die Kennzahl **„On Time Delivery to Request"** nur 68,90% beträgt.

On Time Delivery to Request	Average	Best-in-Class
Computer/IT	72,60%	94,30%
Industrie	68,90%	97,00%
Telekommunikation	77,00%	99,00%
Chemie	79,00%	99,00%
Versandhandel	81,20%	97,60%

Liefertreue zum bestätigten Termin

Ähnliches gilt für den KPI **„On Time Delivery to Commit"** (Liefertreue zum bestätigten Termin). Wiederum an der Industrie exemplifiziert, erreichen durchschnittliche Organisationen eine Liefertreue von 72,00%. Die Definition dieser Kennzahl ist jedoch mit Problemen behaftet. Nach SCOR misst sie den Prozentsatz der bearbeiteten Aufträge, die zeitgerecht, oder *vor* dem eigentlich festgelegten Liefertermin erledigt wurden. Penaltys (Strafpunkte) werden folglich nur hinsichtlich derjenigen Auslieferungen vergeben, welche verspätet eintreffen. Doch auch verfrühte Warenankünfte stellen den Kunden zum Teil vor größere Schwierigkeiten. Wenn beispielsweise eine Schiffsladung mit Düngemittel den Abnehmer drei Tage zu früh erreicht, muss dieser kurzfristig einen Lagerplatz für die Waren finden. Zur Lösung dieses Problems bietet sich ein logistisches Postponement an, indem ein Sendungsverfolgungssystem eingesetzt wird (zum Beispiel unterstützt durch den „Event-Manager" von *SAP* oder die Identifikationstechnik RFID). Außerdem wäre es aussagekräftiger, nicht gesamte Aufträge, sondern vielmehr einzelne Positionen pro Auftrag zu messen.

Gestaltungsmodelle des Supply Chain Managements

A.9

On Time Delivery to Commit	Average	Best-in-Class
Computer/IT	74,30%	95,00%
Industrie	72,00%	97,50%
Telekommunikation	78,00%	94,80%
Chemie	82,10%	99,00%
Versandhandel	81,90%	98,80%

Die Auftragsabwicklungszeit („**Order Fulfillment Leadtime**") hängt nicht nur von der Branche an sich, sondern auch von dem spezifischen Geschäft innerhalb dieser Branche ab. Daher ist zwar die Tatsache, dass beispielsweise im Versandhandel der Beste nur 2,00 Tage zur kompletten Bearbeitung eines Kundenauftrags benötigt, durchaus interessant. Hingegen schafft diese Feststellung für den Betrachter kaum einen wirklichen Mehrwert.

Auftragsabwicklungszeit

Order Fulfillment Leadtime	Average	Best-in-Class
Computer/IT	6,90	2,30
Industrie	5,70	2,50
Telekommunikation	8,50	3,30
Chemie	6,10	2,90
Versandhandel	5,50	2,00

Die Flexibilität zur Steigerung der Produktivität ist wichtig, um rasch auf unerwartete Kundenbedarfe reagieren zu können. Best-in-Class-Unternehmungen geben an, einen plötzlichen Nachfrageschub von 20% in nur wenigen Tagen befriedigen zu können. Beispielsweise behauptet der Primus im Segment Computer/IT, lediglich 4,30 Tage zur Deckung der Nachfrage zu benötigen.

Produktionssteigerungsflexibilität

Dadurch wird der „*Forrester*-Effekt" deutlich gelindert (vgl. S. 47ff.). In diesem Kontext ist allerdings zu beachten, dass *Forrester* seinerzeit empirisch feststellte, dass Organisationen Ende der 50er Jahre des letzten Jahrtausends circa ein Jahr zur Befriedigung eines plötzlichen Nachfrageschubs von 10% benötigten. Die **Upside Production Flexibility** hingegen wurde nicht empirisch bestimmt. Die angegebenen Zahlen der be-

Von Forrester zum Bullwhip

Grundlagen

teiligten Benchmarking-Partner sind lediglich Schätzwerte „auf dem Papier". Die erzielten Verbesserungen basieren vermutlich auf dem Einsatz moderner IT innerhalb der Supply Chain sowie der engen Anbindung von Wertschöpfungspartnern.

Upside Production Flexibility	Average	Best-in-Class
Computer/IT	30,00	4,30
Industrie	30,00	10,00
Telekommunikation	25,30	2,60
Chemie	30,00	6,00
Versandhandel	42,00	8,30

Gesamte Supply-Chain-Kosten

Aus dem Benchmarking geht hervor, dass durchschnittliche Organisationen zwischen circa acht Prozent und circa elf Prozent ihrer Umsätze zur Abwicklung ihrer Supply-Chain-Aktivitäten verwenden. Zum Beispiel betragen die **Supply-Chain-Kosten** im Bereich der Telekommunikation im Durchschnitt 8,30% des Umsatzes. Der Branchenprimus behauptet, dass nur 3,30% seines Umsatzes an Supply-Chain-Kosten anfielen.

Hinkende Kennzahlenvergleiche

Wenn sich externe Organisationen an diesen Werten messen wollen, sei **Vorsicht** angebracht: Aus der Definition der Supply-Chain-Kosten geht hervor, dass sich diese aus Auftragsmanagement (Verwaltung von Kundenaufträgen, Distributionskosten, Rechnungsstellung), Materialbeschaffungskosten (Qualitätsentwicklung Lieferant, Wareneingangskontrolle), Lagerhaltungskosten (Opportunitätskosten, Wertberichtigungen), Finanzierungskosten, Planungskosten und IT-Kosten zusammensetzen. Während die ersten drei Einflussgrößen vermutlich zu 100% in die Berechnung eingehen, bleibt zu hinterfragen, mit welchem Prozentsatz Finanzierungs-, Planungs- und IT-Kosten in die Kalkulation fließen. In letzter Konsequenz klärt wohl nur die innerbetriebliche Leistungsverrechnung über diese Werte auf, doch sind diese Verrechnungssätze (Proportionalisierungsfaktoren) individuell pro Organisation festgelegt und somit für Dritte nicht einsehbar.

Totale Supply-Chain-Kosten	Average	Best-in-Class
Computer/IT	8,30%	4,00%
Industrie	10,30%	4,30%
Telekommunikation	8,30%	3,30%
Chemie	11,20%	3,90%
Versandhandel	9,20%	4,90%

Ein **Cash-to-Cash-Cycle** (vgl. *Heesen* 2012; *Pfohl* 2010, S. 221; *Weber et al.* 2007) ist ein Kapitalelement der Supply Chain. In seine Bestimmung fließen Änderungen von Beständen, Forderungen und Verbindlichkeiten. Die Vorratshöhe leitet sich insbesondere aus beschaffungs- und produktionslogistischen Maßnahmen ab. Über den Umschlag von Forderungen und Verbindlichkeiten entscheiden vertragliche Rahmenvereinbarungen, die zwischen Lieferanten und Kunden abgeschlossen werden. Die Zahlen des Benchmarkings belegen, dass der Liquiditätskreislauf durchschnittlich zwei bis drei Monate beträgt. Er berechnet sich aus der Addition von Debitorentagen (Days Sales Outstandig) und Lagerreichweite (Days on Hand), abzüglich der Kreditorentage (Days Payables Outstanding). Der Wert soll natürlich möglichst gering sein, im Idealfall gar negativ. Der Cash-to-Cash-Cycle spiegelt die Machtverhältnisse innerhalb einer Supply Chain. Organisationen streben nach raschem Zahlungseingang und niedrigen Beständen. Die Lieferanten werden freilich möglichst spät bezahlt, um durch sie ein zinsloses Darlehen zu erhalten (quasi als Vorfinanzierung). Beispielsweise beträgt der Cash-to-Cash-Cycle in der Chemie im Durchschnitt 91,20 Tage. Daraus resultieren für die betroffenen Organisationen erhebliche Opportunitätskosten.

Liquiditätskreislauf berechnen

Grundlagen

Cash-to-Cash-Cycle	Average	Best-in-Class
Computer/IT	75,10	9,70
Industrie	67,60	- 4,50
Telekommunikation	100,20	14,40
Chemie	91,20	- 3,40
Versandhandel	66,60	11,70

Bestandsreichweiten klein halten

Aus dem Benchmarking geht hervor, dass die Akteure aus der Industrie im Durchschnitt eine Lagerreichweite **(Inventory Days of Supply)** von 79,50 Tagen aufweisen. Organisationen der Telekommunikation verfügen über Bestände, welche sich vier Monate nicht umschlagen. Die Best-in-Class-Organisation aus dem Feld Versandhandel kommt mit einer Bestandsreichweite von lediglich 10,90 Tagen aus. Interessant wäre der Aufbruch der Lagerreichweite nach Geschäftsbereichen, eine Information, die aus diesem Benchmarking leider nicht hervorgeht.

Inventory Days of Supply	Average	Best-in-Class
Computer/IT	51,80	18,30
Industrie	79,50	24,50
Telekommunikation	123,50	15,00
Chemie	83,50	26,30
Versandhandel	45,30	10,90

Hohe Kapitalumschläge anpeilen

Schließlich findet sich die Umschlagshäufigkeit von Vorräten (**„Asset Turns"**) in dem Benchmarking. Da diese Zahlen reziprok zur Lagerreichweite ermittelt werden, hätte die Angabe bezüglich der Inventory Days of Supply ausgereicht. Dennoch können die Angaben hinsichtlich des Lagerumschlags als „Probe" zur Reichweite aufgefasst werden. Und in der Tat sind diese Ergebnisse (verglichen mit der Lagerreichweite) nachvollziehbar: Wenn sich im Segment Industrie eine durchschnittliche Bestandsreichweite von 79,50 Tagen findet, korreliert dieser Wert mit einem Lagerumschlag von 4,70 Turns pro Jahr: 4,70 Turns multipliziert mit 79,50 Tagen Reichweite ergeben 373,65 Tage. Die Abweichung zu den tatsächlichen Kalendertagen ist zu vernachlässigen.

Gestaltungsmodelle des Supply Chain Managements

A.9

Net Assets Turn	Average	Best-in-Class
Computer/IT	7,30	19,10
Industrie	4,70	16,30
Telekommunikation	3,10	26,30
Chemie	4,50	15,30
Versandhandel	8,30	36,50

Der Reiz dieses Benchmarkings liegt darin, dass externe Betrachter ein „erstes Gefühl" zur Bewertung ihrer eigenen Supply-Chain-Prozesse erhalten. Dennoch bleiben **viele Fragen unbeantwortet**: Es ist zwar durchaus interessant zu wissen, dass der Best-in-Class in der Chemie 15,30 Net Asset Turns jährlich bewältigt. Doch welche Fähigkeiten katapultieren ihn zum Klassenbesten? Der Weg in eine Best-Practice-Situation wird nicht aufgezeigt. Ferner bleibt offen, welche Organisation sich hinter dem Besten verbirgt. Schließlich ist auch die Spannweite zwischen Best-in-Class und Worst-in-Class verdeckt.

Nutzen und Grenzen des Benchmarkings

A.9.1.4 Kritische Würdigung

Die Gedanken um das SCOR-Modell sind von etlichen Stärken und Schwächen geprägt. Zunächst werden die **Vorteile** von SCOR diskutiert. Im Anschluss ist auf die Nachteile von SCOR einzugehen.

SCOR befriedigt viele Wünsche...

- Der SCOR-Ansatz dient zur branchenübergreifenden **Standardisierung** von Abläufen innerhalb der Supply Chain. Die beteiligten Organisationen „sprechen eine Sprache", indem sie beispielsweise ihre Kennzahlen identisch definieren. Außerdem werden Kompatibilitäten innerhalb einer Supply Chain forciert, weil die jeweilige Hard- und Software aufeinander abgestimmt sind.

- Wenn die Unternehmungen den SCOR-Ansatz berücksichtigen, müssen sie dieses allgemeingültige Konzept auf ihre spezifische Wettbewerbssituation übertragen. Dadurch besteht der Zwang, sich kritisch mit den **Ist-Abläufen** innerhalb der Organisation **auseinanderzusetzen** („Klärendes Gewitter").

- Ferner können die Partner von den Best-Practices **lernen** (und dadurch vielleicht auch selbst die Stages-of-Excellence durchschreiten).

A *Grundlagen*

...dennoch bleiben etliche Fragen unbeantwortet

Jedoch sind auch einige **Probleme** des SCOR-Modells zu beachten, die auf dem Weg zu einem modernen Supply Chain Management zu Stolpersteinen geraten können.

- Das Modell hat auf Grund seiner branchenübergreifenden Betrachtungsweise einen hohen **Abstraktionsgrad**.

- Es ist bei einer instabilen Kooperationsbasis im Netzwerk kaum anwendbar, weil es eine gewisse **Kontinuität** verlangt.

- Wird der Ansatz nachhaltig angewendet, steigt die **Abhängigkeit** zwischen den eingebundenen Partnern, wodurch die Akteure Souveränität einbüßen.

- Die enge Lieferanten-Kunden-Anbindung an den Schnittstellen führt zur **Preisgabe sensitiver Informationen**. Dadurch besteht die latente Gefahr des Know-how-Abflusses.

A.9.2 Aufgabenmodell für Supply-Chain-Software

A.9.2.1 Grundlagen

Software-Modell auf Basis von SCOR

Basierend auf den Überlegungen des Supply Chain Councils, entwickelten die beiden Fraunhofer-Institute IML („Fraunhofer-Institut für Materialfluss und Logistik") aus Dortmund und IPA („Fraunhofer-Institut für Produktionstechnik und Automatisierung"), ansässig in Stuttgart, gemeinsam mit dem „Zentrum für Unternehmenswissenschaften" der Eidgenössischen Technischen Hochschule Zürich ein **SCM-Referenz- und Aufgabenmodell** (vgl. insbesondere *Hellingrath et al.* 2008, S. 99ff.; ähnlich *Kuhn/Hellingrath* 2002). Das von *Hellingrath et al.* erarbeitete Konzept zerlegt den SCOR-Ansatz, und es misst jedem Level spezifische Anforderungen von SCM-Software-Modellen bei. Somit kann dieses Aufgabenmodell als Grundlage für die Auswahl von Softwarealternativen für das Supply Chain Management verstanden werden.

Software-Anbieter im SCM

Mögliche Anbieter von **Supply Chain Software** sind *Agilisys, Axxom, Demand Solutions, Descartes, DynaSys, Icon-SCM, J. D. Edwards, Manhattan Associates, Manugistics, Mapics, Oracle* und *SAP*. Die meisten dieser Software-Hersteller werden in einem „Marktspiegel" von *Busch et al.* (vgl. *Busch et al.* 2003) einer näheren Untersuchung unterzogen. Die Bewertung der unterschiedlichen Software-Lösungen bezieht sich nach *Busch*

Gestaltungsmodelle des Supply Chain Managements A.9

auf Funktionstiefe, unterstützendes Betreibermodell, Datenbanksystem, Datenübertragung, Lizenzkosten oder Support nach Implementierung.

Das Aufgabenmodell nach *Hellingrath et al.* kennt **drei Hauptebenen**: Gestaltung (Supply Chain Design), Planung (Supply Chain Planning) und Ausführung (Supply Chain Execution). Abbildung A.15 visualisiert diesen Zusammenhang. Der Schwerpunkt der Überlegungen richtet sich auf die Planungsstufe. Sie ist in verschiedene Planungsinhalte zerlegt. Im Folgenden werden die drei Referenzebenen des Aufgabenmodells näher charakterisiert (vgl. *Hellingrath et al.* 2008, S. 104ff.).

Hauptebenen des Modells

Aufgabenmodell für SCM-Software-Systeme

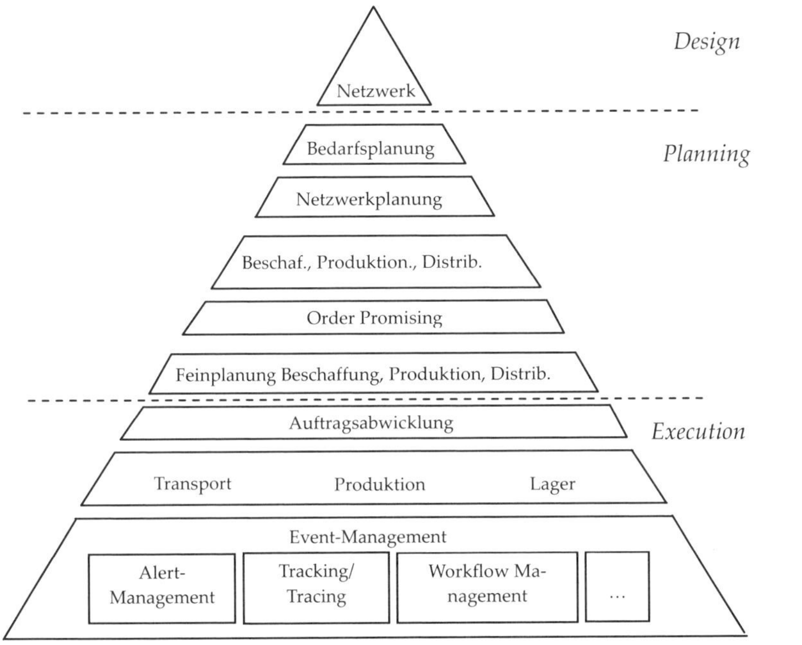

Abbildung A.15

Pyramide mit Ebenen:
- Design: Netzwerk
- Planning: Bedarfsplanung, Netzwerkplanung, Beschaf., Produktion., Distrib., Order Promising, Feinplanung Beschaffung, Produktion, Distrib.
- Execution: Auftragsabwicklung, Transport / Produktion / Lager, Event-Management (Alert-Management, Tracking/Tracing, Workflow Management, …)

A.9.2.2 Supply Chain Design

Zunächst richtet sich das Modell nach der **strategischen Netzwerkgestaltung** aus (Supply Chain Design, vgl. *Straube et al.* 2007, S. 12ff.). Ein ehernes Ziel besteht in der Auswahl des kostengünstigsten SCM-Software-Systems. Dazu sind generische Fragen an die Struktur und die

Supply Chain Design: Generische Netzwerkgestaltung

Grundlagen

Ausgestaltung des strategischen Netzwerks zu stellen (vgl. *Hellingrath et al.* 2008, S. 104f.; *Straube et al.* 2007, S. 12ff.). Beispielsweise findet eine Klärung folgender Fragen statt: „Welches Produkt wird hergestellt?". „In welchem Werk findet die Produktion statt?". „Welche Lieferanten sind in die Supply Chain integriert?". „Werden zwischengeschaltete Distributionsstufen benötigt?".

Simulationen zur Prozessoptimierung

Im Rahmen der Definition des Supply Chain Designs fallen grundlegende Investitionsentscheidungen an. Auf deren Basis können sich gravierende kostenmäßige Veränderungen innerhalb der kompletten Lieferkette ergeben. Die Auswahl einer Software-Lösung für das Supply Chain Management hängt beispielsweise von der Anzahl einbezogener Werke, Lieferanten, Handelspartner, Distributionszentren oder Spediteure ab. Mit der Simulation von **„What-if-Szenarien"** sind unterschiedliche logistische Netzwerke hinsichtlich ihrer Größe, Komplexität und Kompliziertheit durchzuspielen. So kann die Erweiterung der Supply Chain um zusätzliche Werke, der Wechsel von Lieferanten, der Ausfall von Kunden, die Nutzung anderer Distributionskanäle oder der Einsatz neuer Spediteure durchgespielt werden.

A.9.2.3 Supply Chain Planning

Taktische und operative Planungsentscheidungen

Die zweite Hauptebene des Modells orientiert sich an kollaborativen Planungsentscheidungen innerhalb der Supply Chain. Nachdem die strategischen Überlegungen im Supply Chain Design fixiert wurden, beginnt der **taktische wie operative Umsetzungsprozess** auf Planungsebene. Diesbezüglich sind Bedarfe, Bestände, Kapazitäten oder Kapazitätszuordnungen der Akteure abzugleichen. Folgende **Planungsinhalte** (vgl. *Hellingrath et al.* 2008, S. 105ff.) werden unterschieden: Bedarfsplanung, Netzwerkplanung, Beschaffungs-, Produktions- und Distributionsplanung, Order Promising, Beschaffungsfein-, Produktionsfein- und Distributionsfeinplanung sowie Kollaborative Planung.

A.9.2.3.1 Bedarfsplanung

Schwankungen in den Abrufen erschweren die Bedarfsplanung

Die primäre Aufgabe der Bedarfsplanung besteht in lang-, mittel- und kurzfristigen Prognosen sämtlicher Bedarfe kollaborativer Akteure. Im B2B-Geschäft basiert die Bedarfsplanung auf den Kundenabrufen. Wenn die Abnehmer ihre Bestellungen nicht laufend revidieren, gestaltet sich eine derartige Bedarfsplanung gut strukturierbar. Für eine B2C-Abwicklung hingegen gelten andere Spielregeln. Die Kaufentscheidung ultimativer Endverbraucher hängt von vielen Einflussfaktoren ab. Besondere Schwierigkeiten sind saisonalen oder modischen Geschäftsprozessen immanent. Diese Bedarfsschwankungen treffen zum Beispiel die Konsumgüter- und die Bekleidungsindustrie. Eine Bedarfsplanung befindet sich diesbezüglich in einem **latenten Spannungsverhältnis** zwischen optimaler Kapazitätsplanung, hohem Lieferservicegrad und niedriger Kapitalbindung. Als Konsequenz dieser Probleme keimt innerhalb einer Supply Chain der Peitschenschlag-Effekt auf (Bullwhip-Effekt, vgl. S. 47ff.).

Insbesondere die mittelfristige und die langfristige Bedarfsplanung bereiten Schwierigkeiten. Die zur Verfügung stehenden Daten sind Werte der Vergangenheit. Mit Hilfe statistischer Prognosen werden diese Daten in die Zukunft projiziert (beispielsweise über gleitende Durchschnitte oder exponentielle Glättungen). Diese **parametrisierten Zukunftsbilder** basieren auf diversen Restriktionen, welche durchaus an Gültigkeit verlieren können. Folglich stehen die mittelfristige die langfristige Bedarfsplanung „auf wackeligen Füßen".

Zukunftsbilder auf Basis von Vergangenheitswerten aufbauen

A.9.2.3.2 Netzwerkplanung

Mit Hilfe der Netzwerkplanung findet die Koordination einzelner Akteure einer Supply Chain statt. Im Rahmen der internen Planung sind beispielsweise weltweit die Produktions- und Logistikzentren von Geschäftsbereichen zu definieren. Für unternehmungsübergreifende Netzwerke wird die Beschaffungs-, die Produktions- und die Distributionsplanung entlang der gesamten logistischen Kette in dem kollaborativen Partnergeflecht abgeklärt. Eine besondere Position nehmen diesbezüglich **dominierende Akteure** ein: Diese verfügen über die umfassendsten Informationen zur Planung, Steuerung und Kontrolle der gesamten Wertschöpfungskette.

Netzwerkplanung spannt sich um Leuchttürme

Ein wichtiges Anliegen der Netzwerkplanung besteht in der Optimierung von Bedarfen, Ressourcen (Repetierfaktoren) und Kapazitäten (Potenzialfaktoren). Das Ergebnis dieses Abgleichs ist die Generierung eines **Mengengerüsts**. Auf Basis von Verkaufsprognosen, leitet sich aus dem Mengengerüst die Zuordnung von Produktionsvolumina auf verschiedene Werke ab. Üblich ist eine derartige Netzwerkplanung auf Jahresbasis (Budgetierung). In seltenen Fällen können für „stabile" Netzwerke aber auch Mengengerüste über einen längeren Planungshorizont gespannt sein.

Aufbau und Auflösung des Mengengerüsts

Grundlagen

A.9.2.3.3 Beschaffungs-, Produktions- und Distributionsplanung

Spannungsverhältnisse ausloten

Die **Beschaffungsplanung** basiert auf der Bedarfs- und der Netzwerkplanung. Auf der einen Seite sichert die Beschaffungsplanung die Teileversorgung. Andererseits erfolgt sie mit möglichst niedrigen Beständen. Die Planungsfrist beträgt in der Regel Tage oder Wochen. Ein wichtiges Planungstool ist in diesem Kontext die Stückliste. Sie dient zur Ermittlung von Primär,- Sekundär- und Tertiärbedarfen. Als Entscheidungskriterien der Beschaffungsplanung dienen Anlieferrhythmus, Wiederbeschaffungszeit oder Bestandshöhe.

Auffinden des optimalen Kapazitätsauslastungsgrads

Außerdem ist für jeden Standort der Supply Chain ein **Produktionsplan** zu erstellen („Master Production Schedule"). Im Rahmen der Generierung von Produktionsplänen sind hohe Kapazitätsauslastungen anzustreben. Gleichsam ist zu berücksichtigen, dass unerwartete Zusatzaufträge möglichst nicht abgewiesen werden. Weitere Stellhebel der Produktionsplanung sind Durchlaufzeiten, Rüstkosten, Ausschussraten, Bestände, Servicegrade oder (Arbeits-) Produktivitäten. Der Horizont dieser Vorausschau liegt bei Tagen oder Wochen. Als Hilfsmittel zur Erstellung eines Production Schedule dienen Schichtpläne oder Maschinenbelegungspläne.

Einbindung von Logistikdienstleistern

Die Hauptaufgabe der **Distributionsplanung** liegt in der Sicherung der Warenströme in Richtung Kunde. Diese Planung wird auf Tages- oder Wochenbasis erstellt. Eine gewichtige Hilfestellung leistet die Kennzahl „Reichweite von Fertigwarenbeständen" (Finished Goods). Sie dient der Feinjustierung im Rahmen der Warenverteilung. Zur Optimierung der Distributionsplanung können unterschiedliche Versorgungs-Szenarien durchgespielt werden. Mögliche Einflussfaktoren für derartige Simulationen sind die Einbindung von Logistikdienstleistern in die Warenverteilung, die Nutzung weiterer Distributionskanäle oder der Aufbau von Zentrallagerstätten (Cross Docking).

A.9.2.3.4 Order Promising

Ein Versprechen wird abgegeben...

Unter Order Promising wird eine Verfügbarkeits- oder Machbarkeitsprüfung verstanden. Prägende Begrifflichkeiten sind Available-to-Promise und Capable-to-Promise (vgl. S. 146). Unter **Available-to-Promise** (ATP) wird das an den Kunden gerichtete Versprechen verstanden, eine Leistung zu definierten Konditionen zu erbringen. Ein Beispiel dafür ist die Zustellung von Büchern sowie Bild- oder Tonträgern durch *Amazon* innerhalb von 24 Stunden. Ein ähnliches Versprechen gibt der *Otto*-Versand ab. Neben dem Wunschliefertermin, sind teilweise weitere Versprechen einzuhalten. Diese können Liefermengen, Konfigurationen, Preise oder Kompatibilitäten von Artikeln betreffen.

Capable-to-Promise (CTP) umschreibt hingegen die Fähigkeit einer Organisation, das in Richtung Kunde signalisierte Lieferversprechen einzuhalten. Dieses Prinzip ist dem logistischen Realisierungsprozess geschuldet. Während Available-to-Promise nach außen (in Richtung Kunde) gerichtet ist, wirkt Capable-to-Promise nach innen. Die Koexistenz beider Sichtweisen wirkt als Front-End-Back-End-Beziehung. Folglich bezieht der Ansatz die Optimierung logistischer Assets mit ein (beispielhaft dafür steht das Fleet Management).

…kann es auch gehalten werden?

A.9.2.3.5 Beschaffungsfein-, Produktionsfein- und Distributionsfeinplanung

Ein weiteres Modul der Planungsstufe besteht in der Feinjustierung von Beschaffungs-, Produktions- und Distributionsprozessen. Die **Beschaffungsfeinplanung** erfolgt in manchen Branchen auf Stundenbasis (beispielsweise für zeitkritische Radiopharmaka). Allgemein beschrieben, werden die in einer Beschaffungsplanung eingehenden Lieferabrufe (LAB) jetzt in Feinabrufe (FAB) umgemünzt. Verfahren wie Just-in-Time oder Just-in-Sequence fußen auf dieser minutiösen Feinjustierung.

Feinjustrierung der Abrufe

Ähnlich detailliert ist der **Produktionsfeinplan** zu erstellen. Er wird aus dem generischen Produktionsplan abgeleitet. Im Unterschied zu diesem, findet die Feinjustierung nicht länger auf Werks-, sondern vielmehr auf Produktionsbereichsebene statt. Der Planungshorizont liegt bei Stunden oder wenigen Tagen. Ein Hilfsmittel der Produktionsfeineinstellung ist die Reihenfolgebelegungsplanung.

Dekomposition auf Ebene der Produktionsbereiche

Prägend für die **Distributionsfeinjustierung** sind Touren- und Transportmittelplanung. Beispielsweise wird darin ein Milk Run (vgl. S. 262f.) festgelegt. Allgemein erfolgt in der Distributionsfeinplanung der Vergleich unterschiedlicher Transportszenarien. Dabei werden die Entscheidungen einerseits nach Kostengesichtspunkten (wie Outsourcing des Fuhrparks) gefällt. Andererseits spielt der ausgehende Lieferservicegrad eine gewichtige Rolle für die Distributionsfeinplanung, für den die Kundenzufriedenheit eine gewichtige Rolle spielt.

Distributionskosten vs. Servicegrad

Grundlagen

A.9.2.3.6 Kollaborative Planung

Zielharmonie schaffen

Die kollaborative Planung zielt nach der **harmonisierten Zusammenarbeit** sämtlicher Akteure einer Supply Chain. Dazu findet eine Synchronisation von Versorgungs-, Entsorgungs- und Recyclingströmen statt. Mögliche kollaborative Software-Lösungen beziehen sich auf Kapazitätsplanung, Bedarfsplanung und Bestandsplanung.

Notwendige Kapazitäten ermitteln

- **Kapazitätsplanung**: Über Primär-, Sekundär- und Tertiärbedarfe werden die notwendigen Kapazitäten kollaborierender Akteure abgeleitet. Neben den eigenen Werkdaten sind auch Informationen von Lieferanten und externen Dienstleistern in Web-basierte Lösungen einzuspielen.

APS-Systeme ermöglichen Simulationen

- **Bedarfsplanung**: Zur kollaborativen Bedarfsplanung werden Kundendaten zeitgleich mit eigenen Informationen verarbeitet (Real-Time-Process). Außerdem können Lieferantendaten in die Bedarfsplanung eingebunden werden. Auf der Basis von „What-if-Szenarien" finden über Advanced-Planning-and-Scheduling-Systeme Simulationen statt.

Intensivierte Schnittstellenbearbeitung

- **Bestandsplanung**: Schlussendlich richtet sich eine kollaborative Bestandsplanung zumeist nach der Überwälzung der Bestandshoheit des Kunden in Richtung Hersteller aus (Vendor Managed Inventory). Das Monitoring der Vorräte basiert auf IT-Lösungen im Sinne von Collaborative Planning, Forecasting and Replenishment (CPFR).

A.9.2.4 Supply Chain Execution

Supply Chain Management ausführen

Nachdem die Planungstätigkeiten abgeschlossen sind, werden ausführende logistische Aktivitäten initiiert (Supply Chain Execution). Ein wichtiger Pfeiler dieser Umsetzung besteht in der **Auftragsabwicklung**. Diese erstreckt sich im Kern auf Transportabwicklung, Produktionsabwicklung sowie Lagermanagement. Allgemein steht der Begriff „Auftragsabwicklung" für die Abfolge logistischer Tätigkeiten, die zur kompletten Bearbeitung eines Kundenauftrags notwendig sind (vgl. Otto 2004, S. 14ff.). Im Grunde beschreibt die Auftragsabwicklung den Fluss von Ordering bis Payment (vgl. zum „Order-to-Payment-S" S. 7ff. der vorliegenden Schrift).

Gestaltungsmodelle des Supply Chain Managements

A.9

Der Anspruch nach Supply Chain Execution wird insbesondere über ein Event Management erreicht (vgl. *Ijioui et al.* 2007; *Fürstenberg/Vogeler* 2012). Bei einem **Supply Chain Event Management** (SCEM) erfolgt eine permanente Überwachung von Supply-Chain-Aktivitäten, indem Frühwarnmechanismen greifen. Möglichst in Echtzeit, sind beispielsweise Transportengpässe oder Produktionsausfälle aufzudecken (vgl. *Kilger/Stahuber* 2002, S. 479ff.). Ebenso dient ein Supply Chain Event Management zur Vermeidung oder zur Identifizierung von Out-of-Stock-Situationen.

Event Management zur Aufspürung von Engpässen

Für die Aufdeckung von Defiziten innerhalb der Supply Chain existieren seit geraumer Zeit eigene **Softwarelösungen**. Beispielhaft dafür steht „CapriChain": Eine Web-basierte Lösung zur Überwachung der kompletten Supply Chain. Der Anbieter suggeriert, potenzielle Zielabweichungen innerhalb der Wertschöpfungskette in Echtzeit anzuzeigen. „CapriChain" ist eine Automotive-Lösung von *appliLog*.

Beispiel für eine Software-Lösung

Wichtige Hilfsmittel des Supply Chain Event Managements stellen beispielsweise Alert Management, Workflow Management oder Tracking-and-Tracing-Systeme dar. Diese Tools sind inhaltlich eng miteinander verflochten. Nachstehend werden diese Begrifflichkeiten näher beschrieben.

Hilfsmittel des Event Managements

- **Alert Management**: Ein Alert („Alarm!") Management dient der möglichst frühzeitigen Erkennung von Abweichungen zwischen Ist- und Soll-Abläufen. Diesbezüglich sind Toleranzprofile einzustellen. Beim Verlassen dieser Interventionspunkte „ertönt" automatisch ein Warnsignal. Beispiele für Alerts stellen Budgetüberschreitungen oder Vertragskündigungen von Kunden dar. Insbesondere **Monitoring-Systeme** bieten sich für ein Alert Management an. Darunter ist eine visuelle Überwachung von Aktivitäten innerhalb von Wertschöpfungsketten zu verstehen. Dem Nutzer stehen, je nach IT-System, unterschiedliche grafische Oberflächen zur Verfügung.

  Alarmsignale über Dashboards aufspüren

- **Workflow Management**: Unter dem Begriff „Workflow Management" ist die elektronische Überwachung von Arbeitsabläufen zu verstehen. Diesbezüglich nimmt ein „**Computer Supported Cooperative Work (CSCW)**" eine bedeutsame Position ein. Darunter ist die strukturierte und arbeitsteilige Zusammenarbeit einzelner User zu verstehen (auf Basis von „Groupware"). Die jeweiligen Aktivitäten stehen im Workflow Management in Abhängigkeit zueinander. Eine Folgeaktivität wird direkt durch den Ausgang der vorherigen Tätigkeit gesteuert. Treten Abweichungen auf, ist der Informationsfluss automatisch unterbrochen.

  Optimierung von Arbeitsabläufen

Grundlagen

Systeme zur Sendungsverfolgung

■ **Tracking and Tracing**: Mit diesem Begriff werden Systeme zur Sendungsverfolgung umschrieben. Insbesondere die Identifikationstechnik RFID nimmt im Event Management eine exponierte Rolle ein (vgl. die Ausführungen ab S. 286ff.).

A.9.2.5 Kritische Würdigung

Die goldene Seite der Medaille

Der **Charme** dieses Modells liegt in seiner stringenten Fortführung der Lieferkettensystematisierung nach SCOR. Aus den spezifischen Attributen an eine SCM-Software leiten *Hellingrath et al.* konkrete Vorschläge ab, die in letzter Konsequenz zur Durchlaufzeitenbeschleunigung, Liefertreueerhöhung oder Bestandsreduzierung führen können. Konkrete Software-Lösungen für das Supply Chain Management lassen sich aus dem „Marktspiegel SCM" ableiten (vgl. *Busch et al.* 2003; *Laakmann et al.* 2003). Darin finden sich neutrale (herstellerunabhängige) Bewertungen von Software-Lösungen des Supply Chain Managements. Die Untersuchung von *Laakmann et al.* berücksichtigt 23 alternative Software-Anbieter (vgl. *Laakmann et al.* 2003). *Busch et al.* testeten die Eignung 14 verschiedener Software-Lösungen für das Supply Chain Management (vgl. *Busch et al.* 2003, S. 72ff.).

„I still haven't found what I'm looking for…"

So interessant die Ergebnisse dieser beiden Marktstudien zur SCM-Software auch sind. Letztendlich vermitteln sie nur einen **ersten (groben) Überblick** von Anforderungen, die an eine Supply-Chain-Software gestellt wird. Interessierte Betrachter kommen nicht umhin, ein „Customizing" dieser generischen Ausführungen hinsichtlich ihrer spezifischen Organisation vorzunehmen. Ferner werden die Branchenschwergewichte *Oracle* und *SAP* (welche umfassende Software-Tools im Supply Chain Management anbieten) direkt mit kleineren Nischenanbietern (*DynaSys*, *Axxom* oder *Icon-SCM*) verglichen. Es sei die Frage gestattet, inwieweit eine solch heterogene Bewertung von Software-Lösungen haltbar ist.

A.10 Verständnisfragen

- Was verstehen Sie unter einem Supply Chain Management?
- Kennzeichnen Sie die historische Entwicklung des Supply Chain Managements. Nennen Sie die Protagonisten des Konzepts.
- Grenzen Sie das Supply Chain Management von benachbarten traditionellen Ansätzen ab.
- Klären Sie die Begriffe Demand Chain Management und Customer Relationship Management. Worin bestehen die Unterschiede zum Supply Chain Management?
- Definieren Sie die Ansätze Supplier Relationship Management, Beziehungsmanagement sowie Supply Chain Relationship Management.
- Kennzeichen Sie Typologien zur Klärung des Begriffs „Supply Chain Management".
- Nennen Sie mögliche Ursachen für den Bullwhip-Effekt. Welche Lösungen bieten sich zu dessen Minderung an?
- Beschreiben Sie die Inhalte der internen und der netzwerkgetriebenen Supply Chain.
- Kennzeichnen Sie drei mögliche Zielkonflikte innerhalb der Supply Chains. Führen Sie Möglichkeiten zur Linderung dieser potenziellen Dyssynergien auf.
- Charakterisieren Sie das Order-to-Payment-S.
- Geben Sie für das Order-to-Payment-S ein Beispiel aus der Konsumgüterindustrie an.
- Nennen Sie die entscheidenden Faktoren des Wettbewerbs. Inwiefern stehen diese Schlüsselgrößen in einem Konkurrenzverhältnis zueinander?
- Was ist ein Trade-off-Effekt? Leiten Sie ein Beispiel für einen Trade-off in Supply Chains ab.
- Klären Sie den Begriff „Netzwerkkompetenz". Systematisieren Sie Ausprägungsformen logistischer Netzwerke.
- Kennzeichnen Sie die Netzebenen von Erklärungsansätzen um die Netzwerkkompetenz.
- Total Cost of Ownership: Klären Sie den Begriff. Nennen Sie mögliche logistische Einflussfaktoren für ein Global Sourcing. Was versteht man unter Total Benefit of Ownership?
- Definieren Sie den Begriff „Maverick-Buying". Welche Gefahren messen Sie einem Maverick-Buying bei?

Grundlagen

- Charakterisieren Sie die Arbeitsschritte zur Implementierung von Purchase-Card-Systemen. Welche Vorteile und welche Gefahren sehen Sie in der Nutzung von Einkaufskarten?
- Beschreiben Sie mögliche Netzwerktypen. Geben Sie pro Ausprägungsform zwei Beispiele an.
- Klären Sie den Begriff „Relational View". Entwerfen Sie eine Tabelle, in der Sie Vorteile und Nachteile des Konzepts in übersichtlicher Form auflisten.
- Leiten Sie einen beispielhaften Materialfluss unter Berücksichtigung von Flussmatrix und Sankey-Diagramm ab.
- Beschreiben Sie die Grundgedanken und den Nutzen von SCOR.
- Nennen Sie die Leistungsmerkmale und die Hauptkennzahlen von SCOR.
- Entwerfen Sie eine Tabelle, in der Sie die Vorteile und die Nachteile von SCOR in übersichtlicher Art gegenüberstellen.
- Diskutieren Sie den Cash-to-Cash-Cycle aus Lieferanten- und aus Kundensicht.
- Interpretieren Sie die Höhe des Cash-to-Cash-Cycle: Was bedeutet ein negativer Cash-to-Cycle?
- Kennzeichen Sie die Stufen des Aufgabenmodells für SCM-Software.
- Klären Sie die Begriffe Supply Chain Design, Supply Chain Planning und Supply Chain Execution.

B Einfluss von Führungskonzepten auf die Gestaltung der Supply Chain

B.1 Lernziele und Vorgehensweise

Im Rahmen von Kapitel B wird untersucht, inwieweit ausgewählte Führungskonzepte die Gestaltung eines Supply Chain Managements beeinflussen. Als Kriterien zur Selektion dienen die Aktualität, die Praxisbezogenheit und die theoretische Relevanz der Ansätze. Die ausgewählten Konzepte sind:

Lernziele von Kapitel B

- Markt- und Ressourcenfokussierung,
- Total Quality Management,
- Business Reengineering und
- Time Based Competition.

Die **Lernziele** dieses Abschnitts bestehen darin, eine Beschreibung der vier Führungskonzepte in ihren Grundzügen vorzunehmen, die Notwendigkeit zur Integration des Supply Chain Managements innerhalb der Ansätze aufzuzeigen sowie zu kennzeichnen, inwiefern die Konzepte eine Ausgestaltung der Wertschöpfungskette beeinflussen.

Nutzen der Inhalte

Die **Vorgehensweise** in diesem Zusammenhang ist, dass zunächst die Markt- und die Ressourcenfokussierung (erst isoliert und später integriert) gekennzeichnet werden. Anschließend findet eine Charakterisierung des Total Quality Managements statt. Das Pendant eines Total Quality Managements stellt der Radikalansatz des Business Reengineerings dar. Schließlich wird der Wettbewerbsfaktor Zeit bei der Beschreibung von Time Based Competition besonders berücksichtigt. Viele Beispiele aus der Unternehmungspraxis unterstreichen die Ausführungen. Zum Abschluss von Kapitel B werden einige Verständnisfragen gestellt.

Weiteres Vorgehen dieses Kapitels

B.2 Markt- und Ressourcenfokussierung

Marktbezug und Ressourcenorientierung

Zwei grundlegende Möglichkeiten zur Ausgestaltung des strategischen Managements stellen die **Markt-** und die **Ressourcenfokussierung** dar. Zunächst sind im Folgenden beide Konzepte isoliert zu charakterisieren. Außerdem wird ihre Verzahnung mit Hilfe eines speziellen Portfolios vorgenommen. Es wird zu zeigen sein, dass beide Ansätze sehr wohl in Kombination betrachtet werden können. Schließlich ist die spezielle Bedeutung der Markt- und der Ressourcenfokussierung für das Supply Chain Management aufzuzeigen.

B.2.1 Charakterisierung

B.2.1.1 Isolierte Marktfokussierung

Outside-in-Perspektive

Das marktfokussierte Konzept der strategischen Führung hat seine Wurzeln Mitte der 80er Jahre. Die Arbeiten gehen auf die *Harvard School* zurück und beschäftigen sich mit der Erzielung strategischer Vorteile im Wettbewerb (*Structure-Conduct-Performance-Paradigma*). *Michael E. Porter* (vgl. *Porter* 2006; *Porter* 2008; *Porter* 2010) ist der prägende Wegbereiter zur Formulierung des **Market-Based-View**. Darunter ist eine Outside-in-Perspektive zu verstehen, welche auf den Gedanken der Wertschöpfungskette beruht.

Wettbewerbsantriebe

Zu den wesentlichen Determinanten des Marktes zählen nach *Porter* Kunden, Konkurrenten und Lieferanten. Die Erfolgsposition einer Organisation wird durch unterschiedliche **Triebkräfte des Wettbewerbs** („Forces of Competition") beeinflusst. In diesem Zusammenhang identifiziert *Porter* fünf maßgebliche Antriebe, die nachstehend wiedergegeben sind:

- Eine Bedrohung durch neue Konkurrenten,
- das Verhandlungspotenzial von Lieferanten,
- die Verhandlungsmacht der Kunden,
- eine Bedrohung durch Ersatzprodukte und
- die Rivalität unter den bestehenden Organisationen.

Markt- und Ressourcenfokussierung **B.2**

Aus diesen Triebkräften leitet *Porter* drei **generische Wettbewerbsstrategien** ab. Generisch bedeutet, dass die Strategien für die meisten Unternehmungen gelten („Normstrategien").

- **Kostenführerschaft**: Ein Akteur erlangt die Kostenführerschaft, wenn er sich einen *Kostenvorsprung* gegenüber seiner Konkurrenz sichert. Dieser kann aus Standortvorteilen (zum Beispiel einem günstigen Ressourcenzugang), Economies of Scale oder Erfahrungseffekten resultieren. Für die Strategie der Kostenführerschaft eignen sich Massenfertigung (Prozesstyp) oder Fließfertigung (Organisationstyp). *Kostenvorsprung*

- **Differenzierung**: Für die Differenzierungsstrategie wählt eine Unternehmung ein Leistungsangebot, das sich durch eine *Singularität* auszeichnet. Das Produkt weist einzigartige Attribute auf. Beispiele dafür sind die Sportlichkeit von *Porsche*, die Exklusivität von *Rolex* und die seltene Verfügbarkeit von *Afri-Cola*. Der Kunde honoriert das Produkt mit einer Zusatzprämie. Als Fertigungsverfahren dienen die Einzelfertigung, die Serienfertigung (Prozesstyp) oder die Werkstattfertigung (Organisationstyp). *Singularität*

- **Konzentration**: Während sich die Strategien der Kostenführerschaft und der Differenzierung auf die gesamte Branche beziehen, ist das Zielsegment der Konzentration eine geografische Region, eine Käufergruppe oder ein Ausschnitt aus dem Sortiment. Oftmals wird der Konzentrierer ein Nischenbearbeiter sein. Auch innerhalb dieses Teilsegments ist eine Grundsatzentscheidung hinsichtlich der zu wählenden Wettbewerbsstrategie zu treffen. Dadurch kann eine nachhaltig verteidigungsfähige Position eingenommen werden. Somit legt sich eine Organisation in dem Teilsegment wiederum auf eine der beiden Strategien von Kostenführerschaft oder Differenzierung fest. Ein Beispiel für die Konzentrationsstrategie innerhalb der Kraftfahrzeugbranche sind die Kleinstwagen der *ATW Autotechnik*. Diese „Moped-Autos" dürfen mit dem Führerschein der Klasse fünf gefahren werden. Sie erreichen eine Höchstgeschwindigkeit zwischen 25 km/h und 50 km/h. *Nischenanbieter*

Nach *Porter* muss sich eine Organisation für eine der beschriebenen strategischen Ausrichtungen entscheiden. Er empfiehlt, eine Position „zwischen den Stühlen" – bezogen auf die beiden Extremfälle Kostenführerschaft und Differenzierung – zu vermeiden. Die **Simultaneitätshypothese** (vgl. die hybriden Wettbewerbsstrategien auf S. 148) hingegen geht davon aus, dass zumindest temporär ein kombinierter Strategieeinsatz möglich ist. Danach kann sich eine Unternehmung sukzessive *„Stuck in the middle with you…"*

Einfluss von Führungskonzepten auf die Gestaltung der Supply Chain

vom Differenzierer zum Kostenführer wandeln. Ein umgekehrter Wechsel ist ebenso möglich. Ein Beispiel für ersten Fall sind Funkuhren. Diese wurden bei ihrer Markteinführung zu einem hohen Preis angeboten und zielten auf das Attribut der Exklusivität. Mittlerweile sind einige Modelle schon für fünf Euro auf dem „Wühltisch" zu erwerben. Die Herstellung von Funkuhren erfolgt in Masse.

B.2.1.2 Isolierte Ressourcenfokussierung

Inside-out-Perspektive

Anfang der 90er Jahre entwickelte die *Chicago School* eine krasse Gegenposition zur Marktfokussierung, den **Resource-Based-View** (*Resource-Conduct-Performance-Paradigma*). Sein prägendes Merkmal ist die Inside-out-Perspektive. Institutionen können über besondere Fähigkeiten (Erfolgspotenziale) auf bestimmten Gebieten verfügen. Diese werden als Kernkompetenzen bezeichnet. Sie lassen sich einteilen in:

- Tangible Kompetenzen (wie Maschinen),
- intangible Kompetenzen (z.B. Know-how und Reputation),
- finanzielle Kompetenzen (Nutzung finanzieller Mittel) und
- organisatorische Kompetenzen (beispielsweise Informations- und Personalführungssysteme).

Core Competencies of the Corporation

Zu den Protagonisten der Ressourcenfokussierung zählen *Prahalad* und *Hamel* (vgl. Prahalad/Hamel 1990; Prahalad/Ramaswamy 2004). **Beispielsweise** verfügt *Sony* über die Kernkompetenz der Miniaturisierung, welche in Produkte wie Walkman, CD-Spieler, Notebook und Mini-Disc eingeht. *Honda* setzt seine speziellen Fähigkeiten bei der Entwicklung und Fertigung von Kleinmotoren ein (Rasenmäher, Motorräder und Autos). *Tupperware* besitzt besondere Fähigkeiten im Vertrieb von Haushaltsartikeln. Wichtige **Voraussetzungen** des Konzepts sind:

- Eine begrenzte Imitierbarkeit und Substituierbarkeit von Kernkompetenzen.
- Die Verteidigungsfähigkeit und Stabilität dieser besonderen Fähigkeiten.
- Und die Möglichkeit zur gezielten Transformation von Kernkompetenzen in künftige Geschäftsfelder.

B.2.1.3 Integrierte Markt- und Ressourcenfokussierung

Aus den **Nachteilen** einer isolierten Anwendung von Market-Based-View und Resource-Based-View erwächst die Notwendigkeit zur Integration beider Sichtweisen. Einer alleinigen Berücksichtigung des marktfokussierten Konzepts ist die Gefahr immanent, dass die Unternehmung den Wünschen der Kunden permanent „hinterher hechelt". Es verstreicht in der Tat einige Zeit, bis die Organisation ihre mühsam identifizierten Kundenanforderungen umsetzt. Innerhalb dieser Zeitspanne können sich die Wünsche der Konsumenten jedoch ändern. Außerdem büßt der Hersteller Innovationspotenzial ein. Dem Resource-Based-View haftet bei ausschließlicher Betrachtung das Problem an, dass unter Umständen Leistungen hervorgebracht werden, die zwar technisch ausgereift sind. Dennoch lehnt sie der Kunde vielleicht auf Grund ihres hohen Preises oder der geringen Bedienfreundlichkeit ab.

Kombination von Innensicht und Außensicht

Die Möglichkeit zur Kombination von Markt- *und* Ressourcenorientierung wird durch **GEKKO** beschrieben. Hinter diesem Kürzel verbirgt sich das **Ge**schäftsfeldattraktivität-**K**ern**k**ompetenzen-Portfoli**o** (vgl. *Werner* 1996, S. 25). Abbildung B.1 visualisiert diesen Zusammenhang. Eine externe Umweltdimension (Erfolgsposition) wird mit der internen Unternehmungsdimension (Erfolgspotenzial) verzahnt. Die Geschäftsfeldattraktivität beruht auf den fünf Triebkräften des Wettbewerbs nach *Porter*. Im Portfolio wird die Frage gestellt, ob sie „hoch" oder „niedrig" ausgeprägt ist. Bei der Dimension der Kernkompetenzen ist der Frage nachzugehen, ob diese vorhanden sind („ja" oder „nein"). Dadurch ergeben sich in der Matrix vier unterschiedliche Felder. Diese werden plakativ mit strategischen Empfehlungen besetzt.

Erfolgsposition und Erfolgspotenzial

- **Move or Quit**: Ist die Geschäftsfeldattraktivität niedrig ausgeprägt und besitzt eine Unternehmung keine Kernkompetenzen, bedeutet dies: „Move or Quit". Sie muss entweder ihre Position im Wettbewerb verbessern (zum Beispiel durch eine intensivierte Zusammenarbeit mit Zulieferern) oder Kernkompetenzen erwerben (Move). Gelingt dies nicht, verlässt sie den Markt (Quit).

  „Should I stay or should I go?..."

- **Search for new Markets**: Eine Organisation verfügt über Kernkompetenzen, setzt diese aber auf einem Markt mit geringer Attraktivität ein. Ein Beispiel für die Suche nach neuen Märkten ist *Sony*. Basierend auf ihrer Kompetenz der Miniaturisierung, vereinte die Unternehmung seinerzeit zwei reife Geschäftsfelder mit geringer Attraktivität: Der Kassettenrecorder und der Kopfhörer wurden zum Walkman integriert, der den Markt quasi im Fluge eroberte. Ein weiteres Beispiel

  Erfolgspositionen einnehmen

leitet sich aus *McDonald's* ab. Die Unternehmung wurde auf der Suche nach neuen Märkten fündig und spricht seit einiger Zeit mit dem „McCafé" eine völlig neue Zielgruppe an. Außerdem haben die Hersteller kosmetischer Produkte auf der Suche nach neuen Absatzmärkten seit wenigen Jahren offenkundig das Zielsegment „Männer" entdeckt. Unter dem Signet „Men's Health" finden sich mittlerweile eine Vielzahl von Produkten unterschiedlicher Hersteller (wie „*Nivea* for Men"). Ein weiteres Beispiel für die Suche nach neuen Märkten findet sich bei *adidas*: Unter dem Label „Neo" bietet die Unternehmung Kleidung und Schuhe an, die speziell auf junge Käufer zugeschnitten sind. Und auch die Bierbrauer unterzogen sich einem gewissen Wandel. Sie haben Bier-Mix-Getränke in ihr Sortiment aufgenommen. Dies wohl mit recht ordentlichem Erfolg, jedenfalls finden sich mittlerweile eine Vielzahl von Bier-Misch-Getränken am Markt (*Schöfferhofer* mit „Grapefruit", *Flensburger* mit „Lemongrass", *Becks* mit „Twisted Orange").

Erfolgspotenziale fördern

- **Build up Competencies**: Dieses Feld in der Matrix beschreibt eine Situation, in der sich eine Unternehmung bereits auf einem lukrativen Markt befindet, aber keine Kernkompetenzen besitzt. Beispielhaft dafür steht *Continental Automotive Systems*. In den späten 70er Jahren kündigte *Bosch* das ABS (Antiblockiersystem) an. *Continental* erkannte dessen Zukunftschancen und setzte alle Hebel in Bewegung, um sich ebenfalls die neue Technik anzueignen. Nach circa zwei Jahren wurde die Unternehmung für ihre Bemühungen belohnt. Eine Reihe von Konkurrenten, welche die Zeichen der Zeit nicht erkannten und weiter auf hydraulische Bremssysteme setzten, mussten Konkurs anmelden. Ebenso fällt das Prinzip „Books on Demand" in dieses Feld der Matrix. Beispielsweise erwarb die *Books on Demand GmbH* aus Norderstedt die relevante Kompetenz, um auf diese Weise nicht länger Bücher auf Verdacht zu drucken (die vielleicht im Regal verstauben), sondern den Buchdruck erst bei einer konkreten Nachfrage anzustoßen. Und auch für junge Autoren ist dieses Prinzip interessant, um den Druckkostenzuschuss zu begrenzen. Ebenso ist im Automobilbereich die Hybridtechnik ein hart umkämpftes Terrain. Die Konkurrenten wetteifern derzeit mit aller Macht darum, in diesem Bereich aktuelle und künftige Konsumentenrenten einzustreichen. Schließlich hatte *Nokia* offenkundig den Übergang vom reinen Mobiltelefon zum Smartphone ein wenig verschlafen. Jedenfalls versuchte die Unternehmung nachdrücklich mit dem Modell „Lumia" verlorene Marktanteile zurückzugewinnen. Dazu mussten sie sich zuvor umfangreiche Kenntnisse auf den Gebieten Computerfunktionalität und Konnektivität aneignen.

Markt- und Ressourcenfokussierung

B.2

- **Stay on Top**: Wenn ein Hersteller über Kernkompetenzen verfügt und sich auf einem attraktiven Markt befindet, sollte er versuchen, seine Stellung im Wettbewerb nachhaltig zu verteidigen. In Palmela, Portugal, bauten bis zum Ende des Jahres 1998 *VW* („Sharan"), *Seat* („Alhambra") sowie *Ford* („Galaxy") gemeinsam unter dem Emblem „Autoeuropa" den „World Car". 1995 kamen die Vans auf den Markt. *VW* beendete allerdings zwischenzeitlich diese Liaison Dangereuses mit *Ford*. Seit 1999 gehört das Werk vollständig *VW*. Die Nachfolger der weitgehend identischen Fahrzeuge wurden getrennt entwickelt. *VW* kaufte sich für viel Geld aus dieser strategischen Allianz frei, um sich von dem Wettbewerber nicht länger in seine Entwicklungstechnik der Dieselmotoren schauen zu lassen (*VW* möchte „on Top" bleiben). Auch andere Unternehmungen beherrschen es schon seit Jahren, eine Spitzenposition einzunehmen. Dazu zählen zweifelsohne *Microsoft*, *Google*, *Amazon*, *Coca Cola*, *Ikea* oder *Aldi*. Sie verstehen es in ihrem jeweiligen Segment, ihre Vorreiterrolle zu verteidigen.

„We are the champions, my friend…"

---

*Ge*schäftsfeldattraktivität-*K*ernkompetenzen-Portfoli*o* (GEKKO)

Abbildung B.1

GEKKO		Resource-Based-View Erfolgspotenzial	
		Kernkompetenzen vorhanden?	
		Nein	Ja
Market-Based-View Erfolgsposition / Geschäftsfeldattraktivität?	Niedrig	Move or Quit	Search for new Markets
	Hoch	Build up Competencies	Stay on Top

Es bleibt festzuhalten, dass Market-Based-View und Resource-Based-View stets **gemeinsam** zu betrachten sind. Eine Erfolgsposition (Marktfokussierung) ist dauerhaft nur über adäquate Erfolgspotenziale (Ressourcenfokussierung) einzunehmen. Umgekehrt, sind Erfolgspotenziale immer zielgerichtet einzusetzen. Technische Neuerungen zeichnen sich

Quintessenz der Überlegungen

Einfluss von Führungskonzepten auf die Gestaltung der Supply Chain

nicht lediglich durch ihr Innovationspotenzial, sondern auch durch ihre Verwertbarkeit am Markt aus. Der Market-Based-View und der Resource-Based-View sind folglich nicht zwei unterschiedliche Medaillen. Es sind vielmehr zwei Seiten *einer* Medaille. Ein Ansatz wird den anderen kurzfristig vielleicht majorisieren. Mittel- bis langfristig sind jedoch beide Konzepte stets ausgewogen zu berücksichtigen.

B.2.2 Auswirkungen auf das Supply Chain Management

Wertschöpfungskette als Basis

Der Grundgedanke einer Integration von Komponenten des Supply Chain Managements speist sich vor allem aus der **Wertschöpfungskette** *Porters*. Ein kompletter Prozess wird im Rahmen seiner Optimierung dekomponiert. Insellösungen sind zu vermeiden, weil sie nur suboptimale Ergebnisse erbringen. Dadurch wird der Versuch unternommen, synergetische Potenziale auszuschöpfen und Trade-off-Situationen zu verhindern.

Zusammenarbeit mit Lieferanten und Kunden

Der marktbasierte Ansatz fördert die Zuliefer-Kunden-Integration. Somit findet eine Verbesserung an den **Schnittstellen** (*Interfaces*) statt. Vor allem die Disponenten werden im Supply Chain Management die Zusammenarbeit zwischen den Partnern realisieren. Sie steuern ihren Datenaustausch über die Abrufe. Es wird das Ziel verfolgt, die Reibungsverluste innerhalb der Wertschöpfungsketten zu senken. Beispielsweise stimmt sich die Supply Chain „Lieferant-Hersteller-Kunde" hinsichtlich der einzusetzenden IT-Systeme ab. In diesem Zusammenhang etablieren sich IT-gestützte Standardlösungen auf Basis von SCOR.

Beispiel im Wareneingang

Eine Unternehmung kann im Supply Chain Management ihre eigenen Fähigkeiten, kombiniert mit den Kompetenzen ihrer Partner, nutzen. Der markt- und der ressourcenfokussierte Ansatz verschmelzen. Diesen Sachverhalt unterstreicht ein kurzes **Beispiel**: Ein externer Logistikdienstleister (3PL) verfügt über Know-how auf dem Gebiet der Wareneingangsabwicklungen. In der Wareneingangskontrolle und bei der Verteilung von Materialien an ihre Lagerorte nutzt er RFID. Dadurch reduzieren sich die Fehler im Wareneingang. Verglichen mit manuellen Abläufen, wird Personal eingespart. Ein Versandhändler erkennt die Kompetenz des Dienstleisters. Er überträgt jenem die Verantwortung für die Wareneingangskontrolle. Versandhändler verfügen häufig selbst über besondere Fähigkeiten hinsichtlich der Kommissionierung, weil sie sich mit der Bereitstellung von Artikeln schon seit vielen Jahren beschäftigen. Indem der Versandhändler seine Wareneingangskontrolle an den 3PL auslagert, wird der komplette Materialfluss, vom Wareneingang bis zur Kommissionierung, optimiert.

B.3 Total Quality Management

B.3.1 Charakterisierung

In ein Total Quality Management (TQM, vgl. *Hummel/Malorny* 2011; *Rothlauf* 2010; *Zink* 2004) sind grundsätzlich sämtliche Funktionsbereiche und Mitarbeiter einer Organisation einbezogen („Company-Wide-Quality-Control"). Der aus Japan stammende Ansatz kam Ende der 80er Jahre in Europa auf und stellt den Kunden in den Mittelpunkt, um die **Prozesseffektivität** zu steigern. Qualität ist demnach erreicht, wenn die Unternehmungsprozesse dazu geeignet sind, spezifische Anforderungen von Kunden zu erfüllen (anwendungsorientierter Qualitätsbegriff). Damit sind nicht nur die externen Kunden gemeint. Auch die internen Kunden, die Mitarbeiter anderer Funktionsbereiche, müssen mit der erbrachten Leistung zufrieden sein. Qualität manifestiert sich demnach zur dauerhaften Unternehmungsphilosophie. Dadurch wird das „Over-the-Wall-Syndrom" (vgl. S. 109 der vorliegenden Schrift) vermieden. Im Fokus des Total Quality Managements steht die Steigerung der Kundenzufriedenheit, wobei das Konzept folgende **Inhalte** kennt:

TQM: Des Pudels Kern...

- Manifestierung klarer Prinzipien.
- Definition von Unternehmungsstrategien zur Verbesserung des Qualitätsmanagements.
- Bestimmung organisatorischer Zuständigkeiten.
- Erarbeitung eines Qualitätssicherungssystems und Schulung von Mitarbeitern.

Durch das Aufkommen von Total Quality Management hat ein **Paradigmenwechsel** – von einer traditionellen Qualitätskontrolle zum echten Qualitätsmanagement – stattgefunden. Abbildung B.2 spiegelt dieses

Paradigmenwechsel durch TQM

Phänomen. Die Darstellung zeigt gravierende Unterschiede in den Bereichen Orientierung, Arbeitsfokus, Mitarbeiter, Kontrolle und Kosten auf.

Abbildung B.2   Paradigmenwechsel durch TQM

Von traditioneller Qualitätskontrolle…				
Orientierung	Arbeitsfokus	Mitarbeiter	Kontrolle	Kosten
Qualität am Produkt ausgerichtet	Strategie der Fehlervermeidung	Separate QM-Abteilung	Qualität durch Endkontrolle	Kosten für Ausschuss eingeplant

Orientierung	Arbeitsfokus	Mitarbeiter	Kontrolle	Kosten
Qualität am Prozess ausgerichtet	Strategie der Fehlerverhütung	Integriertes QM-System	Qualität ständig begleitend	Poka-Yoke-Prinzip

…zum echten Qualitätsmanagement

Inhalte des Lean Managements

Ein **Lean Management** (vgl. *Thomsen* 2006; *Womack/Jones* 2004; *Womack/Jones/Roos* 2007) beschreibt die Ausschöpfung von Optimierungspotenzialen durch die Vereinfachung von Unternehmungsabläufen und die Verschlankung von Hierarchien **(Prozesseffizienz)**. Mit der Erkennung und späteren Eliminierung nicht wertschöpfender Aktivitäten werden Produktivitätssteigerungen anvisiert. Beispiele dafür sind die konsequente Einleitung von Make-to-Order-Prozessen, eine ganzheitliche Wertschöpfungsbetrachtung oder die Zusammenfassung vergleichbarer Aufgaben in homogenen Bündeln.

Abbau hierarchischer Ebenen

Das Konzept stellt eine Erweiterung der vom *Massachusetts Institute of Technology* (MIT) entwickelten **Lean Production** dar. Das Lean Management bezieht sich nicht ausschließlich auf die Fertigung, sondern auf sämtliche Funktionsbereiche. Die hierarchische Struktur einer Organisation wird nicht als geerbt empfunden. Sie ist vielmehr ständig hinsichtlich ihrer Sinnhaftigkeit zu überprüfen. Als überflüssig identifizierte

Ebenen werden gestrichen, was die Agilität im Wettbewerb fördert. Zum Beispiel reduzierte *Texas Instruments* seinerzeit die Anzahl seiner Führungskräfte von 4.000 auf 200.

Ein radikales Lean Management birgt jedoch auch **Nachteile** in sich. Viele Unternehmungen sind nicht nur schlank, sondern gar „magersüchtig" geworden. Sie bauten in rezessiven Phasen Mitarbeiter ab und waren bei anziehender Konjunktur unterbesetzt. Nicht alle eingehenden Aufträge konnten angenommen werden. Es fehlten Mitarbeiter zur Auftragsbearbeitung, weshalb diese Akteure potenzielle Umsätze verloren. Mit der Anwendung von Lean Management haben sich einige Organisationen regelrecht aus dem Markt katapultiert. Im Handel wurde das Fachpersonal durch weniger qualifizierte Mitarbeiter ersetzt, worunter die Kundenberatung litt. In der Fertigung fand teilweise gar eine Eliminierung der Facharbeiterebene statt (Know-how-Verlust).

Wenn aus Schlankheit Magersucht wird

Kaizen Management (vgl. *Takeda* 2006) bedeutet die Einleitung eines kontinuierlichen Verbesserungsprozesses (Continuous Improvement Process). Unternehmungsaktivitäten sind dauerhaft auf die Steigerung des Konsumentennutzens gerichtet. Die Politik „der kleinen Schritte" besagt, dass sich Veränderungen nicht sprunghaft, sondern allmählich einstellen. Conditio sine qua non für diesen ständigen Wandel sind Anstrengungen aller Beteiligten, um das **Prozess-Know-how** zu verbessern. Der Ansatz ist somit integrativer und wesentlicher Bestandteil eines in der Unternehmungsphilosophie dauerhaft verankerten Qualitätselements.

Politik der kleinen Schritte

Im Fokus von Kaizen Management steht die Verminderung oder Vermeidung menschlicher Fehler, die vor allem in Verschwendung („Muda"), Überlastung („Muri") sowie Unregelmäßigkeiten („Mura") begründet sein können. Sämtliche Organisationsabläufe werden fortwährend hinsichtlich ihrer jeweiligen Verbesserungspotenziale analysiert. Anschließend sind sie möglichst zu standardisieren und langfristig in der Unternehmung zu integrieren. Erst mit der Generalisierung dieser Aktivität wird der nächste Optimierungsprozess – jetzt freilich auf höherem (verbessertem) Arbeitsniveau – angestoßen. Dieses Prinzip spiegelt den so genannten **„Deming Cycle"**. Unter den 14 Punkten von Deming (vgl. Deming 2000) finden sich Praktiken zur Qualitätsverbesserung. Beispielhaft dafür stehen Vorschlagswesen, Kleingruppenarbeit, Mechanisierung oder Arbeitsdisziplin.

Muda, Muri, Mura…

Zur Typisierung dieser unterschiedlichen Begriffe des Qualitätsmanagements wird nachstehend ein **Drei-Ebenen-Modell** abgeleitet (vgl.

Drei Ebenen der Qualität

B — Einfluss von Führungskonzepten auf die Gestaltung der Supply Chain

Abbildung B.3). In der vorliegenden Schrift wird das Total Quality Management als das alles umspannende Konzept angesehen, es ist somit auf der Metaführungsebene angesiedelt. TQM erfährt auf zweiter Stufe (Strategieebene) direkte Unterstützung durch Lean Management und Kaizen Management. Auf der dritten Stufe finden sich schließlich diverse Instrumente des Qualitätswesens (Qualitätsbaukasten), welche der zweiten Ebene direkt und der Metaführungsebene indirekt helfen. Einige dieser Hilfsmittel werden – unter besonderer Berücksichtigung ihrer Auswirkungen auf ein Supply Chain Management – auf S. 270ff. näher charakterisiert.

Abbildung B.3 *Drei-Ebenen-Modell der Qualität*

Total Quality Management
(Prozesseffektivität)

- Übergreifende Qualitätsphilosophie in der Unternehmung
- Intern und extern ausgerichtete Kundenbindung
- Vermeidung des Over-the-Wall-Syndroms
- Von der Qualitätskontrolle zum Qualitätsmanagement

Ebene 1: Metaführungsebene

Lean Management *(Prozesseffizienz)*	*Kaizen Management* *(Prozess-Know-how)*
- Einfache Abläufe - Schlanke Hierarchien - Produktivitätssteigerung - Wertschöpfungsausrichtung	- Continuous Improvement - Betriebliches Vorschlagswesen - Deming Cycle - Fehlervermeidungsstrategie

Ebene 2: Strategieebene

FMEA	Six Sigma	QFD	Bottleneck Engineering
Quality Circle	Statistical Process Control	Quality Benchmarking	...

Ebene 3: Instrumentenebene

B.3.2 Auswirkungen auf das Supply Chain Management

Eine bedeutsame Zielsetzung innerhalb der Supply Chain liegt in der Reduzierung der Raten für **Ausschuss und Nacharbeit** (Scrap and Rework) begründet. Die Einleitung von Präventivmaßnahmen zur Verbesserung der Schlüsselgröße Qualität unterstützt diese Anforderung. Ein Supply Chain Management korreliert mit dem Fertigungsbereich. Für beide Organisationseinheiten wird die angestrebte Quote an PPM (Parts per Million) vielfach auf null festgelegt. Sie zielt auf die Vermeidung von Ausschuss und Nacharbeit. Zwei **Beispiele** zeigen ausgewählte Möglichkeiten zur Fehlerreduzierung in der Wertschöpfungskette.

TQM in der Supply Chain

- **Wareneingang**: Zur Fehlervermeidung im Wareneingang kann eine manuelle Identifizierung von Materialien durch IT-gestützte Techniken substituiert werden. Barcode und RFID fördern die Datenverwaltung. Es findet eine IT-orientierte Zuordnung von Sachnummern zu ihren Lagerorten statt.

Identtechniken im Wareneingang

- **Versand**: Beim Anbringen der Warenanhänger schleichen sich vor allem bei Mischpaletten (Mixed Load) Fehler ein. Die Mitarbeiter müssen unterschiedliche Label an die Kisten heften, was zu einem gewissen Durcheinander führen kann. Kunden beschweren sich darüber, wenn sie unkorrekt beliefert werden, wodurch Nachbesserungen notwendig sind. Diese potenzielle Fehlerquelle ist dadurch zu reduzieren, indem pro Palette nur noch eine Sachnummer zugelassen wird (artikelreine Palette). Im ersten Schritt steigen zwar tendenziell die Versandkosten. Diese werden aber unter Umständen durch niedrigere Kosten für eine Qualitätssicherung (über-) kompensiert.

Mixed Load im Versand

Für eine Berücksichtigung des Total Quality Managements innerhalb der Supply Chain ist eine Implementierung im Sinne des **Gegenstromverfahrens** zu wählen. Top Down muss die Führungsebene das neue Qualitätsbewusstsein vorleben. Bottom Up soll sich die Belegschaft mit TQM identifizieren.

Organisatorischer Rahmen

Wenn der Wettbewerbsfaktor Qualität als echte Philosophie verstanden wird und Einzug in die Ausformulierung der Unternehmungsstrategien erhält, wird das Fundament für den Aufbau **robuster Supply Chains** geschaffen. Produkte und Dienste zeichnen sich im Qualitätswettbewerb durch Zuverlässigkeit und Leistungsfähigkeit aus. Da über 80% aller möglichen Fehler bereits in den frühen Stadien der Produktentstehung

Robuste Supply Chains

auftreten, setzen Fehlervermeidungsstrategien bereits in diesen so genannten *Design Phases* an (vgl. *Cohen/Roussel* 2006, S. 29).

Pack-Back-Zeiten für RFID ermitteln

Eine wesentliche Zielsetzung im Qualitätswettbewerb moderner Supply Chains ist die **Chargenrückverfolgbarkeit**. Dadurch wird die Sicherheit in Lieferketten erhöht. Dieser Anspruch ist in manchen Branchen besonders wichtig (beispielsweise der Pharmazie und bei Bio-Lebensmitteln). Mit Hilfe von Radiofrequenzsystemen können diese Ansprüche vielfach gut erfüllt werden (vgl. S. 286). Im Einzelfall stellt sich allerdings die Frage, welche Investitionen mit der Nutzung von RFID verbunden sind.

B.4 Business Reengineering

B.4.1 Charakterisierung

Alles gerät auf den Prüfstand

Das Pendant des Total Quality Managements ist das Business Reengineering (vgl. *Hammer/Champy* 2004; *Jeston* 2006). Während beim Total Quality Management die inkrementale Verbesserung existenter Strukturen vorgenommen wird, stellt das Business Reengineering eine *prozessorganisatorische Neuorientierung* dar. Bekannte Vorgehensweisen werden hinsichtlich ihrer Effektivität und Effizienz überprüft. Konsequent ausgeführt, ist der Ansatz eine Radikalkur für die Organisation. Alte Systeme können über Bord geworfen und Prozesse sowie Aktivitäten, die keinen Mehrwert schaffen, eliminiert werden.

Alea iacta est...

Ein Business Reengineering ist eine **Bombenwurfstrategie**: Wenn ein Baum kränkelt, werden nicht nur ein paar Äste abgeschnitten und der Baum gedüngt sowie mit besonderer Sorgfalt gepflegt (wie beim Total Quality Management). Der kranke Baum ist komplett aus dem Boden zu reißen. Es wird ein neuer Baum gepflanzt. Begriffsblock B.I verdeutlicht mit den vier „Re's" das Wesen von Business Reengineering (vgl. auch Abbildung B.4).

Business Reengineering — **B.4**

Vier „Re's" des Business Reengineerings

Begriffsblock B.I

- **Renewing**: „Erneuerung" bedeutet die verbesserte Schulung und organisatorische Einbindung von Mitarbeitern in die Unternehmung.
- **Revitalizing**: „Revitalisierung" meint eine Prozessneugestaltung innerhalb der Organisation.
- **Reframing**: „Einstellungsänderungen" bewirken, dass herkömmliche Denkmuster abzulegen sowie neue Wege einzuschlagen sind.
- **Restructuring**: „Restrukturierung" erfordert schließlich die revidierte Definition des Aktivitätenportfolios. Anders ausgedrückt, sucht eine Unternehmung nach neuen Standbeinen.

Zum Beispiel (vgl. *Hammer/Champy* 2004, S. 113) benötigte *IBM* für die Bearbeitung eines **Antrags auf Leasing** sechs Arbeitstage, obwohl die Prozedur des eigentlichen Ausfüllens lediglich 90 Minuten umfasste. Die Dokumente gingen von einer Abteilung zur nächsten. Dieser Prozess wurde im Business Reengineering als Schwachstelle identifiziert und die Verantwortung in eine Hand gelegt. Ein Spezialist bearbeitet jetzt einen Antrag komplett in durchschnittlich vier Stunden.

Reengineering von Leasinganträgen

Die Unternehmung *Hallmark* betrieb ebenso ein Reengineering (vgl. *Hammer/Champy* 2004, S. 135). *Hallmark* produziert Glückwunschkarten. Von der Idee bis zur Vermarktung einer neuen Karte vergingen über drei Jahre. Die Organisation stellte durch Business Reengineering fest, dass die Arbeit zu 90% ruhte. Zur Reduzierung der **Time-to-Market** bildete *Hallmark* ein Team aus Künstlern, Schriftstellern, Marketern und Fertigungsspezialisten. Es gelang der Gruppe, eine neue Karte innerhalb von knapp sechs Monaten den Kunden anzubieten. Die Arbeit wurde vom Ergebnis aus reorganisiert und bezog sich nicht länger auf spezialisierte Funktionsbereiche (wie Vertrieb oder Fertigung).

Vereinfachung der Prozessabläufe

Auch *Kodak* setzte Reengineering erfolgreich ein. Die Unternehmung durchbrach ihre originär funktionale Organisationsstruktur. Vielmehr entwickelte *Kodak* eine **Prozessorganisation**. Mit dem Ergebnis einer drastischen Kostenreduzierung: Die zuvor 20%ige Budgetüberschreitung wandelte sich zu einer 15%igen Kostenunterschreitung in der Jahresplanung. Ebenso halbierte sich bei *Kodak* die durchschnittliche Bearbeitungszeit pro Auftrag nahezu.

Kodak als Positivbeispiel

Abbildung B.4 | Komponenten des Business Reengineerings

Renewing (Erneuerung)	_Revitalizing_ (Revitalisierung)
„Zeige den Menschen, dass sie wichtig sind und mache sie fit"	„Krempel die Organisation um und schneide alte Zöpfe ab"
Reframing (Einstellungen)	_Restructuring_ (Restrukturierung)
„Schlage andere Wege ein und wirf altes Denken über Bord"	„Räume das Programmportfolio auf und setze auf neue Karten"

Alles oder Nichts

Doch die **Resonanz** der Unternehmungspraxis auf Business Reengineering fällt unterschiedlich aus. Während *Rolls-Royce* und *Mastercard* gute Erfahrungen mit dem Business Reengineering sammelten, zeigt eine Studie von *Arthur D. Little*, dass circa 50% der Anwender mit dem Ansatz unzufrieden sind und sich vom Business Reengineering abwenden (vgl. *Werner* 2013a, S. 19). Das Misslingen wird vor allem damit begründet, dass die eigenen Mitarbeiter nicht bereit oder in der Lage sind, sich einer signifikanten Veränderung anzupassen. Außerdem würden Reengineering-Projekte teilweise schlichtweg zu spät eingeleitet. Die Consulting-Gesellschaft *Kurt Salmon Associates* bescheinigt dem Business Reengineering gar eine Floprate von nahezu 75% (vgl. *Werner* 2013b, S. 39).

B.4.2 Auswirkungen auf das Supply Chain Management

Steigerung der Transparenz

Das Supply Chain Management profitiert davon, dass beim Business Reengineering sämtliche Haupt- und Teilprozesse in Frage gestellt werden. Überhöhte Lagerbestände überdecken vielfach fehlerhafte Prozesse. Möchte eine Unternehmung ihre Tätigkeiten gemäß der Philosophien von **Just-in-Time** oder **Just-in-Sequence** abwickeln, werden diese Missstände zwingend aufgedeckt. Für die Realisierung von Just-in-Time und Just-in-Sequence muss die Zusammenarbeit zwischen den Partnern innerhalb der internen und übergreifenden Wertschöpfungskette funktionieren. Beim Vorhandensein von Problemen an den Schnittstellen werden Zwischenlager eingerichtet und die Sicherheitsbestände (Notreserven) erhöht. Es sind Maßnahmen einzuleiten, welche der Philosophie von JiT und JiS widersprechen. Mit Hilfe von Business Reengineering können diese Schwachstellen automatisch erkannt werden.

Revision der Grundsatzphilosophie

Ein weiterer Punkt betrifft den Überwachungsaspekt in der Supply Chain. Traditionell findet in der Wareneingangskontrolle eine Überprüfung von Sachnummern statt. Die Teile werden hinsichtlich ihrer Quantität und Qualität durch Sichtkontrolle, Zählen oder Wiegen überprüft. Nach ihrer Identifizierung landen mangelhafte Vorräte im Sperrlager. Das System ist nach dem Motto aufgebaut: „Traue keinem Lieferanten!". Business Reengineering könnte ein neues Denken unterstützen. Durch die intensivierte Zusammenarbeit mit ausgewählten Partnern wird das Ziel verfolgt, eine Wareneingangskontrolle abzuschaffen (**Lieferantenintegration**). Eigene Mitarbeiter sind zu den Lieferanten zu entsenden, um die Anforderungen der Hersteller frühzeitig weiterzugeben (Resident Engineering). Mit den Lieferanten wird ein auf Dauer ausgelegtes Vertrauensverhältnis gesucht, wofür die einzelnen Arbeitsschritte und die IT-Systeme aufeinander abzustimmen sind. Mit einer fertigungssynchronen Belieferung, die direkt am Verbaupunkt ansetzt, ist eine potenzielle Bestandsreduzierung verbunden.

Zum **Beispiel** (vgl. *Werner* 2013a, S. 33) führte *Stoll*, ein deutscher Hersteller für Textilmaschinen, ein Business Reengineering in der Supply Chain durch. Für die Strickmaschine „CMS Selectanit" wurden die Beschaffungs- und die Fertigungsprozesse heruntergebrochen und die Teilevielfalt reduziert. Ein integrales Gußteil ersetzt jetzt in der Strickmaschine den bisher verwendeten Schlitten, welcher fünf unterschiedliche Sachnummern in sich vereinte. Außerdem senkte *Stoll* bei der Fertigung seiner Nadelbetten die Anzahl der Arbeitsgänge von 260 auf 68. In der Montage wurden die Arbeitsplätze neu angeordnet (reorganisiert). Seit dieser Zeit sind die Teile nicht länger in Kisten und unsortiert, sondern unverpackt sowie in definierter Reihenfolge zu liefern. *Stoll* sparte pro Montagevorgang 30% an Zeit ein. Insgesamt reduzierte sich die Durchlaufzeit um 20 Arbeitstage (von 50 Tagen auf 30 Tage). Die Länge des Materialflusses betrug 1.000 km/Jahr. Sie verkürzte sich durch Business Reengineering um 50%. Schließlich verringerte sich die Kapitalbindung um fast 60%.

Business Reengineering einer Strickmaschine

Den Zeitdieben auf der Spur

B.5 Time Based Competition

Time Based Competition ist ein Managementansatz, bei dem der Wettbewerbsfaktor Zeit majorisiert. Zu Beginn der 90er Jahre wurde die Bedeutung der Erfolgsgröße Zeit insbesondere von *Stalk* und *Hout* (vgl. *Stalk/Hout* 2003) aufgegriffen. Sie erkannten, dass sich die Entstehungszyklen von Produkten verlängerten, parallel jedoch die eigentlichen Marktzyklen der Produkte in vielen Branchen kürzer wurden. Ein Problem, das im Folgenden näher zu untersuchen ist.

B.5.1 Charakterisierung

Pioniere vs. Folger

Mit dem Ansatz Time Based Competition korreliert das **Pionier-Follower-Management**. Begriffsblock B.II fasst die Charakteristika von Pionieren und Folgern zusammen. Der Pionier agiert *proaktiv-offensiv* und geht Risiken ein. Er setzt zum Beispiel mit seiner Preisgestaltung Eintrittsbarrieren im Markt. Außerdem schöpft der Pionier frühzeitig Konsumentenrente ab und fixiert, zumindest temporär, den Trend. Ein Follower ist *reaktiv-defensiv*, er scheut das Risiko. Häufig bearbeitet ein Folger Nischen und lernt aus den Fehlern des Ersten, dessen Leistungen er adaptiert oder kopiert.

Begriffsblock B.II

Pionier- und Follower-Management

Pionier	Follower
Proaktiv-offensiv	Reaktiv-defensiv
Offen für Risiken	Risikoaversiv
Setzt Marktzutrittsbarrieren	Bearbeitet Nischen
Schöpft Konsumentenrente ab	Lernt aus den Fehlern der Pioniere
Fixiert den Trend („Trendsetter")	Adaptiert den Trend („Me-too-Produkte")

B.5.2 Beschleunigungsmanagement

Im Umgang mit der Schlüsselgröße Zeit wird zumeist die Möglichkeit einer Beschleunigung von Abläufen untersucht. Begriffe wie Capabilities of Time, Speed Management und High Speed Management haben sich in den letzten Jahren in Theorie und Praxis etabliert. Vor allem mit Hilfe von Simultaneous Engineering und Rapid Prototyping wird die Produktentwicklung forciert. Bei der Verkürzung der Marktzugangszeiten **(Time-to-Market)** werden große Erfolge verzeichnet, was die nachstehenden zwei Beispiele untermauern (vgl. Block b.1).

Race-against-Time-Management

Verkürzung der Time-to-Market

Beispielblock b.1

- Die *Boeing Aerospace Corporation* benötigte für ihre Konstruktionszeichnungen über zwei Wochen. Mittels computergestützter Designtechniken schafft es *Boeing* heute, Konstruktionspläne in nur 38 Minuten zu erstellen.

- Ein weiteres Beispiel ist der japanische Multikonzern *Panasonic*. Die Fertigungszeiten ihrer Waschmaschinen verkürzte die Unternehmung von 360 Stunden auf zwei Stunden.

B.5.2.1 Simultaneous Engineering

Simultaneous Engineering (vgl. *Eversheim/Schuh* 2004) bedeutet eine Abkehr von der **sequentiellen Produktentwicklung**. Bei dieser resultiert die latente Gefahr von Verzögerungen daraus, dass erst mit dem vollständigen Abschluss einer Phase der Übergang zur nächsten Stufe möglich ist. Außerdem kooperieren die Abteilungen kaum miteinander. Die Arbeit eines Bereichs wird nach ihrer Fertigstellung der nächsten Abteilung, und zwar weitgehend unabgestimmt, „über die Wand" geworfen (**„Over-the-Wall-Syndrom"**). Die Folge sind zeitintensive Nachbesserungen.

Traditionelle Produktentwicklung

Mit Hilfe von Simultaneous Engineering können diese Probleme umgangen werden. Es ist ein Expertenteam aus unterschiedlichen Funktionsbereichen zu bilden („Joint Working Group"). Der Vorsitzende berichtet in der Regel direkt an die Führung. In die Gruppe können Lieferanten **(Resident Engineering)** und Kunden eingebunden sein. Die Entwicklungsabschnitte sind nicht länger isoliert, sondern integriert zu betrachten. Simultaneous Engineering bedeutet die parallelisierte Bear-

Kernaussagen von Simultaneous Engineering

B *Einfluss von Führungskonzepten auf die Gestaltung der Supply Chain*

beitung von Aufgaben in einem mehrfunktionalen Team. Mit Simultaneous Engineering kann die Time-to-Market verkürzt werden, was einige **Beispiele** aus Block b.2 verdeutlichen.

Beispielblock b.2 | *Simultaneous Engineering*

- *Kodak* reduzierte durch die Nutzung von Simultaneous Engineering die Produktentwicklungszeit bei der Kamera „Funsaver" um 50%.
- Die Zeiteinsparung von *Fuji* betrug bei der Entwicklung des Kopiergerätes „FX 3500" über 30%.
- *AT & T* benötigte ursprünglich zwei Jahre für die Entwicklung eines neuen Telefons. Durch Simultaneous Engineering wurde diese Zeitspanne auf unter sechs Monate gedrückt.
- *Hewlett-Packard* gelang es schließlich, die Entwicklungszeit eines neuen Druckers von 54 Monaten auf 22 Monate zu senken.

Beispiel „Industrieroboter"

Für ein **Supply Chain Management** ist die Reduzierung von verwendeten Bauteilen durch Simultaneous Engineering von Bedeutung. Die deutsche Unternehmung *Reis Robotics* hat Simultaneous Engineering in über 15 Projekten eingesetzt. Eines dieser Vorhaben war die Entwicklung des neuen Industrieroboters. *Reis Robotics* senkte die Anzahl der Bauteile an den sechs Gelenken des Roboters um 50%. Die Unternehmung führt diesen Effekt primär auf Simultaneous Engineering zurück (vgl. *Werner* 2007, S. 15).

„Was ich haben will, das krieg ich nicht – und was ich kriegen kann, gefällt mir nicht…"

Bei den Zahlenangaben in den Beispielen ist jedoch zu beachten (und dies gilt letztlich für sämtliche aufgeführten Beispiele in diesem Buch), dass diese Werte immer nur **ceteris paribus** gelten: Wenn Nutzeneffekte zwischen einem frühen Zeitpunkt ohne und einem späteren Zeitpunkt mit Instrumenteneinsatz (hier: Simultaneous Engineering) festgestellt werden, ist streng genommen ein Vergleich nur haltbar, wenn in dem betrachteten Zeitraum keine weiteren Veränderungen eingetreten sind. Diese Forderung stellt für die Praxis sicherlich eine heroische Prämisse dar, die nur selten erfüllt ist. Folgende **Probleme** können sich beim Simultaneous Engineering einstellen:

- Durch das interdisziplinäre Vorgehen reduziert sich der Kontrollmechanismus zwischen den Abteilungen. Wenn sich die originär im Team erarbeiteten Hypothesen später als nicht korrekt herausstellen, hat die gesamte Gruppe in die falsche Richtung gearbeitet. Daraus resultieren hohe Änderungskosten (Switching Costs) sowie Zeitverzögerungen.

- Eine weitere Schwierigkeit von Simultaneous Engineering ist seine Schwerfälligkeit. Beim Aufkommen unterschiedlicher Meinungen in der Gruppe, kann der Teamvorsitzende ein forciertes Vorgehen einfordern. Er wird aber bei konträren Vorstellungen der beteiligten Personen auf offene sowie verborgene Widerstände stoßen.

- Schließlich befürchten einige Kunden durch die Bildung eines unternehmungsübergreifenden Teams für das Simultaneous Engineering den Abfluss von Wissen an ihre Lieferanten. Dies gilt insbesondere, wenn ein Mitarbeiter eines Lieferanten (Resident Engineering) temporär in das Simultaneous-Engineering-Team eingebunden war.

B.5.2.2 Rapid Prototyping

Rapid Prototyping ist ein CAD-gestütztes und iteratives Verfahren, welches die traditionelle Erstellung von Prototypen ersetzt. Synonym wird Rapid Prototyping als „generatives Fertigungsverfahren" bezeichnet. Eine zunehmende Bedeutung von Rapid Prototyping wird durch die Zahlen der *Euromold* deutlich. Die *Euromold* ist die weltweit bedeutsamste Fachmesse für Werkzeug- und Formbau, Design sowie Produktentwicklung. Seit 1993 wird sie jährlich in Frankfurt veranstaltet. Von den circa 1.300 Ausstellern im Jahr 2012 haben sich allein über 400 Unternehmungen mit dem Spezialgebiet Rapid Prototyping beschäftigt. Begriffsblock B.III spiegelt ausgewählte Techniken des Rapid Prototypings.

Abkehr von der konventionellen Produktentwicklung

Die Anschaffungskosten für Rapid-Prototyping-Anlagen differieren. Sie reichen von unter 10.000 Euro (einfache Drucker für das 3-D-Printing) bis weit über 200.000 Euro. Die Zeiteinsparungspotenziale durch die Anwendung des Verfahrens werden zwischen 30% und 70% beziffert. Der Automobilindustrie ist es beispielsweise gelungen, die Erstellung von Prototypen, verglichen mit konventionellen Techniken, um das 22fache zu beschleunigen. Mittlerweile sind auch komplizierte Formen durch Rapid Prototyping herzustellen. Das Verfahren zeichnet sich durch seine Reagibilität aus, indem Änderungen direkt am PC erfolgen. Zum **Beispiel** hat *Porsche* für seinen „GT1" die Strömungsuntersuchungen für den neuen Kühlmantel des Fahrzeugs durch Rapid Prototyping optimiert. Wenige Monate später gewann der „GT1" das 24-Stunden-Rennen von Le Mans.

Gleichzeitige Verbesserung mehrerer Schlüsselgrößen

Einfluss von Führungskonzepten auf die Gestaltung der Supply Chain

---

Begriffsblock B.III | *Ausgewählte Techniken des Rapid Prototypings*

Hauptvariante

- **Stereolithographie**: Sie ist die am weitesten verbreitete Technik. Flüssige Photopolymere (lichtempfindliche Kunststoffharze) werden selektiv gehärtet. Die CAD-gestützten Geometriedaten sind auf einen Steuerrechner zu übertragen. Anschließend beginnt der *Slice Process*. Darunter ist die Zerlegung des kompletten Modells in dünne, horizontale Schichten (mit Übertragung auf den Laser) zu verstehen. Der Laserstrahl wird senkrecht auf eine mit flüssigem Harz gefüllte Wanne gerichtet. Schichtenweise findet die Härtung der Masse statt. Das Resultat bildet der fertige (dreidimensionale) Prototyp ab.

CAD-gestützte Klebetechnik

- **Laminated Object Manufacturing**: Dünne Papierschichten werden durch einen Heißkleber aufeinander laminiert. Eine spezielle Maschine schneidet dann mit einem Laserstrahl die zuvor im Computer definierte Kontur aus. Die Geometriedaten sind mit Hilfe von CAD zu erstellen.

Verfahren mit großen Zukunftspotenzialen

- **3D-Printing**: Bei diesem Verfahren leitet sich der schichtweise Aufbau ebenfalls aus CAD ab. Ausgangsbasis ist ein Garanulat- oder Kalkpulverbett. In dem 3D-Drucker werden die Pulverteilchen durch einen extern eingespritzten Binder miteinander verklebt. Im nachgeschalteten Prozessschritt wird der Binder wieder ausgetrieben und das überschüssige Granulat (oder Kalkpulver) abgesaugt. Die Ausgangsmasse steht dann für einen erneuten Druckvorgang bereit.

Robuste Prototypen

- **Laser-Sintern**: Wiederum wird die Zeichnung durch CAD generiert. Der Laserstrahl richtet sich beim Sintern auf einen Behälter, der mit Sand und Metallpulver gefüllt ist. Ein gebündelter Lichtstrahl (ein rund 100 Watt starker Kohlendioxid-Laser) zeichnet die Konturen in den Sand sowie das Metallpulver und härtet schichtenweise die Masse. Die Geschwindigkeit des Lichtstrahls beträgt zwischen 100 und 500 Millimeter pro Sekunde.

Probleme von Rapid Prototyping

Schwierigkeiten von Rapid Prototyping können jedoch daraus resultieren, dass die Prototypen zwar für eine Fallstudie im Windkanal prädestiniert sind, jedoch im Crash-Test versagen. Außerdem sind die Teile zu leicht, um durch sie die Einhaltung des zulässigen Gesamtgewichts zu bestimmen. Schließlich sind die hergestellten Teile sehr zerbrechlich (vgl. aus Granulat gedruckte Prototypen durch 3-D-Printing).

Neuerdings werden Prototypen nicht länger physisch hergestellt. Moderne Varianten der CAD-gestützten Prototypengenerierung sind Digital Mock-up und Virtual Reality. **Digital Mock-ups** („Attrappen") werden im Rechner wirklichkeitsgetreu nachgebildet. Klassische Einsatzbereiche sind die Bauteilberechnung und die Computersimulation. Insbesondere die Software „Catia" kommt hier zum Einsatz. Für die Supply Chain sind künstliche Mock-ups durchaus von einigem Interesse. Beispielsweise können Bauraumanalysen (zur optimalen Raumnutzung) oder komplette Montageabläufe am Rechner simuliert werden. Bereits in der Konstruktionsphase lassen sich verschiedene Montagetechniken virtuell miteinander vergleichen. Wenn schlussendlich ein gesamter Materialfluss über einzelne Mock-ups simuliert wird, beschreibt dies ein **Virtual Reality.** Mit Hilfe dieses Verfahrens können alternative Szenarien nach Entscheidungskriterien – wie Instandhaltungszeiten, Stillstandzeiten, Lagerzeiten oder Wartungsintervallen – durchgespielt werden. Auf Grund dieser künstlichen Techniken hat sich beispielsweise in der Automobilindustrie die kostenintensive Generierung physischer Prototypen in den letzten Jahren halbiert. Das tatsächliche spätere Materialverhalten lässt sich jedoch freilich am Computer kaum simulieren.

Dies sind die Attrappen der Zukunft

B.5.3 Entschleunigungsmanagement

Der Erfolgsfaktor Zeit wird in der Regel wenig differenziert betrachtet. Die Unternehmen einiger Branchen steigerten sich in den letzten Jahren in eine wahre „Beschleunigungseuphorie". Nur selten werden die Möglichkeiten einer bewussten Entschleunigung analysiert. Das japanische *Ministry of International Trade and Industry* (MITI) erkennt die Gefahren des ungebremsten Entwicklungsfiebers und warnt die japanische Automobilbranche und die audiovisuelle Industrie davor, die Zeitspanne **Concept-to-Cash** weiter zu verkürzen. Die Prozesse der Substitution nehmen mittlerweile Dimensionen an, die vor einigen Jahren undenkbar schienen: Der Produktlebenszyklus eines DVD-Players beträgt derzeit kaum noch sechs Monate. Eine Laptopgeneration veraltet bereits nach ähnlich kurzer Zeit. Für den Konsumenten lassen sich kaum noch produktspezifische Charakteristika ausmachen.

Mut zur Langsamkeit: Den Fuß vom Beschleunigungspedal…

B.5.4 Auswirkungen auf das Supply Chain Management

Fertigungs- und montagegerechte Konstruktion

Der Wettbewerbsfaktor Zeit hat signifikanten Einfluss auf das Order-to-Payment-S. Für die Optimierung der Supply Chain sind die beiden Möglichkeiten von Prozess*be*schleunigung und Prozess*ent*schleunigung zu untersuchen. Zumeist wird erster Variante der Vorrang eingeräumt, um die **Durchlaufzeiten** zu verkürzen, was zum Beispiel durch schnelleres Einrichten der Maschinen gelingt. Verbesserungsmaßnahmen sind aber nicht erst im Fertigungsprozess selbst, sondern bereits im vorgelagerten Entstehungszyklus von Produkten und Prozessen zu suchen. In der Produktentwicklung werden die Weichen zur Optimierung von Durchlaufzeiten und Rüstzeiten gestellt. Die Maschinen sind fertigungs- und montagegerecht zu konstruieren, um die Ansprüche nach Reaktionsfähigkeit sowie Anpassungs- und Wandlungsfähigkeit gleichsam zu erfüllen. Eine derart ausgerichtete Produktentwicklung wird als **Design-for-Manufacturing-and-Assembling** (DFMA) bezeichnet. In der Automobilindustrie strebt DFMA – durch die Aufteilung des Fahrzeugs in Baugruppen – nach einer verbesserten Austauschbarkeit von Komponenten. *Mercedes* beziffert für sein Werk Sindelfingen das diesbezügliche Einsparungspotenzial auf 25 Millionen Euro (vgl. *Batchelor/Schmidt* 2004, S. 25).

Design Chain Management

In schnellen Supply Chains lassen sich vielfach Wettbewerbsvorteile erzielen. Dies gilt insbesondere für Innovationsführer („Design Leader"). Unternehmungen wie *Apple*, *Nike* oder *Sony* setzen Trends. Diese Innovationsführer versuchen, **Marktzugangsbarrieren** aufzubauen, was ihnen auf sehr unterschiedliche Art gelingt:

- Innovationsführer leiten *Economies of Scale* (Betriebsgrößenersparnisse) ein, indem sie die Fixkosten auf zunehmende Produktionsmengen verteilen.

- Design Leader agieren gemeinsam mit Partnern in der Supply Chain. Dadurch schöpfen sie *Economies of Scope* aus (Verbundeffekte). Sie forcieren frühzeitig Lieferantenintegrationsprozesse. Beispielhaft stehen dafür System Sourcing oder Modular Sourcing (vgl. S. 162).

- Weiterhin generieren innovative Supply-Chain-Akteure Dichtevorteile (*Economies of Density*). Beispielsweise erzielen sie Bündelungseffekte in Industrieparks (wie in Hambach, bei der Fertigung des „Smart"). Aus dieser Agglomeration erwachsen Kostenvorteile („Cost Sharing").

- Außerdem können Innovationsführer teilweise Marktzugangsbarrieren über eine *aggressive Preispolitik* schaffen („Penetration Pricing"),

Time Based Competition

indem sie beispielsweise Betriebsgrößenersparnisse oder Differenzierungsvorteile ausnutzen.

- *Raising Rivals Costs*: Schließlich kann eine Zugangsschranke für einen Markt über abschreckende Maßnahmen errichtet werden. Hiernach verlangt der First-to-Market von einem Folger überhöhte Preise für den Gebrauch seiner Kapazitäten (zum Beispiel in der Telekommunikation für die Nutzung von Netzen).

Für die Zusammenarbeit im Team ist eine adäquate IT-Architektur zu schaffen. Der interne und der kooperative Know-how-Transfer wird durch vernetztes Arbeiten gewährleistet. Die Kommunikations-, Dokumentations- sowie Rechercheprozesse in der Supply Chain sollten auf dem Gedanken von **Groupware** basieren. Dadurch sind Informationsinseln zu vermeiden. Die Mitglieder können auf das identische und stets aktuelle Datenmaterial zurückgreifen. In der Logistikkette realisieren diese Voraussetzungen **EDI** (Electronic Data Interchange) und **Web-EDI**. Im Simultaneous-Engineering-Team unterstützen vor allem die Mitglieder der Funktionsbereiche Logistik und Einkauf die Optimierung innerhalb der Supply Chain. Sie müssen ihre Anforderungen gegenüber dem IT-Bereich durchsetzen, welcher die Grundlage für eine IT-Anbindung aller Wertschöpfungspartner sichert.

IT- Unterstützung

Ein Supply Chain Management kann sich auch auf eine beabsichtigte **Entschleunigung** von Prozessen beziehen (vgl. in diesem Kontext die Strategien des **Postponements** auf S. 153ff.). Dies ist beispielsweise möglich, wenn die Unternehmung über eine Quasi-Monopolstellung verfügt oder patentrechtlichen Schutz für bestimmte Leistungen genießt. Werden die mit den Lieferanten und Kunden im Rahmenvertrag vereinbarten Richtwerte eingehalten, können Hersteller typische logistische Fehler vermeiden: Überlieferungen oder Unterlieferungen von Kunden (abweichende Liefermengen), unkorrekte Liefertermine, falsche Warenanhänger (Label), qualitative Defizite der Waren, unkorrekte Lieferorte oder falsche Verpackungen.

Auch der Zweite kann gewinnen

B.6 Verständnisfragen

- Charakterisieren Sie die Triebkräfte des Wettbewerbs und die Strategien zur Marktbearbeitung nach *M. E. Porter*.
- Was ist eine Kernkompetenz? Führen Sie Voraussetzungen sowie Beispiele aus der Praxis auf.
- Kennzeichnen Sie den Market-Based-View und den Resource-Based-View in ihren Grundzügen. Wie lassen sich beide Ansätze im GEKKO kombinieren?
- Was ist ein Total Quality Management? Gehen Sie näher auf den Begriff ein. Wie unterstützen Lean Management und Kaizen Management ein Total Quality Management? Inwiefern beeinflusst ein Total Quality Management die Supply Chain?
- Zeigen Sie Möglichkeiten und Grenzen des Business Reengineerings auf. Beschreiben Sie die vier „Re's" des Business Reengineerings.
- Eignet sich eine Bombenwurfstrategie für das Supply Chain Management? Begründen Sie Ihre Aussage.
- Mit Hilfe welcher Instrumente können Organisationen ihre Time-to-Market verkürzen? Charakterisieren sie kurz diese Hilfsmittel.
- Welches sind mögliche Techniken des Rapid Prototypings? Suchen Sie sich ein solches Verfahren aus und benennen Sie dessen Vorteile und Nachteile.
- Resident Engineering: Gehen Sie kritisch mit dem Begriff um.
- Charakterisieren Sie das Instrument Design-for-Manufacturing-and-Assembling in seinen Grundlagen. Führen Sie ein Beispiel aus dem betrieblichen Umfeld an. Entwerfen Sie eine Tabelle, in der Sie Vorteile und Nachteile von DFMA gegenüberstellen.
- Nennen Sie Gründe für eine bewusste Entschleunigung in Supply Chains (Postponement-Strategie). Ziehen Sie im Rahmen Ihrer Erläuterung die Kostenaufwuchskurve heran.
- Welches sind die Einflüsse von Time Based Competition auf das Supply Chain Management von Unternehmungen?

C Strategien des Supply Chain Managements

Die unter Kapitel B beschriebenen Führungskonzepte sind eine Plattform für das Supply Chain Management. Basierend auf diesen Ansätzen können in den Lieferketten unterschiedliche Strategien Einsatz finden. Ihre Auswahl hängt von den Besonderheiten der Organisationen ab, wobei sich diese Konzepte in der Supply Chain auf die Versorgung, die Entsorgung und das Recycling von Unternehmungsaktivitäten beziehen.

Strategien zur Umsetzung von Führungskonzepten

C.1 Lernziele und Vorgehensweise

Das primäre **Lernziel** von Kapitel C besteht darin, ausgewählte Versorgungs-, Entsorgungs- und Recyclingstrategien des Supply Chain Managements zu beschreiben. Sie gewährleisten den Warenfluss im Order-to-Payment-S. Im weiteren **Vorgehen** werden zunächst die Grundlagen (im Schwerpunkt die Möglichkeit zur Kooperation zwischen Lieferant, Hersteller und Kunde) aufgezeigt. Anschließend findet die Kennzeichnung von Versorgungsstrategien statt. Efficient Consumer Response, Customer Relationship Management, Mass Customization, Postponement, Sourcing- und Beschaffungsstrategien, Ersatzteilmanagement sowie elektronische Supply Chains stehen im Mittelpunkt. Außerdem sind für ein Supply Chain Management Ansätze von Entsorgung und Recycling zu skizzieren, bevor zentrale Verständnisfragen formuliert werden.

Lernziele und Vorgehensweise

C.2 Grundlagen

Kooperationsstrategien unterstützen die Funktionen von Versorgung, Entsorgung und Recycling innerhalb der Lieferketten. Kooperative Strategien richten sich vertikal oder horizontal aus. Ihre Unterscheidung orientiert sich an den integrierten *Wertschöpfungsstufen* (vgl. Abbildung C.1).

Formen der Kooperation

C — Strategien des Supply Chain Managements

- *Vertikale Kooperationsstrategien* erfolgen mit vor- oder nachgelagerten Wertschöpfungsstufen. Erste beziehen sich auf Lieferantenintegration, letzte auf Kundeneinbindung.

- *Horizontale Kooperationsstrategien* richten sich auf die gleiche Stufe der Wertschöpfung aus. Sie finden zwischen konkurrierenden Partnern, häufig in Form strategischer Allianzen, statt.

Abbildung C.1 — Vertikale und horizontale Kooperation

Kooperationsstrategien	
Vertikale Kooperationen	*Horizontale Kooperationen*
Kundenkooperation	Strategische Allianz
Lieferantenkooperation	Coopetition

C.2.1 Vertikale Kooperationsstrategien

C.2.1.1 Lieferantenkooperation

Lieferanten bedeuten Schnittstellen

Das Verhältnis zwischen Lieferant und Kunde intensiviert sich seit einigen Jahren. Der Anbieter wird als „echter" Wertschöpfungspartner akzeptiert. Jeder Lieferant bedeutet für den Kunden eine Schnittstelle. Sie bindet Kapazitäten, zum Beispiel für die Steuerung der Disposition. Der Trend geht dahin, dass viele Hersteller ihre Anzahl an Lieferanten (**Number-of-Active-Suppliers**) insgesamt verringern. So trennte sich der Bekleidungshersteller *Steilmann* innerhalb eines Jahres von 40% seiner Zulieferer, um dadurch seine Stellung im Wettbewerb zu verbessern. Der britische Lebensmittelhersteller *Quaker Oats* drückte die Zahl der Zulieferer für Faltkartons von 22 auf gerade einmal zwei. Ebenso reduzierte der Luft- und Raumfahrtkonzern *EADS* seine Lieferantenanzahl, über den Zeitraum von vier Jahren, drastisch (von 3.000 auf 500). Den verbliebenen Lieferanten wurde dabei mehr Verantwortung übertragen.

Grundlagen C.2

Der Anlass zur Einleitung dieser drastischen Maßnahme waren Lieferverzögerungen des Flaggschiffs „A 380" (vgl. *o.V.* 2007a, S. 17). Schließlich suchte auch *Sony* in einem Lieferantenreduzierungsprogramm sein Heil. Im März 2010 angekündigt, halbierte die Unternehmung bis zum Jahr 2012 die Anzahl der Lieferanten auf 1.200 aktive Anbieter. Die Beschaffungskosten wurden dadurch um 20% heruntergefahren.

In vielen Branchen überträgt die Industrie den Lieferanten mehr Verantwortung. Die Lieferanten rücken näher an den Hersteller. Sie werden in Industrieparks – vielfach in direkter Nähe des Herstellers, oder auf dem Gelände des Kunden selbst – angesiedelt. Ein **Beispiel** dafür zeigt Block c.1.

Beispiele zur Lieferantenreduktion

Lieferantenintegration in Hambach   *Beispielblock c.1*

■ In Hambach (Frankreich) fertigt *MCC* den „Smart". Dazu hat die Organisation sieben ausgewählte Lieferanten in Werksnähe in einem Industriepark integriert („Smartville"). Darunter befinden sich *Continental* und *Magna*. Die Tagesproduktion beträgt circa 560 Fahrzeuge („fortwo"). *MCC* wird Just-in-Sequence beliefert, wodurch die Sicherheitsbestände vergleichsweise gering sind. Das Werk ist in Kreuzform konzipiert („Montage-plus-Konzept"). Jeder der vier Äste übernimmt verschiedene Logistik- und Montageanforderungen: Cockpitintegration in die Stahlkarosse (Ast 1), Hochzeit des Fahrzeugs, indem technische Arbeiten unter dem „Smart" stattfinden (Ast 2), Verkleidung des Autos mit Panels, Türen und Schreiben (Ast 3) sowie Einbau der Sitze, Zubehörteile und Räder (Ast 4). Dabei ist die Bauweise des „fortwo" streng modular. Die jeweiligen Baugruppen laufen über Fließbänder direkt bis an die Montagestraßen. Diese Struktur verschlingt nur wenig an Platz. Die maximale Entfernung zwischen Andockstelle pro Lieferant und Montageband beträgt gerade einmal 10 Meter.

Auf Grund der Absicht der Hersteller, die Anzahl ihrer Lieferanten zu reduzieren, reagieren einige Zulieferer mit **Verbundstrategien**. Zum Beispiel schlossen sich 160 zumeist kleinere Anbieter in Österreich zu dem steirischen Automobilnetzwerk *AC Styria* zusammen. Der Cluster stellt eine auf die Automobilindustrie gerichtete Symbiose aus Zulieferern dar. Heute finden hier fast 50.000 Menschen ihren Arbeitsplatz. Mittlerweile ist der Verbund auf 180 Partner angewachsen. Der Gesam-

Lieferanten kooperieren auch untereinander

C | *Strategien des Supply Chain Managements*

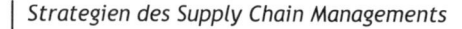

tumsatz liegt bei 1,8 Milliarden Euro. In dem Cluster kooperieren beispielsweise 30 Partner aus Österreich, die *Opel* in Deutschland mit Teilen beliefern. Sie schöpfen Synergiepotenziale in der Logistik aus und senken die Frachtkosten durch die gemeinsame Nutzung von Flurförderzeugen. Das Projekt der Steirer entlehnt sich der *Verbund Initiative Automobil* (VIA) in Nordrhein-Westfalen.

Möglichkeiten der Lieferantenintegration

Die Hersteller nutzen die Spezialkenntnisse und die Flexibilität der Lieferanten, um ihre eigenen Kapazitäten zu entlasten. Eine **Zusammenarbeit** zwischen Hersteller und Zulieferer kann hinsichtlich der Bindungsintensität sowie des Leistungspotenzials unterschieden werden (vgl. Begriffsblock C.I).

Begriffsblock C.I | *Möglichkeiten der Lieferantenanbindung*

- Unterscheidung nach der **Bindungsintensität**

  - **Systemlieferanten**: Sie beliefern den Hersteller direkt (*First-Tier-Supplier*). Zum Teil wird ihnen die Entwicklungsverantwortung übertragen. Eine Verzahnung mit dem Hersteller ist auf Dauer ausgerichtet, die Bindungsintensität hoch.
  - **Sublieferanten**: Es sind Anbieter der zweiten oder nächsten Ordnung. Sie sind direkte (oder indirekte) Lieferanten eines Systemanbieters und indirekte Zulieferer des Herstellers. Der Einfluss des Produzenten auf die Sublieferanten ist gering, die Bindungsintensität zwischen den Akteuren niedrig.

- Unterscheidung nach dem **Leistungspotenzial**

  - **Black-Box-Lieferanten**: Black-Box-Lieferanten werden frühzeitig in die Produktentwicklung des Herstellers einbezogen. Das Sollprofil definiert dieser im Lasten- und Pflichtenheft. Im Rahmen der Realisierung von Anforderungen werden dem Lieferanten Freiheiten eingeräumt, sein Leistungspotenzial ist sehr hoch.
  - **Detailvorgabelieferanten**: Ein Hersteller überlässt dem Detailvorgabelieferanten Zeichnungen und Skizzen. Dieser fertigt nach strikten Anweisungen, und der Detailvorgabelieferant richtet sein Leistungsangebot nach den Rahmen- und Fertigungsbedingungen des Produzenten aus.
  - **Kataloglieferanten**: Standardteile werden von den Kunden quasi aus einem Katalog abgerufen. Spezifische Wünsche bleiben unberücksichtigt. Das Leistungspotenzial des Anbieters ist niedrig.

Grundlagen | **C.2**

Auf S. 109 wurde bei der Beschreibung von Simultaneous Engineering kurz auf die Möglichkeit des **Resident Engineerings** eingegangen. Lieferanten entsenden eigene Mitarbeiter zum Hersteller. Für die Dauer von zwei bis drei Jahren werden diese in die Produktentwicklung des Herstellers integriert, weil in den frühen Phasen die größten Möglichkeiten zur Beeinflussung der Wettbewerbsfaktoren Kosten, Zeit, Qualität und Flexibilität besteht (vgl. Beispielblock c.2).

Was ist ein Resident Engineer?

Resident Engineering

Continental Automotive Systems und *Thyssen Krupp* entsenden Resident Engineers nach Wolfsburg zu *VW*. Diese sind in die Entwicklung eines Triebstrangs für den neuen *Skoda* involviert. Frühzeitig richten die Ingenieure dieser beiden Zulieferer ihre Aktivitäten auf die Wünsche des Herstellers aus.

Beispielblock c.2

Zur Verbesserung ihres Supply Chain Managements werden die Abnehmer aktiv und **schulen ihre Lieferanten**. Die Kunden versuchen eine Kompatibilität zwischen den Akteuren herzustellen. In die Entwicklung der „Concorde" bezog *Chrysler* ausgewählte Lieferanten ein, stattete diese mit einer identischen (CAD-gestützten) Software aus und schulte die Mitarbeiter der Anlieferer. Fragen der Lieferanten konnten direkt beantwortet werden. Für *Chrysler* gab es keine Konvertierungsprobleme mit den eingehenden Dateien.

Fitness-for-Use

Die Zusammenarbeit zwischen Lieferant und Kunde kann jedoch auch **Probleme** beinhalten. Gefahren für ein Supply Chain Management sind vor allem darin zu sehen, dass einer der Beteiligten versucht, einseitig die Preise zu drücken, oder lediglich die Bestandsverantwortung auf einen Dritten zu überwälzen. Auch wird die eherne Zielsetzung einer *Win-Win-Situation* zwischen Lieferanten und Kunden manchmal auf eine ernste Probe gestellt, was nachstehende Beispiele unterstreichen:

Nicht immer funktionieren Lieferantenanbindungen

- Unter dem Signet *„Lopéz-Effekt"* ist das Preisdiktat des ehemaligen *Opel*- und späteren *VW*-Einkaufschef *José Ignacio Lopéz de Arriorùa* wenig rühmlich in die Geschichte eingegangen. Gemäß der „Rasenmäher-Methode" verlangte *Lopéz* den Lieferanten seinerzeit in einem „Brandbrief" Preisreduzierungen von 10% ab.
- Der Finanzvorstand von *McDonalds Deutschland* stöhnte im Februar 2007 über deutliche Preiserhöhungen der inländischen Lieferanten für

C | Strategien des Supply Chain Managements

landwirtschaftliche Produkte. Die Unternehmung suchte daher verstärkt die Integrationsmöglichkeiten europäischer Anlieferer (*o. V.* 2007b, S. 16).

C.2.1.2 Kundenkooperation

Arten von Kundenanforderungen

Neben der Zusammenarbeit mit den Lieferanten suchen die Hersteller auch eine intensivierte Kooperation mit ihren Kunden. Die Erwartungen und die Anforderungen von Kunden werden vielfach in Gruppen gebündelt. Es sind in diesem Zusammenhang drei Arten zu unterscheiden: Ausgesprochene Erwartungen, unausgesprochene Anforderungen sowie unausgesprochene Erwartungen.

Basic Needs

- **Ausgesprochene Erwartungen**: Sie drücken Wünsche aus, welche die aktuellen und potenziellen Konsumenten gegenüber ihrer Umwelt deutlich zum Ausdruck bringen: „Ich mag die Farbe grün besonders gern!".

Gewichtige Fehlerquellen

- **Unausgesprochene Anforderungen**: Unausgesprochene Anforderungen werden von den Kunden für selbstverständlich gehalten, aber bei ihrem Nichtvorhandensein besonders negativ bewertet. Beispiele dafür sind Fahrer- und Beifahrerairbag sowie elektronisches Stabilitätsprogramm (ESP) bei einem Auto der gehobenen Mittelklasse oder der Fahrspurassistent eines Navigationsgeräts.

Innovationsspielwiese

- **Unausgesprochene Erwartungen**: Darunter sind innovative Ideen und Vorschläge seitens des Herstellers zu verstehen, die der Kunde nicht für selbstverständlich erachtet und deren Vorhandensein er besonders positiv honoriert. Beispiele dafür sind die Internet-Nutzung am Fernsehgerät durch die „Plug & Play Internet E@sy Box" von *Satelco*, der erste biologisch abbaubare Kaugummi „Chicza" des Herstellers *Phytotreasures*, ein Motorradhelm des italienischen Produzenten *Brembo* mit automatischem Riemenverschluss oder „Bicibomba" (das erste Fahrrad, das Wasserpumpen antreiben kann).

Kundenwünsche frühzeitig erkennen

Im Mittelpunkt steht das Erkennen der Wünsche von Konsumenten. Dazu findet das **Laboratory-Store-Concept** Einsatz. Der Grundgedanke bei diesem aus Japan stammenden Ansatz ist, dass der Kunde nicht nur ein Feedback zu ihm vorgelegten Produktalternativen gibt, sondern unmittelbar in den Entwicklungsprozess einbezogen ist. Er wirkt im „Labor" aktiv mit und wird dort befragt oder beobachtet Beispielblock c.3 verdeutlicht diesen Zusammenhang.

Grundlagen | **C.2**

Kundenintegration | *Beispielblock c.3*

Little Tikes ist ein Spielwarenhersteller aus den USA. In das „Child Care Center" der Organisation werden Kinder zum Spielen mit neu entwickelten Spielsachen, Prototypen oder verbesserten Spielzeugvarianten geladen. Mitarbeiter von *Little Tikes* beobachten und befragen die Kinder. Dadurch bekommen die Ingenieure sehr früh Hinweise für ihre Entwicklungskonzepte und reduzieren die Rate an Ladenhütern.

Zur Beschreibung und Erforschung von Kundeneinstellungen bietet sich **Conjoint Measurement** an (vgl. *Gustafsson et al.* 2007). Seit Ende der 70er Jahre setzen Marktforschungsinstitute das Verfahren ein. Ausgewählte Befragte bringen vollständige Produktversionen in eine Rangordnung. Die Nachfrager geben Präferenz- oder Paarvergleiche ab. Dann sind Teilnutzenwerte für die einzelnen Ausstattungsmerkmale eines Produkts dekompositionell (durch das Herunterbrechen von Gesamtprodukten auf die Ebene der Teile) abzuleiten. Deren jeweiliger Anteil am Gesamtnutzen eines Produkts wird festgestellt. Das Produkt ist nicht länger homogenes Ganzes, sondern heterogenes Bündel verschiedener Teileigenschaften. Auf Grund der Variation einer Teileigenschaft, kann die dadurch entstandene subjektive Nutzenänderung (in Einheiten) abgelesen werden.

Conjoint Analyse

C.2.2 Horizontale Kooperationsstrategien

Horizontale Kooperationsstrategien beziehen sich auf die Integration von Akteuren der gleichen Wertschöpfungsebene. Vor allem die Bildung **strategischer Allianzen** nimmt in diesem Kontext eine exponierte Stellung ein. Konkurrenten möchten sich durch ihre Zusammenarbeit Vorteile im Wettbewerb verschaffen. Für die Bildung strategischer Allianzen im Supply Chain Management finden sich viele **Beispiele**:

Gemeinsame Stärken paaren

- In der „Star-Alliance" bündeln bereits seit einigen Jahren internationale Fluggesellschaften ihre Kompetenzen. In diese Partnerschaft sind beispielsweise *Air Canada, Lufthansa, Scandinavian Airlines, Continental Airlines, United* oder *US Airways* eingebunden.

- Im Januar 2007 gingen die beiden Brauereien *Bitburger* und *Erdinger* eine strategische Partnerschaft für den Vertrieb von Weizenbier ein.

Strategien des Supply Chain Managements

Nicht zuletzt deshalb gewann wohl *Bitburger* im September 2009 den „ECR-Award".

- Die beiden in der Medizintechnik tätigen Unternehmungen *B. Braun* und *Paul Hartmann* gründeten gemeinsam „MedSL", um insbesondere die Kosten für die Warenverteilung gemeinsam zu schultern.

- Im März 2012 verkündeten die Autobauer *Opel* und *PSA* (*Peugeot* und *Citroën*) ihre Zusammenarbeit auf gemeinsamen Plattformen. Erste kooperativ entwickelte Fahrzeuge kommen 2016 auf den Markt.

- Die zwei größten deutschen Facheinzelhandelsverbünde im Spielwaren- und Freizeitartikelmarkt (*Vedes* und *Idee & Spiel*) bündeln seit einigen Jahren in der „Toy Alliance" ihren Einkauf.

- In dem „California Fuel Cell Partnership" haben sich bereits im Jahr 2006 die Automobilkonzerne *Chrysler* und *Ford* zur gemeinsamen Weiterentwicklung der Brennstoffzellentechnik zusammengeschlossen.

Zusammenarbeit und Wettbewerb im Gleichschritt

Coopetition ist eine besondere Form der horizontalen Kooperation. Der Begriff speist sich aus *Corporation* (Zusammenarbeit) und *Competition* (Wettbewerb). Zum Beispiel beschlossen *Daimler* und *Renault-Nissan* im April 2010 eine weitreichende Zusammenarbeit, die sich insbesondere auf drei Segmente bezieht: Gemeinsame Kleinwagenentwicklung (betrifft den „Smart" bei *Daimler* und den „Twingo" von *Renault*), kooperative Motorenentwicklung (*Daimler* übernimmt kleinere Aggregate von *Renault* – im Gegenzug erhält die noble *Nissan*-Tochter *Infinity* Vier- und Sechszylinder von *Daimler*) sowie die Zusammenarbeit bei leichten Nutzfahrzeugen (*Daimler* ist an der Entwicklung eines Kastenkombis interessiert, der sich an den *Renault* „Kangoo" anlehnt). In allen anderen Bereichen stehen *Daimler* und *Renault-Nissan* jedoch weiterhin im scharfen Wettbewerb zueinander.

C.3 Strategien der Versorgung

Warenverfügbarkeit sichern

Abbildung A.2 (vgl. S. 9) zeigte, dass im Supply Chain Management die Strategien zur **Versorgung** flussabwärts – von links nach rechts – verlaufen. Eine vorgelagerte Stufe versorgt ihre jeweils nachgelagerte. Damit wird die Verfügbarkeit von Waren gewährleistet. Die erste hier diskutierte Versorgungsstrategie moderner Supply Chains ist Efficient Consumer Response.

Strategien der Versorgung C.3

C.3.1 Efficient Consumer Response

Die **Ursprünge** von Efficient Consumer Response (ECR) liegen in den USA (vgl. *Corsten* 2004; *Dreeser* 2007; *v. d. Heydt* 1999; *Kühnel* 2009; *Lammers* 2012; *Seifert* 2006; *Wildemann* 2012). 1992 präsentierte das *Food Marketing Institute*, ansässig in Washington DC, erstmalig das Konzept. Insbesondere die Konsumgüterindustrie und der Handel griffen den Gedanken von Efficient Consumer Response zunächst auf. Mittlerweile haben sich viele weitere Organisationen der Initiative angeschlossen. 1994 wurde schließlich die Idee in Europa aufgenommen und das *Executive Board of ECR Europe* gegründet.

Historie von ECR

Ein legendäres **Beispiel** für das Konzept ist die Zusammenarbeit von *Wal Mart* und *Procter & Gamble*. Der Warenhauskonzern *Wal Mart* erzielte durch die Anwendung von Efficient Consumer Response insbesondere Verbesserungen der Kennzahlen Warenumschlag, Umsatz pro Verkaufsfläche und EBIT. Die Lebensmittelindustrie rechnet durch die intensivierten Beschaffungs- und Absatzkoordinationen im Sinne von ECR mit einer Reduzierung der Verbraucherpreise um bis zu 7,1% (vgl. *Corsten* 2004, S. 36). Laut dem *European Executive Board* beinhaltet der Ansatz, allein in der europäischen Lebensmittelindustrie, ein Kostensenkungspotenzial von 27 Milliarden US Dollar. Das Volumen zur Bestandsreduzierung wird auf bis zu 40% beziffert (vgl. *Hughes et al.* 2000, S. 124). Wenn diese Zahlen auch recht hoch gegriffen erscheinen, so ist ECR sicherlich eine deutliche Verbesserungsmöglichkeit immanent.

Veni, vidi, vici…

Efficient Consumer Response bedeutet eine „effiziente Kundenreaktion". Das Neue an dem Ansatz ist die gelungene **Verbindung von Logistik und Marketing**. Die Schnittstelle dazu gewährleistet die Informationstechnologie. Im Kern folgt ECR insbesondere den Gedanken zweier Ansätze: dem Marketing Channel Management und dem Quick Response. Das **Marketing Channel Management** (vgl. *Emrich* 2008) hat seine Wurzeln bereits in den 60er Jahren. Im Vordergrund steht die *physische Distribution* von Waren, weshalb die Lagerung und der Transport verkaufsfähiger Güter latent nach Verbesserungspotenzialen untersucht werden. In diesem Kontext schälen sich Fragen über die Absatzwege oder die Absatzmittler heraus. Der Durchführung eines Marketing Channel Managements entspringen neue Kooperationsformen zwischen den Herstellern und den einbezogenen Handelsstufen.

Begriff und Absatzkanäle

Der Ansatz **Quick Response** wurde Mitte der 80er Jahre von *Kurt Salmon Associates* – speziell für die Textilwirtschaft – entwickelt: Die Beratungsgesellschaft erkannte, dass diverse Teilprozesse innerhalb der Tex-

Blitzreaktion

til- und Bekleidungsindustrie effizient arbeiteten, der Gesamtprozess sich jedoch wenig wirtschaftlich gestaltete. Die Mitarbeiter von *Kurt Salmon Associates* brachen die Wertschöpfungskette in ihre Einzelteile herunter. In ausgewählten Bekleidungsgeschäften wurden Projektgruppen eingerichtet, welche eine enge Zusammenarbeit mit Handelsgesellschaften (wie *J. C. Penny* und *Dillards*) eingingen. Die ins Leben berufenen Teams versuchten Ineffizienzen entlang der Logistikketten aufzudecken. Offenbar mit gutem Erfolg, wie bald deutlich wurde. Durch Quick Response stellte sich bei Unternehmungen der Textilbranche ein Umsatzzuwachs von bis zu 25% ein (vgl. *Werner* 2013a, S. 17). Außerdem gelang es der Textilindustrie, kostspielige Preisabschläge zum Ende einer jeweiligen Saison herunterzufahren. Die Anwender von Quick Response erhalten heute die Verkaufszahlen artikelgenau übermittelt. Ein weiterer Fortschritt ist darin zu sehen, dass – im Sinne eines modernen Postponements – die Pullover in den Fabriken von *Benetton* zunächst ungefärbt bereitliegen und erst beim Eingang einer Kundenbestellung nachfragegerecht eingefärbt werden.

Säulen von ECR

Im Folgenden sind die **Komponenten** von Efficient Consumer Response zu untersuchen. Zunächst werden die Logistikbestandteile Vendor Managed Inventory, Cross Docking und Synchronized Production beschrieben. Anschließend findet eine Kennzeichnung der Marketingkomponenten (Efficient Product Introduction, Efficient Store Assortment sowie Efficient Promotion) statt. Die Verbindung zwischen Logistik und Marketing gewährleistet eine dritte Komponente, die Informationstechnologie (vgl. Abbildung C.2).

Abbildung C.2

Komponenten von Efficient Consumer Response

Logistikkomponenten	*Marketingkomponenten*
Vendor Managed Inventory	Efficient Product Introduction
Cross Docking	Efficient Store Assortment
Synchronized Production	Efficient Promotion
IT-Architektur	

C.3.1.1 Komponenten der Logistik

Die Inhalte einer Logistik folgen bei Efficient Consumer Response den Zielen und Grundsatzprinzipien der Supply Chain im Allgemeinen. Eine Verkettung von Wertschöpfungspartnern steht in diesem Kontext im Mittelpunkt. Die Warenverfügbarkeit richtet sich nach der simultanen Optimierung unterschiedlicher Wettbewerbsfaktoren. Dabei sind im Idealfall Kosten-, Zeit-, Qualitäts- und Flexibilitätsziele gleichsam zu erfüllen. Freilich kann eine dieser Schlüsselgrößen temporär hervorragen. Langfristig führt jedoch eine Nichtbeachtung dieser angestrebten **Zielharmonie** wohl zu Trade-offs. Zum Beispiel münden übertriebene Kostensenkungsmaßnahmen in qualitativen Defiziten, oder sie dauern schlichtweg zu lange.

Logistische Wurzeln

C.3.1.1.1 Vendor Managed Inventory

Nomen est omen, der Begriff „Vendor Managed Inventory" (vgl. *Beckmann* 2007; *v. d. Heydt* 1996; *v. d. Heydt* 1997; *Mau* 2003; *Seifert* 2004; *Werner/Brill* 2011) spiegelt bereits die zentrale Idee: Ein Kunde überträgt seinem Hersteller („Vendor") die Planungs- und die Steuerungshoheit für das Bestandsmanagement („Inventory"). Ihm obliegen beispielsweise Termin- und Mengenentscheidungen über die zu liefernden Artikel (vgl. *Arndt* 2010, S. 161).

Bestandshoheit überwälzen

Der Kunde transferiert folglich die **Verantwortung des Vorratsmanagements** in den Autonomiebereich seines Industriepartners (vgl. *Seifert* 2006, S. 124). Zugleich versorgt der Kunde diesen Hersteller mit Prognosedaten aus Bedarfs- und Marktanalysen, sowie tatsächlichen Abverkaufsdaten vom Point-of-Sale. Auf dieser Basis generiert der Hersteller eine eigenständige und autonome Produktions- und Transportplanung (vgl. *Arndt* 2010, S. 162).

Informationszugänge gewährleisten

Der **Begriff Vendor Managed Inventory** hat sich in Literatur und Praxis unbedingt durchgesetzt, wenn es um die Übertragung von Bestandsverantwortung auf ausgewählte Partner innerhalb einer Lieferkette geht. Seit geraumer Zeit tauchen jedoch benachbarte Termini auf, die zunächst von VMI abzugrenzen sind. Begriffsblock C.II nimmt sich diesen Konzepten an.

Sammelsurium benachbarter Termini

C — Strategien des Supply Chain Managements

Begriffsblock C.II

VMI und benachbarte Begriffe

- **Continuous Replenishment (CR):** Der Ansatz wird synonym als „Efficient Replenishment" bezeichnet und ist der historische Vorläufer von VMI. Der Warennachschub soll kontinuierlich erfolgen, Stockout-Situationen sind demzufolge verboten. In ihrer Zielsetzung ähneln sich beide Konzepte. Doch Continuous Replenishment geht weiter als VMI. Neben der Überwälzung der Bestandsverantwortung auf den Hersteller, umfasst CR auch dessen nachfragesynchrone Produktionsplanung und -steuerung. CR ist als Philosophie zu verstehen (Strategieebene). VMI stellt den operativen Stellhebel zur Realisierung der Philosophie eines kontinuierlichen Warennachschubs dar.

- **Buyer Managed Inventory (BMI):** BMI beschreibt eine traditionelle Bestandsführung. Die Verantwortung des Vorratsmanagements liegt komplett im Autonomiebereich des Kunden, der seine Bestände selbständig steuert und überwacht.

- **Co-Managed Inventory (CMI):** Diese Hybridform aggregiert sich aus VMI und BMI. Bei Co-Managed Inventory wird VMI nicht direkt „scharf" gestellt, sondern für die Dauer von zumeist einem Jahr ausprobiert. Während dieser Zeit sind keine Konventionalstrafen zu zahlen. Der Hersteller steuert sich bei CMI nicht völlig eigenständig, sondern unterbreitet dem Kunden vielmehr einen Vorschlag für die Bestandsführung, die dieser annehmen oder ablehnen kann.

- **Supplier Managed Inventory (SMI):** Die Grundidee von SMI und VMI ist identisch – jeweils überträgt der Kunde einem in der Supply Chain vorgelagerten Partner die Bestandsführung. Jedoch handelt es sich bei VMI um ein Hersteller-Kunden-Verhältnis, das Konzept ist am Ende der Wertschöpfungskette angesiedelt. Bei SMI liegt hingegen ein Lieferanten-Hersteller-Verhältnis vor, was beutet, dass SMI sich in der Supply Chain eher in Richtung Urproduktion verschiebt.

Funktionsweise von VMI

Bei der Bestandsführung über Vendor Managed Inventory sind pro Sachnummer, in Abhängigkeit des Lagerhaltungsmodells, ein Mindestbestand und ein Höchstbestand zu definieren, wobei ein zusätzlicher Sicherheitsbestand festgeschrieben werden kann (Reichweitenkorridor). Beim Erreichen des Meldebestands sorgt der Lieferant automatisch für den Warennachschub, er zeichnet für diesen Prozess verantwortlich. Wenn der Hersteller die Regale des Handels selbst auffüllt, beliefert er im Sinne von **Rack Jobbing**. Dieses Prinzip findet auch in der Industrie zunehmende Verbreitung. Eine Reihe spezieller Techniken unterstützen

Strategien der Versorgung C.3

Vendor Managed Inventory. Diese **Hilfsmittel** werden nachstehend kurz gekennzeichnet:

- **Roll Cage Sequencing** (**RCS**): Synonym wird der Ansatz mit dem Begriff **Efficient Operating Standards** umschrieben. Die Beladung von Fahrzeugen im (Zentral-) Lager erfolgt filialgerecht (vgl. die unten stehenden Ausführungen zu Cross Docking). In diesem Kontext meint RCS, die Reihenfolge der Transporteinheiten mit dem Layout der zu beliefernden Filialen so abzustimmen, dass bei der Entladung vor Ort die Paletten und die Rollcontainer direkt zu verräumen sind. Beispielsweise entspricht die Höhe des Artikels im Idealfall seiner späteren Positionierung im Regal.

  Container an Layout anpassen

- **Efficient Unit Loads** (**EUL**): Dieses Hilfsmittel konzentriert sich auf die beim Warenumschlag zum Einsatz kommenden Ladungsträger (Paletten, Rollcontainer, Kartonagen oder Fässer). EUL bemüht sich um die Schaffung einheitlicher Standards zur Optimierung von Transport- und Lageraktivitäten. Die Beratungsgesellschaft *A.T. Kearney* sieht in der Berücksichtigung einheitlicher Ladungsträger ein Kostenreduzierungspotenzial von 1,2 % (vgl. *Seifert* 2004, S. 97).

  Ladungsträger optimieren

- **Computer Assisted Ordering** (**CAO**): Das Computer Assisted Ordering nutzt für die Erfassung und die Steuerung der zwischen Industrie und Handel anfallenden Warenströme die Fähigkeiten moderner IT. Die Software kommt dabei an signifikanten Schnittstellen zum Einsatz, wie dem Wareneingang oder dem Point-of-Sale im Handel. Das System stellt eine Abkehr traditioneller Bestandspflege dar, bei der Mitarbeiter im Handel manuell die Bestände überprüfen und Bestellvorgänge auslösen. Allerdings sind zum Teil umfangreiche Investitionen in CAO erforderlich.

  IT kollaborativ ausrollen

Bei Berücksichtigung einer Bestandsführung im Sinne von Vendor Managed Inventory orientieren sich die Hersteller an der tatsächlichen Nachfrage ihrer Kunden (Pullsteuerung). Mit Hilfe von VMI wird vielfach eine Verbesserung sämtlicher **Schlüsselgrößen** des Wettbewerbs erreicht:

Wettbewerbsfaktoren

- Senkung von **Kosten**, insbesondere durch eine reduzierte Lagerhaltung, aber auch auf Grund einer optimierten Ausnutzung von Transportkapazitäten: Die Beratungsgesellschaft *Kurt Salmon Associates* errechnet, dass die durchschnittliche Bestandsreichweite im Handel ohne VMI 104 Tage beträgt. Nach seiner Einführung ist diese Zeitspanne auf 61 Tage zu verkürzen (vgl. *Mau* 2003, S. 58). Die Kooperation zwischen *L'Oreal* und der Drogeriekette *dm* ist diesem Vorteil geschuldet.

  Cash-Flow verbessern

Strategien des Supply Chain Managements

Beide Organisationen reduzierten mit VMI die Bestandsreichweite um über 50% (vgl. *Senger/Österle* 2003, S. 9).

Beschleunigungs-erfolge

- Forcierung der (Durchlauf-) **Zeit**: Die Durchlaufzeiten verkürzen sich bei einer VMI-Abwicklung um bis zu 20% (vgl. *Seifert* 2004, S. 28).

Servicegrade hoch-fahren

- Steigerung der **Qualität** (Erhöhung von Service- und Dienstleistungsgrad): Laut *Mau* verbessert sich der Servicegrad des Handels durch die Einführung von Vendor Managed Inventory auf 99,9% (vgl. *Mau* 2003, S. 89).

Peaks abfedern

- Ausnutzung der **Flexibilität** von Herstellern: Die Unternehmung *Novozymes* ist der weltweit größte Hersteller von Enzymen. Mit Hilfe von Vendor Managed Inventory wählt die Organisation eigenverantwortlich die optimale Liefermenge für Kunden. Je nach Transportvolumen, finden dabei Auf- oder Abrundungen der Liefervolumina statt, um die Transportmittel besser auszulasten. Zusätzliche Flexibilität wird durch die Priorisierung der Nachlieferungen an verschiedene Handelspartner erreicht. Daraus resultiert eine Glättung der sonst üblichen Produktions- und Distributionsspitzen (vgl. *o. V.* 2006a, S. 28).

Spielregeln

Die **operativen Rahmenbedingungen** für eine Lagerbewirtschaftung über VMI sind vielschichtig. Unten findet sich eine diesbezügliche Zusammenstellung wesentlicher Einflussgrößen:

Geld nicht liegen lassen

- **Konditionen und Rahmenverträge**: Zwischen Herstellern und Kunden sind in den Kontrakten die Beschaffungsmengen und die Bezugspreise festzulegen. Auf Grund des Aufbrechens von Warensendungen in kleine Einheiten, sollte der Handel dennoch auf die Ausschöpfung von Mengenrabatten achten (folglich die Möglichkeit zur Abgabe von „Sammelbestellungen" berücksichtigen).

Reichweitenfenster

- **Lagerkapazität**: Um ein Überfüllen der Lagerstätten am Point-of-Sale zu vermeiden, werden dem Lieferanten – für die betroffenen Sachnummern – maximale Lagerkapazitäten zugeteilt.

Rhythmus definieren

- **Anlieferrhythmen**: Bei relativ kontinuierlichen Bedarfen können „feste" Anlieferrhythmen definiert werden. Dadurch sinken die Transaktionskosten, weil administrative Tätigkeiten teilweise entfallen.

Kritische Liefermenge finden

- **Mindestliefermengen**: Um eine wirkliche Win-Win-Situation zwischen den beteiligten Partnern zu erzielen, sollten „Mini-Lieferungen" unterbleiben. Sie könnten das ohnehin zum Teil recht enge Kostenkorsett von Vendor Managed Inventory sprengen.

Strategien der Versorgung

Mit der Übertragung der Sortimentsverantwortung am Point-of-Sale ist der Hersteller verpflichtet, für einen rechtzeitigen, bedarfsgerechten Warennachschub zu sorgen. Daraus speist sich der **Vorteil**, dass die Bestandslücken im Sortiment des Handels abnehmen, wodurch sich mögliche Umsatzverluste verringern. Der Hersteller nutzt die Abverkaufsdaten des Handels, um seine Produktion (entsprechend der Verbrauchsnachfrage) bedarfssynchron zu steuern.

Nutzen von VMI

Eine weitere Stärke von Vendor Managed Inventory ist die Verringerung des **Bullwhip-Effekts** (vgl. S. 47). Hierbei entsprechen Höhe und Verlauf der Güterströme entlang der Supply Chain nicht der tatsächlichen Nachfrage des Konsumenten, da geringe Störungen und Nachfrageschwankungen in der Wertschöpfungskette in ihrer Gesamtheit die ursprüngliche Verbrauchernachfrage verzerren. Daraus ergeben sich Bestellmengenschwankungen, die wie Peitschenhiebe hochgetrieben sind und entlang der kompletten Supply Chain schwingen. Ein entscheidender Grund für das Entstehen des Bullwhip-Effekts ist ein divergierendes Informationsgefälle über die Stufen der Lieferkette. VMI hebelt diesen unterschiedlichen Wissensstand der einzelnen Netzwerkakteure weitgehend aus, da der Kunde den Hersteller kontinuierlich mit Informationen versorgt.

Peitschenschläge abfedern

Auch wenn Vendor Managed Inventory die beschriebenen Vorteile inhärent sind, ist der Ansatz dennoch von einigen **Problemen** umgeben. Bei VMI schiebt der Kunde den „Schwarzen Peter" in Richtung Hersteller. Treten Stock-out-Situationen auf, wird dieser dafür mit Konventionalstrafen belegt. Die Kehrseite der Medaille ist außerdem im Austausch vertraulicher Informationen zu sehen. Darunter fallen Bestandsdaten, vorgesehene Abverkaufsmengen oder Preisabsprachen. Auch besteht durch die Übertragung der Bestandshoheit auf den Hersteller, aus Sicht des Handels, die latente Gefahr vom **Verlust möglicher Kompetenzen**. So schwindet dessen Einflussnahme auf die eigene Regalfläche. Ein weiteres Problem ist, dass die Abverkaufszahlen des Handels nur bedingt Aufschluss über das zukünftige Käuferverhalten erlauben, da es sich um Daten der Vergangenheit handelt.

Doch der Schuh drückt auch…

Kritisch ist auch der hohe Automatisierungsgrad von Vendor Managed Inventory zu hinterfragen. Die auf der Basis von Bestands- und Abverkaufsdaten systemseitig erstellten Bestellvorschläge sorgen zwar für Zeitersparnisse (da Dispositionsstufen im Handel zum Teil wegfallen). Doch bedürfen die zu Grunde liegenden Kennzahlen auch einer qualitativen Ergänzung, Ursachenforschung und Interpretation. Ein prägendes

Supply Chain Relationship Management

Strategien des Supply Chain Managements

VMI nicht übertreiben

Element von VMI ist sein **Automatismus**. Hingegen werden menschliche Attribute (Sozialfaktoren) bislang kaum berücksichtigt. Beispielsweise speist sich die gelungene Einführung von Vendor Managed Inventory nicht nur aus dem technischen Interieur, sondern auch aus dem Erfahrungswert von Mitarbeitern.

Ferner scheint der Anreiz für ein Vendor Managed Inventory stark von der Branchenzugehörigkeit der beteiligten Akteure abzuhängen. Ebenso existiert offenkundig eine **kritische Maximalmasse**, um eine Abwicklung über VMI adäquat zu gewährleisten. Laut *Thonemann et al.* haben Organisationen Schwierigkeiten, mehr als 30% ihres Umsatzes über Vendor Managed Inventory zu steuern (vgl. *Thonemann et al.* 2012, S. 37).

Erstes Praxisbeispiel zu Drogeriefachmarkt

Im Folgenden werden zwei **Praxisbeispiele** für den Einsatz von Vendor Managed Inventory diskutiert. Das erste Beispiel bezieht sich auf *dm*, das zweite Beispiel auf *Twentieth Century Fox Home Entertainment Germany*. Die **Drogeriekette *dm*** (vgl. zu dem Beispiel *Holland et al.* 2001, S. 69) hat schon im Jahre 1986, durch den Bau eines zentralisierten Warenverteilzentrums, den Grundstein für die Nutzung von Efficient Consumer Response gelegt. 1991 folgte die Ausstattung sämtlicher Filialen mit Scannerkassen. Drei Jahre später wurde das netzgerichtete IT-System „Laboss" ausgerollt. „Laboss" diente in erster Linie zur Bestell- und Lageroptimierung. Die Unternehmung entschied sich dafür, der Vision einer so genannten „Consumer Driven Supply Chain" zu folgen. Im Kern strebt *dm* nach einer Effektivitäts- wie Effizienzsteigerung seiner Logistikprozesse.

VMI im Einsatz bei dm

Auf dieser Basis wurde 1995 eine Lagerbewirtschaftung via Vendor Managed Inventory zwischen *dm* und *Colgate* eingeleitet. Dieses Pilotprojekt verfolgte das Ziel, die betroffenen Bestände durch den Hersteller komplett bis an den Point-of-Sale in den Handelsgeschäften zu steuern. Nachdem zunächst eine Abwicklung der Aktivitäten mittels **Co-Managed Inventory** gewählt wurde, erfolgte 1997 der Übergang zu „echtem" VMI. Zeitgleich wurde bei *dm* das neue Dauerniedrigpreiskonzept „EDLP" eingeführt, um dem Warenstrom mehr Kontinuität zu verleihen.

Pionierprojekt mit Colgate

Die Zusammenarbeit zwischen *dm* und *Colgate* gestaltete sich derart erfolgreich, dass *dm* eine Reihe **weiterer Hersteller** in seine VMI-Aktivitäten einbezog. Mittlerweile werden in den Filialen der Drogeriekette fast 40% der Artikel über VMI gesteuert (vgl. *Holland et al.* 2001, S. 70).

Strategien der Versorgung | **C.3**

Ein zweites Beispiel für eine Abwicklung über VMI stellt **Twentieth Century Fox Home Entertainment Germany** (nachstehend kurz „FOX" genannt) dar. *FOX* ist ein Tochterunternehmen des Filmstudios *Twentieth Century Fox* und gehört seit 1985 *zur News Corporation*, einem der größten Medienkonzerne der Welt. Die Unternehmung ist in allen relevanten Märkten mit eigenen Niederlassungen vertreten und vertreibt Filmproduktionen und TV-Serien der konzerneigenen Filmstudios auf digitalen Datenträgern mit den Standardformaten DVD und Bluray. Neuerdings ermöglicht *FOX* seinen Kunden auch einen elektronischen Datendownload über VOD („Video on Demand") und EST („Electronic Sell Thru"). Mit Standort Frankfurt am Main ist *FOX* für die Vermarktung der physischen Medien in den Bereichen Rental (Verleihgeschäft) und Retail (Kaufgeschäft) in Deutschland und Österreich verantwortlich.

Schlau wie der Fuchs...

Seit 13 Jahren (Stand: 2013) praktiziert *FOX* **Vendor Managed Inventory**. Mittlerweile wickelt die Unternehmung mehr als 50% seiner Dispositionsvorgänge mittels VMI ab. Zunächst nutzte *FOX* das IT-System eines Dienstleisters. Doch seit fast sechs Jahren setzt die Organisation auf eigene Systeme, die weltweit Einsatz finden. Zunächst musste bei den Retailern einige Überzeugungsarbeit geleistet werden, um die benötigten Bestands- und Verkaufsdaten zur Verfügung zu stellen. Doch allmählich hat ein Umdenken bei den Handelspartnern stattgefunden: Es ist ein gutes Argument, wenn aus Pilotprojekten etlicher Filialen (Outlets) von Umsatzverdopplungen berichtet wird, die eine VMI-Abwicklung gegenüber tradierter Nachschuborganisation erzielt. Außerdem schätzt der Fachhandel die Entlastung seiner lokalen Einkäufer, indem diese von der Disposition des Basissortiments befreit sind und mehr Zeit für anderweitige Tätigkeiten finden. Die Kunden können bei *FOX* zwischen einer Vollversorgung oder einer Teilversorgung wählen: Im ersten Fall wird das gesamte aktive Produktportfolio mittels VMI disponiert, im zweiten Fall nur der klassische Katalogbereich (vgl. *Werner/Brill* 2011).

Erfahrung schon seit 13 Jahren

Sämtliche Datenströme wickelt *FOX* über EDI ab. Die notwendigen Informationen werden in separaten **Warenwirtschaftssystemen** verarbeitet und gegebenenfalls ausgewählten Dienstleistern zur Verfügung gestellt (vgl. *Werner/Brill* 2011).

Systemabwicklung bei FOX

- **Basiswarenwirtschaftssystem**: Zunächst werden die Abverkaufs- und Bestandsdaten über Nacht in das Basiswarenwirtschaftssystem *J.D. Edwards* eingelesen und an das separate VMI-System „Demantra" (vgl. unten) weitergeleitet. Ebenso sendet das Warenwirtschaftssys-

Grundsystem

tem eines Logistikdienstleisters offene Bestellungen und Lieferungen an das Basissystem. Unbekannte oder falsche EAN-Codes werden nicht berücksichtigt und in einem täglichen Fehlerreport zur weiteren Bearbeitung gesammelt. Für sie ist eine Stammdatenkorrektur in den Basissystemen vorzunehmen.

IT-Customizing

- **Titelplanung** (MIDAS): Pro Titel und Filiale sind minimale und maximale Lagerreichweiten vorgegeben. Das System MIDAS („Maintenance of Item, Display and Store Relationship") wurde speziell von *FOX* entwickelt. Dieses Tool weist beispielsweise auf Titel hin, die keinesfalls im Sortiment des Kunden fehlen sollten. Temporäre Aktionen werden mit Start- und Endterminen versehen, für sie sind am Point-of-Sale zumeist Sonderflächen auszuweisen. In MIDAS erfolgt die Festschreibung grundlegender Eckwerte. Die Gretchenfrage lautet: „Welche Filiale hat welche Titel in welcher Menge wann im Sortiment vorzuhalten?".

Planning and Replenishment

- **Bedarfsermittlung und Auftragsgenerierung** (DEMANTRA): Das VMI-System Demantra („Demand Management") unterteilt sich in einen „Demand Planner" und einen „Demand Replenisher". Über den Demand Planner leiten sich die zukünftigen Bedarfe (Forecasts) aus vergleichbaren historischen Verkaufsdaten ab. Die Reichweiten von Neuheiten werden hingegen über die Absätze bereits lieferbarer und vergleichbarer Titel geschätzt. Die Planung wird erschwert, wenn der Handel maximale Bestandswerte vorgibt, welche FOX nicht überschreiten darf. Tägliche Nachliefermengen pro Datenträger und Outlet berechnen sich über den Demand Replenisher. In die Kalkulationen gehen verfügbare Bestände, offene Aufträge, Prognosen aus dem Demand Planner sowie minimale und maximale Lagerreichweiten aus MIDAS ein. *FOX* berücksichtigt im Demand Replenisher auch spezielle Kundenwünsche. Es ist beispielsweise möglich, einzelne Displays täglich auszuschalten oder die Paketgrößen kundengerecht zu variieren.

Detailplanung

- **VMI-Account Manager**: In dem Account Manager werden die täglich ermittelten Lieferungen aus dem Demand Replenisher freigegeben und an das Dispositionssystem des Logistikdienstleisters übermittelt. Der Account Manager gestattet es dem *FOX*-Mitarbeiter, komplexe Displays auf Titel- und Storeebene in ein EXCEL-Arbeitsblatt einzuspielen. Manuell können Aufträge eingelesen und freigegeben sowie Erstbestückungen für Aktionen oder Retourenabrufe vorgenommen werden.

Performance

- **VMI-Reporting Manager**: Schließlich findet die Leistungskontrolle im Reporting Manager statt. Sämtliche relevante Informationen werden in einer Datenbank gesammelt. Mögliche Standardberichte beziehen sich auf Servicegrad, Liefermenge oder Bestand. Sonderberichte (zum Beispiel über Stock-outs) ergänzen diese Ergebnisse. Auch die Zuordnung einzelner Displays auf die Filialen lässt sich mit dem Reporting Manager einsehen.

Der **VMI-Prozess** (vgl. *Werner/Brill* 2011) wird in der Regel über Scan-Vorgänge an den Kassen der Handelsfilialen angestoßen. Diese Verkaufszahlen werden *FOX* zunächst im „Sales Report" (SLSRPT) via EDI übermittelt. Der Disponent ergänzt diese Daten um bedarfsrelevante Informationen. Somit erfährt *FOX* – täglich aktualisiert – den verfügbaren Bestand pro Titel am Point-of-Sale. Außerdem transferiert eine jeweilige Filiale den Lagerbestandsbericht an *FOX*, wobei diesbezüglich das Nachrichtenformat INVRPT („Inventory Report") Einsatz findet. Das Einlesen dieser Daten, ihre weitere Verarbeitung sowie die Ableitung von Bedarfen erfolgt automatisch auf Basis der eingestellten Parameter. Die Bestandshöhe eines Bild- oder Tonträgers errechnet sich aus der vereinbarten Lagerreichweite und den tatsächlichen Kundenbedarfen eines Titels (dem Bruttobedarf abzüglich der verfügbaren Vorräte vor Ort). Im nächsten Schritt ermittelt der Disponent die Liefertermine und die Liefermengen der jeweiligen Aufträge (ORDERS). Entgegen tradierter Bestandsführung wartet *FOX* nicht auf den Kundenabruf, sondern übersendet dem Handel vielmehr eine selbst initiierte Bestellung mit Auftragsnummer. Etliche Kunden überprüfen diese Informationen, und sie nehmen gegebenenfalls Änderungen vor oder lehnen den Auftrag ab (Co-Managed Inventory). Wenn sie den Auftrag bestätigen, nutzen sie dazu den Übertragungstyp ORDRSP („Pegged Orders"). Andere Kunden überlassen hingegen die Auftragsplanung vollständig dem Disponenten von *FOX* (Vendor Managed Inventory in Reinform).

Vor der **physischen Auslieferung** der digitalen Datenträger stellt *FOX* den Kunden ein Lieferavis zu. Dieser elektronische Lieferschein wird mit Hilfe des Nachrichtenformats DESADV („Despatch Advice") übermittelt. Auf ihm finden sich die final gelisteten Lieferpositionen. Nachdem der Kunde die Waren vereinnahmt hat, gleicht er die Lieferdokumente mit den gebuchten Wareneingängen ab. *FOX* erhält über das Format RECADV („Receiving Advice") eine Bestätigung des Wareneingangs. Schließlich stellt *FOX* die (Sammel-) Rechnung und übersendet diese dem Kunden. Die Warenzustellung erfolgt im Übrigen zumeist über eine vorherige Zentrallagerung und spätere filialgerechte Kommissionierung (Cross Docking). Wenn allerdings Stock-outs am Point-of-Sale drohen, wird durch *FOX* eine Direktbelieferung an die Filialen

Im Anfang war der Sales Report...

Direktversorgung nur im Notfall

Strategien des Supply Chain Managements

vorgenommen. Innerhalb von 48 Stunden ist dann ein unmittelbar zugestellter Ton- oder Bildträger im Handel verfügbar. Abbildung C.3 visualisiert die oben beschriebenen VMI-Arbeitsschritte bei *FOX*.

Abbildung C.3 | VMI bei Twentieth Century Fox

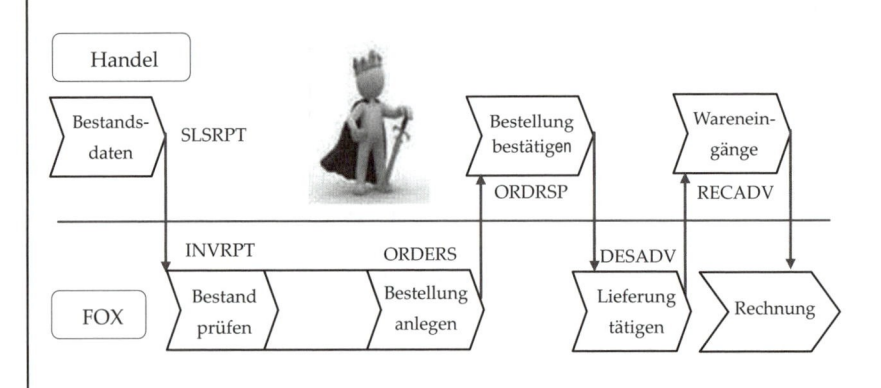

C.3.1.1.2 Cross Docking

Historie und Ziele

Cross Docking wird synonym als **„verbrauchsorientierte Warenverteilung"** bezeichnet. Der Ansatz ist zu Beginn der 90er Jahre als eine besondere Variante der Zentrallagerung entstanden. Wie auch Vendor Managed Inventory, entstammt Cross Docking der Philosophie von Efficient Consumer Response. Das Konzept unternimmt den Versuch, die Lagerhaltung zu minimieren und die Durchlaufzeiten herunterzufahren. Vielfach wird VMI durch Cross Docking erst Leben eingehaucht: Um den kontinuierlichen Warennachschub auf Dauer aufrechterhalten zu können, sind (vornehmlich in Ballungsräumen) zentrale Lagerstätten einzurichten. Ansonsten wären langfristig „Miniladungen" über größere Distanzen zu distribuieren.

Docking Station etablieren

Das Aufkommen von Cross Docking (vgl. *Harnisch* 2011; *Harps* 1996; *Holland et al.* 2001, S. 55ff.; *Mau* 2003, S. 87ff.) ist dem „Engpass Rampe" geschuldet. Gerade in der City ist es für den Hersteller zum Teil ausgesprochen schwierig, die Läden in den zumeist engen Straßen anzuliefern. Große Lastkraftwagen stauen sich häufig an den Rampen. Deshalb werden die Komplettladungen der Hersteller aufgebrochen. Die Industrie liefert nicht länger direkt an den Handel, sondern an einen Umschlagspunkt. Diese zentralisierte Docking Station wird synonym **Transshipment Point** genannt. Darin sind die Ladungen **filialgerecht zu**

Strategien der Versorgung — **C.3**

kommissionieren und anschließend zum Kunden zu distribuieren (vgl. unten das „Zwei-Stufen-Prinzip"). Bei Cross Docking findet im seltenen Idealfall keine Zwischenlagerung der Waren statt, sie werden dann direkt durch den Transshipment Point „durchgeschoben".

Es sind drei grundsätzliche **Arten** des Cross Dockings zu unterscheiden: Das artikelreine Cross Docking, das einstufige sowie das zweistufige Cross Docking (vgl. *Harnisch* 2011, S. 33ff.; *Stickel* 2006, S. 7):

Arten

- Beim **artikelreinen Cross Docking** werden die Waren palettenrein distribuiert. Der Lieferant verschickt Vollpaletten in den Transshipment Point, der nur als Zwischenlagerstätte dient. Ohne Aufbruch der Paletten findet deren Entsendung an den Handel statt. Diese Methode eignet sich vor allem für großvolumige, schnell drehende Artikel und Display-Paletten.

Mixed Load vermeiden

- Das **einstufige Cross Docking** beschreibt eine Variante, bei der die Waren durch den Hersteller pro Palette bereits vorkommissioniert werden. Im Zentrallager findet für diese Mischpaletten in der Regel nur eine Zwischenlagerung statt. Bei Bedarf werden diese Artikel an die Kunden distribuiert (teilweise gemeinsam mit sonstigen Sendungen). Dementsprechend ist der logistische Mehraufwand für das einstufige Cross Docking gering.

Vorkommissionierung

- Die am häufigsten angewendete Variante eines Cross Dockings ist das **Zwei-Stufen-Prinzip**. Artikelreine Paletten werden in die Docking Station gebracht, dort aufgebrochen und später filialgerecht verteilt („Cross Docking im engen Sinn"). Im Handel beträgt die Verweildauer der Waren im Transshipment Point zum Teil unter 24 Stunden. Abbildung C.4 visualisiert die Abwicklung von Cross Docking gemäß des Zwei-Stufen-Prinzips.

Cross Docking im engen Sinn

Als Strategie für das Supply Chain Management eignet sich Cross Docking zur Verbesserung der Lager- und der Handlingskosten. Außerdem dient das Verfahren zur Einsparung von Lagerplatz. Aus Sicht des Kunden (insbesondere des Handels) wird der Warenumschlag pro Sachnummer gepusht. Hier kommt das **Wesen des Supply Chain Managements** zum Ausdruck: Eine Abkehr von Versorgungs-, Entsorgungs- und Recyclingketten mit hohen Lagerbeständen sowie unregelmäßigen Lieferungen großer Mengen. Und die Hinwendung zu Prozessen mit geringer Lagerhaltung, welche auf der tatsächlichen Nachfrage ohne Vorlauf basieren (vgl. *Stickel* 2006).

Eigenschaften des Cross Dockings

Strategien des Supply Chain Managements

Abbildung C.4 *Zweistufiges Cross Docking*

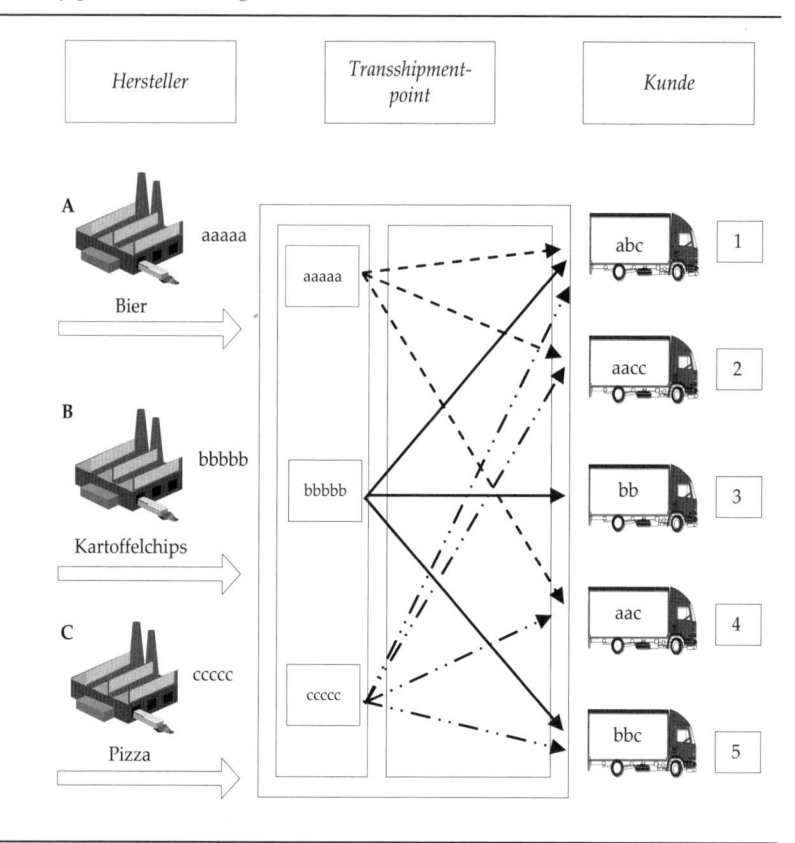

Kosten auf mehrere Schultern verteilen: Cost Sharing

Die **Kosten** für die Einrichtung eines Transshipment Points trägt im ersten Schritt der Kunde (beispielsweise der Handel). Über den Preis bürdet er aber den Lieferanten einen gewissen Anteil der Errichtung und Bewirtschaftung einer Docking Station auf. Auch der Endverbraucher trägt, über erhöhte Verkaufspreise der Waren, teilweise zur Deckung der Kosten bei. Im Kern entstehen Kosten für das Warenhandling im Zentrallager. Diese Dienste lassen sich Logistikdienstleister (3PL) entsprechend vergüten. Allerdings rechnet sich offenkundig – vornehmlich im Handel – eine Abwicklung im Sinne von Cross Docking mittlerweile durchaus. Die originär entstandenen Kosten werden von den eingehenden Erträgen zum Teil deutlich überkompensiert. Entsprechend sieht *McKinsey* in der Nutzung von Cross Docking im Handel ein Kostensenkungspotenzial von 10% bis 15% (vgl. *Werner* 2013b, S. 23). Aber

Strategien der Versorgung — **C.3**

auch in anderen Branchen (wie der Bauwirtschaft oder im Automotive-Bereich), wird Cross Docking erfolgreich betrieben.

Kleine und mittelgroße Organisationen nutzen zur Durchführung von Cross Docking **Multiple User Warehouses**. Darunter ist der Aufbau eines Zentrallagers zu verstehen, das unterschiedliche, rechtlich selbständige Partner, gemeinsam nutzen. Die beteiligten Akteure verteilen dabei – im Sinne eines Cost Sharings – die Lagerinvestitionen auf mehrere Schultern. Den Betreiber des Transshipment Points (3PL) entlohnen die Unternehmungen im Idealfall anteilig über Prozesskostensätze. Allerdings gestaltet sich die Bezahlung des Dienstleisters über Prozesskostensätze sehr arbeitsintensiv, wenn sich mehrere unabhängige Partner den Platz innerhalb der Docking Station teilen. In diesem Fall bietet sich eine Kalkulation über genutzte Flächenmeter der Lagerzonen an.

Multiple User Warehouse nutzen

Grundsätzlich entstehen durch die Anwendung von Cross Docking reduzierte Lagerbestände auf sämtlichen Stufen der Supply Chain. Ein weiterer **Vorteil** ist eine bessere Nutzung der im Lager gewonnenen Fläche. Ferner wird der Wettbewerbsfaktor Zeit optimiert, indem Ein- und Auslagerungsprozesse schneller stattfinden. Die zeitliche Abstimmung mit dem Handel verbessert die Frische und reduziert die Anzahl der Waren mit abgelaufenem Mindesthaltbarkeitsdatum. Außerdem führt die Bündelung der Warensendungen zu einer besseren Auslastung der Transportmittel.

Nutzen des Verfahrens

Doch wo Licht ist, findet sich bekanntlich auch Schatten. Cross Docking kennt **Schwierigkeiten** in der organisatorischen Umsetzung. Etliche potenzielle Partner verfügen schlichtweg nicht über die benötigten Lagerkapazitäten oder einen geeigneten Fuhrpark, um das Verfahren umzusetzen. Deshalb sind entweder Investitionen zu tätigen, oder Kooperationen mit Logistikdienstleistern einzugehen. Außerdem hapert es in manchem Fall nicht an den zur Verfügung stehenden Informations- und Kommunikationssystemen, sondern an der mangelnden Genauigkeit der ausgetauschten Daten. Auch wird um die Wahrung der Geheimhaltungssphäre gefürchtet. Ein weiteres Risiko besteht darin, dass sich die Kosten nicht unbedingt über sämtliche Stufen der Supply Chain gleichermaßen reduzieren, sondern lediglich in der logistischen Kette vom Kunden zum Hersteller verschieben. Die durchschnittliche Dauer zur Implementierung von Cross Docking beträgt im Übrigen sieben Monate (vgl. *Lillig et al.* 2005, S. 30).

Grenzen der filialgerechten Kommissionierung

Als **Praxisbeispiel** für die Durchführung von Cross Docking sei auf die Unternehmung *Danzas* verwiesen. Die **Danzas Holding AG** wurde 1815

Praxisbeispiel

Strategien des Supply Chain Managements

gegründet und gehört aktuell zu den führenden Organisationen im Transport von Handelsgütern. Auch Lagerungen oder Kommissionierungen werden von *Danzas* als Dienstleistungen angeboten (vgl. zu dem Beispiel o. V. 2005, S. 40ff.).

Cross Docking bei Danzas

In einem **Pilotprojekt** zwischen Industrie, Handel und *Danzas* wurden Kleinsendungen verschiedener Markenartikelhersteller in einem speziellen Transshipment Point zusammengefasst. *Danzas* wickelt in der Docking Station sämtliche logistische Dienstleistungen (wie die Kommissionierung) komplett in Eigenregie ab. Daraus speisen sich für *Danzas* die Vorteile besser ausgenutzter Transportkapazitäten und verkürzter Wartezeiten. Die ausgehenden Warensendungen an den Handel werden gebündelt. Auf Grund der Mengendegression reduzieren sich für die Handelspartner die Frachtkosten. Und auch für den Endverbraucher ergibt sich ein Vorteil: Die Waren kommen zum Teil schlichtweg frischer zum Point-of-Sale.

Minutiöse Ausarbeitung

Die Kommunikation im Partnergeflecht sichert die „Nummer der Versandeinheit" (NVE) in Verbindung mit dem EAN-Code 128. Dadurch werden Fehler bei der Identifizierung und späteren Steuerung der Waren vermieden. Beispielsweise ermöglichen die **Scanprozesse** im Wareneingang eine automatische Platzreservierung, welche den produktspezifischen Anforderungen des Lagerorts entspricht. Diesbezüglich sind Differenzierungen an Temperatur, Hygiene oder Sicherheit vorzunehmen.

Viel Licht....

Die internationale Akzeptanz des EAN-Standards ermöglicht *Danzas* eine Ausweitung der Philosophie auf weitere Niederlassungen. Durch das Pilotprojekt werden **Kosteneinsparungen** von bis zu 30% erzielt (vgl. o. V. 2005, S. 31). Für den Handel stellt die Rampe nicht länger den Engpass dar. Außerdem erfolgen die Anlieferungen zuverlässiger und termingerechter. Neben einer Bestandsreduzierung ist eine Verminderung der Prozesskosten festzustellen. Der Hersteller profitiert von optimierten Tourenplanungen mit weniger Lastkraftwagen, besseren Kapazitätsauslastungen der Transportmittel, verminderten Umweltbelastungen und günstigeren Transporttarifen.

C.3.1.1.3 Synchronized Production

JiT oder JiS nutzen

Neben Vendor Managed Inventory und Cross Docking dienen die Inhalte von **Synchronized Production** zur Komplettierung der logistischen Attribute von Efficient Consumer Response. Die automatisch aus dem

Handel gemeldeten Scannerdaten nutzt der Hersteller zur Optimierung seiner Produktionsplanung und -steuerung. Er verlässt sich nicht auf vage Planzahlen („was der Kunde *vielleicht* gern haben könnte"), sondern auf die tatsächliche Nachfrage („was der Kunde *tatsächlich* haben möchte"). Synchronized Production fußt auf dem Pullprinzip. Zum **Beispiel** stellt *Edeka* ausgewählten Partnern die Scannerdaten mittels der Software „E 3 Trim" zur Verfügung. Ebenso sucht der Handel verstärkt die Zusammenarbeit mit Herstellern. *Sommerfield Stores Ltd.* führte in England ein Pilotprojekt ein, in das elf Systemlieferanten zur Realisierung von ECR integriert waren. Die Schnittstelle zwischen Industrie und Handel sicherte in diesem Fall EDI (Electronic Data Interchange).

C.3.1.2 Komponenten des Marketings

Die Inhalte des Marketings stellen das Pendant zu den Logistikkomponenten dar, und sie sind dem Prinzip des **Category Managements** geschuldet (vgl. *Steiner* 2012). Ein Category Management umfasst die Bildung von Warengruppen („Categories"). Diese werden als strategische Geschäftsfelder (übergeordnet, zum Beispiel die audiovisuelle Branche) oder strategische Geschäftseinheiten (untergeordnet, wie CD-Spieler innerhalb der audiovisuellen Branche) definiert. Der Category Manager zeichnet für eine bestimmte Warengruppe verantwortlich. Beispielhaft dafür steht das Segment „Baby, Kids & Co" des SB-Warenhauses *real*. Hersteller und Handel richten ihre Aktivitäten an den Wünschen der Kunden aus und bilden interdisziplinäre Teams. Das Category Management umspannt die drei Marketingkomponenten Efficient Product Introduction, Efficient Store Assortment sowie Efficient Promotion.

Warengruppen definieren

- **Efficient Product Introduction**: Die effiziente Einführung neuer Produkte bezieht sich auf die Reduzierung der Flopraten. Diese geben die durchschnittliche Wahrscheinlichkeit für das Auftreten eines Fehlschlags in der Produktentwicklung an. Industrie und Handel erarbeiten gemeinsam Konzepte, um Ladenhüter in den Regalen zu vermeiden. Sie bündeln ihre Kompetenzen. **Beispielsweise** wollte der belgische Handelsriese *Delhaize* in sein Sortiment eine Eigenmarke für gekühlte Fertiggerichte aufnehmen. Mit *Hot Cuisine* fand man einen geeigneten Partner. *Hot Cuisine* bietet Fertiggerichte an und beherrscht das „Vacuum Cooking". Die Partner entwickelten eine gemeinsame Strategie zum Absatz der Vakuumierungstechnologie.

Phase „Concept-to-Cash" herunterfahren

- **Efficient Store Assortment**: Mit einer effizienten Sortimentsgestaltung wird eine Harmonisierung der Artikel im Geschäft verfolgt. Zum

Locken und Abschöpfen

Beispiel ist eine Ausgewogenheit zwischen Strategieartikeln und Profitartikeln herzustellen: Strategieartikel sind Frequenzbringer, die zwar nur über einen geringen Deckungsbeitrag verfügen, aber die Kunden in das Geschäft locken. Profitartikel weisen hingegen einen hohen Deckungsbeitrag auf.

Persönlich initiierte Maßnahmen am POS

- **Efficient Promotion**: Innerhalb von Efficient Consumer Response sind schließlich Aktivitäten zur effizienten Verkaufsförderung zwischen Hersteller und Handel abzustimmen. Die persönlich initiierten Maßnahmen richten sich direkt auf den Point-of-Sale aus (der sich immer mehr zum *Point-of-Difference* entwickelt).

C.3.1.3 Komponenten der Informationstechnologie

IT als Plattform

Bei Efficient Consumer Response wird die Verbindung zwischen den Komponenten der Logistik und des Marketings durch die Informationstechnologie gewährleistet. Sie schafft die Basis zum Datenaustausch via EDI (Electronic Data Interchange) oder Web-EDI (vgl. S. 283ff.). Zum Beispiel nutzt die Industrie die Scannerdaten des Handels. Außerdem werden die Informationen zusätzlich zweck- und entscheidungsrelevant filtriert. Dazu sind Kundendaten, Verkaufsdaten oder Konkurrenzdaten in einem **Data Warehouse** zu verwalten (vgl. S. 294ff. dieser Schrift). Ein **Beispiel** für eine Data-Warehouse-Lösung im Rahmen von Efficient Consumer Response liefert *Wal Mart*. Die Unternehmung speichert und verwaltet weltweit den Umsatz von über 80.000 Artikeln aus circa 2.000 Filialen für einen Zeitraum von 65 Wochen. Bei Bedarf kann jede Sachnummer individuell abgerufen und bearbeitet werden. Sämtliche Personen, welche für die Sortimentsgestaltung verantwortlich zeichnen, haben Zugriff auf diese Datenbank. Und auch autorisierte Lieferanten können sich in das System einloggen.

Grenzen von ECR beachten

Im Zuge der einsetzenden Euphorie bezüglich Efficient Consumer Response kommen jedoch auch **kritische Stimmen** auf. Insbesondere wird Efficient Consumer Response vorgeworfen, dass der Handel mit der Einführung des Ansatzes versuchen würde, einseitig die Preise zu drücken und seine Bestandsverantwortung auf den Hersteller abzuwälzen (der Handel würde sich also „schlanker" machen). Außerdem nehmen die Abhängigkeitsverhältnisse zwischen den eingebundenen Partnern zu. Trotzdem etabliert sich Efficient Consumer Response neben dem Handel derzeit in der Baubranche, in der Holzwirtschaft und im Autobau.

Strategien der Versorgung **C.3**

C.3.2 Customer Relationship Management und Mass Customization

Ein Supply Chain Management ist konsequent auf den Kunden ausgerichtet. Schwerpunktmäßig verfolgt der Ansatz eine **Pullorientierung**. Im Supply Chain Management wird eine Antwort auf die Frage gesucht, was der Kunde *tatsächlich* haben möchte („Built-to-Order"). Vage Vermutungen bezüglich einer möglichen Nachfrage sind dabei in den Hintergrund zu schieben (vgl. in diesem Zusammenhang die Diskussion um die Metaführungsansätze von Market-Based-View und Resource-Based-View auf S. 92ff.). Deshalb nutzt das Supply Chain Management Instrumente, die zur Verbesserung des Kundenmanagements beitragen. Mit Customer Relationship Management und Mass Customization werden zwei dieser Hilfsmittel in der Folge näher gekennzeichnet.

Pull vs. Push

C.3.2.1 Customer Relationship Management

Mitte der 80er Jahre kam der Begriff „Customer Relationship" in den Vereinigten Staaten auf. Er wurde in der Zwischenzeit in vielfältiger Weise zu Relationship Marketing, One-to-One-Marketing und **Customer Relationship Management** weiterentwickelt (vgl. *Bruhn* 2011; *Hippner et al.* 2011; *Raab/Werner* 2010 und Begriffsblock C.III).

CRM: Historie und Begriff

Customer Relationship Management und verwandte Konzepte

Begriffsblock C.III

- **Relationship Marketing**: Darunter ist die Entwicklung und Verbesserung bestehender Kundenbeziehungen zu verstehen. Der Schwerpunkt von Aktivitäten liegt beim Relationship Marketing nicht auf einer Akquisition neuer Kunden (vgl. *Bruhn* 2011).

  Kunden dauerhaft gewinnen

- **One-to-One-Marketing**: Ein One-to-One-Marketing rückt den einzelnen Kunden stärker in den Mittelpunkt. Es geht nicht darum, möglichst viele Käufer zu finden, sondern an besonders umsatzstarke Kunden Produkte abzusetzen (zum Beispiel mittels Cross Selling). Es wird beim One-to-One-Marketing der Versuch unternommen, diese Stammkunden langfristig an die Organisation zu binden.

  Kundennutzen entscheidet

- **Customer Relationship Management**: Customer Relationship Management bedeutet die Planung, die Steuerung und die Kontrolle sämtlicher auf aktuelle und potenzielle Marktpartner gerichteter Maßnahmen, mit dem Ziel der Intensivierung einer Kundenbeziehung.

  Beziehungsmanagement

Strategien des Supply Chain Managements

KPIs zur Messung des Kundennutzens

Im Sinne eines Customer Relationship Managements (CRM) sind die Faktoren Kundenzufriedenheit, Kundenloyalität und Kundenakquisition ständig zu verbessern. Ein reines Transaktionsmarketing hat sich durch das Aufkommen von CRM zum echten **Beziehungsmarketing** gewandelt. Diese Erweiterung bezieht sich insbesondere auf die Komponenten Information, Interaktion, Integration und Individualisierung.

„Was": Aufbau der Kundenbeziehung

- **Information**: Über Informationen werden Kundenbeziehungen aufgebaut und gepflegt. Dazu dient beispielsweise das Internet. Die Informationen sollen von hoher Substanz sein und zur Lösung einer Problemstellung des Kunden direkt beitragen. Im digitalen Zeitalter verlieren allerdings viele Informationen rasch ihren Nutzen.

„Wie?": Kunden in den Mittelpunkt rücken

- **Interaktion**: Zum Austauschprozess zwischen einer Organisation mit ihren Kunden können virtuelle Gemeinschaften (Communities) aufgebaut werden. Dadurch soll ein Zugehörigkeitsgefühl für den Kunden entstehen. Eine Möglichkeit dazu bieten Diskussionsforen im Internet.

„Womit?": Kundenbeziehung messen

- **Integration**: Der Anspruch nach Integration meint, den Kunden direkt in den Prozess zur Leistungserstellung einzubinden. Beispielhaft dafür steht im Supply Chain Management ein Tracking and Tracing. Eine weitere Möglichkeit bietet das *„Affiliate"*-Programm. Darunter ist ein System zu verstehen, welches eine erfolgsabhängige Vergütung von Usern sichert (wie der Erfolgsbonus, den *Amazon* für das Werben neuer Kunden gewährt).

Spezialisierung und Vergleich

- **Individualisierung**: Die Individualisierung im Customer Relationship Management beschreibt den Übergang von Mass Consumption zu Mass Customization (vgl. S. 148ff. dieser Schrift). Mit Hilfe von *„Collaborative Filtring"* besteht die Möglichkeit, individuelle Empfehlungen – auf Basis eines Präferenzvergleichs – an weitere Nutzer zu geben. Über das Internet werden dabei den Usern ausgewählte Produktvorschläge übermittelt.

Schlüsselgrößen

Ein Customer Relationship Management zielt auf die Intensivierung der Austauschprozesse von Herstellern und Kunden. Es dient einer Verbesserung der **strategischen Zielgrößen** Profitabilität, Differenzierung und Dauerhaftigkeit.

Profit sichern

- **Profitabilität**: Klassische Strategien des Marketings richteten sich vor allem darauf aus, möglichst viele Kunden an sich zu binden, um den

Strategien der Versorgung

Share-of-Market (Marktanteil) zu steigern. Das Customer Relationship Management bezieht sich hingegen im Schwerpunkt auf die Verbesserung der Kaufintensität zu selektierten Kunden (*Share-of-Wallet*).

- **Differenzierung**: Die Kunden werden nicht länger als eine wenig differenzierte Einheit verstanden. Vielmehr entwickeln sich Massenprodukte sukzessive zu echten Maßanfertigungen (Mass Customization).

Kundenindividuell in Masse

- **Dauerhaftigkeit**: Im Rahmen von CRM ändert sich die Zielvorgabe. Sie ist nicht länger der möglichst umfangreichen Neukundengewinnung geschuldet, sondern wendet sich der langfristigen Pflege bereits bestehender Kundenbeziehungen zu.

Long-Range-Planning

Wesentlich für ein Customer Relationship Management ist die intensive Nutzung moderner Informations- und Kommunikationstechniken. Bisherige **Insellösungen** des Marketings (wie Help-Desk-Lösungen oder Vertriebsinformationssysteme) werden nicht länger geduldet. Sie gestatten keine einheitliche Sichtweise zum Kunden und beinhalten lediglich unvollständige oder veraltete Daten. Jetzt werden diese Informationen vielmehr in ein unternehmungsweit standardisiertes CRM-System eingebunden. Dieses System ist ein *„Customer Touch Point"* (Kontaktpunkt), der den Dialog mit den Kunden gewährleistet.

Touch-Points schaffen

Ein Customer Relationship Management stellt die Zusammenführung aller auf den Kunden bezogenen Informationen sowie die **Synchronisation sämtlicher Kommunikationskanäle** dar, um den Kunden ganzheitlich abzubilden (*„One-Face-of-the-Customer"*). Dadurch ist eine differenzierte und einheitliche Ansprache in Kundenrichtung notwendig (*„One-Face-to-the-Customer"*, vgl. *Hippner et al.* 2011; *Raab/Werner* 2010).

Face-to-Face

C.3.2.1.1 Komponenten

Die **Komponenten** des Customer Relationship Managements aggregieren sich aus dem kommunikativen CRM, dem operativen CRM sowie dem analytischen CRM (vgl. *Hippner et al.* 2011, S. 91ff.). Diese Inhalte werden im Folgenden kurz beschrieben.

Struktur von CRM

- Im **kommunikativen CRM** werden die Kommunikationskanäle zum Kunden synchronisiert. Dazu zählen die Instrumente Telefon, Internet oder E-Mail ebenso, wie das klassische Verkaufsgespräch des Außendienstmitarbeiters. In dem *„Customer Interaction Center"* können die Informationen aus diesen unterschiedlichen Kommunikationsebenen zusammenfließen.

Kanäle synchron ausrichten

Strategien des Supply Chain Managements

Front-End-Back-End-Lösung

- Das **operative CRM** beinhaltet sämtliche Lösungen, die in unmittelbarer Verbindung zum *Front-Office*, dem Kontaktpunkt zum Kunden, stehen. Ein operatives CRM untergliedert sich in Marketing Automation, Sales Automation sowie Service Automation. Zur zielführenden Verarbeitung innerhalb der Supply Chain wird das Know-how aus dem Front-Office im Back-Office verarbeitet. Mögliche Lösungen in diesem *Back-Office* stellen ERP- und APS-Systeme dar.

Closed-Loops

- Schließlich sind im **analytischen CRM** Kundenkontakte und Kundenreaktionen systematisch aufzuzeichnen. Dadurch wird sichergestellt, dass keine Informationen verloren gehen (Sickerverluste). Wenn sich beispielsweise ein Kunde im Call Center der Organisation beschwert, muss dieses Wissen bis auf die oberste Managementebene durchdringen können. CRM ist ein Ansatz im Sinne von *Closing-the-Loop*: Die Beschwerde des Kunden wird in das CRM-System eingegeben, dort gepflegt und so lange verfolgt, bis das Problem gelöst ist. Wesentliche *Treiber* eines analytischen Customer Relationship Managements sind Data Warehouse, OLAP und Data Mining (vgl. S. 294ff.).

C.3.2.1.2 Weiterentwicklung zu Enterprise Relationship Management

SCM at its best

In modernen Supply Chains weitet sich das Customer Relationship Management zum **Enterprise Relationship Management** (ERM, vgl. *Baumgarten* 2001a, S. 25; *Werner* 2013b, S. 18). Symptomatisch für ein Enterprise Relationship Management ist die vollständige Integration des Kunden in die Lieferkette des Herstellers. Ein Kundenauftrag wird durchgängig verfolgt: Von der Bestellung, über die Produktion, bis zur Auslieferung. Sämtliche Parameter des Produzenten richten sich nach den Prinzipien Available-to-Promise und Capable-to-Promise aus.

ATP: Ein Versprechen abzugeben, ist die eine Sache...

- **Available-to-Promise**: Der Abnehmer darf erwarten, dass seine Bestellung fristgerecht bearbeitet wird. Deshalb bestätigt der Hersteller die rechtzeitige Auslieferung des Kundenauftrags verbindlich. Ein Beispiel dafür ist das *Versprechen* des Versandhändlers *Otto*, bestimmte Waren innerhalb von 24 Stunden auszuliefern. Available-to-Promise ist also eine Front-End-Betrachtung.

...es zu halten, die andere (CTP)

- **Capable-to-Promise**: Capable-to-Promise bedeutet, dass die Unternehmung auch über die internen *Fähigkeiten* verfügt, das nachgefragte Produkt entsprechend herzustellen (Back-End-Sichtweise). Falls die Bestellung des Kunden bisher noch nicht in einer Produktion eingeplant war, findet diese Berücksichtigung jetzt statt, wobei dem Kun-

Strategien der Versorgung | **C.3**

den ein Liefertermin vorgeschlagen werden kann. Diese Vorgehensweise findet sich häufig in der Automobilindustrie.

Zur Realisierung von Available-to-Promise setzen die Produzenten oftmals flexible KEP (**Kurier-, Express- und Paketdienste**) ein. Diese externen Warenverteiler sind auf die Distribution geringer Sendungsgrößen spezialisiert. Mit Hilfe der Kurier-, Express- und Paketdienste werden die Hersteller dem Kundenanspruch nach Spezialisierung und Individualisierung gerecht. Zum Teil übernehmen die KEP auch Zusatzdienste, wie After-Sales-Services (zum Beispiel Labeling). *KEP nutzen*

Die Kundeninformationen sind bei Enterprise Relationship Management elektronisch zu sammeln, zu verwalten und aufzubereiten. Beispielsweise kann eine Verdichtung von Daten zum Zweck der **Managementinformation** stattfinden. Hierbei wird das elektronische Front-End-System des Kunden (das Internet) nicht länger losgelöst vom Back-End-System des Produzenten (dem logistischen Realisierungsprozess) gesehen. Front-End und Back-End verschmelzen in Enterprise Relationship Management zur integrierten Supply Chain mit maximaler Kundenbefriedigung und Wertsteigerung. *ERM als MIS nutzen*

In Zeiten von ERM sind alle Partner einer Supply Chain zielorientiert miteinander verbunden: Vom Lieferanten (der *Source of Supply*), über den Hersteller, bis zum Kunden (dem *Point of Consumption*). Dabei richtet sich der Ansatz streng nach dem Pullkonzept aus. Die Planung, die Steuerung und die Kontrolle in der Lieferkette erfolgt über die Grenzen von Akteuren hinweg. Dadurch werden Reibungsverluste an den Schnittstellen vermieden und Added Values erzielt. Enterprise Relationship Management benötigt dazu moderne Informations- und Kommunikationstechniken. Sie erlauben eine Bearbeitung von Prozessen in Echtzeit (Realtime Process). Eine **mögliche Abwicklung** im Sinne von ERM (vgl. *Baumgarten* 2001a, S. 26) besteht, wenn *Prozess spezifizieren*

- ein Kunde über das Internet bei einem Hersteller Waren bestellt,
- der Kundenauftrag segmentiert wird,
- wozu die Aufbau- und die Ablauforganisation des Herstellers hinsichtlich der notwendigen Prozesse anzupassen sind,
- außerdem eine enge Abstimmung an den Schnittstellen zu ausgewählten Lieferanten (Tier-One-Supplier) stattfindet und
- dadurch eine durchgängige Auftragsverfolgung und verbindliche Lieferzusage ermöglicht wird.

Strategien des Supply Chain Managements

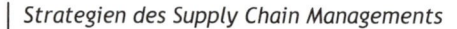

C.3.2.2 Mass Customization

Zeiten von Stuck-in-the-Middle sind passé

In dem Ansatz Mass Customization (vgl. insbesondere *Piller* 2012; *Pine* 1993; vgl. weiterhin *Hanisch* 2006; *Seidenschwarz* 2008) vereinen sich die Vorteile der Massenfertigung mit denen der kundenspezifischen Einzelfertigung. Der Ansatz stellt die „Stuck-in-the-Middle-These" *Porters* in Frage: Nach *Michael E. Porter* muss sich eine Organisation für eine der generischen Wettbewerbsstrategien von Kostenführerschaft oder Differenzierung entscheiden, weil sie ansonsten eine Position zwischen den Stühlen einnimmt (vgl. S. 93). Diesem Postulat der Unvereinbarkeit von Kostenführerschaft und Differenzierung stehen **hybride Wettbewerbsstrategien** gegenüber. Sie erlauben die simultane Realisation von Kostenführerschaft und Differenzierung. Eines dieser hybriden Konzepte (vgl. Abbildung C.5 und *Piller* 2012, S. 16) ist Mass Customization.

Abbildung C.5

Hybride Wettbewerbsstrategien

Strategie	Beschreibung	Protagonist
Outpacing	Rechtzeitiger Wechsel zwischen Kostenführerschaft und Differenzierung möglich, wobei die bereits erzielten Wettbewerbsvorteile erhalten bleiben.	Gilbert/Streckel (1985)
Mass Customization	Kundenindividuelle Massenfertigung.	Pine (1993)
Simultaneitätshypothese	Gleichzeitige Kostenführerschaft und Differenzierung durch moderne Fertigungsansätze.	Corsten/Will (1995)
Duale Internationalisierung	Weltweite Anwendung unterschiedlicher Wettbewerbsstrategien an verschiedenen Orten (zum Beispiel Kostenführerschaft im Inland und Differenzierung im Ausland).	Fleck (1995)
Dynamische Produktdifferenzierung	Möglichkeit des Erzeugniswechsels durch adäquate Fertigungsverfahren.	Kaluza (1996)

Charakteristika des Konzepts

Mass Customization meint im Kern eine **kundenindividuelle Massenfertigung** von Gütern für einen großen Absatzmarkt. Die Erzeugnisse müssen die unterschiedlichen Bedürfnisse von Nachfragern treffen. Dabei sollen die Kosten in etwa denen einer massenhaften Fertigung

Strategien der Versorgung | **C.3**

standardisierter Produkte entsprechen. Deshalb bedeutet Mass Customization nicht „Einzelfertigung um jeden Preis". Der Ansatz ist vielmehr der ausgewogenen Verknüpfung kontinuierlich verlaufender Massenfertigung und diskontinuierlicher Einzelfertigung geschuldet. Zu den **Voraussetzungen** für die Nutzung von Mass Customization zählen:

- **Hohe Stückzahlen**: Die Fertigung von Mass Customization bezieht sich auf einen hohen Output. Dabei werden Economies of Scale erzielt. Die Basen für die Massenfertigung („*Mass*") stellen standardisierte Leistungsmodule dar. Sie werden „aus dem Baukasten" heraus zusammengesetzt. Erst im eigentlichen Verkaufsprozess beginnt ihre kundenspezifische Konfigurierung. Beispiele hierfür liefert die Lebensmittelindustrie bei der Fertigung von Müsli *(MyMuesli.com)* oder Schokolade *(chocri.de)*. Aber auch viele Küchen werden nach diesem Prinzip hergestellt.

  Skaleneffekte generieren

- **Individualisierung**: Der Begriff „*Customization*" steht für eine individuelle Befriedigung von Kundenwünschen. Diese kundengerechte Spezifizierung des Leistungsprogramms kann sich auf die Kommunikation, die Konfiguration, das Design, die Preisgestaltung oder den After-Sales-Bereich erstrecken (*Varietät*). Das Ziel besteht nicht darin, die klassische Einzelfertigung zu ersetzen. Sondern ein Spektrum an in Masse gefertigten und standardisierten Modulen zu schaffen, die in ihrer jeweiligen Konfiguration dem Käufer einen besonders hohen Nutzen stiften. Beispielhaft dafür steht die individuelle Fertigung von Chinos. Das amerikanische Versandhaus *Lands' End* produziert diesen Hosentyp zu 60% nach dem Prinzip Mass Customization.

  Wünsche des Kunden identifizieren

- **Preis und Zielmarkt**: Für ein über Mass Customization hergestelltes Produkt sollte der Verkaufspreis mit dem eines vergleichbaren Standardprodukts übereinstimmen, um in Konkurrenz mit Leistungen der Wettbewerber treten zu können. Auch darf der Zielmarkt nicht zu klein sein, damit die gefertigten Waren auch absetzbar sind.

  Preise und Zielmärkte

- **Variantenanzahl**: Die Variantenanzahl sollte nicht zu groß gewählt sein. Es geht nicht darum, besonders viele und ähnliche Produkte hervorzubringen, von denen eines den Wünschen des Kunden „zufällig" entsprechen könnte. Die Abnehmer müssen bei Mass Customization keine Auswahl aus einem Sammelsurium an Alternativen treffen. Sie erhalten vielmehr eine spezifisch auf sie zugeschnittene Leistung.

  Variantenzahl nicht ausufern lassen

Mass Customization ist ein **kombiniertes Push-Pull-Verfahren**: Zunächst werden halb veredelte Produkte in recht hohen Stückzahlen hergestellt und ein Stück weit in den Markt gedrückt (Pushen). Dadurch

Primäre Pullorientierung

Strategien des Supply Chain Managements

erzielen die Anwender von Mass Customization Economies of Scale (Mengendegressionseffekte) als auch Economies of Scope (Verbundeffekte), indem sich einzelne Produktkomponenten zu Modulen aggregieren. Das Halbfertigfabrikat (Work-in-Process) verbleibt jedoch in einem generischen Zustand und wird erst beim Eintreffen eines expliziten Kundenwunschs fertig gestellt, indem beispielsweise die Modulbauweise Einsatz findet. Dadurch sind Änderungskosten weitgehend zu vermeiden. Ein Beispiel für Mass Customization findet sich in Block c.4.

Beispielblock c.4

Mass Customization über das Internet

Der deutsche Textilhersteller *Odermark* befand sich Ende der neunziger Jahre in der Krise und begann im Oktober 2000 mit der Einführung von Mass Customization. Zunächst waren die Voraussetzungen für die Nutzung von Mass Customization zu schaffen. Dazu mussten moderne Schneideautomaten für die Stoffe angeschafft und eine neue Software zur Steuerung der Fertigungsprozesse implementiert werden. Zudem erforderte diese Umorganisation eine Schulung der bisherigen Mitarbeiter. Schließlich waren gar zwei zusätzliche Textiltechniker einzustellen. *Odermark* investierte insgesamt über drei Millionen Euro in die Umstellung auf Mass Customization. Das Geld ist offenkundig gut angelegt. Es ist der Unternehmung gelungen, dass bereits über 60 Bekleidungshäuser maßgeschneiderte Anzüge von dem Textilhersteller *Odermark* via Internet bestellen (insgesamt 13.000 Anzüge im ersten Jahr). Der Datenaustausch zwischen Auftraggeber und -nehmer erfolgt online und erlaubt die Herstellung maßgeschneiderter Anzüge, der Anzug von der Stange ist für *Odermark* passé.

Ausprägungsformen

Die **Arten** von Mass Customization lassen sich in die beiden Hauptbereiche Soft Customization und Hard Customization einteilen. Deren nähere Beschreibung erfolgt in den nachstehenden Gliederungsabschnitten (vgl. auch Abbildung C. 6).

C.3.2.2.1 Soft Customization

Produktion ist nicht direkt betroffen

Unter Soft Customization wird eine *offene Individualisierung* verstanden, der Eingriff findet **außerhalb der eigentlichen Fertigung** statt. Weiterhin sind wenige Varianten in großen Stückzahlen herzustellen, welche die Möglichkeit zur Differenzierung bieten. Die Ausprägungsformen für Soft Customization sind Selbstindividualisierung, Serviceindividualisierung sowie Endfertigung am Point-of-Sale.

- **Selbstindividualisierung**: Das Angebot umfasst bei dieser Art standardisierte Leistungen, welche der Kunde selbst konstruiert. Es findet quasi eine Endfertigung durch den Kunden statt. Beispiele dafür sind *Neff* (ein Produzent von Kühlschränken) oder *Hallmark* (im Rahmen der Fertigung von Glückwunschkarten). Analog sind die Pager von *Motorola* kundenindividuell konfiguriert. Auch *Procter & Gamble* ermöglicht dem Kunden die Selbstindividualisierung: Unter der Marke „Reflect.com" bietet der Konzern bereits seit über 15 Jahren erfolgreich Kosmetik- und Pflegeprodukte an, welche der Endverbraucher selbst konfiguriert (vgl. *Schmitz-Normann* 2004, S. 114).

  Kunde gibt das Produkt vor

- **Serviceindividualisierung**: Das Standardprodukt ist um individuelle Sekundärleistungen zu ergänzen, wobei kein direkter Dialog mit dem Kunden vor der Endmontage notwendig ist. *Planters Company* stellen auf diese Art unterschiedliche Verpackungseinheiten von Nüssen für aktuelle und potenzielle Konsumenten her.

  Standardprodukte schaffen

- **Individuelle Endfertigung am Point-of-Sale**: Bei dieser dritten Form liegt ein standardisiertes Grundprodukt vor. Es ist eine technische Plattform, die erst am Point-of-Sale auf die spezifischen Wünsche der Kunden zugeschnitten wird. Beispielhaft dafür steht das individuelle Brillendesign des japanischen Herstellers *Paris Miki* oder die Veredelung von Skiern durch *MySki*.

  Anpassungen am POS

C.3.2.2.2 Hard Customization

Hard Customization ist dem Gedanken der *geschlossenen Individualisierung* geschuldet. Die Varietät basiert auf verschiedenen Tätigkeiten **innerhalb der Fertigung**. Eine Voraussetzung dafür ist der Interaktionsprozess zwischen Hersteller und Kunde. Mögliche Ausprägungen für Hard Customization stellen die kundenindividuelle Einzelfertigung, die kundenindividuelle Vorfertigung, das modulare Baukastenprinzip und die massenhafte Fertigung von Unikaten dar.

Fertigungsverfahren ändern

- **Kundenindividuelle Endfertigung**: Die Individualisierung tritt bei dieser Variante in der letzten Fertigungsstufe des Herstellers ein. Der Kunde gibt seine Erzeugnisanforderungen an den Produzenten weiter. Diese Möglichkeit kann sich bei einem Postponement einstellen (vgl. S. 153ff.). Nach dem Prinzip der kundenindividuellen Endfertigung richtet sich die Herstellung der Vitaminpillen von *Sovital* aus.

  Postponement

- **Kundenindividuelle Vorfertigung**: Hier bezieht sich die Individualisierung auf die frühen Fertigungsstufen. Die weiteren Produktions-

  Sorten individuell schaffen

schritte sind streng standardisiert. Insbesondere die Bekleidungsindustrie wählt eine kundenindividuelle Vorfertigung. Ein Beispiel stellt das Vermessen von Kunden in *Levis*-Stores dar. Die Jeans „501" entspringt in diesem Fall 51 verschiedenen Varianten, die kundenindividuell über Bodyscanner auf den jeweiligen Träger zugeschnitten sind.

Hauptvariante

■ **Modulares Baukastenprinzip**: Das modulare Baukastenprinzip kommt bei Mass Customization recht häufig zum Einsatz. Die standardisierten Komponenten werden zu kundengerechten Modulen zusammengestellt. Beispiele finden sich bei der PC-Fertigung von *Dell* und *Vobis*. Aus dem modularen Baukasten stammen auch die Uhren und Taschen des Netzhändlers *Xaaaz*.

Einzelstücke nach generischem Grundtyp

■ **Massenhafte Fertigung von Unikaten**: Bei der massenhaften Fertigung von Unikaten richtet sich schließlich die Herstellung über die gesamte Supply Chain streng nach Kundenwünschen aus. Im Gegensatz zur konventionellen Einzelfertigung finden sich hier standardisierte Prozesse wieder, die moderne Produktionsabläufe nutzen. Auf diese Art stellen *My Twinn* ihre Puppen her, und *Arcumis* liefert unter Anwendung dieses Verfahrens Nährstoffpräparate nach Maß.

Mass Customization eignet sich nicht überall

Jedoch bedarf Mass Customization einer intensiven Forschung und Entwicklung, weil der „Baukasten" immer auf dem neuesten Stand der Technik gehalten werden muss. Außerdem steigen die ohnehin schon hohen Anforderungen an die Mitarbeiter hinsichtlich einer adäquaten Qualifikation. Weiterhin ist das Konzept in einigen Fällen schlichtweg **gescheitert**: Ausstatter wie *Cut for You* und *C & A* ersetzten das Maßband durch den Laser. Sie stellten medienwirksam 3D-Bodyscanner auf. Sogar Maßschneider (wie *Dietrich Brügelmann*) boten maßgefertigte Hemden über das Internet an. Doch die hohen Erwartungen erfüllten sich in der Bekleidungsindustrie nur zum Teil. Entsprechend rückten oben genannte Organisationen wieder von der kundenindividuellen Massenfertigung ab. Ähnliche Erfahrungen sammelte die **Schuhindustrie**. Auf der „Popkomm" stellte *Creo* Schuhe vor, welche die User individuell am Bildschirm selbst konfigurieren konnten. Doch der Erfolg war allenfalls mäßig. Die Kunden schreckten offenkundig vor individuell am Computer zusammengestellten Schuhen zurück. Außerdem war der Markt wohl noch nicht für diese revolutionäre Schuhproduktion vorbereitet und das Zielsegment schlichtweg zu klein (vgl. *Schmitz-Normann* 2004, S. 110ff.).

Sperrriegel für den Handel

Außerdem kollidiert Mass Customization teilweise mit den intensiven Ansprüchen des **Handels**: Wenn Markenartikelhersteller nach der kun-

Strategien der Versorgung

denindividuellen Massenfertigung streben, entsteht aus der Sicht des Handels der Eindruck, dass dieser nur zweitklassige Ware verkaufen würde. Auch müsste das Personal für spezielle Vermessungen am Point-of-Sale geschult sein. Und schließlich: Wem gehören die Daten, welche der Händler erhebt und an den Hersteller weiterleitet? Folglich vertreibt *Adidas Salomon* seine Marke „Mi-adidas", welche im Sinne von Mass Customization gefertigt wird, aus Rücksicht auf den Handel nur in Flagship-Stores und auf besonderen Veranstaltungen (vgl. *Schmitz-Normann* 2004, S. 115).

Arten von Mass Customization — *Abbildung C.6*

Hard Customization	Soft Customization
Kundenindividuelle Endfertigung	Selbstindividualisierung
Kundenindividuelle Vorfertigung	Serviceindividualisierung
Modulares Baukastenprinzip	Individuelle Endfertigung
Unikatfertigung	

C.3.3 Postponement

C.3.3.1 Grundlagen

Eine weitere Versorgungsstrategie in der Supply Chain ist Postponement. Die grundlegende Idee besteht bei einem Postponement darin, die Aktivitäten in der Lieferkette nachhaltig zu **verzögern (bewusste Entschleunigung)**. So kann die endgültige Produktgestalt erst in der letzten Fertigungsstufe definiert werden (vgl. die Verbindung zur „kundenindividuellen Endfertigung" bei Mass Customization). Dadurch korreliert Postponement eng mit dem Ansatz *Time Based Competition*, indem logistische Maßnahmen latent zwischen den Spannungsfeldern Beschleunigung und bewusster Entschleunigung einzupendeln sind (vgl. S. 109ff.).

„And this is why you will never care. These things take time…"

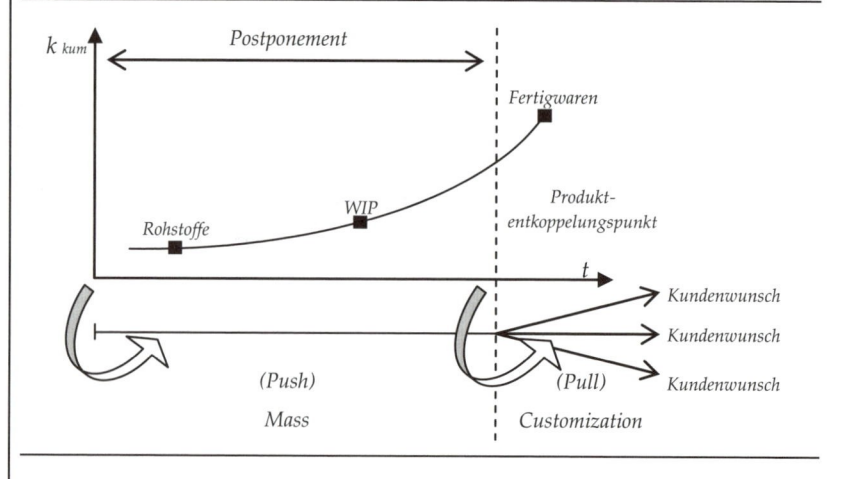

C | Strategien des Supply Chain Managements

Kostenzuwachs

Durch die Einleitung von Verzögerungsstrategien versuchen die Unternehmungen ihre Lagerbestände (insbesondere Halbfertig- und Fertigwaren) abzubauen. In jeder Stufe erlangt ein Wirtschaftsgut einen Zuwachs an Wert – sowohl durch Produktions-, wie durch Serviceleistungen. Daraus resultiert eine ständige Kostenforcierung mit steigendem Lagerhaltungsrisiko: Die Bestände werden in ihrer Bewirtschaftung immer teurer (**„Kostenaufwuchskurve"**). In der Supply Chain ist eine Produktion von „Langsamdrehern" zu vermeiden, die lange Verweilzeiten im Lager haben. Mit Hilfe einer kundengerechten Fertigung sollen diese Opportunitätskosten sinken: Postponement-Strategien richten sich in letzter Konsequenz nach den Wünschen der Kunden aus.

Standardisierungsphase strecken

Bei einem Postponement werden die ein Produkt spezifizierenden Aktivitäten in der Supply Chain so lange hinausgeschoben, bis sichere (Kunden-) Informationen vorliegen. Die Lagerbestände verbleiben in einem generischen Stadium. Sie sind erst beim Eintreffen konkreter Konsumentenwünsche individuell zu konfigurieren. Damit wird der Zeitpunkt einer **Produktentkoppelung** bewusst hinausgezögert. Abbildung C.7 zeigt, dass Bestände im Zeitablauf einem Veredelungsprozess unterworfen sind. Mit steigender Wertschöpfung nehmen die kumulierten Stückkosten im Zeitablauf zu. Kaufteile und Rohstoffe werden zu Halbfertigfabrikaten (Work-in-Process) weiter verarbeitet und der Zeitpunkt zur Auftragsentkoppelung verschiebt sich nach hinten. In Kombination mit Mass Customization bedeutet diese Verlangsamungsstrategie die Ausnutzung von Skaleneffekten (Push).

Abbildung C.7 | *Kostenaufwuchskurve*

Strategien der Versorgung | **C.3**

Die **finale Produktkonfiguration** (Pullorientierung) erfolgt nicht auf Verdacht, sondern explizit nach Kundenwunsch. Dazu sind die Bestände möglichst in einem einheitlichen Zustand zu halten. Durch die Fertigung unifizierter Produkte in großen Mengen werden Economies of Scale erzielt. Die Notwendigkeit zur Durchführung von Postponement innerhalb der Supply Chain verdeutlicht Beispielblock c.5.

Phase der Customization

Beispiel zu Postponement | *Beispielblock c.5*

Bei Auslandsaufenthalten ergibt sich immer wieder das gleiche Problem: Der Netzstecker eines Rasierers oder Föns passt nicht in die vorgesehene Dose. Um den Kunden diese Unannehmlichkeit zu ersparen, stattte *Hewlett-Packard* seine Deskjet-Printer mit einem auf das jeweilige Empfängerland zugeschnittenen Netzteil aus. Daher musste für die in Asien gefertigten Drucker ein sehr großer Vorrat an unterschiedlichen Netzsteckern vorgehalten werden. Die Bestandskosten, insbesondere für Halbfertigfabrikate, waren enorm. Heute entschleunigt *Hewlett-Packard* die Zuordnung von Deskjet-Printer und Netzteil. Die Organisation stellt generische Drucker mit einer modularen Produktarchitektur her. Erst im regionalen Verteilzentrum fügen die Mitarbeiter die landesspezifischen Netzteile bei. Durch dieses Postponement senkt *Hewlett-Packard* seine Bestandskosten um circa fünf Prozent (vgl. *Corsten* 2004, S. 38). In ähnlicher Weise werden heutzutage Produktbeschreibungen häufig nur noch in der jeweiligen Sprache des Erfüllungslands beigefügt.

Auf die Möglichkeiten und die Grenzen für ein Postponement in der Supply Chain wirken sich vor allem nachstehende **Einflussfaktoren** aus:

Abhängigkeiten von Postponement

- **Risikostruktur** innerhalb der Branche: Das Damokles-Schwert zur Abwicklung logistischer Aktivitäten stellen Schwankungen im Nachfrageverhalten der Kunden dar. Dieses Phänomen wird als „Forecast Accuracy" bezeichnet.
- **Produktkomplexität**: Je höher die Komplexität, desto eher sollte der Informationsfluss angestoßen werden.
- **Kapitalbindung** der Sachnummern: Sie bestimmt den Kostenzuwachs auf einer jeweiligen Wertschöpfungsstufe.
- **Möglichkeiten zur Erzielung von Skaleneffekten:** Um die Erfahrungskurve „konsequent herunterfahren" zu können.

Strategien des Supply Chain Managements

- Informations- und Kommunikationssysteme: Sie sind die Plattformen für ein Postponement.
- Konkurrenzattribute: Wie Kundentreue oder Kundenstruktur.
- Variantenvielfalt und Produktkomplexität: Beide sollten bei Postponement nicht ausufern.

C.3.3.2 Arten

Ausprägungsformen

Im Allgemeinen werden **zwei verschiedene Möglichkeiten** des Postponements innerhalb der Supply Chains unterschieden: Form Postponement und Time Postponement. Eine nähere Kennzeichnung dieser beiden Ausprägungen findet sich im Folgenden (vgl. *Cheng et al.* 2010).

C.3.3.2.1 Form Postponement

Verbindung zu Mass Customization

Ein Form Postponement (vgl. *Marbacher* 2001, S. 327ff.) wird auch als *Assembly Postponement* oder *Value Added Postponement* bezeichnet. Form Postponement meint, wenn die Produkte möglichst lange in einem Standardzustand verweilen. Der Punkt zur Leistungsdifferenzierung wird nach hinten verlagert. Beispielhaft dafür steht das modulare Baukastenprinzip von **Mass Customization**. Die Standardkomponenten werden erst nach Auftragseingang kundengerecht zu Modulen zusammengefügt. Dadurch begrenzt ein Hersteller die Gefahr, Produkte zu fertigen, welche der Kunde (beispielsweise auf Grund einer umständlichen Bedienweise oder eines zu hohen Preises) ablehnt. In Form Postponement verschmelzen die Vorteile von Individualisierung und Mengendegression (vgl. *Bellovoda* 2011; *Cheng et al.* 2010).

Standardisierung und Parallelisierung

Doch Form Postponement bezieht sich nicht nur auf das Endprodukt selbst, sondern auch auf die zu seiner Herstellung notwendigen Aktivitäten. Mit Hilfe einer **Modularität in den Prozessen** wird die Basis für den Übergang von Sequentialität zur Simultaneität geschaffen: Die Abkehr von Aktivitäten, die streng nacheinander geschaltet sind (eine neue Tätigkeit kann erst dann starten, wenn die vorherige abgeschlossen ist), und die Hinwendung zur Parallelisierung standardisierter Abläufe.

Möglichkeiten für Form Postponement

Eine jeweilige Ausgestaltung des Form Postponements bezieht sich auf die **Möglichkeiten zur Individualisierung** von Waren. Hohe Spezifizierungsbedarfe ergeben sich beispielsweise im Autobau. Hier können die Farbgebung, die Motorenauswahl oder die Definition der Innenausstat-

Strategien der Versorgung

tung der Fahrzeuge als Pakete zur Individualisierung dienen. Nur wenige Alternativen für eine Spezialisierung ergeben sich hingegen in der Konsumgüterelektrik. Es sind dort vor allem länderspezifische Merkmale, die eine Produktdifferenzierung ermöglichen (unterschiedliche Bedienungsanleitungen, Verpackungen oder Anschlussstecker). Eine Spezifizierung dieser Produkte direkt durch den Kunden ist jedoch kaum zu realisieren.

Die Modifizierung logistischer Abläufe durch Form Postponement erstreckt sich einerseits auf die eigentliche Produktion. Andererseits bezieht sie sich auf die Schnittstelle zwischen Produktion und Distribution.

Unterscheidung nach Wertschöpfungsbezug

- **Form Postponement innerhalb der Produktion**: Beispielhaft dafür steht *Benetton*. Früher ließ die Unternehmung zunächst das Garn färben und erst später die Kleidungsstücke weben. Auf Grund sich rasch ändernder Modetrends bei der Farbgebung entstanden dadurch Ladenhüter. Heute hat *Benetton* den Fertigungsprozess umgestellt. *Benetton* webt jetzt zunächst die Kleidung und färbt die Garne erst im Anschluss individuell.

Fertigungsprozesse entschleunigen

- **Form Postponement zwischen Produktion und Distribution**: Das Form Postponement kann sich auch auf eine Verbindung zwischen Fertigung sowie anschließender Distribution beziehen. Dabei übernehmen externe Logistikdienstleister (insbesondere Speditionen) Added Values, wie Kommissionierung, Labeling oder Verpackung.

Added-Services verlangsamen

C.3.3.2.2 Time Postponement

Das Time Postponement (vgl. *Bellovoda* 2011; *Marbacher* 2001, S. 329ff.) zielt darauf, sämtliche Aktivitäten in der Supply Chain möglichst nah am Kundenauftrag auszuführen. Es werden also vor dem Eintreffen der Bestellung nur wenige (logistische) Aktivitäten innerhalb der Organisation durchgeführt. Abbildung C.6 zeigt die **vier Ausprägungen** für ein Time Postponement: Full Speculation, Manufacturing Postponement, Logistics Postponement und Full Time Postponement (vgl. *Cheng et al.* 2010; *Pagh/Cooper* 1998, S. 13ff.).

Produktion am Kunden ausrichten

- **Full Speculation**: Eine reine Spekulation ist die einfachste Form. Streng genommen findet hier allenfalls ein schwach ausgeprägtes Postponement statt. Die Produktion und die Lieferung werden traditionell vom Lager ausgehend vorgenommen (Make-to-Stock kombiniert mit Deliver-to-Stock). Basierend auf Absatzprognosen, werden die Aktivitäten in Fertigung und Distribution bereits vor Eingang des

Prognoseorientierte Abwicklung

Strategien des Supply Chain Managements

Kundenauftrags angestoßen. Full Speculation ist häufig in der Konsumgüterindustrie vorzufinden. Dadurch können Economies of Scale (Losgrößendegression) ausgeschöpft und kurze Lieferzeiten erzielt werden. Die Vorteile gehen jedoch vielfach zu Lasten höherer Lagerkosten.

Fertigungsprozesse verlangsamen

- **Manufacturing Postponement**: Ein Manufacturing Postponement meint eine Produktion nach Eingang des Kundenauftrags (Make-to-Order). Hierunter fallen Tätigkeiten wie Beschriften oder Verpacken. Die Lieferung erfolgt jedoch standardisiert (Deliver-to-Stock). Ein Beispiel dafür sind Einladungskarten von *Hallmark*, die einen speziellen Aufdruck zum Geburtstag erhalten (Added Value) und auf „normalem" Weg ausgeliefert werden. Hierunter fällt auch das individuelle Mischen von Farben direkt im Baumarkt. Auf Lager werden nur wenige Grundfarben gehalten, die sich zu jedem gewünschten Farbton mischen lassen. Diese Grundtöne werden auf tradiertem Weg in den Baumarkt distribuiert. Dort stellen sich die Kunden ihre Farbvarianten und Mengen individuell zusammen.

Entschleunigung der Distribution

- **Logistics Postponement**: Logistics Postponement ist eine Kombination der Produktion vom Lager (Make-to-Stock) mit einer kundenindividuellen Anlieferung (Deliver-to-Order). Ein typisches Beispiel dafür ist die Errichtung eines Transshipment Points für ein zweistufiges Cross Docking. Durch die Einführung von Zentrallagern kann der Kunde individuell mit standardisierten Gütern versorgt werden. In der Fertigung sind dabei Skaleneffekte zu erzielen, die auf hohen Stückzahlen beruhen: die Fixkosten verteilen sich auf eine höhere Ausbringungsmenge. Dieser Ansatz wird vor allem im Versandhandel, der Konsumgüter- und der Möbelindustrie praktiziert.

Kundenorientierte Fertigung und Auslieferung

- **Full Time Postponement**: Schließlich ist unter einem Full Time Postponement eine Produktion und eine Belieferung durch Kundenauftrag zu verstehen (Make-to-Order verzahnt mit Deliver-to-Order). Hier wird eine besonders frühe Individualisierung von Produkten angestrebt. Fertigung und Logistik korrelieren mit dem Engineering. Dadurch entfallen vielfach Langsamdreher an Fertigwaren. Der Ansatz richtet sich streng nach dem Pullkonzept aus (Customization). Allerdings sind, auf Grund ausgeprägter Kundenfokussierung und Spezialisierung, die Möglichkeiten zur Erzielung von Skaleneffekten deutlich eingeschränkt.

Strategien der Versorgung — **C.3**

Strategien des Time Postponements — *Abbildung C.8*

Lieferung \ Produktion	Lieferung direkt vom Lager (Deliver-to-Stock)	Lieferung durch Kundenauftrag (Deliver-to-Order)
Produktion direkt auf Lager (Make-to-Stock)	Prognoseorientierte Fertigung und Distribution (Full Speculation)	Verzögerung von Distributionsaktivitäten (Logistics Postponement)
Produktion durch Kundenauftrag (Make-to-Order)	Bewusste Verzögerung von Produktionsabläufen (Manufacturing Postponement)	Kundenorientierte Fertigung und Distribution (Full Time Postponement)

Die **Gefahren** eines Postponements liegen insbesondere darin begründet, wenn die originär antizipierten Kundenwünsche sich im Nachhinein als falsch erweisen. Dann hat die Organisation nämlich bereits den Work-in-Process (Werkstattbestand) hochgefahren, der Kapital verzehrt. Ebenso ist die Verlangsamungsstrategie in besonders innovativen Branchen gefährlich, weil der verspätete Marktzugang mit Umsatzeinbußen verbunden ist. Schließlich stößt ein Postponement dann an Grenzen, wenn sich die Kundenwünsche schlagartig drehen. Dieses Phänomen taucht zum Beispiel in der Modebranche auf, in welcher Schwankungen um den Trend sowie saisonale Volatilitäten vorherrschen.

Problemfelder

C.3.4 Sourcing-Strategien

Weitere Strategien der Versorgung im Supply Chain Management resultieren aus den **Beschaffungsquellen**. Eine Diskussion um Sourcing-Ansätze ist in Deutschland Anfang der 90er Jahre entflammt (vgl. *Ament* 2004; *Kerkhoff* 2006; *Kleemann* 2006). Im Folgenden werden vor allem Single Sourcing, Modular Sourcing und Global Sourcing näher unterschieden. Zu sonstigen Sourcing-Ansätzen vgl. die „Sourcing-Toolbox" von *Arnold* (vgl. *Arnold et al.* 2009).

Verschiedenartigkeit von Beschaffungsquellen

Strategien des Supply Chain Managements

Outsourcing des Einkaufs

Eine betriebswirtschaftliche Grundsatzentscheidung leitet sich daraus ab, ob eine Organisation ihr Lieferantenmanagement selbst erbringt, oder eben jene Tätigkeit auslagert **(3rd Party Procurement)**. Bei einem solchen 3rd Party Procurement werden spezielle Beschaffungsaktivitäten auf Dienstleister ausgelagert. Zum Beispiel haben sich *hpi (hoechst procurement international)* und *Portum* auf dieses Geschäftsfeld spezialisiert und beschaffen für ihre Kunden vorwiegend standardisierte MRO-Artikel (Maintenance, Repair and Operations). Die Kunden versprechen sich von einem Outsourcing ihrer Einkaufstätigkeiten primär folgende **positiven Effekte**:

- Reduzierung von Fixkosten in der Beschaffung (Abbau administrativer Tätigkeiten).
- Senkung von Transaktionskosten.
- Bündelung von Einkaufsmengen (Purchase Volume Impact).
- Konzentration auf das Kerngeschäft.
- Internationalisierung der Beschaffung.
- Erzielung von Kostentransparenz.

Handelsmarge beachten

Freilich stellt der **Beschaffungsdienstleister** eine entsprechende Handelsmarge in Rechnung. Für Artikel des strategischen Einkaufs eignet sich die Heranziehung des 3rd Party Procurement nicht, wenn die Artikel zeitkritisch und erläuterungsbedürftig sind.

C.3.4.1 Single Sourcing

Schnittstellen abbauen

Bei einem Single Sourcing konzentriert sich eine Unternehmung bei der Beschaffung *einer Materialart freiwillig* auf eine Quelle (Einquellenbezug). Zum **Beispiel** arbeitet *Hewlett-Packard* pro Technologie mit nur einem Lieferanten zusammen. Wenn ein Autobauer seine Reifen bislang von *Continental*, *Bridgestone*, *Goodyear* und *Pirelli* bezog, bedeutet Single Sourcing, dass drei dieser vier Quellen für die Materialart Reifen ausscheiden und eine exklusive Belieferung, beispielsweise durch *Continental*, erfolgt.

Strategien der Versorgung   **C.3**

- Die **Charakteristika** des Single Sourcings sind:
  - Aufbau einer auf Dauer angelegten Partnerschaft zwischen Lieferant und Kunde sowie Abstimmung der Organisationen.
  - Übertragung von technischem Know-how an den Lieferanten und Tätigung gemeinsamer Investitionen.
  - Hoher Grad der Vorhersagegenauigkeit und Abhängigkeit zwischen den Akteuren.

Das Risiko der **Abhängigkeit** des Single Sourcings bekamen japanische Automobilhersteller 2007 zu spüren: Auf Grund eines Erdbebens lag bei der *Riken Corp.*, einem Hersteller von Kolbenringen, für eine Woche die Fertigung brach. Bereits nach wenigen Stunden standen die Bänder von *Toyota*, *Honda* und *Mazda*, die ihre Kolbenringe exklusiv von *Riken* bezogen. Ebenso bekam *Apple* 2012 die Abhängigkeit von *Foxconn* zu spüren, indem die Produktion des „iphone5" stockte, weil *Foxconn* mit der Produktion nicht nachkam. Vgl. in Begriffsblock C.IV verwandte Konzepte.

Single Sourcing führt zur Abhängigkeit

Multiple Sourcing, Double Sourcing und Sole Sourcing   *Begriffsblock C.IV*

- **Multiple Sourcing**: Beim *Mehrquellenbezug* richtet sich die Zusammenarbeit zwischen Lieferant und Kunde nach dem Prinzip der Seltenheit aus. Ein Kunde versucht sich Preisvorteile zu verschaffen, indem er eine *Spotmarktbeziehung* mit Lieferanten eingeht. Die Bindung zwischen den Partnern ist lose. Multiple Sourcing eignet sich für Produkte, die einen geringen Erklärungsbedarf besitzen. Das Einkaufsvolumen ist recht gering. Gleiches gilt für das Versorgungsrisiko.

  Vielquellenbezug über Spotmärkte

- **Double Sourcing**: Ein *freiwilliger Zweiquellenbezug* pro Materialart wird als Double Sourcing bezeichnet. Ein Double Sourcing wird insbesondere zur Streuung von Risiken durchgeführt, indem sich die Kunden ein zweites „Lieferantenstandbein" suchen.

  Schaffung zweier Standbeine zur Risikoabfederung

- **Sole Sourcing**: Es ist die (auf Grund einer monopolistischen Anbietersituation) *unfreiwillige* Beschränkung auf einen Lieferanten pro Materialart. Sole Sourcing bedeutet folglich ein „erzwungenes Single Sourcing". Dieses Phänomen kann sich aus der Verknappung von Ressourcen oder einem Verdrängungswettbewerb ableiten. Beispielsweise beträgt die Wartezeit für Hochtemperatur-Parabolspiegel circa fünf Jahre. Damit versucht man Sonnenstürme exakter vorhersagen zu können. Und es gibt weltweit nur einen Hersteller von Parabolspiegeln, die dieser extremen Hitze trotzen können.

  Erzwungener Einquellenbezug

Strategien des Supply Chain Managements

Kritische Würdigung

Im Rahmen einer **kritischen Würdigung** des Single Sourcings werden nachstehend die wesentlichen Vor- und Nachteile des Konzepts aufgezeigt.

Vorteile	Nachteile
Purchase Volume Impact im Einkauf, Losgrößeneffekt in der Fertigung (Herunterfahren der Erfahrungskurve).	Hohe Abhängigkeiten der Wertschöpfungspartner.
Senkung der Transportkosten (Optimierung der Transportfenster).	Wegfall des Wettbewerbs (die Vergleichbarkeit zu weiteren Lieferanten fehlt).
Reduzierung der Transaktionskosten und der Verwaltungskosten.	Stock-out-Gefahr (Produktionsunterbrechungen schlagen sich direkt nieder).
Förderung gleich bleibender Qualität.	Schwierigkeit des Lieferantenwechsels.
Reduzierung der Kapitalbindung (Berücksichtigung der Philosophien Just-in-Time oder Just-in-Sequence).	Vernachlässigung der Integration technischer Innovationen (wenn der Lieferant dazu nicht in der Lage ist).

C.3.4.2 Modular Sourcing

Einsatz von Modullieferanten

Selbst bei der Durchführung von Single Sourcing oder Double Sourcing können für einen Hersteller noch zu viele Lieferanten agieren. Zur weiteren Reduzierung der Schnittstellen eignet sich **Modular Sourcing**. Der Anbieter liefert vormontierte Module. Beispielsweise bezieht die Automobilindustrie komplette Armaturenbretter, Sitz- und Chassis-Systeme von Modullieferanten. *VW* hat in seinem Werk Mosel 16 verschiedene Beschaffungsmodule definiert, durch deren Einsatz der Autobauer seine Fertigungstiefe auf unter 20% absenkte.

Eigenverantwortliches Agieren von Systemlieferanten

Ein Modular Sourcing bezieht sich folglich auf die Produktion und die Distribution kompletter Module. Der Begriff kann zu **System Sourcing** geweitet werden: Ein möglicher Systemlieferant ist dann bereits in die Produktentwicklung integriert. Nach Fixierung der Kundenanforderungen im Lasten- und Pflichtenheft, wird dem Systemlieferanten die Verantwortung für Forschung und Entwicklung, Einkauf, Logistik, Industrial Engineering oder Qualitätssicherung in Eigenregie übertragen. Der Systemanbieter bündelt also für seinen Kunden eine Vielzahl unterschiedlicher Aktivitäten (vgl. S. 118 der vorliegenden Schrift).

Strategien der Versorgung **C.3**

Die **Bindungsintensität** in Richtung Kunde ist bei einem Systemlieferanten intensiver als bei einem reinen Modullieferanten, wobei einige Modullieferanten im Zeitablauf auch zu Systemanbietern mutieren. Ein **Beispiel** für Modular Sourcing zeigt Abbildung C.9. Ein Automobilkonzern wird danach im Sinne von Single Sourcing folgendermaßen beliefert: Lieferant 1 (L 1) mit Reifen, Lieferant 2 (L 2) mit Chassis, Lieferant 3 (L 3) mit Bremsen und Lieferant 4 (L 4) mit Getrieben.

Kooperationsintensität über Bindungsintensität

Der Automobilhersteller hat folglich vier **Schnittstellen** zu bearbeiten. Modular Sourcing bedeutet, dass er einen Modullieferanten auswählt (hier: L 2). Dieser verbleibt als Komplettlieferant. In diesem Fall hat sich also ein reiner Modullieferant zum Systemlieferanten entwickelt. Die restlichen Anbieter werden, aus Sicht des Autokonzerns, zu Sublieferanten. Reifen, Bremsen und Getriebe sind jetzt direkt an den Modulhersteller zu liefern. Er integriert diese Komponenten in sein Chassis. Aus den originären Direktlieferanten L 1, L 3 und L 4 werden für den Autobauer Sublieferanten: Vier Schnittstellen reduzieren sich zu somit einer direkten Vertriebslinie.

Automotive-Beispiel

Der Modullieferant (Systemlieferant) befindet sich zumeist in räumlicher Nähe des Kunden. Oftmals ist jener in einem Industriepark, oder auf dem Gelände des Kunden, angesiedelt. Er ist ein **First-Tier-Lieferant** und wird quasi zum Generalunternehmer, weil er die Warenströme *eigenverantwortlich* koordiniert. Zum Teil agieren Modulhersteller als Black-Box-Lieferanten (vgl. zu dem Begriff S. 120).

Tier-1-Lieferanten

Modular Sourcing

Abbildung C.9

Sublieferanten *Modul- (System-) Lieferant* *Hersteller*

L 1 Reifen L 2 Chassis

L 3 Bremsen

L 4 Getriebe

163

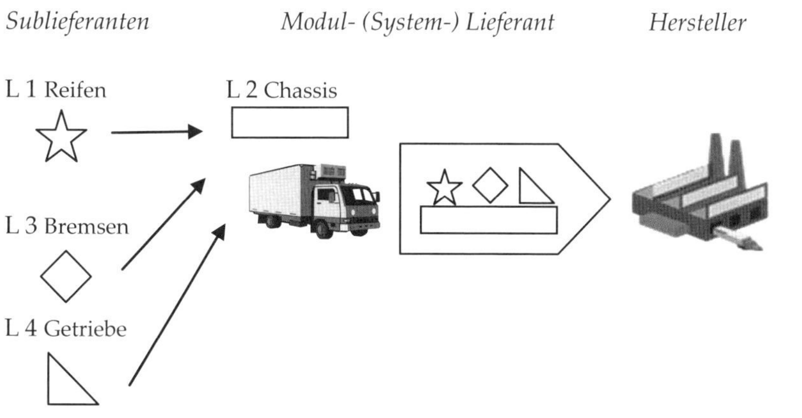

Strategien des Supply Chain Managements

Kritische Würdigung

Nachstehend sind die wesentlichen **Vorteile und Nachteile** von Modular Sourcing aufgelistet. Fest steht, dass sich die beteiligten Akteure in ein sehr ausgeprägtes Abhängigkeitsverhältnis begeben.

Vorteile	Nachteile
Reduzierung von Schnittstellen (aus Kundensicht).	Abhängigkeit für den Kunden (es ist problematisch, wenn der Modullieferant die Preise drastisch erhöht).
Konzentration auf das Kerngeschäft.	Abhängigkeit für den Lieferanten (zumeist Großkundenbeziehung).
Direktanbindung zwischen Kunde und Modullieferant (wichtig beim Aufkommen von Problemen).	Neuabstimmung der Informations- und Kommunikationssysteme zwischen Modul- und Sublieferant.
Senkung der Beschaffungskosten.	Aufgabe an Wettbewerb für den Kunden.
Wegfall einer Wareneingangskontrolle.	Verlust an Innovationspotenzial.
Festlegung von Qualitätsstandards.	Schwierigkeit des Lieferantenwechsels.
Verminderung von Frachtkosten (hervorgerufen durch die räumliche Nähe).	Reputationsprobleme des Lieferanten wirken direkt auf den Kunden.

C.3.4.3 Global Sourcing

Beschaffung weltweit organisieren

Unter Global Sourcing ist eine Marktbearbeitung in Form einer systematischen Ausdehnung der Beschaffungspolitik auf internationale Quellen zu verstehen. Bei Global Sourcing besteht das Primärziel in einer Reduzierung der Beschaffungskosten. Das Pendant von Global Sourcing ist das **Local Sourcing**. Mit **Domestic Sourcing** wird in der Regel ein Inlandsbezug umschrieben. Die Consulting-Gesellschaft *Droege* misst dem Global Sourcing, verglichen mit traditionellen Beschaffungsstrategien, ein Kostensenkungspotenzial von bis zu 30% dauerhaft bei (vgl. *Kleemann* 2006, S. 34). Doch der Ansatz geht weiter. Er kann auch zur Erschließung von Zeit-, Qualitäts- und Flexibilitätsvorteilen dienen. Für ein Global Sourcing sind unterschiedliche **Voraussetzungen** zu klären:

Rahmenbedingungen überprüfen

- Politische Stabilität im Land des Zulieferers.
- Handels- und Rechtssicherheit im Land des Lieferanten.
- Intensive Marktforschung.

Strategien der Versorgung | **C.3**

- Überwindung sprachlicher Barrieren.
- Schaffung einer datentechnischen Infrastruktur („IT-Plattform").

Etliche Hersteller werden aus der Notwendigkeit zur Erweiterung ihrer Lieferkapazitäten, der Verknappung von Ressourcen und der Ausschöpfung Lohnkosten bedingter Preisvorteile regelrecht dazu gezwungen, ein **Global Player** in der Beschaffung zu werden. Die Vor- und die Nachteile von Global Sourcing sind:

Gründe globaler Beschaffung

Vorteile	*Nachteile*
Versorgung mit Gütern, die im Inland knapp oder nicht vorhanden sind. Dadurch reduziert sich die Abhängigkeit von inländischen Lieferanten.	Wechselkursrisiken (zum Teil über ein Hedging abzufedern).
Steigerung der Transparenz über globale Leistungen.	Transport- und Qualitätsrisiken.
Ausnutzung von Konjunktur- und Wachstumsunterschieden.	Kommunikationsschwierigkeiten.
Senkung der Einkaufspreise.	Steigerung der Transportkosten (in Abhängigkeit von den Incoterms).
Ausübung von Druck auf inländische Lieferanten (insbesondere für Preisverhandlungen).	Erhöhung der Sicherheitsbestände, da die Gefahr von Stock-out-Situationen tendenziell steigt.
Schaffung neuer Absatzmärkte (auf Grund neuer Kontakte): Beschaffungsmärkte sind potenzielle Absatzmärkte.	Begrenzung von Beschaffungsstrategien (Just-in-Time-Abwicklung nur bedingt möglich).

C.3.5 Beschaffungsstrategien

Die **Beschaffungsstrategien** sind ein weiterer Untersuchungsbereich von Versorgungskonzepten im Supply Chain Management. In diesem Zusammenhang werden eine Steuerung über Kanban, die Methode der Fortschrittszahlen, eine belastungsorientierte Auftragsfreigabe und die retrograde Terminierung nachstehend näher charakterisiert.

Warenfluss steuern

Strategien des Supply Chain Managements

C.3.5.1 Kanban

Abkehr von zentraler Produktionsplanung

Der Ansatz stammt aus Japan. Kanban bedeutet im Deutschen „Karte". Synonym wird Kanban als **Pullkonzept** (Holkonzept) bezeichnet (vgl. *Anderson* 2010; *Dickmann* 2008; *Geiger et al.* 2011; *Weber* 2011; *Wildemann* 1984; *Wildemann* 2011). Diese Beschaffungsstrategie beinhaltet eine Abwendung von der zentralisierten Produktionsplanung. Und die Hinwendung zu *vermaschten, selbst steuernden Regelkreisen*. Kanban geht nicht länger einer Beantwortung der Frage nach, was der Kunde gern haben *könnte*, sondern was der Kunde *tatsächlich* haben möchte. Während beim Pushprinzip die Hersteller ihre Güter quasi in den Markt „drücken", stoßen beim Pullkonzept die Kunden eine Produktion an. Sie „ziehen" die gefertigten Artikel aus den Organisationen.

Kanban steuert retrograd

Ein Kanban enthält sämtliche notwendigen Steuerungsinformationen, wie Teile- und Abnehmerdaten, Bestellmenge, Transportart oder Behälter. Die Karten werden auf einer Übersichtstafel verwaltet und zur Lenkung zwischen erzeugender Stelle (Quelle) und verbrauchendem Bereich (Senke) eingesetzt. Erst wenn der Meldebestand erreicht ist, wird die Produktion aktiviert. Auslöser für eine Fertigung ist die jeweils nachgelagerte Stelle. Beim Auftreten von Bedarfen entnimmt die verbrauchende Abteilung einen, durch die vorgelagerte Stufe gefüllten, Behälter aus dem Pufferlager. Dadurch wird der **Holgedanke** von Kanban deutlich. Zum Ablauf von Kanban vgl. Abbildung C.10. Grundsätzlich sind Einkarten- und Zweikarten-Systeme zu unterscheiden:

Einkarten- und Zweikartensystem

- **Einkarten-Kanban**: Zwischen produzierender und verbrauchender Stelle wird nur ein Transportkanban eingesetzt. Dieses Verfahren bildet eher die Ausnahme, bei dem die Produktion traditionell über zentral vorgegebene Planzahlen erfolgt.

- **Zweikarten-Kanban**: Es wird zwischen einem Produktions- und einem Transportkanban unterschieden. Verbraucht eine Senke (Endmontage) den Inhalt des Behälters, ist der dort angebrachte *Transportkanban* abzutrennen und durch einen vollen Behälter, der aus dem Pufferlager geholt wird, zu ersetzen. Ein Transportkanban regelt den Abruf zwischen verbrauchender Stelle und vorgeschaltetem Pufferlager. An dem vollen Behälter befindet sich ein *Produktionskanban*, der nach Abruf an die Quelle (Vormontage) geleitet wird. Der Produktionskanban steuert (losgelöst von der zentralen Produktionsplanung) eigenständig den Materialfluss innerhalb der Fertigung und im Pufferlager.

Strategien der Versorgung **C.3**

Kanban *Abbildung C.10*

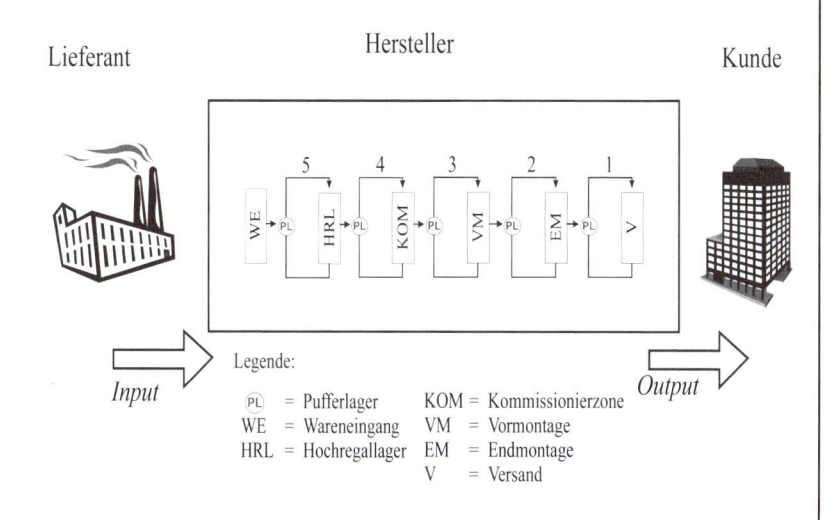

Legende:
- PL = Pufferlager
- WE = Wareneingang
- HRL = Hochregallager
- KOM = Kommissionierzone
- VM = Vormontage
- EM = Endmontage
- V = Versand

Der Prozessfluss des Zweikarten-Systems wird nachstehend anhand eines **Beispiels** beschrieben (vgl. *Holzmüller* 2003, S. 21). Abbildung C.11 dient diesbezüglich dem besseren Verständnis. In der Senke (Endmontage) wurde ein zuvor definierter Mindestbestand erreicht. Somit meldet die Endmontage ihren Bedarf an, indem sie an einen leeren Behälter (vom Typ „C") einen Transportkanban heftet und diesen in das Pufferlager („F-26-18") verräumt. Die Vormontage holt den Transportkanban aus dem Pufferlager. Entsprechend der konkreten Nachfrage der Senke, füllt die Vormontage den Behälter mit 20 Kurbelwellen (Typ „56790-321") auf, der somit zum Produktionskanban („P") wird. Es ist der vierte von acht identischen – und im Umlauf befindlichen – Produktionskanbans. Die Kurbelwellen werden für den Fahrzeugtyp „SX50BC-150" benötigt und auf Band „SB-8" verbaut. Jetzt wird der gefüllte Behälter in das Pufferlager gebracht. Zur gegebenen Zeit entnimmt die Endmontage diese 20 Kurbelwellen dem Pufferlager. Ein neuer Regelkreis wird angestoßen, wenn der nächste Mindestbestand erreicht ist.

Montage von Kurbelwellen als Beispiel

Eine Kanban-Steuerung passt sich somit flexibel kleineren Schwankungen innerhalb der Supply Chain an. Ganz anders die **zentrale Produktionssteuerung**, diese reagiert auf Änderungen der Kundenabrufe zumeist nur träge. Und um diese mangelnde Anpassungsfähigkeit kompensieren zu können, benötigen zentralisiert gesteuerte Abläufe hohe

Zentral- vs. Dezentralprinzip

C Strategien des Supply Chain Managements

Sicherheitsbestände (Kapitalbindung). Außerdem bedeuten bereits kleinere Modifizierungen im Fertigungsprozess für die zentrale Produktionssteuerung einen riesigen Koordinationsaufwand (personalintensive Abläufe mit hoher Fixkostenbelastung).

Abbildung C.11 *Beispiel eines Produktionskanbans*

P	Lagernummer: F26-18 Teilenummer: 56790-321 Teilebezeichnung: Kurbelwelle Fahrzeugtyp: SX50BC-150			Band: SB-8
	Behälter: C	Menge: 20	Karte: 4/8	

Prägende Ziele von Kanban

Kanban-Systeme werden aber nicht nur zur Verbesserung der Prozessflexibilität eingeführt. Sie diesen ebenso zur Erhöhung der Transparenz in den Wertschöpfungsketten. Weitere **Ziele** von Kanban bestehen in der Begrenzung von Verschwendung (verringerte Bestände, beschleunigte Durchläufe) und der Reduzierung des Planungsaufwands (vereinfachte Dispositionsvorgänge).

Kanban folgt strikten Regeln, die minutiös einzuhalten sind

Das Kanban-Prinzip folgt strikten **Grundregeln**: Der Auslöser eines Prozesses ist immer der Verbraucher (Hol-Gedanke). Weiterhin gilt: „Keine Produktion und keine Lieferung ohne Karte". Die Entnahmemenge muss sich immer mit der Produktionsmenge kongruent verhalten. Ebenso ist die Weitergabe fehlerhafter Teile verboten. Schließlich darf die Anzahl der insgesamt eingesetzten Karten nicht eigenmächtig verändert werden.

Kanban funktioniert nur im Team

Kanban ist die logische Weiterführung des Kaizen-Gedankens: einer kontinuierlichen Verbesserung (vgl. S. 101). Dabei obliegt die Steuerung der Regelkreise zu weiten Teilen den eingebundenen Mitarbeitern selbst. Die Zentrale greift nur bei gravierenden Schwierigkeiten unterstützend ein. Dadurch fördert Kanban die Eigenständigkeit und die Kreativität der Menschen. Kanban steigert die **Motivation** der Mitarbeiter, diese agieren als wirkliches Team. Die Mitarbeiter sind integrativer und eigenverantwortlicher Bestandteil des gesamten Materialflusses.

Strategien der Versorgung — **C.3**

Jeder Kanban-Regelkreis hat **zwei prägende Parameter**: Zum einen sind es die Losgrößen (die Teilezahl je Kanban-Behälter). Zum anderen ist es die Menge der in einem Regelkreis umlaufenden Karten. Die Anzahl dieser eingesetzten Karten ist abhängig von den Bedarfen pro Zeiteinheit, der Wiederbeschaffungszeit der Waren sowie der Anzahl an Teilen pro Behälter. Beide Parameter werden für jeden Regelkreis individuell festgelegt. Dabei sind situationsbedingte kurzfristige Anpassungen nicht nur möglich, sondern vielfach auch nötig (beispielsweise bei Betriebsstörungen auf Grund von Maschinenausfällen).

Losgrößen und Anzahl eingesetzter Behälter festlegen

Die Philosophie von Kanban orientiert sich am *Supermarktprinzip*: Ein Verbraucher entnimmt, wie in einem Supermarkt, aus dem Regal eine Ware bestimmter Spezifikation und Menge. Die Lücke wird festgestellt, und das Lager anschließend bis zum definierten Level aufgefüllt. Wichtige **Voraussetzungen** für eine Steuerung über Kanban sind:

Spielregeln von Kanban-Regelkreisen

- Jeder Verbraucher (zum Beispiel die Endmontage) darf nur die tatsächlich benötigte Menge aus dem Pufferlager entnehmen, weil ansonsten ein Versorgungsengpass droht.
- Jeder Produzent (zum Beispiel die Vormontage) stellt die tatsächlich in Auftrag gegebene Menge her. Anderenfalls würden Über- oder Unterbestände entstehen.
- Im Prozess befinden sich nur Teile mit einer vorgegebenen und eingehaltenen Qualität.
- Der Grad an Auftragswiederholung ist hoch. Folglich eignen sich für Kanban insbesondere die Serienfertigung und die Massenfertigung. Dadurch fallen vergleichsweise geringe Schwankungen der Bedarfe an.
- Das Kundenabrufverhalten ist recht gut prognostizierbar. Anders ausgedrückt: die Absatzprognosegenauigkeit ist hoch.
- Die Arbeitsplätze richten sich nach dem Materialfluss aus, und die Kapazitäten sind abgestimmt (keine Engpässe).
- Schließlich sollten die Losgrößen relativ konstant sein, was der Planungssicherheit in den Produktionsprozessen dient.

Doch auch eine Kanbansteuerung unterliegt einigen **Problemen**. Geht der Überblick hinsichtlich der Anzahl eingesetzter Karten verloren, beginnt deren inflationäres Nachrücken. Außerdem werden Mitarbeiter zum Teil an der Linie Sachnummern „hamstern", wenn sie einen Band-

Grenzen von Kanban

Strategien des Supply Chain Managements

abriss befürchten (Stock-out-Situation). Auch wird sich die Anzahl eingesetzter Karten gegebenenfalls einpendeln (und nicht länger wirklich überprüft). Schließlich sind einige Mitarbeiter mit der Selbststeuerung schlichtweg überfordert.

Von JiT zu JiS

Das Prinzip der Produktionssynchronität spiegelt sich bei Kanban in den Philosophien von **Just-in-Time** (JiT) und **Just-in-Sequence** (JiS, vgl. *Krüger* 2004; *Takeda* 2009). In der Automobil- und deren Zulieferindustrie sind JiT und JiS weit verbreitet. Bei der Produktion des „Smart" in Hambach werden mittlerweile über 90% aller Zulieferteile Just-in-Time abgewickelt. Den Rest machen Schrauben und kleinere Plastikteile aus, die höchstens zwei Wochen im Werk lagern.

Neuerungen von JiS

Ein erster Unterschied zwischen Just-in-Time und Just-in-Sequence ist darin zu sehen, dass bei Just-in-Time der Versuch unternommen wird, mit einem „Nullbestand" auszukommen, indem die Vorräte des Herstellers auf vorgelagerte Wertschöpfungsstufen zu überwälzen sind. Just-in-Sequence hingegen bedeutet, die **Bandgeschwindigkeit** – ständig wechselnd, an die Kundennachfrage – **dynamisch anzupassen**. Wenn die Bedarfe plötzlich umschwenken, sind Bestände zwar nicht erwünscht, aber temporär durchaus erlaubt.

Lieferant erbringt zusätzliche Vorleistungen

Eine weitere Neuerung von Just-in-Sequence bildet die Prozessoptimierung, indem die **Reihenfolge** von Arbeitsschritten abgestimmt ist. Ein Beispiel für diese Vorgehensweise findet sich bei *Audi*. Bei der Fertigung des „TT" im ungarischen Györ wendet der Autobauer Just-in-Sequence mit gutem Erfolg an. Die Fertigung fußt auf „SILS" (Supply-in-Line-Sequence), wobei die Bandversorgung über ein Modulcenter in der Nähe der Montagelinien abläuft. Der Tier-One-Lieferant *Lear* befindet sich in unmittelbarer Nähe des Verbaupunkts. *Lear* stellt die Sitze für den „TT" her. Circa 180 Minuten vor dem Einbau erhält der Lieferant den Feinabruf. Bereits in der gewünschten Reihenfolge distribuiert *Lear* mit kleinen Vans die Sitze in das Werk von *Audi*.

Halbherzige Umsetzung von JiT

Eine Studie von *KPMG* („Europe on the Move") setzt sich dezidiert mit der Eignung von **Just-in-Time in der Automobilindustrie** auseinander (vgl. *Batchelor/Schmidt* 2004). Die Untersuchung zeigt, dass die durchschnittliche Reichweite der Fahrzeuge, über unterschiedliche europäische Produzenten hinweg, bei 50 Tagen liege. Zwar könnten einige Hersteller im Fertigungsprozess ihre Durchlaufzeiten herunterfahren. Doch stünden die Fahrzeuge anschließend viele Tage auf der Halde. Vor allem durch Probleme im Vertrieb würde in der kompletten Wertschöpfungskette Just-in-Time kaum realisiert. *Batchelor/Schmidt* beschreiben, dass die meisten Autobauer in Europa, insbesondere im Niedrig- und Mittelpreissegment, noch immer am Push-System festhielten und ihre Fahrzeuge nach einem festen Verteilplan herstellten. Nachstehend sind die wesentlichen **Voraussetzungen** von Just-in-Time aufgelistet:

- Bereitschaft zur vertrauensvollen Zusammenarbeit zwischen den Partnern (zum Beispiel durch gemeinsame Bestandsführung).
- Hoher Servicegrad der Anlieferer.
- Abstimmung der Strategien zwischen Lieferant und Abnehmer.
- Adäquate Informations- und Kommunikationssysteme sowie geeignete Infrastruktur.
- Fertigung konstanter Lose mit Kapazitätsreserven.
- Hohe Prognosesicherheit (größere ungeplante Nachfrageschübe dürfen die Organisation nicht allzu häufig treffen).

Voraussetzungen von JiT

Die Sicherheitsbestände des Kunden werden bei Just-in-Time gesenkt und sämtliche den Wert mindernden Tätigkeiten eliminiert. Das Material ist *produktionssynchron* zu beschaffen, um Überbestände zu vermeiden. Dadurch werden Probleme innerhalb der Versorgungskette zwingend aufgedeckt, weil unabgestimmte Kapazitäten, mangelnde Flexibilität, geringe Termintreue oder qualitative Defizite direkt zum Versagen der Methode führen. Just-in-Time bedeutet somit eine **Steigerung an Transparenz**.

JiT schafft Klarheit

Die **Vorteile** von Just-in-Time erstrecken sich, neben der angesprochenen Transparenzsteigerung, auf Verbesserungen von Lagerumschlag, Handlingskosten, Lagerkosten, Durchlaufzeiten, Rüstzeiten sowie Fertigungsschwankungen. Doch es sind auch die **Nachteile** von Just-in-Time zu beachten:

Kritische Würdigung

- Einleitung von Trouble Shooting bei Störungen (zum Beispiel, wenn LKW-Fahrer streiken).
- Erhöhung der Transportkosten (häufige Anlieferung kleiner Mengen, verbunden mit ökologischen Belastungen).
- Verlagerung der Bestände auf vorgeschaltete Wertschöpfungsebenen (keine tatsächliche Reduzierung der Bestände in der kompletten Lieferkette).

Strategien des Supply Chain Managements

C.3.5.2 Fortschrittszahlen

Fortschrittszahlen: Historie und Begriff

Neben Kanban ist das Konzept der Fortschrittszahlen (vgl. *Krings* 2004) eine weitere Versorgungsstrategie in modernen Supply Chains. Bereits seit den frühen 60er Jahren operieren Hersteller mit Fortschrittszahlen. Mitte der 70er Jahre verlor das Konzept, insbesondere durch das Aufkommen von Kanban, an Bedeutung, um zu Beginn der 90er Jahre – in der Automobil- und ihrer Zulieferindustrie – seine regelrechte Renaissance zu erleben. Ein wesentlicher Grundgedanke von Fortschrittszahlen besteht in der engen Verknüpfung zwischen Lieferant und Kunde. Die Steuerung der Zusammenarbeit wird über **Abrufe** (vgl. Begriffsblock C.V) geregelt.

Begriffsblock C.V

Arten von Abrufen

- **Lieferabruf** (LAB): Im Lieferabruf werden die allgemeinen Konditionen festgeschrieben. Sie steuern die Freigabe für die Beschaffung von Materialien des Lieferanten. Die Basis zur Bearbeitung stellt ein Rahmenvertrag dar. Der Kunde verpflichtet sich darin, bestimmte Mengen innerhalb eines definierten Zeitraums abzunehmen. Die Aktualisierung der Abrufe erfolgt häufig monatlich, wobei sich die Vorschau über einen Zeitraum von einigen Monaten im Produktionsplan manifestieren kann.

- **Feinabruf** (FAB): Der FAB konkretisiert die Mengen, Termine oder Orte aus dem LAB. Synonym wird er als Direktabruf oder Versandabruf bezeichnet. Seine Vorschau umfasst beispielsweise im Segment „Automotive" in der Regel zwei bis vier Wochen.

Kerninhalte des Konzepts

Im Rahmen der Bildung von Fortschrittszahlen wird der komplette Beschaffungs- und Fertigungsprozess in **Kontrollblöcke** dekomponiert. Ein Kontrollblock ist ein selbst steuerndes Subsystem. Die Bedarfe der Teilabschnitte und die Mengen sind *kumuliert* darzustellen. Der **Begriff** resultiert daraus, dass der in Tagen oder Wochen angegebene Fortschritt im Herstellungsprozess aufgezeigt wird. Jeder einbezogene Bereich gibt den Input und den Output von Rohstoffen, Teilen sowie Endprodukten über ein Zeitraster an. Die verschiedenen **Arten von Fortschrittszahlen** sind (vgl. *Ostertag* 2008):

Strategien der Versorgung C.3

Fortschrittszahlen	Charakterisierung
Eingangsfortschrittszahl	Der auf die Zeit bezogene Mengeninput, welcher die Belastung eines Kontrollblocks anzeigt.
Ausgangsfortschrittszahl	Die Ausgangsfortschrittszahl gibt den auf die Zeit bezogenen Mengenoutput eines Kontrollblocks an.
Istfortschrittszahl	Sie misst den effektiven Fertigungsfortschritt pro Kontrollblock, innerhalb eines definierten Betrachtungszeitraums.
Sollfortschrittszahl	Die Sollfortschrittszahl bestimmt die mengenmäßige Sollvorgabe pro Kontrollblock innerhalb eines definierten Betrachtungszeitraums (die „gewünschte" Vorgabe).
Planfortschrittszahl	Schließlich zeigt die Planfortschrittszahl die mengenmäßige Planvorgabe pro Kontrollblock innerhalb eines definierten Betrachtungszeitraums auf („realistische Vorgabe").

Der Bestand pro Kontrollblock errechnet sich pro Periode zu einem bestimmten Zeitpunkt aus der Differenz zwischen Eingangsfortschrittszahl und Ausgangsfortschrittszahl (vgl. *Ostertag* 2008):

Berechnungsgrundlage

Berechnung von Fortschrittszahlen

Bestand pro Kontrollblock (t) = EFZ (t) − AFZ (t)

    Legende: EFZ = Eingangsfortschrittszahl
                   AFZ = Ausgangsfortschrittszahl
                   t   = Untersuchungszeitraum

In der **grafischen Darstellung** sind Ist-, Soll- und Planfortschrittszahlen abgetragen. Die zeitlichen und die mengenmäßigen *Vorläufe* („V") sowie *Rückstände* („R") geben an, ob die Zielwerte über- oder unterschritten sind. Abbildung C.12 zeigt diesen Sachverhalt anhand eines **Beispiels**. Der Beginn dieser Betrachtung ist der Zeitpunkt t_0 (t wird in Fertigungstagen gemessen und horizontal abgetragen). Vertikal sind die produzierten Mengeneinheiten (ME) angegeben, der Fortschritt pro Zeiteinheit im Untersuchungszeitraum. Am Anfang des vierten Tags (t_4) beläuft sich der Rückstand auf 100 ME. An diesem vierten Tag werden 200 ME hergestellt, somit ergibt sich an dessen Ende ein Vorlauf von 100 ME. Der

Vorläufe und Rückstände

Strategien des Supply Chain Managements

nächste Betrachtungszeitpunkt ist t_{11} (heute). Wiederum beträgt der Rückstand 100 ME. Es sollten kumuliert 500 ME hergestellt sein. Jedoch wurden nur 400 ME produziert. Zum Aufzeigen der Synchronisation zwischen Ist und Soll, werden die Planzahlen in das Diagramm eingetragen. Der Plan gibt an, dass in der Periode t_{13} eine Anpassung von Soll und Ist stattfindet und der Rückstand zu diesem Zeitpunkt (also in zwei Tagen) voraussichtlich aufgeholt ist.

Abbildung C.12 *Beispiel zur Bestimmung von Fortschrittszahlen*

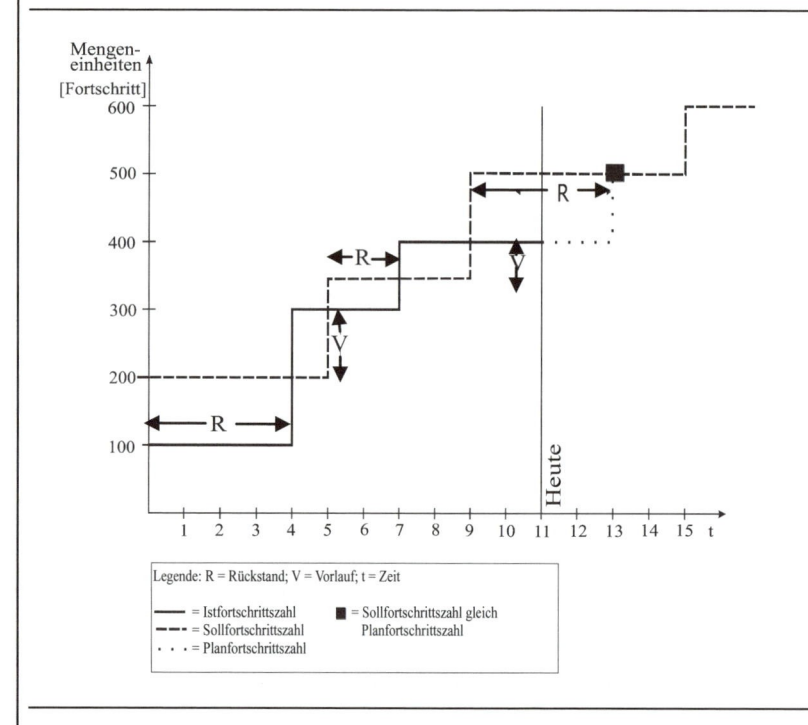

C.3.5.3 Belastungsorientierte Auftragsfreigabe

Historie und Schranken

Das Konzept der belastungsorientierten Auftragsfreigabe (BOA) wurde Mitte der 80er Jahre am *Institut für Fabrikanlagen* (IFA) in Hannover entwickelt (vgl. *Weigelt* 2011; *Wiendahl* 1987). Es orientiert sich an den Kapazitäten der Arbeitsstationen und nach dem Ziel, eine verfrühte oder eine verspätete Auftragsfreigabe in die Supply Chain zu verhindern. Aufträge werden in das System geschleust, wenn sie als dringlich einzustufen

Strategien der Versorgung **C.3**

sind. Die zwei Steuerungsparameter „Terminschranke" und „Belastungsschranke" bestimmen die **Dringlichkeit** der Aufträge.

- **Terminschranke**: Der letztmögliche Starttermin für die Einlastung von Aufträgen in die Supply Chain.
- **Belastungsschranke**: Sie spiegelt den Grenzwert, bis zu dem Aufträge je Station bearbeitet werden können.

Die Fertigungskapazitäten sind fix, wodurch die belastungsorientierte Auftragsfreigabe recht rigide wirkt. Ein **Trichtermodell** steuert die Einschleusung von Aufträgen in die Versorgungskette (vgl. Abbildung C.13). Wichtige Stell- und Regelgrößen des Konzepts sind:

Starrheit als Restriktion

Stell- und Regelgrößen	*Charakterisierung*
Mittlerer Bestand	Der mittlere Bestand charakterisiert die vor einem Arbeitsplatz bereits wartenden Aufträge. Diese Vorräte haben eine Pufferfunktion.
Mittlere Belastung	Sie symbolisiert die vor einer Maschine neu ankommenden Aufträge.
Kapazität	Eine Kapazität misst die mögliche Leistung der Arbeitsstation. Sie entspricht der unteren Öffnung des Trichters.
Mittlere gewichtete Durchlaufzeit	Schließlich bestimmt die mittlere gewichtete Durchlaufzeit das Verhältnis aus mittlerem Bestand und mittlerer Kapazität.

Das Konzept ist in der Unternehmungspraxis allerdings nicht sehr verbreitet. Eine Steuerung der Versorgung innerhalb der Supply Chain wird durch drei generische **Arbeitsschritte** gewährleistet (vgl. *Weigelt* 2011, S. 5ff.).

BOA-Prozess

Arbeitsschritt 1: Bei der Anwendung von BOA wird zunächst mit der Bestimmung einer **Terminschranke** die Basis für die Durchlaufterminierung geschaffen. Je näher ein Auftrag vor der Terminschranke liegt, desto dringlicher ist seine Bearbeitung. Die Terminierung erfolgt mit Hilfe statistisch gewonnener mittlerer gewichteter Durchlaufzeiten.

Dringlichkeit

C *Strategien des Supply Chain Managements*

Berechnung der gewichteten Durchlaufzeit

Mittlere gewichtete Durchlaufzeit (MD)

$$MD = \frac{MB}{A/T}$$

Legende: MB = Mittlerer Auftragsbestand
A = Auftragsabgang (Stunden)
T = Untersuchungszeitraum (Tage)

Kapazität

Arbeitsschritt 2: Die Aufträge werden nur dann in das System geschleust, wenn sie eine gegebene **Belastungsschranke** pro Arbeitsstation nicht überschreiten. Dadurch ist die Vermeidung einer Überlastung an den Maschinen gewährleistet. Die Belastungsschranke kann mit Hilfe von Simulationsverfahren ermittelt werden, wodurch die belastungsorientierte Auftragsfreigabe an Flexibilität gewinnt. Dann reduziert sich das bereits angesprochene Problem der Starrheit.

Berechnung der Belastungsschranke

Belastungsschranke (BS)

$$BS = MB + AB$$

Legende: MB = Mittlerer Auftragsbestand
AB = Auftragsabgang pro Periode

Jedem Auftrag seine Chance

Arbeitsschritt 3: Alle Aufträge, die in Arbeitsschritt 2 noch nicht freigegeben wurden (weil ihre Dringlichkeit nicht hoch genug ausgeprägt war), haben jetzt die Chance – mit erhöhter Dringlichkeit – durch die Belastungsschranke in die Supply Chain geleitet zu werden. Nach erfolgter Freigabe und Bearbeitung ist der Bestand schließlich auf Lager zu nehmen.

Strategien der Versorgung | **C.3**

Belastungsorientierte Auftragsfreigabe | *Abbildung C.13*

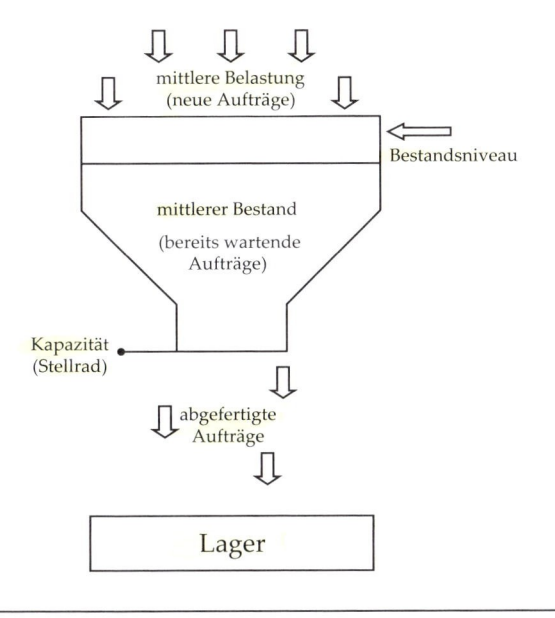

- Zu den wesentlichen **Voraussetzungen** einer belastungsorientierten Auftragsfreigabe zählen:

    - Harmonisierende Kapazitäten.
    - Kleine Fertigungslose mit ähnlichen Arbeitsinhalten.
    - Kontinuierliche (linear verlaufende) Produktionsprozesse.
    - Weitgehend unveränderte Maschinenfolge (Identical Routing).
    - Keine größeren Störungen (wie Fertigungsausfälle).
    - Nur geringe Änderungen von Auftragsmengen und -terminen.

BOA eignet sich nicht für jeden Fertigungsprozess

C.3.5.4 Retrograde Terminierung

Eine weitere Versorgungsstrategie im Supply Chain Management ist die retrograde Terminierung. Ende der 80er Jahre wurde der Ansatz von *Adam* (vgl. *Adam et al.* 1999; *Zirkel* 2004) entwickelt. Die zentrale Aussage des Konzepts lautet, dass im Fertigungsprozess auch **Diskontinuitäten** auftreten können (insbesondere bei der Einzelfertigung und der Werkstattfertigung). Diskontinuierlich bedeutet, dass die Prozesse nichtlinear verlaufen. Die Starttermine einer Fertigung werden entgegen des eigentlichen Materialflusses (*retrograd*) festgelegt. Den finalen Soll-

Historie und Diskontinuität

Strategien des Supply Chain Managements

Liefertermin zum Kunden bestimmt die zentrale Produktionsplanung. Eine retrograde Terminierung kennt drei **Arbeitsschritte**:

Phasen der retrograden Terminierung

- **Arbeitsschritt 1**: Ausgehend vom Soll-Liefertermin zum Abnehmer geben die einzelnen Fertigungsbereiche, rückwärts terminiert, ihre gewünschten Startzeiten an die zentrale Produktionsplanung weiter. Es ist zu unterstellen, dass keine Restriktionen hinsichtlich der nutzbaren Kapazitäten vorliegen. Der Rahmenplan einer Fertigung wird zunächst grob (und damit wenig praktikabel) erstellt.

- **Arbeitsschritt 2**: Dieser Rahmenplan wird unter der Heranziehung einer Maschinenbelegungsübersicht revidiert. Es erfolgt eine Zuordnung von Aufträgen zu Maschinen. Treten Terminkollisionen auf, sind diese durch den Einsatz einer *Prioritätsregel* zu entschärfen. Dabei wird vom Prinzip der Rückwärtsterminierung innerhalb der Wertschöpfungskette ausgegangen. Die einzelnen Wunschvorstellungen der Funktionsbereiche sind anschließend in eine Gesamtübersicht zu bringen.

- **Arbeitsschritt 3**: Die provisorische Ausgangsplanung wird modifiziert. Es findet eine Abstimmung zwischen den Wünschen der Abteilungen und den tatsächlichen Fertigungsverhältnissen durch die zentrale Produktionssteuerung statt. Beispielsweise kann der Auftragsstart in Richtung Gegenwart verschoben werden, um auftretende Verzugszeiten zu reduzieren.

Aufträge den Arbeitsstationen zuweisen

Der dominierende Steuerungsparameter einer retrograden Terminierung ist der **Maschinenbelegungsplan**. Er ist als Rahmenplan – und nicht als minutiöse Steuereinheit – zu verstehen. In ihm werden die Arbeitsstationen und die Anzahl der in einer Supply Chain tätigen Mitarbeiter berücksichtigt. Der Maschinenbelegungsplan enthält in diesem Fall zunächst nur die Eckdaten für den Planungszeitraum. Zum Beispiel eine Vorgabe auf Wochenbasis.

Sinkende Abhängigkeit von der Zentrale

Innerhalb definierter Interventionsdaten (Grenzwerte) kann ein Mitarbeiter frei über die Verschiebung der Reihenfolge entscheiden, wenn dies der **Gesamtoptimierung** zuträglich ist. Er darf jedoch die Soll-Bearbeitungszeit je Arbeitsgang insgesamt nicht überschreiten. Die zentrale und provisorische Produktionsplanung wird folglich dezentral (in den Funktionsbereichen) verbessert.

Flexibilität als scharfe Waffe

Diese Vorgehensweise strebt danach, beim Auftreten unvorhersehbarer Störungen geringen Ausmaßes rasch Anpassungen vorzunehmen. Dadurch ist die retrograde Terminierung sehr **flexibel**. Das Mitspracherecht und die Eigenverantwortlichkeit der Mitarbeiter bewirken auch eine Motivationssteigerung. Jedoch kann es bei häufigen Modifizierungen der Daten zu Problemen in der zentralen Produktionssteuerung kommen, indem die Anpassungen nicht adäquat vorgenommen werden.

C.3.6 Ersatzteilmanagement

Angelehnt an die deutsche **Industrienorm 24420 (Teil I/4-1)**, stellen Ersatzteile (*Spare Parts*) den Austausch beschädigter, verschlissener oder fehlerhafter Einzelkomponenten, Baugruppen oder vollständiger Erzeugnisse dar. Eine Feinuntergliederung von Ersatzteilen nach ihrem **Verwendungszweck** findet sich beim „Deutschen Institut für Normung" (DIN 31051). Danach werden Ersatzteile in Reserveteile, Verbrauchsteile und Kleinteile unterschieden (vgl. *Biedermann* 2008, S. 3ff.).

Begriff und Ausprägungsformen

- **Reserveteile**: Sie sind Fertigungsanlagen direkt zugeordnet. Grundsätzlich zeichnen sich Reserveteile durch geringe Bestandsmengen und hohe Kapitalbindung aus. Sie werden typischerweise zur Instandhaltung benötigt. Es sind vielfach Antriebskomponenten, wie Motoren oder Getriebe.

- **Verbrauchsteile**: Darunter sind genormte Sachnummern zu verstehen, die einer ausgeprägten Abnutzung unterliegen. Ihre wirtschaftliche Instandsetzung ist zumeist nicht möglich. Vielmehr sind Verbrauchsteile einer begrenzten Lebensdauer unterworfen, die sich jedoch vielfach recht gut prognostizieren lässt. Zu ihnen zählen Leuchtmittel, Bremsscheiben oder Kleinmotoren.

- **Kleinteile**: Schließlich werden Kleinteile in großen Mengen bevorratet. Ihr durchschnittlicher WACC-Effekt schlägt kaum zu Buche (Pufferlagerbildung). Kleinteile sind typischerweise normiert (Schrauben, Unterlegscheiben oder Dichtungsgummis).

Die **Ersatzteilnachfrage** kann entweder auf ein plötzliches Ereignis, oder auf einen Verschleiß zurückgehen. Ein plötzliches Ereignis eines Ersatzteilbedarfs ist beispielsweise ein Unfall. Um dem Verschleiß vorzubeugen, sind Wartungsmaßnahmen einzuleiten (Austausch defekter oder abgenutzter Teile). Ein Teileaustausch ist im Regelfall mit möglichen Folgekosten abzuwägen (*Total Cost of Ownership*).

Unfall und Verschleiß als Ursachen der Ersatzteilnachfrage

C Strategien des Supply Chain Managements

Ersatzteile nach ihrer Herkunft unterschieden

Wenn Ersatzteile nach ihrer **Herkunft** betrachtet werden, bietet sich eine Unterscheidung in Originalteile, Fremdteile, Gebrauchsteile sowie Nachbauteile an. Ihre nähere Kennzeichnung findet sich im Folgenden. Ein grundsätzliches Differenzierungskriterium ist dabei die Fertigungstiefe der Ersatzteilhersteller (vgl. *Biedermann* 2008, S. 13ff.).

- **Originalersatzteile** (*Genuine Spare Parts*): Originalersatzteile produziert der Hersteller (OEM) als Erstausrüster entweder selbst, oder er bezieht sie „original" von Dritten (Outsourcing). Die Qualität der Sachnummern ist identisch mit der Erstausrüstung. Beispielsweise setzt sich ein *VW* „Golf" aus über 1.200 Einzelkomponenten zusammen, für die Originalersatzteile auf Lager vorzuhalten sind.

- **Fremdersatzteile** (*Third Party Replacement*): Darunter sind vom Erstausrüster selbst hergestellte Identbauteile zu verstehen, die freilich auch Nachbauteile der Drittanbieter sein können. Sie werden unter der Marke einer Zulieferunternehmung vertrieben und unterliegen den Qualitätsstandards der Originalteile.

- **Gebrauchtteile**: Gebrauchtteile sind entweder instandgesetzte Sachnummern, oder aus Altanlagen entnommene Komponenten.

- **Nachbauteile**: Sind Patent- oder Designschutz abgelaufen, werden einige Artikel mittlerweile als Nachbauteile angeboten. Diese sind den Originalteilen nachempfunden, und sie werden häufig als Eigenmarken vertrieben (zum Beispiel Automobilwischblätter bei Discountern).

Ersatzteilmanagement und seine Treiber

Grundsätzlich hat sich die Notwendigkeit für ein Ersatzteilmanagement in den letzten Jahren intensiviert. Zu den **prägenden Einflussbereichen** eines zeitgemäßen Ersatzteilwesens zählen globalisierte Wirtschaftsabläufe (geografische Ausweitung von Kundenstandorten), zunehmender Wettbewerb (Anstieg der Variantenvielfalt), technologische Veränderungen (Ausdehnung der Wartungsintervalle), gesetzliche Änderungen (Verlängerung von Gewährleistungsfristen) und modifizierte Kundenanforderungen (zunehmende Service-Levels).

Kundenzufriedenheit vs. Kosten

Dabei befindet sich das Ersatzteilmanagement in einem latenten **Spannungsverhältnis** zwischen hohem Lieferservicegrad (Technik- und Vertriebssicht) bei gleichzeitig niedriger Kapitalbindung (Controllingsicht). Ein ausgeprägter Lieferservicegrad schafft Kundenzufriedenheit und mindert das Risiko von Produktionsunterbrechungen. Damit sind in der Regel niedrige Ausfallfolgekosten verbunden. Auch tragen regelmäßige Wartungen und Inspektionen von Anlagen dazu bei, diese langfristig zu

Strategien der Versorgung | **C.3**

erhalten. Allerdings wird durch die Bevorratung kapitalintensiver Reserveteile die Anlagenverfügbarkeit teuer erkauft.

Zur Linderung dieses generischen Zielkonflikts zwischen Warenverfügbarkeit und Lagerhaltungskosten, sollte sich ein zeitgemäßes Ersatzteilmanagement auf eine Optimierung seiner vier prägenden **Schlüsselkomponenten** konzentrieren. Dazu zählen: Bestandsmanagement, Prozessmanagement, Lager- und Infrastruktur sowie Kooperationen (vgl. *Pawellek* 2012, S. 59ff.).

Säulen modernen Ersatzteilmanagements

C.3.6.1 Bestandsmanagement

Das Bestandsmanagement von Ersatzkomponenten unterliegt **besonderen Spielregeln**. Die gewünschten Ersatzteile sollen in geforderter Qualität und Menge stets pünktlich am richtigen Ort zur Verfügung stehen. Fehlende Ersatzteile können komplette Produktionsprozesse zum Erliegen bringen (Stock-Outs). Gleichzeitig dürfen die Lagerhaltungskosten nicht ausufern.

Stock-outs schmerzen im Ersatzteilgeschäft besonders

Wesentliche Charakteristika für die Bevorratung von Ersatzteilen sind die Nutzungsintensität und die Nutzungsbedingungen von Produktionsanlagen. Aber auch die jeweiligen Instandhaltungsstrategien entscheiden über die **Lagerung von Ersatzteilen**: Werden Wartungen von Fertigungs- und Montageanlagen korrektiv (nach deren Ausfall) vorgenommen, oder erfolgt die Wartung präventiv in regelmäßigen Zeitintervallen? Aber auch die Nachfrage von Ersatzteilen über die letzten Perioden, sowie das Ausfallverhalten von Bauteilen, sind wichtige Schlüsselfaktoren für die Lagerung von Ersatzteilen. Besondere Beachtung verdienen diesbezüglich Anlagen, deren Nutzung über das geplante Anlagenalter hinausgeht (Auslaufbedarfe).

Instandhaltungsfokus

Grundsätzlich ist die Lagerhaltung kostenintensiver Reserveteile nur dann anzuraten, wenn der **entscheidungsrelevante Nutzen** (beispielsweise die Vermeidung von Fehlmengenkosten oder Konventionalstrafen) die Lagerhaltungskosten übertrifft. Stehen mehrere Bevorratungsalternativen zur Verfügung, ist die Alternative mit dem größten Kostenvorteil zu wählen. Problematisch gestaltet es sich dabei allerdings, dass einige Bestimmungsgrößen (wie Imageschäden bei nicht rechtzeitiger Lieferung) sich kaum monetär ausdrücken lassen und ihre Eintrittswahrscheinlichkeiten a priori nur schwerlich abzuschätzen sind.

Kosten-Nutzen-Verhältnisse ausloten

C | Strategien des Supply Chain Managements

Wertbetrachtung und Forecast Accuracy

Zum zielgerechten Management von Ersatzteilen bietet sich die klassische Differenzierung nach **ABC- und XYZ-Teilen** an (vgl. S. 232ff.). A-, B- und C-Sachnummern werden nach Wert und Menge unterschieden. Die Aufteilung in X-, Y- und Z-Teile orientiert sich nach ihrer Vorhersagegenauigkeit (Forecast Accuracy). Speziell für das Ersatzteilmanagement gelten dabei folgende entscheidungsrelevanten Implikationen (vgl. *Pawellek* 2012, S. 81ff.).

- **A-Ersatzteile** sind typischerweise kapitalintensive Einort-Reserveteile. Der Ausfall solcher Komponenten ist häufig mit hohen Stillstandskosten verbunden. A-Ersatzsachnummern lassen sich nicht instand setzen. Auf Grund der ausgeprägten Lagerhaltungskosten, ist die Menge an A-Ersatzteilen möglichst klein zu halten.

- Zu den **B-Ersatzteilen** zählen Mehrort-Normteile. Es sind Komponenten klassischer Standardmaschinenbaugruppen (Motoren oder Getriebe).

- Schließlich werden den **C-Ersatznummern** Klein- und Verschleißteile (Dichtungen) zugerechnet. Ihr Wert ist relativ gering, die bevorratete Menge groß.

- Für die **X-Ersatznummern** gilt, dass sie einer guten Vorhersagegenauigkeit unterliegen. Es sind zumeist Kleinteile, die sich teilweise fertigungssynchron steuern lassen.

- **Y-Ersatzteile** sind mit einer durchschnittlichen Forecast Accuracy ausgestattet. Für diese Normteile bietet sich die Vorratsbeschaffung an.

- Sehr schwer planbar sind insbesondere **Z-Ersatzgüter**. Weder die fertigungssynchrone Beschaffung, noch die Pufferlagerung, bieten sich als Dispositionsvariante an. Daher sollte ein gewisser Sicherheitsbestand dieser Sachnummern auf Lager geführt werden, der allerdings regelmäßig zu überwachen ist.

C.3.6.2 Prozessmanagement

Qualität in der Supply Chain

Weitere Verbesserungspotenziale des Ersatzteilmanagements liegen in einer Prozessoptimierung begründet. Das prägende Element des Prozessmanagements ist die **Serviceorganisation**: Supply-Chain-Prozesse streben nach Standardisierung. Auf Grund permanenter Prozesskontrollen, sind die Prozessfehlerraten zu reduzieren. Außerdem werden die

Strategien der Versorgung

C.3

Aufgaben möglichst eindeutig definiert, um somit den Grundstein für die Schaffung klarer Prozessstrukturen zu legen.

Ein modernes Ersatzteilmanagement basiert auf einem ganzheitlichen **Life Cycle Management.** Dadurch sollen einerseits die Fertigungskosten von Ersatzteilen heruntergefahren werden. Andererseits sind im Rahmen der Ersatzteilproduktion die Wiederbeschaffungszeiten zu reduzieren. Der Schlüssel des Erfolgs liegt in einer lückenlosen Stammdatenpflege und einer transparenten Dokumentation der Ersatzteilhistorie begründet (aktives Nachfolge- und Änderungswesen).

Integrierter Lebenszyklus im Fokus

Eine weitere erfolgsrelevante Komponente der Ersatzteilbewirtschaftung stellt ein zeitgemäßes **Lieferantenmanagement** dar. Ausgewählte Lieferanten sind aktiv in die Ersatzteilprozesse einzubinden. Als Selektionskriterien können die Termintreue, die Lieferqualität oder die Upside Production Flexibility von Lieferanten herangezogen werden. Zur Bewertung dieser Entscheidungskriterien, ist möglichst ein Lieferantenbewertungssystem zu implementieren (Supplier Rating System).

Aktive Lieferanteneinbindung

Zudem sind die **Dispositionsregeln** im Ersatzteilmanagement möglichst klar zu strukturieren. Ein prägendes Kriterium ist dabei die Klassifizierung von Ersatzteilen. Diesbezüglich bietet sich der Einsatz der oben charakterisierten ABC- und XYZ-Analyse an (vgl. S. 232). Die Sortimentspflege erfolgt kontinuierlich. Zur Reduzierung kostenintensiver Wertberichtigungen, sind langsam drehende Ersatzteile möglichst frühzeitig zu identifizieren – und gegebenenfalls auch zu eliminieren. An dieser Stelle leistet die Excess-and-Obsolete-Analyse gute Dienste (vgl. S. 235ff.).

Bestände strukturieren und analysieren

Die Angebots- und die Auftragsabwicklung technischer Ersatzteile sollte auf einer lückenlosen Dokumentation fußen. Außerdem müssen die Stücklisten ständig aktualisiert werden. Wettbewerbsvorteile resultieren aus einer Erzielung **kurzer Reaktions- und Lieferzeiten**, um die Kunden schnellstmöglich mit den benötigten Ersatzteilen versorgen zu können. Um diesen Prozess nicht unnötig zu verlangsamen, sind länderspezifische Vorschriften zu beachten (beispielsweise im Rahmen der Zollabwicklung).

Agilität als Erfolgsgröße in der Supply Chain

Im Supply Chain Management im Allgemeinen und im Ersatzteilmanagement im Besonderen spielt die **Kundenzufriedenheit** eine zentrale Rolle. Somit sind Verbesserungen der Servicegrade anzuvisieren. Um dies erreichen zu können, ist die Schaffung eindeutig strukturierter Kundensegmente vorzunehmen. In möglichst kurzen Intervallen werden Kundenanforderungsanalysen durchgeführt. Call Center oder On-

Abschluss von Full-Service-Verträgen

C *Strategien des Supply Chain Managements*

line (Bestell-) Services gewährleisten zudem eine möglichst durchgängige Erreichbarkeit. Ein effizientes Category Management dient der differenzierten Bearbeitung von Schlüsselkunden.

Chargen nicht verlieren

Als Bindeglied zwischen Produktion und nachgelagerten Supply-Chain-Prozessen, gewährleistet die **Distribution** eine lückenlose Überwachung aller Lager- und Transportebenen. Die Ersatzteilchargen müssen jederzeit rückverfolgbar sein. Dazu werden moderne Systeme zur Sendungsverfolgung eingesetzt. Gute Dienste erbringen in diesem Kontext Radiofrequenzlösungen (vgl. S. 286ff.). Da die Investitionen in RFID zum Teil erheblich sind, sollten zunächst jedoch die jeweiligen Kosten-Nutzen-Relationen ausgelotet werden.

Transparenz in den Return-Prozessen

Schließlich sind Prozessverbesserungen des Ersatzteilwesens auch in der Abwicklung von **Retouren** möglich. Bei diesen Rückführungsvorgängen ist insbesondere die Wiedereinsteuerung betroffener Sendungen in die Supply Chain schwierig. Eine automatisierte Bestandsaktualisierung ist ebenso bedeutsam, wie die durchgängige Chargenrückverfolgung. Retournierte Waren sind vorzugsweise direkt im Wareneingang auf Beschädigung oder Funktionsfähigkeit zu überprüfen.

C.3.6.3 Lager und Infrastruktur

Gretchenfrage der Lagerhaltung

Zunächst sind im Ersatzteilwesen die jeweiligen Vorteile und Nachteile zwischen zentraler und dezentraler Lagerbewirtschaftung gegenüberzustellen. Für die Errichtung eines **Zentrallagers** sprechen niedrigere Investitionen. Aber auch die laufenden Kosten sind bei zentraler Bewirtschaftung häufig niedriger, da sich Bündelungseffekte (Cost Sharing) ergeben. Der Steuerungsaufwand fällt vergleichsweise gering aus. Auch ist die Ersatzteilverfügbarkeit im Zentrallager hoch. Zudem gestalten sich Zentrallagerprozesse transparent, was sich positiv auf die Bestandsregelung auswirkt.

Economies of Density durch Zentrallagerung

Schließlich wird die **Zentrallagerung** in Ballungsräumen vielfach die vorteilhaftere Variante sein: Dann können *Economies of Density* (Dichteeffekte, vgl. S. 114) ausgeschöpft werden, da die Kunden zumeist in räumlicher Nähe zueinander angesiedelt sind (Agglomerationsvorteil). Die Transportfahrzeuge werden gut ausgelastet sein, wodurch sich die Transportkosten auf viele Waren verteilen („Kosten pro Sendung").

Regionale Kundenverteilung

Ein großer **Nachteil einer Zentrallagerung** von Ersatzteilen ergibt sich allerdings aus der geringen Lieferflexibilität. Liegen die Kunden räumlich weit auseinander (Deglomeration), ist eine Zentrallagerung von

Ersatzteilen kaum anzuraten, weil die laufenden Kosten (vor allem Transportkosten), auf Grund der ausufernden Entfernungen, zu hoch ausfallen. Außerdem sind die Reaktionsintervalle zu lang, worunter der Servicegrad leidet.

Reziprok verhält es sich bei **dezentraler Lagerbewirtschaftung** von Ersatzteilen. Der Koordinierungsaufwand sollte nicht unterschätzt werden, denn Regionallagerung sorgt für Intransparenz (erhöhter Planungs- und Kontrollaufwand). In den verschiedenen Lagern befinden sich häufig keine Vollsortimente, sondern auf die Region zugeschnittene Teilsortimente. Dadurch kann sich eine Unternehmung zwar flexibel auf die Besonderheiten eines Absatzgebiets einstellen. Doch entstehen somit auch Zusatzkosten, da identische Ersatzteile in unterschiedlichen Lagern zu bevorraten sind (Opportunitätskosten). Folglich wird die Reaktionsfähigkeit bei dezentraler Lagerung durch eine erhöhte Kapitalbindung teuer erkauft.

Kurze Wege bei dezentraler Lagerbewirtschaftung

Unabhängig von der Grundsatzentscheidung zwischen zentraler und dezentraler Lagerhaltung, verlangt das Ersatzteilmanagement einen ausgesprochen **anpassungsfähigen Einsatz von Technik und Personal**. Dazu sind vorzugsweise automatisierte Lagerhaltungs- und Kommissionierungssysteme (Pick-by-Light, Pick-by-Voice), sowie parallelisierte Auftragsbearbeitungstechniken, einzusetzen.

Flexibler Einsatz von Technik und Personal

C.3.6.4 Kooperationen

Seit dem Aufkommen von Lean Management (vgl. S. 100 dieser Schrift), werden bevorzugt Unternehmungsleistungen mit geringer Wertschöpfung ausgelagert. Diese Besonderheit trifft für das Ersatzteilwesen zu, da kein großer Warenumschlag vorliegt. Der Auftraggeber erhofft sich von einem **Outsourcing** seines Ersatzteilbereichs – oder Auszügen daraus – Veränderungen in den Kostenstrukturen: Originäre Fixkosten werden variabilisiert (Gemeinkostensenkung durch schlankere Verwaltung). Weiterhin sind die mit Prozessänderungen verbundenen Auswirkungen auf die Transaktionskosten ebenso zu beachten, wie die gesteigerte Prozesstransparenz.

Outsourcing des Ersatzteilwesens möglich

Instandhaltungsketten **(Maintenance-Supply-Chains)** sind häufig recht komplexe Gebilde. Daher stellt das Ersatzteilmanagement hohe Anforderungen an einen 3PL. Die Bedarfe treten zumeist diskontinuierlich auftreten (geringe Forecast Accuracy). Außerdem gestatten diese sporadischen Abrufe zumeist nur die Fertigung und den Vertrieb kleiner

Kooperationspotenziale des Ersatzteilbereichs

Strategien des Supply Chain Managements

Lose. Folglich sind bei einer Fremdvergabe von Tätigkeiten im Ersatzteilbereich zwischen Auftraggeber und Auftragnehmer klare Regeln und Verantwortlichkeiten niederzuschreiben. Diese Maßnahmen fördern die frühzeitige Entdeckung potenzieller Engpässe (Medienbrüche, Schnittstellenprobleme oder Verzögerungen).

Der Preis der Kooperation

Doch jedes Ding hat bekanntlich seine zwei Seiten. Wenn sich ein Auftraggeber für das Outsourcing seines Ersatzteilwesens entscheidet, begibt er sich in ein **Abhängigkeitsverhältnis** einem Dritten gegenüber. Neben der Aufgabe seiner Autonomie büßt der Auftraggeber seine Nähe zum Kunden ein. Dessen Reklamationen könnten beispielsweise bei dem 3PL versickern.

C.3.7 E-Supply Chains

C.3.7.1 Grundlagen

Zum Begriff elektronischer Lieferketten

Elektronische Supply Chains (sie werden synonym als „E-Supply Chains" bezeichnet, vgl. *Flappner et al.* 2005; *Hausen* 2005; *Piontek* 2009; *Werner* 2013a, S. 12ff.) gewährleisten die Versorgung, die Entsorgung und das Recycling von Geschäftsabläufen über die technischen Hilfsmittel Internet, Extranet oder Intranet. Sie stoßen die physische Auftragsabwicklung an. Weiterhin gewährleisten E-Supply Chains auch den Geld- und den Informationsfluss.

Einsparung von Transaktionskosten

Elektronische Supply Chains sind beispielsweise auf eine Simultaneität von Planungsschritten, die Bewältigung von Engpässen, eine Ausnutzung von Geschwindigkeitsvorteilen und die Bildung globaler Netzwerke ausgelegt. Nach einer Studie des *Bundesverbandes Materialwirtschaft, Einkauf und Logistik* (*BME*) können durch die Nutzung von Internet, Extranet und Intranet die **Kosten des Einkaufs** um bis zu 80% gesenkt werden. Dabei wird von einem durchschnittlichen Kostensatz von 80 Euro bis 130 Euro pro Bestelltransaktion ausgegangen.

„Let's make it work…!"

Zur **Ausgestaltung der Informations- und Kommunikationswege** sind in den E-Supply Chains drei grundsätzlich unterschiedliche Arten denkbar, die sich bezüglich ihrer Bindungsintensität zwischen den beteiligten Partnern unterscheiden (hier bezogen auf das Medium Internet, vgl. *Stoll* 2007; *Werner* 2013b, S. 15):

Strategien der Versorgung C.3

Art des Informationstransfers	Charakterisierung
Bereitstellung von Unternehmungs- und Produktinformationen	Bei dieser ersten Variante rufen Kunden und Lieferanten beim Hersteller lediglich Informationen ab. Diese können Lieferzeiten, Produktkataloge oder Produktpreise betreffen. Die Bindungsintensität zwischen den Teilnehmern ist gering.
Passive Interaktion zwischen den Kooperationspartnern	Eine passive Interaktion besitzt eine mittlere Bindung zwischen den Partnern. Sie bedeutet, dass die Systeme der Teilnehmer für Abfragen miteinander vernetzt sind. Zum Beispiel können Händler Informationen von Herstellern erhalten, indem sie für spezielle Links auf deren Homepages ein Passwort bekommen.
Aktive Interaktion zwischen den Kooperationspartnern	Bei dieser dritten Variante sind die Daten zwischen den Akteuren aktiv zu bestätigen oder zu ändern. Dies ist insbesondere in den frühen Phasen der Produktentwicklung entscheidend, indem die Lieferanten an der Erstellung von Zeichnungen oder Kalkulationen direkt beteiligt werden (beispielsweise für Resident Engineering). Hier liegt eine hohe Bindungsintensität vor.

Elektronische Lieferketten stellen **Front-End-Back-End-Beziehungen** dar. Als Front-End-Systeme dienen Internet, Extranet oder Intranet. Das Back-End-Modul ist das Supply Chain Management, welches die reibungslosen Abläufe von physischen Prozessen gewährleisten soll: die Zustellung der elektronisch bestellten Waren. Dazu bedient sich das Supply Chain Management traditioneller Logistikfunktionen, um Räume sowie Zeiten überbrücken zu können. Doch auch Geld- und Informationsströme sind berücksichtigt, um in den Wertschöpfungsketten an Schnelligkeit zu gewinnen. Wie Beispielblock c.6 aufzeigt, stellen sich in der gelungenen Verbindung von Front-End und Back-End aber noch einige Probleme ein.

Geschäft via Mausklick

C Strategien des Supply Chain Managements

Beispielblock c.6 *Problembehaftete Front-End-Back-End-Beziehungen*

Bei Buchbestellungen via Internet erwarten die User, dass ihre Waren spätestens zwei Tage nach dem Ordering bei ihnen eintreffen. Jugendliche fordern bei der Aufgabe einer CD-Bestellung über das Internet gar eine Auslieferung innerhalb von 36 Stunden, ansonsten sind ihre Konsumwünsche nach aktuellen Musikträgern erloschen. Doch nicht immer wird diese heroische Zielsetzung erfüllt. In den USA tätigten 2010 im Weihnachtsgeschäft über 45% der potenziellen Online-Kunden ihre Bestellungen tatsächlich über das Internet. Leider erhielten rund ein Viertel der User ihre Waren erst im Anschluss an das Weihnachtsfest. Besonders problembehaftet verlief die Artikelzustellung durch die **Internet Retailer** (darunter sind Unternehmungen zu verstehen, die ihr Geschäft speziell auf das Internet ausrichten). Während die Termintreue bei ihnen nur 70% betrug, erzielten traditionelle Versandhäuser hier immerhin eine Erfolgsquote von knapp 90%. Trifft eine Lieferung deutlich verspätet ein, sind die meisten Kunden für die betroffene Organisation dauerhaft verloren.

B2B und B2C als Hauptvertreter von E-Commerce

In der Front-End-Back-End-Abwicklung von E-Supply Chains sind neun grundsätzliche Ausgestaltungsvarianten denkbar. Sie beziehen sich auf die Anbieter und die Empfänger elektronischer Leistungen und erstrecken sich auf die Segmente „Business", „Customer" und „Administration". Abbildung C.14 zeigt in übersichtlicher Form denkbare **Kombinationsmöglichkeiten von E-Commerce** (vgl. auch *Hermanns/Bagusat* 2008, S. 317). Vor allem folgende drei Business-to-Alternativen (B2) sind wohl von besonderer Bedeutung: Business-to-Business, Business-to-Customer sowie Business-to-Administration:

- **Business-to-Business (B2B)**: Zwischen 70% und 80% des potenziellen Umsatzes sind elektronischen Geschäftsabwicklungen institutioneller Partner geschuldet.

- **Business-to-Customer (B2C)**: Das Geschäft mit ultimativen Endverbrauchern ist eigenen Gesetzen unterworfen. Ein ehernes Ziel von elektronischen Supply Chains liegt in der Forcierung der Kundenbindung begründet.

- **Business-to-Administration (B2A)**: Schließlich meint B2A, Abwicklungen zwischen institutionellen Akteuren und öffentlichen Verwaltungen (beispielsweise, wenn *SAP* Software in Behörden ausrollt).

Strategien der Versorgung   **C.3**

E-Commerce im Überblick   *Abbildung C.14*

Angebot \ Nachfrage	Customer	Business	Administration
Customer	C2C (Private Kleinanzeige online)	C2B (Jobanzeige Arbeitssuchender)	C2A (Steuererklärung Privatperson)
Business	B2C (Kundenbestellung über Internet)	B2B (OEM bestellt bei Zulieferer)	B2A (Steuererklärung Unternehmung)
Administration	A2C (Sozialhilfeantrag im Internet)	A2B (Subvention an Unternehmung)	A2A (Transaktionen von Verwaltungen)

Im **Einkauf** können für den B2B-Bereich vier unterschiedliche Möglichkeiten zur Abwicklung von Geschäftsprozessen unterschieden werden. Abbildung C.15 (vgl. *Kaplan/Sawhney* 2000) visualisiert diesen Zusammenhang in einer Matrix mit vier Feldern. In der Horizontalen steht die Frage, *was* die Unternehmungen einkaufen im Mittelpunkt. Diesbezüglich ist in die beiden Alternativen von Betriebsinput und Produktionsinput zu differenzieren. Den **Betriebsinput** stellen MRO-Produkte dar (Maintenance, Repair and Overhaul): Also Güter, die zur Wartung, Reparatur oder Überholung benötigt werden. Der Begriff „Overhaul" wird zum Teil auch durch „Operations" ersetzt. Vielfach findet sich für den Betriebsinput die Bezeichnung „indirektes Material".

Abwicklung von Geschäftsprozessen über E-Procurement

Der **Produktionsinput** aggregiert sich in der Matrix aus Rohmaterialien oder Bauteilen, welche direkt in das Endprodukt eingehen („direktes Material"). In der Vertikalen wird das *Wie* abgetragen: Zum Einen können *Systemkäufe* vorliegen, die längerfristig ausgehandelten Verträgen geschuldet sind. Zum Anderen sind kurzfristig initiierte *Spoteinkäufe* denkbar, welche einen plötzlich auftretenden Bedarf zu möglichst niedrigen Preisen befriedigen wollen. Nachstehend erfolgt eine kurze Kennzeichnung der vier Felder des Portfolios (vgl. *Kaplan/Sawhney* 2000, S. 57ff.).

Direktes Material

Strategien des Supply Chain Managements

Beschaffung von MRO-Gütern

- *Feld I*: Im ersten Feld finden sich **MRO-Hubs**. Sie stellen Betriebsinput dar und werden systematisch bezogen. Die auf einem MRO-Hub gehandelten Güter sind geringwertig. Zu ihnen zählen Büromaterialien, Flugtickets oder Reinigungsdienste, um Transaktionskosten zu senken. Anbieter in diesem Segment sind *W. W. Grainger* oder *MRO.com*.

Transaktionskosten senken

- *Feld II*: Das Feld II symbolisiert einen **Katalogknotenpunkt**. Hier treffen Produktionsinput und systematischer Einkauf zusammen. Auf diesen Einkaufsplattformen werden branchenspezifische und standardisierte Waren – zu möglichst geringen Transaktionskosten – gehandelt. *Chemdex*, *SciQuest.com* oder *PlasticNet.com* sind diesem Geschäftsfeld zuzuordnen.

Spotmarktbeziehungen generieren

- *Feld III*: Die spezialisierten **Spothändler** *Employease, Adauction.com* und *CapacityWeb.com* schaffen elektronische Märkte für notwendige betriebliche Ressourcen (wie Arbeitskraft oder Werbung). Sie erlauben die kurzfristige Dehnung oder Begrenzung einer Geschäftstätigkeit. Den höchsten Marktwert erreichen diese Plattformen bei Waren, die in ihrem Wert erheblich schwanken (wie Strom, Öl oder Wasser).

Börsen im engen Sinn

- *Feld IV*: Schließlich symbolisiert das vierte Feld eine Konstellation, wenn Produktionsinput und Spoteinkauf aufeinander treffen. Auf den **Börsen** *e-Steel* oder *PaperExchange.com* können die Einkäufer ihre Geschäfte kurzfristig zu günstigen Preisen abwickeln. Sie funktionieren nach dem Prinzip der traditionellen Warenbörsen. Beispielhaft dafür stehen auch Excess-and-Obsolete-Verkaufsbörsen (vgl. S. 235).

Abbildung C.15 — *B2B im Einkauf*

Was wird gekauft? / Wie wird gekauft?	Betriebsinput (Materialien gehen indirekt in das Endprodukt)	Produktionsinput (Materialien gehen direkt in das Endprodukt)
Systemkauf (Kontinuierlicher Warenbezug)	*MRO-Hub*	*Katalogknotenpunkt*
Spotkauf (Sporadischer Warenbezug)	*Spothändler*	*Börse*

Strategien der Versorgung C.3

Im **B2C-Bereich** bieten die neuen Medien völlig neue Wege, um die Anforderungen der Konsumenten nach individueller Produktgestaltung, schneller, akkurater und zuverlässiger Warenauslieferung sowie umfangreicher Produktinformation befriedigen zu können. Immer mehr Produzenten reduzieren ihre Auftragsgrößen und setzen zur Sortimentsverteilung flexibel agierende Kurier-, Express- und Paketdienste (KEP) ein. Die Best Practices verfügen über unkomplizierte Websites, gut genutzte Datenbestände und bequeme Zahlungsweisen. Im Internetzeitalter wird Anfassbarkeit durch Information ersetzt. So erleichtert *Wal Mart* mit Hinweisen im Internet den Prozess zur Selbstbedienung. Die Informationen im Internet gehen durch den Gebrauch aber nicht unter. Vielmehr sind sie, über eine beliebig große Anzahl von Websites, jederzeit reproduzierbar.

Kleine Sendungsgrößen wirtschaftlich distribuieren

In vielen Bereichen ist eine **Verkürzung der Distributionsstufen** festzustellen. Durch die Nutzung des Internets besteht die Möglichkeit, dass der Kunde seine Wünsche direkt an den Hersteller weitergibt. Daraus speisen sich zum Teil erhebliche Preisvorteile für den Nachfrager: Die Gewinnmargen für zwischengeschaltete Handelsstufen entfallen. Insbesondere die Funktion des Großhandels wird in einigen Branchen schlichtweg eliminiert.

Cash-Throw-offs heben

Stellvertretend für die oben charakterisierte Vorgehensweise steht der Computerhersteller *Dell*. Es gelingt *Dell* schon seit einiger Zeit, durch die Verwendung von standardisierten Komponenten und Modulen, Computer erst nach dem Eingang einer Bestellung durch den Kunden individuell zu konfigurieren. Dieses Prinzip wird als **Built-to-Order** bezeichnet und lehnt sich an das Konzept Mass Customization an. *Dell* verfügt über ein zentrales Netzwerk, in das Informationen von Kunden, Händlern, externen Dienstleistern (wie Speditionen sowie Kurier-, Express- und Paketdiensten), Lieferanten und den eigenen Produktionsstätten in Echtzeit fließen (*Real Time Process*). Freilich gelingt *Dell* diese Produktionsweise nur, weil das Sortiment eine vergleichsweise geringe Fertigungstiefe aufweist und von der Komplexität her überschaubar ist. Beispielblock c.7 sind einige weitere Möglichkeiten für eine B2C-Anbindung zu entnehmen.

Make-to-Order-Fertigung

C | *Strategien des Supply Chain Managements*

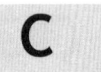

Beispielblock c.7 | *Möglichkeiten im B2C-Geschäft*

- Auf *Urlaub-anbieter.com* stellen Reisende ihre Touren selbst zusammen. Beispielsweise kann ein Kunde aus über 40 Bausteinen seine maßgeschneiderte Thailand-Rundreise planen. Der Trekking-Freund kommt ebenso auf seine Kosten, wie die anspruchsvolle Familie. Für letzte Zielgruppe finden sich Kinderrundreisen, Elefantenritte oder spannende Dschungelerkundungen.

- Angelehnt an das Fertigungsprinzip Mass Customization, gestalten ultimative Endverbraucher ihre Kleidungsstücke online bei *shirtalarm*. Dazu wählen sie einen „Rohling" (T-Shirt, Mütze, Pullover oder Schürze) im „Shirt-Designer" aus. Darauf applizieren sie eine Darstellung aus der „Motivgalerie" oder ein eigenes Foto (oder beides in Kombination). Druckart, Schriftart und Schriftgröße sind frei gestaltbar. Bis zu fünf Zeilen Text stehen pro Textebene zur Verfügung.

- Im Buchhandel lautet die Zauberformel „Books on Demand". Es stehen elektronische Druckvorlagen im Computer zur Verfügung. Erst wenn durch den Kunden eine Bestellung aufgegeben wird, beginnt der Druck. Bei Anwendung von „Books on Demand" gelingt es der deutschen Verlagsgruppe *Beltz*, bereits zwei Tage nach der elektronischen Bestellung die Bücher auszuliefern. Durch diese Pullsteuerung vermeidet der Buchhandel Langsamdreher in den Regalen.

Tücken des Internets

Der Einsatz des Internets ist weitgehend von der Komplexität einer Leistung abhängig. Bei sehr beratungsintensiven Produkten stößt das Internet allerdings rasch an seine **Grenzen**. Es sind zu viele Fragen im Detail zu klären. In Tendenz gilt, dass mit sinkendem Erklärungsaufwand eines Produkts die Möglichkeit zu seinem Online-Vertrieb steigt. Außerdem besteht vor allem im offenen Netz (Internet) die Gefahr einer Einbuße der Geheimhaltungssphäre. Jedoch können Firewalls, Client-Server-Authentifizierungs-Systeme und Verschlüsselungsmodule einen gewissen Schutz gegen ein unberechtigtes Einloggen bieten.

C.3.7.2 Electronic Commerce

E-Markets

Unter **Electronic Commerce** ist allgemein ein elektronischer Geschäftsverkehr zu verstehen. Dieser stellt sich in Lieferketten in Form von elektronischen Marktplätzen, kollaborativen Prozessen, virtuellen Frachtbörsen, elektronischen Ausschreibungen und Auktionen sowie Tracking-and-Tracing-Systemen dar.

Strategien der Versorgung | **C.3**

C.3.7.2.1 Elektronische Marktplätze

Unter elektronischen Marktplätzen sind Plattformen des gewerblichen Austauschs von Gütern und Diensten zu verstehen. Es sind so genannte **Marktknotenpunkte** („E-Hubs"). Virtuelle Märkte bieten die Möglichkeit, Produkte zeit- und ortsungebunden abzusetzen. Herkömmliche Restriktionen, wie Ladenöffnungszeiten oder Standorte, entfallen im E-Zeitalter. Der elektronische Handel erlaubt einen raschen Datenaustausch. Dabei sind verschiedene **Arten von elektronischen Märkten** zu unterscheiden (vgl. Begriffsblock C.VI).

Arten virtueller Märkte

Arten elektronischer Marktplätze | *Begriffsblock C.VI*

- **Horizontale Marktplätze**: Horizontale Marktplätze verfügen über ein branchenübergreifendes und heterogenes Angebot. Beispiele dafür sind *tradeout.com* oder *Youtilities.com*.

- **Vertikale Marktplätze**: Die Betreiber vertikaler Märkte spezialisieren sich auf die Bedürfnisse und Erfordernisse innerhalb bestimmter Branchen. Ihr Angebot ist homogen. Zu ihnen zählen *Brand-X*, *SciQest.com* oder *newtron.net*. Auf *Brand-X* tummeln sich beispielsweise Musikfreunde des Genres „Jazz und Rock".

- **Private Marktplätze**: Sie werden gegründet, um Lieferanten und Kunden enger an die Unternehmung zu binden. Ein Beispiel dafür ist *AutoXchange* von *Ford*.

- **Konsortialmarktplätze**: Einen Konsortialmarkt gründen mehrere rechtlich selbständige Organisationen gemeinsam (wie *Covisint* oder *SupplyOn*, vgl. S. 194 der vorliegenden Schrift).

- **Geschlossene Marktplätze**: Nur berechtigte Akteure haben Zutritt zu diesem Marktplatz. Die Partner sind vornehmlich an einer langfristigen Kunden-Lieferanten-Beziehung, in speziellen Kommunikationsnetzwerken, interessiert. Auf elektronische und institutionelle Austauschprozesse kleiner und mittelgroßer Unternehmungen hat sich beispielsweise *Prozeus* spezialisiert.

- **Offene Marktplätze**: Möglichst viele Teilnehmer stehen in loser Verbindung zueinander. Vielfach kennen sich die Akteure nicht näher. Auf offenen Marktplätzen herrscht häufig ein reger Preiswettbewerb. Eine solche Plattform findet sich mit *Serveline*, auf der offene Ausschreibungen für IT-Equipment stattfinden.

Die drei Säulen der Weisheit...

Die kritischen **Erfolgsfaktoren** elektronischer Märkte sind Commerce, Content und Connection (vgl. *Bächle/Lehmann* 2010). Mit *Commerce* wird der Grundmechanismus des virtuellen Marktplatzes bezeichnet (wie Auktionen oder Kataloge). *Content* meint den Inhalt dieser Plattform. Dazu zählen beispielsweise Produktbeschreibungen, Lagerbestände, Preise oder Firmenprofile. Schließlich beschreibt *Connection* einerseits die Fähigkeit, Transaktionen zwischen Käufern und Verkäufern wirtschaftlich durchzuführen (Intraconnection). Andererseits sprengt Interconnection diese enge Sichtweise und umfasst den Informationsaustausch mit weiteren Marktplätzen.

Fachportale als besonderes Oligopol

Über **Fachportale** können die User Zugang zu den elektronischen Märkten erhalten. Sie sind die Eingangstore in die Unternehmungen. Bei Fachportalen treffen wenige Anbieter auf eine recht breite Nachfrage. Sie zielen auf die Erhöhung der Kundenbindung, wobei hier weniger der Endverbraucher, sondern mehr Fachhändler, Spediteure, Handwerker oder Gastronomen gemeint sind. Beispielblock c.8 beschreibt eine Möglichkeit zum Aufbau eines Fachportals (vgl. *Gollek* 2011, S. 13ff.; *Schneider* 2012).

Beispielblock c.8

Fachportal

Ein Fachportal für die grafische Industrie hat *Printnation* aufgebaut. Die Kunden sind in der Regel kleine und mittelgroße Druckereien. Dieses Fachportal beherbergt mehr als 100.000 Produkte von 1.300 Herstellern. Im Angebot sind Druckplatten, Filme, Papiere oder chemische Artikel. Auf der Homepage von *Printnation* findet sich auch ein Link zur Auktionsplattform für gebrauchte Geräte der grafischen Industrie. Ferner bietet *Printnation* dort Sonderangebote, Serviceverträge und Finanzierungsalternativen für die Druckereien an. *Printnation* weist im Internet schließlich noch auf die Möglichkeit einer gebührenfreien Telefonberatung hin.

Nähere Kennzeichnung von SupplyOn

Ein virtueller Marktplatz wurde mit *„SupplyOn"* geschaffen, den unter anderem *ZF*, *Continental*, *Hella* und *Bosch* gründeten. Die IT-Architektur basiert auf *SAP*. Dieser elektronische Marktplatz aggregiert sich vornehmlich aus den vier miteinander vernetzten Bausteinen Einkauf, Qualität, Supply Chain Management und Finanzen (vgl. zu den nachstehenden Ausführungen *Hess* 2010, S. 59f.; *Werner* 2013a, S. 51ff.).

Strategien der Versorgung

- **Einkauf**: *SupplyOn* bietet Sourcing-Lösungen und berät Dritte beispielsweise bei der Lieferantenauswahl, dem Stammdatenmanagement oder der Lieferantensuche. Die Purchasing-Module Business Directory, Requests for Quotations und Biddings sind prägend für den gesamten E-Hub. Als Business Directory wird die Bestimmung der Grunddaten des Einkaufs bezeichnet. Das Herz von Business Directory ist die Definition der Materialgruppen. Requests for Quotations meint die Festlegung von Normen und Spezifikationen für den virtuellen Einkauf (Standardkonfigurationen). Schließlich erlaubt Biddings die Durchführung von Auktionen. Sie sind in Form von 1:n-Bedingungen aufgebaut. Zu den bekanntesten Auktionsverfahren zählen „Reverse Auction", „Dutch Auction" und „Sealed Bit Auction". Nach *Goldman Sachs* sind 34% des Einkaufsvolumens in der Automobilindustrie für Auktionen geeignet (vgl. *Goldman Sachs* 2004, S. 18).

    Elektronische Beschaffung

- **Qualität**: „*SupplyOn*" beschäftigt sich weiterhin mit Qualitätsmanagement. Dazu zählen Qualitätsvorausplanung, Erstbemusterung, Lieferantenbewertung, Reklamations- sowie Zertifizierungsmanagement. Diesbezüglich werden beispielsweise die Module Online Collaboration, Dokumentenmanagement und Engineering Services eingesetzt.

    Qualitative Attribute

- **Supply Chain Management**: In dem Segment Supply Chain Management bezieht sich *SupplyOn* vor allem auf die klassischen Bedarfsprozesse, Vendor Managed Inventory, Kanban, Transportmittelplanung, Alert-Management und Lagermanagement. Die Optimierungspotenziale elektronischer Schnittstellen werden über EDI und Web-EDI gesucht.

    Netzwerkmanagement von SupplyOn

- Finanzen: Schließlich erstreckt sich *SupplyOn* auch auf die Geldströme moderner Wertschöpfungsketten. Mögliche Arbeitsgebiete stellen Rechnungsstellung mit digitaler Signatur, Gutschriftanzeige, Verrechnungsanzeige und Zahlungsavis dar.

    Financial Supply Chain

C.3.7.2.2 Kollaborative Prozesse

Kollaborative Abwicklungen innerhalb einer Supply Chain (vgl. Collaborative Planning, Collaborative Commerce und Collaborative Design) meinen die interorganisatorische Koppelung rechtlich selbständiger Partner im Netzwerk einer Lieferkette über das Internet. In diesem Verbund findet der Austausch von Informationen in Echtzeit statt. Eine Möglichkeit zur Realisierung kollaborativer Supply Chains ist der „Advanced Planner and Optimizer" (APO) von *SAP* (vgl. in diesem Zusammenhang die Ausführungen zu Advanced Planning and Scheduling auf

Real-Time-Prozesse schalten

Strategien des Supply Chain Managements

S. 304ff.). Mit dem Modul **Collaborative Planning** (CPL) wird die Transformation von Planungsdaten innerhalb verschiedener Standorte im Konzernverbund – wie auch zu selbständigen Geschäftspartnern – über das Internet ermöglicht.

Upstream and Downstream

In den kollaborativen Wertschöpfungsketten gleichen die Akteure mit Hilfe des Internets ihre Forecasts miteinander ab. Dadurch können Lieferanten und Hersteller rasch auf geänderte Kundenabrufe reagieren und die revidierten Planzahlen online bestätigen. Indem sich die Planungszyklen verkürzen, steigt einerseits die Reaktionsfähigkeit innerhalb einer Supply Chain. Andererseits erhöht sich die Wandlungsfähigkeit der Teilnehmer in einer Lieferkette. Diese passen sich den geänderten Situationen flexibel an. Eine Kollaboration unterstützt Prozesse zur Bestandsreduzierung und fördert die Lieferfähigkeit von Unternehmungen. **Supplier Collaboration** meint den gezielten Informationsaustausch mit ausgewählten Lieferanten (*Upstream*), **Customer Collaboration** beschreibt die Kommunikation mit Kunden in Echtzeit (*Downstream*).

CPFR

Mit Hilfe von **Collaborative Planning, Forecasting and Replenishment** (**CPFR**) werden über das Internet die Bedarfszahlen aus verschiedenen Absatzkanälen aggregiert und auf einer elektronischen Plattform sämtlichen Teilnehmern einer Lieferkette zur Verfügung gestellt. Beispielblock c.9 verdeutlicht diesen Zusammenhang. Anhand eines Mengengerüsts sind die Materialien den jeweiligen Fertigungskapazitäten der Hersteller zuzuweisen.

Kollaborative Aktivitäten in der Praxis

Jeder berechtigte Nutzer in der Supply Chain kann mit CPFR mögliche Änderungen in den Abrufen als Real-Time-Process ermitteln und in den revidierten Produktionsplänen berücksichtigen. Lieferanten, Hersteller und Kunden generieren mit Hilfe von CPFR quasi einen *gemeinsamen* Geschäftsplan, der zur Synchronisation von Supply-Chain-Aktivitäten beiträgt. Auf Basis von Marktprognosen arbeiten die Akteure zusammen. Sie erzeugen eine gemeinsame Bedarfsplanung, passen Produktion und Lagerwesen der aktuellen Nachfrage an und stimmen den Materialfluss ab. Beispielsweise initiieren sie Verkaufsförderungsmaßnahmen im Verbund. Collaborative Planning, Forecasting and Replenishment kann folglich als **Weiterentwicklung von Efficient Consumer Response** angesehen werden (dort erfolgte eine einseitige Prozessoptimierung). Diese Logik berücksichtigt *VW* in seinem *„Kapazitätsmanagement-Projekt"*. Hierbei schließt sich *VW* online mit ausgewählten Lieferanten zusammen, um die aktuellen Bedarfe mit den Anbietern gemeinsam abzustimmen.

Strategien der Versorgung

C.3

Collaborative Planning, Forecasting and Replenishment

Beispielblock c.9

Ein Beispiel für eine CPFR-Lösung liefert *Manugistics*. Aus den Erfahrungen einer Zusammenarbeit mit über 30 Partnern ist „NetWORKS" von *Manugistics* entstanden. Mit Hilfe von „NetWORKS" kooperieren beispielsweise die beiden US-Konzerne *Nabisco* (Snacks- und Knabberartikel) und *Wegmans* (Supermarktkette). Über das Internet stimmen sie gemeinsame Promotions ab oder analysieren das Verbraucherverhalten. Diese Informationen werden in „NetWORKS" gesammelt und aufbereitet. Dadurch kann *Nabisco* seine Bedarfsprognosen von Snacks und Knabberartikeln für die Filialen der Supermarktkette stets aktualisieren. Dieser kollaborative Planungsansatz führt laut *Wegmans* zu einem Umsatzplus von 40%. Auch *Amazon* nutzt diese *Manugistics*-Lösung seit dem Mai 2010.

C.3.7.2.3 Virtuelle Frachtbörsen

Auf virtuellen Frachtbörsen werden weltweit Frachtkapazitäten angeboten und Frachtgesuche der Verlader gesichtet. Mit Hilfe von Frachtbörsen können die beteiligten Partner Added Values erzielen, indem sie ihre Verkehrsmittel besser auslasten: Sie bündeln die Frachtaufträge und optimieren die Transportzeitfenster. Diese Möglichkeit ist von großer Bedeutung, fahren doch allein in Deutschland circa 25% aller Lastkraftwagen völlig leer. Und auch beladene Fahrzeuge sind zum Teil nur zu circa 60% ausgelastet.

Added Values sichern und die Umwelt entlasten

Außerdem können über virtuelle Frachtbörsen die **Transaktionskosten** der Auftragsakquisition heruntergefahren werden. Mit Hilfe von Datenbanken werden die notwendigen Informationen verwaltet und später zielgerecht aufbereitet. Die wohl bekannteste Frachtbörse in Europa dürfte „Teleroute" sein. Jeden Tag finden sich dort zumeist über 200.000 Fracht- und Fahrzeugangebote (vgl. Beispielblock c.10). So macht es sich „Brummifreund.de" zur Aufgabe, jederzeit über den aktuellen Stand deutscher Frachtportale zu informieren. Etliche Frachtbörsen mussten jedoch recht bald ihre Pforten wieder schließen (ein Beispiel dafür ist *TradeNetOne.com*).

Transaktionskosten reduzieren

C Strategien des Supply Chain Managements

Beispielblock c.10 | *Virtuelle Frachtbörse*

Seit nunmehr 25 Jahren existiert „Teleroute". Auf dieser Plattform gibt der Nachfrager zunächst relevante Daten in die dafür vorgesehene Maske ein. Dabei kann der Suchende beispielsweise Präferenzen für einen Hausspediteur oder eine besonders preisgünstige Variante vergeben. Auf Basis dieser Informationen schlägt das System einen Dienstleister für den Transport vor. „Teleroute" berücksichtigt Parameter wie Produktspezifika, geografische Restriktionen, Lager und Infrastruktur, Container und Verpackungsmaterial, Transport- und Ladeeinrichtungen oder Personal. Die Systemantwortzeiten sind in der Tat recht gering, und die Aktualisierung erfolgt quasi in Echtzeit. Schließlich kann „Teleroute" bei Bedarf auch das Forderungsmanagement übernehmen.

Grenzen virtueller Frachtbörsen

Eine Abwicklung der Distributionsprozesse mit Hilfe von virtuellen Frachtbörsen ist jedoch auch von einigen **Problemen** geprägt.

- In Deutschland werden nur drei Prozent des gesamten Gütervolumens über elektronische Frachtbörsen abgewickelt. Diese niedrige Zahl liegt wohl vor allem darin begründet, dass es den Frachtbörsen an der notwendigen Bekanntheit mangelt. Dadurch werden die Möglichkeiten für das Angebot und die Nachfrage von Frachtkapazitäten deutlich eingeschränkt.

- Auch wenn die Frachtbörsen durch Firewalls geschützt werden können, fürchten die Anbieter und (vor allem) die Nachfrager um die Wahrung ihrer Geheimhaltungssphäre. Bei der Bildung von Transportgemeinschaften können in der Tat sensitive Informationen an unberechtigte Dritte abfließen.

- Die einzelnen Frachtbörsen stellen für sich immer nur Insellösungen dar, weil die Märkte nicht miteinander verbunden sind. Es sind folglich nur suboptimale Lösungen. Eine gesamtoptimale Lösung könnte durch die Vernetzung dieser isolierten Plattformen entstehen.

- Ceteris paribus gilt, dass mit zunehmender Komplexität die Eignung virtueller Frachtbörsen schwindet. Und für besonders zeitkritische Sendungen, wie Radiopharmaka, bieten sich elektronische Frachtbörsen schlichtweg nicht an.

C.3.7.2.4 Elektronische Ausschreibungen und Auktionen

Ein hoher Anteil der Einkaufskosten entfällt traditionell auf administrative Tätigkeiten. Daher werden im betrieblichen Umfeld verstärkt neue Beschaffungsformen auf den Prüfstand gehoben. Zu ihnen zählen elektronische Ausschreibungen, die über geschlossene, halboffene oder offene **Systeme** abgewickelt werden:

Preis- und Kostenvorteile ausnutzen

- **Geschlossene Systeme**: Da geschlossene Systeme in ihrer Einrichtung und ihrem Betrieb sehr teuer sind, rentieren sie sich nur bei langfristiger Anbindung und großen Bestellmengen (Automobilwirtschaft). Mittels Extranet-Lösungen sind die Lieferanten und Kunden miteinander verbunden.

  Langfristige Anbindungen sichern

- **Halboffene Systeme**: Halboffene Systeme werden verstärkt im Handel eingesetzt. Kundenseitig existiert eine geschlossene Standardschnittstelle. Auf der Lieferantenseite liegen offene Verbindungen vor. Kunden können aktiv in die Vorgänge des Lieferanten eingreifen, dort Bestellungen platzieren, den aktuellen Lagerbestand abrufen oder sich über den jeweiligen Stand eines Liefervorgangs informieren.

  Hybridform

- **Offene Systeme**: Bei einer Vielzahl möglicher Akteure werden schließlich offene Systeme gewählt. Die Bedarfe sind gering. Diese treten in unregelmäßigen Intervallen auf. Zumeist nutzen die Beteiligten das Internet, wobei Informationen beispielsweise über jährliche Kataloge zur Verfügung gestellt werden.

  Multiple Einkaufsmöglichkeit über Spotmärkte

Im Rahmen privatwirtschaftlicher **elektronischer Ausschreibungen** („Electronic Request") wird eine Untergliederung in vier Einkaufsvarianten vorgenommen. Charakteristisch für diese Alternativen ist ihre zunehmende Bindungsintensität (vgl. *Buchholz/Appelfeller* 2010, S. 19):

Ausschreibungsformen im Überblick

- **Electronic Request for Information (ERI)**: Bei dieser **Leistungsnachfrage** werden Lieferanten dazu befragt, ob sie grundsätzlich in der Lage sind, einen Bedarf zu stillen (elektronische Selbstauskunft des Lieferanten). ERI ist also eine bloße Marktsondierung. Die Antworten der Lieferanten enthalten in der Regel Listenpreise.

  Generischer Kapazitätsabgleich

- **Electronic Request for Quotation (ERQ)**: Auf Basis eines detaillierten Bedarfs aus dem Lastenheft, wird bei ERQ eine konkrete **Preisabfrage** in Richtung Lieferant eingefordert, die sämtliche möglichen Kostenparameter beinhaltet. Freilich versendet der Kunde diese Anfragen nur an Lieferanten, von deren Leistungsfähigkeit er überzeugt ist.

  Unverbindliche Preisabfrage

C Strategien des Supply Chain Managements

Komplette Problemlösung

- **Electronic Request for Proposal (ERP)**: Ein nächster Schritt ist die Aufforderung zur **Abgabe eines juristisch verpflichtenden Angebots**. Dieser Vorgang ist mit einer Ausschreibung im klassischen Sinn vergleichbar. Das Angebot enthält ein Pflichtenheft, aus denen der Kunde die Details ersehen kann. Selbstverständlich besteht für den Kunden keine Verpflichtung zur Angebotsannahme.

Folgeaufträge sichern

- **Electronic Request for Feature (ERF)**: Schließlich kann der Kunde einen Lieferanten auch zur **Angebotserweiterung** auffordern. Diese Form der Ausschreibung wird insbesondere bei Folgeaufträgen eingesetzt.

Moderner Verkauf über Auktionen

Während elektronische Ausschreibungen die Einkaufsprozesse revolutionierten, bieten sich für moderne Warenverkäufe **elektronische Auktionen** an. Klassische Einkaufsprozesse sind durch eine Vielzahl bilateraler Preisverhandlungen zwischen Kunden und Lieferanten gekennzeichnet. Elektronische Auktionen hingegen werden durch multilaterale Preisverhandlungen beherrscht. Dies führt zu beschleunigten Verkaufsaktivitäten mit Preis- und Kostenvorteilen (vgl. *Sulaj* 2008).

Angebotsauktion

- **Forward Auction**: Bei dieser **Englischen Auktion** versteigert ein Anbieter seine Leistung an den Meistbietenden. Sukzessive werden höhere Gebote für ein Gut in offener Form so lange genannt, bis nur noch ein Bieter übrig ist, oder die Angebotszeit abläuft (*„Ebay-Prinzip"*). Der Bieter mit dem höchsten Angebot erhält den Zuschlag.

Auktion bei fallenden Preisen

- **Reverse Auction**: Eine **Holländische Auktion** verhält sich umgekehrt zu obigem Fall. Bei dieser nachfrageseitigen Auktion schreibt eine Unternehmung – unter Vorgabe eines Zeitfensters – ein Kaufangebot für eine Leistung aus. Diesbezüglich werden relevante Spezifikationen (wie Preis, Menge oder Qualität) mit angegeben. Interessierte Lieferanten beobachten den im Zeitablauf fallenden Preis. Den Zuschlag erhält der Bieter mit dem niedrigsten Angebot (wie beispielsweise eine Spedition für einen Umzug).

Bündelung auf einen Lieferanten

- **Bundle Auction**: Typisch für eine Bundle Auction ist die Erzielung von Purchase Volume Effekten. Sämtliche elektronisch ausgeschriebenen Positionen werden von einem Lieferanten bezogen (zumeist Fachportale in Nischen). Hier findet also eine elektronische Beschaffung **„aus einer Hand"** statt.

„Cherry blossom girl, I'll always be there for you…"

- **Cherry Picking Auction**: Besonders in heterogenen Märkten sind Anbieter nicht immer in der Lage, sämtliche Teilbedarfe von Kunden abzudecken. Außerdem können mache Lieferanten nur in Teilsegmenten besonders günstige Preise anbieten. In diesen Fällen **pickt** sich der Kunde besonders verlockende Angebote verschiedener Anbieter heraus.

C.3.7.2.5 Tracking and Tracing

Begriff und allgemeine Charakterisierung

Die Tracking-and-Tracing-Systeme dienen zur **Sendungsverfolgung**. Ein Tracking-System eröffnet die Möglichkeit, sich zu jeder Zeit hinsichtlich des aktuellen Aufenthaltsorts einer Frachtsendung, quasi in Echtzeit, zu erkundigen (vgl. *Essig et al.* 2012; *Hunewald* 2005). Das Tracing-System gewährleistet die Archivierung dieser Informationen, um kontinuierlich den Sendungsverlauf der Güter feststellen zu können. Die Software zur Routenplanung basiert bei Tracking and Tracing auf der Idee neuronaler Netze.

Beispiele für Tracking and Tracing

In den elektronischen Supply Chains können sich die Hersteller und die Kunden über Tracking and Tracing jederzeit Informationen über den Fortschritt ihres Transportvorgangs einholen:

- In seiner Wertschöpfungskette „Tierernährung" sichert *BASF* die notwendige Rückverfolgung über das Tool „Trace Tracker". Quasi „From Farm to Fork" sichert *BASF* somit die Dokumentation über Warenherkunft, Inhaltsstoffe oder Produktionsmethoden.
- *EADS* nutzt das System „EDITT" („Dynamic Interoperale Track and Trace") zur Warenbestandsüberwachung und Sendungsrückverfolgung, welches ursprünglich für militärische Zwecke eingesetzt wurde.
- *UPS* erhöht mit Tracking and Tracing durch Echtzeitverfolgung, sowohl für die eigene Organisation als auch seine Kunden, die Transparenz bei der Güterzustellung.

GPS als Primärvariante

Bei der Sendungsverfolgung finden vor allem die über Satelliten gesteuerten Hilfsmittel **GPS** (Global Positioning System) und **AEI** (Automatic Equipment Identification) Einsatz. Die Zukunft des europäischen Satellitennavigationssystems **Galileo** steht, im wahren Sinn, noch in den Sternen. Mit Hilfe dieser *telemetrischen Techniken* werden die Frachtstücke beim Beladen der Fahrzeuge – unter Zuhilfenahme des Barcodes – mit dem Status „on Board" eingescannt. In zunehmendem Maße ergänzen Hersteller an dieser Stelle den Barcode durch RFID. Diese Informationen sind direkt an die zentrale Datenbank weiterzugeben. Während des kompletten Transportvorgangs können über GPS und AEI genaue Positionsabfragen eingeholt werden. Daraus speisen sich gleich mehrere Vorteile: Zunächst sinkt der administrative Aufwand bei der Datenverwaltung. Außerdem verbessert sich, neben der Lagerhaltung, das Fuhrparkmanagement der Wettbewerber. Schließlich gestatten GPS und AEI ein jederzeitiges Lokalisieren von Fahrzeugen, wodurch eine sofortige Reaktion auf Störungen möglich ist. Beispielsweise können LKW kurz-

Strategien des Supply Chain Managements

fristig um einen Stau geleitet werden (vgl. Beispielblock c.11). Die Beratungsgesellschaft *Roland Berger* hat errechnet, dass mit dem Einsatz eines telemetrischen Fuhrpark- und Flottenmanagements die Kosten in der Distributionslogistik um bis zu fünf Prozent sinken.

Beispielblock c.11

Tracking and Tracing via GPS

Schenker Eurocargo hat mittlerweile sämtliche in Deutschland verkehrenden Lastkraftwagen mit der Telematik bestückt. Es wurde das Flottensteuerungs- und Kommunikationssystem „Passo Fleet" in die Fahrzeuge integriert. Das Modul „Real Time Arrival" überprüft alle 15 Sekunden die wahrscheinliche Ankunftszeit der LKW. Dadurch verfügt *Schenker Eurocargo* über ein modernes Tool zur automatisierten Sendungsverfolgung.

C.3.7.3 Zukünftige Einsatzfelder und Gefahren

Formen moderner Kontraktlogistik

Immer mehr Organisationen konzentrieren sich auf ihr Kerngeschäft („Downsizing"). Somit ergibt sich in den elektronischen Supply Chains ein weites Aufgabengebiet für **Fourth-Party-Logistics-Provider (4PL)**. Die 4PL sind *Systemintegratoren*, die auch als „Lead Logistics Provider" (LLP) bezeichnet werden. Sie haben ihre Wurzeln in den Systemdienstleistern 3PL (Third-Party-Logistics-Provider). Neben den klassischen Logistikdiensten, wie Lagerung oder Transport, erbringen 3PL für ihre Kunden auch das Order Processing, die Kundenbetreuung oder die Planung und die Implementierung von IT-Systemen. 4PL erweitern dieses Aufgabenspektrum dahingehend, indem sie als Netzwerkintegratoren Gesamtlösungen zur Planung, Steuerung und Kontrolle von Abläufen in der kompletten Supply Chain anbieten.

Einsatzfelder der 4PL

Fourth-Party-Logistics-Provider verknüpfen die Teilnehmer einer Logistikkette dergestalt, dass ein möglichst reibungsloser Prozess zur Steigerung der Wertschöpfung entsteht. Einerseits übernehmen sie dabei weite Teile der Strategiefindung innerhalb einer Lieferkette. Andererseits kümmern sie sich um die operative Umsetzung der einzuleitenden Maßnahmen. Beispielsweise schlagen sie eine Fremdvergabe nicht nur vor, Fourth-Party-Logistics-Provider setzen sie auch um. Ebenfalls analysieren sie die Logistik hinsichtlich der Möglichkeit einer organisatorischen Umgestaltung. Schließlich lösen 4PL auch technische Problemstellungen, wie die Implementierung einer neuen Software. Dabei verfügen

Strategien der Versorgung

C.3

4PL, die zum Teil eigene elektronische Marktplätze geschaffen haben, nur über geringe logistische Assets, wie LKW oder Flurförderzeuge. Sie investieren vielmehr in die ausgewählten Kompetenzfelder von IT oder Beratungs-Know-how (vgl. Beispielblock c.12).

Fourth-Party-Logistics-Provider

Im Jahr 2004 schufen *Schenker* (Logistikexpertise) und *Siemens* (IT-Kompetenz) als Joint Venture den Fourth-Party-Logistics-Provider „Schenker Industrial Logistics". Der Unternehmungsverbund ist auf Ersatzteil-, Werbemittel- und Produktionslogistik spezialisiert. Zwar besteht die Unternehmung noch heute. Doch erwarb im Jahr 2008 die *Schenker AG* von der *Siemens AG* den Restanteil von 49%. Weitere Lead Logistics Provider zwischen Logistikexperten und IT-Beratungsgesellschaften wurden zwischenzeitlich gänzlich aufgelöst. So existieren die – zunächst euphorisch gefeierten – Kooperationen zwischen *Dachser* und *CSC* („E-Chain-Logistics") sowie *Fixemer* und *IDS Scheer* („Escate") mittlerweile nicht mehr.

Beispielblock c.12

Die elektronischen Lieferketten richten sich nach dem Prinzip **Connectivity** aus. Darunter ist eine automatisierte Überprüfung aller möglichen Verbindungen im Netzwerk der Supply-Chain-Teilnehmer zu verstehen. Die internen und die externen Prozessketten werden bezüglich ihres jeweiligen Beitrags zur Steigerung der Wertschöpfung im Partnergeflecht untersucht. Es gewinnt bei Connectivity diejenige Alternative, welche den potenziell größten Nutzen verspricht. Somit findet in den Supply Chains der Zukunft die Durchführung langwieriger und kostenintensiver manueller Abstimmungstätigkeiten kaum noch statt.

Automatismus innerhalb der Prozessoptimierung

Außerdem wird in den Lieferketten der Trend zur Verkleinerung von Sendungsgrößen andauern (die Verschlankung von Warenströmen). Indem die Hersteller die Variantenvielfalt erhöhen, reagieren sie auf die individuellen Wünsche der Konsumenten. Zur Distribution der kleinen Sendungsmengen setzen sie **Kurier-, Express- und Paketdienste (KEP)** ein. Diese gewähren eine schnelle und flexible Auslieferung von Waren. Neben der reinen Güterverteilung werden die KEP in Zukunft verstärkt Added Services bieten. Dazu zählen der Einsatz von Tracking-and-Tracing-Systemen, die Nutzung elektronischer Frachtbörsen oder die Erbringung von After-Sales-Activities (vgl. Beispielblock c.13).

Potenziale der KEP nutzen

C | Strategien des Supply Chain Managements

Beispielblock c.13 | *Kurier-, Express- und Paketdienste*

WIDIA ist ein Hersteller von Werkzeugen und Werkzeugkomponenten. Um einen Belieferungsservice der Kunden innerhalb von 24 Stunden zu gewährleisten, beschloss das Management von WIDIA, den KEP-Dienstleister DHL für die Warenverteilung zu engagieren. Dazu wurden zunächst die Systeme von WIDIA und DHL miteinander verknüpft. Der Kurier-, Express- und Paketdienst fährt täglich circa 450 Sendungen des Werkzeugbauers an 65 verschiedene Zielorte in ganz Europa aus. Sämtliche zuvor in sieben europäischen Ländern befindlichen Außenlager konnten schon nach drei bis vier Monaten (durch den Einsatz von DHL) aufgelöst werden. Obwohl sich die Transportkosten erhöhten, stellte sich für WIDIA bezüglich der totalen Supply-Chain-Kosten ein positiver Effekt ein, weil die Kapitalbindung der Unternehmung um über 30% sank.

E-Supply-Chains in Excellence

Weitere Potenziale zur Verbesserung der Abläufe in den Lieferketten stellen sich durch **E-Fulfillment** (vgl. *Köcher* 2006) ein. Darunter werden sämtliche operativen Maßnahmen verstanden, die zur elektronisch gestützten Abwicklung eines Kundenauftrags notwendig sind. Sie erstrecken sich vom Auftragseingang, über Beschaffung, Produktion und Distribution, bis zum Payment. Ein E-Fulfillment wird zumeist über APS-Systeme realisiert. Das E-Fulfillment fördert ein Supply Chain Management in mehrfacher Hinsicht (vgl. auch Beispielblock c.14):

Zum Nutzen von E-Fulfillment

- Die Waren- und die Kapazitätsverfügbarkeit in der Supply Chain ist durch ein visuell gestütztes Bestandsmanagement rasch ersichtlich. Auf Grund des ständigen Abgleichs von Repetierfaktoren mit Potenzialfaktoren wird eine Entscheidungsfindung im Sinne von *Available-to-Promise* und *Capable-to-Promise* nachhaltig gefördert.

- Ein E-Fulfillment stützt kollaborative Planungsprozesse. Dadurch steigt die Transparenz im Supply Chain Management. Die Partner innerhalb einer Wertschöpfungskette werden nur mit denjenigen Informationen „konfrontiert", die sie zur Fortführung ihrer Aktivitäten auch wirklich benötigen. In diesem Zusammenhang kann beispielsweise ein Splitting von Kundenaufträgen erfolgen.

- Das Payment umfasst die Zahlungsabwicklung in der Supply Chain. Hier fallen Tätigkeiten wie Rechnungsstellung oder Rechnungsprüfung an. Bei einer Bearbeitung dieser Aktivitäten über E-Fulfillment können zum Beispiel die an unterschiedlichen Standorten ausgestell-

Strategien der Versorgung **C.3**

ten Lieferscheine eines Kunden automatisch zu einer Gesamtrechnung addiert werden (Verbesserung des Liquiditätskreislaufs).

- Schließlich kann ein modernes E-Fulfillment auch eine Optimierung der Distributionsströme beinhalten. Wenn in der Lieferkette, beispielsweise auf Grund einer Verzögerung, der originär anvisierte Flugtermin nicht einzuhalten ist, kann das System sofort mit der Suche nach alternativen Flugrouten beginnen und eine Präferenzlösung vorschlagen.

E-Fulfillment | *Beispielblock c.14*

Laut *Schömer* und *Hebsaker* (vgl. *Schömer/Hebsaker* 2007, S. 47) sind durch die Berücksichtigung einer Lösung über E-Fulfillment folgende Verbesserungen in der Supply Chain zu erzielen: Senkung der Auftragsabwicklungskosten um bis zu 30%, Verringerung der Lagerbestände um circa 35%, Reduzierung der Transportkosten um 5% bis 15%, Beschleunigung der Cycle Times bis zu 30% und Verbesserung der Liefertreue bis zu 35%.

Doch auch in den E-Supply Chains ist nicht alles Gold, was glänzt. Die Nutzung der modernen Medien birgt einige **Gefahren** in sich, auf die in der Folge kurz hingewiesen wird (vgl. *Werner* 2013b, S. 25). | *Gefahrenherde*

- Das über die Unternehmungsgrenzen gestrickte engmaschige Kooperationsnetzwerk hat seinen Preis: Die forcierte Lieferanteneinbindung in den E-Supply Chains führt zur Abhängigkeit der Hersteller. Treten beim Anbieter Probleme auf, schlagen sich diese direkt auf den Produzenten nieder. | *Abhängigkeiten*

- Elektronische Supply Chains richten sich streng nach dem Pullprinzip aus. Sämtliche über die Kunden einholbaren Daten werden – im Sinne von Customer Relationship – gesammelt und gezielt aufbereitet. Daraus leitet sich das Problem des „gläsernen" Kunden ab. | *Gläserne Kunden*

- Eine weitere Schwierigkeit kann im Abfluss sensitiver Daten bestehen. Dadurch geht die Geheimhaltungssphäre von Unternehmen ein Stück weit verloren. Gegen ein unberechtigtes Einloggen können Firewalls, Client-Server-Authentifizierungs- oder Verschlüsselungssysteme aufgebaut werden. Aber selbst die dürften von einem „IT-Profi" zu knacken sein. | *Anonymitätsverluste*

- Und schließlich finden in den E-Supply Chains IT-Systeme Einsatz, die hinsichtlich ihrer Schnelligkeit und Speicherkapazität wohl noch | *IT-Boliden* nicht an die Grenzen gestoßen sind. Indem immer mehr Informationen produziert werden, kann der User quasi im „Datenmeer" versinken. Hier zeichnet sich eine Vorgehensweise ab, die häufig Quantität vor Qualität stellt.

C.4 Strategien der Entsorgung und des Recyclings

Notwendigkeit für Entsorgung und Recycling

Die Strategien von **Entsorgung** und **Recycling** im Supply Chain Management beinhalten die Beseitigung sowie die Rückführung von Stoffen in den Produktionsprozess durch Verwendung oder Verwertung (vgl. *Bönneken* 2005; *Bretzke/Barkawi* 2012; *Emmett/Sood* 2010; *Fiedler* 2010; *Ohlig* 2007; *Palevich* 2012; *Sadowski* 2010). Im Zuge der steigenden Umweltverschmutzung sowie der Verknappung von Ressourcen haben in den letzten Jahren Entsorgung und Recycling an Bedeutung gewonnen.

Recycling in der Medizintechnik

Beispielhaft dafür steht das medizintechnische Recycling-Webportal „Medtechplus". Diese in Österreich beheimatete Initiative macht es sich zur Aufgabe, medizinische Produkte zu reparieren und zu recyceln. Beispielsweise werden EKG-Monitore, Ultraschallgeräte oder Defibrillatoren, die in der „westlichen" Welt als veraltet angesehen werden, repariert, verwendet oder verwertet. Sie sind anschließend einer weiteren Nutzung zuzuführen. Ihren Einsatz finden diese Produkte dann häufig in der „dritten" Welt, in der eine latente Unterversorgung mit medizinischen Geräten vorherrscht. Manch offenkundig ausgedienter Defibrillator („Schockgeber", der bei Herzrhythmusstörungen Einsatz findet) kann wieder instand gesetzt werden und Menschenleben retten.

Einordnung der Prozessinhalte in das Order-to-Payment-S

Das Order-to-Payment-S endet nicht mit der Konsumption von Waren durch einen Kunden. Die Lieferkette umfasst die Beseitigung, Verwendung oder Verwertung von Stoffen im Anschluss an ihren Gebrauch. Im Order-to-Payment-S (vgl. S. 9ff.) finden sich die Strategien von Entsorgung und Recycling im dritten Bereich (flussaufwärts verlaufend). Auf Grund des **Verursacherprinzips** wird dem Hersteller die Pflicht zur Rücknahme von Verpackungen, Batterien oder Arzneimitteln auferlegt. Die Basis dieser Regelung ist das „Kreislaufwirtschafts- und Abfallgesetz" (KrW/AbfG), das am 07.10.1996 in Deutschland eingeführt wurde. Das vorrangige Ziel dieses Gesetzes liegt darin, das traditionelle Abfallrecht zur modernen und ganzheitlichen Kreislaufwirtschaft zu weiten.

Strategien der Entsorgung und des Recyclings — C.4

Der Hersteller besitzt jetzt die ökologische Produktverantwortung für seine Erzeugnisse.

Im Supply Chain Management lautet das Grundprinzip: *„Vermeidung vor Recycling (Verwendung oder Verwertung) vor Entsorgung"*. Dieses Prinzip symbolisiert die Prioritätenreihenfolge einer **proaktiven Restevermeidung**. Abfälle dürfen nur noch beseitigt werden, wenn ihre Verwertung oder Verwendung ausgeschlossen ist. Zu den Reststoffen einer Produktion zählen fester Output (Metallspäne, Verpackungen), flüssiger Rest (Spülbäder), gasförmiger Output (Abluft), Licht, Wärme oder Schall. Diese Komponenten können sich in einer Ökobilanz finden.

Grundprinzip der Restevermeidung

Im Sinne des **Lifecycle Costings** (vgl. S. 220ff.) setzen die Aktivitäten zur Reststoffvermeidung schon in den frühen Phasen von Forschung und Entwicklung ein. Hier stellen die Techniker bereits die Weichen zum Kneten der Kosten im integrierten Produktlebenszyklus. Weil die Maßnahmen für Entsorgung oder Recycling die totalen Kosten einer Leistung zum Teil beträchtlich treiben können, suchen die Ingenieure nach mehrfach verwendbaren oder verwertbaren, langlebigen, reparaturfreundlichen und schadstoffarmen Lösungen.

Kostenorientierung schon in den frühen Phasen

Der Fokus zur Eindämmung der Kosten für Entsorgung und Recycling gehen auf die Theorie der **Kuppelproduktion** nach *Riebel* (vgl. *Riebel* 1994) zurück. Danach sind Reststoffe unerwünschter Output der Produktions- und Konsumtionsprozesse. Diesbezüglich werden Beseitigungsstoffe und Kreislaufstoffe unterschieden. Es ist jedoch zu beachten, dass der unerwünschte „Kuppeloutput" einer Organisation wertvoller „Kuppelinput" für eine zweite Unternehmung sein kann. So fallen bei der Herstellung von Kunststoffen Abfälle an, welche den Stahlwerken als Brennstoffe dienen.

Kuppelproduktion nach Riebel

Im Order-to-Payment-S tragen die Standardisierung von Ladungsträgern, die Verminderung von Packstoffen oder die Verwendung von Mehrweglösungen zur Reduzierung von Abfallstoffen bei. Ökonomisch steigt die **Bedeutung** für Entsorgung und Recycling in der Supply Chain. Dafür sind unter anderem folgende Punkte verantwortlich (vgl. *Schulte* 2012, S. 315):

Umweltschutz als Wettbewerbsfaktor

- Gesellschaftliche und staatliche Bedeutung:
    - Der *Wertewandel* in der Gesellschaft und dem Management zugunsten von Umweltaspekten (ökologische Verantwortung, Grenzen des Wachstums, Proteste von Bürgerinitiativen oder umweltbewusste Mitarbeiter).

Allgemeines Umfeld

Strategien des Supply Chain Managements

- Die Neueinführung von *Gesetzen* sowie *Vorschriften* (wie Abfallbeseitigungsgesetz, Verpackungsverordnung, Gefahrgutverordnung, Elektronikschrottverordnung und Altautoverordnung).

■ Marktbedeutung

Betriebliche Umfeldfaktoren

- Der intensivierte Wunsch des *Kunden* nach umweltverträglichen Produkten, Produktionsprozessen sowie Transporten.
- Das *Versiegen* von Ressourcen sowie die Verminderung der Ressourceneffizienz.
- Eine Nutzung der Schlüsselgröße Umweltschutz durch die *Konkurrenz* (Ersatzprodukte, Markteintritt neuer Konkurrenten oder Kommunikationsstrategien der Wettbewerber).

■ Unternehmungsbezogene Bedeutung

Interne Betrachtungsebene

- Die Merkmale im *Produktionsprozess* (wie Art und Umfang der Reststoffe, Ort des Anfalls oder Wertigkeit der Stoffe).
- Die steigenden *Kosten* für Entsorgung und Recycling (auf Grund der Verknappung von Deponieressourcen).

Verursacherprinzip

Zur Einlösung gesetzlicher Regelungen (beispielsweise Verpflichtungen zur Produktrücknahme) existieren unterschiedliche Verwendungs- und Verwertungs-Ansätze innerhalb der Supply Chain. Einen besonderen Stellenwert besitzt das **Duale System**. Die speziell für diesen Zweck gegründete Gesellschaft „*Duale System Deutschland GmbH*" koordiniert die Beseitigung, die Verwendung und die Verwertung von Reststoffen. Unter dem Signet „Grüner Punkt" wird den Herstellern, gegen eine Lizenzgebühr, die Teilnahme am Kreislaufsystem gestattet. Über die gestiegenen Verkaufspreise ist der Konsument natürlich an den Kosten für Entsorgung und Recycling beteiligt. Diese Gebühr wird durch höhere Absatzpreise an den Verbraucher überwälzt (begründet durch das Verursacherprinzip). Kritiker halten dem Dualen System entgegen, dass es nicht zur Lösung der Abfallproblematik beitrüge. Es würde lediglich eine Umlenkung der Reststeströme erfolgen. Freilich mit dem Resultat, dass sich „vor den Kippen" lange Warteschleifen bildeten.

Zunehmende Bedeutung der Re-Logistics

Entsorgung und Recycling haben sich mittlerweile als **eigenständige Logistikfunktionen** etabliert. Entsorgungs- und Recyclinglogistik sind Subsysteme im Gesamtsystem eines Supply Chain Managements. Sie stellen das Pendant zu den Versorgungsströmen dar. Die Wurzeln der Entsorgungslogistik sind Mitte der 80er Jahre zu suchen, wobei zunächst die Aktivitäten zur Raum- und zur Zeitüberbrückung von Resten dominierten. In den frühen 90er Jahren weitete sich dieses Aufgabenspektrum zur Recyclinglogistik: Einer Kreislaufwirtschaft, um die Verwendung und Verwertung dieser Abfallstoffe zu sichern. Beide Funktionsbereiche einer Logistik werden im Folgenden skizziert.

C.4.1 Strategien der Entsorgung

Die Entsorgung kennzeichnet eine **Beseitigung** von Stoffen. Betriebswirtschaftlich bedeutet eine Entsorgung, die endgültige Abfallentledigung. Sie beinhaltet zum Beispiel die Deponierung, die Verbrennung und die Kompostierung von Resten. Im Unterschied zum Recycling, werden die Stoffe nicht in den Produktionsprozess zurückgeführt. In der Supply Chain meint die Entsorgung eine **Retrodistribution** und umfasst den Fluss der Entsorgungsgüter: vom Anfallort der Stoffe (Quelle) bis zur Beseitigung der Reste (Senke). Welche Probleme bei der Entsorgung anfallen können, zeigt Beispielblock c.15.

Zum Begriff der Entsorgung

Bohrinsel „Deepwater Horizon"

Beispielblock c.15

Im April 2010 ereignete sich im Golf von Mexiko eine Umweltkatastrophe dramatischen Ausmaßes. Zwei Tage nach einer Explosion sank die Bohrinsel „Deepwater Horizon". Millionen Liter Öl traten aus dem in 1.600 Meter Tiefe befindlichen Bohrloch aus, das über etliche Wochen nicht geschlossen werden konnte. Beispielsweise schlug der Versuch fehl, die Unglücksstelle mit einer gigantischen Glocke abzudichten. *BP* kostete die Rettungsaktion täglich über acht Millionen US-Dollar. Die Organisation erlitt einen nachhaltigen Imageschaden und taumelte in ihre größte Krise. Mit aller Vehemenz wurde die Küste Louisianas von einer schlimmen Ölpest getroffen und für viele Jahre verpestet.

Vor einer Entsorgung sind häufig **Aufbereitungsprozesse** an Reststoffen durchzuführen. In diesem Zusammenhang lassen sich Trennungs- und Umwandlungstätigkeiten unterscheiden.

Vorgeschaltete Aktivitäten

- **Trennung**: Vor ihrer Beseitigung müssen Stoffe demontiert, filtriert oder magnetisch getrennt werden.
- **Umwandlung**: Die Umwandlung vor der Entsorgung beinhaltet eine Entwässerung, Zerkleinerung oder Verfestigung von Resten.

C Strategien des Supply Chain Managements

Attribute der Entsorgung

Zu den **Aufgaben der Entsorgung** im Order-to-Payment-S zählen die Lagerung, der Transport, der Umschlag, die Sammlung und Sortierung der Abfallstoffe sowie eine Verpackungsreduzierung (vgl. *Schulte* 2012, S. 319ff.).

Gefahren der Lagerhaltung

Lagerung: Anders als bei den Versorgungsstrategien, zielt die Lagerung der Reste nicht auf eine Aufrechterhaltung der Produktionsprozesse innerhalb der Wertschöpfungskette. Sie dient vielmehr der Schaffung wirtschaftlicher Transportlose beim Sammeln oder Umladen der Stoffe. Dabei sind einige Kriterien zu beachten:

- Das Verbot zur Zusammenlagerung von gefährlichen Stoffen, indem getrennte Lagerzonen eingerichtet werden. Für jede Rückstandsart wird ein separater Bereich gebildet.
- Die Volumenbegrenzung, um die „kritische Schwelle" nicht zu überschreiten. Die kritische Schwelle kennzeichnet den Punkt, ab welchem die Stoffe bei ihrer Lagerung zur Gefahr werden.
- Eine Beobachtung von strukturellen Veränderungen der Reste (zum Beispiel auf Basis chemischer Reaktionen).
- Das Schaffen von Sicherheitszonen. Beispiele dafür sind Brandschutz, undurchlässiger Boden oder Auffangwannen.

Robuste Distributionsaktivitäten

Transport: Der Faktor Zeit spielt während des Transports der Reststoffe in der Regel eine untergeordnete Rolle. Weil von den Gütern umweltschädliche Wirkungen ausgehen können, sind vielmehr besondere *Sicherheitsvorkehrungen* während des unternehmungsinternen und netzwerkgerichteten Transports zu treffen. Zum Beispiel werden spezielle Behälter verwendet und als solche gekennzeichnet. Auch können moderne und über Satelliten gesteuerte Systeme zur Sendungsverfolgung eingesetzt werden. Wenn möglich, ist ein Pendelverkehr einzurichten. Gemäß eines Milk Runs (vgl. S. 262), werden auszuliefernde und einzusammelnde Güter möglichst im selben Umlauf transportiert. Dabei ist auf die Verträglichkeit der Waren, wie auch die potenzielle Notwendigkeit für längere Aufenthalte, zu achten.

Warenhandling

Umschlag: Die Prozesse von Warenumschlägen finden beim Wechsel der Transportmittel oder einer Zwischenlagerung bei der Auftragsabwicklung von Gütern statt. Aus ökonomischen und ökologischen Gründen ist die Anzahl dieser Tätigkeiten gering zu halten. Mit jedem Umschlagprozess erhöht sich die Gefahr, dass sich Rückstände freisetzen.

Strategien der Entsorgung und des Recyclings **C.4**

Sammlung und Sortierung: Eine Sammlung von Reststoffen beginnt mit der Füllung von Behältern. Sie endet mit der Beladung von Fahrzeugen. Weil die Reststoffe vielfach in gemischter Form anfallen, werden sie bei ihrer Sammlung sortiert. Letzte Tätigkeit dient zur Erhöhung der Sortenreinheit. In diesem Kontext sind drei Arten zu unterscheiden:

Arten des Sammelns und Sortierens

- Gemischte Sammlung ohne nachträgliche Sortierung (insbesondere bei ungefährlichen Stoffen).
- Gemischte Sammlung mit nachträglicher Sortierung.
- Getrennte Sammlung ohne nachträgliche Sortierung.

Verpackung: Einerseits sind die Verpackungen selbst Rückstände. Andererseits nehmen Verpackungen Stoffe zur Entsorgung auf. Die Anforderungen an die Beseitigung einer Verpackung ergeben sich aus ihrer Größe, Art und Form sowie ihrem Gewicht. Werden gefährliche Stoffe entsorgt, muss eine Schutzfunktion der Verpackung gegeben sein (zum Beispiel stabile Seitenwand). Damit entweichen diese Stoffe nicht in die Umwelt. Die rechtliche Grundlage für Verpackungen bei der Güterentsorgung stellt die mehrfach novellierte *Verpackungsverordnung* dar. In diesem Kontext wird in Transportverpackungen (für sichere Distribution), Umverpackungen (zusätzliche Umhüllungen ohne direkte Schutzfunktion) und Verkaufsverpackungen (sie erfüllen Aufgaben wie Haltbarkeit, Hygiene, Information oder Attraktivität) unterschieden. Verpackungen können als Ein- oder als Mehrwegsysteme vorliegen.

Artikelschutz hat oberste Priorität

- *Einwegsysteme*: Die Einwegsysteme haben vergleichsweise geringe Produktionskosten, ein niedriges Gewicht, sie müssen nicht gereinigt werden und ermöglichen eine individuelle Beschriftung. Jedoch belasten Einwegsysteme die Umwelt und fördern das Wegwerfverhalten der Verbraucher.

Einweglösungen belasten die Umwelt

- *Mehrwegsysteme*: Sie finden als Europaletten (Holz), Cheppaletten (Kunststoff) oder Collicobehälter (Aluminium) Einsatz und werden in der Warenverteilung berücksichtigt. Zumeist sind Mehrwegsysteme stapelbar und im Pool zwischen mehreren Produzenten einzusetzen. Dadurch reduzieren sich die hohen Investitionen für Mehrwegsysteme. Sie steigern jedoch den administrativen Aufwand, will doch beispielsweise ihre Reinigung organisiert sein. Zum Teil setzen Warenhauskonzerne unternehmungsinterne Mehrwegsysteme ein. Außerdem verfügen die meisten Brauereien über eigene und standardisierte Getränkekästen, die in der Regel in mehreren Umläufen Einsatz finden.

Mehrweglösungen treiben die Kosten

Strategien des Supply Chain Managements

C.4.2 Strategien des Recyclings

Zum Management der Verwendung und der Verwertung

Recycling bedeutet eine **Rückführung** von Stoffen und Energie in den Produktionsprozess durch **Verwendung** oder **Verwertung**. In letzter Zeit hat sich dafür der Begriff „Re-Logistics" etabliert. Das Recycling ist eine Rücklaufnutzung und entlastet die Natur. Basierend auf der Verknappung sowie einer Verteuerung von Rohstoffen, wird mit dem Recycling die Ressourceneffizienz erhöht. Mit der Durchführung von Recycling reduziert sich in der Supply Chain das Beschaffungsvolumen für Primärstoffe zugunsten von Verwendungs- oder Verwertungsgütern. Vier im Grundsatz unterschiedliche strategische Ausrichtungen finden sich in der Supply Chain. Sie sind in Begriffsblock C.VII wiedergegeben. Verwendung bedeutet eine *Aufarbeitung* von Stoffen. Verwertung ist die *Aufbereitung* der Reste.

Begriffsblock C.VII

Strategien des Recyclings

Substanz / Einsatzbereich	Verwendung (Aufarbeitung: Die Gestalt des Wertstoffs bleibt erhalten)	Verwertung (Aufbereitung: Die Gestalt des Wertstoffs wird aufgelöst)
Wieder (gleicher Einsatzbereich)	*Wiederverwendung* (Mehrwegverpackungen, Austauschmotoren, Pfandflaschen)	*Wiederverwertung* (Altglasrecycling, Altpapierrecycling)
Weiter (neuer Einsatzbereich)	*Weiterverwendung* (Senfgläser als Trinkgläser nutzen, Zigarrenkiste zur Aufbewahrung von Fotos)	*Weiterverwertung* (Tartanbolzplätze aus Altreifen, Parkbänke aus Kunststoffverpackungen)

Regelkreissysteme implementieren

Für das Recycling ist eine Vorgehensweise im Sinne der **Kreislaufwirtschaft** typisch. Diese widerspricht vehement einer tradierten „End-of-Pipe"-Philosophie, bei der die Aktivitäten innerhalb einer Supply Chain mit der Auslieferung der Waren enden. Vielmehr fallen in einem Kreislauf zwischen den beteiligten Akteuren – auch nach der Erzeugnisverteilung – Tätigkeiten wie Sammeln, Trennen oder Lagern an. Viele Produkte oder Produktkomponenten sind nach ihrem Gebrauch zur Aufberei-

Strategien der Entsorgung und des Recyclings C.4

tung oder Aufarbeitung in den Kreislauf zurückzuführen. Sie können aber auch zu ihrer Beseitigung innerhalb der Lieferkette weitergeleitet werden.

In modernen Supply Chains sind in zunehmendem Maße **Recyclingnetzwerke** (vgl. Beispielblock c.16) über die Unternehmungsgrenzen hinweg auszurollen. Sie werden zum Herunterfahren von Transaktionskosten innerhalb einer Lieferkette aufgebaut. Vor allem im Autobau und der Elektronikbranche können die Hersteller mittlerweile ge- und verbrauchte Produkte zurücknehmen, demontieren und sogar einige Teile an ihre Zulieferer zurückführen.

Wertschöpfungsnetzwerke

Die Partner nehmen aus unterschiedlichen Gründen an einem Recyclingnetzwerk teil. Sie wollen beispielsweise knappe Rohstoffe sichern, Auflagen des Gesetzgebers einhalten und ihre Transaktionskosten in der Supply Chain senken. Dazu richtete das *Rationalisierungs-Kuratorium der Deutschen Wirtschaft* (RKW) bereits 1974 eine spezielle **„Recyclingbörse"** ein, auf der Reste angeboten und nachgefragt werden können.

Clevere Idee

Recycling im Netzwerk

Beispielblock c.16

Ein Recycling-Netzwerk existiert im Ruhrgebiet. In diese Kooperationsform sind Unternehmungen der Stahlindustrie, Kraftwerke sowie Stadtwerke eingebunden. Einige der Beteiligten agieren hierbei gleichzeitig als Resteproduzent und Restenutzer. Andere Akteure sind ausschließliche Nutzer. Zum Beispiel werden Stahlreste auf Schrottplätzen gesammelt und an die Stahlwerke zum Einschmelzen weitergegeben. Dadurch entsteht einerseits verwerteter (aufbereiteter) Stahl. Andererseits fallen in dem Recyclingprozess Reste an, die weitere Akteure nutzen: Die Flugasche kann die Baustoffindustrie gut gebrauchen, die Stahlwerkasche wird in der Baustoffindustrie, dem Straßenbau und der Landwirtschaft benötigt, den Hüttensand verarbeitet die Zementindustrie und das Eisensulfat leistet im Klärwerk gute Dienste.

Zur Durchführung eines Recyclings stellt sich die betriebswirtschaftliche Grundsatzentscheidung von **Make-or-Buy**. Bei der Eigenerbringung oder der Fremdvergabe von Recyclingtätigkeiten wird zwischen einem Outsourcing und einem Offshoring differenziert. Die Literatur ist sich bei der Umschreibung dieser Begrifflichkeiten beileibe nicht einig. In der vorliegenden Schrift wird der Unterschied beider Konzepte im Folgenden gesehen:

Outsourcing und Offshoring

C — *Strategien des Supply Chain Managements*

- **Outsourcing** betrifft die *organisatorische* Verlagerung von Aktivitäten zur Veränderung der Kostenstruktur (Variabilisierung originärer Fixkostenanteile).

- **Offshoring** meint hingegen die *geografische* Verlagerung von Aktivitäten primär ins Ausland. Abbildung C.16 hilft dabei, die Arten von Offshoring besser zu verstehen.

Abbildung C.16

Formen von Offshoring im Überblick

Interner Offshore (Verlagerung an ausländische Tochtergesellschaft)	*Offshore Outsourcing* (Verlagerung an ausländische, rechtlich selbständige Partner)
Nearshore (Verlagerung ins „nahe" Ausland)	*Farshore* (Verlagerung ins „ferne" Ausland)

Gründe der Fremdvergabe

Das **Outsourcing oder Offshoring von Recycling-Aktivitäten** kann auf Basis unterschiedlicher Restriktionen, insbesondere Kapazitäts- und Kapitalbarrieren sowie fehlendem Know-how, notwendig sein. Einige externe Dienstleister haben sich auf das Recycling spezialisiert. Beispielsweise übernimmt in Deutschland die *Vereinigung für Wertstoffrecycling (VfW)* die Rücknahme von Batterien und Akkumulatoren der Industrie. Die *Bahntrans* nutzt im Recycling die Software CADIS (vgl. Beispielblock c.17).

Beispielblock c.17

Recycling über Computer Aided Dispatching

In der Kreislaufwirtschaft setzt *Bahntrans* die Software CADIS (**Computer Aided Dispatching**) ein. Sie steuert mit CADIS die Abholung der bereitgestellten Versandkartons des Kunden im Austausch mit Leerkartons. Außerdem stützt sich bei der *Bahntrans* der Transport von Altbatterien in die drei Sortierzentralen in Schleswig-Holstein auf CADIS.

Automotive-Recycling

1980 verfügten in Deutschland nur 63% der Hersteller über ein Recycling-Konzept, heute sind es nahezu 100%. In der aktuellen Diskussion

Strategien der Entsorgung und des Recyclings C.4

befinden sich die **Rücknahmeverpflichtungen für Altautos**. Bereits 2002 wurde laut EU-Verordnung die kostenfreie Rücknahme von Altfahrzeugen beschlossen (für sämtliche Fahrzeuge mit Erstzulassung nach dem 01.07.2002). Der „Verband deutscher Autoverwerter" setzt diese Verordnung seit dem 01.07.2007 um. Weiterhin sind die Autobauer seit 2008 dazu verpflichtet (EU-Richtlinie), den Nachweis der späteren Recyclingfähigkeit von Fahrzeugen zu erbringen. Dem *VW* „Tiguan" wird beispielsweise durch das Kraftfahrt-Bundesamt bescheinigt, er sei zu 85% recycelbar. Das Recycling von Autos folgt grundsätzlich nachstehendem Prozess (vgl. auch Beispielblock c.18).

1. Zunächst sind den Autos die voll recyclingfähigen Batterien zu entnehmen.
2. Anschließend werden die Fahrzeuge trockengelegt und von sämtlichen Betriebsflüssigkeiten befreit. Dann beginnt die Demontage von Teilen mit Schadstoffcharakter.
3. Jetzt werden diejenigen Baugruppen separiert, welche für eine Verwendung oder Verwertung geeignet erscheinen. Dazu zählen Kunststoffteile, Räder, Scheiben, Konsolen oder Sitze.
4. Der Rest des verbliebenen Fahrzeugs landet im Shredder. Heute besteht dabei noch das Problem, dass bei der Zerkleinerung Filterstäube als Sondermüll anfallen.
5. Schließlich erfolgt die Verwendung oder Verwertung der metallischen Materialanteile durch Wirbelstrom- oder Schmelzverfahren.

Recycling in der Automobilindustrie | *Beispielblock c.18*

Für ein umweltgerechtes Recycling finden sich im Autobau einige Beispiele. *Saab* und *Opel* kooperieren auf diesem Gebiet mit dem Hersteller *Pape Entsorgung Hannover*. Der Dienstleister übernimmt das Recycling der Fahrzeuge von mehr als 2.000 Autohäusern der *General-Motors*-Töchter. *VW*, *Audi* und *Skoda* arbeiten diesbezüglich mit *CCR München* zusammen. Dieser Partner gewährleistet beispielsweise eine kostenfreie Rücknahme von Stoßfängern, Brems- und Kühlflüssigkeit.

Nach den Gesetzen der Thermodynamik sind dem Recycling allerdings natürliche Grenzen auferlegt. Die Qualität der Stoffe nimmt mit jedem Recyclingdurchlauf ab. Dieses Phänomen wird als **Downcycling** be- | *Kausalzusammenhang*

Strategien des Supply Chain Managements

zeichnet. Ein **Upcycling** bedeutet hingegen, dass die einer Verwendung oder Verwertung unterzogenen Stoffe mit Produktinnovationen konkurrieren. Upcycling ist eine spezifische Form des Recyclings, bei der ein technischer Fortschritt in die gleichzeitige Modernisierung des Produktes einfließt. Ein Beispiel dafür ist die Herstellung von Kopiergeräten durch *Xerox*. Die Produktlinie „Greenline" (Kopiergeräte von hoher Qualität der neueren Generation) umfasst zu 80% verwendete oder verwertete Altteile. Nur 20% von „Greenline" sind Neuteile.

C.4.3 Green Supply Chains: Sustainability

C.4.3.1 Allgemeine Charakterisierung

Substanz ersetzt Ertrag

Green Supply Chains (vgl. *Bretzke/Barkawi* 2012; *Emmett/Sood* 2010; *Palevich* 2012) gewinnen an Bedeutung. Spätestens mit der intensivierten Diskussion um **Nachhaltigkeit** („Sustainability") sind sie in aller Munde. Die Gretchenfrage lautet: „Welchen Beitrag können Green Supply Chains zur Sicherung und Verbesserung von Nachhaltigkeit leisten?". **Sustainability** ist zum regelrechten Modebegriff avanciert. Der Ansatz wird in die drei Säulen *Ökonomie*, *Ökologie* und *Soziales* untergliedert (vgl. *Grunwald/Kopfmüller* 2012). Eine grüne Supply Chain fordert den Wandel vom Ertrag zur Substanz. Mögliche Ziele und Ansprüche die sich aus den Eckpfeilern von Sustainability ableiten, sind im Folgenden aufgelistet (vgl. *Sadowski* 2010, S. 33ff.).

- **Ökonomie**: Sicherung von Wissen, Balance herstellen zwischen Individual- und Gemeinschaftsinteressen, Optimierung von Geschäftsprozessen, Gewährleistung von Wettbewerbsfähigkeit.
- **Ökologie**: Einhaltung von Umweltschutzauflagen, Sicherstellung und Erhalt der natürlichen Ressourcen, minimaler Einsatz von Material und Energie, Klimaschutz.
- **Soziales**: Einhaltung von Mindeststandards, Berücksichtigung der Interessen aller Stakeholder, Verbesserung der gesellschaftlichen Akzeptanz.

Wege zur grünen Logistik

Unternehmerische Entscheidungen wirken sich unterschiedlich auf die drei Dimensionen der Nachhaltigkeit aus. Freilich sind diese **Einflussgrößen** nicht immer gleichermaßen betroffen. Beispielsweise werden in Supply Chains Rohstoffe und Flächen verbraucht, zudem entstehen

Strategien der Entsorgung und des Recyclings | **C.4**

Lärm- und andere Belästigungen. Diese Umwelteinwirkungen wirken ökologisch und sozial. Die wirtschaftliche Einflussnahme ist dann nur indirekt abzuleiten.

Ein wesentlicher Stellhebel von Green Supply Chains ist die **Distributionslogistik**. Grundsätzlich stehen drei diesbezügliche Primärstrategien zur Verfügung, wenn es um die Verbesserung der Nachhaltigkeit geht.

- Reduzierung der Transportentfernung.
- Optimierung der Transportmittelauslastung.
- Einsatz umweltfreundlicher Transportmittel.

Beispiel der Distributionslogistik

Ein Beispiel für die optimierte Auslastung von Verkehrsmitteln findet sich in Beispielblock C.19. Zur **Umweltentlastung** tragen Sendungskonsolidierung (beispielsweise über elektronische Frachtbösen, vgl. S. 197f.), Transportvermeidung, trimodale Logistik-Hubs (optimierte Verknüpfung verschiedener Verkehrsträger; beispielsweise über Hucke-Pack-Transporte, um die Schiene besser zu nutzen) oder optimierte Routenplanungen (vgl. zu Milk Run S. 262f.) bei.

Denn wir haben nur die eine Erde…

Optimierung der Transportmittelauslastung | *Beispielblock c.19*

Energizer ist einer der führenden Batterie-, Taschenlampen- und Rasierklingenhersteller. Die Unternehmung distribuierte ursprünglich Rasierklingen und Batterien getrennt. Zudem betrug die maximale Ladung eines LKW 33 Europaletten. Auf Grund einer variierenden Höhe zwischen 1,20m bis 1,80m pro Palette, wurde die Transportkapazität der Fahrzeuge jedoch nur suboptimal genutzt. Zur verbesserten Nutzung der Ladefläche bündelte *Energizer* den Transport von Rasierklingen und Batterien. Im Ergebnis sparten diese Maßnahmen etwa 647.000 km, 355.000 Tonnen CO_2 und 300.000 € pro Jahr ein (vgl. *Stabauer* 2009, S. 69).

C.4.3.2 Product Carbon Footprint

Eng verwoben mit Green Supply Chains sind Überlegungen zum **Product Carbon Footprint (PCF)**. Dieser bewertet den „CO_2-Fußabdruck" von Produkten und Prozessen. Die wesentlichen Gründe für das Erheben des Footprints sind umweltpolitische Maßnahmen (wie das Kyoto-Protokoll oder die Einführung von CO_2-Steuern), gesteigerte Nachfrage

„Darum lieb' ich alles, was so grün ist, weil mein Schatz ein Jäger ist…"

in Richtung umweltfreundlicher Produkte und interne Optimierungspotenziale (beispielsweise das Ressourcenmanagement). Green Supply Chain Management setzt hier an, um die CO_2-Belastung in Beschaffung, Produktion, Distribution oder Verwaltung zu begrenzen.

„Chemiekurs light"

Der Product Carbon Footprint misst **Treibhausgasemissionen** entlang der gesamten Lebensdauer von Produkten und Prozessen. In jeder Lebenszyklusphase werden die entstehenden Treibhausgase ermittelt. Zur Berechnung müssen folglich sämtliche Treibhausgaspotenziale in CO_2-Äquivalente umgerechnet werden. Der Weltklimarat legte fest, dass beispielsweise 1 Kg Methan (CH_4) dieselbe schädliche Wirkung wie 25 Kg CO_2 aufweist. Analog sind Umweltbelastungen durch Lachgas (N_2O), Flurchlorkohlenwasserstoff (FCKW) sowie Schwefelhexalfluorid (SF_6) auf das CO_2-Äquivalent zu beziehen. Aber auch weitere Stoffe – wie Kilowattstunden (Strom) oder Liter (Benzin) – können auf CO_2-Basis umgerechnet werden (vgl. *McKinnon et al.* 2010).

PCF-Projekt als Leuchtturm

In Deutschland startete im Mai 2008 das mittlerweile recht bekannt gewordene **„PCF-Projekt"**. Die Träger des Vorhabens sind der *World Wildlife Fond Deutschland (WWF)*, das *Ökoinstitut* (Freiburg) und das *Institut für Klimafolgeforschung* (Potsdam). Partner aus Industrie und Handel sind *Deutsche Telekom, dm, Frosta, Henkel, Krombacher, Rewe, Tchibo, Tetra Pak* sowie *Tengelmann*. Privater Konsum verursacht in Deutschland circa 40% der jährlichen Pro-Kopf-Emission an Treibhausgasen. Das „PCF-Projekt" versucht deshalb, den jeweiligen Anteil einzelner Produkte an der gesamten CO_2-Belastung zu berechnen.

PCF einer Verpackung

Am Beispiel einer **„Frischmilchverpackung"** von *Tetra Pak* bestehen grundsätzliche Umweltwirkungen durch Treibhauseffekt, Eutrophierung, Energieverbrauch, Versauerung, Siedlungsabfall, Sonderabfall, Mineralien und Wasserentnahme. Diese Einflussgrößen leiten sich über die DIN/ISO-Normen 14040-14043 ab. Jetzt wird gemessen, inwieweit sich durch die Maßnahmen Gewichtsreduzierung, verbesserte Recyclingquote oder intensivierte Aluminium-Rückgewinnung der Verpackung eine Verbesserung der Umweltwirkungen ableitet: Wenn das Verpackungsgewicht um 10% gesenkt wird, reduziert dies den Treibhauseffekt um „x%".

Nutzen und Gefahren

Der Footprint kann ein **Verkaufsargument** für den Absatz klimaneutraler Produkte werden. Wenn Produkte einen „CO_2-Fußabdruck" bekommen, wird der Konsument letztendlich darüber entscheiden, wie wichtig ihm Umweltverträglichkeit ist. Für Markenartikelhersteller ist dies vielleicht von Interesse, wenn sie ihre Produkte gegenüber Handelsmarken

Strategien der Entsorgung und des Recyclings C.4

abgrenzen wollen. In England führte *Tesco* in einer Testphase den Footprint bereits 2008 für einige Produkte ein. Lobbyisten stehen dieser Ökoplakette freilich kritisch gegenüber, da die Berechnung sehr teuer sei. Und in der Tat ist ein derzeitiges **Problem** des PCF sein fehlender internationaler Berechnungsstandard auf Produktebene. Ein Product Carbon Footprint kann integrativer Bestandteil der **Ökobilanz** sein, was nachstehend deutlich wird.

C.4.3.3 Bedeutung der Ökobilanz für Green Supply Chains

Um den Nutzen von **Ökobilanzen** („Life Cycle Assessment") ist seit geraumer Zeit eine hitzige Diskussion entfacht. Zum Beispiel wurde die Einführung des Dosenpfands im Mai 2006 weitgehend über Ökobilanzen gerechtfertigt. Sie leiten sich aus dem Gesetz der **Thermodynamik** (Wärmelehre) ab. Danach können Energie sowie Materie weder erzeugt oder vernichtet, sondern nur umgewandelt werden. Stoffe (Input) werden in ein System geleitet. Dort führen sie zur Bestandsmehrung oder verlassen das System in veränderter Form (Output). Das Gesamtsystem ist folglich einem latenten Austauschprozess von Input-Output-Strömen unterworfen (vgl. *Klöpffer/Grahl* 2012; *Sroufe/Sarkins* 2007):

Grünes Label

- **Input**: Eingehende Stoffe (Anlagen, Material, Wasser, Luft oder Energiezugabe).
- **Output**: Ausgehende Stoffe (Produkt, Abfall, Abwasser, Abluft oder Energieabgabe).

Für das Kriterium „Abluft" kann der oben diskutierte Product Carbon Footprint integrativer Bestandteil der Ökobilanz werden, indem er für die Messung des CO_2-Ausstoßes steht. Gemäß des Anspruchs der Ausgewogenheit, muss die Summe aus Anfangsbestand plus Input mengenmäßig dem Ergebnis aus Endbestand plus Output entsprechen. Diesbezüglich sind drei grundsätzliche **Arten** von Ökobilanzen zu differenzieren: Produkt-, Betriebs- und Prozessbilanzen. Für das **Produkt „Autotür"** gehen beispielsweise folgende Parameter in die Ökobilanz ein:

Arten von Ökobilanzen

- **Input**: Rohstoffe (Blech), Hilfsstoffe (Lack), Betriebsstoffe (Schmiermittel), Lieferantenverpackung (Pappe), Energie (Strom), Wasser.
- **Output**: Produkt (Tür), Abgänge (Produktionsabfall), Energieabgabe (Lärm), Energieabgabe (Wasser), Energieabgabe (Luft).

Strategien des Supply Chain Managements

Spielregeln der Ökobilanzierung

Beim Aufstellen der Ökobilanz sind grundsätzliche **Regeln** einzuhalten. Zum Teil erinnern diese Attribute an allgemeine „Grundsätze ordnungsgemäßer Buchführung" (GoB). Nachstehend werden wesentliche Spielregeln aufgelistet, die für Ökobilanzen gelten:

- Einhaltung der Grundsätze ordnungsgemäßer Bilanzierung (Bilanzvollständigkeit oder -klarheit).
- Datenerhebung in physikalischen Mengeneinheiten: Kilogramm (Stoffe) sowie Kilowatt (Energie). Ergänzende Angaben sind Stück oder Kubikmeter.
- Standardisierung und Dokumentation der Mess- und Erhebungsdaten (örtliche und zeitliche Vergleichbarkeit).
- Frühzeitige Einspeisung von Stoff- und Energiedaten in ein IT-System (z.B. Gefahrstoffdatenbank).
- Systemgrenzen klar definieren (was ist mit Beteiligungen?, was ist mit beigestelltem Material?).
- Erhebungszeitraum und -zeitpunkt fixieren (Anlehnung an das Geschäftsjahr, Bestandserhebungen werden an die Inventur gekoppelt).

Dem Vertrieb ein Argument in die Hand geben

Das Aufstellen von Ökobilanzen erfolgt grundsätzlich auf freiwilliger Basis. Wird eine Ökobilanz erstellt, setzen sie die meisten Unternehmungen als **Vertriebs- und Marketinginstrument** ein. Damit verleihen sich manche Organisationen quasi selbst ein Ökosiegel. **Probleme**, die im Rahmen der Ökobilanz auftreten können, sind beispielsweise der Versuch eines Vergleichs der ökologischen Verträglichkeit von unterschiedlichen Entwicklungs- und Produktionsprozessen bei diversen Belastungsarten. So stellt ein Verbrennungsprozess eine Luftbelastung dar, ein Drehprozess hingegen eine Abwasserbelastung. Zudem existieren nur für bestimmte problematische Stoffe staatlich fixierte Grenzwerte (wie in der Chemieproduktion), die zumindest Anhaltspunkte für eine Bewertung (Unschädlichkeitsgrenzen) liefern. Folglich ergibt sich eine „Spielwiese" für Subjektivität, da sich eine jede Unternehmung selbst Normen auferlegt.

C.4.3.4 Nachhaltigkeit und Lifecycle Costing

Von der Wiege bis zur Bahre

Die Grundidee des **Lifecycle Costings** beruht darauf, dass neben den eigentlichen Marktlebenszykluskosten auch Vorlauf- und Nachlaufkosten im Kostenmanagement zu berücksichtigen sind. Als Basis dient der integrierte Produktlebenszyklus. Er teilt sich in die Phasen Entstehungs-

C.4 Strategien der Entsorgung und des Recyclings

zyklus, Marktzyklus sowie Entsorgungs-/Recyclingzyklus auf. Bei einem Lifecycle Costing setzen die Aktivitäten zur Reststoffvermeidung bereits in den frühen Phasen von Forschung und Entwicklung ein. Hier stellen Techniker die Weichen für späteres Kostenkneten im integrierten Produktlebenszyklus („80-20-Regel"). Die Kosten über den kompletten Lebensweg eines Produkts sind relevant. Bei einer tradierten Kostenverrechnung würde lediglich der Marktzyklus untersucht. Vorlauf- und Nachlaufkosten wären nicht dem Produkt direkt zuzuweisen, sondern als Gemeinkostensätze lediglich „umzulegen". Insbesondere mit der zunehmenden Bedeutung von Vorlauf- und Nachlaufkosten ist dieser traditionelle Weg zu ungenau und wenig befriedigend.

Bei der Lebenszykluskostenrechnung werden die Kosten in spezielle Phasen kategorisiert, um **Trade-off-Beziehungen** aufzuzeigen. Beispielsweise erzeugt die Entwicklung eines umweltverträglichen Produkts in der Marktphase zum Teil höhere Materialkosten. Jedoch wird dadurch später vielfach ein vereinfachtes Recycling möglich, wodurch sich im Lebenszyklus die Nachlaufkosten senken. Beispielsweise sind die Anschaffungskosten einer Energiesparlampe höher als die einer konventionellen Glühlampe. Über den geringeren Stromverbrauch kompensiert sich jedoch zumeist im Zeitablauf der höhere Anschaffungspreis des Energieleuchtmittels (vgl. *Horváth* 2011, S. 473ff.).

Vorläufe und Nachläufe beachten

In einer Lebenszykluskostenrechnung werden unterschiedliche Investitionen nach ihrer Wirtschaftlichkeit abgewogen. Dazu sind potenzielle Erträge und Aufwendungen direkt miteinander zu verrechnen. Rasch ist ersichtlich, *ob* und *wann* eine Investition ihren Break-Even erreicht. Dabei besteht zwischen Lifecycle Costing und **Total Cost of Ownership** (vgl. S. 36ff.) eine enge Beziehung. Der Übergang der Hilfsmittel ist fließend: beide Ansätze berücksichtigen die Kosten über den kompletten Lebensweg eines Produkts. Doch während für Total Cost of Ownership primär Transaktionskosten von großer Relevanz sind (*Prozessorientierung*), bezieht sich Lifecycle Costing verstärkt auf Investitionen (*Zeitbezug*). Die Aufwendungen und Erträge der Lebenszykluskostenrechnung können in eine Vorlauf- und in eine Nachlaufphase eingeteilt werden.

Life Cycle Costing versus Total Cost of Ownership

- **Vorlaufphase** (Entstehungszyklus)
    - Aufwendungen: Marktforschung, Verfahrensentwicklung, Stücklisten- und Arbeitsplanerstellung, Prototyping und Markterschließung.
    - Erträge: Subventionen (Forschungsförderung), Kundenanzahlungen und Lizenzverkäufe.

Strategien des Supply Chain Managements

- **Nachlaufphase** (Entsorgungszyklus/Recyclingzyklus)
  - Aufwendungen: After-Sales-Services, Garantiekosten, Schadensersatzzahlungen, Produktrückrufe, Reklamationen, Ersatzteilhaltung, Reparatur, Rücknahme, direktes Recycling, Stilllegung.
  - Erträge: Kundenvergütungen für Ersatzteile oder Restwerte nicht mehr genutzter Wirtschaftsgüter (zum Beispiel der Verkauf von Excess-Vorräten).

Anwendung der Lebenszyklusrechnung

Abschließend wird ein **Beispiel** (vgl. Beispielblock c.20) zur Lebenszykluskostenrechnung wiedergegeben. Das Einflusspotenzial von Green Supply Chain Management erstreckt sich über den kompletten Lebensweg dieses Produkts (8 Jahre). Das Erzeugnis spielt in seinem Lebensweg Erträge ab seiner dritten Zyklusphase ein. Besonders Cash-trächtig sind das fünfte und sechste Lebensjahr. In den ersten zwei Jahren erwirtschaftet das Produkt einen jeweils negativen Deckungsbeitrag (Vorlaufphase). Kumuliert (YTD, Year to Date) überschreitet das Produkt die Gewinnschwelle im vierten Jahr. Nicht zu vergessen sind die Nachlaufkosten in der siebten und achten Phase für eine Entsorgung. Insgesamt erzielt der Hersteller mit diesem Produkt einen Gewinn von 100.000 Euro (vgl. in ähnlicher Weise *Horváth* 2011, S. 475).

Beispielblock c.20

Beispiel des Lifecycle Costings

Periode	1	2	3	4	5	6	7	8	Summe
Ertrag (E)									
Verkauf			150	200	300	250	100		1.000
Aufwand (A)									
Herstellung			-75	-100	-150	-125	-50		-500
Entwicklung	-11	-14	-18	-14	-27	-21	-6		-111
Verwaltung	-15	-15	-21	-29	-29	-29	-29	-29	-196
Vertrieb				-20	-14	-18	-14	-8	-74
Entsorgung							-6	-13	-19
Summe (E-A)	-26	-29	36	37	80	57	-5	-50	100
Summe YTD	-26	-55	-19	18	98	155	150	100	100

Legende: Alle Zahlen in Tausend Euro (T€), YTD = Year to Date

Wie lautet der „richtige" Verrechnungsschlüssel?

Es bleibt festzuhalten, dass die Lebenszykluskostenrechnung für eine „grüne" Supply Chain sehr bedeutsame Effekte aufzeigt, indem beispielsweise die Nachlaufkosten explizit ermittelt werden. Natürlich hat

Lifecycle Costing dabei ein **Prognoseproblem**: Zukünftige Produktvolumina und Preise sind bei der Kostenverteilung nur zu schätzen. Und schließlich erfolgt die Verrechnung der Verwaltungsaufwendungen proportional. Die **Verwaltungsaufwendungen** für administrative Tätigkeiten erstrecken sich ja nicht ausschließlich auf dieses Produkt (Gemeinkosten). Somit werden sie diesem Produkt über einen Verteilungsschlüssel zugerechnet. Und diese Festlegung erfolgt subjektiv.

C.5 Verständnisfragen

- Welche Arten von Kooperationsstrategien kennen Sie? Kennzeichnen Sie diese und beschreiben Sie deren Probleme.
- Zeigen Sie Möglichkeiten der Zusammenarbeit zwischen Lieferanten und Kunden (unterschieden nach dem Leistungspotenzial sowie der Bindungsintensität) auf.
- Klären Sie den Begriff „First-Tier-Lieferant". Geben Sie drei Beispiele aus der Praxis an.
- Charakterisieren Sie die Vorteile und die Nachteile von Resident Engineering.
- Beschreiben Sie beispielhaft das Laboratory-Store-Concept.
- Definieren Sie den Begriff „Horizontale Kooperationsstrategie". Geben Sie dafür drei Beispiele neueren Datums an.
- Was bedeutet Efficient Consumer Response (ECR)? Klären Sie den Begriff und benennen Sie die Komponenten. Nehmen Sie eine kritische Würdigung von ECR vor.
- Beschreiben Sie die Logistikmodule von ECR. Gehen Sie auf die potenziellen Vor- und Nachteile ein.
- Vendor Managed Inventory (VMI): Klären Sie den Begriff. Grenzen Sie ihn weiterhin von benachbarten Termini ab. Welches sind operative Rahmenbedingungen des Konzepts? In welchen Phasen läuft idealtypisch ein VMI-Prozess ab? Entwerfen Sie eine Tabelle, in der Sie die Vorteile und die Nachteile von VMI auflisten.
- Was bedeutet der Begriff „Category Management"? Definieren Sie die Module des Category Managements in ECR.
- Grenzen Sie die Begriffe „Relationship Marketing", „One-to-One-Marketing" und „Customer Relationship Management" voneinander ab.

C Strategien des Supply Chain Managements

- Nennen und erklären Sie die strategischen Zielgrößen und die Komponenten von Customer Relationship Management.
- Charakterisieren Sie kurz die Weiterentwicklung von Customer Relationship Management zu Enterprise Relationship Management.
- „Available-to-Promise" und „Capable-to-Promise": Erläutern Sie diese beiden Begriffe.
- Ordnen Sie Mass Customization in die hybriden Wettbewerbsstrategien ein.
- Nennen Sie die Voraussetzungen für Mass Customization.
- Diskutieren Sie die Begriffe „Soft Customization" und „Hard Customization".
- Warum sind Postponement-Strategien anzuwenden? Klären Sie den Begriff „Postponement" und zeigen Sie die Einflussfaktoren für ein Postponement am Beispiel der chemischen Industrie auf.
- Kennzeichnen Sie die Möglichkeiten und die Grenzen für ein Form Postponement und ein Time Postponement.
- Welche Sourcing-Strategien kennen Sie? Charakterisieren Sie zwei Ansätze näher und würdigen Sie diese kritisch.
- Diskutieren Sie die Eignung von Single Sourcing und Multiple Sourcing für das Supply Chain Management.
- Zeigen Sie Gemeinsamkeiten und Unterschiede zwischen den Ausprägungsformen Single Sourcing und Sole Sourcing auf. Geben Sie für das Sole Sourcing drei Beispiele aus dem betrieblichen Umfeld an.
- Charakterisieren Sie Modular Sourcing anhand eines Beispiels.
- „Global Sourcing": Begriffsklärung, Voraussetzungen und kritische Würdigung.
- Welche Beschaffungsstrategien kennen Sie für moderne Supply Chains?
- Worin besteht der Unterschied zwischen Kanban und einer zentralisierten Produktionssteuerung? Berücksichtigen Sie die Voraussetzungen für eine Implementierung von Kanban.
- Just-in-Time: Kennzeichnung, Voraussetzungen und kritische Würdigung.
- Grenzen Sie die Begriffe „Just-in-Time" und „Just-in-Sequence" voneinander ab.
- Beschreiben Sie den Ansatz der Fortschrittszahlen anhand eines Beispiels (mit grafischer Darstellung). Berücksichtigen Sie die Voraussetzungen.

C.5 Verständnisfragen

- Gehen Sie auf Gemeinsamkeiten und Unterschiede von Kanban und Fortschrittszahlen ein.
- Nehmen Sie eine Kennzeichnung der belastungsorientierten Auftragsfreigabe vor. Berücksichtigen Sie die Voraussetzungen und die Arbeitsschritte des Konzepts.
- Beantworten Sie folgende Fragen zur retrograden Terminierung: Historische Entwicklung, Begriffsklärung und Charakterisierung, Arbeitsschritte sowie kritische Würdigung.
- Was verstehen Sie unter elektronischen Supply Chains? Orden Sie den Begriff in das Order-to-Payment-S ein.
- Geben Sie jeweils drei Beispiele für B2B- und B2C-Plattformen aus der Unternehmungspraxis an.
- Was verstehen Sie unter „Electronic Commerce". Benennen Sie mögliche Stellhebel von Electronic Commerce in Supply Chains.
- Diskutieren Sie den Begriff „elektronischer Marktplatz". Grenzen Sie elektronische Marktplätze von Fachportalen ab. Welche Formen elektronischer Marktplätze kennen Sie? Benennen Sie für jede dieser Formen ein Beispiel.
- „Kollaborative Prozesse": Charakterisieren Sie Ausprägungen kollaborativer Prozesse in elektronischen Supply Chains. Besprechen Sie die Notwendigkeit für Collaborative Planning, Forecasting and Replenishment (CPFR).
- Was ist eine virtuelle Frachtbörse? Zeigen Sie die Chancen und die Risiken virtueller Frachtbörsen am Beispiel der Automobilindustrie auf. Wie stufen Sie die Entwicklungspotenziale dieser virtuellen Frachtbörsen ein?
- Benennen und kennzeichnen Sie mögliche elektronische Ausschreibungsvarianten. Wählen Sie sich eine dieser Formen aus und entwerfen Sie eine Tabelle, in der Sie eine kritische Würdigung dieser Variante durchführen.
- Führen Sie mögliche elektronische Auktionen auf. Wählen Sie eine Variante aus, die Sie näher charakterisieren. Worin bestehen die Möglichkeiten und die Grenzen dieses Verfahrens?
- Was verstehen Sie unter „Tracking and Tracing"? Ordnen Sie GPS-Systeme in die Idee von Tracking and Tracing ein.
- Kennzeichnen Sie den Übergang von 3PL zu 4PL. Worin sehen Sie die Gemeinsamkeiten und die Unterschiede zwischen beiden Begriffen?
- Nennen Sie Vorteile und Nachteile von E-Fulfillment im Supply Chain Management.

Strategien des Supply Chain Managements

- Definieren Sie die Begriffe „Entsorgung" und „Recycling". Worin bestehen die grundlegenden Unterschiede zwischen diesen beiden Begriffen?
- Welches sind spezielle Logistikanforderungen an Entsorgung und Recycling?
- Beschreiben Sie das Duale System anhand eines Beispiels aus der Konsumgüterindustrie.
- Welches sind die Aufgaben einer Entsorgung? Nennen Sie beispielhaft mögliche Aufbereitungsprozesse, die vor einer Entsorgung stattfinden können.
- Beschreiben Sie mögliche Recycling-Strategien in Supply Chains stichpunktartig. Geben Sie dazu jeweils ein Beispiel aus der Konsumgüterindustrie an.
- Diskutieren Sie die Begriffe „Downcycling" sowie „Upcycling".
- Was bedeutet für Sie „Nachhaltigkeit in Supply Chains"? Welche Größen zur Messung von Sustainability in Wertschöpfungsketten schlagen Sie vor?
- Product Carbon Footprint: Klären Sie den Begriff. Inwieweit kann ein Carbon Footprint in Supply Chains eingesetzt werden? Welche Stellhebel zur Verbesserung des Footprints sehen Sie in Wertschöpfungsketten? Wo bestehen die Grenzen seiner Nutzung?
- Beschreiben Sie den Nutzen und die Gefahren des Lifecycle Costings für nachhaltige Supply Chains.
- Diskutieren Sie Gemeinsamkeiten und Unterschiede zwischen Lifecycle Costing und Total Cost of Ownership.

D Instrumente des Supply Chain Managements

Instrumente sind Techniken, die zur Lösung von Problemstellungen dienen. Unter diesem Gliederungsabschnitt werden ausgewählte Hilfsmittel des Supply Chain Managements diskutiert. Ihr Einsatz ermöglicht die Umsetzung der unter Abschnitt C charakterisierten Strategien moderner Logistikketten. Strategien und Instrumente sind zeitlich eng verflochten: *Chandlers* These „Structure follows Strategy" verliert im Supply Chain Management an Gültigkeit. Sie wird durch „Structure *and* Strategy" ersetzt, weil Strategien und Instrumente zeitgleich einzubeziehen sind.

Simultaneität von Strategien und Instrumenten

D.1 Lernziele und Vorgehensweise

Die **Lernziele** von Kapitel D bestehen in folgenden Punkten:

- Eine Verknüpfung zwischen Strategien und Instrumenten des Supply Chain Managements aufzuzeigen.
- Die Inhalte der Instrumente zu kennzeichnen.
- Grundlegende Begriffe zu klären.
- Eine kritische Würdigung der Hilfsmittel zu skizzieren.

Bei einer Beschreibung von Instrumenten des Supply Chain Managements sind zunächst ausgewählte Hilfsmittel zur Lösung logistischer Kernfragen vorzustellen. Dazu zählen als Instrumente zur Bestandsreduzierung die Dekomposition der Vorräte, die Gängigkeitsanalyse, das Reichweitenmonitoring, die Konsignationsanalyse sowie eine Durchlaufzeiten- und Rüstzeitenanalyse. Zur Senkung von Frachtkosten werden die maschinelle Frachtkostenermittlung, eine Standardisierung von Verpackungen sowie Milk Run gekennzeichnet. Anschließend sind mit Benchmarking und Reverse Engineering zwei Instrumente zur Informationsgewinnung im Order-to-Payment-S zu charakterisieren. Die we-

Diskutierte Hilfsmittel

sentlichen Hilfsgrößen einer Qualitätssicherung in der Supply Chain stellen Quality Function Deployment, Failure Mode and Effects Analysis sowie Bottleneck Engineering dar. Schließlich werden als IT-gestützte Hilfsmittel Electronic Data Interchange (EDI) und Web-EDI, Barcode, RFID, Data Warehouse, Computer Integrated Manufacturing sowie Enterprise Resource Planning und Advanced Planning and Scheduling diskutiert. Analog zu den bisher beschriebenen Kapiteln, sind den Ausführungen Verständnisfragen nachzustellen.

D.2 Instrumente zur Bestandsreduzierung

Konfligierende Logistikziele

Die Notwendigkeit zur Reduzierung von Beständen (vgl. *Brüll et al.* 2007; *Ottwaska* 2009; *Schönsleben* 2011; *Stölzle et al.* 2004; *Tempelmeier* 2012; *Werner* 2007) resultiert aus dem Phänomen der Kapitalbindung. Zur betriebswirtschaftlichen Bedeutung von Vorräten vgl. S. 314ff. dieser Schrift. Im Supply Chain Management herrscht ein latenter **Zielkonflikt**. Auf der einen Seite wird die Versorgungssicherung einer Organisation verfolgt, um den physischen Materialfluss sicherzustellen. Auf der anderen Seite strebt die Reduzierung von Vorräten nach einer Minderung der Kapitalbindung. Die isolierte Optimierung dieser beiden strategischen Grundhaltungen beinhaltet ein Konfliktpotenzial. Zum Beispiel geht eine **Bestandsreduzierung** „um jeden Preis" zu Lasten der **Versorgungssicherheit**. Sie führt im Extremfall zur Stock-out-Situation: Das Herunterfahren der Vorräte mündet in einen *Nullbestand* (vgl. ausführlich S. 33). Die Lösung dieser Problemstellung liegt in der **integrierten Optimierung** von Versorgungs-, Entsorgungs- und Recyclingzielen innerhalb der Supply Chain (*Zielharmonie*).

„At the height of the fighting – he, la, hu..."

Doch herrscht nicht nur ein Dauerstreit zwischen Bestandsmanagement und Versorgungssicherheit. Ebenso besteht eine **Trade-off-Situation** zwischen Beständen und *Produktvielfalt*: Der Vertrieb wünscht einen größtmöglichen Kundenzuschnitt (Customization). Die Logistik favorisiert hingegen eher Produkt- und Prozessstandardisierung. Und auch zwischen Produktion und Logistik findet sich dieser Zielkonflikt. Die Fertigung strebt nach *Losgrößeneffekten* und möchte „möglichst aus dem Vollen schöpfen". Aus logistischer Sicht sind mit einer derartigen Fertigung jedoch hohe Lagerbestände verbunden. Und schließlich ist auch das fortwährende Spannungsverhältnis zwischen Lagerbestand versus *Transportkosten* auszuloten (vgl. S. 258 dieser Schrift).

Instrumente zur Bestandsreduzierung | **D.2**

Die **Gesamtkosten einer Bevorratung** setzen sich aus Lagerkosten und Fehlmengenkosten zusammen (vgl. Abbildung D.1):

- **Lagerkosten**: Lagerkosten sind abhängig von der Lagerbestandsmenge, dem Lagerbestandswert und der Dauer einer Bevorratung. Sie werden untergliedert in Lagerhaltungskosten, Zinskosten sowie Sonstige Kosten. *(Cash-Flow-Diebe)*

    - **Lagerhaltungskosten**: Sie fallen als *Raumkosten* (Abschreibungen, Mieten, Energie) und *Lagerbewirtschaftungskosten* (Versicherungen, Personal, Reifung) an. *(Hohe Fixkosten)*

    - **Zinskosten**: Zinskosten resultieren aus der Bindung finanzieller Ressourcen in Beständen. Das gebundene Geld kann nicht angelegt werden. Es entstehen entgangene Gewinne (Opportunitätskosten). Heutzutage leitet sich die Verzinsung meist über den Weighted Average Cost of Capital (WACC) ab. *(Opportunitätskosten vermeiden)*

    - **Sonstige Kosten**: In dieses Segment sind Wertminderungen einzuordnen, die beispielsweise auf Grund von Schwund, Verderb oder Ungängigkeit entstehen. *(Schwund und Verderb)*

- **Fehlmengenkosten**: Fehlmengenkosten entstehen, wenn die beschafften Gütermengen zur Befriedigung eines Bedarfs nicht ausreichen. Die Einleitung von Ad-hoc-Maßnahmen (Trouble Shooting) oder ein Bandstillstand können folgen. Sie untergliedern sich in Mengenabhängige, Zeitabhängige sowie Sonstige Fehlmengenkosten. *(Unterbestände führen zu Fehlmengenkosten)*

    - **Mengenabhängige Fehlmengenkosten**: Weil Einsatzgüter fehlen, müssen häufig Substitutionswaren beschafft werden, die hochwertig und teuer sind. Daraus speisen sich gegebenenfalls Preisdifferenzen. *(Preisdifferenzen)*

    - **Zeitabhängige Fehlmengenkosten**: Sie fallen vor allem für Konventionalstrafen an. Die Dauer der Störung bestimmt die Höhe der Kosten. Besonders schwer wiegen Lieferunterbrechungen, die zum Produktionsstillstand des Kunden führen. In der Automobilindustrie kann dieses Problem den Lieferanten pro Stunde 150.000 Euro kosten. *(Bandstillstand)*

    - **Sonstige Fehlmengenkosten**: Die Sonstigen Fehlmengenkosten untergliedern sich in Opportunitätskosten und in Goodwill-Verluste. Beim Vorliegen von Opportunitätskosten (entgangenen Gewinnen) gehen Aufträge verloren, weil Kundenbestellungen – *(Goodwill-Defizite)*

D Instrumente des Supply Chain Managements

auf Grund von Fehlmengen – nicht zu bearbeiten sind. Liegen hingegen Image- oder Reputationsminderungen in Fehlmengen begründet, leiten sich daraus gar Goodwill-Verluste ab.

Abbildung D.1 *Gesamtkosten der Bevorratung*

Gesamtkosten der Bevorratung	
Lagerkosten	*Fehlmengenkosten*
- Lagerhaltungskosten	- Mengenabhängige Kosten
- Zinskosten	- Zeitabhängige Kosten
- Sonstige Kosten	- Sonstige Kosten

Kunden ziehen die Leistungen aus den Organisationen

Die Reduzierung von Vorräten korreliert heute mit der Realisation einer **Pullsteuerung**. Als ein Spezialist für eine kundengerechte Fertigung erweist sich der Maßkonfektionär *Dolzer*. Der Hauptsitz von *Dolzer* befindet sich in Schneeberg im Odenwald. Die Unternehmung hat sich auf die Fertigung von Maßanzügen (diese sind ab 149 Euro zu haben) und maßgeschneiderten Hemden (die Verkaufspreise beginnen ab 50 Euro) spezialisiert. Süffisant wird *Dolzer* als der „*Aldi* unter den Maßschneidern" bezeichnet. Mit einer Umsatzrendite von über 10% beseelt, stellt *Dolzer* die speziell auf den Kunden zugeschnittenen Kleidungsstücke quasi aus dem Baukasten her (Mass Customization). *Dolzer* reduzierte mit diesem Prinzip seine Bestände um über 15% (vgl. *Schmitz-Normann* 2004, S. 115).

D.2.1 Dekomposition der Bestände

Gesamtbestand als Black-Box

Eine Dekomposition von Vorräten kennzeichnet die Zerlegung des Gesamtbestands in seine Inhalte. Dadurch wird die **Transparenz** von Vorräten gesteigert. Die notwendigen Informationen liefert das Controlling. Das Herunterbrechen fußt auf einer Kontierung von Beständen. Basis ist § 266 Abs. 2 im HGB gemäß der Gliederung einer deutschen Bilanz. Die internationalen Rechnungslegungsvorschriften nach IFRS und US-GAAP ähneln an dieser Stelle der deutschen Bestandsführung. Vorräte

Instrumente zur Bestandsreduzierung | **D.2**

werden in der Bilanz zumeist der Buchungsklasse „0" zugerechnet. Die einzelnen Buchungen verdichten sich zu Kontengruppen. Auf einen Blick ist zu erkennen, wo der Hebel zur Einleitung von Verbesserungsmaßnahmen anzusetzen ist (vgl. Beispielblock d.1).

Dekomposition der Bestände | *Beispielblock d.1*

Bestandsart	Kontengruppe	Betrag (in T€)
Bezogenes Rohmaterial (*Raw Material*)	051	700
Bezogene Kaufteile (*Purchased Parts*)	052	4.500
Selbstgefertigte Teile (*Manufactured Parts*)	053	300
Werkstattbestand (*Work in Process*)	054	400
Fertigerzeugnisse (*Finished Goods*)	055	3.500
Beigestelltes Material (*Goods at Suppliers*)	056	150
Gemeinkostenmaterial (*Small Tools*)	057	250
Sonstige (*Other*)	058	200
Gesamtbestand	059	10.000

Durch das Herunterbrechen des Gesamtbestands von 10 Millionen Euro auf die Ebene der Kontengruppen wird deutlich, dass sich Aktivitäten zur Reduzierung von Vorräten zuerst auf bezogene Kaufteile (4,5 Millionen Euro) und Fertigerzeugnisse (3,5 Millionen Euro) erstrecken. In diesen beiden Bereichen liegen 80% des Kapitals gebunden.

Problemzonen identifizieren

Von der Buchungsklasse 051 (bezogenes Rohmaterial) bis 055 (Fertigerzeugnisse) steigt die Wertschöpfung. Zur Verdeutlichung der Klasse 056 (beigestelltes Material) dient folgendes **Beispiel**: Ein Automobilkonzern hat die Produktion von Stoßfängern einem Dritten übergeben. Er stellt dem Lieferanten Stahl bei, welchen der Anlieferer zur Herstellung der

Zur Besonderheit des beigestellten Materials

Instrumente des Supply Chain Managements

Stoßfänger benötigt. Der Stahl wird von riesigen Coils gerollt. Obwohl der Lieferant im Besitz der Stahlcoils ist, sind diese dem Eigentum des Automobilkonzerns zuzurechnen.

ABC-Analyse schafft Transparenz

Eine Möglichkeit zum Aufbrechen gesamter Bestände bietet die **ABC-Analyse** (vgl. *Schneider* 2012, S. 13ff.). Vorräte werden auf Grund ihres *Wertes* und ihrer *Menge* in A-, B- sowie C-Teile dekomponiert. Die ABC-Analyse basiert auf der Annahme, dass Materialien für eine Unternehmung von unterschiedlicher Bedeutung sind. Im Supply Chain Management eignet sich die ABC-Analyse auch für eine Einteilung nach Matrialbedarfen, Kundengruppen oder Spediteuren.

Beispiel einer ABC-Analyse

Ein **Beispiel** für die ABC-Analyse zeigt Block d.2. Für einen Hersteller von Bremsgeräten sind Sensoren und Tellergehäuse A-Teile (mit einem Wert von 70% und einer Menge von 20% der gesamten Sachnummern der Bremsgeräte). Die Maßnahmen zur Bestandsreduzierung nehmen sich bevorzugt diesen Sachnummern an. B-Teile stellen Rollmembrane und C-Teile Schrauben, Dichtringe oder Muttern dar. Die C-Teile beinhalten einen Wert von 5% und eine Menge von 50%. Allein von ihrem Wert her betrachtet, scheinen C-Teile kaum zur Ausnutzung von Kostensenkungspotenzialen zu taugen. Doch der Schein trügt: Das Management der C-Artikel erzeugt überproportional hohe **Transaktionskosten**. Grundsätzlich erfolgt die Festlegung der Prozentsätze für A-, B- und C-Teile unternehmungsindividuell.

Beispielblock d.2

ABC-Analyse (Prozentangaben beispielhaft)

	Wert	Menge
A-Teil	70%	20%
B-Teil	25%	30%
C-Teil	5%	50%

Unerwartete Nachfrageschübe

Neben der ABC-Analyse bietet die **XYZ-Analyse** (vgl. *Schneider* 2012) eine Alternative zur Dekomposition von Beständen. Sie richtet sich nach dem *Verbrauchsverlauf* der Vorräte. Wie bei der ABC-Analyse, lassen sich die Güter in Gruppen zusammenfassen. Das Unterscheidungskriterium zur Einteilung von Vorräten in X-, Y- und Z-Segmente stellt folglich deren Planungssicherheit (Forecast Accuracy) dar. Dazu sind die Artikelpositionen nach steigendem Variationskoeffizienten zu sortieren (Standardabweichung zu arithmetischem Mittelwert, vgl. Begriffsblock D.I).

XYZ-Analyse — *Begriffsblock D.I*

- **X-Güter**: Ein sehr gleichförmiger (weitgehend deterministischer) Verbrauch beschreibt X-Güter. Es liegen geringe Bedarfsschwankungen mit hoher Absatzprognosegenauigkeit vor. X-Güter sind für Just-in-Time-Anlieferungen prädestiniert.
- **Y-Güter**: Sie zeichnen sich durch saisonale, trendorientierte oder konjunkturbedingte Schwankungen aus. Die Vorhersagegenauigkeit der Y-Güter ist mittelmäßig ausgeprägt.
- **Z-Güter**: Für Z-Güter ist ein ungleichförmiger (stochastischer) Verbrauch typisch. Die Bedarfsschwankungen sind hoch, und die Vorhersagegenauigkeit ist gering. Beispielsweise ist das Saisongeschäft zum Teil erheblichen Schwankungen unterworfen. Gleiches kann für die logistische Steuerung nach einer Verkaufsförderungsaktion gelten. Und auch für den Bereich Fashion (Modebranche) sind zum Teil sehr ungleichförmige Verbräuche typisch, da die Wünsche der Kunden sich rasch ändern können.

Die ABC-Analyse und die XYZ-Analyse sind mit den **Arten der Materialbeschaffung** zu kombinieren. Dabei werden die Möglichkeiten der Fallweisen Beschaffung, der Vorratsbeschaffung sowie der Bedarfsgerechten Beschaffung unterschieden (vgl. Begriffsblock D.II). *— Beschaffungsalternativen*

Eine weitere Systematisierungsmöglichkeit von Materialien findet sich in der **LMN-Analyse**. Diese Differenzierung ist der Aufteilung in groß-, mittel- und kleinvolumigen Sachnummern geschuldet. L-Teile sind großvolumige Artikel. Analog werden unter N-Sachnummern kleine Artikel gefasst. Im Mittelfeld finden sich M-Teile. Freilich bedeutet es nicht, dass ein N-Teil unbedeutsam ist. Es kann teuer (kapitalintensiv) oder selten verfügbar (strategisch relevant) sein. Folglich zielt die LMN-Analyse auf die *Sperrigkeit* von Gütern, wobei diese Bestandsdifferenzierung beispielsweise bei nur begrenzt verfügbarem Ladevolumen von Interesse ist. Um die Komplexität der weiteren Ausführungen nicht überzustrapazieren, wird die LMN-Analyse in der Folge jedoch nicht näher untersucht. *— Materialdifferenzierung nach Volumenanteilen*

D | Instrumente des Supply Chain Managements

Begriffsblock D.II | *Arten der Materialbeschaffung*

Singularität der Entscheidungen

- **Fallweise Beschaffung**: Sie wird synonym als *Einzelbeschaffung* bezeichnet. Eine Beschaffung erfolgt beim Auftreten eines konkreten Bedarfs. Normteile (Schrauben etc.) bleiben von einer Fallweisen Beschaffung ausgeklammert. Es werden hohe Anforderungen bezüglich der Lieferbereitschaft von Anbietern gestellt. Daraus resultiert ein großes Fehlmengenrisiko – verbunden mit der Gefahr, verspäteter Zugänge. Die Lagerkosten dieser Alternative sind jedoch niedrig.

Routineprozesse

- **Vorratsbeschaffung**: Die Vorratsbeschaffung verläuft losgelöst vom eigentlichen Fertigungsverlauf. Eine Ware wird auf Lager genommen, um günstige Lieferkonditionen auszunutzen sowie *Puffer* zu bilden. Die Materialbedarfe lassen sich kaum vorhersagen. Das Beschaffungsrisiko wird auf Kosten höherer Bestände abgewälzt.

JiT und JiS als Zauberformeln

- **Bedarfsgerechte Beschaffung**: Es erfolgt eine *synchron mit der Fertigung abgestimmte Beschaffung* an die Nachfragestruktur. Die Bedarfsgerechte Beschaffung ist anspruchsvoll und beinhaltet ein recht hohes Kostensenkungspotenzial durch die Möglichkeit einer Just-in-Time- oder Just-in-Sequence-Anlieferung.

Kombinationsmöglichkeiten

Die Abbildung D.2 visualisiert die Verzahnung von ABC-Analyse und XYZ-Analyse mit den Arten der Materialbeschaffung. Innerhalb dieser Darstellung kristallisieren sich die drei Felder Bedarfsgerechte Beschaffung, Vorratsbeschaffung sowie Fallweise Beschaffung heraus.

Linderung der Kapitalbindung

- **Feld I**: Eine Anlieferung gemäß der **Just-in-Time-Philosophie** eignet sich für A-Teile. Sie zeichnen sich durch einen hohen Wert und eine geringe Menge aus. Als Beschaffungsart wird die Fertigungssynchrone Beschaffung (zum Teil auch die Fallweise Beschaffung) gewählt. Zur Durchführung von Just-in-Time muss der Verbrauch der Waren möglichst gleichförmig verlaufen. Ein Charakteristikum, das vor allem für X-Güter gilt.

Lager als Puffer

- **Feld II**: Für C-Teile bietet sich eine **Vorratsbeschaffung** an. Die Einstandspreise der Waren sind niedrig. Auf Basis unterschiedlicher Verbrauchsverläufe, eignen sich X-, Y- und Z-Güter für diese Beschaffungsart, wobei der Schwerpunkt auf den Y-Gütern liegt. Obwohl diese Artikel von ihrem Wert her unbedeutend sind, verfügen sie über verhältnismäßig hohe Transaktionskosten. Daher bietet sich in diesem Segment die Berücksichtigung eines externen Beschaffungsdienstleisters möglicherweise an.

Instrumente zur Bestandsreduzierung

D.2

- **Feld III**: Neben einer Fertigungssynchronen Beschaffung werden A-Teile einzeln angefordert. Auch B-Teile unterliegen einer **Fallweisen Beschaffung**. Der Verbrauch ist zumeist recht ungleichförmig, weshalb es sich um Z-Güter handelt. Das Problem dieser Beschaffungsart liegt in ihrer Seltenheit begründet: Es besteht kaum die Möglichkeit, aus den Fehlern der Vergangenheit zu Lernen, da die Tätigkeiten nur eine geringe Arbeitsroutine aufweisen.

Projektbezogene Beschaffung

ABC- und XYZ-Analyse integriert mit Arten der Materialbeschaffung

Abbildung D.2

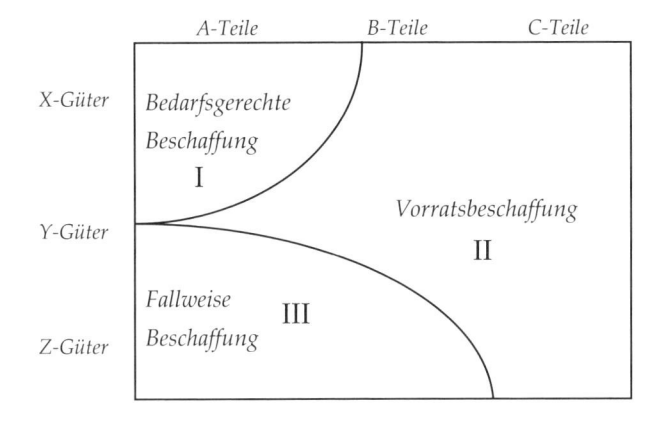

	A-Teile	B-Teile	C-Teile
X-Güter	Bedarfsgerechte Beschaffung I		
Y-Güter		Vorratsbeschaffung II	
Z-Güter	Fallweise Beschaffung III		

D.2.2 Gängigkeitsanalyse

Ein weiteres Instrument des Bestandsmanagements ist die Gängigkeitsanalyse (vgl. *Werner* 2000f). Vorräte werden in die beiden Kategorien „gängig" und „ungängig" eingeteilt. Letzte sind „zum Teil ungängig" oder „völlig ungängig". Als Unterscheidungsmerkmal dient die vergangenheitsbezogene **Lagerreichweite** (vgl. S. 340), wobei in der Automobilindustrie folgende Differenzierung üblich ist (vgl. Abbildung D.3):

Vermeidung ungängiger Bestände

- *Gängig*: Vorräte sind im Segment Automotive gängig, wenn sie eine Reichweite von kleiner/gleich drei Monaten haben.

- *Zum Teil ungängig*: Diese Bestände weisen eine Reichweite zwischen größer als drei Monaten sowie kleiner als zwölf Monaten auf.

D | *Instrumente des Supply Chain Managements*

- *Völlig ungängig*: Als völlig ungängig werden im Autobau Vorräte mit einer Reichweite von größer/gleich 12 Monaten deklariert.

Abbildung D.3 | *Einteilung der Gängigkeit*

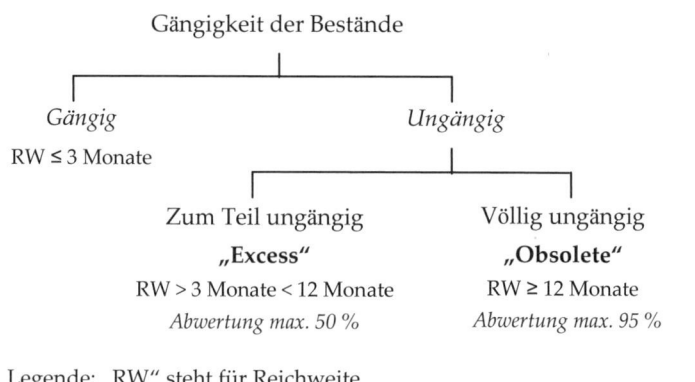

```
                    Gängigkeit der Bestände
                    ┌──────────┴──────────┐
                  Gängig              Ungängig
                RW ≤ 3 Monate    ┌──────┴──────┐
                          Zum Teil ungängig   Völlig ungängig
                              „Excess"           „Obsolete"
                        RW > 3 Monate < 12 Monate   RW ≥ 12 Monate
                          Abwertung max. 50 %    Abwertung max. 95 %
```

Legende: „RW" steht für Reichweite

Unterteilung in Excess and Obsolete

Die zum Teil ungängigen Vorräte werden mit dem Anglizismus „**Excess**" umschrieben. Für völlig ungängige Bestände hat sich die Bezeichnung „**Obsolete**" etabliert. Auf Grund der Wahrung des kaufmännischen Vorsichtsprinzips (HGB) sowie einer periodengerechten Zuordnung (deutsche und internationale Rechnungslegung) nimmt das Controlling eine buchhalterische Abwertung für ungängige Bestände vor. Innerhalb eines Geschäftsjahrs werden ungängige Vorräte *wertberichtigt*. Gehen die Aktivitäten über das Geschäftsjahr hinaus, bildet der Controller eine *Rückstellung*. Für Excess- und Obsolete-Bestände gelten in der Praxis üblicherweise folgende Grenzwerte einer Abwertung:

$$Excess\text{-}Güter = Maximal\ 50\%$$
$$Obsolete\text{-}Güter = Maximal\ 95\%$$

„No need to ask, he's a smooth operator..."

Die Abwertung ungängiger Bestände dient zur Glättung von Auswirkungen auf die Ergebnisrechnung. Durch sie wird der Effekt einer potenziellen Verschrottung abgefedert. Die Obergrenze einer Abwertung liegt für Excess-Ware bei 50%. Für Obsolete-Güter beträgt sie 95%. Schöpft das Controlling die Grenzen aus, trifft folglich eine **Verschrottung** den EBIT in der Gewinn- und Verlustrechnung für Excess-Ware mit 50% und für Obsolete-Ware nur mit 5%. Die restlichen Auswirkungen auf die Erfolgsrechnung wurden bereits über die Perioden verteilt. Der Controller spricht hier von „Smoothing", und der Effekt ähnelt dem der Abschreibung. Die Abwertung von Beständen – auf Grund von Ungängigkeit – bewirkt, dass bei einer Verschrottung der negative Effekt nicht „auf einen Schlag" den EBIT in der Gewinn- und Verlustrechnung belastet. Dieses Vorgehen erweist sich für den Shareholder Value als vorteilhaft. Die Abwertung schützt davor, Belastungen auf das Finanzergebnis (wegen der zum Jahresende einzuleitenden Standardumwertung) zu dämpfen. Die positive Auswirkung auf die Bilanz (Reduzierung des Umlaufvermögens zugunsten des Anlagevermögens) beläuft sich bei den Bruttobeständen hingegen auf 100%.

Die unter Gliederungsabschnitt D.2.1 dargestellte Dekomposition der gesamten Bestände von 10 Millionen Euro auf Kontenebene wird für die Gängigkeitsanalyse übernommen. Pro Kontengruppe ist der Anteil an Excess- und Obsolete-Vorräten auszuweisen. Zur Vereinfachung werden im folgenden **Beispiel** die maximal möglichen Grenzwerte von 50% (Excess) sowie 95% (Obsolete) voll ausgeschöpft. Abbildung D.4 verdeutlicht diesen Zusammenhang.

Beispiel zur Ungängigkeit

Durch die Heranziehung einer Gängigkeitsanalyse wird deutlich, dass die Ungängigkeit bei den bezogenen Kaufteilen dominiert. Nach Abwertung beläuft sich die Position mit 625 Tausend Euro auf über 57% der gesamten nicht gängigen (und bereits abgewerteten) Waren. Auf diese Artikel beziehen sich die Aktivitäten zur Senkung ungängiger Bestände zuerst.

Steigerung der Transparenz

Die **Maßnahmen zur Reduzierung ungängiger Bestände** (vgl. Abbildung D.5) erstrecken sich nicht über sämtliche Sachnummern gleichermaßen. Das komplette Teilespektrum wird in OEM-, OES- und AM-Teile untergliedert:

Verschrottung vermeiden

- **OEM-Teile** (*Original Equipment Manufactured Parts*) betreffen das Seriengeschäft. Eine Gängigkeitsanalyse bezieht sich speziell auf diese Sachnummern.

- **OES-Teile** (*Original Equipment Spare Parts*) finden im Ersatzteilgeschäft Einsatz.

- **AM-Teile** (*After Market*) werden im After-Sales-Geschäft eingesetzt. Sowohl die OES- als auch die AM-Teile bleiben von der Excess- und Obsolete-Analyse ausgeklammert, denn hier sind in der Regel viel großzügigere Reichweitenkorridore festzulegen.

D | Instrumente des Supply Chain Managements

Multifunktionales Team

Im Rahmen der Senkung ungängiger Vorräte ist ein **Team** zu bilden. Den Vorsitz sollte die Logistikleitung übernehmen. In die Gruppe können Vertreter aus den Funktionsbereichen Controlling, Vertrieb, Einkauf, Technik und Qualitätssicherung eingebunden sein.

Abbildung D.4

Gängigkeit von Beständen

Bestandsart	Betrag	Davon *Obsolete*	Davon *Excess*	Abwertung *Obsolete*	Abwertung *Excess*	Abwertung total
Bezogenes Rohmaterial	700	100	100	95	50	145
Bezogene Kaufteile	4.500	500	300	475	150	625
Selbstgefertigte Teile	300	30	70	29	35	64
Werkstattbestand	400	10	10	10	5	15
Fertigerzeugnisse	3.500	40	13	38	7	45
Beigestelltes Material	150	0	10	0	5	5
Gemeinkostenmaterial	250	50	30	48	15	63
Sonstige	200	100	70	95	35	130
Gesamt	10.000	830	603	790	302	1.092

Legende: Alle Zahlen in Tausend Euro (T€)

Nur das Seriengeschäft ist relevant

In der Automobilindustrie ist es nicht ungewöhnlich, wenn ein Kunde verlangt, dass sein Lieferant bestimmte Sachnummern über einen Zeitraum von bis zu 20 Jahren auf Vorrat halten muss. Es bietet sich deshalb bei der Gängigkeitsanalyse an, die **OES-** und **AM-Teile** mit einem besonderen Zeichen im System, wie einem Stern („*") für OES- und zwei Sternen („**") für AM-Sachnummern zu versehen.

Instrumente zur Bestandsreduzierung **D.2**

Maßnahmen zur Reduzierung ungängiger Bestände | *Abbildung D.5*

- Ausgewählte Möglichkeiten zum Abbau (vorhandener) ungängiger Sachnummern:
  - Verkauf möglich?
  - Rücklieferung oder Umtausch möglich?
  - Verschrottung durchführen (EBIT-Effekt beachten).
- Ausgewählte Möglichkeiten zur künftigen Vermeidung ungängiger Teile:
  - Reichweiten neu definieren.
  - Einlaufsteuerung („Einphasen") und Auslaufsteuerung („Ausphasen") optimieren.
  - Mindestabnahmemengen überprüfen.
  - Bestandssteuerungskonzepte verbessern.
  - Konsignation (Lieferanten-Logistik-Zentrum) einführen.
  - Teile- und Typenvielfalt verringern.
  - Qualitätsstandards revidieren.
  - Durchlaufzeiten überwachen.
  - Richtwerte der Lagerhaltung überprüfen.

Die OES- und AM-Waren werden nicht im Seriengeschäft geführt. Sie schlagen sich vielleicht seit Jahren nicht mehr um. Trotzdem dürfen sie nicht ohne Zustimmung des Kunden verschrottet werden, weil der Rahmenvertrag den Lieferanten zur **Bestandsführung** dieser Teile verpflichten kann. Erhält der Lieferant von seinem Kunden die Freigabe zur Verschrottung, muss er die Sachnummern bei Bedarf (beispielsweise auf NC-, CNC- oder DNC-Maschinen) zu vergleichsweise hohen Kosten fertigen.

OES und After Sales

Auf das Management überschüssiger elektronischer Komponenten richtet *Advanced MP Technology* seit mehr als 30 Jahren eine seiner primären Geschäftsgrundlagen aus. Leiden Unternehmungen unter Excess- und Obsolete-Vorräten, können sie sich an *Advanced MP Technology* wenden. Dort werden ihre ungängigen elektronischen Bauteile in eine Datenbank aufgenommen. Die in Amerika ansässige Organisation (die deutsche Tochter sitzt in München) erhält durch den Verkäufer eine Liste über sich nur langsam oder gar nicht mehr drehende Artikel. Diese

Excess and Obsolete als Geschäftsidee

D | *Instrumente des Supply Chain Managements*

einzelnen Sachnummern werden geprüft und hinsichtlich ihrer Attraktivität für potenzielle Abnehmer bewertet. Dann geht *Advanced MP Technology* gezielt auf die Suche nach potenziellen Kunden für die ungängigen Bauteile. Es kann zum Verkauf einzelner Komponenten oder gesamter Warenbündel kommen. Außerdem beteiligt sich *Advanced MP Technology* aktiv an Versteigerungen für Excess- und Obsolete-Waren, die auf speziellen Auktionsplattformen im Internet stattfinden. Freilich verlangt *Advanced MP Technology* dem Kunden für erbrachte Dienste eine Gebühr ab.

D.2.3 Reichweitenmonitoring

Eindeckzeit zur Steuerung des Tagesgeschäfts

Die Lagerreichweite (vgl. Werner 1999c; Werner 1999f; Sixt 2005) definiert den Zeitraum, in welchem Vorräte, bei einer durchschnittlichen Lagerabgangsrate, aufgebraucht sind. Sie wird üblicherweise in Tagen gemessen. Im Supply Chain Management haben sich zwei unterschiedliche Kennzahlen zu ihrer Berechnung etabliert: Die vergangenheitsfokussierte und die zukunftsfokussierte Reichweite (vgl. die Definition in Begriffsblock D.III und die Kennzahlentypologie auf S. 341).

Begriffsblock D.III

Definition der Lagerreichweite

$$\text{Interne Lagerreichweite (vergangenheitsorientiert)} = \frac{\text{Stichtagsbestand}}{\text{Verbrauch}}$$

$$\text{Interne Lagerreichweite (zukunftsorientiert)} = \frac{\text{Stichtagsbestand}}{\text{Bedarf}}$$

Bedarfsarten im Überblick

Die **Bedarfe** – im Nenner der auf die Zukunft bezogenen Reichweite des Lagers – setzen sich zusammen aus *Primärbedarf* (dem aktuellen Fertigungsprogramm), *Sekundärbedarf* (den Repetierfaktoren, wie Roh-, Hilfs- und Betriebsstoffen) sowie *Tertiärbedarf* (den Potenzialfaktoren, wie Anlagen, Werkzeugen und Maschinen).

Disponent steuert über Reichweite

Die Informationen zur Bestimmung der Lagerreichweiten sind den **Abrufen** zu entnehmen, wobei die Planung, die Steuerung und die Kontrolle von Abrufen dem Dispositionsbereich obliegen. Eine Disposition ist der Logistikleitung zumeist direkt unterstellt.

Instrumente zur Bestandsreduzierung **D.2**

Der Begriff "**Monitoring**" stammt aus der Informationstechnologie. In Monitoringsystemen werden die Aufbereitung und die Auswertung von Stamm- sowie Prozessdaten vollzogen. Die Darstellung erfolgt in Form von Kennzahlen und Schaubildern. Ein Monitoring der Supply Chain kann sich aus den Daten sämtlicher unternehmungsinterner sowie netzwerkgerichteter Bereiche speisen.

Monitoring klären

Für ein Reichweitenmonitoring im Order-to-Payment-S eignet sich ein **Ampelverfahren**. Bei diesem Ampelverfahren werden obere sowie untere Interventionspunkte gesetzt. Sie definieren die Korridore der Reichweiten. Zunächst sind die maximale (obere) und die minimale (untere) Reichweite in Tagen für eine *grüne Zone* festzulegen. Dieser Bereich ist unkritisch. Befindet sich der Lagerbestand in diesem Korridor, sind keine besonderen Maßnahmen durch den Disponenten einzuleiten. Anschließend werden die beiden Interventionspunkte für die *gelbe Zone* bestimmt. Bei Eintritt in diesen Bereich liegt ein Überbestand oder ein Unterbestand vor. Wenn die Ampel auf *rot* schaltet, wird dem Disponenten signalisiert, dass sich der Lagerbestand in einer sehr kritischen Zone befindet. Ein signifikanter Überbestand bedeutet eine unvertretbar hohe Kapitalbindung. Und ein signifikanter Unterbestand kann Stock-outs verursachen. Zu dessen Behebung werden teilweise überproportional hohe Frachtkosten anfallen, indem Sonderfahrten durchzuführen sind.

Alert Management über ein Ampelsystem

Das Ampelverfahren für ein Reichweitenmonitoring wird nachstehend anhand eines **Beispiels** gekennzeichnet:

Interventionspunkte pro Sachnummer vergeben

- *Grüner Bereich*: Die Lagerreichweite des oberen Interventionspunkts wird auf kleiner/gleich 15 Tage festgelegt. Den unteren Interventionspunkt der grünen Zone spiegelt eine Reichweite von größer/gleich 10 Tagen.

- *Gelber Bereich*: Wenn der Lagerbestand eine Reichweite zwischen größer als 15 Tagen und kleiner/gleich 18 Tagen (obere Zone) sowie kleiner als 10 Tagen und größer/gleich 6 Tagen (untere Zone) einnimmt, befindet er sich im gelben Bereich.

- *Roter Bereich*: Bei einer Reichweite von größer als 18 Tagen oder kleiner als 6 Tagen gleitet die Sachnummer in den roten Bereich. Diese Zone bedeutet einen signifikanten Über- oder Unterbestand.

Instrumente des Supply Chain Managements

Entwicklung der Reichweiten im Zeitablauf

Das **Beispiel** für ein **Reichweitenmonitoring** ist Abbildung D.6 zu entnehmen. Auf der Ordinate wird der Reichweitenkorridor eingetragen. Die Abszisse zeigt die Entwicklung der Lagerreichweite von Heizspiralen für Toaster im Zeitablauf (hier: an neun Tagen). Am ersten Tag der Betrachtung befindet sich der Vorrat an Heizspiralen im grünen Bereich, und er weist eine Reichweite zwischen 10 und 15 Tagen auf. Am zweiten Tag findet ein Warenzugang statt. Der Bestand gleitet in den oberen roten Bereich. Die Reichweite übersteigt 18 Tage. Der Verbau dieser Artikel am dritten Tag führt dazu, dass die Vorräte in die grüne Zone finden.

Fortführung des Beispiels

Am vierten Tag bleibt der Bestand an Heizspiralen in seiner Höhe konstant: Entweder erfolgt weder ein Verbau noch ein Lagerzugang, oder der Lagerzugang ist kongruent mit dem Lagerabgang. Am fünften Tag werden Teile abgerufen, wobei die Heizspiralen eine Reichweite von weniger als 6 Tagen aufweisen und die Ampel auf rot schaltet. Dem Disponenten wird signalisiert, dass ein signifikanter Unterbestand vorliegt, der im Extremfall zum Produktionsstillstand der Toaster führt. In der roten Zone verweilt der Bestand bis zum Ende des siebten Arbeitstags. Ein besonders kritischer Zustand ist am sechsten Tag erreicht. Ein Logistikleiter wird nachsehen, ob dieser Disponent den Bestandszugang über **Sonderfahrten** teuer erkauft hat. Erst im Laufe des achten Tags bewegt sich der Bestand an Heizspiralen – auf Grund eines neuerlichen Lagerzugangs – aus der roten Zone in den grünen Bereich. Um schließlich im Laufe des neunten Tags, wegen eines erneuten Lagerabgangs, in die gelbe Zone zu gleiten.

Einflüsse auf die Bestimmung von Lagerreichweiten innerhalb der Supply Chain üben insbesondere die Ein- und Auslaufsteuerung, der Standort des Lieferanten und die Anlieferqualität von Waren aus.

Serienanlauf beachten

- **Einlaufsteuerung**: Die Einlaufsteuerung ist der Serienanlauf neuer Produkte. Für sie sind die (Serien-) Lagerreichweiten erstmalig zu bestimmen. Es wird angenommen, dass ein Automobilkonzern einen neuen Wagen auf dem Markt anbietet. Für dieses Fahrzeug entwickelt der Zulieferer eine ESP-Anlage (elektronisches Stabilitätsprogramm). Während der Lieferant die Bremsanlage bislang nur in geringen Stückzahlen für Versuchszwecke und Probefahrten des neuen Wagens zur Verfügung stellte, sind die Dispositionsparameter beim Serienanlauf zu revidieren. Die Reichweitenfenster werden verkleinert. Der Automobilhersteller benötigt für seine Versuchszwecke lediglich eine zweistellige Anzahl von Bremsanlagen des neuen Fahrzeugs. Bei der Fertigung der wenigen Versuchsgeräte können die La-

Instrumente zur Bestandsreduzierung

D.2

gerreichweiten des Lieferanten großzügig festgelegt werden. Der daraus resultierende Überbestand verursacht nur einen geringen Cash-Flow-Effekt. Mit dem Serienanlauf des Autos ist eine Überprüfung sämtlicher Lagerreichweiten derjenigen Sachnummern vorzunehmen, welche zur Herstellung der neuen ESP-Anlagen dienen. Die Reichweitenkorridore dieser Teile werden nach unten korrigiert, weil ansonsten eine unvertretbar hohe Kapitalbindung droht.

Reichweitenmonitoring

Abbildung D.6

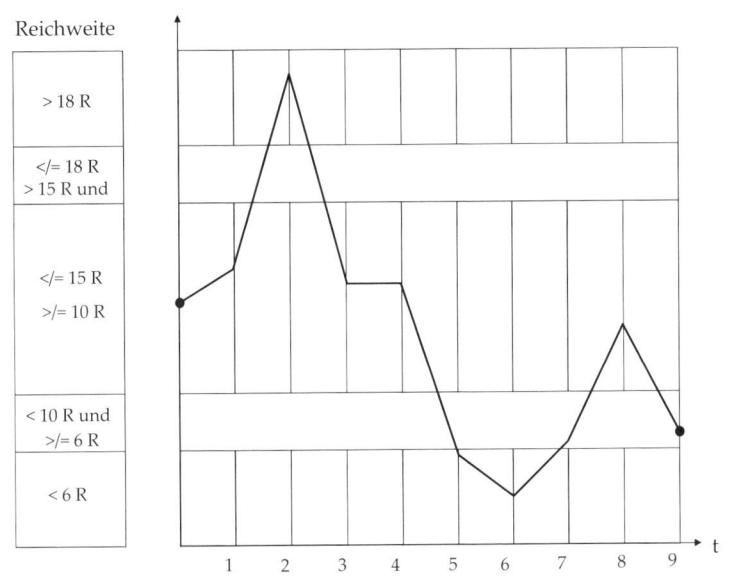

Reichweite

> 18 R

</= 18 R
> 15 R und

</= 15 R
>/= 10 R

< 10 R und
>/= 6 R

< 6 R

1 2 3 4 5 6 7 8 9 t

Legende: „t" steht für Tage; „R" steht für Lagerreichweite

■ **Auslaufsteuerung**: Auch im Rahmen der Auslaufsteuerung von Produkten findet eine Überprüfung von Lagerreichweiten statt. Die Auslaufsteuerung ist das Pendant zur Einlaufsteuerung. Sie charakterisiert eine Situation, wenn das Produkt aus dem Seriengeschäft genommen wird. In Anlehnung an obiges Beispiel, kann sich dieses Problem ergeben, wenn der Kunde die Serienfertigung des Fahrzeugs einstellt oder für sein Fahrzeug den Einbau einer variierten ESP-Anlage wünscht. Für das Monitoring bedeutet dies, dass sämtliche Reichweiten von Sachnummern, die in die Fertigung der ESP-Anlage eingehen, zu überprüfen sind. Der Lieferant wird eine Reduzierung

Produkte systematisch „ausphasen"

Instrumente des Supply Chain Managements

der Lagerreichweiten dieser Teile vornehmen. Dem unverminderten Bestellwesen dieser Sachnummern würde ein Überbestand folgen.

Wie weit ist der Lieferant entfernt?

- **Standort des Lieferanten**: Tendenziell gilt, dass mit steigender Entfernung des Lieferanten zum Kunden die Vorratsreichweiten zunehmen. Dadurch werden Engpasssituationen, die mit der Notwendigkeit für ein kostenintensives Trouble Shooting verbunden sind, vermieden. Besondere Auswirkungen für das Reichweitenmonitoring ergeben sich durch ein **Global Sourcing**. Bei steigender Distanz zwischen Lieferant und Abnehmer sind die Reichweitenfenster vielfach zu dehnen. Die verminderten Einstandspreise gehen zu Lasten von erhöhten Sicherheitsbeständen.

Die Qualität muss stimmen!

- **Anlieferqualität von Waren**: Die Reichweitenfenster basieren auf der Anlieferqualität von Gütern. Wenn ein Kunde qualitative Defizite bei den gelieferten Waren feststellt und er diese in einem **Sperrlager** unterbringt, wird der Kunde für diese Vorräte die Reichweitenkorridore weiten. Der negative Effekt eines Überbestands wiegt weniger schwer, als ein Bandstillstand. Bei einer längerfristig schlechten Anlieferqualität wird der Abnehmer möglichst einen Lieferantenwechsel vornehmen, welcher von der Verfügbarkeit von Waren abhängt. Erst bei erfolgreicher Durchführung des Lieferantenwechsels, oder bei einer Verbesserung der Anlieferqualität eines originär mangelhaft liefernden Partners, wird der Kunde die Reichweiten nach unten korrigieren. Teilweise kann der Abnehmer die Beanstandung dieser Mängel mit der Forderung nach einer Kostenrückerstattung verbinden (**Cost-Charge-Back**). Er wird nach Möglichkeit die Zusatzkosten auf den Anlieferer überwälzen.

D.2.4 Konsignationsanalyse

Eigentums- und Gefahrenübergang

Unter Konsignation (vgl. *Werner* 2000g; *Werner et al.* 2001; Werner 2011b) wird verstanden, dass die Vorräte so lange in der Verfügungsmacht und im zivilrechtlichen Eigentum des Lieferanten (des **Konsignanten**) verweilen, bis entweder eine festgelegte Frist verstreicht, oder der Kunde (der **Konsignator**) die Ware aus dem Konsignationslager abruft.

Logistikdienstleister

Häufig befindet sich das Konsignationslager – möglichst räumlich separiert – auf dem Werksgelände des Kunden. Zum Teil wird ein Dritter (2PL oder 3PL) in eine Abwicklung über Konsignation integriert. Die Partner schließen einen Konsignationsvertrag ab, welcher auf dem allgemeinen Rahmenvertrag beruht.

Instrumente zur Bestandsreduzierung | **D.2**

Abbildung D.7 verdeutlicht die Vorgehensweise für Konsignation. Die Schnittstellen zwischen Lieferanten und Kunden bilden die Dispositionsabteilungen. Anbieter und Abnehmer steuern die Konsignation über Liefer- und Feinabrufe. Die Partner erhalten Informationen für ihre Materialbeschaffung und Kapazitätsplanung. Jede Entnahme aus dem Konsignationslager wird automatisch registriert. Sie löst eine Verbrauchsmeldung aus und ist Initialzündung für eine Bezahlung im Sinne von **Payment-on-Production** (POP): Bei Payment-on-Production wird eine Bezahlung erst angestoßen, wenn das fertige Produkt in den Versand gelangt. Diese Vorgehensweise ist beispielsweise in der Automobilindustrie häufig gegeben. Auf die Gründe zur Durchführung von Konsignation aus Kunden- und Lieferantensicht geht Begriffsblock D.IV ein.

Steuerung über Abrufe

Gründe zur Durchführung von Konsignation

Begriffsblock D.IV

- Ausgewählte Gründe zur Durchführung von Konsignation aus Sicht des **Kunden**:
  - Die Verminderung der Kapitalbindung durch verzögerten Eigentumsübergang. Ein reduzierter Bestand führt zur Senkung von Opportunitätskosten (positiver Cash-Flow-Effekt).
  - Eine Erhöhung der Versorgungssicherheit. Es findet eine Beruhigung im Fertigungsprozess statt, da Vorräte jederzeit aus dem Konsignationslager abzurufen sind.
  - Außerdem sind die Durchlauf- sowie die Rüstzeiten zu optimieren, da es kaum zu Stock-out-Situationen kommt.

- Ausgewählte Gründe zur Durchführung von Konsignation aus **Lieferantensicht**:
  - Die Macht des Kunden ist zum Teil so groß, dass der Lieferant zur Konsignation quasi gezwungen wird.
  - Konsignation führt zu einer engeren Kundenbindung.
  - Die Optimierung der Produktionsplanung des Lieferanten, verbunden mit dem Auflegen größerer Lose (Erzielung von Economies of Scale).
  - Senkung der Frachtkosten bei Bündelung der Transportströme.
  - Entfall der Zwei-Stufen-Lagerung: Für die betroffenen Sachnummern hat der Lieferant an seinem eigenen Standort keine Lagerhaltung mehr vorzunehmen.

Instrumente des Supply Chain Managements

Prozess zur Einführung von Konsignation

Im Folgenden werden die **Arbeitsschritte** zur Einführung eines Konsignationslagers beschrieben. Sie können in Abhängigkeit der Branchenzugehörigkeit freilich variieren. In folgendem **Beispiel** stellt die *View AG* Flat TV (Flachbildfernseher) her und möchte für ausgewählte Sachnummern eine Konsignationsabwicklung einführen.

1. Definition der relevanten Sachnummern

Artikel festlegen

Zunächst muss die *View AG* diejenigen **Sachnummern** spezifizieren, auf welche sich die Konsignation beziehen soll. Sie legt als A-Sachnummern LCD-Panels und LED-Monitore fest.

2. Überprüfung der Voraussetzungen

Rahmenbedingungen überprüfen

Der Produzent möchte das Konsignationslager selbst betreiben und zeichnet nach dem Eintreffen der LCD-Panels und der Monitore in das Konsignationslager für deren Bestandsführung, Lagerverwaltung und Handling verantwortlich. Für die relevanten Sachnummern überprüft die *View AG* die räumlichen, organisatorischen und systemtechnischen **Voraussetzungen**.

- *Räumliche Voraussetzungen*: Die *View AG* stellt sicher, dass die beiden Sachnummern auf dem Werksgelände unterzubringen sind.

- *Organisatorische Voraussetzungen*: Die Disponenten der *View AG* sind für eine Konsignationsabwicklung zu schulen.

- *Systemtechnische Voraussetzungen*: Es muss über moderne IT sichergestellt sein, dass die Lieferanten den Restbestand im Konsignationslager abrufen können.

3. Lieferanten informieren

Erste Gespräche mit betroffenen Lieferanten aufnehmen

Die Lieferanten für LCD-Panels und Monitore werden darüber in Kenntnis gesetzt, dass die *View AG* zukünftig für diese Teile eine Lagerbewirtschaftung über Konsignation anstrebt. Außerdem sind erste **Abstimmungsgespräche** mit den Lieferanten zu vereinbaren. Die Zulieferer können ihre Fragen stellen. Zum Beispiel: „Wie gelangen wir an die Verbrauchsmeldungen?" oder „Wodurch wird die Bezahlung gewährleistet?".

4. Festlegung der Reichweiten pro Artikel

Reichweitenfenster definieren

Jetzt bestimmt die *View AG* die **Reichweitenkorridore** für LCD-Panels und Monitore. Für jede Sachnummer werden eine minimale und eine maximale Reichweite festgelegt. Die Unterschreitung einer minimalen Reichweite (Unterbestand) könnte zum Versorgungsengpass führen. Die Überschrei-

Instrumente zur Bestandsreduzierung

tung der maximalen Reichweite (Überbestand) würde eine unvertretbar hohe Kapitalbindung heraufbeschwören. An die Bestimmung der Reichweitengrenzen schließt sich eine Validierung der räumlichen Kapazitäten an („Sind die vorgesehenen Lagerplätze ausreichend?").

5. Definition des Anlieferrhythmus

Die *View AG* fixiert ihre Transportfrequenzen für LCD-Panels und LED-Monitore. Diese hängen von den Anliefer- und Bedarfsvolumina ab. Es folgt eine Analyse über die für einen **Transport** benötigten Lastkraftwagen, unter besonderer Berücksichtigung von Art und Größe der Fahrzeuge.

Logistik spezifizieren

6. Fixierung der Verpackung und der Transportkosten

Für eine Konsignationsabwicklung können Einweg- oder Mehrwegverpackungen berücksichtigt werden. Letze sind in Außen- und Innenverpackungen zu unterscheiden. Besondere Kriterien zu ihrer Auswahl sind beispielsweise: der Warenschutz während des Transports, das Handling der Sachnummern und der Stapelfaktor von Mehrwegverpackungen. Die *View AG* muss feststellen, ob für die Neuanschaffung von **Verpackungseinheiten** Investitionen anfallen. Für Mehrwegverpackungen werden außerdem die Umläufe definiert.

Ladungsträger festlegen

7. Kosten-Nutzen-Analyse

Gemeinsam mit dem Controlling berechnet die Logistikleitung der *View AG* die Wirtschaftlichkeit für Konsignation. Im Rahmen einer **Kosten-Nutzen-Analyse** findet eine kalkulatorische Verrechnung von positiven und negativen Effekten auf die Bilanz sowie die Gewinn- und Verlustrechnung statt. Die positiven Effekte, welche insbesondere auf einer verminderten Kapitalbindung basieren, sind mit den negativen Auswirkungen (wie der potenziellen Zahlung eines Aufgelds an den Lieferanten pro Sachnummer) durch das Controlling zu berücksichtigen. Um die Wirtschaftlichkeit einer Konsignation für die Unternehmung zu gewährleisten, dürfen die addierten negativen Auswirkungen die positiven Effekte einer Vorratsminderung nicht (über-)kompensieren.

Wirtschaftlichkeit berechnen

8. Vertragsverhandlung sowie -unterzeichnung

Dann tritt die *View AG* mit ihren Lieferanten in konkrete Verhandlung. Dazu zieht die Logistikleitung die verantwortlichen Einkäufer hinzu, die vor Ort mit den Vertriebsmitarbeitern der *View AG* in Kontakt treten. Die *View AG* stimmt sich bezüglich der Kapazitäten mit den beiden Anbietern ab und unterbreitet ihr Angebot, das „nach zähen Verhandlungen" von den Lieferanten akzeptiert wird. Den Abschluss bildet die Unterzeichnung des **Kon-**

Rahmenvertrag unterzeichnen

D Instrumente des Supply Chain Managements

signationsvertrags. Grundsätzlich behält der Rahmenvertrag seine Bedeutung. Nur die im Konsignationsvertrag explizit aufgeführten Inhalte, zum Beispiel für Versicherung und Produkthaftung, bewirken eine Revision des Rahmenvertrags.

9. Kennzeichnung der Ware

Chargenrückverfolgung sichern

Die Konsignationswaren sind auf ihrem Anhänger (Label) und im System mit einem „K", für Konsignation, zu **kennzeichnen**. Wenn die LCD-Panels und die LED-Monitore zur Kommissionierung gepickt werden, fällt ihre Identifikation somit leichter. Außerdem vereinfacht die Beschriftung eine Rückverfolgung der Chargen.

10. Warenprüfung und Bezahlung

Payment On Production

Eine Überprüfung der Konsignationsware wird direkt im Wareneingang der *View AG* vorgenommen. Beanstandungen (wie Fehlmengen) sind den Lieferanten unverzüglich nach der Entdeckung eines Mangels zu melden. Die **Bezahlung** zwischen den Partnern erfolgt durch POP (Payment On Production). Eine Gutschrift wird automatisch durch die *View AG* ausgelöst, wenn die Flachbildschirme ihre letzte Fertigungsstufe durchlaufen haben und in den Versand gelangen.

Potenzielle Stärken

Im **Ergebnis** führt eine Konsignation zur Vereinfachung der Abstimmungsprozesse zwischen den Partnern innerhalb der Lieferkette. Der Konsignant liefert seine Waren innerhalb der definierten Reichweiten direkt in das Konsignationslager. Neben einer Beruhigung seiner Beschaffungs- und Produktionsabläufe (verbunden mit der Möglichkeit zur Erzielung von Degressionseffekten), optimiert der Lieferant seine Transportwege. Für den Kunden ergeben sich eine verminderte Kapitalbindung sowie die verbesserte Versorgungssicherheit. Zur Ausschöpfung dieser Vorteile ist eine adäquate IT-Plattform notwendig.

Gefahren von Konsignation ausloten

Eine Konsignation ist jedoch kein Allheilmittel im Supply Chain Management. Die **Probleme** von Konsignation liegen darin, dass in der Wertschöpfungskette keine wirkliche Bestandsreduzierung *insgesamt* stattfindet. Vielmehr wird eine Verlagerung der Vorräte von einem Kunden (der *View AG*) zu einem Lieferanten vorgenommen. Außerdem sind die Schwierigkeiten zwischen den Partnern nicht direkt aufzudecken: Die Sicherheitsbestände werden erhöht, und fehlerhafte Prozesse bleiben weitgehend im Verborgenen, da der Kunde jederzeit „aus dem Vollen" schöpfen kann. Damit reduziert sich die Transparenz im Lager. Treten Probleme auf, kann die Durchführung von Konsignation eine doppelte Bevorratung von Materialien, beim Lieferanten selbst und im

Instrumente zur Bestandsreduzierung

Konsignationslager des Kunden, bedeuten. Dadurch ergibt sich quasi ein Rückfall in die Zeiten des Zwei-Stufen-Lagers (Bevorratung gleichermaßen bei Lieferant und Kunde).

Eine spezielle Ausprägungsform der Konsignationsabwicklung ist das **Lieferanten-Logistik-Zentrum** (vgl. *Miebach/Schlichting* 2007, S. 138ff.). Dabei betreibt ein externer Logistikdienstleister (3PL) ein Lager, das sich in unmittelbarer Nähe des Kunden (Auftraggebers) befindet. Analog zur Konsignation, befinden sich die dort geführten Bestände weiterhin im Eigentum des Lieferanten. Im Unterschied zur klassischen Konsignation, wird ein Lieferanten-Logistik-Zentrum (LLZ) von mehreren Herstellern gleichzeitig bestückt. Es liegt folglich eine n:1-Beziehung vor. Die Konsignationsabwicklung ist hingegen eine 1:1-Beziehung zwischen einem Hersteller und einem Kunden. Indem sich im LLZ die Hersteller die anfallenden Kosten für den Logistikdienstleister unter sich aufteilen, liegt ein Cost Sharing vor. Zur näheren Kennzeichnung des Lieferanten-Logistik-Zentrums vgl. Beispielblock d.3.

LLZ als spezielle Ausprägungsform der Konsignation

Lieferanten-Logistik-Zentrum

Beispielblock d.3

- In die Produktion der „C-Klasse" von *Daimler* sind in Bremen circa 200 Lieferanten eingebunden. 120 dieser Anbieter liefern ihre Waren an einen Dienstleister, der das LLZ weitgehend in Eigenregie betreibt. Der 3PL ist in unmittelbarer Nähe zum Werk angesiedelt. Dort entlädt er täglich über 150 LKW. Rund um die Uhr bedient er den Kunden in maximal zwei Stunden. Im Sinne eines Cost Sharings beteiligen sich die Lieferanten an den Kosten der Lagerinfrastruktur, da sie nicht länger eine eigene Bevorratung der betroffenen Sachnummern vornehmen müssen. *Daimler* greift nur dann ein, wenn der Logistikdienstleister aufkommende Probleme nicht selbst lösen kann. Dadurch werden die Disponenten von *Daimler* zum Teil deutlich entlastet.

- Analog zu obigem Beispiel erfolgt die Abwicklung über ein LLZ im **Motorenwerk** von *Daimler* in Berlin (vgl. *Miebach/Schlichting* 2007, S. 138ff.). Die *Miebach Logistik* bewirtschaftet das Lager als 3PL. Das LLZ befindet sich in unmittelbarer Nähe des Verbaupunkts. *Miebach* versorgt *Daimler* über drei verschiedene Ketten: Kurbelgehäuse und Zylinderköpfe aus der eigenen Fertigung, Direktanlieferung großvolumiger Teile sowie Kaufteile. Die Artikelzustellung erfolgt über mehrere Schleppzüge in einem Fahrerlosen-Transport-System.

Abbildung D.7 Konsignationsprozess

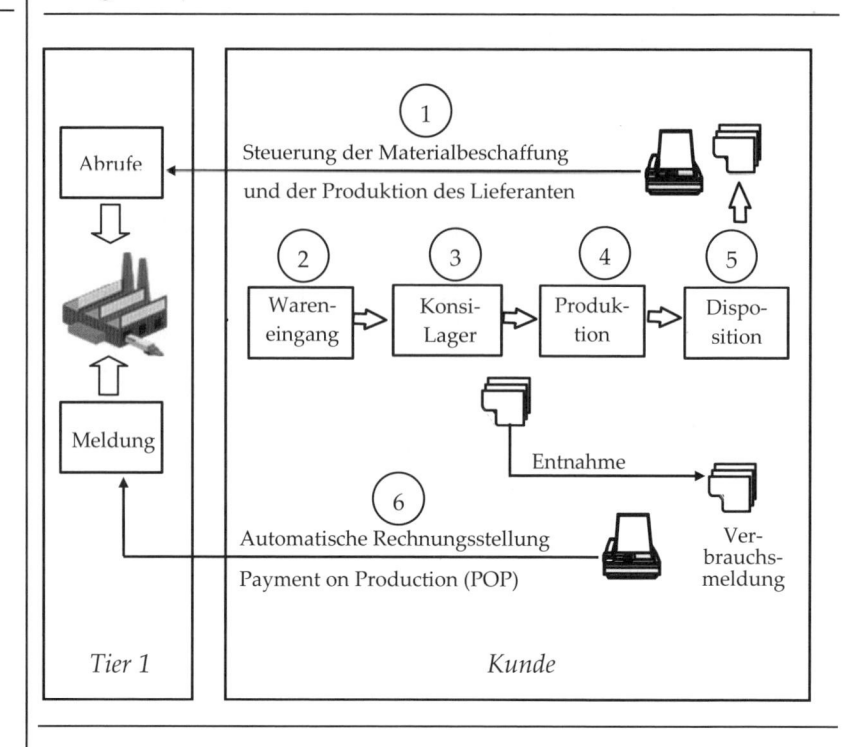

```
┌─────────────┬──────────────────────────────────────────────────┐
│             │                    (1)                           │
│   Abrufe ◄──┼── Steuerung der Materialbeschaffung              │
│             │   und der Produktion des Lieferanten             │
│     ⇩       │                                                  │
│             │   (2)        (3)        (4)        (5)           │
│  [Fabrik]   │  Waren-  ⇒ Konsi-  ⇒ Produk- ⇒ Dispo-            │
│             │  eingang    Lager    tion      sition            │
│     ⇧       │                           Entnahme               │
│   Meldung   │                    (6)                           │
│      ▲      │  Automatische Rechnungsstellung     Ver-         │
│      └──────┼── Payment on Production (POP)       brauchs-     │
│             │                                     meldung      │
│   Tier 1    │                   Kunde                          │
└─────────────┴──────────────────────────────────────────────────┘
```

D.2.5 Bestandsfinanzierung

Logistik aus einer Hand

Die **Bestandsfinanzierung** ist ein der Konsignationsabwicklung nahestehendes Instrument. Dieses Hilfsmittel ist dem Financial Supply Chain Management (FSCM) zuzurechnen. In der Unternehmungspraxis setzt beispielsweise der Logistikdienstleister *Simon Hegele* die Bestandsfinanzierung für den Reha-Spezialisten *Bischoff und Bischoff* ein. Die Unternehmung produziert in Karlsbad (bei Stuttgart) Rollstühle und Rollatoren (vgl. *o.V.* 2011). In der Schweiz wird das Verfahren zwischen der *Post* und *Procter & Gamble* praktiziert.

Strategische Partnerschaften

Der Ablauf einer Bestandsfinanzierung ist recht einfach. Zumeist finden sich **vier Partner** zusammen (vgl. *Werner* 2011b). Neben Lieferanten, Kunden und Logistikdienstleistern sind häufig Finanzinvestoren (Banken) an diesem Prinzip beteiligt. Abbildung D.8 visualisiert den Ablauf einer Bestandsfinanzierung.

Instrumente zur Bestandsreduzierung **D.2**

Es wird deutlich, dass der Prozess zur Bestandsfinanzierung nach **Arbeitsphasen** untergliedert werden kann. Natürlich muss nicht zwingend die unten aufgezeigte Schrittfolge eingehalten werden.

Schritt für Schritt zur Bestandsfinanzierung

1. Zunächst schließen ein Kunde und ein Lieferant einen klassischen **Rahmenvertrag** ab, in dem beispielsweise die Abnahmemengen, Preise oder Produktspezifikationen fixiert sind.

   Rahmenvertrag als Überbau

2. Ein Logistikdienstkleister (3PL) kauft dem Lieferanten anschließend die betreffende Ware ab. Er ist zwischenzeitlich deren **rechtlicher Eigentümer** (er handelt in eigenem Namen und auf eigene Rechnung). Vielfach wird die Ware durch den Dienstleister veredelt oder um logistische Zusatzleistungen (wie Etikettierung oder Labeling) ergänzt. Ebenso ist eine filialgerechte Kommissionierung der Artikel (Cross Docking) denkbar.

   Logistikdienstleister tritt in Vorkasse

3. Jetzt verkauft der Logistikdienstleister diese Waren an den Kunden weiter. Aus dem Rahmenvertrag geht diesbezüglich eine **Abnahmegarantie** hervor, die dem 3PL als Sicherheit dient (Risikominimierung).

   Abnahmegarantie festlegen

4. Im nächsten Schritt **bezahlt** der Kunde den Logistikdienstleister für den Warenbezug und weitere logistische Veredelungen, so sie erbracht wurden.

   Added Services über 3PL

5. Anschließend **entschädigt** der 3PL den Lieferanten für seinen Warenbezug. Diese Ausgleichszahlungen erfolgen in aller Regel recht zeitnah.

   Schneller Zahlungseingang

6. Zur **Zwischenfinanzierung** der Bestände sind zumeist größere Kapitalreserven erforderlich. Daher greift ein Logistikdienstleister in den meisten Fällen auf die Finanzmittel eines Investors (häufig einer Bank) zurück. Generell bietet sich eine Kooperation zwischen Logistik- und Finanzdienstleister an, die beispielsweise in einem Joint-Venture münden kann. Außerdem übernimmt die Bank vielfach das Ausfallrisiko.

   Gekauft wird jetzt, bezahlt wird später

7. Schließlich vergütet der 3PL den Finanzdienstleister für seine zwischenzeitliche Warenfinanzierung, wobei die Bank freilich eine angemessene **Marge** einfordert. Sollten Logistik- und Finanzdienstleister ein gemeinsames Unternehmen gegründet haben, fließt diesem der Gewinn zu.

   Sicheres Geschäft für Banken

Instrumente des Supply Chain Managements

Abbildung D.8 — *Ablauf der Bestandsfinanzierung*

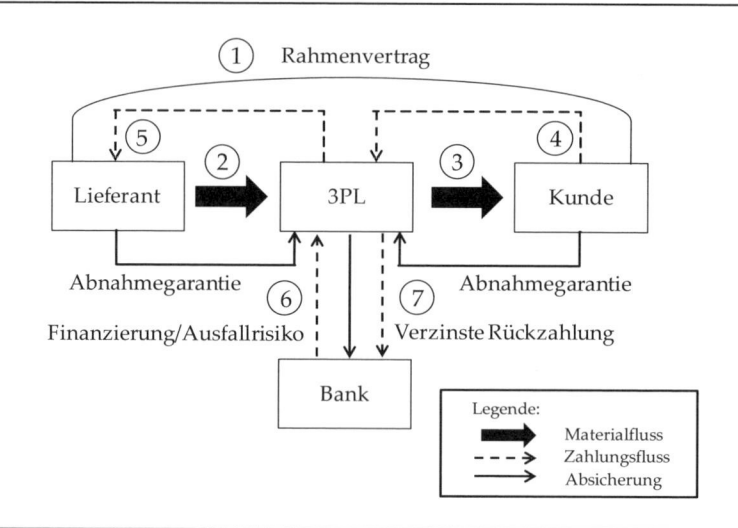

```
                    (1) Rahmenvertrag
        ┌─────────────────────────────────────────┐
        │                                         │
      (5)↓           (2)            (3)         (4)↓
   ┌─────────┐ ═══════════> ┌─────┐ ═══════════> ┌──────┐
   │Lieferant│              │ 3PL │              │ Kunde│
   └─────────┘              └─────┘              └──────┘
     Abnahmegarantie   (6)        (7)   Abnahmegarantie
     Finanzierung/Ausfallrisiko   Verzinste Rückzahlung
                         ┌──────┐
                         │ Bank │
                         └──────┘
```

Legende:
═══> Materialfluss
---> Zahlungsfluss
──> Absicherung

3PL als Full Service Provider

Für den **Logistikdienstleister** ergibt sich aus der Bestandsfinanzierung die Möglichkeit zur Ausdehnung seines Aktivitätenportfolios, er stellt sich breiter auf. Neben klassischen TUL-Tätigkeiten (Transportieren, Umschlagen, Lagern) nimmt er direkten Einfluss auf die Finanzströme des Kunden. Der 3PL wird jetzt zum Full-Service-Provider, was in puncto Kundenakquise ein gutes Vertriebsargument darstellt: Mit Logistik „aus einer Hand" erzielt der Kunde Bündelungseffekte (Economies of Scale). Außerdem intensiviert der 3PL mit Hilfe der Bestandsfinanzierung seine Kundenbindung. Erst einmal eingeführt, wird sich der Kunde eine Beendigung dieser Zusammenarbeit sicherlich gut überlegen.

Auslagerung logistischer Aktivitäten auf den Logistikdienstleister

Doch auch für den **Kunden** ist die Bestandsfinanzierung durchaus von Interesse. Die Abnehmer optimieren das Working Capital und die Eigenkapitalquote, indem sie die betroffenen Vorräte nicht länger in ihrer Bilanz führen (Verschiebung der Eigentumsverhältnisse). Dadurch eröffnen sich den Kunden breitere Liquiditätsspielräume. Weiterhin können sie davon ausgehen, dass der 3PL die Bestände in ausreichender Menge bevorratet. Es kommt somit zu einer Beruhigung innerhalb der Supply Chain, Trouble Shootings, oder gar kostenintensive Stock-outs, dürften abnehmen. Ebenso vermindert sich für den Kunden die Anzahl der Schnittstellen – und jede Schnittstelle kostet bekanntlich Geld: Indem der Kunde diverse Logistiktätigkeiten auf einen Dienstleister bündelt, senkt er seine Transaktionskosten für Suchen, Absicherungen oder

Kontrollen. Mit der Auslagerung dieser Tätigkeiten auf den 3PL lassen sich folglich auch die Verwaltungskosten des Kunden herunterfahren, denn die Disponenten werden entweder nicht länger in ihrer Gesamtzahl benötigt, oder sie sind für sonstige Aufgaben einzusetzen.

Die **Lieferanten** erhalten bei einer Bestandsfinanzierung ihr Geld vom 3PL zumeist schneller, als dies bei institutionellen Kunden der Fall wäre. Interessant ist sicherlich auch der „doppelte Boden". Denn neben dem mit einem Kunden abgeschlossenen Rahmenvertrag existiert eine Abnahmeverpflichtung des Logistikdienstleisters.

Auch der Lieferant will sein Stück vom Kuchen abhaben

Für den **Finanzinvestor** ist natürlich die Verzinsung aus dem zur Verfügung gestellten Kapital von Interesse. Ebenso erhält eine Bank vielfach Entschädigungszahlungen für die Absicherung möglicher Forderungsausfälle. Der 3PL ist schließlich ein dauerhafter wie transparenter Partner. Verglichen mit sonstigen Kreditnehmern, sind die Abläufe des Logistikdienstleisters für das Finanzinstitut besser nachzuvollziehen.

Neues Geschäftsmodell für Banken

Die Bestandsfinanzierung ist ein modernes Verfahren, das als Unterform einer Konsignationsabwicklung einzustufen ist. Wie auch bei der klassischen Konsignation, wird der Eigentums- und Gefahrenübergang der Bestände vom Kunden auf einen vorgestuften Supply-Chain-Partner ausgelagert: Der Kunde führt die betroffenen Vorräte nicht länger in seiner eigenen Bilanz und entlastet somit das Umlaufvermögen. Die Bestandsfinanzierung greift diesen Gedanken konsequent auf und erweitert ihn um einen **Finanzierungsaspekt**. Denn die Zahlungsströme spielen hier eine gewichtige Rolle. Und so geht es bei der Bestandsfinanzierung nicht nur um die Eigentumsrechte von Waren, sondern auch um ihre (Zwischen-) Finanzierung sowie den Zeitpunkt ihrer Bezahlung.

Fortführung des Konsignationsgedankens

Letzten Aspekt greift der **Cash-to-Cash-Cycle** auf (vgl. S. 441). Mit Hilfe dieser Kennzahl werden die Finanzströme innerhalb der Supply Chain bewertet. Ein Cash-to-Cash-Cycle wird in Tagen gemessen. Er definiert sich über die Zeitspanne Days Sales Outstanding (Debitorentage), plus Days on Hand (Lagerreichweite), minus Days Payables Outstanding (Kreditorentage). Je kleiner dieser KPI ist, desto besser. Im Idealfall sollte der Cash-to-Cash-Cycle gar negativ sein, dann liegt ein besonders günstiges Verhältnis zwischen Kapitalbedarf und Finanzierungskosten vor. Mit der Bestandsfinanzierung wird ein direkter Einfluss auf diesen Liquiditätskreiskreislauf ausgeübt, wobei die Effekte freilich von den jeweiligen Zahlungsmodalitäten innerhalb einer Lieferkette abhängen:

Auswirkungen auf den Liquiditätskreislauf

Instrumente des Supply Chain Managements

- Werden zwischen Lieferant und Logistikdienstleister kurze Zahlungsziele vereinbart, reduziert der **Hersteller** seine Days Sales Outstanding. Außerdem verkauft er die betroffenen Bestände an den 3PL und führt sie nicht länger in seinen Büchern. Beide Effekte verkürzen seine Cash-to-Cash-Cycle-Time und lassen ihn an Liquidität gewinnen.

- Der **Kunde** optimiert ebenfalls seinen Liquiditätskreislauf. Da sich die Bestände im Eigentum des Logistikdienstleisters befinden, sinken seine Days on Hand. Auf Grund dieser Vorratsreduzierung stellt sich ein positiver Cash-Flow-Impact ein. Weiterhin hängen die Kreditorentage von den vereinbarten Zahlungsbedingen ab, deren Dauer natürlich der Machtkonstellation unter den Akteuren geschuldet ist.

- Die oben beschriebenen positiven Cash-to-Cash-Cycle-Effekte aus Lieferanten- und Kundensicht kehren sich für den **Logistikdienstleister** ins Gegenteil um. Unabhängig von den Zahlungskonditionen, listet er zwischenzeitlich die Bestände in seinen Büchern und verliert somit an Liquidität. Doch sollen zur (Über-) Kompensation dieser negativen Auswirkungen die erhöhten Erträge („Entschädigungen") aus eben jener Bestandsfinanzierung beitragen.

Finanzierungskomponente der Supply Chain

Es bleibt festzuhalten, dass die Bestandsfinanzierung ein gleichermaßen modernes, wie interessantes Betätigungsfeld für alle Akteure darstellt. Die traditionelle Logistik wird somit zur echten Supply Chain, indem Waren- und Informationsflüsse nun um gleichgewichtete **Finanzströme** ergänzt werden.

Es ist nicht alles Gold, was glänzt

Allerdings ist zu erwähnen, dass sich die einzelnen Akteure natürlich auch gewissen **Risiken** aussetzen. Sollte beispielsweise ein Kunde insolvent werden, so bleibt ein 3PL zunächst auf seinen Beständen sitzen. Für ihn ergeben sich mit der Suche neuer Abnehmer, erhöhter Kapitalbindung oder der Neuetikettierung von Waren nicht kalkulierte Kosten, die durch eine Absenkung des Verkaufspreises begleitet sein können und den Deckungsbeitrag schmälern. Schließlich wird der Kunde bei nachlassender Konjunktur froh darüber sein, Bestände mit langen Reichweiten nicht in seinen Büchern führen zu müssen, denn dies würde zur Verschlechterung der Lagerumschlagshäufigkeit (Turn Rate) führen und könnte ungängige Bestände (Excess and Obsolete) heraufbeschwören.

Vor- und Nachteile abklopfen

Und natürlich möchte auch der **Finanzinvestor** an dem Geschäft verdienen, was zur weiteren Absenkung der Gewinnmarge eines Logistikdienstleisters beiträgt. Wie oben erwähnt, schmieden der 3PL und die Bank daher häufig eine Kooperation. Denn dauerhaft verfügen zumin-

D.2.6 Durchlaufzeitenanalyse

dest mittelständische Logistikdienstleister schlichtweg nicht über den notwendigen Kapitalstock, um eine Bestandsfinanzierung in Eigenregie abzuwickeln.

Die Durchlaufzeitenanalyse (*Cycle Time Analysis*) wird auch **Fristzeitenanalyse** genannt (vgl. *Klevers* 2012). Eine totale Durchlaufzeit (*Total Cycle Time*) beschreibt den Zeitraum vom Auftragseingang bis zur Auslieferung des Endprodukts. **Arbeitspläne** (vgl. Begriffsblock D.V) steuern den Prozess. Im Mittelpunkt steht die Optimierung einer fertigungsgerechten Bearbeitungsfolge. In den Arbeitsplänen ist das komplette Zeitgerüst – vom Start- bis zum Endtermin der Fertigung – in einzelne Abschnitte zu zerlegen. Stellgrößen, welche die totale Durchlaufzeit beeinflussen, sind zum Beispiel die eigentliche Bearbeitungszeit an der Station, Transportzeit, Rüstzeit sowie Kontroll- und Kühlzeit.

„Hey ho! Let's go..."

Die Durchlaufzeit eines Arbeitsgangs besteht aus der Maschinenbelegungszeit und der Übergangszeit. Eine **Maschinenbelegungszeit** addiert sich aus der eigentlichen Bearbeitungszeit an der Station sowie der Rüstzeit. Transportzeit, Liegezeit (hervorgerufen durch Störung oder Lagerung) und Kontrollzeit sind die wesentlichen Komponenten einer **Übergangszeit**. Beispielsweise beträgt die eigentliche Bearbeitungszeit in der metallverarbeitenden Industrie nur 10% bis 20%. Die restliche Zeit wird für Rüstvorgänge und diverse Übergänge benötigt.

Inhalte der Durchlaufzeit

Eine **Reduzierung seiner Durchlaufzeit** gelang dem Reifenhersteller *Pirelli*. Das Verfahren MIRS (Modular Integrated Robotized System) vereint die drei Komponenten Kunstfaser, Gummi und Stahl. In einer vollautomatischen Anlage werden die Stückzahl und die Konsistenz der Reifen nach Belieben variiert. Mit MIRS senkte *Pirelli* die Durchlaufzeit in der Reifenproduktion von sechs Tagen auf 72 Minuten. Während bislang 14 einzelne Prozessschritte in der Fertigung notwendig waren, durchläuft bei MIRS die Reifenproduktion drei ineinander greifende Stufen.

Beispiel für das Pushen von Cycle Times

D Instrumente des Supply Chain Managements

Begriffsblock D.V | *Arbeitsplan*

Arbeitspläne geben an, welche Arbeitsgänge, mit welchen Maschinen (Bändern oder Straßen), in welcher Reihenfolge, in welcher Zeit und unter Einsatz welcher Ressourcen durchzuführen sind. Sie sind die Basis einer Materialbedarfs- sowie Materialbeschaffungsplanung und kennzeichnen die Struktur von Prozessschritten.

Prozess der Durchlaufzeitenanalyse

Für eine Durchlaufzeitenanalyse sollte zunächst festgestellt werden, ob sich diese auf sequentielle oder simultane Arbeitsabläufe erstreckt. Parallelplanungen sind zwar anspruchsvoller, doch können gerade sie Zeitvorteile erbringen. Grundsätzlich durchläuft eine Analyse von Durchlaufzeiten nachstehende **Arbeitsschritte**:

1. Zunächst erfolgt die Abgrenzung des relevanten Untersuchungsbereichs. Dies kann beispielsweise ein Montage- oder ein Fertigungsprozess sein. Anschließend ist dieser Gesamtprozess in jeweilige Arbeitsschritte zu zerlegen.

2. Für jeden Prozessschritt werden anschließend Start- und Endzeiten fixiert. Nachdem diese Termine festgelegt worden, sind die durchschnittlichen Durchlaufzeiten pro Arbeitsschritt zu messen.

3. Jetzt werden die einzelnen durchschnittlichen Prozesszeiten zu einer gesamten Durchlaufzeit addiert und durch die Anzahl aller Aktivitäten dividiert.

D.2.7 Rüstzeitenanalyse

Rüstmatrizen erstellen

Die Analyse von Rüstzeiten (*Set Up Time*) ist eine weitere Möglichkeit zur Senkung der Unternehmungsbestände. Rüstmatrizen unterstützen die Optimierung von **Losgrößen** speziell in der Fertigung. Die Rüstkosten sind losfixe Kosten (auflagenfixe Kosten). Die Aufstellung einer Rüstmatrix ist von Auflagendegression geprägt: Auflagenfixe Gesamtkosten verteilen sich auf die gesamte Ausbringungsmenge. Es gilt, dass bei einer Steigerung des Ergebnisses pro Fertigungsstation und Sachnummer, die auf eine Einheit bezogenen auflagenfixen Kosten sinken, weil sich die Fixkosten auf mehr produzierte Einheiten pro Periode verteilen. Zur Reduzierung von Rüstzeiten vgl. das in Block d.4 skizzierte Beispiel.

Instrumente zur Frachtkostenreduzierung | **D.3**

Reduzierung von Rüstzeiten | *Beispielblock d.4*

Zur Verkürzung von Rüstzeiten dient der fliegende Wechsel von Druckplatten. Die Produzenten von Zeitungsdruckmaschinen stellen Geräte her, bei denen die Druckplatten im Fertigungsprozess in einen, für kurze Zeit still stehenden, Zylinder eingehängt werden. Gleichzeitig sind die übrigen Zylinder auf Betriebsgeschwindigkeit zu fahren und die Papierbahnen zu aktivieren. Gegenüber konventionellen Druckmaschinen senken sich hier die Rüstzeiten bis um das Dreifache.

Die Rüstkosten werden auch als **Einrichtkosten** bezeichnet. Sie ergeben sich an der Arbeitsstation für Umstellungsarbeiten vor Fertigungsbeginn für Werkzeugwechsel, Vorheizen, Programmieren oder Reinigen. | *Beispiele für Einrichtkosten*

Rüstkosten sind in direkte und indirekte Kostenarten zu unterteilen. Zu den **direkten Rüstkosten** zählen der Faktorverzehr an Materialien und Werkzeugen sowie die Personalkosten des Umrüstens. **Indirekte Rüstkosten** resultieren aus Leerkosten. Sie entstehen durch den Ausfall der Arbeitsstationen beim Werkzeugwechsel, Heizen, Programmieren oder Reinigen. Es sind Opportunitätskosten (entgangene Gewinne), weil in der Zeit des Rüstens potenzielle Umsätze verloren gehen, indem keine Produkte hergestellt werden können. | *Unterscheidung direkter und indirekter Rüstkosten*

Bei der Durchführung von Rüstvorgängen konfligieren die Ziele Bestandssenkung und Auflagendegression (**Zielkonkurrenz**): Die Erhöhung der Lose in der Fertigung führt ceteris paribus zur Reduzierung der auflagenfixen Kosten pro Sachnummer. Werden die Chargen hochgefahren, steigt der Work in Process (Werkstattbestand). Die Lösung dieser beiden gegenläufigen Ziele besteht in einer *integrierten* Kostenbetrachtung – und nicht in einer isolierten Optimierung von Rüst- oder Beständekosten. | *Wie 480 v. Chr. bei den Thermopylen: Leonidas vs. Xerxes*

D.3 Instrumente zur Frachtkostenreduzierung

Eine Zielkonkurrenz existiert aber nicht nur zwischen den Rüstkosten und den Beständekosten. Auch Frachtkosten und Beständekosten verhalten sich zumeist wenig komplementär. Dieses Phänomen stellt eine **U-Problematik** dar (vgl. Abbildung D.9 und S. 33ff.): Wird eine Seite des | *Zielkonkurrenz allerorten*

Instrumente des Supply Chain Managements

Buchstaben „U" heruntergedrückt, schnellt die andere Seite des Buchstaben „U" nach oben (vgl. *Werner* 1997b, S. 35).

Bestände- vs. Frachtkosten

Ein **Beispiel** unterstreicht diesen Kontext. Die Frachtkosten sinken potenziell durch das Herunterfahren der Anlieferfrequenzen pro Periode. Als Restriktion gilt, dass keine Kapazitätsengpässe vorliegen. Ein Autobauer wird bislang fünfmal wöchentlich Ab-Werk mit jeweils 10.000 Getrieben beliefert. Der Autokonzern zahlt folglich die Frachtkosten. Zur Senkung der Frachtkosten beschließt die Unternehmung eine Belieferung einmal die Woche (jeden Montag) mit 50.000 Getrieben. Aus der Sicht des Autobauers, wird die eine Seite des Buchstaben „U" (Frachtkosten) herunter gedrückt. Gleichzeitig steigen die Beständekosten: Die andere Seite des Buchstaben „U" wird hoch gedrückt, weil sich die Lagerbestände an Getrieben erhöhen. Wenn täglich im Durchschnitt 10.000 Getriebe verbaut werden, befinden sich beispielsweise am Dienstag noch 40.000 Getriebe auf Lager, die Kapital binden. Benötigt werden am Dienstag aber lediglich 10.000 Getriebe.

Abbildung D.9

U-Problematik zwischen Frachtkosten und Beständekosten

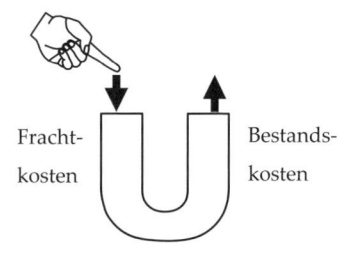

Fracht-
kosten

Bestands-
kosten

FREDI

Zur Harmonisierung zwischen Frachtkosten und Beständekosten wird ein **Portfolio** herangezogen (vgl. Abbildung D.10). Das Portfolio „FREDI" (**Fr**achtkosten-B**e**stän**d**ekosten-Portfol**i**o) zeigt eine Matrix mit vier Feldern. Auf der Abszisse finden sich die Frachtkosten. Die Beständekosten kennzeichnen die Ordinate. Sowohl die Frachtkosten als auch die Beständekosten werden mit den Ausprägungen „niedrig" und „hoch" bewertet. Die Felder in der Matrix lauten "Security Fan", „JiT-Lover", „Best Practice" sowie „Loser".

Risikoscheues Verhalten

Ein **„Security Fan"** wählt die Kombination von hohen Beständekosten und niedrigen Frachtkosten. Die Unternehmung ist risikoavers und geht auf die sichere Seite. Es werden hohe Lagerbestände – verbunden mit einer niedrigen Umschlagshäufigkeit – akzeptiert. Die Frachtkosten

Instrumente zur Frachtkostenreduzierung

des „Security Fans" sind gering, da (auf Grund der hohen Bestände) kaum Sonderfahrten anfallen.

Das Pendant des Security Fans ist der **„JiT-Lover"**. Dieser nimmt ein hohes Risiko in Kauf. Die Kapitalbindungskosten der Bestände sind niedrig. Wenn die Just-in-Time-Belieferung nicht greift, findet ein Trouble Shooting statt, das viel Geld verschlingt. Bei Nichtanlieferung droht im Extremfall eine Stock-out-Situation. Die Frachtkosten explodieren, wenn eine Versorgung durch Sonderflüge notwendig ist.

Bestände im Griff!

Die restlichen zwei Felder des Portfolios stehen für „Best Practice" und „Loser". Eine Organisation ist **„Best Practice"**, wenn sie eine simultane Kombination aus niedrigen Frachtkosten und niedrigen Beständekosten erreicht. Sie beherrscht die Gratwanderung zwischen den Extrempositionen „Security Fan" und „JiT-Lover". Ihr gelingt eine Beruhigung der logistischen Prozesse, ohne in Lethargie zu verfallen. Ständig sind die Parameter zur Optimierung der Supply Chain (Reichweiten, Rüstzeiten oder Liefertreue) zu überwachen, um Fracht- und Beständekosten *insgesamt* zu senken.

Stages-of-Excellence

Für den **„Loser"** gilt der Worst Case: Es fallen sowohl hohe Frachtkosten als auch hohe Bestandskosten an. In diesem Fall gelingt es trotz erhöhter Sicherheitsbestände (mit ausgeprägter Kapitalbindung) nicht, die explodierenden Frachtkosten zu vermeiden, die einen negativen EBIT-Effekt bewirken.

"I'm a loser baby, so why don't you kill me…?"

Wichtige Komponenten beim Abschluss von Rahmenverträgen zwischen Lieferanten und Kunden sind die **Frachtkonditionen**. Es existieren zwei grundlegende Möglichkeiten zu ihrer Festlegung, sie werden als *Incoterms* bezeichnet:

Wer zahlt die Frachtkosten?

- Einerseits zahlt der Lieferant die Frachtkosten, er liefert *Frei-Haus* (Free-Carrier).
- Andererseits trägt der Kunde die Frachtkosten, dieser wird *Ab-Werk* (Ex-Works) versorgt.

Sonderformen der internationalen Beschaffung sind beispielsweise die Vereinbarungen *Frei-an-Bord* (Free on Bord), *Frei-Grenze* (Delivered at Frontier) oder *Frei-unverzollt* (Delivery Duty Unpaid). In vielen Branchen hat sich die Variante Frei-Haus etabliert. Doch der Lieferant trägt zumeist nicht wirklich die kompletten Frachtkosten. Über einen erhöhten Verkaufspreis (Zielpreis) wälzt er freilich einen Teil seiner Frachtkosten

Weitere Incoterms im Überblick

Instrumente des Supply Chain Managements

auf den Kunden ab. Bei der Beschreibung des Target Costings (vgl. S. 388ff.) wird dieses Phänomen näher erläutert.

Abbildung D.10

Frachtkosten-**B**estän**d**ekosten-Portfol**i**o (FREDI)

	Bestände			
	Hoch	Security Fan	Loser
	Niedrig	Best Practice	JiT-Lover
FREDI		Niedrig	Hoch
		Frachtkosten	

D.3.1 Maschinelle Frachtkostenermittlung

Gutschriftverfahren nutzen

Zur maschinellen Frachtkostenermittlung (vgl. *Werner* 1999a) wird im Order-to-Payment-S ein automatisiertes und standardisiertes **Gutschriftverfahren** herangezogen. Sämtliche Einflussfaktoren auf die Frachtkosten sind IT-gestützt unternehmungsintern, oder von einem externen Dienstleister (EDL), zu verarbeiten. Dadurch sinkt die Rate an manuellen Tätigkeiten. Zunächst übertragen die Transporteure ihre Leistungsanforderungen via DFÜ (Datenfernübertragung) an das intern oder extern installierte Frachtensystem. In dem System sind Tariftabellen für die Frachten hinterlegt. Sie dienen zur Kalkulation von Frachtbeträgen. Zum Beispiel nutzt *Continental Automotive Systems* das Gutschriftverfahren und verrechnet die Frachtkosten über den externen Dienstleister *Dalog* in Darmstadt.

3PL einsetzen

Bevor eine Gutschrift an den Spediteur freigegeben wird, findet ein Abgleich zwischen den Leistungsanforderungen von Dienstleistungsgebern (der beauftragten Spedition) und Dienstleistungsnehmer (Hersteller) statt. Bei Datenkongruenz erfolgt eine Belastung an die verantwortlich zeichnende Kostenstelle des Kunden. Über die Finanzbuchhaltung des Produzenten wird der Anstoß zur Erteilung einer Gutschrift gegeben, und die Verrechnung des Frachtauftrags ist gesichert.

Für den Einsatz einer maschinellen Frachtkostenermittlung innerhalb der Supply Chain müssen bestimmte **Voraussetzungen** erfüllt sein: Dazu zählt zunächst eine adäquate IT-Ausstattung (beispielsweise zur Hinterlegung von Tariftabellen). Weiterhin sind die Möglichkeiten zur direkten Informationsübernahme aus den Versand- und Wareneingangssystemen des Kunden zu überprüfen. Ebenso ist die Informationsweitergabe zu gewährleisten, der Spediteur muss seine Leistungsanforderungen in das System einbringen können. Schließlich ist eine Rückverfolgbarkeit der Daten sicherzustellen (gewährleistet über die Lieferantennummer sowie eine Nennung der Lieferscheinnummer im Wareneingang). Durch die Implementierung einer maschinellen Frachtkostenermittlung ergeben sich im Supply Chain Management einige **Vorteile**:

Bedingungen ausloten

- Ausschöpfung von Rationalisierungspotenzialen durch den Wegfall der Prüfung von Frachtrechnungen.

Was bringt das Verfahren?

- Konzentration auf eine reduzierte Anzahl von A-Spediteuren (Polarisierung der Warenströme, verbunden mit der Möglichkeit, reduzierte Einstandspreise auszuhandeln).

- Bündelung des Verkehrsvolumens (Ausschöpfung von Degressionseffekten, die sich positiv auf die Frachttarife auswirken).

- Rückverfolg- und Rückbelastbarkeit von Sonderfahrten (Cost-Charge-Back).

- Verursachungsgerechte Zuordnung von Frachtkosten pro zu belastender Kostenstelle. Dadurch ergeben sich Anstöße zur optimierten innerbetrieblichen Leistungsverrechnung.

- Bereitstellung von Datenmaterial für automatisierte und standardisierte Auswertungen.

- Dekomposition gesamter Frachtkosten bis auf die Artikelebene. Dadurch wird die Transparenz gesteigert, wovon insbesondere das Supply Chain Controlling profitiert.

Instrumente des Supply Chain Managements

D.3.2 Standardisierung von Verpackungen

Ziele der Standardisierung

Eine weitere Ausschöpfung von Verbesserungspotenzialen innerhalb der Supply Chain ergibt sich durch die Standardisierung von Verpackungen. Bei der Festlegung einer Verpackung sind konkurrierende Ziele simultan zu lösen: Der Warenschutz während des Transports und der Einlagerung sowie ein rationelles Handling.

Auswahl der Ladungsträger

Eine „grüne Supply Chain" wird die Verwendung **standardisierter Mehrwegverpackungen** fördern. Mögliche Kostensenkungspotenziale lassen sich mit Mehrweglösungen über die gesamte distributionslogistische Kette finden: Im Rahmen der Warenbeschaffung (*Input*) durch die Senkung der Packmittelvielfalt und ein optimiertes Warenhandling: Es fallen weniger Umpackvorgänge an. Für den *Output* reduzieren sich die Volumina für Entsorgung und Recycling (vgl. „Green Supply Chains" auf S. 216ff.).

Mehrweg statt Einweg

Mehrweglösungen können bei Außenverpackungen und bei Innenverpackungen Anwendung finden. Letzte werden als „Trays" (Tiefziehformfolien) bezeichnet. Verglichen mit Einwegverpackungen, resultieren die **Vorteile** von standardisierten Mehrwegverpackungen aus einer erhöhten Nutzungsdauer und einer gesteigerten Nutzlast. Standardisierte Mehrwegverpackungen zeichnen sich auch durch einen günstigen Stapelfaktor aus. Die Frachtkosten sinken, wenn die Ladefläche der Transportmittel besser genutzt wird. Außerdem erfüllen Mehrwegverpackungen Kriterien wie Sauberkeit (durch den Wegfall von Wellpappe) und Arbeitssicherheit (insbesondere bei Mehrfachstapelung).

Investitionen notwendig?

Das Controlling überprüft, inwieweit eine Investition in Mehrwegverpackungen wirtschaftlich rentabel ist. Die Anschaffungskosten müssen sich in einer vertretbaren Zeitspanne amortisieren (*Pay-Back-Time*). In die Berechnung gehen die Einsatzhäufigkeit der verwendbaren oder verwertbaren Verpackung und die Länge ihres distributionslogistischen Wegs ein.

D.3.3 Milk Run

Ursprung in den USA

Ein weiteres Instrument zur Senkung von Frachtkosten ist der Milk Run. Es handelt sich um eine Form des **Direkttransports**. Das Verfahren trägt seinen Namen in Anlehnung an die Distribution von Milchflaschen in den USA: Die vollen Flaschen werden durch den „Milchjungen" verteilt und gleichzeitig sammelt er die leeren Flaschen ein. Dieses Prinzip wird von Industrie und Handel übernommen. Die Durchführung von Milk Run gewährleistet zumeist ein 3PL als „Milchjunge".

Für einen Milk Run wird zunächst eine **Route** festgelegt. Die Strecke bezieht sich häufig auf mehrere Standorte einer Organisation. Die Philosophie Milk Run kann auch die Werke verschiedener Partner (sowohl branchengleich als auch branchenübergreifend) umfassen. Dann sind die Anliefer- und Abholzeiten pro Stelle (Werk) zu fixieren. Schließlich werden die Anliefer- und Abholmengen sowie die einzusetzenden Verpackungen pro Standort definiert. Eine spezielle Anlage für den Warenumschlag (Transshipment Point) wird in der Regel nicht eingerichtet.

„I think about the loveless fascination, under the Milky Way tonight..."

Ein „Milchjunge" bringt volle Flaschen und nimmt gleichzeitig leere Flaschen mit. Ähnlich wird das Prinzip in Industrie und Handel genutzt. Der Transporteur holt die gefüllten Ladungsträger von den Quellen, den produzierenden Einheiten. Im Umlauf befinden sich zumeist standardisierte Mehrwegverpackungen. Zum **Beispiel** fährt ein Transporteur acht Quellen an. Er lädt an der Quelle eins fünf Europaletten Schrauben auf seinen Jumbo-LKW. Auf einer Palette befinden sich 36 KLT (Kleinladungsträger) mit jeweils 1.000 Schrauben Inhalt. Die fünf Paletten sind der Ladefläche des Fahrzeugs fest zugeteilt. Der Spediteur fährt die weiteren Werke an. Die vollen Ladungsträger bringt er zu den definierten Senken. Dort liefert er die vollen Behälter ab und nimmt die leeren Verpackungen mit. Die leeren Behälter bringt er zur produzierenden Quelle, welche mit dem Wiederauffüllen der Verpackungseinheiten beginnt. Jetzt ist der Kreislauf geschlossen (Closed-Loop).

So funktioniert Milk Run!

In der Industrie wird Milk Run vor allem für B- und C-Teile eingesetzt. Speditionen erzielen durch das Verfahren eine Optimierung ihrer **Transportkosten**. Zur Ermittlung der Verbesserungspotenziale eignen sich die Transport- und Zuordnungsverfahren des Operations Research. Den Effekt der Kostensenkung kann der Transporteur an seine Kunden gegebenenfalls weitergeben.

Routenoptimierung

D.4 Instrumente zur Informationsgewinnung

Unter diesem Gliederungsabschnitt wird die **Informationsgewinnung** mittels Benchmarking und Reverse Engineering beschrieben. Die Instrumente sind unternehmungsintern und netzgerichtet (zur Einholung

Marktorientierung

D Instrumente des Supply Chain Managements

von Informationen über Lieferanten, Kunden und Konkurrenten) einzusetzen.

Tier-1-Lieferanten

- **Lieferanten**: Ein Ziel des Supply Chain Managements ist die Verzahnung von Prozessen der eigenen Unternehmung mit den Aktivitäten von Lieferanten. Den Anbietern wird vielfach mehr Verantwortung übertragen. Zur Identifizierung eines geeigneten Partners, müssen möglichst viele Informationen über den Lieferanten eingeholt werden. Beispielsweise interessieren dessen Lieferservicegrad oder Entwicklungspotenzial.

Pullprinzip vs. Pushprinzip

- **Kunden**: Das Supply Chain Management zielt im Kern auf eine Pullorientierung. Ausgehend von den Wünschen der Kunden, werden die internen Prozesse angestoßen. Die Anforderungen der aktuellen und potenziellen Marktpartner sind allerdings häufig nur vage formuliert. Vor allem für weiche Faktoren (wie Image und Design) gestaltet sich die Informationsgewinnung problematisch.

Möglichkeit für Coopetition gegeben?

- **Konkurrenten**: Die Informationen über Wettbewerber dienen einerseits des Erkennens drohender Gefahren: „In welchen Bereichen möchten sich die Konkurrenten zukünftig positionieren?"; „Warum sind die Wettbewerber so erfolgreich?". Andererseits kann sich auch die Möglichkeit zur Zusammenarbeit mit Wettbewerbern ergeben (Strategische Allianzen).

Dekomposition

- **Interne Supply Chain**: Eine interne Supply Chain wird in Haupt- und Nebenprozesse sowie Aktivitäten zerlegt, um Problembereiche zu identifizieren. Dazu sind möglichst viele Informationen über direkte und indirekte Funktionen zu gewinnen.

D.4.1 Benchmarking

Unterschiede bewusst in den Hintergrund verbannen

Die Wurzeln des Benchmarkings (vgl. *Camp* 2006; *Kairies* 2008; *Mertens* 2009; *Watson* 2007; *Winter* 2007) liegen im **Betriebsvergleich**. Seit Ende der 20er Jahre werden interne (einbetriebliche) oder externe (mehrbetriebliche) Vergleiche durchgeführt. Die materielle und die formelle Vergleichbarkeit der Daten sind unabdingbare Voraussetzungen für einen Betriebsvergleich. Danach macht es beispielsweise wenig Sinn, zwei Fachmärkte mit einer Verkaufsfläche einerseits von 500 qm und andererseits von 9.000 qm zu vergleichen. Die Objekte sind schlichtweg zu verschieden. An diesen Punkt knüpft das Benchmarking an: Können die beiden Fachmärkte wirklich nicht verglichen werden, nur weil sie eine unterschiedliche Verkaufsfläche haben? Benchmarking lässt diese

Differenzen zu und schiebt sie bewusst in den Hintergrund. Zum Beispiel ähneln sich die Kassiervorgänge in den Fachmärkten und bieten sich für ein Benchmarking an.

Das **Aufkommen von Benchmarking** ist im Zusammenhang mit der angloamerikanischen Unternehmung *Xerox* zu sehen, welche sich Ende der 70er Jahre in einer katastrophalen Wettbewerbssituation befand. Dem japanischen Konkurrenten *Canon* gelang es, Kopiergeräte herzustellen, deren Verkaufspreise unter den Herstellungskosten vergleichbarer Geräte von *Xerox* lagen. 1983 leitete *Xerox* ein Trouble Shooting ein und definierte das Programm „Leadership-through-Quality". Dessen wesentlicher Bestandteil war Benchmarking. Die Unternehmung schaffte es, ihre Situation im Wettbewerb zu verbessern. Bald schon wurde die Idee von anderen Organisationen in den USA aufgegriffen. Der weltweite Durchbruch gelang Benchmarking zu Beginn der 90er Jahre, als das Instrument Eingang als Kriterium des „Malcolm Baldrige National Quality Award" fand. Benchmarking ist ein systematischer Bewertungsprozess, bei dem die Leistungen

Historie, Entstehungsgründe und Formen

- entweder innerhalb einer Unternehmung (*internes Benchmarking*) oder
- mit branchengleichen, führenden Konkurrenten (*wettbewerbsfokussiertes Benchmarking*) oder
- mit branchenverschiedenen, führenden Organisationen (*funktionales Benchmarking*)

verglichen und bewertet werden (vgl. Abbildung D.11). Der **Begriff** stammt aus der Topographie. Ein Benchmark ist ein Bezugspunkt oder eine Messeinheit für Vergleiche. Das Leistungsniveau gibt einen Richtwert vor, der als Zielgröße einzunehmen ist.

Begriffsklärung

- **Internes Benchmarking**: Die Vergleiche des internen Benchmarkings umfassen Kostenstellen, Abteilungen, Standorte oder Profit Center. Ein Vorteil dieser Art des Benchmarkings ist die Wahrung der Geheimhaltungssphäre. Besonders interessant dürfte das interne Benchmarking in diversifizierten Konzernen sein: Hat die Organisation mehrere Standbeine und ist sie heterogen aufgestellt, mutiert das interne Benchmarking zu einem „Mini-funktionalen-Benchmarking". Nachteilig wirkt allerdings der begrenzte Blickwinkel. Es fehlt die Möglichkeit, über den Tellerrand zu schauen. Daraus kann, mit den Worten *Schmalenbachs* wiedergegeben, ein Vergleich von „Schlendrian mit Schlendrian" resultieren. Außerdem wird das interne Bench-

Schlendrian mit Schlendrian

Instrumente des Supply Chain Managements

marking auf Schwierigkeiten stoßen, wenn der Vergleich sensitive Daten umfasst. Zum Beispiel die Höhe von Gehältern der Mitarbeiter an unterschiedlichen Standorten. Schließlich bilden sich Widerstände der eigenen Belegschaft gegen interne Vergleiche. Befürchten doch die Worst-in-Class-Standorte „Bestrafungen" für ihre Defizite, die bis zum Stellenabbau reichen können.

Clearing-Stellen schaffen

- **Wettbewerbsfokussiertes Benchmarking**: Das wettbewerbsfokussierte Benchmarking ist ein Vergleich mit Produkten und Verfahren der Konkurrenz. Die Datenerfassung ist schwierig, da die Partner um den Verlust ihrer Geheimhaltungssphäre fürchten. Für den Branchenprimus stellt sich weiterhin die Frage nach der Sinnhaftigkeit des Vergleichs. Häufig werden die Daten über Sekundärquellen (wie Jahresabschluss, Presse, statistisches Bundesamt) gewonnen. Der Vergleich kann auch Dritten, neutralen Consulting-Gesellschaften oder Hochschulen (verstanden als „Clearing-House"), übertragen werden, welche für die Anonymität der Benchmarking-Partner bürgen.

Das wirklich Neue an Benchmarking!

- **Funktionales Benchmarking**: Das Neue an Benchmarking ist der Vergleich über die Branchengrenzen hinweg. Diesen Weg ging *Xerox*. Die Organisation verglich ihre Kommissionierung mit der eines amerikanischen Versandhändlers für exklusive Outdoor-Waren (*L. L. Bean*). Die Geheimhaltungssphäre musste bei diesen beiden branchenverschiedenen Partnern nicht gewahrt werden. Manchmal findet sich eine Trennung zwischen funktionalem und prozessorientiertem Benchmarking. Dieser Sichtweise folgt die vorliegende Schrift nicht. Hier wird vielmehr der Begriff funktional weit auslegt. Er bezieht sich nicht nur auf Funktionen im engen Sinn, sondern umfasst gleichsam Prozesse.

Abbildung D.11

Arten des Benchmarkings

Internes Benchmarking	*Wettbewerbsfokussiertes Benchmarking*	*Funktionales Benchmarking*
Vergleich innerhalb einer Organisation	Vergleich mit branchengleichen Konkurrenten	Vergleich über Branchengrenzen hinweg

Instrumente zur Informationsgewinnung

Der Vergleich im Rahmen des Benchmarkings konzentriert sich auf Akteure, die **Best-in-Class** sind. Ein Benchmarking erstreckt sich nicht über sämtliche Aktivitäten der Supply Chain. Vielmehr sind dafür einzelne Prozesse zu selektieren. Um in eine Best-Practice-Situation zu gelangen, werden die Stages-of-Excellence durchschritten. Block d.5 zeigt die möglichen Ergebnisse von Benchmarking anhand zweier Beispiele.

Best Practice und Exzellenzschritte

Benchmarking

- Für ihren Monatsabschluss benötigte *Motorola* 10 Tage. Durch ein Benchmarking mit *American Express* und der *National Westminster Bank* gelingt es Motorola heute, den Abschluss an einem Tag zu erledigen.

- Die Unternehmung *Electrolux Cleaning Services* stellt Staubsauger her. Durch ein funktionales Benchmarking schaffte sie es, ihre Durchlaufzeiten um 90% zu reduzieren.

Beispielblock d.5

Die Consulting-Gesellschaft *Hoffmann & Zachau* aus München besuchte – im Auftrag deutscher Industriekunden – sieben Prozessführer des **Supply Chain Managements**. Unter diesen Organisationen befand sich *Hewlett-Packard* an ihrem Standort in Herrenberg bei Stuttgart. Die Mitarbeiter von *Hoffmann und Zachau* erfuhren, dass *Hewlett-Packard* insbesondere die Produktion von Leiterplatten, das Lagermanagement sowie den Versand als defizitär identifizierten. Die Maßnahmen zur Verbesserung bündelte *Hewlett-Packard* in dem neuen Werk in Herrenberg. Die Fertigung an diesem Standort richtet sich streng nach dem Prinzip *Built-to-Order* aus: Eine Konfiguration der Produkte erfolgt erst nach Eingang des Kundenauftrags. Außerdem werden 95% des Auftragsvolumens innerhalb von 48 Stunden direkt zugestellt. Sämtliche bisher betriebenen Zwischenlager waren dadurch aufzulösen. Zusätzlich konzentriert sich *Hewlett-Packard* auf sein Kerngeschäft. Die gesamte Lagerhaltung, sowie Teile der Fertigung und des Versands, wurden in diesem Zuge ausgelagert. Einige Systemlieferanten siedelten sich in unmittelbarer Nähe von Herrenberg an. Mit Hilfe dieser prozessorganisatorischen Neuausrichtung reduzierte die Organisation ihre Durchlaufzeiten von 60 Tagen auf 6 Tage. Außerdem wurde der Lieferservicegrad um über 50% verbessert (vgl. Werner 2013bc, S. 13).

Benchmarking in der Supply Chain

Instrumente des Supply Chain Managements

Möglichkeiten

■ Nachstehend erfolgt eine kritische Würdigung des Benchmarkings. Zunächst werden dessen **Stärken** aufgezeigt.

Unterschiede im Hintergrund

– Benchmarking hat den Vorteil der Informationsgewinnung. Wo der Betriebsvergleich an Grenzen stößt, bietet Benchmarking die Möglichkeit, sich doch noch mit anderen Akteuren zu vergleichen. Denn Unterschiede werden zwischen den Partnern akzeptiert und bewusst in den Hintergrund geschoben.

Motivationsschub

– Weiterhin kann Benchmarking eine sehr motivierende Wirkung haben. Die Erkenntnis, dass Andere Prozesse bewältigen („Das funktioniert bei denen?"), kann einen regelrechten Schub auslösen („Das können wir auch!").

Vom „Wo" zum „Wie"

– Durch Benchmarking wird nicht lediglich das *Wo* aufgezeigt (Kennzahlenvergleich), sondern vor allem das *Wie*. Unternehmungen bekommen konkrete Hinweise, wie sie in eine gewünschte Position gelangen. Der Weg zur Verbesserung wird deutlich (Stages-of-Excellence).

Grenzen

■ Doch ein Benchmarking kennt auch etliche Schwächen. Diese werden im Folgenden charakterisiert.

Partnersuche über ausgelobte und verliehene Preise

– Ein Problem des Benchmarkings ist die Partnersuche. In den Vergleich werden zwischen drei bis sieben Organisationen eingebunden. Schwierigkeiten ergeben sich bei der Identifikation von Partnern für das Benchmarking. Sekundärquellen erweisen sich zumeist als wenig aussagefähig. Besser geeignet sind Ergebnisse eines Awards, wie der durch die Zeitschrift „Produktion" vergebene Preis zur „Fabrik des Jahres". Eine zweite Möglichkeit zur Partnersuche bietet die Branchenzugehörigkeit. Zum Beispiel optimieren Versandhändler seit Jahren ihre Kommissionierung. Kreditkartenbetreiber gelten als kompetent auf dem Gebiet der Rechnungsstellung.

Gemeinsame Sprache finden

– Es ist vor allem beim funktionalen Benchmarking schwierig, die Sprachen und Kulturen unterschiedlicher Branchen zu vereinen. Ein Blumenhändler definiert seine Umschlagshäufigkeit anders als ein Rüstungskonzern.

Überholspur versperrt

– Schließlich kann ein Akteur beim (wettbewerbsfokussierten) Benchmarking durch das Abkupfern von Wissen zwar so gut werden wie der Best-in-Class-Partner. Er wird diese Organisation aber nicht überholen.

D.4.2 Reverse Engineering

Im Kern fragt **Reverse Engineering** (vgl. *Eilam* 2005) nach dem Erfolgsgeheimnis eines Konkurrenten. Dessen Sortiment wird gezielt analysiert. Reverse Engineering ist ein Subinstrument des wettbewerbsfokussierten Benchmarkings: Ein möglichst erfolgreiches Produkt des Konkurrenten wird als Benchmark betrachtet und dekomponiert. Man möchte möglichst viele Informationen hinsichtlich seiner Zusammensetzung gewinnen. Die Wertschöpfungskette von Produkten, Verfahren und Diensten wird vom Ergebnis aus reorganisiert.

Konkurrenzprodukte zerlegen

Dazu finden sich Mitarbeiter verschiedener Funktionsbereiche in einem vorzugsweise **multifunktionalen Team** zusammen. Sie versuchen, die Gretchenfrage zu entschlüsseln, *warum* ein Konkurrenzprodukt spezifische Kundenanforderungen besser erfüllt, als die eigene Leistung. Das Abkupfern der Konkurrenzideen kann zum Beispiel darin bestehen, einzelne Produktteile durch komplette Module zu ersetzen (Reduzierung der Produktkomplexität).

„Warum ist die Konkurrenz besser als wir?"

Der Benchmarking-Pionier *Xerox* wendete Reverse Engineering an, um darauf aufbauend Benchmarking zu entwickeln: *Xerox* erwarb einen Kopierer des Wettbewerbers *Canon* und zerlegte diesen bis auf die Ebene einzelner Teile. Beim **Reverse Product Engineering** erstreckt sich der Vergleich auf Konkurrenzprodukte. Schwieriger gestaltet sich die Dekomposition von Prozessen und Diensten **(Reverse Process Engineering)**, weil die physische Präsentation fehlt. Das Instrument durchläuft idealtypisch die nachstehenden **Arbeitsschritte** (Reverse Product Engineering):

Arten und Ablauf

> 1) Untersuchung von Markteinflüssen auf die eigene Organisation.
> 2) Untersuchung von Markteinflüssen auf den Konkurrenten.
> 3) Produktdefinition.
> 4) Segmentierung der Produkte.
> 5) Feststellung der Kosten pro Segment.
> 6) Ermittlung des erwarteten Preises.
> 7) Vergleichsanalyse.
> 8) Aufbau korrespondierender Inhouse-Charts.
> 9) Abweichungen erläutern.

D.5 Instrumente zur Qualitätssicherung

Cosby: „Quality is free!"

Der Faktor Qualität (*Brauer/Horn* 2009; *Bruhn* 2010; *Kamiske/Brauer* 2011; *Klinker et al.* 2007; *Zollnodz* 2011) kann unterschiedlich definiert werden (vgl. Begriffsblock D.VI). Für ein Supply Chain Management sind der *anwendungsbezogene Qualitätsbegriff* und *DIN EN ISO 9000:2005* gültig, weil die Wünsche der Kunden darin explizit Berücksichtigung erfahren (Pullorientierung).

Vom Supply Chain Management zum Quality Chain Management

Wenn der Schwerpunkt von Tätigkeiten im Order-to-Payment-S auf einer Sicherstellung der Schlüsselgröße Qualität liegt, findet sich seit kurzer Zeit der Begriff **Quality Chain Management** (vgl. *Christopher* 2004; *Stocker/Radtke* 2005). Einer Modifizierung des Supply Chain Managements zum Quality Chain Management wird jedoch nicht gefolgt: Die isolierte Verbesserung der Qualität kann zu Trade-offs hinsichtlich der Faktoren Kosten, Zeit und Flexibilität führen.

Ökologische Implikationen der Supply Chain

Ein Supply Chain Management beschränkt sich nicht auf die Qualität von Produkten (am Markt verwertbare Leistungen) und Verfahren (die zur Fertigung von Produkten notwendig sind). In der Wertschöpfungskette spielt die **Umweltverträglichkeit** des Sortiments eine zunehmend bedeutsame Rolle. Es wird hierbei untersucht, welche Auswirkungen Produkte – und die zur Produktherstellung notwendigen Verfahren – auf Menschen, Tiere, Pflanzen, Boden, Wasser, Luft, Klima und Landschaft haben (Green Supply Chains).

Aufgaben des Qualitätshandbuchs

Das Qualitätsniveau einer Unternehmung ist zumeist im **Qualitätshandbuch** schriftlich fixiert. Es hat die Aufgabe, die Verantwortlichkeiten aufzuzeigen, die Organisation ihren Lieferanten, Kunden und eigenen Mitarbeitern darzustellen sowie Abläufe und Anweisungen (zur Bestimmung, Überwachung und Prüfung der Qualität) verbindlich festzulegen. Individuelle Wirksamkeitsvoraussetzungen sind in unternehmungsübergreifende und allgemein gültige Vorschriften zu integrieren. Dadurch wird die Voraussetzung für eine **Auditierung** innerhalb der Supply Chain geschaffen. Das Audit stützt sich auf gängige DIN-Vorschriften. Die gesamte Wertschöpfungskette wird in dem Handbuch erfasst. Lieferanten und Kunden nehmen darin eine exponierte Stellung ein.

Instrumente zur Qualitätssicherung **D.5**

Qualitätsbegriffe — *Begriffsblock D.VI*

- **Transzendenter Qualitätsbegriff**: Die Qualität ist universell und erkennbar. Sie ist ein Zeichen hoher Ansprüche und Leistungen, nicht exakt zu definieren und wird durch Erfahrung empfunden.

- **Produktbezogener Qualitätsbegriff**: Eine Qualität ist präzise und messbar. Qualitative Unterschiede werden durch bestimmte Eigenschaften oder Bestandteile eines Produkts hervorgerufen.

- **Prozessbezogener Qualitätsbegriff**: Unter Qualität wird die Einhaltung von Spezifikationen verstanden. Jede Abweichung von festgelegten Normen impliziert eine Qualitätsminderung. Spitzenqualität entsteht nicht zwangsläufig durch hervorragend ausgeführte Arbeit, sondern durch zuverlässige sowie sicher erfüllte Spezifikationen.

- **Preis-Nutzen-bezogener Qualitätsbegriff**: Die Qualität wird durch Preise und Nutzen ausgedrückt. Ein Qualitätsprodukt erfüllt eine bestimmte Leistung zum akzeptablen Preis. Ein hoher Preis suggeriert eine gute Qualität.

- **Anwendungsbezogener Qualitätsbegriff**: Eine adäquate Qualität kennzeichnet die Eignung von Leistungen, spezifische Anforderungen des Kunden zu erfüllen. Der Begriff leitet sich aus dem Total Quality Management (vgl. S. 99ff.) ab. So modern der Begriff auch wirkt, lastet dennoch eine ausgeprägte Subjektivität auf ihm.

- **DIN EN ISO 9000:2005**: Qualität ist die Gesamtheit inhärenter Merkmale von Produkten, Systemen oder Prozessen, zur Erfüllung spezifischer Kundenforderungen. Dadurch ergibt sich Qualität aus einer kombinierten Außen- (Kundenwünsche) und Innensicht (prägende Eigenschaften, die Produkten ständig innewohnen).

Die Erbringung von Qualitätsattributen kann in verschiedene **Leistungsarten** differenziert werden. Demnach treten in Supply Chains Nutzleistungen, Stützleistungen, Blindleistungen und Fehlleistungen auf (vgl. *Kamiske/Brauer* 2011, S. 97).

Supply-Chain-Performance

- **Nutzleistungen**: Sie sind geplant, erwünscht und direkt werterhöhend. Innerhalb einer Supply Chain fallen sie beispielsweise für Bearbeitungen, Veredelungen oder Montagen an. Im Fokus steht der latente Versuch ihrer Optimierung.

- **Stützleistungen**: Auch sie sind geplant, aber nicht direkt werterhöhend. Nutzleistungen werden über Stützleistungen angestoßen. Letzte fallen für Arbeitsvorbereitung, Rüsten, Werkzeugwechsel oder Entnahmen an. Die Anzahl an Stützleistungen ist innerhalb einer Supply Chain möglichst zu minimieren.

- **Blindleistungen**: Sie sind nicht geplant und ebenfalls nicht werterhöhend. Blindleistungen sollten möglichst eliminiert werden. Ein Beispiel einer Blindleistung sind wartende Mitarbeiter am Band, weil ein Materialengpass oder eine Maschinenstörung vorliegen.

- **Fehlleistungen**: Fehlleistungen sind nicht geplant und wertmindernd (Nacharbeit) oder sogar wertvernichtend (Ausschuss). Durch Fehlleistungen und Blindleistungen entstehen schließlich Opportunitätskosten.

Ramponierte Reputation durch Rückruf

Eine Nichteinhaltung der Qualität kann im Extremfall zum **Rückruf** (Recall) der Produkte führen. Dadurch wird das Image der betroffenen Organisationen schwer beschädigt. Beispiele für Rückrufaktionen der jüngeren Vergangenheit lieferten:

- *Hewlett-Packard* startete im Mai 2009 eine Rückrufaktion von 203.000 Lithium-Ionen-Akkus. Auf Grund der Überhitzungs- und Brandgefahr von Notebooks, sah sich *Hewlett-Packard* zu dieser unpopulären Maßnahme gezwungen. Die Rückstellung belief sich auf über 15 Millionen Euro.

- Im medizinischen Bereich wiegen Rückrufaktionen oftmals besonders schwer. Die in Deutschland ansässige *Signus Medizintechnik* rief im Jahr 2010 ihre zervikale Bandscheibenprothese „Galileo" zurück. In dieser Halswirbelprothese war es offenbar zu Verschiebungen in ihrem Inneren gekommen. Dadurch bestand die Gefahr von schwerwiegenden Verletzungen, bis hin zur Querschnittslähmung. Betroffenen Patienten wurde empfohlen, umgehend Kontakt mit dem behandelnden Arzt aufzunehmen. Letztendlich stand pro Patient eine riskante Austauschoperation auf dem Prüfstand.

- Für einigen Wirbel sorgte *Toyota* mit einer spektakulären „Gaspedal"-Rückrufaktion im Februar 2010. Insgesamt waren acht Modelle betroffen, bei denen das Gaspedal „schwergängig" wurde und somit nicht in der gewohnten Geschwindigkeit in die Ausgangsstellung zurückfand. Teilweise verblieb das Gaspedal gar in der betätigten Position. Allein in Europa betraf der Rückruf 1,8 Millionen Fahrzeuge. In den USA waren es gar 2,3 Millionen *Toyotas*, welche in die Werkstatt gerufen worden. Nach Angaben der amerikanischen Straßensicherheitsbehörde starben in den vergangenen zehn Jahren 89 *Toyota*-Fahrer, auf Grund eines klemmenden Gaspedals. Die Kosten

Instrumente zur Qualitätssicherung

D.5

des Rückrufs werden mit einer Milliarde Euro beziffert. Weiterhin rief *Toyota* im November 2012 über 2,7 Millionen Fahrzeuge wegen Lenkproblemen und defekter elektrischer Wasserpumpen (Hybridfahrzeuge) in die Werkstätten zurück.

▪ Die Unternehmung *Wagner* musste im Dezember 2012 neun Millionen Tiefkühlprodukte zurückrufen. Auf Pizzen der Produktfamilien „Die Backfrische" sowie „Big Pizza" wurden Metallstücke gefunden. Diese Metallteile waren aus einer Maschine abgebrochen, die zum Mehltransport eingesetzt wurde.

Zur Erhöhung der Qualitätssicherung und zur Vermeidung eines Rückrufs finden in der **Supply Chain** beispielsweise die Hilfsmittel Quality Function Deployment, Failure Mode and Effects Analysis und Bottleneck Engineering Anwendung. Diese werden im Folgenden näher charakterisiert.

Qualitätsinstrumente im Überblick

D.5.1 Quality Function Deployment

Quality Function Deployment (QFD, vgl. *Akao* 1992; *Geisler* 2003; *Saatweber* 2011; *Seidler* 2005; *Werner* 2011c) wurde 1972 in Kobe, Japan, von *Mitsubishi Heavy Industries* erstmalig angewendet. Insbesondere die *Toyota Motor Company* entwickelte das Instrument seit 1977 weiter. In den USA hat sich **Quality Function Deployment**, protegiert durch *Hauser* (Mitglied des MIT, *Massachusetts Institute of Technology*), Mitte der 80er Jahre etabliert. In Europa findet das Instrument seit den 90er Jahren breiten Einsatz. Zwei **Beispiele** zur Nutzung von QFD sind in Block d.6 aufgeführt.

Historie und Kernaussagen

Beispiele zu Quality Function Deployment

Beispielblock d.6

▪ Aus einer Studie von *Toyota* geht hervor, dass der Automobilkonzern durch die Anwendung von Quality Function Deployment seine Anlaufkosten (*Start Up Cost*) bei der Produktion eines Kleinlasters um bis zu 60% senken konnte.

▪ Wiederum *Toyota* konstatiert dem Instrument die Möglichkeit zur Reduzierung der Time-to-Market um ein Drittel (vgl. *Kamiske/Brauer* 2011, S. 183).

D Instrumente des Supply Chain Managements

Definition und Qualitätspläne

Quality Function Deployment bedeutet eine kunden- und ressourcenfokussierte Koordination und Steuerung von Prozessen. Obwohl die Schlüsselgröße Qualität majorisiert, werden die Faktoren Kosten, Zeit und Flexibilität simultan berücksichtigt. Ein Spezifikum im Ablauf von QFD ist die Generierung von vier **Qualitätsplänen**. Innerhalb dieser Phasen steigt der Konkretisierungsgrad (vgl. *Werner* 2011c):

- Qualitätsplan **Design**: Der Schwerpunkt liegt in der Produktentwicklung. In den frühen Phasen sind die Wünsche von Kunden an das Sortiment nur vage formuliert. Ein Markt wird zunächst segmentiert. Die Sprache der Kunden (*Kundenanforderungen*) wird in die Sprache der Ingenieure (*Designanforderungen*) transformiert.

- Qualitätsplan **Konstruktion**: Im Anschluss an das Design-Stadium hat der Qualitätsplan Konstruktion die Aufgabe zur Identifikation und Selektion *kritischer Qualitätsmerkmale*.

- Qualitätsplan **Prüfablauf**: Vor allem diese kritischen Qualitätsmerkmale – aber auch die übrigen Komponenten – werden einem Test (Prüfablauf) unterzogen. Die kompletten Designanforderungen der Produkte sind bis auf die Ebene ihrer Teile zu dekomponieren.

- Qualitätsplan **Produktion**: Schließlich ist zu überprüfen, ob die originär festgestellten Kundenanforderungen auch wirklich bis in die Produktion vorgedrungen sind und durch die Designanforderungen umgesetzt wurden.

Relevante Fragen von QFD

Ein Quality Function Deployment ist von **drei relevanten Fragen** umgeben: *Was?* (Kundenanforderungen, durch Experten des Marketings in Erfahrung gebracht), *Wie?* (Designanforderungen, der Schwerpunkt der Aktivitäten liegt bei den Ingenieuren) und *Wie viel?* (Menge der eingesetzten Ressourcen zur Realisierung von Kunden- und Designanforderungen).

„The house is haunted, by the echo of your last goodbye…"

Zur Durchführung von Quality Function Deployment wird ein **House of Quality** (vgl. Abbildung D.12) aufgebaut. Das House of Quality beinhaltet Kunden- und Designanforderungen sowie technische Spezifikationen. Folgende acht **Arbeitsschritte** werden beim Aufbau des Hauses durchlaufen (exemplifiziert an der „Entwicklung eines Kugelschreibers", vgl. auch *Brunner* 1992):

Instrumente zur Qualitätssicherung

D.5

- **Erfassung der Kundenanforderungen**: Der Aufbau des Hauses beginnt mit dem Erkennen von Kundenanforderungen an den Kugelschreiber im linken Zimmer. Die Abteilungen Marketing, Marktforschung und Vertrieb listen diese Informationen auf. Einzelne Merkmalsausprägungen werden in technische („Mine austauschbar", „billig") und optische („formschön", „griffig") Komponenten verdichtet. Die Bedeutung der Kundenwünsche wird von eins (unbedeutend) bis fünf (sehr bedeutend) bewertet.

    Conjoint Measurement gezielt nutzen

- **Festlegung der Designanforderungen**: Die Kundenanforderungen werden in technische und optische Designanforderungen übersetzt. Für den Kugelschreiber sind die „Schreiblänge" oder das „Material" technische Anforderungen. Zu den optischen Größen zählt das „Design".

    Einzusetzende Ressourcen fixieren

- **Beziehungen zwischen Kundenanforderungen und Designanforderungen**: Jetzt werden die Beziehungen zwischen den Kunden- und den Designanforderungen im "Bauch" des House of Quality ermittelt (Korrelationsmatrix). Sie können schwach, mittel oder stark ausgeprägt sein. Eine starke Abhängigkeit liegt beispielsweise zwischen der Kundenanforderung „bruchfest" und der Designanforderung „Material" vor.

    Abhängigkeiten zwischen Kunden- und Designanforderungen analysieren

- **Festlegung objektiver Zielwerten**: Anschließend sind die objektiven Zielwerte für die Designanforderungen im Fundament des Hauses zu bestimmen. Für die technische Designanforderung „Schreiblänge" wird beispielsweise angegeben, dass diese mindestens zehn Kilometer betragen muss.

    Messlatten objektiver Zielwerte

- **Interdependenzen zwischen den Designanforderungen**: Im Dach des Hauses wird eine Matrix erstellt, welche die Wechselbeziehungen zwischen den Designanforderungen spiegelt. Die Interdependenzen innerhalb der technischen Attribute zeigen den Ingenieuren technische Lösungsalternativen auf. Es wird deutlich, welche Merkmale sich sehr gut, gut, schlecht oder sehr schlecht unterstützen. Eine ausgeprägte Interdependenz herrscht beispielsweise zwischen der technischen Designanforderung „leichtgängige Rastung" und dem optischen Attribut „Rastungshub".

    Verbesserungspotenziale innerhalb der Ressourcenanforderungen aufstöbern

- **Bewertung des Kunden**: Im rechten Zimmer findet sich die Bewertung des Kugelschreibers aus Kundensicht. Der Kugelschreiber der eigenen Organisation ist mit Produkten von Wettbewerbern zu vergleichen. Es werden Bereiche identifiziert, in denen der Kugelschreiber die Kundenanforderungen schlechter oder besser als das Konkur-

    Kundenwünsche besser befriedigen als die Konkurrenz

Instrumente des Supply Chain Managements

renzprodukt erfüllt. Die Skala reicht von eins (schlechter) bis fünf (besser).

Streit um technische Attribute

- **Technischer konkurrenzfähiger Fixpunkt**: Das Untergeschoss im House of Quality zeigt den Vergleich mit der Konkurrenz für die Designanforderungen auf. Wiederum umspannt die Skala Werte von eins bis fünf. Weiterhin wird die technische Bedeutung der Designanforderungen gemessen. Die Schreiblänge bekommt beispielsweise 53 Punkte zugewiesen (das entspricht 7% aller Designanforderungen). In Verbindung mit den Kundenanforderungen, errechnet sich dieser Wert wie folgt: 25 Punkte „Mine soll nicht auslaufen" (5x5), 25 Punkte „soll schreiben" (5x5) und 3 Punkte „billig" (3x1).

Problembereiche identifizieren

- **Technische Schwierigkeiten**: Schließlich kennzeichnen die technischen Schwierigkeiten Bereiche, denen im Rahmen der Herstellung des Kugelschreibers signifikante Problempotenziale immanent sind. Auch hier erfolgt eine Quantifizierung von eins (viele Probleme) bis fünf (kaum Schwierigkeiten).

Nutzen von Quality Function Deployment

Quality Function Deployment ist ein Instrument, das seine besonderen **Stärken** in den frühen Phasen (Design Phases) hat. Sein spezieller Reiz liegt darin, die beiden Welten Marketing und Technik zu vereinen. Indem Kundenanforderungen abgeleitet werden, unterstützt QFD direkt das Target Pricing, wenn es darum geht, Zielkosten aus dem Markt abzuleiten (vgl. S. 389). Ebenso hilft Quality Function Deployment beim Kneten der maximal erlaubten Kosten im Target Costing: Wenn für die jeweiligen Designanforderungen im House of Quality zusätzlich Kostensätze eingetragen werden, kann festgestellt werden, welche Kostenanteile durch den Austausch sich wechselseitig unterstützender Designanforderungen einzusparen wären.

„The dark side of the moon..."

Ein **Nachteil** des Quality Function Deployments besteht hingegen in der subjektiven Bewertung der Anforderungen. Besonders für Neuentwicklungen wird der Vergleich von Kunden- und Designanforderungen mit der Konkurrenz schwer fallen, vielleicht sogar unmöglich sein. Außerdem liegen Skalenbrüche vor (vgl. auf S. 281 die kritische Würdigung zur FMEA), welche den Aussagegehalt im Quality Function Deployment mindern. Weiterhin ist der Kunden-Wettbewerber-Vergleich insbesondere für optische Kundenanforderungen von einer ausgeprägten Subjektivität umgeben (dies gilt beispielsweise für Kriterien wie „schön" oder „trendy"). Für komplexe Produkte und Prozesse ist die Aufstellung des House of Quality zudem recht zeitintensiv.

Instrumente zur Qualitätssicherung

D.5

Quality Function Deployment

Abbildung D.12

			Projekt Kugelschreiber												Bewertung des Kunden				
			technische						optische						schlechter				besser
			Schreibelänge (km)	Federkraftraster (N)	leichtgängige Rastung	zerlegbar (Teile)	Minendichtheit (bar)	Material (Bruchfestigkeit)	Normtreue	Design	Oberfläche (RZ)	Testperson (Stück)	Farbpalette (Stück)	eloxiertes Alugehäuse	Rastungshub (mm)	Service Reklamationen				
Anforderungen des Kunden		Bedeutung	1	2	3	4	5	6	7	8	9	10	11	12	13	1	2	3	4	5
Kugelschreiber / technische	soll schreiben	5	O		△	□								△					△	O
	soll Klick haben	3		O			△											O		🮰
	Mine versenkbar	4			O	O			□					O						O	🮰
	Mine austauschbar	4				O	□		□											O	🮰
	Mine soll nicht auslaufen	5	O				O														🮰
	bruchfest, stabil	4						O	△			O							△	□	
	billig	3	△			△		△	O			□					🮰	O			
	dokumentenecht	1					△	O										O	🮰		
Kugelschreiber / optische	formschön	5								O	O	O	O	□						🮰	O
	griffig	4		□						O	O	△		□	□				O		
	modernes Design	4								O	□	O	O	□						△	O
	mehrfarbig	1			□							O	O	△			O	🮰			
	Metallgehäuse	2			□		O		O		□	□	O				O	🮰			
technische Schwierigkeiten			2	3	4	5	2	4	2	5	4	1	1	2	5					
objektiver Zielwert			> 10 km	x N	x N	< 5	> x bar	x x,N	(x)		x RZ	10 Pers.	5	ja / nein	5 mm					
technischer konkurrenz- fähiger Fixpunkt	besser	5		□			△							△	□						
		4	△		🮰		□		△ 🮰 △												
		3	□ △			△		□			□ △					Produkt A △					
		2			□						□					Produkt B □					
	schlechter	1		△			🮰					□ △				Produkt C O					
technische Bedeutung	absolut		53	15	37	57	53	46	5	32	59	58	56	82	37					
	relativ		7	2	5	7	7	6	1	17	7	7	7	10	5					

Beziehungen:
- schwache △ = 1 Punkt
- mittlere □ = 3 Punkte
- starke O = 5 Punkte

Wechselbeziehung:
- sehr gut ▲
- gut ■
- schlecht ●
- sehr schlecht 🮰

↑ max. ↓ min. ◯ Ziel

Anforderungen an das Design

Instrumente des Supply Chain Managements

D.5.2 Failure Mode and Effects Analysis

Historie und Begriffsklärung

Ein weiteres Instrument zur Qualitätssicherung in der Supply Chain ist die **Failure Mode and Effects Analysis** (FMEA, vgl. *Göbbert/Zürl* 2006; *Tietjen/Müller* 2011; *Werdich* 2012). Die FMEA wurde in den 60er Jahren in den USA – im Rahmen des Raumfahrtprogramms *Apollo* – entwickelt. In Europa wird sie seit den 70er Jahren eingesetzt. Eine FMEA fußt auf dem Prinzip der vorausschauenden Fehlervermeidung: Aktivitäten zur Qualitätssicherung werden präventiv eingeleitet. Die Failure Mode and Effects Analysis bietet mit Entwicklungs-FMEA, Konstruktions-FMEA und Prozess-FMEA ein breites **Anwendungsspektrum**.

Prozessoptimierung

Im Supply Chain Management ist insbesondere die Prozess-FMEA von Bedeutung. Komplette Abläufe werden in Haupt- und Nebenprozesse dekomponiert. Mögliche logistische **Aufgaben** und **Ziele** der FMEA sind: Erhöhung der Prozessqualität, Senkung von Prozesskosten, Reduzierung der Prozesszeit, Steigerung einer Prozessflexibilität, Identifizierung potenzieller Schwachstellen und Forcierung des Know-how-Transfers. Zur Durchführung einer Failure Mode and Effects Analysis wird ein Team gebildet, das sich vor allem aus Ingenieuren rekrutiert. Idealtypisch durchläuft eine FMEA folgende **Arbeitsschritte**:

> 1) Risikoanalyse.
> 2) Risikobewertung.
> 3) Identifizierung von Verbesserungsmaßnahmen.
> 4) Umsetzung der Maßnahmen.
> 5) Abweichungen erklären.

RPZ berechnen

Zur Eintragung der Orientierungsdaten dient ein Formblatt (vgl. Abbildung D.13). Mögliche Fehlerquellen werden mittels Kreativitätstechniken (wie Brainstorming, Brainwriting oder dem Aufbau eines Morphologischen Kastens) ermittelt. Die potenziellen Fehlerursachen sind in das Formblatt einzutragen und zu gewichten. Es werden drei Wahrscheinlichkeiten berücksichtigt, deren multiplikative Verknüpfung in die Berechnung einer **Risikoprioritätszahl** mündet:

- Wahrscheinlichkeit für das *Auftreten* eines Fehlers.
- Wahrscheinlichkeit der *Bedeutung* des Fehlers.
- Wahrscheinlichkeit des *Entdeckens* eines Fehlers vor Produktauslieferung an den Kunden.

Instrumente zur Qualitätssicherung

Die Multiplikation der drei Wahrscheinlichkeiten ergibt den **Ist-Zustand**. Üblich ist die Quantifizierung der Komponenten auf einer Skala von eins („kein" oder „sehr geringes Risiko") bis zehn („sehr hohes Risiko"). Im Extremfall erreicht die Risikoprioritätszahl folglich einen Wert von 1.000 Punkten. Sie spiegelt Kriterien wie Gebrauchstüchtigkeit, Zuverlässigkeit oder Sicherheit. Die am höchsten bewerteten Risiken sind zuerst zu beseitigen, um die Verbesserungsreihenfolge zu wahren. Es werden Maßnahmen definiert, die zur Reduzierung der Risikoprioritätszahl beitragen und in den **Soll-Zustand** führen.

Von Ist zu Soll überleiten

Im Folgenden wird ein **Beispiel** zur Durchführung einer FMEA in der Supply Chain skizziert. Nachdem die Namen der Teammitglieder in das Formblatt eingetragen wurden, ist zunächst der Anwendungsbereich zu kennzeichnen. Die FMEA kann sich auf sämtliche Funktionen der Wertschöpfungskette erstrecken. Aus Gründen der Übersichtlichkeit bezieht sich die FMEA im Folgenden exklusiv auf die Wareneingangskontrolle. Zunächst sind potenzielle Fehler der Wareneingangskontrolle und ihre Ursachen aufzulisten. Ein möglicher Fehler stellt die falsche Zuweisung von Materialien zu ihren Lagerorten dar. Die Ursache des Fehlers liegt darin begründet, dass die Waren ihren Lagerplätzen manuell zugeteilt werden. Die Lagerarbeiter müssen die Sachnummern suchen, weil sie die Materialien nicht sofort finden. Daraus ergeben sich Probleme beim Picken der Waren für die Kommissionierung. Anschließend wird für den **Ist-Zustand** eine Risikoprioritätszahl ermittelt (hier: 480 Punkte). Sie errechnet sich aus der Multiplikation folgender oben genannter drei Wahrscheinlichkeiten:

Beispiel Wareneingang

> a) = Wahrscheinlichkeit des Fehlerauftritts
> b) = Wahrscheinlichkeit der Fehlerbedeutung
> c) = Wahrscheinlichkeit der Fehlerentdeckung (vor Auslieferung)
> a × b × c = 8 Punkte × 10 Punkte × 6 Punkte = 480 Punkte

Anschließend findet eine Überleitung zum **Soll-Zustand** statt. Als empfohlene Abstellmaßnahme des Fehlers wird eine Zuordnung von Waren zu ihren Lagerplätzen mittels RFID identifiziert. Außerdem sind die Verantwortlichkeiten und die jeweiligen Zeitfenster festzulegen. Durch diese Maßnahmen reduziert sich die Risikoprioritätszahl schließlich auf 30 Punkte:

Soll-Zustand berechnen

Instrumente des Supply Chain Managements

> a) = Wahrscheinlichkeit des Fehlerauftritts
> b) = Wahrscheinlichkeit der Fehlerbedeutung
> c) = Wahrscheinlichkeit der Fehlerentdeckung (vor Auslieferung)
> a × b × c = 1 Punkt × 10 Punkte × 3 Punkte = 30 Punkte

Herunterfahren der RPZ

Das oben charakterisierte **Beispiel** für die Anwendung der Failure Mode and Effects Analysis im Supply Chain Management findet sich in Abbildung D.13. Es wird deutlich, dass die Risikoprioritätszahl gesenkt wurde. Die Wahrscheinlichkeit der Bedeutung des Fehlers ist allerdings nicht zu reduzieren.

Abbildung D.13

Formblatt einer FMEA (Wareneingangskontrolle)

Anwendungsbereich	*Wareneingangskontrolle*
Potenzieller Fehler	Falsche Warenzuordnung zum Lagerplatz
Potenzielle Fehlerursache	Manuelle Warenzuteilung zum Lagerplatz
Folge des Fehlers	Probleme der Kommissionierung
Ist-RPZ	8 x 10 x 6 = 480
Abstellmaßnahme	RFID-Zuordnung der Waren zum Lagerplatz
Verantwortlich	Brigitte Werner
Termin	13-11-2013
Soll-RPZ	1 x 10 x 3 = 30
Verantwortlich	Nadescha Kopka

Legende: „RPZ" steht für Risikoprioritätszahl

Problembereiche der FMEA

Auf die FMEA fällt viel Licht. Der Ansatz dient nachhaltig zur Steigerung der Transparenz von Supply-Chain-Prozessen. Sämtliche Aktivitäten sind hinsichtlich ihrer Sinnhaftigkeit auf den Prüfstand zu stellen, was einem klärenden Gewitter gleichkommt. Doch wo Licht ist, findet sich bekanntlich auch **Schatten**:

- Das Team setzt sich vor allem aus Ingenieuren zusammen. Dadurch bleibt das Wissen von Experten aus Marketing oder Controlling weitgehend unberücksichtigt.

Instrumente zur Qualitätssicherung **D.5**

- Die Failure Mode and Effects Analysis dient als Alibifunktion. Für eine Produkthaftungsklage wirkt die FMEA entlastend im Sinne von „Wir haben alle Anstrengungen unternommen, um Risiken zu vermeiden". Im umgekehrten Fall kann die nicht durchgeführte Fehler-Möglichkeits- und Einfluss-Analyse eine Belastung sein, wenn der Kunde seinem Lieferanten die Aufstellung einer FMEA abverlangt.

- Bei der FMEA treten durch Auf- oder Abrundungen Skalenbrüche auf. Strukturelle Unterschiede verschwimmen bei zwei Risiken, die zum Beispiel bei „6,6" und „7,4" Punkten liegen. Die verdichtete Risikoprioritätszahl „7,0" suggeriert ein gleich hohes Risiko für beide potenziellen Fehler, obwohl eine Spannweite von 0,8 Punkten vorliegt.

- Für komplexe Prozesse ist die Durchführung einer FMEA zudem recht zeitaufwendig.

- Die drei Wahrscheinlichkeiten, welche einer Ermittlung der Risikoprioritätszahl dienen, werden gleich stark gewichtet. Ihre Bedeutung für das Supply Chain Management kann allerdings von Fall zu Fall variieren.

- Schließlich ist die Berechnung der drei Wahrscheinlichkeiten subjektiv. Es handelt sich um personenbezogene Einschätzungen von Risikopotenzialen. Zwei unabhängige Teams können bei der Berechnung ihrer Risikoprioritätszahlen – selbst für identische Prozesse – zu sehr unterschiedlichen Ergebnissen gelangen.

D.5.3 Bottleneck Engineering

Bottleneck Engineering bietet eine dritte Möglichkeit zur Qualitätssicherung in modernen Supply Chains (vgl. *Akao* 1992, S. 143ff.; *Gamweger et al.* 2009, S. 64ff.). Es ist ein Subinstrument des Quality Function Deployments. Die vier Qualitätspläne von QFD basieren auf **Qualitätstabellen** (vgl. S. 274). Innerhalb dieser Tabellen werden unterschiedliche Qualitätszielwerte festgelegt. Wenn ein Qualitätszielwert – ein *objektiver Zielwert* im Quality Function Deployment – nicht einzuhalten ist, liegt eine Engpasssituation (ein Bottleneck) vor.

Engpässe vermeiden

Die Verifizierung des Qualitätsniveaus für ein Bottleneck Engineering fußt auf einer **Matrix**. Im Kern wird eine Antwort auf die Frage gesucht, ob das anvisierte Qualitätsniveau der Supply Chain mit den zur Verfügung stehenden Techniken zu realisieren ist. Wenn nicht, existiert ein technischer Engpass. Während sich die Prozessinhalte in der Matrix auf

Einsatzbereiche des Hilfsmittels

281

D | *Instrumente des Supply Chain Managements*

der Ordinate finden, kennzeichnen die zur Verfügung stehenden Techniken die Abszisse. Eine Bewertung innerhalb der Matrix erfolgt in Anlehnung an die Nutzwertanalyse.

Arbeitsschritte

Der Prozess des Bottleneck Engineering durchläuft nachstehende fünf **Arbeitsschritte**:

> 1) Problemstellung.
> 2) Festlegung von Qualitätszielwerten für ausgesuchte Komponenten.
> 3) Vergleich von Qualitätszielwerten mit standardisierten Benchmarks.
> 4) Definition und Einleitung von Maßnahmen zur Gegensteuerung.
> 5) Abweichungserklärung.

Verbindung zu QFD herstellen

Die unterstützende Wirkung des Bottleneck Engineerings für das Quality Function Deployment wird durch das **Beispiel** „Entwicklung eines Badmintonschlägers" deutlich. Eine Kundenanforderung lautet, dass der Schläger nicht aus der Hand rutschen darf. Diese Kundenanforderung korreliert mit der Umwicklung des Schlägergriffs (Designanforderung). Frottee bietet eine Möglichkeit zur Umwicklung des Griffs. Die Designanforderung Frottee (der Repetierfaktor) wird mit den zur Verfügung stehenden Techniken (den Potenzialfaktoren) abgeglichen. Es stellt sich heraus, dass die Maschine für die Bespannung der Schlägergriffe auf Kunststoffbänder geeicht ist. Wird Frottee auf die Maschine gespannt, reißt das Material. Es liegt eine Engpasssituation vor. Weil die Kundenanforderung umzusetzen ist, muss entweder das Material zur Umwicklung des Schlägergriffs geändert oder die Arbeitsstation substituiert (modifiziert) werden.

D.6 Instrumente zur IT-Unterstützung

Wirkung neuer Medien

Für ein Supply Chain Management wird das Informationsmanagement insbesondere durch die **Hilfsmittel** Electronic Data Interchange (EDI) und Web-EDI, Barcode, RFID, Data Warehouse, Computer Aided Manufacturing sowie Enterprise Resource Planning und Advanced Planning and Scheduling protegiert. Ihre nähere Charakterisierung erfolgt nachstehend.

Instrumente zur IT-Unterstützung

D.6

D.6.1 Electronic Data Interchange (EDI) und Web-EDI

Electronic Data Interchange (EDI) ist ein elektronischer Datenaustausch zwischen mindestens zwei Partnern (vgl. *Nollau/Ziegler* 2002). Im Supply Chain Management wird dazu eine Point-to-Point-Anbindung zwischen Lieferanten (Quellen) und Kunden (Senken) geschaffen. Die Partner steuern ihren elektronischen Datenaustausch über Abrufe, Gutschriften, Rechnungen, Transportdaten oder Bestände. Ein **Beispiel** für die Verknüpfung der Systeme zwischen den Akteuren via EDI ist eine automatisierte Lagerhaltung: Wenn beim Bestellpunktverfahren der Meldebestand im Lager des Kunden erreicht ist, löst der Lieferant von selbst eine Warenzustellung aus, ohne dass der Kunde einen Lieferabruf tätigt.

Punktuelle Anbindung

EDI aggregiert sich aus zwei **Bausteinen** (vgl. *Hundt* 2008): Dem Kommunikations- und dem Konvertierungssystem. Symptomatisch für das *Kommunikationssystem* ist die Verwendung von Protokollen. Eine Mailbox stellt die technische Plattform einer Point-to-Point-Anbindung zwischen den Partnern dar. Internen und externen Usern kann eine Zugangsberechtigung zu dieser Mailbox erteilt werden. Das zweite Modul, das *Konvertierungssystem* von EDI, gewährleistet die Standardisierung der Nachrichtenformate. Ansonsten müssten die Dateien während des Transfers laufend neu konvertiert werden. Bei der Standardisierung von Formaten hat sich weltweit EDIFACT (vgl. Begriffsblock D.VII) durchgesetzt. Die Bestrebungen zur Erarbeitung einer europäischen Norm münden beispielsweise in der Automobilindustrie in den Standard ODETTE (vgl. Begriffsblock D.VII).

Kommunikation und Standardisierung

EDIFACT und ODETTE

Begriffsblock D.VII

- **EDIFACT** (*Electronic Data Interchange for Administration, Commerce and Transport*) ist der weltweite und branchenunabhängige Standard für EDI (vgl. *Klaus/Krieger* 2012, S. 127). Im Jahr 1988 vorgestellt, wird EDIFACT nach vereinbarten Verfahrensanweisungen gepflegt und erweitert. Die Initiative zur Vereinheitlichung der Abläufe rief die International Standardization Organization (ISO) ins Leben.

- **ODETTE** (*Organization for Data Exchange by Teletransmission in Europe*) ist ein branchenabhängiger Standard. Auf Basis der EDIFACT-Syntax wurde er von der europäischen Automobil- und ihrer Zulieferindustrie (unter Beteiligung des VDA) erarbeitet.

Instrumente des Supply Chain Managements

Was bringt EDI?

■ Die **Vorteile** von Electronic Data Interchange sind vor allem in folgenden Punkten zu sehen:

- Vermeidung einer Mehrfacherfassung von Daten.
- Senkung der Anzahl manueller Tätigkeiten.
- Reduzierung administrativer Maßnahmen (Konvertieren).
- Beschleunigung der Kommunikationsprozesse (Standards).

Jedes Ding hat seine zwei Seiten

■ Eine Anbindung über EDI beinhaltet jedoch auch einige **kritische Punkte**, die anschließend kurz aufgelistet werden:

- Geringe Transparenz über Gebühren der Netzbetreiber.
- Verletzung der Zugriffsrechte (Geheimhaltung).
- Zum Teil hohe Anschaffungskosten (je nach Ausprägung).

In Web-EDI verschmelzen Offenheit und Standard

An diesem letzten Kritikpunkt setzt **Web-EDI** (vgl. *Schumacher* 2006; *Werner* 2001, S. 24) an. Web-EDI bedeutet die Realisierung eines elektronischen Datenaustauschs über Internet oder Extranet. Hier wird die Point-to-Point-Anbindung (1:1) einer konventionellen EDI-Schnittstelle zugunsten einer n:m-Beziehung aufgelöst. In diesem Kontext finden Lösungen wie „XML" (Extensible Markup Language) Einsatz. Der Datenaustausch zwischen den jeweiligen Partnern (beispielsweise die Wertschöpfungskette Lieferant-Hersteller-Kunde) gestaltet sich bei Web-EDI ausgesprochen flexibel, weil zur Nutzung von Web-EDI keine spezielle Software zu installieren ist.

Web-EDI ist für KMU sehr interessant

Jetzt haben auch kleine und mittelgroße Unternehmungen (KMU) die Möglichkeit zur durchgängigen Planung von Prozessketten mit ihren Partnern. Während eine traditionelle EDI-Verbindung nur wenigen Systemlieferanten und größeren Kunden den Datenaustausch mit dem Hersteller gestattet, sind durch Web-EDI auch diese kleinen und mittelgroßen Organisationen nicht länger auf Hilfsmittel wie Fax, Telefon oder Postweg angewiesen. In Web-EDI verschmelzen die Vorteile von **Offenheit** (Internet) und **Standardisierung** (EDI). Dadurch werden die jeweiligen Nachteile einer isolierten Betrachtung des Internets (es gibt kaum Richtlinien für die automatisierte und digitale Weiterverarbeitung der Daten beim Empfänger) und EDI (die besonders ausgeprägte Inflexibilität) aufgelöst. Es gilt jedoch zu beachten, dass die Kunden bei Existenz von Web-EDI-Schnittstellen von angebundenen Lieferanten erwarten, dass diese (mehrmals täglich) im System nachschauen, ob eine Bestellung vorliegt oder sich die Kundenabrufe geändert haben.

Für die Realisierung von Web-EDI benötigen die Partner lediglich einen geeigneten PC, einen Zugang zum Internet und einen Browser. Bei der Verarbeitung kleiner Datenmengen reduzieren sich durch die Berücksichtigung von Web-EDI die Kosten in der Supply Chain zum Teil deutlich: Nach einer veröffentlichten Studie von *Roland Berger* sinken durch die Nutzung von Web-EDI im Autobau die **Kommunikationskosten pro Transaktion** von acht Euro (traditioneller elektronischer Datenaustausch) auf einen Euro (Web-EDI, vgl. *Schumacher* 2006, S. 13). Indem punktuelle Anbindungen bei Web-EDI entfallen, können derartige kollaborative Planungsprozesse im gesamten Netzwerk der Lieferkette zu vergleichsweise günstigen Konditionen stattfinden.

Cash-Throw-offs ausschöpfen

Web-EDI stößt jedoch insbesondere dann an seine **Grenzen**, wenn im Rahmen der Kommunikation zwischen den Partnern große Datenmengen anfallen. In diesem Fall ist die klassische EDI-Anbindung die bessere Alternative, weil hier dauerhafte Schnittstellen vorliegen. Diese permanenten Verbindungen sind eher auf die Bearbeitung großer Informationsmengen ausgelegt. Wie auf S. 283 kurz deutlich wurde, verlagert der Kunde mit Web-EDI aber auch Aktivitäten auf angeschlossene Lieferanten. Diese müssen nun selbständig, und ohne Aufforderung, mehrmals täglich nachschauen, ob neue oder revidierte Kundenaufträge vorliegen.

Große Datenmengen reiben Web-EDI auf

D.6.2 Barcode

Der **Barcode** wird synonym Strich- oder Balkencode genannt (vgl. *Dankmeier* 2013; *ten Hompel/Büchter* 2007; *Klimant et al.* 2012; *Schwaiger* 2009). Ein Barcode stellt einen opto-elektronischen Datenträger dar, welcher den Identifikationstechniken („Identtechniken") zuzurechnen ist. Der Barcode bildet eine Sequenz von Strichen, die mit dem Scanner gelesen werden. Beim Auftreffen reflektierten Lichts auf einen Fotosensor wird eine elektrische Impulsfolge erzeugt, automatisch ausgewertet (decodiert) und in rechnerverständliche Signale übersetzt. Die Technik ist bereits über 50 Jahre alt. Bestrebungen zur Vereinheitlichung verschiedener Barcodes mündeten in die Europäische Artikelnummer (**EAN**, vgl. Begriffsblock D.VIII, in dem dieser Sachverhalt wiedergegeben wird).

250 verschiedene Barcode-Techniken weltweit

D | Instrumente des Supply Chain Managements

Begriffsblock D.VIII | *EAN-Code und Global Commerce Initiative*

Ein **EAN-Code** (Europäische Artikel Nummer) fördert die Standardisierung von Sachnummern, um potenzielle Fehlerquellen beim Scannen zu reduzieren. Der EAN-Code ist ein an Waren angebrachter Aufklebzettel, der durch den Barcode oder RFID identifiziert wird. Die Bestrebungen der **Global Commerce Initiative** münden in eine weltweite Unifizierung der Artikelnummern (Erweiterung von EAN). Die Initiative wurde von 30 Akteuren verschiedener Branchen in Paris gegründet, und die Aktivitäten unterstützen über 800.000 Unternehmungen weltweit. Direkt beteiligt sind zum Beispiel *Coca Cola, Procter & Gamble, Wal Mart, Mars* und *Unilever*.

Neue Anwendungsgebiete

Barcodes werden nicht nur für einfache Scannvorgänge eingesetzt. Ihr Anwendungsbereich ist mittlerweile recht umfangreich. *UPS* kontrolliert **beispielsweise** weltweit über das Internet den aktuellen Aufenthaltsort von Paketsendungen online. *Daimler* verschafft sich einen Überblick hinsichtlich seiner auf den Weltmeeren befindlichen Warenwerte. Und schließlich sorgt *Airbus Industries* mit Barcode-gestützter Lagerhaltung dafür, dass die Flugzeuge möglichst lange in der Luft (und nicht unnötig im Hangar) verweilen.

Chargenrückverfolgbarkeit als Primärziel

Die Strichcodes sind für eine Produkthaftung ausgesprochen interessant. Mit ihnen wird die **Chargenrückverfolgung** potenziell erleichtert. Wenn Fehler auftreten, können diese rasch bis auf ihren Ursprung zurückgeführt werden. Ein Punkt, der insbesondere bei Rückrufaktionen von Relevanz ist. Diesbezüglich führte *Intel* die Seriennummer für ihre Mikroprozessoren ein, weil Computer-Chips ähnlich austauschbar wie Glühlampen sind. Ohne Seriennummer fehlen den Prozessoren die individuellen Kennzeichen, die eine Rückverfolgung ermöglichen.

D.6.3 Radio Frequency Identification (RFID)

Veni, vidi, vici – so wie Caesar einst bei Zela (Pharnakes II)...

Die **RFID-Technologie** stellt eine Weiterentwicklung des Barcodes dar. Sie kam erstmals im zweiten Weltkrieg zum Einsatz (vgl. *Finkenzeller* 2012; *Kern* 2006; *Kummer et al.* 2005; *Tamm/Tribowski* 2010). Der betriebswirtschaftliche Nutzen von RFID wurde aber erst viel später (zu Beginn der 90er Jahre) erkannt. Bei Radio Frequency Identification handelt es sich um eine Technologie zur kontaktlosen, umfassenden Identifizierung von Objekten und der Erfassung von Daten jedweder Art.

Instrumente zur IT-Unterstützung **D.6**

Ein RFID-System besteht aus drei **Komponenten**: Dem Rechner, einem Lese- (Schreib-) Gerät mit integrierter Kopplungseinheit sowie dem RFID-Transponder. Der Transponder wird auch häufig als „Tag" bezeichnet. In die deutsche Sprache übertragen meint ein „Tag" so viel wie „Etikett" oder „Schildchen". Er ist an einem Objekt (zum Beispiel der Ware oder einem Container) befestigt und stellt den eigentlichen Datenträger eines RFID-Systems dar. Ein Transponder besteht aus einem Koppelelement sowie einem elektronischen Mikrochip.

Bestandteile von RFID

Die **Datenübertragung** sowie die **Energieversorgung** zwischen dem Transponder und dem Lese- (Schreib-) Gerät erfolgt unter Verwendung magnetischer oder elektromagnetischer Felder. Das Lese- (Schreib-) Gerät sendet Daten an den Transponder oder empfängt Daten von diesem, sobald sich der Transponder in dem Ansprechbereich des Lese- (Schreib-) Geräts befindet. Die vom Lese- (Schreib-) Gerät empfangenen Daten werden durch die nachgeschaltete Computerapplikation ausgewertet (vgl. *Finkenzeller* 2012).

Bedeutung elektromagnetischer Felder

Bei den RFID-Geräten gibt es eine Vielzahl von **Bauformen**, welche sich auf die Schaltung (Chip), die Antenne und die Verkapselung beziehen und somit die Befestigungsmöglichkeiten an einem Objekt beeinflussen. Die Verkapselung stellt lediglich einen Schutz gegen Umwelteinflüsse dar. Eine stark verbreitete Transponderform ist der *Smart Label*, bei dem die Spule – inklusive RFID-Chip – auf einer Klebefolie angebracht ist. Diese Transponder können als Selbstklebeetiketten benutzt werden, um sie auf Gepäckstücke, Pakete und Waren zu heften. Da diese Klebeetiketten nachträglich leicht zu bedrucken sind, ist es möglich, sie mit einem zusätzlichen Strichcode auszustatten. Transponder benötigen zur Erfüllung ihrer Funktionen Energie, um ihren Mikrochip zu betreiben und Daten zum Lese- (Schreib-) Gerät zu senden. Sie lassen sich nach ihrer Art der Energieversorgung in **passive und aktive Tags** untergliedern.

Aktive und passive Transponder

- **Passive Transponder** haben keine eigene Energieversorgung. Vielmehr wird die Energie für den Betrieb von RFID durch das Lese- (Schreib-) Gerät bereitgestellt. Wenn die Waren in das elektrische Feld eines Lese- (Schreib-) Geräts gelangen, wird ein elektromagnetisches Feld erzeugt, das die Antennenspule des Empfängers durchdringt. Jetzt können die Daten ausgelesen werden.

  Günstige Variante

- **Aktive Transponder** verfügen über eine eigene Energiequelle. Sie haben eine Batterie, die den Mikrochip mit ausreichender Leistung versorgt und den Erhalt der gespeicherten Daten sichert. Die Energie

  Starke Leistung zu hohem Preis

Instrumente des Supply Chain Managements

für die Datenübertragung erhält der Transponder über das elektromagnetische Feld, welches vom Lese- (Schreib-) Gerät erzeugt wird. Aktive Transponder können Daten über größere Distanzen mit dem Lese- (Schreib-) Gerät austauschen und bieten höhere Datenübertragungsraten.

Level von RFID

Das RFID-Verfahren stellt eine Querschnittstechnologie dar, die branchenübergreifend zu Identifikationszwecken eingesetzt wird. Die Kennzeichnung und Identifikation kann grundsätzlich auf **drei verschiedenen Ebenen** stattfinden: Unit-Level, Case-Level und Item-Level.

Tags auf Ladungsträgern anbringen

- Bei der Identifikation auf Ladungsträgerebene **(Unit-Level)** wird jeder Ladungsträger (z.B. eine Palette) mit einem RFID-Tag versehen. Enthält die Palette sortenreine Ware, erfolgt die Speicherung von Produktdaten (wie die Artikelnummer oder das Mindesthaltbarkeitsdatum) auf dem Transponder. Bei nicht sortenreiner Ware ist auf dem Tag nur eine Unit-ID abgelegt. Der Zugriff auf Produktinformationen, welche in einer Datenbank gespeichert sind, wird durch eine Verknüpfung der Unit-ID mit produktspezifischen Daten gewährleistet. Auf Unit-Level eignet sich besonders der Einsatz von beschreibbaren Einheiten, um zusätzliche Daten (wie das Wareneingangsdatum) erfassen zu können.

Case-Level

- Die Identifikation von Produkten auf Karton- bzw. Behälterebene **(Case-Level)** verhält sich ähnlich wie die der Ladungsträgerebene (Unit-Level). Bei sortenreinen Waren werden Produktinformationen wieder direkt auf einem RFID-Tag gespeichert, der jetzt allerdings auf einer Kartonage oder einem Mehrwegbehälter appliziert ist. Für nicht sortenreine Waren verweist die Case-ID auf die in einer Datenbank hinterlegten Produktinformationen.

Transponder am Produkt applizieren

- Bei der Identifikation auf *Artikelebene* **(Item-Level)** besitzt jedes Produkt eine weltweit eindeutige Identifikationsnummer. Auf Item-Level kommen Read-Only- oder einmal beschreibbare Write-Once-Read-Many (WORM)-Transponder zum Einsatz. Sämtliche Produktdaten sind hierbei in einer zentralen Datenbank erfasst, die mittels Arikel-ID abrufbar sind.

Supply-Chain-Affinität

Grundsätzlich sind Radiofrequenzsysteme über die gesamte Supply Chain einzusetzen. Allerdings ist dabei zu beachten, dass bis dato ein Sammelsurium unterschiedlicher Transponderarten vorliegt. Weil es noch keinen Standard für die Radiofrequenztechnik gibt, entstehen an den Schnittstellen einer Wertschöpfungskette Reibungsverluste. Zwischen den Partnern sind nämlich die Daten häufig noch zu konvertieren.

Instrumente zur IT-Unterstützung | **D.6**

Bei näherer Betrachtung der mannigfaltigen **Eigenschaften** von RFID-Lösungen wird deren weites Anwendungsspektrum rasch deutlich (vgl. *Finkenzeller* 2012; *Justin* 2005; *Tamm/Tribowski* 2010).

- **Datenänderung** und **-ergänzung**: Bei den „Read-and-Write"-Tags besteht die Möglichkeit, die Daten über 100.000-fach zu überschreiben. Außerdem können die originären Informationen jederzeit aktualisiert oder erweitert werden. Diese Alternativen bietet der rigide Barcode nicht. — *Überschreibbar*

- **Schnelligkeit** und **Reichweite**: Die Lesegeschwindigkeit von RFID ist deutlich höher als die des Barcodes, wodurch die Rückverfolgbarkeit der Informationen gefördert wird. Und auch die Lesedistanz wird geweitet. „Long-Range-Systeme" besitzen bereits eine Reichweite von über zwanzig Metern Entfernung. Daraus speist sich jedoch das Risiko, dass die Lese- und Schreibeinheiten auch Objekte außerhalb des anvisierten Erfassungsfelds identifizieren. — *Longe-Range-Lösungen*

- **Datenkapazität**: Im Vergleich zum konventionellen Strichcode, kann ein Transponder weit größere Datenmengen abbilden. Der kleinste Typ ist der „Festcodespeicher". Er fasst zwischen 16 Bit und 64 Bit und verwaltet reine Binärdaten. Die meisten Transponder sind mit Prozessoren, RAM- oder ROM-Speichern ausgestattet. Beispielhaft dafür steht der EEPROM („Electrical Erasable Programmable Read Only Memory"). Dieser Speicher besitzt eine Kapazität bis 8 KB. Bei großen Speicherformaten hängt die Decodierung der Informationen allerdings direkt von der Menge der zu verarbeitenden Informationen ab. Eine verlängerte „Auslesezeit" treibt jedoch die ohnehin nicht geringen Kosten für die Radiofrequenzlösungen in die Höhe. — *Kleine und große Applikationen*

- **Kosten**: Der Transponder hätte den Barcode wohl schon viel stärker ergänzt, wäre er im Vergleich zum Strichcode nicht deutlich teurer. In Abhängigkeit von den Anforderungen und den Stückzahlen, bewegen sich die Preise für Tags zwischen wenigen Eurocent und 5.000 Euro (RFID-Lösungen im „Long-Range-Bereich"). Für den Einsatz von Radiofrequenzsystemen muss in aller Regel die bestehende Infrastruktur (wie die Hardware im Bereich der Informationstechnologie) erweitert werden. — *Barcode im Preis umschlagbar*

- **Einzel-** und **Pulkerfassung**: Mit Hilfe des Lese- und Schreibgeräts können einerseits bestimmte Tags gezielt angesteuert werden. Es besteht andererseits die Möglichkeit, hunderte von Transpondern (einen „Pulk an Tags") in einem Antennenfeld gemeinsam anzuvisieren. Problematisch gestaltet sich dabei jedoch das direkte „Überei- — *Erfassung im Pulk möglich*

Instrumente des Supply Chain Managements

nanderpositionieren" der einzelnen Antennen (im Sinne einer „Anti-Kollisions-Positionierung").

Umweltresistenz

- **Umweltfaktoren**: Insbesondere Metalle beeinflussen die elektromagnetischen Felder. Sie erzeugen Wirbelströme, die zum „Datenchaos" führen. Auch wenn eine Ferritabschirmung diesen Effekt dämpfen kann, bleibt die Leistungsfähigkeit von RFID eingeschränkt. Gegenüber rauen Umwelteinflüssen (wie Schmutz, Feuchtigkeit, Temperaturschwankung oder Vibration) reagieren die meisten Transponder weitgehend resistent. So arbeiten spezielle Radiofrequenzsysteme in Gießereien noch bei einer Temperatur von über 250 Grad Celsius problemlos. Ausgenommen ist davon freilich der empfindliche Röhrentransponder aus Glas.

Laminierungstechnik

- **Optische Abdeckung**: Schließlich kann die Radiofrequenztechnik ohne Sichtkontakt zur Leseeinheit eingesetzt werden. Der Chip ist am Produkt selbst oder an einer Verpackung anzubringen. Zum Beispiel nutzt der Versandhandel die Möglichkeit, den Transponder in eine Folie zu laminieren, um dadurch die Sendungsverfolgung während des Transports kontinuierlich zu gewährleisten.

Praxisbeispiele

Nachstehend werden diverse **Einsatzfelder** der RFID-Technologie in unterschiedlichen Branchen aufgezeigt. In einigen Bereichen, wie der Automobilindustrie, kommt das Verfahren schon seit etlichen Jahren zum Einsatz. Aber auch der Handel und die Konsumgüterindustrie nutzen die Radiofrequenztechnik mittlerweile recht umfangreich. RFID hat sich in etlichen Bereichen schon zu einer flächendeckenden Technik gemausert. Nachfolgend werden einige Praxisbeispiele aus Industrie und Handel kurz vorgestellt.

Umfangreiche Erfahrungen im Autobau

Die **Automobilindustrie** gehört zu den ursprünglichen Einsatzgebieten der Radiofrequenztechnologie. Seit Mitte der 90er Jahre werden Zündschlüssel mit integriertem Transponder für elektronische Wegfahrsperren in Kraftfahrzeugen verwendet. Ebenso setzt *BMW* bereits seit mehrerer Jahren im Werk Dingolfing die RFID-Technologie zur Identifikation von Karosserien in seiner Lagerbewirtschaftung und folgender Kommissionierung ein. Dazu wird ein aktiver Tag, der mit typspezifischen Daten (wie der Fahrgestellnummer) beschrieben ist, auf der Motorhaube appliziert. In sämtlichen Montageabschnitten können die benötigten Daten ausgelesen und aktualisiert werden. Insgesamt sind im Werk über 3.000 Transponder im Umlauf und rund 70 Lesegeräte installiert. *Volkswagen* stattete mittlerweile mehr als 800.000 Mehrwegbehälter mit passiven UHF-Tags aus. Dieser Umstand ist der weltweiten Versorgung von Produktionswerken mit Montagefertigteilen und der Verringerung der Schwundrate geschuldet (vgl. *Finkenzeller* 2012, S. 384 und S. 403).

Auch die **chemische Industrie** stellt ein Marktsegment dar, in dem sich die RFID-Technologie bereits seit Jahren etabliert hat. Sie wird beispielsweise zur eindeutigen Kennzeichnung und Identifikation von erneut befüllbaren Gasflaschen und Behältern mit Chemikalien eingesetzt. Zumeist finden dazu beschreibbare Tags Einsatz, auf denen spezielle Angaben (wie Behälternummer, Inhalt, Volumen, maximaler Fülldruck oder TÜV-Termine) hinterlegt sind. Nach einer Befüllung des Behälters erfolgt die Aktualisierung der auf dem Transponder gespeicherten Daten.

Identifizierung von Gasflaschen

Die **Pharmaindustrie** nutzt die Radiofrequenztechnik, um mit den auf Medikamentenverpackungen applizierten Tags einen eindeutigen Nachweis über die Herkunft des Arzneimittels zu liefern. Außerdem schützen RFID-Lösungen vor Arzneimittelfälschungen, indem sich der Plagiatschutz von Medikamenten verbessert. RFID bürgt hier quasi als dynamisches Echtheitszertifikat, wodurch Produktfälschungen ausgelesen werden können. Im Pharmabereich stößt die Radiofrequenztechnik diesbezüglich auf ein breites Einsatzgebiet. Liegt doch der Plagiatanteil von Medikamenten allein in den USA bei circa 20 Prozent.

RFID zum Aufspüren von Plagiaten

Auch der **Handel** greift mittlerweile recht häufig auf RFID zurück. In dem dortigen Segment **Fashion** herrschen eigene Gesetze. Die zeitraubende Applizierung und Ablösung von Hartetiketten bereitet Herstellern von Modeartikeln zum Teil große Schwierigkeiten. Zudem müssen die Tags durch die Naht gestochen werden, um nicht den Oberstoff zu beschädigen. Daher finden sich in der *„fashiongroup RFID"* derzeit Bekleidungshersteller und Modehändler zusammen. Unterstützt werden sie von der Beratungsgesellschaft *„GCS"*. Die *„fashiongroup RFID"* möchte den Tag zukünftig zur Diebstahlsicherung einsetzen (**„Electronic Article Surveillance, EAS"**). Auf Grund unzureichender Warensicherungssysteme finden sich in der Modebranche recht hohe Bestandsdifferenzen. So kündigte *C&A* im März 2010 das konzernweite Projekt „Source Tagging" an. Unter Source Tagging wird eine elektronische Artikelsicherung bereits im Produktionsland verstanden. Folglich lässt *C&A* die EAS-Elemente direkt von den Herstellern an die Bekleidung heften. Auch für den Fashion-Bereich ist der Markenschutz von großer Bedeutung. Markenartikelhersteller wollen dem Vertrieb von Produktfälschungen nicht länger tatenlos zusehen. Von dem intensivierten Ein-

Diebstahlsicherung in der Modebranche

Instrumente des Supply Chain Managements

satz der Radiofrequenztechnik versprechen sich Luxuslabels nämlich eine bessere Chargenrückverfolgung (vgl. *Schneider/Gilbert* 2010, S. 37).

RFID für Dienstleister

Ebenso hat die RFID-Technologie in der **Dienstleistungsbranche** bereits Einzug erhalten. Beispielsweise überwacht der Logistikdienstleister *TK-LOG* mit Hilfe der RFID-Technologie für Tiefkühlwaren die Temperaturverläufe während des Transports. Dazu werden aktive Transponder mit integrierter Sensorik auf Paletten- und Behälterebene appliziert. Weiterhin wird am Frankfurter Flughafen die RFID-Technologie – bei der Wartung von sicherheitsrelevanten Einrichtungen – eingesetzt. Die *Fraport AG* optimierte die einmal im Jahr durchzuführende Wartung von Brandschutzklappen und Brandschutztüren durch die Verwendung von RFID-Tags. Zur Überprüfung benötigte Informationen (wie Angaben zum letzten Wartungstermin) wurden auf den Transpondern, die direkt auf den Klappen und Türen befestigt sind, gespeichert. Mit mobilen RFID-Lesegeräten können die hinterlegten Daten jederzeit ermittelt sowie aktualisiert werden. Eine weitere Einsatzmöglichkeit der RFID-Technologie im Flughafenumfeld stellt die Abfertigung von Gepäckstücken dar.

Warehouse-Management via RFID

Nachstehend werden die speziellen Einsatzmöglichkeiten der **RFID-Technologie in der Lagerwirtschaft** untersucht. Etliche Vorgänge im Lagerbereich, bei denen Mitarbeiter bislang einzelne Barcodes von Lagergütern manuell und zeitintensiv einscannen mussten, sind mit Hilfe der RFID-Technologie effizienter abzuwickeln. Mit modernen Radiofrequenz-Lösungen versehene Lagergüter können mit mobilen Lesegeräten automatisch identifiziert und die auf dem Chip gespeicherten Informationen schneller und kontaktlos übertragen werden. Weiterhin gestatten im Wareneingang und Warenausgang positionierte RFID-Lesegeräte (auf Grund der Pulkfähigkeit von Transpondern) die automatische Erfassung von kompletten ein- und ausgehenden Warenlieferungen binnen weniger Sekunden. Allerdings unter der Voraussetzung, dass die Waren auf Artikelebene mit Tags ausgestattet sind. Der Mitarbeiter muss dazu den Lesebereich des RFID-Systems mit der Lieferung passieren. Die Sendung kann dabei sogar verpackt bleiben oder bereits versandfertig sein, da die Daten auf dem Chip ohne Sichtkontakt ausgelesen und übertragen werden. Ferner weisen RFID-Lösungen eine weitaus höhere Speicherkapazität als Barcodes auf. Neben einer eindeutigen Identifikationsnummer, können daher zum Beispiel bei Lebensmitteln Verfallsdaten oder auch Temperaturverläufe aufgezeichnet werden. Und in Lagern mit Veredelungsfunktion erteilen Radiofrequenzsysteme beispielsweise Auskunft über die Reifedauer von Produkten.

Instrumente zur IT-Unterstützung | D.6

Der Barcode ist als Identifikationstechnik vom Preis her umschlagbar günstig. Pro Barcodevergabe werden Kosten von wenigen Eurocent genannt. Einfache, passive Tags kosten noch das drei- bis vierfache. Und RFID wird (trotz des Vorhandenseins von Skaleneffekten) den Barcode voraussichtlich preislich nicht erreichen, geschweige denn unterbieten. Daher dürfte die Zukunft der **Integration** von RFID *und* Barcode gehören (vgl. Beispielblock d.7).

RFID und Barcode: Gemeinsam sind wir stark…

Um RFID ist mittlerweile jedoch eine recht hitzige Diskussion entfacht. Neben den oben gekennzeichneten Möglichkeiten der Technik ist auch auf **Gefahren** hinzuweisen. Hier ist zunächst die Angst des gläsernen Konsumenten zu nennen („No RFID!"). Bereits heute werden Tieren Glastransponder unter die Haut injiziert, um zum Beispiel in Zeiten des BSE-Skandals Chargen zurückverfolgen zu können. Was heute bei Tieren vollzogen wird, könnte morgen den Menschen betreffen (*George Orwall* lässt grüßen). *Benetton* bekam beispielsweise diese Ängste von etlichen Menschen sehr deutlich zu spüren, indem diese im Internet eine Kampagne gegen die Organisation ins Leben riefen. In dieser forderten sie zum Boykott gegen *Benetton* auf: *„Send Benetton a Message. Don't buy Clothing with Tracking devices"*.

Hitzige Diskussion um RFID

Und neben diesem **Datenschutzproblem** ist auch die Datensicherheit ein viel diskutierter Aspekt, wenn RFID ins Spiel kommt. Wie soll verhindert werden, dass Informationen nicht doch an unberechtigte Dritte durchsickern? Ohne Zweifel bietet RFID große Möglichkeiten. Doch wenn dieses Wissen abfließt, gereicht der originäre Vorteil zum Nachteil.

Latente Gefahr des Wissensabflusses

Weitere Schwierigkeiten leiten sich aus den noch immer recht hohen Kosten (vgl. oben), fehlenden Standards und störenden **Umwelteinflüssen** ab. So schränken Funkstörungen die Trefferquote der Lesegenauigkeit ein. Forscher der Universität Amsterdam haben herausgefunden, dass Funk-Etiketten die Tauglichkeit medizinischer Geräte stören können. Von 123 Testabläufen stellten sie in 34 Fällen Störungen fest. Betroffen waren beispielsweise Dialysegeräte, Herzschrittmacher und Beatmungsgeräte. In 22 Fällen wurden die Störungen als gefährlich beurteilt. Beispielsweise zeigte ein EKG-Monitor eine nicht vorhandene Herzrhythmusstörung an (vgl. *Reder* 2008).

Chaos bei Sonnenstürmen

D | *Instrumente des Supply Chain Managements*

Beispielblock d.7 | *Quo Vadis RFID?*

Die Frage lautet wohl nicht, Barcode oder RFID? Vielmehr liegt die Zukunft wohl eher im Zusammenspiel beider Identifikationstechniken. Eine Kombination von Barcode und Transponder findet sich beispielsweise im **Handel**. Ein Labeling via RFID auf Artikelebene erweist sich hier vielfach als schlichtweg zu teuer. Die Tags werden daher vor allem an Paletten oder Ladungsträgern angebracht. Probleme ergaben sich bei der RFID-Technik in Vergangenheit allerdings insbesondere dann, wenn es sich um Mischpaletten (Mixed Load) handelte und Medienbrüche auftraten. Um diesem Dilemma zu entgegen, wird eine Kombination aus Barcode und RFID-Tag erprobt. Eine gängige Variante ist der so genannte *Smart Label*. Darunter ist eine papierdünne Transponderform zu verstehen. Die Transponderspule wird auf eine 0,1 mm dicke Plastikfolie aufgebracht und auf der Rückseite mit einem Kleber beschichtet, so dass der Transponder als Selbstklebeetikett zu verwenden ist. Diese laminierten Etiketten können leicht nachträglich bedruckt werden, daher ist die Kombination mit einem Barcode möglich (vgl. *Finkenzeller* 2012, S. 20f.). Moderne Drucktechnologien beschriften Etiketten bis zu dreifach: erstens elektronisch mit RFID, zweitens mit einem Barcode und drittens mit einem Klarzeichen. Sämtliche drei Teilprozesse werden im selben Druckvorgang vollzogen.

D.6.4 Data Warehouse

Historie und Begriffsklärung

Ein Data Warehouse (vgl. *Bauer/Günzel* 2008; *Gomez et al.* 2006; *Mehrwald* 2010) ist ein von operationalen IT-Systemen getrenntes Datenbanksystem, in dem unternehmungsweit Informationen aus unterschiedlichen (Sub-) Systemen – zum Teil um weitere Daten ergänzt – gespeichert und User-orientiert verarbeitet werden. Der **Begriff** kam Anfang der 90er Jahre auf und hat seine Wurzeln in dem 1988 von *IBM* durchgeführten Projekt „European Business Information Systems" (EBIS). 1991 wurde die Studie in „Warehouse Strategy" umbenannt. *IBM* entwickelte ein Konzept, das Mechanismen zur Bewältigung der allgemeinen Informationsexplosion schaffen sollte. Das Projekt richtete sich danach aus, autorisierte Einzelpersonen mit Geschäftsinformationen sämtlicher Bereiche einer Organisation zu versorgen. Der Zugang zu unterschiedlichen Systemen sollte über eine unifizierte Schnittstelle möglich sein (vgl. die Verbindung zu Customer Relationship Management auf S. 143).

Instrumente zur IT-Unterstützung

Die **Elemente** im Data Warehouse sind die eigentliche Datenbasis und Transformationsprogramme zur Übernahme interner und externer Daten. Weiterhin dienen Archivierungsprogramme zur Datenspeicherung sowie Informationssicherung. Den **Input** für das Data Warehouse stellen interne Datenquellen (operative Vorsysteme in den Funktionsbereichen auf Dateibasis) und externe Datenquellen (beispielsweise Informationen von Lieferanten) dar. Auch Informationen aus dem Internet können im Data Warehouse genutzt werden. Der **Output** richtet sich benutzerorientiert nach Absatzkanälen, Kunden- oder Produktinhalten. Folgende **Kriterien** stehen hier im Mittelpunkt (vgl. *Gabriel et al.* 2009):

Managementinformation

- Zumeist haben die User einen *Direktzugriff* auf die Informationen im Data Warehouse.
- Wenn die Datenflut zu groß ist, kann dem Benutzer ein Ausschnitt aus dem gesamten Repertoire gewährt werden. Diese Lösung wird als *Data Mart* bezeichnet.
- Schließlich besteht im Data Warehouse für den User die Möglichkeit zur Datenveredelung: In der *Information Factory* werden für Konsolidierungen des Controllings die Daten betriebswirtschaftlich aufbereitet und in speziellen Applikationen verdichtet.

OLAP wie auch Data Mining dienen in einem Data Warehouse zur **Managementunterstützung**. Traditionelle Managementinformationssysteme speisen sich aus vorstrukturierten oder vorausgewählten Informationen. Bei **OLAP** (Online Analytical Processing) werden hohe Anforderungen an ein Führungssystem gestellt, was unten deutlich wird (vgl. *Gomez et al.* 2006, S. 57):

Was kann OLAP leisten?

- **Multidimensionalität**: OLAP ist die Basis für die Aggregation unterschiedlicher Dimensionen (eine Bildung von Datenwürfeln). Ein Beispiel dafür ist die Verdichtung von Umsätzen nach Produkten oder Regionen. Wie bei einem Würfel können die Informationen betrachtet (*Slice*), gedreht (*Dice*) oder einer höheren Verdichtungsstufe zugeführt werden (*Drill Down*).
- **Flexibilität**: OLAP dient der Durchführung von Analysen oder Präsentationen. Der User kann diverse Vergleichsrechnungen, wie auch Zeitreihenanalysen, durchführen.
- **Ergonomische Benutzeroberfläche**: Die Oberfläche ist in die bisherige Arbeitswelt des Anwenders integriert. Neues Wissen muss zur Anwendung von OLAP nicht erst erlernt werden.

Instrumente des Supply Chain Managements

- **Schnelligkeit**: Das System gewährleistet kurze Antwortzeiten, die sich aus schnellen Rückkopplungen und geringen Iterationsschleifen ableiten.

Arbeitsgebiete von Data Mining

Das Grundprinzip von **Data Mining** ist das automatische Erkennen von Datenstrukturen, wie Trends in Marktsegmenten. Dazu werden die Rohdaten filtriert und nach Mustern aufbereitet. Für die *Steuerung* gibt der User Befehle zur Parameterisierung der Komponenten an. Die *Datenbankschnittstelle* versorgt das System mit aufbereiteten Extrakten aus dem Warehouse. Einer *Wissensbasis* wird das erforderliche Know-how entnommen, wobei im Rahmen dieser *Fokussierung* darüber entschieden wird, welches Wissen überhaupt relevant ist. *Analysealgorithmen* untersuchen hingegen die Daten hinsichtlich einer potenziellen Auffälligkeit. Die Informationen sind einer grundsätzlichen *Bewertung* zu unterziehen (beispielsweise: „Sind die Informationen für uns von Nutzen"?). Schließlich können sie dem Anwender präsentiert werden (vgl. *Gabriel et al.* 2009, S. 113).

NCR als Beispiel

Die Unternehmung *NCR* bietet unterschiedliche Data-Warehouse-Applikationen an. Eine Schwierigkeit von Banken ist zum **Beispiel** die zunehmende Anonymität ihrer Kunden. *NCR* hat für die *National Australia Bank* eine Data-Warehouse-Lösung erarbeitet. Zunächst wurden über 800 Ereignisse definiert – wie der „Umzug eines Kunden" – und Verknüpfungen zwischen den Ereignissen hergestellt. Zieht ein Kunde der Bank um, wird er automatisch daran erinnert, seine neue Adresse zu melden. Außerdem bekommt er eine Information über die nächstgelegene Filiale an seinem neuen Wohnort. Ihm wird für den Umzug eine Spedition empfohlen, die mit der Bank zusammenarbeitet und eventuell spezielle Rabatte gewährt. Die Bank bereitet außerdem automatisch Formulare vor, welche der Kunde nur noch unterschreiben muss.

Gefahrenherde

Doch eine Lösung über ein Data Warehouse beinhaltet auch einige **Probleme**. Durch die Fülle an Alternativen zur Informationsgewinnung besteht die Gefahr des gläsernen Kunden. Schwierigkeiten ergeben sich durch den Informationszugang nicht autorisierter Personen und Datenmissbrauch. Ein weiteres Problem ist die Informationsflut im Data Warehouse. Zwar besteht die Möglichkeit zur Datenerfassung und Datenaufbereitung. Offen ist aber die *zweckorientierte* Nutzung der Informationen, um nicht im „Datenmeer" zu versinken.

D.6.5 Computer Integrated Manufacturing

Computer Integrated Manufacturing (CIM, vgl. *Dangelmaier* 2003; *Groover* 2008; *Heinen* 1991, S. 578ff.; *Scheer* 1992; *Zelewski et al.* 2008) stellt eine Möglichkeit zur IT-Unterstützung in Supply Chains dar. CIM beschreibt den integrierten IT-Einsatz sämtlicher mit der Produktion vernetzter Funktionsbereiche einer Unternehmung. Das Instrument umfasst das IT-orientierte Zusammenwirken aller Leitparameter der Produktionsplanung, welche zum integrierten Rechnereinsatz eine gemeinsame Datenbasis nutzen.

Grundlagen von CIM

Der **Begriff** „Computer Integrated Manufacturing" kam 1973 im angloamerikanischen Sprachraum auf. *Harrington* veröffentlichte in diesem Jahr seine gleichnamige Schrift (vgl. *Harrington* 1973). Er beschreibt darin die Möglichkeiten für eine rechnergestützte Konstruktion, Maschinen- und Fertigungsanlagenführung, Materialwirtschaft sowie Qualitätssicherung. Die Arbeit von *Harrington* ist die Basis für diverse Modifizierungen. In Japan etablierte sich Computer Integrated Manufacturing zu Beginn der 80er Jahre. Und in Deutschland fand der Begriff Mitte der 80er Jahre Eingang in Literatur und Praxis.

Historie und Begriffsklärung

Im Kern werden bei CIM bisherige Insellösungen aufeinander abgestimmt und zusammengeführt. Die CIM-Architektur umspannt dabei zwei **Hauptkomponenten**:

Zwei Säulen von CIM

- Das *betriebswirtschaftliche* PPS-Modul (Produktionsplanung und Produktionssteuerung).

- Die *technischen* Komponenten *CAE* (Computer Aided Engineering), *CAD* (Computer Aided Design), *CAP* (Computer Aided Planning), *CAM* (Computer Aided Manufacturing) sowie *CAQ* (Computer Aided Quality Assurance). Vgl. zum Aufbau der CIM-Architektur Abbildung D.14.

Die Informationssysteme von Betriebswirtschaft und Technik wurden separat entwickelt. *Harrington* beherrschte die Kunst, die Komponenten zu vereinen. Er konzipierte einen durchgängigen Informationsfluss auf gleicher Datenbasis. Wenn die Teilsysteme unverbunden nebeneinander stehen, können sich durch manuelle Informationseingaben Redundanzen oder Pleonasmen ergeben. Doppeleingaben benötigen Zeit, und sie sind anfällig für Fehler. Insellösungen ist das **Problem** immanent, dass nicht alle Funktionsbereiche über die identische und aktuelle Datenbasis verfügen.

Insellösungen vermeiden

D | Instrumente des Supply Chain Managements

Prozessketten ermitteln

Innerhalb der Supply Chain werden mit Hilfe von Computer Integrated Manufacturing die Produktionsvorgänge (Teilvorgänge) verbunden. Es entstehen somit **durchgängige Prozessketten**. In den Unternehmungen werden mit CIM zumeist aufbauorganisatorische und ablauforganisatorische Umstrukturierungen notwendig.

Weiteres Vorgehen

Im Folgenden sind die **Komponenten** von Computer Integrated Manufacturing näher zu charakterisieren. Zunächst findet sich eine Beschreibung der betriebswirtschaftlichen PPS-Komponente. Anschließend wird die technische Säule von CIM diskutiert.

Abbildung D.14

CIM-Architektur

Computer Integrated Manufacturing (CIM)	
Betriebswirtschaftliche Komponente	*Technische Komponenten*
Produktionsplanung und -steuerung (PPS)	Computer Aided Engineering (CAE) Computer Aided Design (CAD)
	Computer Aided Planning (CAP)
	Computer Aided Manufacturing (CAM)
	Computer Aided Quality Assurance (CAQ)

D.6.5.1 Produktionsplanung und -steuerung (PPS)

Betriebswirtschaftliches Standbein

Die Produktionsplanung und -steuerung ist das betriebswirtschaftliche Modul von CIM (vgl. *Zelewski et al. 2008*). Es umfasst die rechnergestützte Planung, Steuerung und Kontrolle der Produktionsabläufe (von der Angebotseinholung bis zum Warenversand). Für diese Aufgaben werden Mengen-, Termin- und Kapazitätsrestriktionen berücksichtigt. Zu den **Kerntätigkeiten** von PPS zählen Grunddatenverwaltung (Informationsbasis), Produktionsplanung (Produktprogramm-, Mengen-, Termin- und Kapazitätsplanung) sowie Produktionssteuerung (Auftragsveranlassung und Auftragsüberwachung).

Instrumente zur IT-Unterstützung **D.6**

PPS basiert auf der Nutzung einer Standardsoftware, wobei hier Modulbausteine zusammengefügt werden. Die Programme speisen sich aus den **Grunddaten** einer Produktionsplanung und -steuerung, wobei folgende Arten zu unterscheiden sind:

- *Auftragsdaten* (Kundenbestellungen).
- *Teilestammdaten* (Sachnummer des Produkts, technische Angaben und wertmäßige Informationen).
- *Erzeugnisstrukturdaten* (Mengenbeziehungen und technologische Zusammenhänge der Produktkomponenten und -teile).
- *Materialbeschaffungsdaten* (Lagerbestandsführung und Lieferantensteuerung).
- *Arbeitsgangdaten* (Zuordnung der Repetierfaktoren zu den Maschinen).
- *Betriebsmitteldaten* (Leistungsbreite an Potenzialfaktoren).

Grunddaten von PPS

Das PPS-System richtet sich nach dem **Sukzessivplanungskonzept** aus: Eine komplexe Aufgabe wird in Teilprobleme zerlegt und in abgestimmten Planungsstufen gelöst. In diesen Phasen steigt die Wertschöpfung. Zunächst findet eine Aufgabenverteilung statt ("Wer macht was?"). Die Produktionsplanung greift auf die *Auftragsdaten* zurück, um die Primärbedarfe zu ermitteln. Diese bilden die Grundlage für die Materialdisposition und die Planung der Produktionsprozesse. Die *Teilestammdaten* dienen zur Auflösung der *Erzeugnisstruktur* durch die Materialdisposition. Dazu zieht die Disposition die Primärbedarfe heran, leitet Stücklisten ab und ermittelt die Bestandsdaten. Eine *Materialbeschaffungsplanung* verdeutlicht, welche Teile selbst gefertigt (Make) und welche von Dritten bezogen werden (Buy). Die Produktionssteuerung errechnet schließlich, mit Hilfe von *Arbeitsgang- und Betriebsmitteldaten*, die Zusammenstellung der Fertigungsaufträge zu Losen: Repetierfaktoren werden optimal den Potenzialfaktoren zugewiesen (Reihenfolge- und Maschinenbelegungsplan).

Interdependenzen der Dateninhalte

Durch einen Abgleich der Fertigungsbelege mit den Betriebsdaten wird ermittelt, inwieweit die Realisierung der Fertigungsaufträge mit den geplanten Bearbeitungsschritten übereinstimmt („Überwachung des Auftragsfortschritts"). Dieser Vorgang stellt eine BDE (**Betriebsdatenerfassung**) dar. Wenn festgestellt wird, dass Kapazitätsauslastung, Durchlaufzeit oder Werkstattbestand nicht mit den Plandaten übereinstim-

Kontrollmechanismus von PPS

299

Instrumente des Supply Chain Managements

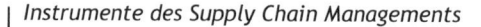

Wechselwirkungen zu Beschaffungsstrategien

men, findet im Rahmen von BDE eine Revision der Prozesse statt, und es sind Anpassungsmaßnahmen einzuleiten.

Der Aufbau von PPS kann sich auf die unter Punkt C.3.5 beschriebenen **Beschaffungsstrategien** richten. Wenn Unternehmungen ihre Aktivitäten auf den Kunden fokussieren, lehnt sich PPS an Kanban. Die Produktionsplanung und -steuerung umspannt die gesamte Supply Chain. Der Schwerpunkt liegt freilich auf den internen Prozessen. Sie eignen sich für gleichartige Fertigungsprozesse (Fließfertigung). PPS-Systeme stoßen jedoch an ihre Grenzen, wenn sie auf diskontinuierliche Fertigungsverläufe treffen.

D.6.5.2 Computer Aided Design (CAD)

Von CAE zu CAD

Computer Aided Design (CAD) ist eine technische Komponente von CIM und bedeutet eine *rechnergestützte Konstruktion*. Liegen die Anforderungen an das System im Schwerpunkt in den frühen Phasen von Forschung und Entwicklung, kann das Modul **Computer Aided Engineering** (CAE) Einsatz finden. Das Grundprinzip beider Varianten ist identisch. Die Inhalte von CAE werden unter die Beschreibung von CAD gefasst. CAD erfüllt zwei **Tätigkeitsbereiche**, die Gestaltung und die Detaillierung.

- **Gestaltung**: Den Schwerpunkt der Gestaltung bilden Berechnungen und die Erstellung von Fertigungsunterlagen. Eine Gestaltung beinhaltet die Funktionsfindung: Dafür ist die Gesamtfunktion eines Produkts in seine Teilfunktionen aufzubrechen. Entwürfe werden maßstabgerecht erstellt (geometrische Modelle).

- **Detaillierung**: Aus der Vielzahl an Alternativen ist die optimale Kombination zu wählen. Die Entwürfe aus der Gestaltung werden um technische Informationen ergänzt (Werkstoffe, Oberflächen etc.) und die Sachnummern je Produkt in Stücklisten hinterlegt. Eine Form der Detaillierung ist die CAD-gestützte Erstellung von Prototypen (Rapid Prototyping, vgl. S. 111f. der vorliegenden Schrift).

Hilfsmittel der Konstruktion

Für Gestaltung und Detaillierung benötigt der Konstrukteur eine Reihe geometrischer und technischer Daten zum Erstellen seiner Grafiken. Er wird durch Workstations und **Software** (zum Beispiel „Catia") unterstützt. CAD bezieht sich vor allem auf Berechnungen und Zeichnungen. Außerdem fördert es die Generierung von Stücklisten und Arbeitsplänen. Durch den Einsatz von CAD besteht die Möglichkeit zur Anpassungskonstruktion und zur Variantenkonstruktion (vgl. unten).

- Bei der **Anpassungskonstruktion** werden einzelne Baugruppen eines bereits bestehenden Produktkonzepts verändert.

- In der **Variantenkonstruktion** ist gemäß des Baukastenprinzips auf bereits konstruierte Teile zurückzugreifen, die nur noch aneinander zu reihen sind. Dadurch ergeben sich Zeitersparnisse.

Das originär technisch ausgelegte Computer Aided Design kann auch **betriebswirtschaftlich** genutzt werden. Im Rahmen der begleitenden Kalkulation sind die späteren Fertigungs- und Materialkosten frühzeitig abzuschätzen. Unterschiedliche Gestaltungsalternativen werden simuliert, wodurch die Kostenauswirkungen rasch bekannt werden.

Strategisches Kostenmanagement

Der Einsatz von Computer Aided Design intensiviert die Beziehung zwischen Lieferanten und Herstellern. Sehr eng ist diese Bindung beispielsweise in der **Automobilindustrie**. In einer Studie vom *Fraunhofer Institut für Systemtechnik und Innovationsforschung* in Karlsruhe wird ausgewiesen, dass über drei Viertel der Automobilzulieferer die CAD-Daten ihrer Kunden verarbeiten können.

Automotive

D.6.5.3 Computer Aided Planning (CAP)

Basierend auf den Ergebnissen von Computer Aided Design, werden bei Computer Aided Planning (CAP) *rechnergestützte Planungsaufgaben* vorgenommen. Sie sind zur Herstellung von Produkten oder Produktkomponenten notwendig. Der Schwerpunkt von CAP liegt auf der Erstellung von **Arbeitsplänen**. Auch die Programmierung von NC-Maschinen und Industrierobotern sowie die Prüf- und Montageplanung basieren auf Computer Aided Planning.

CAD als Basis

Computer Aided Planning legt IT-gestützt die Bearbeitungsschritte im Fertigungsprozess fest. Die Spezifikationen enthalten Daten über die einzusetzenden Betriebsmittel (Maschinen und Werkzeuge) sowie die Dauer einer Bearbeitung. In den Arbeitsplänen werden die Folgen der Arbeitsgänge definiert, die Repetierfaktoren den Potenzialfaktoren (Arbeitsstationen) zugeteilt und die Fertigungshilfsmittel fixiert. Folgende **Systeme zur Erstellung von Arbeitsplänen** sind zu unterscheiden:

Computer-gestütztes Erstellen von Arbeitsplänen

- **Arbeitsplanverwaltung**: Auf dieser untersten Stufe werden aus einer Vielzahl an bereits vorhandenen Fertigungsinformationen spezielle Aktivitäten ausgewählt und miteinander verknüpft. Durch die Aneinanderreihung bereits existierender Tätigkeiten entstehen neue Arbeitspläne. Sie können komplette Prozesse der Supply Chain abde-

Verknüpfung von Basisinformationen

Instrumente des Supply Chain Managements

cken. Insbesondere für Aktivitäten mit einer ausgeprägten Wiederholhäufigkeit eignet sich die Arbeitsplanverwaltung (Fließfertigung).

Grundtyp schaffen

- **Variantenprinzip**: Das Variantenprinzip fußt auf ähnlichen Komponenten. Für sie wird ein Grundtyp festgelegt. Außerdem sind Standardisierungsmerkmale zu definieren. Neue Varianten entstehen auf Grund von Modifikationen dieses Grundtyps. Durch die Eingabe vorgegebener Parameter werden die Arbeitspläne automatisch erstellt.

Vorhandene Pläne nutzen

- **Anpassungsprinzip**: Für ein neues Projekt ist ein bereits existierender und möglichst ähnlicher Arbeitsplan auszuwählen. Die Spezifika im neuen Prozess werden durch den Austausch von Elementen berücksichtigt. Der ursprüngliche Arbeitsplan unterliegt Modifikationen. Es findet eine Anpassung an die revidierte Problemstellung statt.

Zero Based

- **Generierungsprinzip**: Dieses Verfahren ist das umfangreichste, da eine komplette Neuplanung vorzunehmen ist. Die Rechenalgorithmen werden über CAD direkt aus dem verfügbaren geometrischen und technischen Datenbestand abgeleitet. Ein Arbeitsplan ist komplett neu zu erstellen.

D.6.5.4 Computer Aided Manufacturing (CAM)

Fortführung von CAP

Die Resultate von CAP determinieren ein Computer Aided Manufacturing (CAM). Darunter ist eine *automatisierte Fertigung* zu verstehen. CAM umfasst die eigentlichen Be- oder Verarbeitungsprozesse von Komponenten und Teilen. Diese technische Komponente verbindet die Fertigungsprozesse mit den Transport- und Lagersystemen in Supply Chains. Der Schwerpunkt von Aktivitäten liegt auf der Produktionslogistik. CAM umfasst folgende **Teilfunktionen**: Bearbeitungssysteme im Sinne von NC, CNC und DNC, Werkstück- und Werkzeughandhabungssysteme, automatisierte Transport- und Lagerhaltungssysteme, IT-orientierte Montagesysteme und rechnergestützte Instandhaltungssysteme.

Was ist eine NC-Maschine?

NC-Systeme sind eine Weiterentwicklung mechanisch automatisierter Werkzeugmaschinen. CAP-gestützte Arbeitspläne stellen das Fundament zur Werkstückbearbeitung dar. Die Maschinensteuerung läuft über Informationen zur Koordination der Werkzeugbewegungen und Schaltvorgänge. Drei generische **Arten von NC-Maschinen** werden unterschieden:

Instrumente zur IT-Unterstützung

- **Reine NC (Numeric Control)-Maschinen**: Sie stellen die einfachste Form dar. Auf Basis einer Fixierung der Steuerungsparameter ist die Rigidität dieser Alternative hoch. Die Eingabe erfolgt nicht online (bei einigen alten Modellen sogar noch über Lochstreifen).

  Einfachste Form

- **CNC (Computerized Numeric Control)-Maschinen**: Die CNC-Maschinen sind mit Mikroprozessoren ausgestattet. Ihre Programmierung wird online und einzeln in der Werkstatt vorgenommen.

  Online Programmierung

- **DNC (Direct Numeric Control)-Maschinen**: Bei DNC-Maschinen werden mehrere Arbeitsstationen gemeinsam online zentral über einen Steuerrechner verwaltet. Die Maschinen sind über einen Fertigungsrechner (Server) miteinander vernetzt.

  Maschinenintegration

Eine besondere Form von CAM sind **Industrieroboter** (Handhabungsgeräte). Zwei Techniken zur Programmierung von Industrierobotern werden unterschieden: Das Play-Back-Verfahren und das Teach-In-Verfahren. Ein **Play-Back-Verfahren** ist die manuelle Führung des Roboters. Die Einzelbewegungen werden gespeichert, und der Roboter wiederholt anschließend die erlernten Bewegungsmuster beliebig oft. Ein **Teach-In-Verfahren** beschreibt die direkte Eingabe des Bewegungsmusters online, ohne eine vorherige manuelle Führung. Auch bei dieser Form ist die Wiederholhäufigkeit nicht begrenzt. Industrieroboter werden für Schweiß-, Bohr-, Fräs-, Schleif- oder Lackiervorgänge eingesetzt. Sie sind mit Sensoren ausgestattet und können unterschiedliche geometrische Formen erkennen.

Roboter programmieren

Computer Aided Manufacturing umfasst nicht nur die eigentlichen Fertigungsprozesse. In der Wertschöpfungskette wird auch der **innerbetriebliche Transport** durch CAM abgedeckt. Zum Beispiel laufen Aktivitäten zur Ein- und Auslagerung, Kommissionierung oder Steuerung von Flurförderzeugen CAM-gestützt ab.

Nutzen innerhalb der Supply Chain

Der höchste Grad der Automatisierung wird bei **flexiblen Fertigungssystemen** erreicht, indem eine komplette Automatisierung von Arbeitsschritten vorgenommen wird. Der Unterschied zu NC-Maschinen besteht darin, dass diese zwar einzelne Arbeitsschritte lenken. Einen kompletten Fertigungsprozess bewältigen NC-Maschinen jedoch nicht. Deshalb sind NC-Maschinen häufig umzurüsten. Bei den flexiblen Fertigungssystemen wird zwischen dem Bearbeitungszentrum und der Fertigungszelle unterschieden.

Anpassungsorientierte Fertigungssysteme

- **Bearbeitungszentrum**: Das Bearbeitungszentrum stellt ein elektronisches Werkstückwechselsystem dar. Die Maschinen können mehrere

  Automatisierter Werkzeugwechsel

Instrumente des Supply Chain Managements

Bearbeitungsschritte CAM-gestützt an *einem* Werkstück vornehmen. Der Wechsel erfolgt selbständig und aus dem Magazin heraus. Auf einer Drehplattform werden ähnliche Arbeitsschritte am Werkstück sequentiell durchgeführt.

- **Fertigungszelle**: Neben dem mechanischen Werkstückwechsel findet eine automatisierte Speicherung der Werkstücke statt. Dadurch wird die Bearbeitung *mehrerer* Werkstücke in beliebiger Reihenfolge ermöglicht. Die unterschiedlichen Arbeitsoperationen können auf verschiedenen Anlagen und an diversen Produkten nacheinander durchgeführt werden. Manuelle Eingriffe sind nicht notwendig. Der Werkstückspeicher wird sukzessive (Werkstück für Werkstück) abgearbeitet.

Werkstückspeicherung zur Bearbeitung kompletter Prozesse

D.6.5.5 Computer Aided Quality Assurance (CAQ)

Präventives Qualitätsmanagement

Computer Aided Quality Assurance (CAQ) folgt nicht erst im Anschluss von CAD/CAE, CAP und CAM. Die *rechnergestützte Qualitätssicherung* begleitet die kompletten technischen Komponenten von CIM. Zum Teil ist bereits die Produktionsplanung und -steuerung in CAQ eingebettet. Qualitätsanforderungen an ein Produkt oder ein Verfahren sind schon in den frühen Phasen von Forschung und Entwicklung zu berücksichtigen, um spätere Änderungen oder Umrüstungen zu vermeiden. CAQ fördert die Realisierung eines **präventiven Qualitätsmanagements**. Die rechnergestützte Qualitätssicherung beginnt mit der qualitätsfokussierten Verifizierung der Geometriedaten von CAD (zum Beispiel: „Sind die Modelle maßstabgetreu?"). Der Einsatz von CAQ setzt sich mit der Überprüfung der Arbeitspläne in CAP fort. Im Rahmen von CAM werden Grenzwerte für Fehlertoleranzen und Passgenauigkeiten überprüft.

D.6.6 Enterprise Resource Planning und Advanced Planning and Scheduling

Von CIM zu ERP

Die Systeme zur Produktionsplanung und -steuerung einer CIM-Architektur richten sich im Schwerpunkt auf Programm-, Potenzial- und Prozessmodellierung aus. Sie wurden im Zeitablauf zu **Enterprise Resource Planning** erweitert (ERP, vgl. *Gronau* 2010; *Kurbel* 2005; *Ritter* 2008). Die Zwischenstufe bei diesem Übergang stellen MRP-Tools dar (vgl. Begriffsblock D.IX), welche bereits eine unternehmungsweite Integration von Produktions-, Vertriebs- und Erfolgsplanung sichern.

Instrumente zur IT-Unterstützung — **D.6**

MRP-Systeme — *Begriffsblock D.IX*

- **MRP I**: *Material Requirement Planning* ist ein System zur Materialbedarfsplanung. Die Materialbedarfe werden aus vorgegebenen Produktionsmengen abgeleitet, wobei allerdings die verfügbaren Kapazitäten unberücksichtigt bleiben. MRP-I-Systeme wurden im Laufe der Zeit schrittweise durch CRP (*Capacity Requirement Planning*), MPS (*Master Production Scheduling*) und DRP (*Distribution Requirement Planning*) erweitert. Sämtliche Ansätze richten sich jedoch nach einer Sukzessivplanung aus.

- **MRP II**: Später wurden MRP-I-Systeme zu MRP II (*Manufacturing Resource Planning*) ausgebaut. Dieses Tool berücksichtigt zwar die verfügbaren Kapazitäten. Jedoch orientiert sich auch dieser Ansatz an einer Sukzessivplanung, indem die Kapazitäten und die Materialbedarfe isoliert voneinander abgestimmt werden. Dadurch entstehen Inkonsistenzen: Auf Grund mangelnder Kapazitäten sind die Materialpläne ständig neu zu definieren.

Die Strukturplanung von MRP II und ERP ist nahezu identisch: Übergeordnete Pläne werden sukzessive in unterschiedliche Spezialpläne heruntergebrochen. Im Gegensatz zu MRP II gewährleisten die Module von **Enterprise Resource Planning** jedoch auch Funktionen wie Instandhaltung, Auftragsverwaltung oder Personalwirtschaft. Der Grundstein für Enterprise Resource Planning wurde in den 90er Jahren gelegt. Unternehmungsweit regelt ein ERP-System die Geschäftsprozesse transaktionsorientiert. Dazu werden die notwendigen Informationen aus einer relationalen Datenbank entnommen, in speziellen Tabellen hinterlegt und bei Zugriff über Suchabfragen individuell wieder zusammengesetzt.

Unternehmungsweite Sukzessivplanung

Enterprise Resource Planning gewährleistet die operative und automatisierte Steuerung von unternehmungseigenen Prozessen in der **Supply Chain**. Als Basis für ERP dient die Software von *SAP* (*SAP R/3*), *Oracle* oder *J. D. Edwards*. Der Produktionsplan wird sukzessiv abgearbeitet, und die Optimierung richtet sich an den logistischen Teilsystemen innerhalb von Organisationen aus.

ERP in der Supply Chain

Instrumente des Supply Chain Managements

Selbst ERP-Systeme kennen noch Begrenzungen

Jedoch weisen die ERP-Systeme eine Reihe von **Schwierigkeiten** auf (vgl. *Gronau* 2004):

- ERP basiert auf dem Konzept der Sukzessivplanung, die Materialbedarfe werden nacheinander (und nicht parallel) mit den Kapazitäten abgeglichen.
- Es werden keine Wechselbeziehungen zwischen den untergeordneten Plänen berücksichtigt.
- Weiterhin deckt ERP den Verwaltungsbereich und das Engineering kaum ab. Dieses Manko wiegt umso schwerer, indem gerade in diesen Funktionen die Gemeinosten überproportional hoch sind.
- Der Ansatz ist wenig flexibel, indem er beispielsweise von festen Bearbeitungs- und Wartezeiten ausgeht (Simulationen finden kaum statt).
- Die Bereitstellung der Informationen ist zeitkritisch, weil sehr viele Einzelzugriffe auf Teilestamm, Erzeugnisstruktur, Materialbeschaffung, Arbeitsgang und Betriebsmittel in kurzen Zeitabständen erfolgen.
- Als Gesamtsystem bleibt die Supply Chain bei ERP unberücksichtigt, weil ein direkter Zugang von Lieferanten- und Kundeninformationen fehlt. Diese Einschränkung wiegt besonders stark bei schwankender Nachfrage (Bullwhip-Effekt).

Von der Sukzessivplanung zur Simultanplanung

An diesen Schwierigkeiten von ERP setzt APS (**Advanced Planning and Scheduling**) an. APS ist über die komplette Supply Chain einsetzbar (vgl. *Betge* 2006; *Gronau* 2010; *König* 2009). Diese Systeme stellen eine Ergänzung zu den ERP-Modulen dar. Die Optimierung der Planungsparameter basiert bei APS auf mathematischen Algorithmen. Anbieter dieser Systeme sind beispielsweise *SAP, J. D. Edwards* oder *Manugistics*. Seine Daten bezieht APS aus den operativen Transaktionseinheiten der ERP-Module. An diese dezentralen Bereiche gibt APS seine Informationen nach Bearbeitung zurück. APS zielt auf die **simultane** Abstimmung sämtlicher Aktivitäten der kompletten Lieferkette und ist dabei hoch reagibel. Sämtliche Aktivitäten, die zu einer Wertsteigerung beitragen können, sind synchron aufeinander abzustimmen. Mit Hilfe von Simulationen werden unterschiedliche Alternativen recht schnell durchgespielt. APS wählt diejenige Möglichkeit, welche den potenziell größten Nutzen verspricht (vgl. Beispielblock d.8).

Nachstehend werden die wesentlichen **Merkmale** von Advanced Planning and Scheduling aufgelistet (vgl. *Betge* 2006, S. 23ff.; *El-Berishy* 2011; *Günther/van Beek* 2010).

- **Kundenorientierung**: Im Mittelpunkt steht die Synchronisation von Kapazitäten und Bedarfen, um zu einer kundengerechten Auftragsbearbeitung zu finden (Pullausrichtung). *Pullausrichtung*

- **Realitätsnähe**: APS zeigt die Verfügbarkeit der Kapazitäten und Bedarfe weitgehend in **Echtzeit** auf. In besonderer Weise sind dabei Engpässe (*Constraints*) aufzudecken, die zur Planungsunsicherheit führen. Dabei werden weiche und harte Engpässe unterschieden. Probleme, die aus weichen Engpässen (*Soft Constraints*) resultieren, lassen sich relativ rasch lösen. Ein weicher Engpass liegt zum Beispiel vor, wenn ein kurzfristiger Nachfrageschub ein Werk mit einem Kapazitätsauslastungsgrad von lediglich 65% trifft. Dieses Werk hat keine Probleme damit, den Zusatzauftrag anzunehmen. Harte Restriktionen (*Hard Constraints*) hingegen führen zu nachhaltigen Schwierigkeiten in der Supply Chain. Bezüglich des oben aufgeführten Beispiels liegen sie vor, wenn Zusatzaufträge auf Werke mit nahezu kompletter Auslastung treffen. *Vermeidung von Engpässen*

- **Simultaneität**: Die Module von Advanced Planning and Scheduling erlauben eine parallelisierte Bearbeitung einzelner Aktivitäten im Planungsprozess. Dadurch wird der Nachteil einer Sukzessivplanung (vgl. ERP) aufgelöst. *Simultan statt sequentiell*

- **Geschwindigkeit** und **Flexibilität**: Ein weiteres Charakteristikum von APS ist die hohe Verarbeitungsgeschwindigkeit. Die Systeme sind hauptspeicherresistent, und die Planungsläufe benötigen nur wenige Augenblicke. Treten unerwartete Änderungen der Restriktionen oder Planungsabweichungen auf, reagieren die Module von APS mit ausgeprägter Anpassungsfähigkeit darauf. Dadurch werden die Anforderungen für ein Available-to-Promise und ein Capable-to-Promise erfüllt. *„Zeittotschläger auf ihren Wegen, heute Nacht gehöre ich zu ihnen..."*

- **Integration**: Neben den unternehmungseigenen Daten fließen in Advanced Planning and Scheduling auch die Informationen von Lieferanten und Kunden ein. Dadurch deckt APS die komplette Supply Chain ab. *Supply-Chain-Orientierung*

- **Simulation**: Mit Hilfe von stochastischen Prognosen werden reale oder geplante Systeme auf dem Rechner in unterschiedlichen Modellen durchgespielt (*What-if-Szenarien*). *What-if-Simulationen*

D	*Instrumente des Supply Chain Managements*

Beispielblock d.8	*Advanced Planning and Scheduling*

Erfahrungen mit dem Einsatz von Advanced Planning and Scheduling mit Hilfe von *SAP* **APO** sammelte beispielsweise *Röhm* bei der Produktion von Plexiglas (vgl. *Hoppe* 2006). APO steht für „Advanced Planner and Optimizer". Die Aktivitäten beziehen sich insbesondere auf die Module „PP" (Production Planning) und „DS" (Detailed Scheduling). Es folgte die Spezifizierung der Netzwerkplanung („SNP", Supply Network Planning) für *Röhm*. Anschließend untersuchten die Projektverantwortlichen, mittels Simulationen, die Beziehungen für Beschaffung, Lagerung, Produktion, Handling und Transport von Plexiglas in diesem Verbund. Schließlich definierte *Röhm* die Parameter für eine kollaborative Planung zwischen den beteiligten Partnern, wozu im Internet Planungsmappen auf der Basis von ITS (Internet Transaction Server) erstellt wurden.

Leistungsmodule

Die Struktur von APS zeigt sich in der **Advanced-Planning-and-Scheduling-Matrix** (vgl. *Betge* 2006, S. 75ff.; *El-Berishy* 2011, S. 93f.; *Günther/van Beek* 2010, S. 103ff.). Sie spiegelt den Aufbau der APS-Systeme der meisten Softwareanbieter und beinhaltet die folgenden Module:

Fundament

- **Strategic Network Planning**: Eine strategische Netzwerkplanung ist langfristig ausgerichtet (drei bis zehn Jahre). Sie beinhaltet die Konfiguration der kompletten Wertschöpfungskette und umfasst Simulationen auf Basis stochastischer Optimierungsmodelle (What-if-Simulationen). Dazu werden die Knotenpunkte in der Supply Chain visualisiert. Hierunter fallen beispielsweise Fertigungsstätten, Lagerorte, Lieferanten oder Distributionszentren (bei *SAP* „Cockpit" genannt). Aber auch wichtige Informationen aus der Verkaufsplanung fließen in die strategische Netzwerkplanung ein.

Kapazitäts- und Bedarfsabgleich

- **Master Planning**: Bei den meisten Softwareanbietern erstreckt sich die Hauptplanung über einen mittelfristigen Zeitraum von circa zwölf Monaten. Darin sind Aktivitäten von Beschaffung, Produktion und Distribution innerhalb der Supply Chain geregelt. In diesem Kontext findet eine Abstimmung der verfügbaren Kapazitäten mit den Bedarfen statt – ohne dabei große Puffer aufzubauen. Wichtige Voraussetzungen dafür sind Beschaffungs-, Produktions-, Transport- und Materialbedarfsplanungen aus ERP.

Operations Research

- **Demand Planning**: Die Nachfrageplanung beinhaltet im Kern die Erstellung von Prognosen über die zukünftige Nachfrage. Diesbezüglich werden Zeitreihenanalysen durchgeführt und kausale Zusam-

Instrumente zur IT-Unterstützung **D.6**

menhänge bestimmt. Ein Beispiel dafür ist der Absatz von Sonnencreme in Abhängigkeit von der Temperatur.

- **Material Requirement Planning**: Eine mittel- bis kurzfristige Materialbedarfsplanung ist für das Ordering der Vorräte zuständig. Dazu werden unterschiedliche Transaktionen in APS durchgespielt. — *Materialbedarfe simulieren*

- **Production Planning and Scheduling**: Hier wird deutlich, dass APS keinen Ersatz, sondern vielmehr eine *Ergänzung* zu ERP darstellt. Unternehmungsintern findet eine engpassorientierte Kapazitätsplanung über ERP statt, welche sich auf die Faktoren Personal, Materialeinsatz oder Maschinenbelegung erstreckt. Ein wichtiges Ziel ist in diesem Zusammenhang die Verkürzung der Durchlaufzeiten. Dazu werden die Produktionsfolgen simuliert. APS wählt diejenige Alternative, welche die größte Erfolgswahrscheinlichkeit verspricht. — *Fertigungsorientierung*

- **Distribution and Transport Planning**: Die Distributions- und Transportplanung beinhaltet eine Warenverteilung. Hergestellte Güter können direkt an den Abnehmer distribuiert oder in einem Verteilzentrum zwischengelagert werden. Diesbezüglich muss die jeweilige Software für APS auf die Minimierung der Transport- und Lagerkosten achten. Aber auch Prämissen – wie Warenverderblichkeit, Materialhandling oder Verpackungsvorschriften – sind zu berücksichtigen. Deshalb leitet sich die Distributions- und Transportplanung aus Informationen über Transportvolumen, Fahrzeugverfügbarkeit oder Incoterms ab. — *Distributionslogistische Implikationen*

- **Demand Fulfillment**: Schließlich meint ein Demand Fulfillment eine Überprüfung der Warenverfügbarkeit. Hier setzt das Prinzip Available-to-Promise (ATP) an: Die Liefertermine sind verbindlich zuzusagen. Deshalb findet ein Abgleich zwischen dem Lagerbestand und der Kundenbestellung statt. Wenn sich genügend Waren auf dem Lager befinden, ist die Lieferzusage unproblematisch. Demand Fulfillment läuft über Simulationen ab, wobei besonders dringende Aufträge mit Hilfe einer Prioritätsregel vorgezogen werden. — *ATP*

Zur Abrundung der Überlegungen dieses Kapitels findet sich eine kritische Würdigung von APS-Systemen. Zu den wesentlichen **Vorteilen** von APS zählen: — *Vielfältige Möglichkeiten von APS-Systemen*

- Der Ansatz erstreckt sich über die komplette Supply Chain. Im Gegensatz zu ERP, werden Lieferanten- und Kundeninformationen direkt in das System gespielt, wodurch Reibungsverluste (auf Grund von Iterationsschleifen) an den Schnittstellen gemindert vorliegen.

Instrumente des Supply Chain Managements

- Mit Hilfe von Advanced Planning and Scheduling wird eine Organisation schnell auf Marktveränderungen reagieren können (quasi in Echtzeit). Zusätzlich ist APS sehr flexibel, weil sich die Module an wandelnde Wettbewerbsbedingungen anpassen.

- APS-Systeme bedeuten den Übergang von einer Sukzessivplanung (diese liegt bei PPS, MRP I und MRP II sowie ERP vor) zu einer Simultanplanung. Von besonderer Bedeutung ist dabei die Möglichkeit zur zeitlich parallelisierten Bearbeitung der Aktivitätenbündel.

- In der kompletten Supply Chain sind durch APS-Systeme die Bestände zu senken. Außerdem werden die Durchlaufzeiten gepusht, woraus sich kürzere Lieferzeiten ableiten.

- Die APS-Module können die Basis für ein Frühaufklärungssystem bilden. Zum Beispiel zeigt der "Alert Monitor" von *SAP* dem User zunächst das auslösende Ereignis an und schlägt sofort eine Funktion vor, die zur Klärung dieser Problemstellung dient.

- Advanced Planning an Scheduling richtet sich nach dem Pullkonzept aus, indem die Wünsche der Kunden nachhaltig Berücksichtigung finden.

Aber auch APS-Systeme stoßen an Grenzen

Nach der anfänglichen Euphorie gegenüber Advanced Planning and Scheduling werden dem Ansatz mittlerweile jedoch auch **Vorbehalte** entgegengebracht:

- Die Systeme für Einkauf, Lagerbestandsführung oder Fakturierung werden nicht ersetzt, sondern lediglich ergänzt. Diese operativen Module sind weiterhin zu pflegen, was einen Mehraufwand an Verwaltungstätigkeiten und die Einleitung zusätzlicher Transaktionen bedeutet.

- Durch die Berücksichtigung einer Software im Sinne von APS steigen die Abhängigkeiten in der Lieferkette. Werden beispielsweise die Systeme zwischen Hersteller und Modullieferanten dauerhaft verknüpft, sind sich beide Partner auf „Gedeih und Verderb" ausgeliefert. Dazu kommt, dass die Transparenz innerhalb der Kostenkalkulation per se steigt: Insbesondere kleinere Lieferanten könnten dadurch einen Druck auf ihre Gewinnmargen befürchten.

- Nur durch die Implementierung von APS werden sich die Supply-Chain-Prozesse nicht verbessern. Auch das beste System scheitert an einer minderwertigen Datengüte. Um eine hohe Datenqualität zu erreichen und um einen allgemein reibungslosen Ablauf von APS zu gewährleisten, müssen die Mitarbeiter intensiv geschult werden.

D.7 Verständnisfragen

- Woraus setzen sich Sie die Gesamtkosten einer Bevorratung zusammen?
- Nennen Sie Instrumente zur Bestandsreduzierung.
- Was ist eine ABC-Analyse? Was ist eine XYZ-Analyse?
- Charakterisieren Sie die Arten der Materialbeschaffung.
- Kombinieren Sie die ABC-Analyse und die XYZ-Analyse mit den Arten der Materialbeschaffung.
- Beschreiben Sie das Wesen der Gängigkeitsanalyse. Entwerfen Sie eine Tabelle, in der Sie die Vorteile und die Nachteile von Excess and Obsolete gegenüberstellen.
- Worin besteht der Unterschied zwischen OES-, OEM- und AM-Teilen?
- Zeigen Sie Maßnahmen zur Reduzierung ungängiger Vorräte auf.
- Kennzeichnen Sie das Ampelverfahren des Reichweitenmonitorings. Führen Sie dazu ein Beispiel aus der Medizintechnik an.
- Diskutieren Sie die Phänomene „Einlaufsteuerung" und „Auslaufsteuerung".
- Klären Sie den Begriff "Cost-Charge-Back".
- Beschreiben Sie die Konsignationsanalyse. Nennen Sie Gründe zur Konsignation aus Kunden- und Lieferantensicht.
- Beschreiben Sie das Verfahren „Payment-on-Production".
- Welches sind die Arbeitsschritte zur Einrichtung eines Konsignationslagers?
- Grenzen Sie die Konsignationsabwicklung vom Lieferanten-Logistik-Zentrum ab.
- Beschreiben Sie den Ablauf einer Bestandsfinanzierung. Leiten Sie Cash-to-Cash-Effekte aus Sicht der jeweils beteiligten Partner des Verfahrens ab.
- Charakterisieren Sie die Inhalte der Durchlaufzeiten- und der Rüstzeitenanalyse.
- Nennen und diskutieren Sie Instrumente zur Frachtkostenreduzierung.
- Was bedeutet ein „Milk Run"?
- Beschreiben Sie die Arten von Benchmarking.

D Instrumente des Supply Chain Managements

- Welches sind die Vor- und die Nachteile des wettbewerbsfokussierten Benchmarkings?
- Diskutieren Sie den Begriff „Reverse Engineering".
- Beantworten Sie folgende Fragen zu Quality Function Deployment: Historie, Begriffsklärung und Charakterisierung, Qualitätspläne, Arbeitsschritte zur Erstellung eines House of Quality (dargestellt am Beispiel „Rasenmäher") und kritische Würdigung.
- Kennzeichnen Sie das Instrument „Failure Mode and Effects Analysis". Nehmen Sie eine kritische Würdigung der FMEA vor.
- Geben Sie ein Beispiel für Bottleneck Engineering an.
- Charakterisieren Sie EDI, EDIFACT und ODETTE: Was verbirgt sich hinter diesen Abkürzungen? Welches sind die Vor- und die Nachteile von EDI.
- Kennzeichnen Sie den Übergang von EDI zu Web-EDI. Worin sehen Sie die Stärken und die Schwächen von Web-EDI?
- Beschreiben Sie die Aufgaben von Barcodes. Worin besteht der Unterschied zu RFID?
- Charakterisieren Sie mögliche Einsatzgebiete und Eigenschaften von Tags in der Supply Chain.
- Definieren Sie ein Data Warehouse. Klären Sie die Begriffe „Data Mining" und „OLAP".
- Charakterisieren Sie die technischen Komponenten von CIM.
- Beschreiben Sie CAP-gestützte Systeme zur Erstellung von Arbeitsplänen.
- Welche Arten von NC-Maschinen kennen Sie? Nennen Sie flexible Fertigungssysteme.
- Nennen Sie Gemeinsamkeiten und Unterschiede zwischen ERP- und APS-Systemen.
- Listen Sie Vorteile und Nachteile von APS-Systemen auf.

E Controlling der Supply Chain

E.1 Lernziele und Vorgehensweise

Das **Lernziel** von Kapitel E besteht darin, die Bedeutung des Controllings im Supply Chain Management aufzuzeigen. Einerseits wird die Führung durch sein Controlling in festen Intervallen, zum Beispiel im Rahmen von Monatsabschlüssen, mit Informationen versorgt. Andererseits muss das Controllingsystem auch Ad-hoc-Abfragen zulassen. Zur Gewährleistung beider Anforderungen dient die Einbindung von Supply-Chain-Prozessen in ein adäquates Planungs-, Steuerungs- und Kontrollsystem.

Warum ein Controlling der Supply Chain?

In Kapitel E werden im weiteren **Vorgehen** zunächst die betriebswirtschaftlichen Grundlagen für ein Controlling der Supply Chain beschrieben. Durch ein Cost Tracking sind die Auswirkungen der Logistik-Aktivitäten auf die Bilanz sowie die Gewinn- und Verlustrechnung festzustellen. Anschließend wird eine Kennzahlentypologie des Supply Chain Managements diskutiert, welche in die Darstellung von Werttreiberbäumen mündet.

Vorgehensweise im Überblick

Weiterhin stehen dem Controller **Hilfsmittel** zur Verfügung, die zur Planung, Steuerung und Kontrolle von Abläufen innerhalb der Lieferketten beitragen sowie die Informationsversorgung der Organisationsführung sichern. Zu diesen Hilfsmitteln zählen die Hard-(Soft)-Analyse, das Target Costing, die Prozesskostenrechnung, der Economic Value Added, das Working Capital Management und die Supply Chain Scorecard. Letzte wird zur aktuell diskutierten Strategy Map fortgeführt. Sämtliche Instrumente werden ausführlich charakterisiert und speziell auf das Supply Chain Management bezogen. Auch dieses Kapitel endet mit Verständnisfragen.

Moderne Instrumente des Controllings im Einsatz

E Controlling der Supply Chain

E.2 Betriebswirtschaftliche Grundlagen und Cost Tracking

E.2.1 Betriebswirtschaftliche Grundlagen

Financial Supply Chains

Das **Controlling der Supply Chain** ist ein Subsystem der Führung. Zu seinen Aufgaben zählen die Planung, die Steuerung und die Kontrolle sämtlicher Aktivitäten innerhalb der Supply Chain. Umgarnt werden diese Tätigkeiten durch die Sicherstellung einer Informationsversorgung des (Supply Chain) Managements. Dazu setzt das Controlling unterschiedliche Hilfsmittel ein. Im Folgenden werden neuere Controlling-Instrumente der Supply Chain beschrieben. Zunächst sind jedoch einige betriebswirtschaftliche Grundlagen zu klären.

Supply Chain als Regelkreis

Das Supply Chain Management stellt ein **Regelkreissystem** dar. Der Regler ist die Führung und die Regelstrecke das Order-to-Payment-S. Mögliche Stell- und Regelgrößen innerhalb von Wertschöpfungsketten sind Bestände, Frachtkosten, Durchlaufzeiten, Rüstzeiten oder Materialpreise. Anhand von Beständen, Frachtkosten und Materialpreisen wird die Bedeutung der Stell- und der Regelgrößen für die Erfolgswirksamkeit ausgewählter Maßnahmen exemplifiziert. Im Schwerpunkt beziehen sich ihre Auswirkungen auf die Bilanz sowie die Gewinn- und Verlustrechnung.

Kapitalbindung

Bestände binden Kapital, weil das investierte Geld für andere Zwecke nicht zur Verfügung steht. Freies Kapital könnte durch seine Anlage einen Zins erwirtschaften. Dadurch ergeben sich für eine Organisation Opportunitätskosten (diese stellen „entgangene Gewinne" dar). Unter Kapitel D wurde deutlich, dass sich die Gesamtkosten einer Bevorratung aus Lagerkosten (Lagerhaltungskosten, Zinskosten und Sonstige Kosten) sowie aus Fehlmengenkosten aggregieren (vgl. S. 229f.).

Verbesserung des Cash Flow

Das Phänomen der Kapitalbindung durch Vorräte ist in der Betriebswirtschaftslehre hinlänglich bekannt. Doch erst seit den späten 60er Jahren werden Programme zur Bestandsreduzierung mit Nachdruck betrieben. Indem Vorräte eine Komponente des Umlaufvermögens der **Bilanz** darstellen, erwirkt ihre Reduzierung einen positiven Effekt auf den Cash Flow („Finanzmittelüberschuss"). Vorräte werden zumeist unter der Klasse 0 kontiert. Die Maßnahmen zur Bestandsreduzierung haben seit den späten 60er Jahren sehr an Bedeutung gewonnen. Durch die Senkung von Vorräten besteht die Möglichkeit zum **Aktivtausch** in

Betriebswirtschaftliche Grundlagen und Cost Tracking — E.2

der Bilanz, indem sich das Umlaufvermögen reduziert und das Anlagevermögen erhöht. Das freigesetzte Kapital wird beispielsweise in Sachanlagen (Maschinen oder Gebäude) investiert.

Für finanzwirtschaftliche Analysen sind **Bruttobestände** (Gross Inventory) und **Nettobestände** (Net Inventory) zu unterscheiden. Resultierend aus der Ungängigkeit von Materialien, werden die Bruttobestände über die „Inventory Reserve" zu Nettobeständen abgewertet. Verantwortlich dafür sind beispielsweise Planungsunsicherheiten im Abrufverhalten des Kunden, Serienausläufe von Produkten oder die Etablierung neuer Modetrends (vgl. zu Excess-and-Obsolete-Beständen S. 235ff.). Der Effekt einer Wertberichtigung auf ungängige Vorräte fließt in die Gewinn- und Verlustrechnung ein (vgl. unten). Gemessen wird dieses Phänomen durch die Kennzahlen **Lagerumschlagshäufigkeit** oder **Lagerreichweite**. Zu beiden Indikatoren vgl. S. 339ff.

„Mehr Netto vom Brutto…"

Auf die **Gewinn- und Verlustrechnung** schlägt sich die Vorratshöhe, mit Ausnahme der Bestandsumwertung zum Jahresabschluss, nur indirekt nieder. Vor allem in den Herstellungskosten des Umsatzes (Cost of Sales) finden sich die Auswirkungen einer Lagerbevorratung zum Beispiel in den Materialgemeinkosten, den Werkzeugkosten und den Personalkosten. Für *kalkulatorische* Berechnungen wird der Bestandseffekt auf das Betriebsergebnis der Gewinn- und Verlustrechnung über den **WACC (Weighted Average Cost of Capital)** verzinst. Dieser gewichtete Eigen- und Fremdkapitalkostensatz liegt zwischen 7% und 13% und differiert durchaus zwischen Unternehmungen und Branchen. Beträgt die Höhe der Bestände 100 Millionen Euro, die in der Bilanz im Umlaufvermögen ausgewiesen werden, und ist der WACC mit 10% angesetzt, ergibt dies eine direkte Belastung für den EBIT von 10 Millionen Euro.

Verzinsung und G&V-Effekt

Die **Frachtkosten** und die **Materialpreise** sind hingegen Komponenten einer Gewinn- und Verlustrechnung. In der Regel werden die Frachtkosten unter der Klasse vier (als Kostenartenkosten) und die Materialpreise unter der Klasse sieben in der Erfolgsrechnung gebucht. Ihre Erhöhung oder Reduzierung wirkt sich zu 100% gegen den EBIT aus. Beide Größen finden sich in den Herstellungskosten des Umsatzes der Gewinn- und Verlustrechnung.

Auswirkungen auf die Erfolgsrechnung

Nachstehend wird aufgezeigt, wie der Controller ein **Cost Tracking** für Materialpreise, Frachtkosten und Bestände implementieren kann. Sämtliche drei Einflussgrößen auf das Supply Chain Management fließen später in eine Hard-(Soft)-Analyse. Ein Beispiel unterstreicht diese Zusammenhänge (vgl. S. 383ff.).

Hard Spots und Soft Spots in der Supply Chain

Controlling der Supply Chain

E.2.2 Cost Tracking

Was ist ein Cost Tracking?

Das Cost Tracking ist ein **spezielles Überwachungssystem**, welches des Aufzeigens der *Erfolgswirksamkeit* von Unternehmungsaktivitäten dient. Es ist häufig in ein Reportingsystem (Berichtswesen) integriert. Im Folgenden bezieht sich das Cost Tracking auf drei ausgewählte Bereiche der Supply Chain:

- Cost Tracking von Materialpreisen.
- Cost Tracking von Frachtkosten.
- Cost Tracking von Beständen.

View AG als Beispiel

Sämtliche drei Arten eines Cost Trackings im Supply Chain Management basieren auf der Verwendung von Formblättern. Zur Beschreibung des Cost Trackings von Beständen, Frachtkosten sowie Materialpreisen dient ein **Beispiel**: Die Phantomunternehmung *View AG* stellt Fernsehgeräte in Deutschland am Standort Frankfurt her. Zu Beginn des Geschäftsjahrs 2013 nimmt sie einen Lieferantenwechsel für LCD-Panels vor. Bislang wurde die Organisation mit LCD-Panels aus Italien beliefert, und zukünftig bezieht sie diese aus Mexiko. Das Cost Tracking der Materialpreise, Frachtkosten und Bestände erstreckt sich auf den Berichtsmonat Juli des laufenden Geschäftsjahrs.

E.2.2.1 Cost Tracking von Materialpreisen

Grundlagen der Materialpreisabweichung

Die Materialpreise werden – wie oben bereits kurz erwähnt – in der Regel unter der Klasse sieben in der Gewinn- und Verlustrechnung gebucht. Sie sind eine Komponente der Herstellungskosten des Umsatzes. Änderungen in den Materialpreisen (Erhöhungen oder Reduzierungen) schlagen sich folglich zu 100% auf den EBIT einer Erfolgsrechnung nieder. Für das Cost Tracking der Materialpreise entwirft das Controlling der *View AG* den **Chart I** (vgl. Abbildung E.1 und *Werner* 1999e, S. 150ff.). In diesem Chart ist die Materialpreisabweichung für LCD-Panels abgetragen. Alle Zahlen werden in Tausend Euro (T€) und negative Zahlen in Klammern angegeben. Die **Materialpreisabweichung** bemisst die Leistung des Einkäufers. Sie gibt den Unterschiedsbetrag zwischen den bereits im Vorjahr budgetierten und im laufenden Geschäftsjahr wirklich gebuchten (Actual), oder unterjährig geplanten (Outlook), Materialpreisen an.

Betriebswirtschaftliche Grundlagen und Cost Tracking | **E.2**

- **Bereich A.1**: Bis zum Juli 2013 stehen dem Controlling aus den Monatsabschlüssen Istzahlen (Actual) zur Verfügung. Ab dem Monat August 2013 trägt das Controlling Planzahlen (Outlook) in den Chart. — *Perioden spezifizieren*

- **Bereich B.1**: Der Bereich B.1 visualisiert die totale Materialpreisabweichung. Die Zahlen sind kumuliert. Bis zum Actual Juli beläuft sich die Materialpreisabweichung auf 194 T€. Ein Outlook (synonym als „Forecast" bezeichnet) stellt die unterjährige Planung der Materialpreise dar. Bis zum Dezember 2013 beträgt diese 322 T€. — *Kumulation*

  – *Volumeneffekt*: Auf den Volumeneffekt entfällt der Raubanteil dieser Materialpreisabweichung. Von den 194 T€ im Actual Juli 2013 sind ihm allein 154 T€ geschuldet. Diese Komponente ist durch den Einkäufer beeinflussbar. Mit der Umstellung der LCD-Panel-Belieferung von Italien nach Mexiko ist es dem Einkäufer gelungen, die Beschaffungspreise zu reduzieren. — *Senkung der Materialpreise*

  – *Börsenmaterial*: In die Herstellung der LCD-Panels geht Kupfer ein. Der Preis für Kupfer wird an der Börse notiert. Er ist durch den Einkauf nicht zu verhandeln. Kupfer kostet im Jahr 2013 mehr, als budgetiert wurde. Dieser Effekt ist separat auszuweisen. Er beziffert sich bis zum Jahresende 2013 auf (51) T€. — *Kein Potenzial zur Beeinflussung*

  – *Wechselkurseffekt*: Auch auf die Wechselkurse kann der Einkauf keinen direkten Einfluss ausüben. Von der totalen Materialpreisabweichung zum Dezember 2013 (322 T€) entfallen allein 125 T€ auf die Wechselkurse. Wenn diese Auswirkung auf einem Hedging basiert, hat der Bereich Treasury das Kurssicherungsgeschäft für diese Währung vorteilhaft abgeschlossen. — *Währungsschwankungen über Hedging abfedern?*

  – *Werkzeugkosten*: Werkzeugkosten nehmen in manchen Branchen hohe Beträge ein. Die (7) T€ basieren auf einer Werkzeugbeistellung an den LCD-Panel-Lieferanten. — *Beigestelltes Material*

  – *Skonto*: Schließlich werden die gezogenen Skonti ausgewiesen. Sie leiten sich aus den Zahlungszielen ab. Zum Beispiel kann eine Zahlungsbedingung lauten: „Ziehung von 3% Skonto bei Zahlung bis zum 10. Tag des Folgemonats oder nach 50 Tagen netto". Im Rahmen des LCD-Panel-Bezugs erzielt die *View AG* aus Skonti bis zum Jahresende voraussichtlich 5 T€. — *Zahlungsbedingungen ausloten*

- **Bereich D.1**: Hier trägt das Controlling die Zahlen für das Budget 2013 ein. Auf Basis des Lieferantenwechsels nach Mexiko, wird monatlich mit einer positiven Abweichung von 10 T€ gerechnet. — *Monatliche positive Abweichung*

- **Bereich E.1**: Die Abweichungen zwischen Actual und Outlook sowie Budget finden sich in Block E.1. Bis zum Juli 2013 wird im Actual eine — *Variances*

Controlling der Supply Chain

positive Abweichung von 124 T€ erzielt. Diese erhöht sich bis zum Jahresende auf 202 T€. Obwohl das Controlling bereits eine Reduzierung der Einkaufspreise durch den Lieferantenwechsel von 120 T€ im Budget berücksichtigte, wird diese Erwartung im laufenden Geschäftsjahr um 202 T€ übertroffen.

Maßnahmen und Verantwortlichkeiten definieren

■ **Bereich F.1**: Schließlich werden in diesen Bereich einzuleitende Aktionen zur Verbesserung der Materialpreisabweichung, sowie Erklärungen für diese Abweichungen, eingetragen und quantifiziert.

Abbildung E.1

Cost Tracking von Materialpreisen

Chart I: Materialpreisabweichung (MPA)
Projekt: LCD-Panel-Bezug aus Mexiko

View AG 2013   Alle Zahlen kumuliert   Monat: Juli

		A.1	A.1	A.1	A.1	A.1	A.1	A.1	A.1	A.1	A.1	A.1	A.1
	Monat	01	02	03	04	05	06	07	08	09	10	11	12
	Periode	Act	Act	Act	Act	Act	Act	Act	Olk	Olk	Olk	Olk	Olk
B.1	Σ MPA	45	66	95	112	132	164	194	217	242	269	295	322
C.1	*Komponenten der MPA*												
	- Volumeneffekt	34	51	75	91	103	131	154	170	190	210	230	250
	- Börsenmaterial	(3)	(7)	(13)	(17)	(23)	(27)	(31)	(35)	(39)	(43)	(47)	(51)
	- Wechselkurseffekt	15	23	34	41	55	62	73	85	95	105	115	125
	- Werkzeugkosten	(1)	(1)	(2)	(4)	(5)	(5)	(5)	(6)	(7)	(7)	(7)	(7)
	- Skonto	0	0	1	1	2	3	3	3	4	4	5	
D.1	MPA Bud	10	20	30	40	50	60	70	80	90	100	110	120
E.1	MPA Act/Olk vs. Bud	35	46	65	72	82	104	124	137	152	169	185	202
F.1	Aktionen zur Verbesserung der Materialpreisabweichung und Abweichungserklärungen												
	Monat	01	02	03	04	05	06	07	08	09	10	11	12
	Periode	Act	Act	Act	Act	Act	Act	Act	Olk	Olk	Olk	Olk	Olk

Aktionen zur Verbesserung der Materialpreisabweichung
-
-
-

Abweichungserklärungen (Act/Olk vs. Bud)
-
-
-

Legende: Act = Actual, Olk = Outlook, Bud = Budget
MPA = Materialpreisabweichung, alle Zahlen in Tausend Euro (T€)
Negative Zahlen werden in Klammern wiedergegeben

Betriebswirtschaftliche Grundlagen und Cost Tracking

E.2

E.2.2.2 Cost Tracking von Frachtkosten

Weil die *View AG* ihre Frachtkosten unter der Klasse vier kontiert, beeinflussen sie den EBIT in der Gewinn- und Verlustrechnung zu 100%. Für den LCD-Panel-Bezug aus Mexiko wird eine Belieferung Ab-Werk unterstellt. Die *View AG* trägt die Frachtkosten selbst. Das Cost Tracking der Frachtkosten findet sich in **Chart II** (vgl. Abbildung E.2).

Auswirkung auf das operative Ergebnis

- **Bereich A.2**: In diesen Bereich wird die Periode eingetragen.

    Berichtsperioden

- **Bereich B.2**: Die Frachtkosten sind kumuliert anzugeben. Bis zum Actual Juli 2013 belaufen sie sich für den LCD-Panel-Bezug aus Mexiko auf 166 T€. Der Outlook bis zum Dezember 2013 beträgt kumuliert 283 T€.

    Totale Frachtkosten in den Chart eintragen

- **Bereich C.2**: Zunächst findet sich hier eine Unterscheidung in Eingangs- und in Ausgangsfrachten. Sie werden in die Bereiche normale Frachtkosten, Sonderfahrten und Zölle (letzte sind von der Logistik nur indirekt beeinflussbar) zerlegt. Den Raubanteil an Frachtkosten nehmen die Eingangsfrachten mit 267 T€ ein (Jahresendwert). Durch das Herunterbrechen der Frachtkosten in ihre Bestandteile, sind potenzielle Problembereiche sofort zu erkennen. Beispielsweise betragen die selektiven Sonderfahrten für den Monat März im Eingangsbereich 27 T€. Der Controller wird dem Frachtverantwortlichen eine Begründung dafür abverlangen.

    Aufbruch der Black-Box

- **Bereich D.2**: Das Budget für eine Belieferung von LCD-Panels aus Mexiko beziffert sich für Frachtkosten auf 240 T€ (pro Monat 20 T€).

    Budgetierung der Basiswerte

- **Bereich E.2**: Es ergibt sich bis zum Jahresende 2013 eine negative Abweichung zwischen Actual (Outlook) und Budget von (43) T€.

    Negative Abweichung

- **Bereich F.2**: In den Abschnitt F.2 sind die Aktionen zur Verbesserung des Status quo und Erklärungen für Abweichungen in das Formblatt einzutragen. Diese Informationen liefert der Funktionsbereich Logistik.

    Wer macht was wann?

- **Bereich G.2**: Im Bereich G.2 wird die Kennzahl „Frachtkosten in Relation des Umsatzes" berechnet. Die Frachtkosten weichen zum Jahresende 2013 absolut voraussichtlich um (43) T€ *negativ* ab. Allerdings sind absolute Zielvorgaben zum Teil irreführend. In Zeiten von Better Budgeting und Beyond Budgeting, sind sie durch relative Zielvorgaben zu ergänzen, oder gar zu ersetzen. Die höheren Frachtkosten ergeben sich, weil im Outlook bis zum Dezember 2013 ein gesteigerter Umsatz – verglichen mit dem Budget – um 5.000 T€ erzielt wird. Laut Budget 2013 waren bis zum Jahresende Frachtkosten, in Relation des

    Relative Zielvorgaben schlagen Absolutwerte

E — Controlling der Supply Chain

Umsatzes, von 1,00% erlaubt. Der Outlook weist jedoch lediglich einen Wert von 0,98%, aus: Die Freigt-Ratio liegt 0,02% besser, als im Budget eingeplant (*positive* Abweichung).

Abbildung E.2 Cost Tracking von Frachtkosten

		Chart II: Frachtkosten											
		Projekt: LCD-Panel-Bezug aus Mexiko											
		View AG 2013	Alle Zahlen kumuliert								Monat: Juli			
		A.2	A.2	A.2	A.2	A.2	A.2	A.2	A.2	A.2	A.2	A.2	A.2
	Monat	01	02	03	04	05	06	07	08	09	10	11	12
	Periode	Act	Act	Act	Act	Act	Act	Act	Olk	Olk	Olk	Olk	Olk
B.2	Σ **Frachtkosten**	23	38	80	105	123	136	166	181	207	232	256	283
C.2	*Komponenten der Frachtkosten*												
	Eingangsfrachten	20	35	75	97	115	126	156	170	194	219	243	267
	- Normalfracht	17	29	42	61	79	88	113	125	145	165	185	205
	- Sonderfahrten	2	4	31	33	33	35	38	39	43	47	51	55
	- Zölle	1	2	2	3	3	3	5	6	6	7	7	7
	Ausgangsfracht.	3	3	5	8	8	10	10	11	13	13	13	16
	- Normalfracht	3	3	5	5	5	7	8	8	10	10	10	13
	- Sonderfahrten	0	0	0	3	3	3	3	3	3	3	3	3
	- Zölle	0	0	0	0	0	0	0	0	0	0	0	0
D.2	Frachtkosten Bud	20	40	60	80	100	120	140	160	180	200	220	240
E.2	Act/Olk vs. Bud	(3)	(2)	(20)	(25)	(23)	(16)	(26)	(21)	(27)	(32)	(36)	(43)
F.2	Aktionen zur Verbesserung der Frachtkosten/Abweichungserklärungen												
	Monat	01	02	03	04	05	06	07	08	09	10	11	12
	Periode	Act	Act	Act	Act	Act	Act	Act	Olk	Olk	Olk	Olk	Olk
	-												
	-												
	-												
G.2	Frachtkosten/ Umsatz (%)	01	02	03	04	05	06	07	08	09	10	11	12
	Umsatz BUD	2000	4000	6000	8000	10000	12000	14000	16000	18000	20000	22000	24000
	Frachtkosten/Umsatz (%)	1,00	1,00	1,00	1,00	1,00	1,00	1,00	1,00	1,00	1,00	1,00	1,00
	Umsatz Act/Olk	2013	5113	8356	10890	12993	14236	16730	19000	22000	25000	27000	29000
	Frachtkosten/Umsatz (%)	1,14	0,74	0,96	0,96	0,95	0,96	0,99	0,95	0,94	0,93	0,95	0,98

Legende: Act = Actual, Olk = Outlook, Bud = Budget
Alle Zahlen in Tausend Euro (T€)
Negative Zahlen werden in Klammern wiedergegeben

E.2.2.3 Cost Tracking von Beständen

Schließlich erstellt der Controller auch für das Cost Tracking von Beständen ein Formblatt (vgl. **Chart III**). Die Vorräte sind eine Komponente des Umlaufvermögens in der Bilanz der *View AG*. Sie binden Kapital und bewirken Opportunitätskosten. Auf Grund des Lieferantenwechsels von Italien nach Mexiko und der damit verbundenen deutlichen Verlängerung der Lieferzeiten, werden zusätzliche Sicherheitsbestände an LCD-Panels benötigt. Mit dieser Maßnahme möchte die *View AG* potenzielle Störungen und Lieferverzögerungen abfedern, um drohende Stock-outs zu vermeiden. Vgl. zum Cost Tracking der Bestände nachstehende Abbildung E.3.

Kalkulatorische Berechnung

- **Bereich A.3**: Wie in den ersten beiden Fällen, werden in diesen Block die Perioden des Cost Trackings eingetragen (Actual und Outlook). — *Zeitraum festlegen*

- **Bereich B.3**: Die gesamten Bestände finden sich auf dem Chart in Bereich B.3. brutto (also vor Abwertung auf Grund von Ungängigkeit). Im Actual Juli 2013 beziffert sich der Bruttobestand an LCD-Panels insgesamt auf 229 T€. — *Gross Inventory*

- **Bereich C.3**: Die Vorräte werden schließlich in ihre Komponenten herunter gebrochen. Die Logistikleitung sieht unmittelbar, auf welche Komponenten sich die Verbesserungsmaßnahmen zur Bestandsreduzierung zuerst erstrecken müssen: Hier sind es eindeutig die Kaufteile, die beispielsweise in Konsignation genommen werden könnten. — *Zerlegung des Gesamtbestands*

- **Bereich D.3**: Im Budget 2013 wurde unterstellt, dass die Vorräte schrittweise insgesamt um 75 T€ abzubauen sind: Von 250 T€ im Januar, auf 175 T€ im Dezember. Dafür sind Maßnahmen zur Senkung von Vorräten einzuleiten. — *Planwerte*

- **Bereich E.3**: Im Outlook wird ein Ausgleich der negativen Abweichung (versus Budget) bis zum Jahresende eingeplant. Outlook und Budget sind im Dezember 2013 „in line" bei 175 T€. Ausgehend vom letzten verfügbaren Actual, sind folglich die Vorräte bis zum Jahresende um 29 T€ abzusenken. — *Outlook on Budget*

- **Bereich F.3**: Schließlich werden (wie den beiden zuvor charakterisierten Charts auch) in den Bereich F.3 Aktionen zur Verbesserung und Erläuterungen für Abweichungen eingestellt. — *Aktionen festlegen*

Controlling der Supply Chain

Abbildung E.3 Cost Tracking von Beständen

Chart III: Bruttobestände
Projekt: LCD-Panel-Bezug aus Mexiko

View AG 2013   Alle Zahlen kumuliert   Monat: Juli

		A.3	A.3	A.3	A.3	A.3	A.3	A.3	A.3	A.3	A.3	A.3	A.3
	Monat	01	02	03	04	05	06	07	08	09	10	11	12
	Periode	Act	Act	Act	Act	Act	Act	Act	Olk	Olk	Olk	Olk	Olk
B.3	Σ **Bestände**	**286**	**276**	**287**	**267**	**268**	**260**	**229**	**214**	**210**	**195**	**188**	**175**

Komp. D Bruttobestände:

Rohmaterial	0	0	0	0	0	0	0	0	0	0	0	0
Kaufteile	177	199	203	187	199	187	165	150	150	140	135	126
Selbstgef. Teile	39	31	27	30	25	24	22	20	18	16	16	15
Work-in-Process	33	29	23	19	22	25	27	30	28	28	26	25
Fertigwaren	33	12	31	27	19	18	10	10	10	8	8	6
Beigst. Material	0	0	0	0	0	0	0	0	0	0	0	0
Anzahlungen	1	3	1	2	1	2	3	3	3	3	3	3
Sonstige	3	2	2	2	2	4	2	1	1	0	0	0

D.3	Bestand Bud	250	250	250	225	225	225	200	200	200	175	175	175
E.3	Act vs. Bud	(36)	(26)	(37)	(42)	(43)	(35)	(29)	(14)	(10)	(20)	(13)	0

F.3 Aktionen zur Verbesserung der Bestände und Abweichungserklärungen

Monat	01	02	03	04	05	06	07	08	09	10	11	12
Periode	Act	Act	Act	Act	Act	Act	Act	Olk	Olk	Olk	Olk	Olk

Aktionen zur Verbesserung der Bestände
-
-
-

Abweichungserklärung (Act/Olk vs. Bud)
-
-

Legende: Act = Actual, Olk = Outlook, Bud = Budget
Alle Zahlen in Tausend Euro (T€)
Negative Zahlen werden in Klammern wiedergegeben

E.3 Kennzahlenmanagement in der Supply Chain

E.3.1 Allgemeine Grundlagen

Kennzahlen (**Ratios**) haben im Allgemeinen die Funktion, schnell und aussagekräftig über betriebswirtschaftliche Sachverhalte zu informieren. Sie stellen eine Wiedergabe quantitativ erfassbarer Sachverhalte in konzentrierter Form dar. Zunehmend werden Kennzahlen auch als **Key Performance Indicators (KPI)** bezeichnet. Diesen Begriff übernimmt zwar auch die vorliegende Schrift. Dennoch sei der Hinweis erlaubt, dass die Umschreibung „KPI" aus zweierlei Gründen nicht stringent ist:

Key Performance Indicators

- Nicht alle Kennzahlen sind gleich bedeutsam. Es gibt Größen, die besonders wichtig erscheinen. Zum Beispiel ist der EBIT in den meisten Unternehmungen eine solche „Leuchtturmgröße". Ähnlich verhält es sich bei SCOR: Von den über 200 Kennzahlen ragen offenkundig acht Größen heraus (vgl. S. 73 dieser Schrift). Alle Kennzahlen jedoch gleichsam als **„Schlüsselgrößen"** bezeichnen zu wollen, erscheint überzogen.

- Von einem KPI leitet sich die **„Leistung"** aus dem Performance Measurement ab (vgl. S. 414). Doch nicht alle Kennzahlen messen Leistungen. Viele Größen bemessen vielmehr Kosten (vgl. Wirtschaftlichkeitsindikatoren). Streng genommen müsste von „(Key) Performance and Cost Indicators" gesprochen werden.

Kennzahlen ermöglichen es, einzelne Sachverhalte miteinander in Verbindung zu setzen. Isoliert betrachtet sind Kennzahlen jedoch wenig aussagekräftig. Erst im internen oder externen **Vergleich** gewinnen sie an Bedeutung. Zum Beispiel bietet sich ein interner Zeitvergleich an, wenn Kenngrößen mehrerer Perioden miteinander abgewogen werden.

Erst der Vergleich macht Kennzahlen wirklich stark

Die Begrifflichkeiten „Kennzahlenvergleich" und **„Benchmarking"** (vgl. S. 264ff.) werden zuweilen synonymisiert. In der vorliegenden Schrift ist dieser Gleichsetzung jedoch nachhaltig nicht zu folgen: Während eine Kennzahl lediglich das „Wo" aufzeigt (*wo* befindet sich eine jeweilige Unternehmung im Wettbewerb?), beschreibt das Benchmarking das „Wie" (*wie* ist es einer Organisation gelungen, eine Best-Practice-Situation einzunehmen?). Bildlich gesprochen beschreibt eine Kennzahl „lediglich" den Temperaturanzeiger eines Heizkörpers. Sie ist aber nicht

Kennzahlen als unverzichtbarer Bestandteil des Benchmarkings

Controlling der Supply Chain

das Thermostat (der automatische Temperaturregler). Eine Kennzahl zeigt an, *wo* eine Unternehmung steht. Doch den Weg in eine Best-Practice-Situation weist sie nicht.

Neues Kennzahlenverständnis

Das Kennzahlenmanagement innerhalb einer Supply Chain befindet sich derzeit im **Wandel**. Früher wurden ausschließlich operative KPIs eingesetzt. Diese bezogen sich auf die eigene Unternehmung oder auf deren Segmente (wie Standort, Profit Center oder Business Unit). In Zeiten modernen Netzwerkmanagements finden hingegen auch strategische Kennzahlen Einsatz. Letzte zielen nicht nur auf die eigene Organisation, sondern auf die komplette Supply Chain. Eine treibende Voraussetzung für die Nutzung strategischer Kennzahlen ist die möglichst trennscharfe Koordination räumlich oder zeitlich verteilter Aktivitäten innerhalb einer Supply Chain.

E.3.2 Arten von Kennzahlen

Systematisierung von Kennzahlen

Im Kern lassen sich für Kennzahlen vier **Differenzierungsalternativen** unterscheiden. Weitere Abgrenzungsmöglichkeiten – wie die Unterteilung in normative und in deskriptive Kennzahlen – werden nicht aufgezeigt, weil sie das inhaltliche Fortkommen der vorliegenden Schrift kaum stärken. Die nähere Charakterisierung dieser Kennzahlenarten erfolgt in den nachstehenden Abschnitten des vorliegenden Buchs:

- *Statistische* Differenzierung: Absolute und relative Kennzahlen (Gliederungsabschnitt E.3.2.1).
- Differenzierung nach der *Zielrichtung*: Erfolgs-, Liquiditäts- und Wertsteigerungskennzahlen (Kapitel E.3.2.2).
- Differenzierung nach der *Erfolgswirksamkeit*: Strategische und operative Kennzahlen (Gliederungspunkt E.3.2.3).
- Differenzierung nach dem *Objektbezug*: Leistungs- und Kostenkennzahlen (Gliederungsabschnitt E.3.2.4).

E.3.2.1 Absolute und relative Kennzahlen

Statistische Unterscheidung

Die Geister scheiden sich, wenn es darum geht, ob bereits ein Absolutwert als Kennzahl anzusehen ist (zum Beispiel der „Umsatz" einer Unternehmung). Oder ob nicht vielmehr erst durch die Relation eine Kennzahl entsteht (zum Beispiel der „Jahresüberschuss im Verhältnis zum Umsatz"). Wie dem auch sei, unter die relativen Kennzahlen

Kennzahlenmanagement in der Supply Chain

sind Gliederungszahlen, Beziehungszahlen und Indexzahlen zu subsumieren (vgl. zur **Typologie relativer Kennzahlen** Abbildung E.4). Während die Gliederungszahl als „Teil des Ganzen" zu verstehen ist (wie die prozentuale Angabe von Marktanteilen), gibt die Beziehungszahl eine Normierung von Basisdaten wieder (beispielsweise Umsatz pro Mitarbeiter eines Geschäftsjahrs). Die Indexzahl hingegen spiegelt die Entwicklung ausgewählter Größen über einen zeitlichen Horizont. Ein Beispiel dafür ist die Preisentwicklung für Aluminium über die letzten zwölf Monate.

Typologie relativer Kennzahlen — *Abbildung E.4*

Kennzahlentyp	Aussage	Beispiel
Gliederungszahl	Teil des Ganzen	Absoluter Marktanteil in %
Beziehungszahl	Normierung von Basiszahlen	Umsatz pro Mitarbeiter und Periode
Indexzahl	Beurteilung der zeitlichen Entwicklung	Preisindex für Rohstoffe

E.3.2.2 Erfolgs-, Liquiditäts- und Wertsteigerungskennzahlen

Unter die **Erfolgskennzahlen** fallen insbesondere die Renditegrößen. Zunächst bietet sich zur Berechnung des Unternehmungserfolgs die **Umsatzrendite** an (Return on Sales, ROS). Der Return on Sales speist sich aus Größen der Gewinn- und Verlustrechnung. Im Rahmen seiner Berechnung wird der Gewinn einer Organisation in das Verhältnis zum erzielten Umsatz gesetzt. Die Größe „Gewinn" ist in der Regel gleichzusetzen mit „Jahresüberschuss".

Rückfluss des eingesetzten Kapitals berechnen

$$ROS = \frac{Gewinn \times 100}{Umsatz}$$

Eine weitere Erfolgskennzahl ist die **Eigenkapitalrendite** (Return on Equity, ROE), welche die Division von Gewinn zu Eigenkapital symbolisiert. Während der Gewinn aus der Erfolgsrechnung einer Unternehmung hervorgeht, entstammt das Eigenkapital der Bilanz.

Return on Equity

Controlling der Supply Chain

$$ROE = \frac{Gewinn \times 100}{Eigenkapital}$$

Return on Total Capital

Wie die Umsatzrendite und die Eigenkapitalrendite, stellt auch die **Gesamtkapitalrendite** (Return on Total Capital, ROTC) eine eher traditionelle Erfolgsgröße dar. Der ROTC speist sich ebenfalls aus dem „Gewinn". Folgende Definition der Gesamtkapitalrendite ist üblich:

$$ROTC = \frac{(Gewinn + FK\text{-}Zinsen) \times 100}{Eigenkapital + Fremdkapital}$$

Moderne Indikatoren zur Bestimmung von Renditen

Neben diesen drei tradierten Erfolgsgrößen, gewinnen insbesondere der **Return on Capital Employed** (ROCE) sowie der **Return on Assets** (ROA) an Bedeutung. Sie werden auf Bilanzpressekonferenzen und im Rahmen von Kennzahlenvergleichen mittlerweile häufig berücksichtigt. Die beiden Key Performance Indicators können jeweils als die erwirtschaftete „Kapitalrendite" einer Organisation verstanden werden. Die Berechnungsmöglichkeiten von ROCE und ROA sind den folgenden Definitionsblöcken zu entnehmen.

$$ROCE = \frac{EBIT \times 100}{Eingesetztes\ Kapital}$$

ROCE und ROA auf dem Siegeszug

Bei der Ermittlung von **ROCE** ist das operative Ergebnis einer Periode (EBIT) in der Gewinn- und Verlustrechnung abzulesen. Das eingesetzte Kapital (Capital Employed) setzt sich aus dem Anlagevermögen und dem Net Working Capital – Vorräte, Forderungen sowie unverzinsliche Verbindlichkeiten – zusammen (vgl. S. 372ff.). Im Unterschied zu dem Return on Capital Employed, leitet sich bei der Kennzahl **Return on Assets** der Zähler in der Regel nicht aus dem EBIT, sondern aus dem Rohertrag ab (Gross Profit). Bei einem näheren Blick auf die Gewinn- und Verlustrechnung findet bei der Überleitung des Rohertrags zum EBIT zumeist eine Verrechnung von Aufwendungen und Erträgen über folgende drei Blöcke statt:

- Marketing und Vertrieb (Marketing and Sales),
- Allgemeine Verwaltung (Administration and General) sowie
- Forschung und Entwicklung (Research and Development).

Kennzahlenmanagement in der Supply Chain

$$\text{ROA} = \frac{\text{Gross Profit} \times 100}{\text{Eingesetztes Kapital}}$$

Vermutlich liegt die **zunehmende Verbreitung** von ROCE und ROA in der Unternehmungspraxis darin begründet, dass eine Erfolgsberechnung sich nicht länger aus dem Jahresüberschuss („Gewinn") ergibt. Vielmehr werden bei der Kapitalrendite EBIT oder Rohertrag als Erfolgsindikatoren angesehen. Und diese beiden Größen sind hochgradig disponibel. Sie zeigen unverblümt den operativen Geschäftserfolg auf. Der Jahresüberschuss hingegen berechnet sich nach Zinsen und Steuern. Und bekanntlich sind die (Fremdkapital-) Verzinsung sowie die Besteuerung kaum durch das Management beeinflussbar.

Disponibilität besonders ausgeprägt

Schließlich stellt der **Return on Investment** (ROI) eine weitere Erfolgsgröße dar, die sich aus der Multiplikation von Umsatzrendite (Return on Sales) sowie Kapitalumschlag (Capital Turnover) errechnet. Diesbezüglich ist die Aufschlüsselung zu einem Kennzahlensystem möglich (Du-Pont-Schema, vgl. Abbildung E.5).

ROI als Kennzahlensystem

Ein Supply Chain Manager **beeinflusst die Rentabilität** einer Unternehmung direkt und nachhaltig. Folgendes Beispiel verdeutlicht diesen Gedanken (vgl. Abbildung E.6): Auf Grund eingeleiteter Aktivitäten zur Bestandssenkung gelingt es einer Unternehmung, die Vorräte um 20% zu senken. Absolut ausgedrückt, bedeutet dieser Sachverhalt eine Reduzierung der Bestände von 100 Millionen Euro auf nunmehr 80 Millionen Euro. Ceteris paribus bewirkt dieser Effekt eine Minderung des Umlaufvermögens um 20 Millionen Euro (dieses schmälert sich von 110 Millionen Euro auf 90 Millionen Euro). Somit reduziert sich dadurch das Vermögen ebenfalls um 20 Millionen Euro (von 234 Millionen Euro auf 214 Millionen Euro). Basierend auf diesem Vermögensabbau, erhöht sich der Kapitalumschlag deutlich von 2,31 auf 2,52. Die Änderung des ROI ist ebenfalls beachtlich. Dieser steigt von 12,82% auf 14,03%. Somit lässt das herangezogene Beispiel folgende Interpretation zu: Eine Senkung der Vorräte um 20% verbessert den **ROI um 1,21% Prozentpunkte** (auf Basis verwendeten Zahlen). Dies entspricht einer relativen Renditesteigerung von 9,5%.

Bestände beeinflussen den ROI nachhaltig

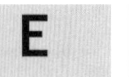

E

Controlling der Supply Chain

Abbildung E.5 | *Beispiel zur Berechnung des Return on Investment*

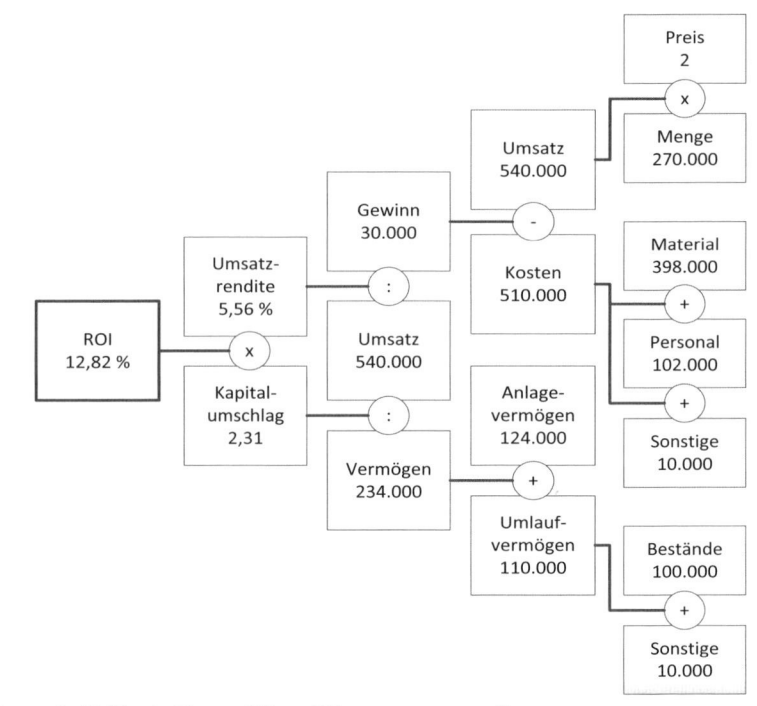

```
                                                                Preis
                                                                  2
                                                                   ×
                                                        Umsatz   Menge
                                                        540.000  270.000
                                             Gewinn
                                             30.000
                                                −
                                                                 Material
                               Umsatz-                  Kosten   398.000
                               rendite                  510.000
                               5,56 %         :                    +
                                                                 Personal
              ROI                             Umsatz             102.000
              12,82 %    ×     540.000
                               Kapital-                 Anlage-    +
                               umschlag                 vermögen Sonstige
                               2,31           :         124.000  10.000
                                             Vermögen
                                             234.000      +
                                                        Umlauf-
                                                        vermögen Bestände
                                                        110.000  100.000
                                                                   +
                                                                 Sonstige
                                                                 10.000
```

Legende: Zahlen in Tausend Euro (T€); ausgenommen Prozentwerte.

Auswirkungen der Bestandsreduzierung richtig interpretieren

Doch mit Nachdruck sei nochmals darauf hingewiesen, dass oben beschriebenes Beispiel der Vorratssenkung nur **ceteris paribus** gelten darf. Eine Verbesserung der Rendite ausschließlich auf ein Herunterfahren von Beständen zurückführen zu wollen, erscheint nur bedingt sinnvoll: In obigem Betrachtungszeitraum wurden die Vorräte um 20% reduziert. Alle übrigen Größen blieben in ihrer Höhe jedoch unverändert.

Komplementäres versus konkurrierendes Verhalten

Und diese Annahme erscheint wenig realistisch. Eine Bestandssenkung „um jeden Preis" ruft **Trade-off-Effekte** regelrecht auf den Plan (Zielkonkurrenz). Beispielsweise wirken sich Aktivitäten des Vorratsmanagements häufig negativ auf Materialpreise, Frachtkosten oder Produktionskosten aus. Folglich könnte das Absenken der Bestände bei diesen Einflusskomponenten Verschlechterungen hervorrufen. Und diese negativen Auswirkungen fänden selbstredend ihren Niederschlag in einer verschlechterten Rentabilität. Abbildung E.6 visualisiert diesen Zusammenhang.

Kennzahlenmanagement in der Supply Chain | **E.3**

Verbesserung des ROI durch Bestandssenkung | *Abbildung E.6*

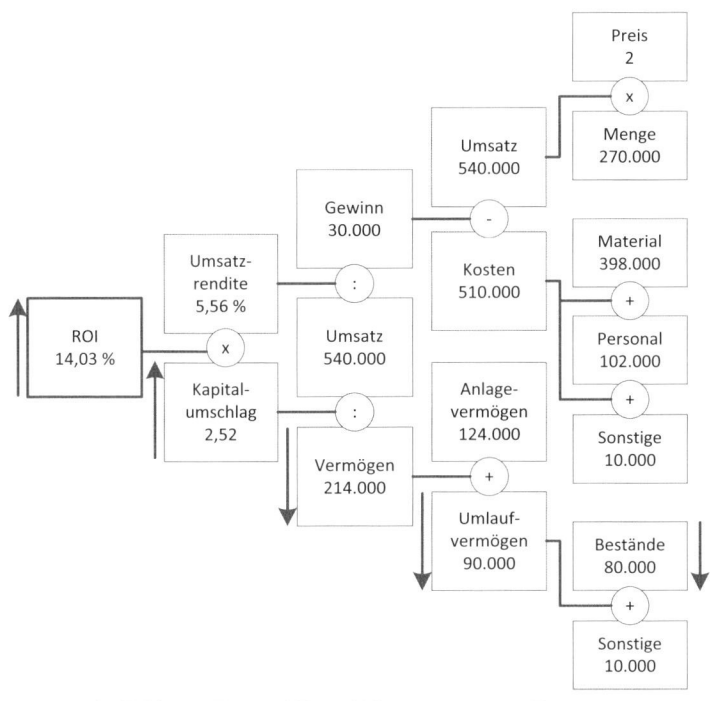

```
                                                              Preis
                                                              2
                                                               ×
                                            Umsatz          Menge
                                            540.000         270.000
                                 Gewinn
                                 30.000
                                               −
                    Umsatz-                                 Material
                    rendite                 Kosten          398.000
                    5,56 %          :       510.000
                                                               +
           ROI                   Umsatz                     Personal
           14,03 %     ×         540.000                    102.000
                    Kapital-                Anlage-             +
                    umschlag     :          vermögen        Sonstige
                    2,52                    124.000         10.000
                                 Vermögen
                                 214.000       +
                                            Umlauf-
                                            vermögen        Bestände
                                            90.000          80.000
                                                               +
                                                            Sonstige
                                                            10.000
```

Legende: Zahlen in Tausend Euro (T€); ausgenommen Prozentwerte.

Der **Finanzmittelüberschuss** einer Unternehmung stellt die Dynamisierung der statischen Liquidität dar. Er ist ein Indikator der Ertragskraft. Synonym wird der Finanzmittelüberschuss als Cash Flow bezeichnet. Im einfachen Fall spiegelt der **Cash Flow** die Differenz zwischen Einzahlungen und Auszahlungen. Damit zeigt der Cash Flow die Fähigkeit eines Wettbewerbers auf, Einzahlungsüberschüsse aus dem betrieblichen Leistungsprozess zu generieren. Doch sind direkte Einzahlungen und Auszahlungen einer Unternehmung für einen Dritten nicht einsehbar. Daher dienen andere Indikatoren aus dem Jahresabschluss in der Regel als Grundlage zur Berechnung eines Cash Flow.

Cash-Flow-Betrachtung

Der Cash Flow dient der Abbildung von **Finanzströmen** in Supply Chains. Im Order-to-Payment-S auf S. 8 ist er in den unteren, dritten Bereich einzuordnen. Eine benachbarte Kennzahl stellt das Working Capital dar, das insbesondere durch den Cash-to-Cash-Cycle in den letzten Jahren wieder eine regelrechte Renaissance erlebte.

"Money, get away, get a good job with more pay…"

Controlling der Supply Chain

Verschiedene Möglichkeiten der Cash-Flow-Ermittlung

Es handelt sich bei einem Cash Flow beileibe um keine einheitlich definierte Kennzahl. Vielmehr existieren etliche Arten und Berechnungsmöglichkeiten, um einen Finanzmittelüberschuss zu bestimmen. Deshalb ist im Rahmen eines Benchmarkings über den Cash Flow minutiös dessen Definition zu beachten. Eine **pragmatische Ermittlungsmöglichkeit** zur Berechnung des Cash Flow zeigt der nachstehende Definitionsblock auf (vgl. *Lewe/Schneider* 2004, S. 41; *Probst* 2012, S. 59).

> Jahresüberschuss
> ± Abschreibungen/Zuschreibungen
> ± Erhöhung/Verminderung von Rückstellungen
> = "Praktiker Cash Flow"

Erweiterter Cash Flow

Dieser „Praktiker Cash Flow" gibt jedoch nicht wieder, dass ein Supply Chain Management einen mitunter gewichtigen Einfluss auf den Finanzmittelüberschuss ausübt. Daher ist unten der **erweiterte Cash Flow** angegeben, dessen Definition aufdeckt, dass Veränderungen von Beständen und Forderungen den Finanzmittelüberschuss nachhaltig determinieren (vgl. *Lewe/Schneider* 2004, S. 42).

> Jahresüberschuss
> ± Abschreibungen/Zuschreibungen auf Vermögenswerte
> + Veränderungen Rückstellungen
> + Veränderungen Sonderposten mit Rücklagenanteil
> + Veränderungen Wertberichtigungen
> - Veränderungen Vorräte
> - Veränderungen Forderungen
> - Veränderungen aktive RAP
> - Aktivierte Eigenleistungen
> = Eweiterter Cash Flow

Cash Flows sind sehr transparent

Weitere Ermittlungsmöglichkeiten eines Cash Flow werden nicht verfolgt, um den Rahmen der Ausführungen nicht zu sprengen. Der Leser sei auf die Fachliteratur verwiesen (vgl. *Krüger* 2011, S. 13; *Lewe/Schneider* 2004, S. 41ff.; *Ossola-Haring* 2006, S. 108ff.; *Reinecke et al.* 2009, S. 113ff.). Dort sind Discounted (Free) Cash Flow, indirekter Cash Flow, operativer Cash Flow oder Netto Cash Flow definiert.

Kennzahlenmanagement in der Supply Chain E.3

Schließlich werden nach ihrer Zielrichtung **Wertsteigerungskennzahlen** unterschieden. Der wohl bedeutsamste Vertreter dieser Gattung ist der Economic Value Added (EVA). Unter Gliederungspunkt E.4.4 findet sich seine ausführliche Charakterisierung (vgl. S. 405ff.). Der Economic Value Added – wie auch die benachbarten Konzepte Market Value Added, Economic Profit, Added Value oder Cash Value Added – steigern die Transparenz im Wettbewerb, indem sie bestrebt sind, der Wahrung des Shareholder Value zu folgen.

Economic Value Added

E.3.2.3 Strategische und operative Kennzahlen

Strategische Kennzahlen zeichnen sich grundsätzlich durch eine hohe Erfolgswirksamkeit aus (Effektivitätskennzahlen). Zumeist sind sie von längerfristiger Natur. **Operative Kennzahlen** hingegen finden zur Effizienzmessung Berücksichtigung. Beispielsweise bewerten sie die Wirtschaftlichkeit logistischer Aktivitäten. Strategische wie auch operative Indikatoren können sich entweder auf ein komplettes Netzwerk (extern), oder intern ausrichten. Abbildung E.7 zeigt diesen Zusammenhang in übersichtlicher Weise auf (vgl. außerdem *Meyer* 2011, S. 125ff.; *Weber/Wallenburg* 2010, S. 245ff.). Selbstverständlich sind die herangezogenen KPIs nur beispielhaft zu verstehen, und sie lassen sich nicht binär einem jeweiligen Feld zuordnen.

Strategische und operative KPIs

Strategische und operative Kennzahlen *Abbildung E.7*

Kennzahlart / Supply Ebene	Strategische Kennzahlen	Operative Kennzahlen
Netzwerkkennzahlen	- Gesamtdurchlauf SC - Gesamtkosten SC - Time-to-Market SC - Gesamtlieferzeit SC	- Cash-to-Cash-Cycle - Schnittstellen SC - Kundenkontakte SC
Interne Kennzahlen	- Bestände - Servicegrad - Lieferflexibilität	- Kosten pro Bestellung - Aufträge pro Jahr - Gängigkeit Bestände

E.3.2.4 Leistungs- und Kostenkennzahlen

Schließlich können Leistungs- und Kostenkennzahlen kategorisiert werden. Die **Performance** in Supply Chains bezieht sich zumeist auf die

Die wahren Könige?

Controlling der Supply Chain

Einhaltung zeitlicher und qualitativer Vorgaben. Ebenso sind jedoch in modernen Wertschöpfungsnetzen auch Leistungskriterien wie Anpassungsfähigkeit, Komplexität oder Kooperationsbereitschaft zu bewerten. Die **Kostenindikatoren** hingegen beziehen sich beispielsweise auf Prozesskosten, Qualitätskosten, Bevorratungskosten, Abstimmungskosten oder Distributionskosten. Abbildung E.8 spiegelt diesen Kontext (vgl. auch *Weber/Wallenburg* 2010, S. 243ff.).

Abbildung E.8

Leistungs- und Kostenkennzahlen

Kennzahlentyp \ Kategorie	Kennzahlenkategorie	Beispiel
Leistungskennzahlen	- Geschwindigkeit - Qualität - Anpassungsfähigkeit - Kooperation - Komplexität	- Durchlaufzeit - Ausschussrate - Einrichtzeit - Gleiche Datensätze - Zahl Produktvarianten
Kostenkennzahlen	- Prozesskosten - Qualitätskosten - Bevorratungskosten - Abstimmungskosten - Distributionskosten	- Transaktionskosten - Rückrufkosten - Bestandskosten - Kommunikationskosten - Frachtkosten

E.3.3 Kennzahlentypologie der Supply Chain

Grundsätzlicher Aufbau der Typologie

Im Folgenden wird eine zweidimensionale Typologie eines Kennzahlenmanagements der Supply Chain diskutiert. Prägend für die Elemente der **ersten Dimension** ist deren sukzessive Zunahme an Wertschöpfung. Basierend auf der Dekomposition einer unternehmungsinternen Supply Chain, sind mit Input, Throughput und Output die drei Kernbereiche einer Logistikkette zu nennen. Zur Reduzierung von Opportunitätskosten in der Supply Chain, werden zusätzlich Kennzahlen des Payments abgebildet. Unter Berücksichtigung ihres **Wertschöpfungsbezugs**, kristallisieren sich die folgenden Kennzahlengruppen heraus:

- **Input**: Kennzahlen der Beschaffung.
- **Throughput**: Kennzahlen der Lagerung, der Kommissionierung und der Produktion.

Kennzahlenmanagement in der Supply Chain E.3

- **Output**: Kennzahlen der Distribution.
- **Payment**: Kennzahlen der Finanzströme.

Die Zunahme an Wertschöpfung über die Stufen Input, Throughput und Output resultiert insbesondere aus den Faktoren Personaleinsatz, Materialverbrauch, logistische Abschreibungen sowie Betriebs- und Hilfsmittelverbrauch. Diese Einflussgrößen reichen von der Materialbeschaffung bis zum Versand der Fertigwarenbestände. Das vorgestellte Kennzahlensystem ist allerdings nicht ausschließlich auf den direkten Sektor (Produktion oder Montage) zu beziehen. Es kann sehr wohl auch zur Messung von Aktivitäten im **indirekten Bereich** (Dienstleistungs- und Servicesegment) dienen.

Wertschöpfungsbezug

In der **zweiten Dimension** der Typologie sind verschiedene Arten von Kennzahlen aufgeführt. Die Kennzahlen des vorliegenden Systems werden in drei Bereiche unterteilt:

Arten von Kennzahlen

- **Generische** Kennzahlen.
- Kennzahlen zur **Produktivitäts-** und **Wirtschaftlichkeitsbewertung**.
- **Qualitäts-** und **Service**-Kennzahlen.

Bei der näheren Beschreibung der verschiedenen **Kennzahlenarten** dieser Typologie ist zunächst der Begriff der generischen Größen zu klären. Unter die **generischen Key Performance Indicators** fallen allgemeine und übergeordnete Größen, welche den jeweiligen Bereich einer Supply Chain prägen.

Strukturkennzahlen

Die zweite Kategorie unterschiedlicher Kennzahlenarten bezieht sich in der Typologie auf Produktivitäts- und Wirtschaftlichkeitsindikatoren. **Produktivitätskennzahlen** spiegeln das Ergebnis von Output-Input-Relationen. Häufig werden in diesem Zusammenhang Arbeitsproduktivitäten gemessen: Ein Beispiel dafür sind in der Kommissionierung „Picks pro Stunde". Im Rahmen der Ermittlung von **Wirtschaftlichkeitskennzahlen** bedarf es der *Bewertung* einer Produktivität über Aufwendungen (Erträge) oder Kosten (Leistungen). Wieder auf die Kommissionierung bezogen, sind dies beispielsweise „Kosten pro Pick".

Von der Produktivität zur Wirtschaftlichkeit

In dem dritten Segment unterschiedlicher Arten von Kennzahlen des Supply Chain Managements finden sich **Qualitäts- und Serviceindikatoren** (Zufriedenheitsindizes). Ein gewichtiger Vertreter dieser Kategorie ist der Lieferservicegrad.

Messgrößen von Qualität und Service

E Controlling der Supply Chain

Anspruch und Aussagegehalt

Diese beiden Dimensionen der Kennzahlentypologie werden in den folgenden Kapiteln mit einer Vielzahl von KPIs aufgefüllt. Das vorliegende Konzept erhebt keinen Anspruch auf Vollständigkeit. Auch können die Definitionen der Kennzahlen im Einzelfall durchaus variieren. In der Folge wird dennoch der Versuch unternommen, mit den hier abgebildeten Größen die **wesentlichen Werttreiber** eines modernen Supply Chain Managements erfasst zu haben. Abbildung E.9 zeigt eine zweidimensionale Matrix, in der sich die oben charakterisierten Inhalte wiederfinden.

Abbildung E.9

Struktur der Kennzahlentypologie einer Supply Chain

Wertschöpfung Kennzahlenart	*Input* - Beschaffung	*Throughput* - Lagerung - Beistellung - Fertigung	*Output* - Distribution	*Payment* - Finanzen
Generische Kennzahlen	I.1	II.1	III.1	IV.1
Produktivitäts- und Wirtschaftlichkeitskennzahlen	I.2	II.2	III.2	IV.2
Qualitäts- und Servicekennzahlen	I.3	II.3	III.3	IV.3

E.3.3.1 Input: Kennzahlen der Beschaffung

Geringe Wertschöpfung

Der Input ist ein Sektor der Kennzahlentypologie mit niedrig ausgeprägter Wertschöpfung, da noch keine Materialveredelung stattgefunden hat. Hinsichtlich der Bestandsstruktur finden sich hier vor allem bezogene Rohmaterialien und Fertigungsteile (Kaufteile). Die Kennzahlen des Inputs einer Supply Chain entstammen insbesondere der **Beschaffung**.

Kennzahlenmanagement in der Supply Chain

Allgemein messen sie die Performance einer Lieferantenintegration (vgl. zu Kennzahlen der Beschaffung einer Supply Chain *Cohen/Roussel* 2006, S. 303ff.; *Schulte* 2012, S. 641ff.; *Stollenwerk* 2011, S. 91ff.; *Strigl et al.* 2004, S. 143ff.).

E.3.3.1.1 Generische Kennzahlen

Zunächst werden die absoluten **generischen Kennzahlen** des Inputs einer Supply Chain aufgeführt (vgl. **Feld I.1** in der Typologiebox sowie den nachstehenden Kennzahlenblock). Diesen Größen sind naturgemäß ausgeprägte Affinitäten zum Einkauf und zur Disposition immanent.

Allgemeine Beschaffungskennzahlen

> Anzahl Einkaufsteile.
> Einkaufsvolumen.
> Anzahl Bestellpositionen.
> Anzahl Lieferanten.

Weiterhin finden sich in der Typologie etliche relative generische Kennzahlen des Inputs einer Supply Chain. Ein Klassiker unter diesen Größen ist der **Preisindex**. Seine begriffliche Klärung erfolgt im nachstehenden Definitionsblock. Ferner fallen in dieses Segment der Typologie die Kennzahlen Volumenstruktur sowie Maverick-Buying-Quote (auch deren Begriffsfindung ist unten wiedergegeben). Mit Hilfe von Preisindizes wird die Leistung der in der Einkaufsabteilung beschäftigten Mitarbeiter gemessen (vgl. zur Materialpreisabweichung Gliederungspunkt E.2.2.1 auf S. 316ff.). Dazu sind möglichst sämtliche Einflussfaktoren heraus zu rechnen, welche der Einkäufer nicht verhandeln kann. Dazu zählen Währungseffekte oder über die Börse notierte Materialien.

Materialpreise als klassische Beschaffungskennzahlen

$$\text{Preisindex (\%)} = \frac{\text{Preis gezahlt} \times 100}{\text{Preis budgetiert}}$$

Der Key Performance Indicator **Volumenstruktur** steigert die Transparenz von Beschaffungsaktivitäten, indem das komplette Einkaufsvolumen in diverse Commodities heruntergebrochen ist. Mit Hilfe der Differenzierung von Beschaffungswegen kann die Aussagekraft dieser Kennzahl gesteigert werden (wie Hersteller, Großhändler, Einzelhändler oder Agenturen).

Volumen pro Commodity

Controlling der Supply Chain

$$\text{Struktur Volumen (\%)} = \frac{\text{Einkaufsvolumen pro Materialart} \times 100}{\text{Totales Einkaufsvolumen pro Jahr}}$$

Wilder Einkauf

Der Begriff **Maverick-Buying** (Rahmenvertragsquote) wurde in der vorliegenden Schrift bereits geklärt (vgl. S. 41f.). Kurz gesagt, spiegelt er eine Warenbeschaffungsart, die nicht auf Basis existenter Rahmenverträge vorgenommen wird. Dadurch können insbesondere die Total Cost of Ownership (vgl. S. 36ff.) negativ beeinflusst sein. Mit Hilfe der Maverick-Buying-Quote ist dieser Missstand aufzudecken.

$$\text{Maverick Buying Quote (\%)} = \frac{\text{Einkaufsvolumen RV} \times 100}{\text{Totales Einkaufsvolumen}}$$

E.3.3.1.2 Produktivitäts- und Wirtschaftlichkeitskennzahlen

Kennzahlen im Überblick

In **Feld I.2** der Matrix treffen die beiden Dimensionen Input sowie **Produktivitäts- und Wirtschaftlichkeitskennzahlen** aufeinander. Die hier charakterisierten Indikatoren zur Leistungsmessung sind Sendungen pro Tag, Warenannahmezeit je Sendung, Wareneingangskontrollen pro Tag, Warenannahmekosten je Sendung sowie Wareneingangskontrollkosten pro Tag.

Produktivität im Wareneingang

Die Kennzahl **Sendungen pro Tag** misst die Produktivität der Mitarbeiter innerhalb der Warenannahme. Im Rahmen eines potenziellen Kennzahlenvergleichs von Sendungen pro Tag, ist die Bedeutung unterschiedlicher Hilfsmittel zur Warenvereinnahmung herauszustellen (wie Barcode oder RFID). Diese beeinflussen die Supply-Chain-Performance mitunter nachhaltig.

$$\text{Sendungen pro Tag} = \frac{\text{Anzahl eingehende Sendungen}}{\text{Anzahl Mitarbeiterstunden}}$$

Kostentreiber

Ein weiterer Vertreter zur Beurteilung einer Produktivität innerhalb der Wertschöpfungskette ist die **Warenannahmezeit pro Sendung**. Ceteris paribus treiben überproportional lange Warenvereinnahmungen die Prozesskosten. Daher sind in diesem Fall die Gründe für niedrige Produktivitäten in der Warenannahme herauszuarbeiten (und diese Defizite möglichst rasch abzustellen).

Kennzahlenmanagement in der Supply Chain

$$\text{Annahmezeit pro Sendung} = \frac{\text{Warenannahmezeit insgesamt}}{\text{Anzahl eingehende Sendungen}}$$

In der Unternehmungspraxis besteht derzeit die Tendenz, dass die Raten durchgeführter **Wareneingangskontrollen** (WEK) gesenkt werden, um Handlingskosten und Personalkosten einzusparen. Mit Hilfe dieser Produktivitätskennzahl ist dieses Phänomen zu überprüfen.

Eingangskontrollen verschlingen Geld

$$\text{WEK pro Tag} = \frac{\text{Anzahl Kontrollen im WE}}{\text{Anzahl WE pro Tag}}$$

Der Wirtschaftlichkeitsindikator **Warenannahmekosten je Sendung** findet im Rahmen der Bestimmung von Prozesskostensätzen innerhalb der Beschaffung breiten Einsatz. Mögliche Kostentreiber können das Warenhandling oder das Personal sein.

Wirtschaftlichkeit des Wareneingangs

$$\text{Kosten Annahme je Sendung} = \frac{\text{Kosten Warenannahme insgesamt}}{\text{Anzahl eigehende Sendungen je Tag}}$$

Schließlich sind die **Wareneingangskontrollkosten pro Tag** zu ermitteln. Diese Wirtschaftlichkeitskennzahl ist wichtig für die Ermittlung von Transaktionskosten innerhalb eines Supply Chain Managements. Mit Hilfe einer intensivierten Zulieferintegration (teilweise verbunden mit der Möglichkeit, Aktivitäten des Kunden auf den Lieferanten zu verlagern) wird derzeit in der Unternehmungspraxis der Versuch unternommen, die Kosten für Wareneingangskontrollen zu senken.

Vertrauensindex innerhalb der Wertschöpfungskette

$$\text{Kosten für Kontrollen im WE} = \frac{\text{Kosten je Kontrolle Wareneingang}}{\text{Anzahl eingehende Waren je Tag}}$$

E.3.3.1.3 Qualitäts- und Servicekennzahlen

Schließlich erfolgt unter diesem Gliederungsabschnitt für das Segment Input eine Beschreibung von **Qualitäts- und Servicekennzahlen** (vgl. in der Kennzahlentypologie **Feld I.3**). Der „König" unter diesen Größen ist der Lieferservicegrad. Im Allgemeinen misst er den Prozentsatz an Aufträgen, die ein Lieferant vereinbarungsgemäß abarbeiten konnte. Dabei sind qualitative, quantitative und zeitliche Abweichungen von Zielvorgaben möglich.

„The king is gone, but he's not forgotten…"

Controlling der Supply Chain

Auftragsgerechte Bestellungen

Der *eingehende* **Servicegrad** misst den Prozentsatz von termin-, mengen- oder qualitätsgerechten Anlieferungen. Diese Kennzahl bewertet die Warenverfügbarkeit des Kunden.

$$\text{Servicegrad (\%)} = \frac{\text{Anzahl auftragsgerechte Bestellpositionen} \times 100}{\text{Anzahl Bestellpositionen insgesamt}}$$

„We call it master and servant…"

Als „Unterkennzahlen" des eingehenden Servicegrads finden die Zurückweisungsquote und die Verzögerungsquote Einsatz. Deren nähere Kennzeichnung erfolgt nachstehend. Beide Indikatoren stehen für die *Güte* von Lieferantensendungen. Die **Zurückweisungsquote** gibt den Prozentsatz für Lieferungen an, welche unter qualitativen, quantitativen oder zeitlichen Defiziten leiden. Diese Schwierigkeiten müssen nicht unbedingt die Ware selbst betreffen. Sie können beispielsweise auch in einer beschädigten oder verdreckten Mehrwegverpackung begründet liegen.

$$\text{Sendungen abgewiesen (\%)} = \frac{\text{Anzahl Zugänge abgewiesen} \times 100}{\text{Anzahl Zugänge insgesamt}}$$

Wer zu spät kommt…

Die **Verzögerungsquote** bemisst ausschließlich die zeitliche Güte eingehender Warenlieferungen. Dieser Performance Indicator bemisst den Prozentsatz von Lieferrückständen („Backlocks").

$$\text{Backlocks (\%)} = \frac{\text{Anzahl Zugänge verspätet} \times 100}{\text{Anzahl Zugänge insgesamt}}$$

E.3.3.2 Throughput: Kennzahlen der Lagerung, der Kommissionierung und der Produktion

Throughput als Supply-Chain-Komponente

Nachdem die Kennzahlen des Inputs oben näher gewürdigt wurden, findet im Anschluss eine Charakterisierung des Bereichs **Throughput** statt. Im Sinne steigender Wertschöpfung, werden darunter die drei Segmente Lagerung, Kommissionierung sowie Produktion subsumiert. Dabei ist die Produktion hier begrifflich nicht eng auszulegen. Im Gegenteil, auch Indikatoren der Montage sind unter den Bereich Throughput gefasst. Zu möglichen Kennzahlen des Throughputs vgl. *Cohen/Roussel* 2006, S. 305ff.; *Gunasekaran et al.* 2001, S. 80ff.; *Krüger* 2011, S. 87; *Ossola-Haring* 2006, S. 357ff.; *Reinecke et al.* 2009, S. 113; *Schulte* 2012, S. 650ff.; *Siegwart* 2002, S. 98ff.; *Strigl et al.* 2004, S. 165ff.

E.3.3.2.1 Generische Kennzahlen

Die Beschreibung der Performanzindikatoren des Throughputs beginnt wiederum mit den **generischen Kennzahlen** (vgl. **Feld II.1** in der Kennzahlentypologie). Analog zur Diskussion um die Inhalte des Inputs, finden sich im nachstehenden Kennzahlenblock zunächst einige absolute Werte.

Übergeordnete Absolutwerte

> Anzahl gelagerter Artikel.
> Anzahl Verpackungseinheiten.
> Menge gelagerter Teile.
> Anzahl Lagervorgänge.
> Auftragsvolumen.
> Anzahl zu disponierender Artikel.
> Anzahl Auftragseingänge.

Bei der Charakterisierung relativer Größen der **Lagerwirtschaft** ragen zwei Indikatoren heraus: Die Umschlagshäufigkeit und die Reichweite des Lagers. Die **Lagerumschlagshäufigkeit** (*Turn Rate*) stellt eine strategische Kennzahl dar, welche für das (Top-) Management und die Logistikleitung von großer Bedeutung ist. Für das Tagesgeschäft hingegen ist die Turn Rate nur von geringem Nutzen, da sie eine Verdichtung von Sachnummern (zum Beispiel auf Produktlinienebene) darstellt und den Disponenten im operativen Tätigkeitsfeld kaum Dienste erweist.

Turn Rate als strategischer Indikator

Eine **Turn Rate** gibt an, wie oft die Bestände pro Periode, zumeist bezogen auf ein Geschäftsjahr, im Lager ausgetauscht werden (sich „umschlagen"). Ihre Berechnung speist sich aus Größen der Gewinn- und Verlustrechnung (Umsatz oder Herstellungskosten des Umsatzes) sowie der Bilanz (durchschnittlicher Lagerbestand). Die Vorräte sind möglichst im Durchschnitt anzugeben, weil ein Absolutwert zum Jahresabschluss zu einer Verfälschung der tatsächlichen Verhältnisse führen könnte. Da Umsatz und Lagerbestand – letzter zumindest als Jahresendwert – aus dem Geschäftsbericht leicht abzulesen sind (zumindest gilt dies für Kapitalgesellschaften), findet die unten dargestellte Berechnung einer Turn Rate für **Investor-Relations-Überlegungen** häufig Anwendung.

Auch für Dritte nachvollziehbar

$$\text{Turn Rate (Investor Relations)} = \frac{\text{Umsatz (Herstellungskosten)}}{\text{Durchschnittlicher Lagerbestand}}$$

E | *Controlling der Supply Chain*

Beispiel zur Turn-Rate-Berechnung

Ein **Beispiel** zur Ermittlung einer Turn Rate unterstreicht die Ausführungen: Ein mittelständischer Automobilzulieferer erzielt einen Umsatz von 500 Millionen Euro. In der Bilanz verbucht diese Organisation einen durchschnittlichen Bestand von 60 Millionen Euro. Daraus errechnet sich eine Lagerumschlagshäufigkeit von 8,3 pro Jahr.

$$8{,}3\,\text{Turns} = \frac{500.000.000\,\text{Euro}}{60.000.000\,\text{Euro}}$$

Interne Lagerumschläge über Materialverbräuche

Für interne Ermittlungen der Turn Rate kann in der Berechnungsformel im Zähler der **Wareneinsatz** (synonym als Materialverbrauch bezeichnet) den Umsatz ersetzen. Wenn diese Berechnung vielleicht auch „schärfer" erscheinen mag, verschließt sie jedoch die Möglichkeit eines externen Kennzahlenvergleichs, da der Wareneinsatz für einen Dritten nicht ersichtlich ist.

$$\text{Turn Rate (Interne Berechnung)} = \frac{\text{Materialverbrauch}}{\text{Durchschnittlicher Lagerbestand}}$$

Operatives Schwergewicht des Lagers

Im Gegensatz zur Umschlagshäufigkeit, stellt die **Reichweite des Lagers** (*Days on Hand, Ranges*) eine operative Kennzahl des Warehouse Managements dar. Weil dieser Indikator bis auf die einzelne Sachnummer herunter gebrochen ermittelt wird, hilft er dem Disponenten bei der täglichen Steuerung seines Vorratsvermögens. Von der Semantik her leicht ableitbar, gibt diese Kennzahl an, wie viele Tage (Wochen/Monate) der Vorrat einer Materialart auf Lager „ausreicht". Zum Teil finden sich in der Literatur synonym die Bezeichnungen „Lagerdauer" oder „Eindeckzeit" (vgl. *Krüger* 2011, S. 129; *Lewe/Schneider* 2004, S. 111). Analog zur Umschlagshäufigkeit, ist zunächst wiederum die externe Berechnungsmethode (**Investor-Relations**) aufzuzeigen. Anschließend werden zwei interne Möglichkeiten zur Definition von Lagerreichweiten diskutiert: die vergangenheitsorientierte und die zukunftsorientierte Eindeckzeit. Die externe Lagerreichweite wird reziprok zur Umschlagshäufigkeit berechnet (vgl. unten):

$$\text{Ranges (Investor Relations)} = \frac{\text{Durchschnittlicher Lagerbestand}}{\text{Umsatz (Umsatzkosten)}}$$

Kennzahlenmanagement in der Supply Chain

E.3

Das herangezogene **Beispiel** zur Kalkulation einer Lagerumschlagshäufigkeit (vgl. S. 340) wird hier aufgegriffen und fortgeführt. Dazu ist der durchschnittliche Bestand mit den Kalendertagen (oder Wochen) eines Jahres zu multiplizieren und durch den Umsatz zu dividieren. Die Reichweite der Vorräte beträgt durchschnittlich 43,2 Tage. Schließlich kann eine **Probe** vorgenommen werden: Die Umschlagshäufigkeit (8,3) wird mit der Reichweite (43,2) multipliziert. Das Ergebnis von 360 ergibt die Kalendertage eines gesamten Jahres.

Berechnung der Lagerreichweite

$$43{,}2 \text{ Tage} = \frac{60.000.000 \text{ Euro} \times 360 \text{ Tage}}{500.000.000 \text{ Euro}}$$

Die Heranziehung einer **vergangenheitsfokussierten Reichweite** bietet sich für Unternehmungen an, deren Geschäft saisonalen, trendgetriebenen oder konjunkturbedingten Schwankungen unterworfen ist. Der vergangene Verbrauch bezieht sich auf die im Rahmen einer Fertigung oder Montage bereits verbauten Vorräte.

Verbrauch als Berechnungsbasis

$$\text{Interne Reichweite des Lagers (retrospektiv)} = \frac{\text{Bestand}}{\text{Verbrauch}}$$

Ein Bedarf ermittelt sich hingegen bei der **zukunftsorientierten Reichweite** aus den Liefer- und den Feinabrufen. Für „schwierige" Kunden, die ihre Bestellungen häufig ändern, und somit nur über eine geringe Absatzprognosegenauigkeit verfügen, ist die Bestandssteuerung über eine zukunftsgerichtete Reichweite jedoch nicht empfehlenswert.

Nicht für jedes Geschäft geeignet

$$\text{Interne Reichweite des Lagers (prospektiv)} = \frac{\text{Bestand}}{\text{Bedarf}}$$

Die Lagerumschlagshäufigkeit und die Lagerreichweite sind zwei wichtige Indikatoren zur Leistungsmessung des Warehouse Managements. In den nachstehenden Definitionsblöcken werden zusätzliche generische Kennzahlen diskutiert, welche das **Lagerwesen** flankieren (vgl. insbesondere *Krüger* 2011, S. 95; *Schulte* 2012, S. 652ff.).

Weitere Kennzahlen des Lagerwesens

Eine wichtige Einflusskomponente der Lagerbewirtschaftung sind die Handlingskosten. Opportunitätskosten (entgangene Zinsgewinne) und Fehlmengenkosten (auf Grund von Unterbeständen) werden bei der Ermittlung des Lagerkostensatzes hingegen nicht berücksichtigt. Darunter leidet die Aussagekraft dieser Kennzahl. Folglich sollte die konventi-

Erweiterte Lagerkostensätze definieren

Controlling der Supply Chain

onelle Berechnung von **Lagerkostensätzen** (die Division von Lagerkosten zu durchschnittlichen Lagerbeständen) um Zinskosten und Fehlmengenkosten erweitert werden.

> Kostensatz Lagerung
> + Zinssatz (des gebundenen Kapitals)
> ± Kosten für Fehlmengen
> = Kostensatz Lagerung erweitert

Hohe Fixkostenanteile

Der **Flächennutzungsgrad** ist ein Indikator für die Fixkostenbelastung des Lagers: Ein geringer Flächenauslastungsgrad (hervorgerufen durch hohe Leerstandsraten) zeugt von einer überproportionalen Fixkostenbelastung durch Mieten oder Abschreibungen. Die Fixkosten werden nämlich auf relativ wenige Produktionseinheiten umgelegt. Außerdem weist ein ausgeprägter Flächennutzungsgrad vielfach auf die Notwendigkeit zur Lagererweiterung oder zum Outsourcing hin.

$$\text{Flächennutzung (\%)} = \frac{\text{Auslastung Lager (belegte Fläche Regal)} \times 100}{\text{Kapazität Lager (Gesamtfläche)}}$$

Lagerflächen besser ausnutzen

Mit Hilfe des **Lagerflächenanteils** wird die Bedeutung einer Lagerfläche ermittelt. Nach *Schulte* (vgl. *Schulte* 2001, S. 484) liegt die Relation der Fertigungsfläche zur Lagerfläche in der Praxis zumeist zwischen 0,6 und 1,6. Mit einer Verringerung der Lagerfläche, wird die verbesserte Flächennutzung erreicht, welche zur Effizienzsteigerung der Produktionssteuerung führt.

$$\text{Fläche Lagerung (\%)} = \frac{\text{Fläche Fertigung} \times 100}{\text{Fläche Lager}}$$

Hermaphrodit zwischen den Fronten

Die Kennzahl **Vorratsquote** ist eine Hybridgröße und steht zwischen den Welten der Logistik („Anzahl bevorrateter Güter" im Zähler) und des Einkaufs („Anzahl beschaffter Artikel" im Nenner). Der Nachteil dieser Größe ist, dass sie zwar über die Menge bevorrateter wie beschaffter Artikel Aufschluss gibt, doch deren jeweiligen Wert vernachlässigt. Deshalb ist dieser Leistungsindikator möglichst um die Reichweite oder die Turn Rate zu ergänzen.

Kennzahlenmanagement in der Supply Chain

$$\text{Vorratsquote (\%)} = \frac{\text{Anzahl bevorrateter Güter} \times 100}{\text{Anzahl beschaffter Artikel}}$$

Im Anschluss an die Darstellung generischer Kennzahlen des Warehouse Managements, erfolgt in den weiteren Ausführungen eine Diskussion ausgewählter generischer Indikatoren einer **Kommissionierung** (vgl. die nachstehenden Definitionsblöcke „Kommissionierpositionen pro Auftrag" und „Automatisierungsgrad der Kommissionierung"). Den Manager einer jeweiligen Wertschöpfungskette interessiert nicht nur die bloße **Anzahl der Kommissionierungen** an sich, sondern auch deren Zuordnung pro Auftrag: Um beispielsweise auf Basis dieser Informationen später durchschnittliche Bearbeitungszeiten pro Mitarbeiter zu errechnen.

Pickvorgänge bewerten

$$\text{Picks pro Auftrag} = \frac{\text{Picks insgesamt}}{\text{Anzahl Aufträge}}$$

Die Kennzahl **Automatisierungsgrad der Kommissionierung** gibt Aufschluss über den Anteil händischen Eingreifens im Rahmen der Bereitstellung. Ein niedriger Automatisierungsgrad in der Bereitstellung lässt auf hohe Personal- und Handlingskosten für Pickvorgänge schließen.

Maschinelle vs. manuelle Kommissionierung

$$\text{Picks automatisiert} = \frac{\text{Picks automatisiert} \times 100}{\text{Picks insgesamt}}$$

Schließlich sind für das Segment Throughput noch die generischen Key Performance Indicators einer **Produktion** zu untersuchen. Die erste hier vorgestellte Kennzahl „Flächenanteil der Verkehrswege" stellt den direkten Übergang zum zuvor charakterisierten Bereich der Kommissionierung dar (diese Größe könnte ebenso unter die Bereitstellung gefasst sein).

KPI der Fertigung

Je großzügiger die **Flächenanteile der Verkehrswege** in der Halle gewählt werden, desto weniger Raum steht für die Produktion und die Logistik zur Verfügung. Über Simulationen lassen sich die Verkehrswege im Lagerbereich optimieren.

Verkehrswege schlucken Fläche

$$\text{Anteil Fläche Verkehrswege (\%)} = \frac{\text{Fläche der Verkehrswege} \times 100}{\text{Fläche Produktion}}$$

Controlling der Supply Chain

Outsourcing vs. Insourcing

Die **Fertigungstiefe** beziffert den Anteil der Selbsterstellung (Eigenfertigung) am Umsatz. Anders ausgedrückt, gibt sie die Rate für ein Outsourcing (Offshoring) einer Organisation an. Zur Ermittlung der Wertschöpfung sind die Vor- und die Fremdleistungen von den selbst erstellten Leistungen zu subtrahieren.

$$\text{Fertigungstiefe (\%)} = \frac{\text{Wertschöpfung} \times 100}{\text{Umsatz}}$$

Wie wird „Anpassungsfähigkeit" gemessen?

Eine **Upside Production Flexibility** (Lieferflexibilität) ist integrativer Bestandteil von SCOR (vgl. zu SCOR S. 64f.). Sie bemisst die Zeitspanne in Tagen, welche eine Unternehmung zur Befriedigung eines ungeplanten Nachfrageschubs benötigt. SCOR geht von einer nicht vorhersehbaren Steigerung der Kundenbestellungen um 20% aus. Kennzahlenvergleiche (vgl. S. 76) zeigen auf, dass in Zeiten moderner IT – verbunden mit den Möglichkeiten zur unternehmungsübergreifenden Kommunikation – die Marktpartner zur Befriedigung der plötzlichen Nachfrage nur noch wenige Wochen benötigen. Ende der fünfziger Jahre maß Forrester (**Forrester-Aufschaukelung**), dass Organisationen circa ein Jahr daran arbeiteten, um auf einen ungeplanten Nachfrageschub adäquat zu reagieren. Der **Bullwhip-Effekt** ist mit Hilfe moderner IT (welche einem verbesserten Informationstransfer zwischen den Partnern dient) demnach zwar nicht gänzlich besiegt, sondern allenfalls eingedämmt worden. Ein Bullwhip-Effekt beschreibt den logistischen Peitschenschlag: Über die Stufen einer Logistikkette schaukeln sich Bestände stufenweise hoch. Angebot und Nachfrage befinden sich nicht im Abgleich. Mögliche Gründe für das Entstehen eines logistischen Peitschenschlags liegen in fehlerhaften Absatzprognosen, sprunghaftem Bestellverhalten der Kunden (zum Beispiel über Verkaufsförderungsmaßnahmen hervorgerufen), angesammelten Bestellvorgängen sowie forcierten Rabattaktionen des Handels (vgl. S. 47ff.).

Upside Production Flex. (%) = Zeitspanne in Tagen, zur Deckung einer nicht geplanten Steigerung der Nachfrage von 20%.

Entsorgung und Recycling gewinnen an Bedeutung

Nicht nur die Kennzahlen der Versorgung dienen zur Bewertung von Produktionsprozessen. Auch KPIs für Entsorgung und Recycling finden hier Einsatz. So beispielsweise die **Recyclingquote**. Mit ihr ist der Anteil verwendeter oder verwerteter Materialien zu ermitteln, welche in den Produktionsprozess zurückgeführt werden. In manchen Branchen steigt

Kennzahlenmanagement in der Supply Chain

E.3

dieser Wert, auf Grund der Verknappung oder der Verteuerung von Ressourcen, fast automatisch (Green Supply Chains).

$$\text{Quote Recycling (\%)} = \frac{\text{Anteil recyceltes Material} \times 100}{\text{Verbrauch Material insgesamt}}$$

E.3.3.2.2 Produktivitäts- und Wirtschaftlichkeitskennzahlen

Die Inhalte dieses Gliederungsabschnitts widmen sich dem **Feld II.2** der Kennzahlentypologie. Hier treffen die beiden Dimensionen „Throughput" sowie „Produktivitäts- und Wirtschaftlichkeitskennzahlen" aufeinander. Im ersten Schritt werden diverse **Lagerkennzahlen** dieses Segments beschrieben. Im Anschluss findet eine nähere Untersuchung von KPIs der Kommissionierung und der Produktion statt.

Feld II.2 wird durchleuchtet

Mit der Kennzahl **Lagerbewegungen je Mitarbeiter** wird die Produktivität der Mitarbeiter des Lagers bewertet. Für ein Benchmarking über diese Kennzahl ist zu beachten, dass den Mitarbeitern sehr unterschiedliche Hilfsmittel (Förderzeuge) zur Verfügung stehen können, wodurch die Gefahr „Äpfel mit Birnen" zu vergleichen, latent vorhanden ist.

Eingeschränkte Vergleichbarkeit

$$\text{Lagerbewegungen je Mitarbeiter} = \frac{\text{Anzahl Lagerbewegungen insgesamt}}{\text{Anzahl Mitarbeiter im Lager}}$$

Der **Raumnutzungsgrad** zeigt an, wie effizient die zur Verfügung stehende Lagerfläche in Anspruch genommen wird. Ein wesentlicher Einflussfaktor ist die potenzielle Stapelbarkeit der Waren selbst oder ihrer Verpackungsträger. Als wesentliche Entscheidungsalternativen bieten sich Großladungsträger oder Kleinladungsträger an.

Platzdiebe

$$\text{Raumnutzungsgrad des Lagers (\%)} = \frac{\text{Lagergutvolumen} \times 100}{\text{Lagerraumvolumen}}$$

Die **durchschnittlichen Lagerplatzkosten** ermitteln die Wirtschaftlichkeit des Lagers. Allerdings sollte diese Kennzahl mit dem Raumnutzungsgrad (vgl. oben) kombiniert berechnet werden, da ansonsten das Volumen der zur Verfügung stehenden Lagerplätze im Verborgenen verweilt.

Kosten der Lagerung erfassen

Controlling der Supply Chain

$$\text{Kosten pro Lagerplatz} = \frac{\text{Kosten Interieur Lager insgesamt}}{\text{Plätze Interieur Lager insgesamt}}$$

Hoher Personalkostenanteil

Der Zähler der Kennzahl **Kosten pro Lagerbewegung** leitet sich insbesondere aus Personal- und Sachkosten der Lagerwirtschaft ab. Im Kern gibt der Indikator an, welche Aufträge in ihrer Art oder Größe besonders hohe Kosten verursachen.

$$\text{Kosten pro Lagerbewegung} = \frac{\text{Kosten Lager}}{\text{Zugang Lager / Abgang Lager}}$$

Produktivität und Wirtschaftlichkeit der Beistellung

Im Anschluss an die Kennzeichnung ausgewählter Lagerkennzahlen, werden nachstehend Key Performance Indicators für eine **Kommissionierung** diskutiert, welche zur Bestimmung von Produktivitäten oder Wirtschaftlichkeiten dienen. Die im Folgenden dargestellten Kennzahlen sind Kommissionierungen je Mitarbeiter, Kommissionieraufträge pro Mitarbeiter sowie Kosten pro Kommissionierauftrag.

Wie produktiv sind die Lagermitarbeiter?

Ein Kommissioniervorgang wird auch als „Picken" bezeichnet. Daher ist die folgende Kennzahl synonym als **Picks pro Mitarbeiter** bekannt. Sie misst die Produktivität der Mitarbeiter des Lagers. In Kombination mit dem Automatisierungsgrad, der auch pro Mitarbeiter gemessen werden kann (vgl. oben), gewinnt diese Größe an Gewicht.

$$\text{Picks je MA (\%)} = \frac{\text{Picks} \times 100}{\text{MA Lager}}$$

Picks in Aufträgen verdichten

Als Ergänzung zu den „Picks pro Mitarbeiter", dient der Key Performance Indicator **Kommissionieraufträge pro Mitarbeiter**. Die Kennzahl misst die abgearbeiteten Aufträge je Mitarbeiter. Und sie gibt Aufschluss über den Umfang eingehender Kundenbestellungen.

$$\text{Aufträge je Pick und MA} = \frac{\text{Picks bearbeitet je MA}}{\text{MA Lager}}$$

Pickvorgänge in ihrer Art differenzieren

Wie wirtschaftlich gestaltet sich ein jeweiliger Kommissioniervorgang? Mit Hilfe der **Kosten pro Kommissionierauftrag** wird eine Antwort auf diese Frage gegeben. Dabei ist zu beachten, dass die Komplexität und die Kompliziertheit eines Kommissionierauftrags signifikanten Einfluss auf die Kostenstruktur dieser Aktivität ausübt.

$$\text{Kosten pro Auftrag Bereitstellung} = \frac{\text{Kosten Bereitstellung insgesamt}}{\text{Anzahl Aufträge Bereitstellung}}$$

Schließlich sind die Produktivitäten und die Wirtschaftlichkeiten einer im Anschluss an die Kommissionierung stattfindenden **Produktion** zu messen. Die erste Kennzahl zur Leistungsbewertung in dem betrachteten Segment ist die **Anzahl der bearbeiteten Auftragseingänge je Mitarbeiter**. Diese Größe gibt Aufschluss hinsichtlich der Produktivität und des Auslastungsgrads von Mitarbeitern innerhalb der Disposition. Für einen Kennzahlenvergleich ist zu berücksichtigen, dass die Anzahl der bearbeiteten Aufträge gegebenenfalls stark vom jeweiligen Interieur und dem Automatisierungsgrad des Arbeitsplatzes abhängt (beispielsweise der jeweiligen informationstechnologischen Ausstattung der Arbeitsstätte).

Fertigung straffen

$$\text{Auftragseingänge bearbeitet pro MA} = \frac{\text{Bearbeitete Aufträge je MA}}{\text{MA Auftragsabwicklung}}$$

Ergänzend zur Größe „Anzahl bearbeiteter Auftragseingänge pro Mitarbeiter", dient die **Häufigkeit gepflegter Bestandskonten je Mitarbeiter** zur Aufdeckung von Produktivitäten der Disposition. Die einzelnen Auftragseingänge können vom Umfang her sehr verschieden sein. Zur Nivellierung dieses Ungleichgewichts, wird die Anzahl der durch einen Mitarbeiter gepflegten Bestandskonten *simultan* in die Analyse einbezogen.

Bestandskonten vergleichen

$$\text{Gepflegte Bestandskonten je MA} = \frac{\text{Bestandskonten insgesamt}}{\text{MA zur Bestandsführung}}$$

Eine **Maschinennutzungsintensität** bemisst die Arbeitsproduktivität innerhalb einer Supply Chain. Sie ist als Indikator für die Auslastung der Potenzialfaktoren einer Unternehmung zu verstehen. Die Größe gewinnt an Aussagekraft, indem sie mit dem Werttreiber „Reparaturzeit pro Maschine" (vgl. S. 351) in Kombination betrachtet wird.

Messung der Arbeitsproduktivität

$$\text{Intensität genutzte Maschinen} = \frac{\text{Menge Produktion}}{\text{Maschineneinsatz (Stunden)}}$$

E | Controlling der Supply Chain

Produktivität bewerten

Mit Hilfe der **Bearbeitungskosten pro Auftragseingang** wird die Wirtschaftlichkeit einer Produktionssteuerung bewertet. Sie kann zur Kosten-Nutzen-Bestimmung der Auftragsabwicklung dienen. Dazu sind die Bearbeitungskosten eines Auftragseingangs im Idealfall in eine Transaktionskostenanalyse einzubeziehen.

$$\text{Kosten je Auftrag Bereitstellung} = \frac{\text{Kosten Abwicklung je Auftrag}}{\text{Auftragseingänge bearbeitet}}$$

Dispositionskosten senken

Überproportional hohe **Kosten je Dispositionsaktivität** (diese Kennzahl wird synonym „Kosten je Bestellung" genannt) zeugen von einer wenig wirtschaftlichen Produktionsplanung. Dieses Manko kann durch Ineffizienzen im Einsatz technologischer Ressourcen (wie IT) oder in einer mangelnden Kommunikation mit benachbarten Funktionsbereichen begründet liegen.

$$\text{Kosten je Bestellung} = \frac{\text{Kosten Bestellungen}}{\text{Anzahl Bestellungen}}$$

Prozesskosten dominieren

Schließlich wird die Kennzahl **Bearbeitungskosten je Produktionsauftrag** vorzugsweise im Rahmen einer Prozesskostenermittlung herangezogen. Für Kennzahlenvergleiche gilt jedoch, dass unterschiedliche Heterogenitäten der Fertigungsstrukturen signifikanten Einfluss auf die Bearbeitungskosten von Fertigungsaufträgen ausüben.

$$\text{Kosten Bearbeitung je Auftrag Produktion} = \frac{\text{Kosten Bearbeitung insgesamt}}{\text{Anzahl Aufträge Produktion}}$$

E.3.3.2.3 Qualitäts- und Servicekennzahlen

Qualität und Service

Wie unter Gliederungsabschnitt E.3.3 auf S. 334 aufgezeigt wurde, vereinen sich in dem **Feld II.3** der Kennzahlenmatrix die beiden Dimensionen „Throughput" sowie „Qualitäts- und Servicekennzahlen". Unter Beibehaltung der bisherigen Vorgehensweise, sind zunächst Kennzahlen der **Lagerung** zu nennen. Nach deren Diskussion, erfolgt die Einordnung von Schlüsselkennzahlen der Kommissionierung in dieses Feld der Matrix. Der Abschluss dieser Ausführungen widmet sich den Fertigungskennzahlen.

Kennzahlenmanagement in der Supply Chain | **E.3**

Auf Basis der vergangenheitsorientierten Reichweite, werden Bestände in die drei Bereiche „gängig", „zum Teil ungängig" (Excess) sowie „völlig ungängig" (Obsolete) dekomponiert. Unter Gliederungsabschnitt D.2.2 (vgl. S. 235ff.) wurde die Gängigkeitsanalyse bereits intensiv diskutiert. Die Kennzahl **Excess-and-Obsolete-Ratio** gibt dabei, basierend auf der vergangenheitsbezogenen Lagerreichweite, den Anteil sich nur langsam umschlagender oder gar nicht mehr drehender Vorräte an. Im schlimmsten Fall droht eine **Verschrottung** dieser Sachnummern, welche sich zu Lasten des EBIT niederschlägt. Die Excess-and-Obsolete-Ratio (quantitative Betrachtung) sollte um Gründe für die Entstehung dieser Ungängigkeiten ergänzt werden (qualitative Betrachtung). | *Excess & Obsolete*

$$\text{Ungängigkeit (\%)} = \frac{\text{Ungängiger Bestand} \times 100}{\text{Gesamtbestand}}$$

Ein **Lagerverlust** entsteht insbesondere durch Schwund und Verderb. Diebstahl und mangelhaft gekühlte Waren sind symptomatisch für einen *Schwund* an Vorräten. Insbesondere der Handel leidet unter *verderblichen* Waren (Obst und Gemüse). | *Schwund & Verderb*

$$\text{Verlust Lager pro Periode (\%)} = \frac{\text{Verlust an Lagerbestand} \times 100}{\text{Gesamtbestand}}$$

Nachdem einige Kennzahlen der Lagerung genannt wurden, sind in der Folge Werttreiber der **Kommissionierung** herauszuarbeiten. Diese sind einerseits in den Bereich Supply-Chain-Throughput einzuordnen. Andererseits handelt es sich um Qualitäts- oder Servicekennzahlen. Dazu werden nachstehend drei KPIs näher betrachtet: Der interne Servicegrad, die interne Zurückweisungsquote und die interne Verzögerungsquote. Diese Größen wurden als Qualitäts- und Servicekennzahlen des Inputs (der Beschaffung) in Feld I.3 der Matrix bereits vorgestellt und dort, unter dem Blickwinkel des externen Lieferantenbezugs, beschrieben. Unter diesem Gliederungspunkt erfolgt nun die umgekehrte Leistungsmessung von Supply-Chain-Indikatoren in Richtung Kunde. | *Qualität der Kommissionierung*

Im Rahmen der Berechnung des **internen Servicegrads**, sind zeitliche, mengenmäßige und qualitative Defizite der Kommissionierung in Richtung Kunde denkbar. Doch auch örtliche Fehler können im Rahmen der Bereitstellung auftreten: Wie die defizitäre Zuordnung von Materialien zu ihren Bereitstellungszonen. | *Internen Service garantieren*

Controlling der Supply Chain

$$\text{Interner Servicegrad (\%)} = \frac{\text{Auftragsgerechte Kommissionierungen} \times 100}{\text{Kommissionierungen insgesamt}}$$

Stock-outs vermeiden

Die **interne Zurückweisungsquote** ist eine Sub-Kennzahl des internen Servicegrads. Viele Fehler der Kommissionierung werden in der folgenden Produktion per se aufgedeckt, indem sie diese „ausbremsen" und vielleicht sogar einen Bandstillstand heraufbeschwören. Besonders problematisch sind schleichende Kommissionierungsfehler, die erst nach der Warenauslieferung zum Kunden aufgedeckt werden (und zu Retouren führen).

$$\text{Interne Zurückweisungen (\%)} = \frac{\text{Abgewiesene Kommissionierungen} \times 100}{\text{Kommissionierungen insgesamt}}$$

Zeitliche Mängel

Weiterhin steht die **interne Verzögerungsquote** für verspätete Produktionsprozesse, die – auf Grund einer fehlerhaften Kommissionierung – nicht rechtzeitig eingeleitet werden. Folglich führen Bereitstellungsfehler häufig zu eingeschränkten Belegungszeiten der Maschinen.

$$\text{Interne Back Locks (\%)} = \frac{\text{Verspätete Produktionsstunden} \times 100}{\text{Produktionsstunden insgesamt}}$$

Verbrauchsabweichungen belasten den EBIT

Abschließend werden unter diesem Gliederungspunkt die Qualitäts- und die Servicekennzahlen einer **Produktion** aufgelistet. Die erste diesbezüglich diskutierte Größe ist die **Verbrauchsabweichung**. Sie ist ein wichtiger Vertreter der Leistungsmessung qualitätsgetriebener Produktionsvorgänge. Signifikante Verbrauchsabweichungen sind Indikatoren für Ineffizienzen entlang des Fertigungsprozesses und belasten den EBIT direkt (voll ergebniswirksam).

$$\text{Verbrauchsabweichung (\%)} = \frac{\text{Tatsächlicher Verbrauchswert} \times 100}{\text{Geplanter Verbrauchswert}}$$

Scrap & Rework

Überproportional hohe Raten für **Ausschuss und Nacharbeit** (Scrap and Rework) sind Spiegelbilder für Fertigungsdefizite. Allerdings besagen diese Kennzahlen nicht, an *welcher* Produktionsstufe der Fehler aufgetreten ist.

Kennzahlenmanagement in der Supply Chain **E.3**

$$\text{Quote Ausschuss oder Nacharbeit (\%)} = \frac{\text{Ausschuss/Nacharbeit} \times 100}{\text{Materialverbrauch insgesamt}}$$

Ausfallzeiten (auch „Brachzeiten" genannt) und **Reparaturzeiten** der Maschinen mindern die Produktivität innerhalb einer Wertschöpfungskette. Allerdings erlaubt diese Größe keine Aussage über die Gründe eines potenziellen Bandstillstands. Um den Aussagegehalt der Kennzahlen zu steigern, sind zusätzlich Ausfallkosten oder Reparaturkosten (vgl. unten) von Maschinen zu ermitteln.

Brachzeiten rauben Produktivität

$$\text{Ausfallzeit pro Maschine (\%)} = \frac{\text{Ausfallzeit pro Maschine} \times 100}{\text{Gesamtlaufzeit pro Maschine}}$$

Der Leistungstreiber **Ausfall-/Reparaturkosten pro Maschine** ist eine direkte Ergänzung der oben beschriebenen Kennzahl Ausfallzeit (Reparaturzeit) pro Maschine. Durch eine Kombination beider Indikatoren wird eine simultane Zeit- *und* Kostenbetrachtung ermöglicht.

Ergänzende Kennzahl

$$\text{Ausfallkosten pro Maschine} = \frac{\text{Ausfallkosten pro Maschine} \times 100}{\text{Gesamtkosten pro Maschine}}$$

E.3.3.3 Output: Kennzahlen der Distribution

Der Bereich Output richtet sich zum externen Kunden aus. Moderne Lieferketten orientieren sich häufig am Pullprinzip („Make-to-Order" oder „Engineer-to-Order"). Der Wertschöpfungsbeitrag dieses Bereichs ist ausgeprägt, da die Bestandsveredelung bereits abgeschlossen ist. Für den Output sind Fertigwarenbestände symptomatisch. Zu den Kennzahlen der Distribution vgl. *Cohen/Roussel* 2006, S. 310ff.; *Gunasekaran et al.* 2001, S. 80ff.; *Krüger* 2011, S. 147; *Schulte* 2001, S. 484ff.; *Schulte* 2012, S. 659; *Strigl et al.* 2004, S. 171ff..

Hohe Wertschöpfung

Eine vornehmliche Aufgabe des Supply Chain Managements besteht in einer adäquaten **Warenzustellung in Richtung Kunde**. Diesbezüglich führt eine geringe Absatzprognosegenauigkeit (beispielsweise auf Grund kurzfristiger Nachfrageschwankungen) zu Ineffizienzen in Supply Chains. Deren Folge sind zumeist Vorratserhöhungen. Für den Hersteller besteht die Gretchenfrage im Ausloten des latenten Balanceakts zwischen hohem Servicegrad (um auch ungeplante Nachfrageschübe befriedigen zu können) und niedrigem Lagerbestand.

Peitschenschläge der Nachfrage

E Controlling der Supply Chain

Bedeutung von B2C und B2B

Es sei an dieser Stelle erwähnt, dass unter dem Begriff „Kunde" nicht zwangsweise der Endverbraucher zu verstehen ist (B2C-Anbindung). Auch zwischengeschaltete Handelsstufen (B2B-Abwicklung, wie der Einzel- oder der Großhandel) stellen ausgewählte Formen einer Kundenanbindung dar. Die Kennzahlen des Outputs werden, analog der bisherigen Ausführungen, in die drei Bereiche generische Kennzahlen, Produktivitäts- und Wirtschaftlichkeitskennzahlen sowie Qualitäts- und Servicekennzahlen untergliedert.

E.3.3.3.1 Generische Kennzahlen

Allgemein gültige Größen

Auf Basis der Kennzahlentypologie, beziehen sich die generischen Kennzahlen einer Distribution auf das **Feld III.1**. Wie auch für die Segmente Input und Throughput, sind für den Output zunächst absolute **generische** Key Performance Indicators anzugeben. Der folgende Kennzahlenblock zeigt diese Größen in übersichtlicher Form auf.

> Kundenanzahl (aktuell/potenziell).
> Anzahl Auslieferungen.
> Anzahl (Zwischen-) Lagerstätten.
> Auftragsvolumen.
> Entfernung zwischen Lagerstufen.

Relative KPIs im Überblick

Zu den relativen generischen Kennzahlen der Distribution zählen: Umsatz pro Kunde, Eigentransportquote, Order Fulfillment Time, Durchlaufzeit sowie Lagerumschlag Fertigwarenbestand. In dieser Reihenfolge werden die Indikatoren unten beschrieben.

Deckungsbeiträge für strategische Kunden berechnen

Der **Umsatz pro Kunde** bemisst die Bedeutung des Abnehmers, und er ist für aktuelle wie potenzielle Kunden zu berechnen. Dieser KPI stellt eine wichtige Eckzahl des Category Managements dar. Allerdings erfasst diese Größe nicht die Kosten, welche in eine diesbezügliche Analyse einzubeziehen wären. Daher ist der Umsatz pro Kunde möglichst zum *Deckungsbeitrag pro Kunde* zu modifizieren. Im B2B-Bereich ist dieser Indikator recht einfach zu berechnen. Sehr viel schwieriger fällt dies für B2C-Abwicklungen.

$$\text{Umsatz pro Kunde (\%)} = \frac{\text{Gesamtumsatz}}{\text{Kundenanzahl}}$$

Kennzahlenmanagement in der Supply Chain

Die **Eigentransportquote** ist ein wichtiger Leistungstreiber des Flottenmanagement (*Fleet*). Sie gibt den Prozentsatz der Eigentransporte in Richtung Kunde an. Jedoch blendet dieser Key Performance Indicator die jeweils distribuierte Menge aus.

Flottenmanagement

$$\text{Eigentransportquote (\%)} = \frac{\text{Anzahl Eigentransporte} \times 100}{\text{Anzahl Fremdtransporte}}$$

Im Rahmen der Ermittlung einer Liefervorlaufzeit **(Order Fulfillment Time)** ist im Rahmen der Warendisposition die Wiederbeschaffungszeit zu beachten. In diesen Key Performance Indicator können – quasi als Unterkennzahlen – die Größen „Perfect Order Fulfillment" sowie „Fill Rate" einfließen. Mit Hilfe der *Lieferbeschaffenheit* (Perfect Order Fulfillment) wird eine Lieferung, neben ihrer zeitlichen Treue, über weitere Faktoren gemessen, die einem Kunden Grund zur Beanstandung geben könnten (Mengen, Spezifikationen, Dokumentationen, Beschädigungen). Die *Lieferbereitschaft* (Fill Rate) gibt hingegen an, inwieweit ein Anbieter in der Lage ist, direkt aus seinem Lager zu distribuieren. Folglich befindet sich eine Fill Rate in einem kontinuierlichen Spannungsfeld zwischen drohenden Lieferengpässen und kapitalintensiver Lagerbevorratung (Opportunitätskosten).

Order Fulfillment

Liefervorlaufzeit = Zeitspanne in Stunden (Tagen/Wochen) zur kompletten Bearbeitung eines Auftrags des Kunden.

Die totale **Durchlaufzeit** (Total Cycle Time) bemisst sich vom Auftragseingang bis zur Warendistribution. In diese Kennzahl geht die reine Produktionszeit ein, welche synonym als „Durchlaufzeit im engen Sinn" bezeichnet wird. Als Stellhebel der Durchlaufzeit sind eigentliche Produktionszeiten, Rüstzeiten, Ausfallzeiten, Liegezeiten, Lagerzeiten oder Bereitstellungszeiten zu nennen.

Einflussfaktoren der Durchlaufzeit

Durchlaufzeit = Zeitspanne in Stunden (Tagen/Wochen) vom Eingang des Auftrags, bis zur Verteilung der Waren.

Eine Zunahme an Fertigwarenbeständen erhöht tendenziell die Flexibilität von Unternehmungen, um rasche Reaktionen auf unerwartete Kundennachfragen bieten zu können. Dieser Zugewinn an Servicegrad wird jedoch – auf Grund einer gesteigerten Kapitalbindung – vielfach recht

Fertigwaren steigern die Flexibilität

Controlling der Supply Chain

teuer erkauft. Dieser Zusammenhang kann mit dem **Lagerumschlag Fertigwarenbestand** gemessen werden.

$$\text{Lagerumschlag Fertigwarenbestand} = \frac{\text{Umsatz (Umsatzkosten)}}{\text{Fertigwarenbestand}}$$

E.3.3.3.2 Produktivitäts- und Wirtschaftlichkeitskennzahlen

Distribution straffen

In dem **Feld III.2** der Kennzahlentypologie des Supply Chain Managements vereinen sich die beiden Dimensionen Output sowie Kennzahlen zur Messung von **Produktivitäten und Wirtschaftlichkeiten**. Diesbezüglich findet zunächst eine nähere Beschreibung der Auftragsabwicklungsquote statt.

Ergänzung um Positionen

Die **Auftragsabwicklungsquote** dient einer Ermittlung der Produktivität von Mitarbeitern der Disposition. Eine Modifizierung oder Ergänzung erfährt dieser Werttreiber, indem im Zähler die Anzahl bearbeiteter Auftrags*positionen* Berücksichtigung findet.

$$\text{Auftragsabwicklungsquote (\%)} = \frac{\text{Bearbeitete Aufträge} \times 100}{\text{Mitarbeiter Auftragsdisposition}}$$

Produktivität des Versendens

Eine **Versandabwicklungsquote** erhöht den Aussagewert der zuvor diskutierten Auftragsabwicklungsquote. Denn ein abgewickelter Auftrag muss auch zu seiner späteren Versendung gelangen. Doch das bloße Wissen um die Quote von Versendungen besagt nichts hinsichtlich der Schwierigkeiten von Distributionsvorgängen.

$$\text{Versandabwicklungsquote (\%)} = \frac{\text{Anzahl Sendungen} \times 100}{\text{Arbeitstage}}$$

Fixkostendegression herstellen

Die nächste herangezogene Kennzahl misst den Kapazitätsauslastungsgrad interner wie externer Transportmittel und Förderzeuge. Mit steigendem **Transportmittelnutzungsgrad** verbessert sich die Fixkostenverteilung durchgeführter Distributionsvorgänge (Skaleneffekt).

$$\text{Transportmittelnutzungsgrad} = \frac{\text{Tatsächliches Transportvolumen}}{\text{Mögliches Transportvolumen}}$$

Kennzahlenmanagement in der Supply Chain

Mit Hilfe der **Auftragsabwicklungskosten** wird die Wirtschaftlichkeit innerhalb der Distribution gemessen. Mögliche *Kostentreiber* der Auftragsabwicklung sind Personalkosten, IT-Kosten (inklusive Abschreibungen), Mieten und Energiekosten.

Prozesskostensätze beachten

$$\text{Auftragsabwicklungskosten} = \frac{\text{Gesamtkosten Auftragsabwicklung}}{\text{Umsatz (pro Monat/pro Jahr)}}$$

Eine weitere Alternative zur Messung der Wirtschaftlichkeit des Outputs liefert die **Versandkostenquote.** Sie dient – insbesondere in Kombination mit den zuvor charakterisierten Auftragsabwicklungskosten – zur Transparenzsteigerung der Distribution. Jedoch empfiehlt es sich, diese kostenfokussierte Betrachtung um Mengenangaben zu ergänzen.

Mengenangaben hinzufügen

$$\text{Versandkostenquote} = \frac{\text{Versandkosten insgesamt}}{\text{Durchgeführte Sendungen}}$$

E.3.3.3.3 Qualitäts- und Servicekennzahlen

Den Abschluss der Beschreibung von Output-Werttreibern innerhalb einer Supply Chain bilden die **Qualitäts- und Servicekennzahlen** (vgl. **Feld III.3** in der Matrix zur Typisierung der Key Performance Indicators des Lieferkettenmanagements). Im Kern liegt eine reziproke Betrachtung der qualitäts- und serviceorientierten Kennzahlen des Inputs zu Grunde: Unter Feld I.3 wurde die Lieferantenleistung über Qualitäts- und Servicegrößen gemessen. Unter diesem Gliederungspunkt findet eine Umkehrung dieser Analyse statt. Jetzt wird die Liefergüte des Herstellers selbst durch seine Kunden bewertet.

Reziproke Betrachtung des Inputs

Bezüglich ihrer **Messbarkeit** unterscheiden sich allerdings die Qualitäts- und Servicekennzahlen zwischen Beschaffung und Distribution. Die Bestimmung der Lieferantenperformanz bereitet keine größeren Probleme, da ein Hersteller die eingehende Leistung seiner Lieferanten jederzeit direkt messen kann. Umgekehrt ist der Hersteller bei der Bewertung seiner ausgehenden Lieferleistung auf das Feedback des Kunden angewiesen. Erfolgt keine Rückkoppelung, geht der Hersteller in der Regel davon aus, dass seine Lieferung auftragsgemäß abgewickelt wurde.

Erschwerte Messung

Controlling der Supply Chain

Platzhirsch der Qualität

Der ausgehende **Lieferservicegrad** beschreibt den Prozentsatz von Warensendungen in Richtung Kunde hinsichtlich ihrer zeitlichen, mengenmäßigen und qualitativen Güte.

$$\text{Lieferservicegrad (\%)} = \frac{\text{Auftragsgerechte Auslieferpositionen} \times 100}{\text{Auslieferpositionen insgesamt}}$$

Zurückweisungen der Distribution

Eine **Zurückweisungsquote** ermittelt den Prozentsatz an Auslieferungen bezüglich qualitativer, quantitativer oder zeitlicher Defizite der Auslieferungsleistung.

$$\text{Zurückweisungsquote (\%)} = \frac{\text{Zurückgewiesene Auslieferungen} \times 100}{\text{Ausgehende Lieferungen insgesamt}}$$

Zeitliche Missstände

Die **Verzögerungsquote** zielt ausschließlich auf die *zeitliche* Güte ausgehender Warenlieferungen. Sie bemisst den Prozentsatz verspäteter Distributionsvorgänge.

$$\text{Verzögerungsquote (\%)} = \frac{\text{Verspätete Auslieferungen} \times 100}{\text{Ausgehende Lieferungen insgesamt}}$$

E.3.3.4 Payment: Kennzahlen der Finanzprozesse

Net Working Capital optimieren

Im Rahmen der Charakterisierung des Supply Chain Managements im Allgemeinen, wie auch bei der Beschreibung des Order-to-Payment-S im Besonderen, wurde deutlich, dass ein zeitgemäßes Lieferkettenmanagement die Finanzströme explizit erfasst. Moderne Supply Chains zielen darauf, die **Opportunitätskosten** (entgangene Gewinne) zu reduzieren. Diesbezüglich fordern die Hersteller möglichst zeitnahe Zahlungseingänge bezüglich ihrer Kundenrechnungen ein. Der Erfolg dieses Strebens hängt jedoch sehr stark von der jeweiligen Machtkonstellation einer Lieferanten-Kunden-Beziehung ab. Bleiben die Kundenzahlungen über Wochen oder gar Monate aus, findet durch den Hersteller eine Art Vorfinanzierung in Richtung Kunde statt: Es wird quasi ein zinsloser Kredit gewährt.

Finanzkennzahlen werden unterschätzt

Bei näherer Betrachtung von Kennzahlen und Kennzahlensystemen der Supply Chain fällt auf, dass sich diese den Finanzströmen kaum oder gar nicht widmen (vgl. *Krüger* 2011; *Ossola-Haring* 2006; *Reichmann* 2011;

Kennzahlenmanagement in der Supply Chain

Schulte 2001; *Schulte* 2012). In diese **Lücke** stößt die vorliegende Kennzahlentypologie.

Unter Berücksichtigung dieses Wissens werden im Folgenden einige Kennzahlen des Supply Chain Managements näher gewürdigt, welche zur **Bewertung von Finanzströmen** dienen. Analog zu den bisherigen Ausführungen zur Kennzahlentypologie, sind diese Größen in die drei Felder generische Kennzahlen, Produktivitäts- und Wirtschaftlichkeitskennzahlen sowie Qualitäts- und Servicekennzahlen einzuteilen.

Finanzströme von Supply Chains

E.3.3.4.1 Generische Kennzahlen

Zu den **generischen Größen** der Finanzströme einer Supply Chain zählen insbesondere Supply-Chain-Kosten, Skontoquote, Rabattstruktur, Bestellobligo, Liquidität, erweiterter Cash Flow, Working Capital, Cash-to-Cash-Cycle, Economic Value Added (EVA) und Return on Capital Employed (ROCE). In das **Feld IV.1** der Kennzahlenmatrix finden diese Indikatoren ihren Eingang (vgl. deren nähere Kennzeichnung unten).

Weiteres Vorgehen

Die gesamten **Supply-Chain-Kosten** sind in Relation des Umsatzes zu messen. Eine absolute Erhöhung der Umsätze bedingt zumeist auch eine Zunahme an Supply-Chain-Kosten. Bei der folgenden Definition ist zu beachten, dass die Auftragsabwicklungskosten, Materialbeschaffungskosten und Bestandskosten voll in die totalen Supply-Chain-Kosten eingehen. Die Finanzierungskosten, Planungskosten wie auch IT-Kosten werden jedoch nur anteilig verrechnet. Als wesentlicher Treiber zu ihrer Bestimmung dient die *innerbetriebliche Leistungsverrechnung*. Doch stellt sich die Frage, welcher prozentuale Anteil dieser Kosten pro einzelner Organisation auf die Supply Chain umzulegen ist?

Kosten der Supply-Chain-Aktivitäten

Insbesondere netzgerichtete **Kennzahlenvergleiche** hinsichtlich der gesamten Supply-Chain-Kosten sind daher mit Vorsicht zu genießen. Die jeweilige Definition der Supply-Chain-Kosten pro Partner ist diesbezüglich minutiös zu hinterfragen. Dennoch wird der Versuch unternommen, Anhaltswerte für die Praxis zu geben. Gemäß obiger Begriffsklärung erzielen branchenübergreifend Best-in-Class-Unternehmungen *Benchmarks* ihrer Supply-Chain-Kosten zu den Umsätzen zwischen 4% und 6%. Durchschnittliche Unternehmungen pendeln sich diesbezüglich zwischen 8% und 11% ein (vgl. Werner 2013a, S. 55 sowie S. 76f. der vorliegenden Schrift).

Vorsicht bei Wettbewerbsvergleichen

Controlling der Supply Chain

$$
\begin{aligned}
&\text{Auftragsabwicklungskosten} \\
&+ \text{Materialbeschaffungskosten} \\
&+ \text{Bestandskosten} \\
&+ \text{Finanzierungskosten (anteilig)} \\
&+ \text{Planungskosten (anteilig)} \\
&+ \text{IT - Kosten (anteilig)} \\
\hline
&= \text{Supply - Chain - Kosten}
\end{aligned}
$$

Unifizierung von Zahlungsbedingungen anstreben

Die **Skontoquote** steht für den Anteil von Einkäufen mit Skontoabzug, welche mit der gesamten Anzahl getätigter Einkäufe einer Organisation in ein Verhältnis gesetzt werden. Mit diesem Key Performance Indicator ist zu überprüfen, ob bei der Bezahlung von Lieferantenrechnungen ein zustehender Skontobetrag verrechnet wurde. Zum Monitoring dieses Vorgangs bietet es sich an, die Zahlungsbedingungen innerhalb der Unternehmungen zu vereinheitlichen. Ansonsten müsste pro Rechnung überprüft werden, ob die Mitarbeiter im Rechnungswesen bei der Begleichung einer Lieferantenrechnung potenzielle Zahlungsabzüge auch wirklich realisiert haben (Prozesskostenaufblähung).

$$\text{Skontoquote (\%)} = \frac{\text{Einkäufe unter Abzug von Skonto} \times 100}{\text{Einkäufe insgesamt}}$$

Möglichkeiten rabattierter Einkäufe

Rabattierte Einkäufe werden insbesondere als Mengenrabatte, Umsatzrabatte, Treuerabatte, Saisonrabatte oder Sonderrabatte gewährt. Diese Kennzahl zeigt den Anteil der rabattierten Einkäufe im Verhältnis zu den insgesamt getätigten Einkäufen. Die Höhe der jeweils eingeräumten Rabatte wird mit dieser Größe jedoch nicht verdeutlicht. Eine Ergänzung der Kennzahl um diese Information wäre sehr wünschenswert.

$$\text{Rabattstruktur (\%)} = \frac{\text{Einkäufe mit Rabattgewährung} \times 100}{\text{Einkäufe insgesamt}}$$

Zahlungsausstand

Ein **Bestellobligo** beschreibt den Zahlungsausstand einer Unternehmung. Basierend auf einem hohen Bestellüberhang, könnte auf Dauer die Liquidität gefährdet sein: Es drohen überproportional hohe zukünftige Lieferantenverbindlichkeiten.

Kennzahlenmanagement in der Supply Chain

E.3

```
  Bestellbestand
+ Bestellwertzugang
- Rechnungseingang (per Datum)
= Bestellobligo
```

Die **Liquidität 3. Grades** ist ein geeigneter Indikator, um die Finanzströme in Wertschöpfungsnetzen zu bemessen. In die Ermittlung gehen nämlich Bestände und Forderungen explizit ein. Eine Erhöhung des Vorratsvermögens schmälert tendenziell die Liquidität eines Wettbewerbers. Die erweiterte Betrachtung der Liquidität dritten Grades erfolgt in der nachstehenden Cash-Flow-Betrachtung.

Bestände und Forderungen erfassen

$$\text{Liquidität 3. Grades} = \frac{\text{Liquide Mittel} + \text{Bestände} + \text{Forderungen}}{\text{Kurzfristige Verbindlichkeiten}}$$

Der **Cash Flow** verkörpert als Kennzahl die Dynamisierung einer statischen Liquidität. Er ist ein Indikator für die Ertragskraft von Organisationen und wird synonym als „Finanzmittelüberschuss" bezeichnet. Wie oben hervorgehoben, wirken sich Veränderungen von Vorräten und Forderungen auf den erweiterten Cash Flow aus.

Dynamisierung der Liquidität

```
    Jahresüberschuss
  ± Abschreibungen/Zuschreibungen auf Vermögenswerte
  + Veränderungen Rückstellungen
  + Veränderungen Sonderposten mit Rücklagenanteil
  + Veränderungen Wertberichtigungen
  - Veränderungen Vorräte
  - Veränderungen Forderungen
  - Veränderungen aktive RAP
  - Aktivierte Eigenleistungen
  = Erweiterter Cash Flow
```

Eine weitere Kennzahl, welche zur Messung der Liquidität eines Unternehmens herangezogen werden kann, ist das **Working Capital** (hier die Berechnungsmöglichkeit *Current Ratio*). Tendenziell gilt: Je höher das Working Capital, desto gesicherter ist die zukünftige Liquidität. Das Supply Chain Management wirkt insbesondere auf den Zähler. Bestände und Forderungen stellen Komponenten des Umlaufvermögens dar. Ihre

Generierung von Geldzuflüssen

E | *Controlling der Supply Chain*

Zunahme oder Abnahme beeinflusst direkt das Working Capital. Allerdings werden Bestände (Excess and Obsolete) und Forderungen (Disputes) mit einer Laufzeit größer ein Jahr nicht unter das Working Capital gefasst.

$$\text{Working Capital (\%)} = \frac{\text{Umlaufvermögen} (<1\text{ Jahr}) \times 100}{\text{Kurzfristige Verbindlichkeiten}}$$

Shareholder-Value-Bezug

Ein wichtiger Vertreter des Working Capital Managements ist der **Cash-to-Cash-Cycle**. Er bemisst den *Liquiditätskreislauf* in Tagen. Die Zahl soll möglichst klein sein, im Idealfall sogar negativ. In Supply Chains werden durchschnittliche Cash-to-Cash-Cycles von zwei bis drei Monaten gemessen (vgl. *Heesen* 2012; *Weber et al.* 2007, vgl. auch S. 78 dieser Schrift). Dieses Ergebnis spiegelt sicher nicht die im Lieferkettenmanagement gern zitierte „Win-Win-Situation". Eher entsteht der Eindruck, dass manche Akteure ihre Marktmacht ausspielen. Sie lassen sich rasch durch ihre Kunden bezahlen, begleichen ihrerseits jedoch die Lieferantenrechnungen erst nach etlichen Wochen oder Monaten. In der Zwischenzeit finanziert der Lieferant den Kunden (zinslos) vor. Für den Lieferanten ergeben sich Opportunitätskosten, da dieser das Geld zwischenzeitlich nicht anlegen kann. Neben dem Debitorenmanagement (Days Sales Outstanding) und dem Kreditorenmanagement (Days Payables Outstanding) leitet sich der Liquiditätskreislauf aus der Lagerreichweite (Days on Hand) ab. Unter Gliederungspunkt E.4.5 werden Working Capital und Cash-to-Cash-Cycle ausführlich beschrieben.

> Cash - to - Cash - Cycle = Zeitspanne in Tagen, die sich aus Zahlung des Kunden, Reichweite des Lagers und Rechnung des Lieferanten ableitet (synonym "Kreislauf der Liquidität").

Wertsteigerungskonzept

Der **Economic Value Added (EVA)** ist eine absolute Kennzahl im Management von Wertsteigerungen und damit in die Philosophie um den Shareholder Value eingebettet (vgl. zur ausführlichen Diskussion um EVA S. 405ff.). EVA steht für den Wertbeitrag, den eine Organisation pro Jahr mehrt (die Kennzahl EVA weist einen positiven Betrag auf) oder vernichtet (das Ergebnis der EVA-Kalkulation ergibt eine negative Zahl). Das Management innerhalb einer Supply Chain hat unterschiedliche Auswirkungen auf den Economic Value Added. Dies gilt einerseits für den Net Operating Profit After Tax *(NOPAT)*. Zum Beispiel beeinflussen Materialpreise, Abwertungen auf Bestände, Frachtkosten oder Abschreibungen auf logistische Assets den operativen Geschäftserfolg direkt. Andererseits nimmt ein Supply Chain Management Einfluss auf das Capital. Beispielhaft dafür stehen Make-or-Buy-Entscheidungen im Fleetmanagement, Verfahren für Sale-and-Buy-Back oder Sale-and-Lease-Back logistischer Anlagen, sowie Bestands- und Forderungsmanagement.

$$\text{Economic Value Added} = \text{NOPAT} - (\text{Capital} \times \text{WACC})$$

Der **Return on Capital Employed** (Kapitalrendite) ist stellvertretend für die Renditekennzahlen in die Kennzahlentypologie aufgenommen worden. Zu weiteren Möglichkeiten der Rentabilitätsmessung vgl. S. 325ff., vgl. S. 372 speziell zu ROCE. Aus Sicht des Supply Chain Managements sind die Stellhebel zur Beeinflussung von ROCE sowohl im Zähler als auch im Nenner der Kennzahl zu suchen. Ähnlich wie für EVA gilt, dass ein Supply Chain Management auf das Ergebnis der gewöhnlichen betrieblichen Geschäftstätigkeit (*EBIT*) durch Vorratsabwertungen, Ausschuss- und Nacharbeitsraten, Materialpreise, Abschreibungen sowie Frachtkosten wirkt. Bezogen auf das *eingesetzte Kapital* sind über ein Supply Chain Management Auswirkungen auf Cash-to-Cash-Cycle, Vorratsmanagement oder logistische Sachanlagen (wie eigener Fuhrpark oder Fremdvergabe des Fuhrparks) abzubilden.

Regelrechter Hype um ROCE

$$\text{ROCE} = \frac{\text{EBIT} \times 100}{\text{Eingesetztes Kapital}}$$

E.3.3.4.2 Produktivitäts- und Wirtschaftlichkeitskennzahlen

In dem **Feld IV.2** der Kennzahlentypologie einer Supply Chain paaren sich die Inhalte des Payments mit Werttreibern für **Produktivitäten und Wirtschaftlichkeiten**. Als erster in diese Kategorie fallender Indikator wird die Fakturierungsquote einer näheren Diskussion unterzogen.

Finanzprozesse bewerten

Die **Fakturierungsquote** ist ein Indikator für die Produktivität der Finanzströme. Sie bemisst den Prozentsatz ausgestellter und versendeter Kundenrechnungen. Über den Eingang potenzieller Kundenzahlungen gibt die Fakturierungsquote keinen Aufschluss. Sie ist daher möglichst um den Cash-to-Cash-Cycle zu ergänzen.

Produktivität des Payments

E | *Controlling der Supply Chain*

$$\text{Fakturierungsquote (\%)} = \frac{\text{Fakturierte Kundenrechnungen} \times 100}{\text{Kundenrechnungen insgesamt}}$$

Materialkosten und Fertigungskosten vergleichen

Die Herstellungskosten von Unternehmungen setzen sich insbesondere aus Materialeinzel- und Materialgemeinkosten sowie Fertigungseinzel- und Fertigungsgemeinkosten zusammen. Sie sind in der Gewinn- und Verlustrechnung direkt unter dem Umsatz abzulesen. Mit Hilfe der **Materialintensität** wird die Wirtschaftlichkeit des Wareneinsatzes gemessen. Zum Beispiel kann dieser überproportional hoch im Vergleich zu den Fertigungskosten liegen.

$$\text{Materialintensität (\%)} = \frac{\text{Materialkosten} \times 100}{\text{Herstellungskosten}}$$

E.3.3.4.3 Qualitäts- und Servicekennzahlen

Das letzte Feld der Matrix

Schließlich wird mit **Feld IV.3** auch das zwölfte und letzte Segment der Kennzahlenmatrix einer Supply Chain mit Leben gefüllt. Hier treffen die beiden Dimensionen Payment sowie **Qualitäts- und Servicekennzahlen** aufeinander. Diesbezüglich sind im Folgenden drei KPIs näher zu würdigen: Supply Chain Disputes, Cost-Charge-Back-Ratio sowie Inventory Reserve (vgl. die unten stehenden Definitionsblöcke).

Disputes abbauen

In die deutsche Sprache übertragen, ist der Begriff **Disputes** mit „zweifelhaften Forderungen" (dubiose Forderungen) gleichzusetzen, die eine lange Restlaufzeit aufweisen: Treten Fehler in der Supply Chain in Richtung Kunde auf, können Disputes entstehen. Das Ausfallrisiko von Disputes ist also größer als 0% und kleiner als 100%. Ein Beispiel dafür ist ein Verpackungsschaden. Wenn sich eine Kundenrechnung auf 10.000 Euro beläuft, der Kunde jedoch auf Grund eines potenziellen Verpackungsschadens nur 8.000 Euro überweist, schlagen beim Hersteller Disputes in Höhe von 2.000 Euro zu Buche. In der Folge ist abzuklären, ob diese Forderung in Richtung Kunde tatsächlich nicht einholbar ist. In diesem Fall muss für die originäre Forderung eine Wertberichtigung (unterjährig) oder Rückstellung gebildet werden, worunter der EBIT direkt leidet.

$$\text{Supply Chain Disputes (\%)} = \frac{\text{Supply Chain Disputes} \times 100}{\text{Disputes insgesamt}}$$

Kennzahlenmanagement in der Supply Chain

E.3

Die Kennzahl **Cost-Charge-Back-Ratio** korrespondiert direkt mit den Supply Chain Disputes. Sie kann im Input für Lieferanten und im Output für Kunden bestimmt werden. Zum Teil ist auf Basis eines *Supplier-Rating-Systems* ein Cost-Charge-Back-Verfahren in der Unternehmungspraxis verankert. Dabei entscheidet die Machtkonstellation im Partnergeflecht über die Einsatzmöglichkeiten des Verfahrens. Unter Cost-Charge-Back ist zu verstehen, wenn logistische Fehler mit dem Lieferanten zunächst definiert und Strafpunkte („Penaltys") vergeben werden. Auf Basis von Prozesskosten, sind diesen Fehlern Geldbeträge beizumessen. Für das Supply Chain Management kann ein derartiges Problem in einem defizitären Labeling bestehen. Tritt dieser Fehler auf, wird der vereinbarte Geldbetrag direkt bei der nächsten eingehenden Lieferantenrechnung einbehalten. Dadurch entstehen Disputes erst gar nicht mehr (vgl. oben). Allerdings ist der Kunde zumeist in der Bringschuld, um einen jeweiligen Fehler zu beweisen.

Automatische Verrechnung qualitativer Mängel

$$\text{Cost-Charge-Back-Ratio (\%)} = \frac{\text{Einbehaltene Rechnungsbeträge} \times 100}{\text{Wert Lieferantenrechnungen total}}$$

Eine **Inventory Reserve** (Wertberichtigung auf Bestände) wird auf Grund der Ungängigkeit von Vorräten vorgenommen. Diese kann in einer mangelhaften Einlauf- oder Auslaufsteuerung begründet liegen. In einem oben kurz charakterisierten Beispiel (vgl. S. 235) beträgt der Bruttobestand eines Standorts zehn Millionen Euro. Allerdings schlagen sich dort Vorräte entweder gar nicht mehr (Obsolete) oder nur noch bedingt (Excess) pro Periode um. Für diese Bestände wird eine Wertberichtigung von zwei Millionen Euro gebildet. Folglich errechnet sich ein Nettobestand von acht Millionen Euro.

Gross Inventory vs. Net Inventory

Die *Abwertung* ungängiger Vorräte schlägt sich direkt auf das operative Ergebnis (EBIT) einer Organisation nieder. Daher sind Ungängigkeiten von Beständen möglichst gering zu halten. Ist der Verkauf von Excess- oder Obsolete-Waren unmöglich, kann in letzter Konsequenz die Verschrottung dieser Sachnummern drohen. Um dabei den Effekt in Richtung EBIT abzufedern, schreibt das kaufmännische Vorsichtsprinzip die Bildung von Wertberichtigungen vor. Die folgende Kennzahl „Inventory Reserve" spiegelt die Höhe dieser **Wertberichtigung** auf Grund von Ungängigkeiten.

Interdependenzen zur Gängigkeit

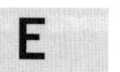

Controlling der Supply Chain

> Bruttobestand (Gross Inventory)
> − Wertberichtigung (Inventory Reserve)
> = Nettobestand (Net Inventory)

E.3.3.5 Kennzahlentypologie im Überblick

KPIs im Überblick

Die hier vorgeschlagene Typologie zur Einordnung von Kennzahlen des Supply Chain Managements basiert auf **zwei Dimensionen**:

- Eine erste Perspektive zeigt den Bezug der Kennzahlen zur **Wertschöpfung** auf. Mit steigender Wertgenerierung schälen sich die drei logistischen Primärsegmente Input (Beschaffung), Throughput (Lagerung, Kommissionierung und Produktion) sowie Output (Distribution) heraus. Diese werden von Aktivitäten des Payments umgarnt, da in einer Supply Chain bekanntlich auch die Finanzströme explizite Berücksichtigung erfahren (zur Vermeidung von Opportunitätskosten).

- Unter die zweite Dimension sind drei unterschiedliche **Arten von Supply-Chain-Kennzahlen** gefasst. Sie setzen sich aus generischen Indikatoren (Strukturindikatoren), Produktivitäts- und Wirtschaftlichkeitskennzahlen sowie qualitäts- und servicegetriebenen Größen zusammen.

Modifikationen sind möglich

Aus diesen beiden Betrachtungsebenen ergeben sich in einer **Matrix** zur Supply-Chain-Typisierung zwölf verschiedene Betrachtungsfelder. Die folgende Abbildung E.10 fasst die oben ausführlich diskutierten Einzelkennzahlen in übersichtlicher Weise zusammen. Es versteht sich von selbst, dass dieser Ansatz keinen Anspruch auf Vollständigkeit erhebt. Je nach Branchenbezug oder spezifischer Problemstellung, kann sich freilich die Notwendigkeit zur **Modifizierung** dieser Typisierung ergeben.

Kennzahlenmanagement in der Supply Chain — **E.3**

Indikatoren der Kennzahlentypologie einer Supply Chain — Abbildung E.10

	Input - Beschaffung	Throughput - Lagerung - Beistellung - Fertigung	Output - Distribution	Payment - Finanzen
A	Einkaufsteile Einkaufsvolumen Bestellpositionen Lieferantenanzahl Preisindex Volumenstruktur Maverick-Buying	Sachnummern Verpackungseinh. Gelagerte Teile Lagervorgänge Auftragsvolumen Disponierte Teile Auftragseingänge Umschlagshäufigk. Reichweite Lagerkostensatz Flächennutzungsgr. Lagerflächenanteil Vorratsquote Kommissionierpos. Automatisierungsgr. Flächenanteil Fertigungstiefe Upside Prod. Flexib. Recyclingquote	Kundenanzahl Auslieferungen Lagerstätten Auftragsvolumen Lagerstufen Umsatz pro Kunde Eigentransportq. Order Fulfillment Durchlaufzeit Umschlag Fertigw.	SC-Kosten Skontoquote Rabattstruktur Bestellobligo Liquidität Cash Flow Working Capital Cash-to-Cash-Cycle EVA ROCE
B	Sendungen täglich Annahmezeit WEK pro Tag Annahmekosten WEK-Kosten	Lagerbewegungen Raumnutzungsgrad Lagerplatzkosten Lagerbewegungsk. Kommissionierungen Kosten Kommission. Auftragseingänge Bestandskonten Maschinennutzung Bearbeitungskosten Dispositionskosten	Auftragsabwickl. Versendungen Nutzungsgrad Versandkosten	Fakturierungsquote Materialintensität
C	Servicegrad Zurückweisungsq. Verzugsquote	Excess/Obsolete Lagerverlust Servicegrad (intern) Zurückweisungsq. Verzögerungsq. Verbrauchsabweich. Ausschuss/Nacharb. Ausfall/Reparatur	Servicegrad Zurückweisungsq. Verzugsquote	SC Disputes Cost-Charge-Back Inventory Reserve

Legende: A = Generische Kennzahlen
B = Produktivitäts- und Wirtschaftlichkeitskennzahlen
C = Qualitäts- und Servicekennzahlen

Controlling der Supply Chain

E.3.4 Ausgewählte Visualisierungsformen des Kennzahlenmanagements

Synergetische Potenziale heben

Mit diesem Gliederungspunkt finden die Gedanken des Kennzahlenmanagement innerhalb moderner Supply Chains ihre Abrundung. Die oben diskutierte Typisierungsmöglichkeit für ein Lieferkettenmanagement dient der inhaltlichen Einordnung einzelner Leistungstreiber in ein übergeordnetes Kennzahlensystem. Dadurch erschließen sich in der Supply Chain **synergetische Potenziale**: Die Einzelkennzahlen verdichten sich in der Kennzahlenmatrix in zwölf Cluster. Und sie gewinnen in Summe an struktureller Aussagekraft – verglichen mit dem isolierten Aussagewert einzelner Indikatoren.

Grafische Darstellungsmöglichkeiten

Einen zusätzlichen Schub an Transparenz erfährt das diskutierte Kennzahlensystem, indem etliche Größen ihren Niederschlag in ausgewählten **Visualisierungsformen** finden. In diesem Kontext werden in den nachstehenden Gliederungspunkten der Werttreiberbaum und der Kennzahlenradar beschrieben. Die Auswahlkriterien für diese beiden grafischen Darstellungsformen des Kennzahlenmanagements sind ihr Pragmatismus sowie ihr wissenschaftlicher Anspruch. Zur Diskussion weiterer Visualisierungsformen des Kennzahlenmanagements sei auf die einschlägige Literatur verwiesen (vgl. stellvertretend *Deyhle* 2003, S. 94ff.). Dort werden beispielsweise die Hilfsmittel Ist-Ziel-Diagramm, Kennzahlenformular, Grid oder Fadenkreuz thematisiert.

E.3.4.1 Werttreiberbaum (Value Driver Tree)

Grundidee und Aufbau

Die Idee zur Generierung von Werttreiberbäumen ist dem Du-Pont-Schema geschuldet, das seinerzeit zur Ermittlung des **Return on Investment** (ROI) entwickelt wurde. Zur ausführlichen Diskussion um den ROI vgl. S. 327f. Die Erstellung von Werttreiberbäumen ist sowohl generisch als auch funktionsbereichsbezogen denkbar. Neben dem Supply Chain Management, können Treiberbäume auch in der Produktion oder dem Vertrieb Einsatz finden. Ebenso eignet sich prinzipiell der Aufbau von Werttreiberbäumen, wenn es um Darstellungen hinsichtlich des Shareholder Value geht. Zu den Darstellungsmöglichkeiten von Werttreiberbäumen vgl. *Deyhle* 2003, S. 101ff.

Wurzelknoten als Spitzenkennzahl

Im Rahmen der Erarbeitung moderner Werttreiberbäume wurde aus dem ROI-Schema der Grundgedanke abgekupfert, Kennzahlen innerhalb eines Bezugrahmens analytisch oder sachlogisch miteinander zu verknüpfen. Dabei strömen einzelne Kennzahlen im Baum auf einen Spitzenwert („**Wurzelknoten**") zu, in welchem sie sich verdichten. Die einzelnen Kennzahlen in diesem Geflecht beeinflussen den Wurzelknoten direkt oder indirekt, sie „treiben" dessen Wert. Dabei leiten sich Werttreiberbäume in aller Regel sowohl aus einem Erfolgs-, wie auch aus einem Bilanzstrang ab.

IT-gestützt können die Auswirkungen geänderter Eingangsparameter (Kennzahlen) auf den Wurzelknoten simuliert werden. Einige Beratungsgesellschaften haben dazu spezielle Software entwickelt. Stellvertretend sei hier auf das Tool „Business Planning and Simulation" von SAP verwiesen, das die **Simulation** von Werttreiberbäumen mit dem Tool *„Business Warehouse – Business Planning Simulation (BW-BPS)"* ermöglicht.

Werttreiberbäume und IT

Bei näherer Betrachtung von Werttreiberbäumen tauchen als mögliche Wurzelknoten insbesondere die **Spitzengrößen** EBIT, Shareholder Value, Economic Value Added, Return on Capital Employed und Discounted (Free) Cash Flow auf. In Abgrenzung zum tradierten ROI-Baum, werden in die Berechnung der Wurzelknoten nicht länger rein monistische Indikatoren einbezogen. Vielmehr können auch „**Non-Financials**" (qualitative Indikatoren) als Einflussgrößen in Werttreiberbäumen Einzug erhalten. Beispielhaft dafür stehen die „Non-Financials" Kundenbindung, Image, Technologie, Innovation, Mitarbeiter und Qualität.

Alternative Wurzelknoten im Überblick

Die Erstellung von Werttreiberbäumen bettet sich häufig in Überlegungen zur **Balanced Scorecard** oder zum **Performance Measurement** (**Performance Management**) ein (vgl. S. 414). Dieser Tatbestand überrascht nicht sonderlich. Beide Konzepte sind darum bemüht, auch nichtmonetäre Implikationen in ihre Darstellung einzubeziehen. Anders ausgedrückt, stellt der Werttreiberbaum ein Hilfsmittel dar, das den Beitrag qualitativer Indikatoren zur Schaffung oder Vernichtung finanzieller Ergebnisse („Werte") visualisiert.

Scorecard und Performanzsysteme

In der Folge werden **zwei Beispiele** zur Generierung von Treiberbäumen herangezogen. Der erste Fall ist generisch gehalten. Er bezieht sich auf die rein mathematische Ermittlung eines Economic Value Added (EVA) in einem Werttreiberbaum. Das zweite Beispiel ist speziell auf das Supply Chain Management zugeschnitten, indem dessen mögliche Wirkungshebel auf den Knoten Return on Capital Employed (ROCE) aufgezeigt werden.

Exemplifizierung

Controlling der Supply Chain

E.3.4.1.1 Werttreiberbaum über den Knoten EVA

EVA als Spitzenwert

Der Werttreiberbaum zur Berechnung des Wurzelknotens **Economic Value Added** ist in Abbildung E.11 dargestellt (vgl. *Deyhle* 2004, S. 101; *Speckbacher* 2005, S. 9). Ausgenommen von Prozentwerten, gelten folgende Zahlenangaben in Millionen Euro. In Summe verdichtet sich der Spitzenwert Economic Value Added (EVA) auf 1,2 Millionen Euro. Mit Hilfe dieses monetären Werttreiberbaums wird das Zustandekommen von EVA visualisiert. Die Überleitung auf den Wurzelknoten ist in fünf verschiedene Arbeitsebenen zu zerlegen:

Subtraktionsverfahren

- **Arbeitsebene 1/Arbeitsebene 2**: Der Wurzelknoten **Economic Value Added** beträgt in Summe 1,2 Millionen Euro. Dieses Resultat berechnet sich aus der Subtraktion der Kapitalkosten (Capital Charge) vom Nettobetriebsergebnis nach Steuern (NOPAT). Dabei kristallisieren sich zwei primäre Stränge zur Berechnung von EVA heraus: Der obere Bereich (NOPAT) speist sich aus Werten der Gewinn- und Verlustrechnung. Der untere Zweig (Capital Charge) entspringt der Bilanz.

```
EVA = NOPAT - Capital Charge
EVA = 4,0 - 2,8
EVA = 1,2
Legende : Alle Zahlen in Millionen € (ausgenommen Prozentwerte)
```

NOPAT über Erfolgsgrößen

- **Arbeitsebene 3 (oberer Strang)**: Die Größe **NOPAT** berechnet sich aus der Subtraktion der (Ertrag-) Steuern von einem NOPBT (Net Operating Profit before Tax), dem Nettobetriebsergebnis vor Steuern. In dem beispielhaft charakterisierten Werttreiberbaum beläuft sich im oberen Zweig der NOPAT auf 4,0 Millionen Euro.

```
NOPAT = NOPBT - Tax
NOPAT = 6,1 - 2,1
NOPAT = 4,0
Legende : Alle Zahlen in Millionen € (ausgenommen Prozentwerte)
```

Bilanzzahlen führen zu Capital Charge

- **Arbeitsebene 3 (unterer Strang)**: Bei der Ermittlung von Kapitalkosten (**Capital Charge**) im unteren Strang, ist ein Bezug zwischen Net Assets sowie Weighted Average Cost of Capital herzustellen. Die Net Assets leiten sich aus dem insgesamt investierten Kapital ab. Im Rahmen der Gewinnerzielung fallen Kapitalkosten an. Diese spiegeln sich in dem Weighted Average Cost of Capital, dem gewichteten Eigen- und Fremdkapitalkostensatz. Die Net Assets (25,8) wurden mit dem

Kennzahlenmanagement in der Supply Chain

WACC von 11,0% multipliziert und durch 100 geteilt. Die Kapitalkosten belaufen sich in Summe auf 2,8 Millionen Euro.

$$\text{Capital Charge} = \frac{\text{Net Assets} \times \text{WACC (\%)}}{100}$$

$$\text{Capital Charge} = \frac{25,8 \times 11,0\,(\%)}{100}$$

Capital Charge = 2,8
Legende : Alle Zahlen in Millionen € (ausgenommen Prozentwerte)

- **Arbeitsebene 4 (oberer Strang)**: Wie beschrieben, entstammen die Zahlen des oberen Zweigs dieses Werttreiberbaums der Erfolgsrechnung. Diesbezüglich ist auf vierter Arbeitsebene die Berechnung der Größe **NOPBT** (Net Operating Profit before Tax) hervorzuheben. Sie beläuft sich auf 6,1 Millionen Euro. Das Nettobetriebsergebnis vor Steuern setzt sich aus dem Rohertrag (Gross Profit/33,8), allgemeinen Vertriebs- und Verwaltungsaufwendungen (Selling and Administration/-29,2), sonstigen Aufwendungen und Erträgen (Other/1,5) sowie Abgrenzungen (Adjustment/0,0) zusammen.

Nettobetriebsergebnis nach Steuern

NOPBT = Gross Profit + Selling/Adm. + Other + Adjustment
NOPBT = 33,8 - 29,2 + 1,5 + 0,0
NOPBT = 6,1
Legende : Alle Zahlen in Millionen € (ausgenommen Prozentwerte)

- **Arbeitsebene 4 (unterer Strang)**: In dem unteren Strang des Werttreiberbaums bedarf die Zusammensetzung der **Net Assets** näherer Betrachtung. Diese addieren sich auf 25,8 Millionen Euro. Sie setzen sich aus dem Anlagevermögen (Fixed Assets/3,9), inklusive den Beteiligungen an verbundenen Unternehmen (Affiliated Companies), sowie dem Working Capital (21,9) zusammen.

Aufbruch der Net Assets

Controlling der Supply Chain

> Net Assets = Fixed Assets/Affiliated + Working Capital
> Net Assets = 3,9 + 21,9
> Net Assets = 25,8
> Legende : Alle Zahlen in Millionen € (ausgenommen Prozentwerte)

Finale Betrachtung der Erfolgsgrößen

- **Arbeitsebene 5 (oberer Strang)**: Schließlich ist die fünfte Arbeitsebene zu kennzeichnen. Analog den bisherigen Darstellungen, wird zunächst der obere Zweig der Gewinn- und Verlustrechnung diskutiert. Der Rohertrag (**Gross Profit**/33,8) ergibt sich aus der Verrechnung von Umsatz (Sales/260,0) und Herstellungskosten des Umsatzes (Cost of Sales/-226,2). Gemäß ihrer Semantik, speisen sich die Vertriebs- und allgemeinen Verwaltungsaufwendungen (**Selling and Administration**/-29,2) aus den Vertriebsaufwendungen (Selling/-28,1) sowie den Verwaltungsaufwendungen (General/-1,1). Weiterhin bedürfen die sonstigen Aufwendungen (**Other**/1,5) einer näheren Betrachtung. Sie addieren sich aus Forschungs- und Entwicklungsaufwendungen (Research and Development/0,0) und sonstigen betrieblichen Erträgen (Change in Provision/1,5).

> Gross Profit = Sales + Cost of Sales
> Gross Profit = 260,0 + (-226,2)
> Gross Profit = 33,8
> Selling/Administration = Selling + Administration
> Selling/Administration = (-28,1) + (-1,1)
> Selling/Administration = (-29,2)
> Other = R & D + Change in Provision + Other
> Other = 0,0 + 1,5
> Other = 1,5
> Legende : Alle Zahlen in Millionen € (ausgenommen Prozentwerte)

Beachtliches Potenzial zur Beeinflussung von Supply Chain Prozessen

- **Arbeitsebene 5 (unterer Strang)**: Die Bilanzposition **Fixed Assets and Affiliated** (Anlagevermögen und Beteiligungen an verbundenen Unternehmungen/3,9) berechnet sich aus eben jenen zwei Größen, wobei sich die Fixed Assets auf den Wert 3,9 und die Investments in Affiliated Companies auf 0,0 belaufen. Das **Working Capital** (21,9) hingegen setzt sich aus Beständen (Inventories/12,8), Forderungen (Receivables/31,2), Verbindlichkeiten (Liabilities/-22,0) sowie Vorauszahlungen (Prepayments/-0,1) zusammen.

> Fixed Assets/Affiliated = Fixed Assets + Affiliated
> Fixed Assetes/Affiliated = 3,9 + 0,0
> Fixed Assets/Affiliated = 3,9
> Working Capital = Invent. + Receiv. + Liabilities + Prepaym. + Other
> Working Capital = 12,8 + 31,2 + (-22,0) + (-0,1)
> Working Capital = 21,9
> Legende : Alle Zahlen in Millionen € (ausgenommen Prozentwerte)

Der Werttreiberbaum über den **Economic Value Added** (vgl. Abbildung E.11) ist ein operativ getriebenes Hilfsmittel des Managements im Allgemeinen und des Controllings im Speziellen. Diese Darstellung untermalt das mathematische Zustandekommen von EVA, und sie ermöglicht somit auch einem „Nicht-Kaufmann" die Möglichkeit zur raschen Erfassung betriebswirtschaftlicher Sachverhalte. Wenn sich der Economic Value Added als positive Absolutzahl präsentiert, ist sofort zu erkennen, dass die Organisation einen Wertzuwachs geschaffen hat (et vice versa). Und auf Basis der Dekomposition des Werttreiberbaums ist die Berechnung dieses finanziellen Ergebnisses rasch abzulesen.

Interpretation der Ergebnisse

Doch diese stringente und strikt mathematisch-logische Darstellung des Werttreiberbaums über den Wurzelknoten EVA stößt auch an **Grenzen** (vgl. *Speckbacher et al.* 2004, S. 6). Zum Beispiel findet eine Berücksichtigung immaterieller Werte kaum statt. Beispielhaft dafür steht eine mögliche Aktivierung von Forschungs- und Entwicklungsleistungen, welche nicht direkt in diesem Baum abzulesen ist.

Grenzen dieser Darstellung

Weiterhin erfolgt die Darstellung nur zu einem bestimmten Zeitpunkt. Es ist somit eine **statische Betrachtung** mit Vergangenheitsbezug, die nichts über das Entwicklungspotenzial einer Organisation besagt. Diese Aussage wäre für einen Konkurrenzvergleich jedoch wünschenswert. Schließlich zeigt der Werttreiberbaum nicht, ob ein Cash-out-Syndrom vorliegt: ob also betriebsnotwendige Investitionen unterlassen worden, um EVA künstlich zu „schönen".

Zeitpunktbezug und Cash-out-Gefahr

Controlling der Supply Chain

Abbildung E.11 — *Werttreiberbaum über den Economic Value Added*

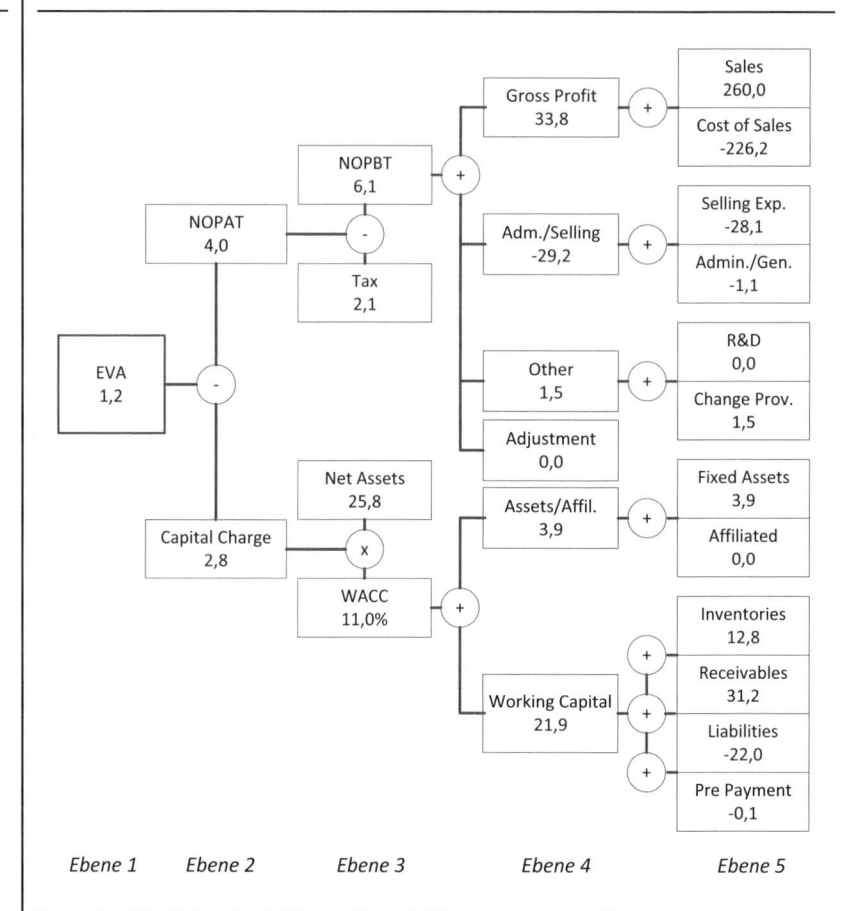

```
                                                              Sales
                                              Gross Profit    260,0
                                                 33,8      +
                                    NOPBT                     Cost of Sales
                                     6,1   +                  -226,2
                     NOPAT                                    Selling Exp.
                      4,0     -              Adm./Selling     -28,1
                                                -29,2      +
                              Tax                             Admin./Gen.
                              2,1                             -1,1

                                                              R&D
                                              Other           0,0
          EVA                                  1,5         +
          1,2        -                                        Change Prov.
                                                              1,5
                                              Adjustment
                                                 0,0
                                                              Fixed Assets
                                  Net Assets  Assets/Affil.   3,9
                                    25,8        3,9        +
          Capital Charge                                      Affiliated
              2,8     x                                       0,0
                                  WACC
                                  11,0%    +                  Inventories
                                                              12,8
                                                           +
                                                              Receivables
                                              Working Capital 31,2
                                                 21,9      +
                                                              Liabilities
                                                              -22,0
                                                           +
                                                              Pre Payment
                                                              -0,1

        Ebene 1     Ebene 2       Ebene 3       Ebene 4        Ebene 5
```

Legende: Alle Zahlen in Millionen Euro [M€]; ausgenommen Prozentwerte.

E.3.4.1.2 Werttreiberbaum über den Knoten ROCE

Explizite Berücksichtigung logistischer Einflussfaktoren

Nachdem zuvor ein generischer Werttreiberbaum über den Wurzelknoten Economic Value Added beschrieben wurde, findet sich unter diesem Gliederungspunkt die Diskussion um einen Supply-Chain-spezifischen Ansatz. In Abbildung E.12 sind die folgenden Inhalte in übersichtlicher Form dargestellt. Ein wesentlicher Unterschied zu der Berechnung über EVA ist sofort ersichtlich: Der allgemein gültige Werttreiberbaum über EVA ist eine ausschließlich quantitative Darstellung („vollmathematische" Ermittlung). Im Gegensatz dazu, finden in dem Supply-Chain-

Kennzahlenmanagement in der Supply Chain   **E.3**

affinen Baum über den Wurzelknoten ROCE zusätzlich **qualitative Einflussfaktoren** („weiche Determinanten") ihren Eingang. Speziell die fünfte Ebene des auf S. 378 abgebildeten Werttreiberbaums ist dieser Aussage geschuldet. Analog zu dem Wurzelknoten Economic Value Added (EVA), werden im Folgenden die verschiedenen Arbeitsebenen des Werttreiberbaums, mit der Spitzenkennzahl Return on Capital Employed (ROCE), charakterisiert.

- **Arbeitsebene 1/Arbeitsebene 2**: Im Ergebnis beläuft sich der Wurzelknoten Return on Capital Employed (**ROCE**) auf 13,63%. Dieser Wert errechnet sich aus der Division des operativen Ergebnisses (EBIT, 30,0 Millionen Euro) zum eingesetzten Kapital (Capital Employed, 220,0 Millionen Euro). Wie auch bei der Diskussion um EVA, kristallisieren sich zwei Berechnungsstränge heraus. Der obere Zweig über den EBIT basiert auf der Verrechnung von Aufwendungen und Erträgen aus der Gewinn- und Verlustrechnung (Erfolgsrechnung). Im unteren Strang (Capital Employed) finden sich die betriebsnotwendigen Vermögensgegenstände und Kapitalpositionen aus der Bilanz.

Wurzelknoten ROCE

$$\text{ROCE} = \frac{\text{EBIT} \times 100}{\text{Capital Employed}}$$

$$\text{ROCE} = \frac{30{,}0 \times 100}{220{,}0}$$

ROCE = 13,63%

Legende : Alle Zahlen in Millionen € (ausgenommen Prozentwerte)

- **Arbeitsebene 3 (oberer Strang)**: Zunächst erfolgt wiederum eine konzise Kennzeichnung des oberen Zweigs des Treiberbaums. Aus der Gewinn- und Verlustrechnung lassen sich die **Earnings before Interest and Taxes** leicht ablesen. Ihre Ermittlung erfolgt über die Subtraktion der Fixkosten (Fixed Costs/120,0) vom Deckungsbeitrag I (Contribution Margin/150,0). Das Betriebsergebnis beträgt folglich 30,0 Millionen Euro.

G&V-Bezug

Controlling der Supply Chain

> EBIT = Contribution Margin - Fixed Costs
> EBIT = 150,0 - 120,0
> EBIT = 30,0
> Legende : Alle Zahlen in Millionen € (ausgenommen Prozentwerte)

Fixed Assets und Net Working Capital

- **Arbeitsebene 3 (unterer Strang)**: Das eingesetzte Kapital (**Capital Employed**) setzt sich aus dem Anlagevermögen (Fixed Assets/130,0) sowie dem Net Working Capital (90,0) zusammen. Die Berechnung dieser beiden Treiber des eingesetzten Kapitals ist der Bilanz entlehnt.

> Capital Employed = Fixed Assets + Net Working Capital
> Capital Employed = 130,0 + 90,0
> Capital Employed = 220,0
> Legende : Alle Zahlen in Millionen € (ausgenommen Prozentwerte)

Deckungsbeiträge berechnen

- **Arbeitsebene 4 (oberer Strang)**: Auf dieser vierten Arbeitsebene zur Ermittlung des Return on Capital Employed ist die Aggregation des Deckungsbeitrags I (**Contribution Margin**/150,0) erklärungsbedürftig. Dieser berechnet sich durch die Subtraktion der variablen Kosten (Variable Costs/110,0) von den Umsatzerlösen (Sales/260,0).

> Contribution Margin = Sales - Variable Costs
> Contribution Margin = 260,0 - 110,0
> Contribution Margin = 150,0
> Legende : Alle Zahlen in Millionen € (ausgenommen Prozentwerte)

Dekomposition bilanzieller Einflussgrößen

- **Arbeitsebene 4 (unterer Strang)**: Das Anlagevermögen (**Fixed Assets**/130,0 Millionen Euro) des unteren Bilanzstrangs speist sich aus immateriellen Vermögensgegenständen (Intangibles/35,0), Sachanlagen (Property, Plant, Equipment/70,0) sowie Finanzanlagen (Longterm Investments/25,0). Auf diesem Ast des Wertreiberbaums bedarf weiterhin die Zusammensetzung des **Net Working Capital** einer näheren Betrachtung. Das Net Working Capital addiert sich auf 90,0 Millionen Euro. Seine Komponenten sind Bestände (Inventories/80,0), Forderungen (Receivables/30,0) sowie unverzinsliche Verbindlichkeiten (Liabilities/-20,0).

Kennzahlenmanagement in der Supply Chain

> Fixed Assets = Intangibles + Prop., Plant, Equipm. + Longterm Inv.
> Fixed Assets = 35,0 + 70,0 + 25,0
> Fixed Assets = 130,0
> Net Working Capital = Inventories + Receivables + Liabilities
> Net Working Capital = 80,0 + 30,0 + (- 20,0)
> Net Working Capital = 90,0
> Legende : Alle Zahlen in Millionen € (ausgenommen Prozentwerte)

■ **Arbeitsebene 5 (oberer Strang)**: Besondere Beachtung findet schließlich die fünfte Arbeitsebene dieses Werttreiberbaums. Die dort aufgeführten Einflussfaktoren stellen eine Mischung quantitativer sowie qualitativer Performanztreiber dar. Für das Management einer Supply Chain sind in diesem Kontext zunächst ausgewählte Faktoren für den Umsatz (Sales) herauszuarbeiten. Die erste Einflussgröße auf den Umsatz wird in den qualitäts- wie serviceorientierten Kennzahlen (Quality/Services) Lieferservicegrad, Zurückweisungsquote und Verzögerungsquote gesehen. Die Beschreibung dieser drei Indikatoren erfolgte bereits ausführlich bei der grundsätzlichen Charakterisierung der Kennzahlentypologie des Supply Chain Managements. Das nächste Feld, welches mit einem Beeinflussungspotenzial für den Umsatz versehen ist, wird als „Customer" bezeichnet. Darunter fallen beispielsweise Indikatoren wie Kundenzufriedenheit und -treue, Kundenakquisitionsrate, Neukunden-Altkunden-Relation, Cross-Selling-Anteil, Marktdurchdringung, Marktanteil, Marktvolumen oder Kundendeckungsbeitrag. Schließlich formt sich die Einflussdeterminante „Innovation" aus der Innovationsakzeptanz durch Kunden, Neuprodukte-Altprodukte-Relation, Floprate, patentierte Erfindungen pro Periode oder umgesetzte Verbesserungsvorschläge pro Mitarbeiter. So interessant diese weichen Faktoren für ein Supply Chain Management auch sind, fällt es jedoch schwer, sie in ein „Kostenkorsett" zu zwängen. Dieses Problem stellt sich hingegen für die eher klassischen Einflussfaktoren variable Kosten (**Variable Costs**/110,0) und Fixkosten (**Fixed Costs**/120,0) nicht. Diese bestimmen sich jeweils aus den Personalkosten und den Fertigungskosten, wobei letzte einschließlich der Materialpreise zu verstehen sind.

Qualitative Supply-Chain-Analyse

> Sales = Quality/Services + Customer + Innovation
> Variable Costs = Personal + Manufacturing
> Fixed Costs = Personal + Manufacturing

Controlling der Supply Chain

Bilanzzahlen aufbrechen

▪ **Arbeitsebene 5 (unterer Strang)**: Zunächst werden die Bestimmungsgrößen des Anlagevermögens (**Fixed Assets**/130,0 Millionen Euro) detailliert gekennzeichnet, das direkt in die Kalkulation des eingesetzten Kapitals eingeht (der Nenner von ROCE). Die Fixed Assets setzen sich aus Intangibles, Property, Plant, Equipment sowie Longterm Investments zusammen. Hinsichtlich der immateriellen Vermögenswerte (**Intangibles**/35,0) wird ein Potenzial zur Determinierung in der Reputation gesehen. Nicht zuletzt steht und fällt der Goodwill von Organisationen mit dem Image (dies kann beispielsweise über „Sustainability" aufpoliert sein). Die Gewinnung von Meinungsführern ist ebenso von Interesse. In einem Supply Chain Management werden die Sachanlagen (**Property, Plant, Equipment**/70,0) durch Aktivitäten in Richtung Outsourcing oder Offshoring tangiert. Darunter fallen Fleetmanagement (Fuhrpark), Sale-and-Buy-Back, Sale-and-Lease-Back logistischer Assets, Facilitymanagementb (Gebäude) und Förderzeuge. Schließlich sind die Einflussfaktoren auf das **Net Working Capital** näher zu beschreiben. Dieses besteht aus Inventories, Receivables sowie Liabilities. Auf die ertste Komponente, das **Vorratsvermögen** (Inventories/80,0) wirkt zunächst die Excess-and-Obsolete-Ratio. Tendenziell belasten ungängige Bestände ein Net Working Capital. Möglichkeiten zur Reduzierung von Langsamdrehern liegen in der Einlauf- und Auslaufsteuerung oder den Mindestabnahmemengen. Weiterhin bestimmt die Durchlaufzeit (Cycle Time) eine Bestandshöhe. Diesbezügliche Optimierungsreserven liegen in Bearbeitungszeiten, Liegezeiten, Rüstzeiten, Lagerzeiten oder Stillstandzeiten begründet. Das Feld Forecast Accuracy (Absatzprognosegenauigkeit) beeinflusst ebenfalls nachhaltig die Vorratshöhe. Dieser Werttreiber zeigt, inwieweit es sich um „schwierige" Kunden handelt, die ihre Bestellungen häufig revidieren. Für die Logistik sind gravierende Schwankungen in den Kundenbestellungen ein wahres Damoklesschwert. Auf die Forderungen (**Receivables**/30,0) wirken schlussendlich die Key Performance Indicators Cash-to-Cash-Cycle, Disputes sowie Cost-Charge-Back. Zu deren ausführlicher Diskussion vgl. die Kennzahlentypisierung der Supply Chain auf S. 363ff.

Intangibles	= Reputation
Prop., Plant, Equipm.	= Outsourcing (Offshoring)
Inventories	= Exc./Obs. + Cycle T. + Sales Acc. + Cust. Beh.
Receivables	= Cash-to-Cash-Cycle + Disputes + Cost-Charge-Back

Dem oben beschriebenen Werttreiberbaum über den Wurzelknoten **Return on Capital Employed** (ROCE) ist eine ausgeprägte Affinität zum Supply Chain Management immanent (vgl. Abbildung E.12). Dies gilt insbesondere für die fünfte Arbeitsebene. Hier finden sich einerseits quantifizierbare Größen, wie Personalkosten oder Fertigungskosten. Andererseits entspringen diesem Segment auch qualitative Indikatoren einer Logistikkette. Die Visualisierung dieser möglichen logistischen Stellhebel in einem Werttreiberbaum ist eine interessante Basis für die Einleitung von Kommunikationsprozessen (der Werttreiberbaum als Diskussionsgrundlage).

Charme dieses Treiberbaumes

Mit Hilfe dieser beschriebenen Einflussfaktoren des Supply Chain Managements auf die Rendite einer Unternehmung, wird (verglichen mit dem generischen Baum über EVA) ein großer Schritt nach vorn getätigt: EVA berechnet sich ausschließlich aus quantitativen Werten, welche den Sekundärquellen Erfolgsrechnung und Bilanz entstammen. Dadurch ist die Berechnung des oben beschriebenen Economic Value Added streng monistisch geprägt. Weiche Beeinflussungspotenziale blendet der Ansatz hingegen aus. In diese Lücke stößt der Werttreiberbaum über den Return on Capital Employed: In der **Kombination qualitativer und quantitativer** Indikatoren liegt sein besonderer Charme. Jetzt ist es auch möglich, Attribute des Supply Chain Relationship Managements abzudecken (vgl. S. 22f.).

Berücksichtigung weicher Faktoren

Ein **Problem** der Werttreiberermittlung über ROCE keimt allerdings auf, wenn diese beschreibenden Faktoren quasi einer „Zwangsquantifizierung" unterworfen sind. Denn für einen „Finanzmann" sind diese Einflussfaktoren des Supply Chain Managements ganz sicher interessant. Und dass die Genauigkeit der Absatzprognose, wie auch das Bestellverhalten der Kunden signifikanten Einfluss auf das Vorratsvermögen ausüben, sieht ein Controller natürlich auch. Doch wird er letztlich wissen wollen, *in welcher Höhe* diese Effekte zu Buche schlagen. Und die Quantifizierung dieser Faktoren ist dem Problem der Subjektivität unterworfen.

„It's a thin line between love and hate…"

E

Controlling der Supply Chain

Abbildung E.12 | *Werttreiberbaum über den Return on Capital Employed*

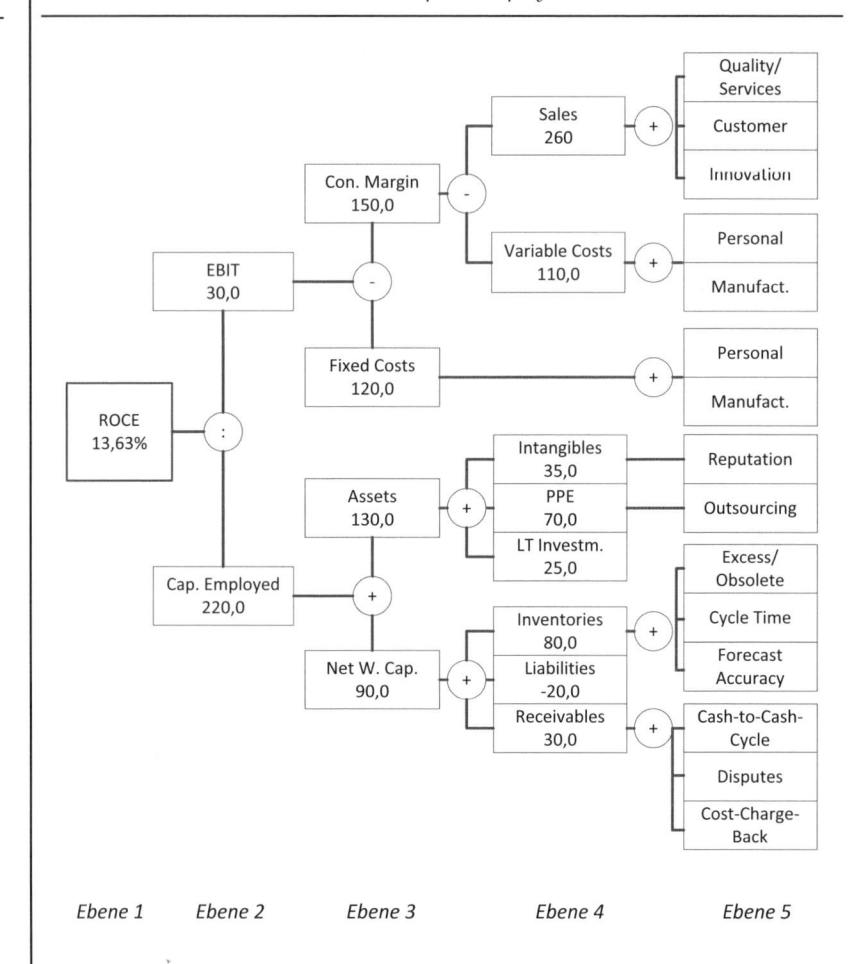

```
ROCE 13,63%
 └─ : ─┬─ EBIT 30,0
       │    ├─ Con. Margin 150,0
       │    │    ├─ Sales 260 ──+── Quality/Services
       │    │    │                 Customer
       │    │    │                 Innovation
       │    │    └─ Variable Costs 110,0 ──+── Personal
       │    │                                Manufact.
       │    └─ Fixed Costs 120,0 ──+── Personal
       │                             Manufact.
       └─ Cap. Employed 220,0
            ├─ Assets 130,0
            │    ├─ Intangibles 35,0 ── Reputation
            │    ├─ PPE 70,0 ── Outsourcing
            │    └─ LT Investm. 25,0
            └─ Net W. Cap. 90,0
                 ├─ Inventories 80,0 ──+── Excess/Obsolete
                 │                        Cycle Time
                 │                        Forecast Accuracy
                 ├─ Liabilities -20,0
                 └─ Receivables 30,0 ──+── Cash-to-Cash-Cycle
                                          Disputes
                                          Cost-Charge-Back
```

Ebene 1   Ebene 2   Ebene 3   Ebene 4   Ebene 5

Legende: Alle Zahlen in Millionen Euro [M€]; ausgenommen Prozentwerte.

E.3.4.2 Kennzahlenradar

"Spiderman is having me for dinner at night..."

Der Kennzahlenradar ist eine weitere Visualisierungsalternative des Kennzahlenmanagements einer Supply Chain (vgl. *Deyhle* 2003, S. 94f.). Synonym wird er als **„Spinnenbild"** bezeichnet. In einem Kennzahlenradar sind für ausgewählte Indikatoren Abweichungen von Sollwerten zu Istwerten grafisch darzustellen. Um den Betrachter nicht mit Informationen zu überschütten, werden laut *Deyhle* (vgl. *Deyhle* 2003, S. 95) in ein solches „Spinnenbild" möglichst nicht mehr als acht Kenngrößen aufgenommen.

Die weiteren Überlegungen beziehen sich auf einen Kennzahlenradar, der sich speziell auf eine Wertschöpfungskette ausrichtet. Seine Erarbeitung ist dem Anspruch größtmöglicher **Ausgewogenheit** geschuldet. So sollen die identifizierten Indikatoren unterschiedliche Ziele in der Supply Chain gleichzeitig abdecken (Kosten-, Zeit, Qualitäts- und Flexibilitätsorientierung). In diesem Kontext werden die nachstehenden acht Key Performance Indicators in den Radar integriert, wobei, je nach Branchenbezug und Wettbewerbssituation, im Einzelfall die Kennzahlen natürlich differieren können:

Ausgewogene Spinnenbilder zeichnen

- Kundengerichteter Lieferservicegrad (qualitative, quantitative sowie zeitliche Leistungsmessung in Richtung Kunde).
- Frachtkosten (inklusive Auftragsabwicklungskosten).
- Turn Rate (Bestandsindikator).
- Cash-to-Cash-Cycle (zur Ermittlung von Opportunitätskosten).
- Ausschussrate (als produktionslogistischer Qualitätswert).
- Preisindex (die Schnittstelle zum Einkauf).
- Durchlaufzeit (gemessen vom Auftragseingang bis zur Warenauslieferung).
- Eingangseitiger Lieferservicegrad (das Pendant des kundengerichteten Lieferservicegrads, zur Bewertung der Lieferantenleistungen).

Einflussfaktoren

In Abbildung E.13 wird deutlich, dass in dem „Spinnenbild" die ausgewählten Leistungsgrößen einer Supply Chain jeweils Punkte von „eins" bis „fünf" erzielen können. Dabei gilt folgende **Bewertung**:

Bewertungsskalierung

- 1 Punkt: Sehr schlecht erfüllt
- 2 Punkte: Schlecht erfüllt
- 3 Punkte: Befriedigend erfüllt
- 4 Punkte: Gut erfüllt
- 5 Punkte: Sehr gut erfüllt

Während die durchgezogene Linie in dem Radar die Planwerte visualisiert, steht die gestrichelte Linie für die Istgrößen. Folgende **Interpretationen** leiten sich für die acht Indikatoren ab:

Controlling der Supply Chain

Servicegrade auf Kurs	▪ **Kundengerichteter Servicegrad**: Aus einem Plan – zum Beispiel dem Budget – geht die Forderung nach der Erzielung eines sehr gut erfüllten kundenseitigen Lieferservicegrads hervor (5 Punkte). Im Actual wurde das anvisierte Ziel erreicht, Plan und Ist sind kongruent.
Negative Frachtkostenabweichung	▪ **Frachtkosten**: Die aktuell erzielten Werte für die Frachtkosten sind höher als die Planzahlen. Im Radar wurde eine gute Erfüllung von Frachtkosten (4 Punkte) eingefordert. Die Istzahlen zeigen lediglich eine Zielerreichung von 3 Punkten („befriedigend erfüllt") auf.
Schwerwiegende Turn-Rate-Probleme	▪ **Turn Rate**: Die betrachtete Unternehmung hat ein signifikantes Bestandsproblem. Während in der Planung 4 Punkte gefordert werden, spiegeln die Istzahlen eine sehr schlechte Erfüllung (1 Punkt).
Planerfüllung im Liquiditätskreislauf	▪ **Cash-to-Cash-Cycle**: Im Gegensatz zu den ernüchternden Zahlen bezüglich der Turn Rate, ist es der betrachteten Organisation gelungen, bezüglich des Cash-to-Cash-Cycle eine Übereinstimmung zwischen Ist und Soll herzustellen (jeweils 4 Punkte).
Ausschussraten zu hoch	▪ **Ausschussrate**: Die Ausschussrate ist ein Spiegelbild für etwaige produktionslogistische Schwierigkeiten. In der Planung wird eine sehr geringe Ausschussrate eingefordert (5 Punkte stehen für eine sehr gute Planerfüllung). Im Actual wurde allerdings die Messlatte gerissen. Der Radar signalisiert eine Ausschussrate von 4 Punkten (gut erfüllt).
Zielerreichung	▪ **Preisindex**: Der Indikator Preisindex zeigt mit 4 Punkten Kongruenz zwischen Plan- und Istwerten auf.
Mehr als erfüllt	▪ **Durchlaufzeit**: Für den Indikator Durchlaufzeit ist eine positive Abweichung von geplanten 4 Punkten (gut erfüllt) zu erreichten 5 Punkten (sehr gut erfüllt) zu konstatieren.
Lieferanten bereiten Probleme	▪ **Lieferantengerichteter Servicegrad**: Schließlich misst dieser Werttreiber eine negative Abweichung. Offenkundig liegen größere Lieferantenschwierigkeiten vor, als ursprünglich unterstellt. Es werden anstatt der anvisierten 4 Punkte aus dem Budget nur 3 Punkte im Actual erreicht.
Leicht verständlich	Der **Vorteil** eines Kennzahlenradars liegt in seiner Simplifizierung komplexer Sachverhalte. Auch für den „Nichtfachmann" sind die Brandherde innerhalb der Supply Chain sofort zu erkennen. Hinsichtlich der hier ausgewählten acht Leistungsmessgrößen einer Lieferkette, schält sich insbesondere ein Bestandsproblem heraus.
Dürftiger Aussagegehalt	Doch ist nicht alles Gold, was glänzt. In dem Radar werden zwar positive wie negative Abweichungen zwischen Planzahlen und Istzahlen gra-

Kennzahlenmanagement in der Supply Chain E.3

fisch wiedergegeben. Allerdings erhält der Betrachter keine Informationen hinsichtlich der absoluten und der relativen Varianzen. Eine Untergliederung der Skala von einem Punkt bis fünf Punkte wird diesem Anspruch nicht gerecht. Damit ist das **Problem** der Subjektivität verbunden. Das Hilfsmittel bietet je Indikator lediglich eine Skalierung von „sehr gut erfüllt" (5 Punkte) bis „sehr schlecht erfüllt" (1 Punkt). Doch hängt die Einordnung der Kennzahlen in dieses Schema von der bewertenden Person ab. Schließlich ergeben sich in dem Radar strukturelle Brüche. Gravierend kann sich diese Schwierigkeit bei Aufrundungen oder Abrundungen niederschlagen. Beispielsweise ist der Sprung von 4 Punkten („gut erfüllt") zu 3 Punkten („befriedigend erfüllt") besonders groß, wenn sich die Planung auf 4,4 Punkte belief, die Istzahlen jedoch nur 2,6 Punkte aufweisen. Durch Abrundungen und Aufrundungen suggeriert der Radar eine Diskrepanz von 1,0 Punkten, obwohl die Spannweite der negativen Abweichung 1,8 Punkte beträgt.

Kennzahlenradar einer Supply Chain *Abbildung E13*

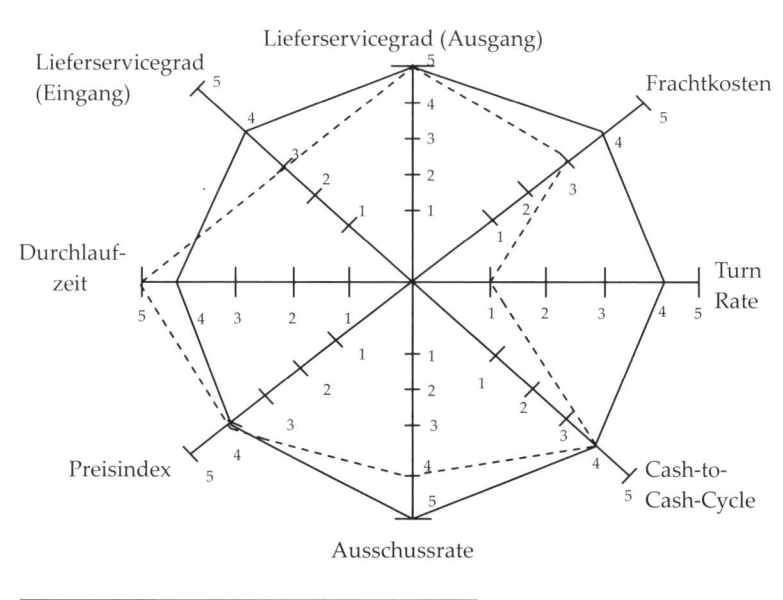

Controlling der Supply Chain

E.3.5 Grenzen des Kennzahlenmanagements einer Supply Chain

Es bleiben Fragen offen

Die Überlegungen zu einer möglichen Kennzahlentypologie des Supply Chain Managements wären unvollständig, wenn neben den gezeigten Möglichkeiten nicht auch einige **Grenzen** des Kennzahlenmanagements aufgezeigt würden (vgl. zu diesen Gefahren insbesondere *Siegwart* 2002, S. 143ff. sowie 414 dieser Schrift).

Quantifizierung qualitativer Faktoren

- Inadäquanz von Kennzahlen für **nicht quantifizierbare Informationen**: Nicht quantifizierbare, oder nur bedingt quantifizierbare Sachverhalte, wie das „Wissen von Mitarbeitern", werden zum Teil in ein Zahlenkostüm gezwängt.

Zeitpunktbezogene Betrachtung

- **Statische Bestandsaufnahme**: Kennzahlen werden immer nur zu einem bestimmten Zeitpunkt (Augenblick) ermittelt. Eine Zeitraumbetrachtung findet nicht statt. Allerdings kann zumindest eine Art Quasi-Dynamisierung dadurch erreicht werden, indem dieselben Kennzahlen zu einem späteren Zeitpunkt noch einmal berechnet würden.

Veraltete Zahlen

- Ermittlung von Kennzahlen über **Sekundärquellen**: Viele Indikatoren haben ihre Wurzeln in der Gewinn- und Verlustrechnung sowie der Bilanz. Etliche Werte sind aber bei der Veröffentlichung bereits überholt, da zwischen der Erstellung eines Geschäftsberichts, bis zu seiner Publizierung, in der Regel einige Zeit verstreicht.

Untergang im Zahlenmeer

- **Zahlenwust**: Kennzahlen zu erzeugen, ist an sich keine Kunst. Doch die Auswahl der „richtigen" (zielführenden) Größen ist zum Teil ausgesprochen schwierig. Außerdem verursachen Kennzahlenerhebungen zunächst Kosten. Es bedarf einer näheren Untersuchung, ob sich diese Kosten später amortisieren werden: „Steht der Informationswert von Kennzahlen im Verhältnis zu den notwendigen Kosten?".

Erweiterung zur Scorecard

- Gefahr der **isolierten Anwendung**: Die isolierte Betrachtung ausgewählter Indikatoren kann zu falschen Einschätzungen und Interpretationen der Gesamtlage einer Unternehmung führen. Ein Kritikpunkt am tradierten Kennzahlenmanagement, der wesentlich zur Entwicklung von Balanced Scorecards führte.

Lösungsvorschläge fehlen

- **Interpretationsschwierigkeiten**: Kennzahlen zeigen immer nur das „Wo!" an. Sie liefern jedoch keinen Automatismus für das „Wie?". Folglich leiten Kennzahlen keine unmittelbaren Handlungsempfehlungen ab.

E.4 Hilfsmittel des Controllings im Supply Chain Management

Unter diesem Gliederungsabschnitt werden ausgewählte Controlling-Hilfsmittel einer Supply Chain vorgestellt. Zunächst findet eine Charakterisierung der Hard-(Soft)-Analyse statt. Dazu wird das unter Abschnitt E.2.2 beschriebene **Beispiel** des LCD-Panel-Bezugs der *View AG* aufgegriffen und fortgeführt (vgl. S. 246). Im Anschluss ist die Nutzung der Hilfsmittel Target Costing, Prozesskostenrechnung, Economic Value Added, Working Capital Management und Supply Chain Scorecard für das moderne Lieferkettenmanagement aufzuzeigen.

Supply Chain Performance

Die im Folgenden diskutierten **Instrumente** leiten sich mit Target Costing und Prozesskostenrechnung teilweise aus dem strategischen Kostenmanagement ab. Außerdem wird mit dem Economic Value Added wohl der bedeutsamste Vertreter von Wertsteigerungskonzepten auf seine Transferierbarkeit in das Supply Chain Management untersucht. Weiterhin erfährt ein Working Capital Management derzeit durch das Aufkommen des Cash-to-Cash-Cycle eine regelrechte Renaissance. Und mit der Diskussion um Scorecard und Strategy Map wird schlussendlich der Brückenschlag zwischen strategischer und operativer Supply-Chain-Performance vollzogen. Zunächst ist jedoch die Hard-(Soft)-Analyse vorzustellen. Mit ihrer Hilfe lässt sich die Erfolgswirksamkeit von Supply-Chain-Aktivitäten in konsistenter Form aufzeigen.

Moderne Controlling-Instrumente und ihre Übertragbarkeit in die Supply Chain

E.4.1 Hard-(Soft)-Analyse

E.4.1.1 Charakterisierung

Die **Hard-(Soft)-Analyse** ist ein recht neues Hilfsmittel des Controllings. In den 90er Jahren wurde es von angloamerikanischen Organisationen entwickelt (allen voran *ITT*). Hierzulande ist die Hard-(Soft)-Analyse bislang wenig bekannt. Erst seit wenigen Jahren wird das Instrument in Deutschland, primär in der Automobil- und ihrer Zulieferindustrie, eingesetzt. So nutzt zum Beispiel die Unternehmung *Continental Automotive Systems* die Hard-(Soft)-Analyse (vgl. *Werner* 1999b und *Werner* 1999d).

Entstehung und allgemeine Informationen

Controlling der Supply Chain

Was ist eine Hard-(Soft)-Analyse?

Eine Hard-(Soft)-Analyse eröffnet die Möglichkeit zur Darstellung der Erfolgswirksamkeit von Unternehmungsaktivitäten. Sie zeigt Erklärungen für **Abweichungen** auf. Dabei werden wesentliche Komponenten der *Gewinn- und Verlustrechnung* von einer Periode zur nächsten übergeleitet. Eine Abweichungserklärung erfolgt für ein Geschäftsjahr pro Quartal selektiv und für das gesamte Jahr kumulativ. Die Hard-(Soft)-Analyse trägt ihren Namen, weil positive Abweichungen innerhalb dieser Überleitung einen **Hard Spot** darstellen. Umgekehrt beschreiben negative Abweichungen einen **(Soft) Spot**. Dieser wird üblicherweise in Klammern wiedergegeben. Folgende Kombinationen von Abweichungsanalysen sind denkbar:

- Istzahlen versus Istzahlen (beispielsweise Actual 2012 verglichen mit Actual 2013),
- Istzahlen versus Planzahlen (wie die Gegenüberstellung Actual 2013 mit Budget 2013) und
- Planzahlen versus Planzahlen (zum Beispiel der Abgleich Budget 2013 mit Outlook 2013).

Komponenten

Die Überleitung in der Hard-(Soft)-Analyse bezieht sich zumeist auf drei ausgewählte Größen der **Gewinn- und Verlustrechnung**:

- Umsatz (*Sales*),
- EBIT (*Operating Profit*) sowie
- Jahresüberschuss (*Net Income After Tax*).

Synonyme Bezeichnung: P-3-Analyse

Auf Grund ihrer Fixierung auf die drei wesentlichen Komponenten einer Erfolgsrechnung, wird die Hard-(Soft)-Analyse synonym als **P-3-Analyse** (Position-3-Analysis) bezeichnet. Zumeist wird für ihre Durchführung ein Formblatt verwendet.

E.4.1.2 Beispiel für das Supply Chain Management

Formblätter als Basis

Das **Beispiel** einer Hard-(Soft)-Analyse im Supply Chain Management setzt das Cost Tracking von Materialpreisen, Frachtkosten sowie Beständen fort (vgl. S. 316ff.). Doch auch weitere Positionen der Erfolgsrechnung werden übergeleitet. Diese betreffen Löhne, Abschreibungen, Forschung und Entwicklung, Marketing oder Verwaltung. Für das Cost Tracking wurden drei unterschiedliche Formblätter entworfen. Sie zeigen mögliche Effekte des Lieferantenwechsels (von Italien nach Mexiko)

Hilfsmittel des Controllings im Supply Chain Management | **E.4**

für den LCD-Panel-Bezug des Fernsehherstellers *View AG*. Diese Auswirkungen auf das Ergebnis der *View AG* werden in einer Hard-(Soft)-Analyse verrechnet. Das Management möchte von seinem Controlling wissen, ob der Lieferantenwechsel *insgesamt* wirtschaftlich sinnvoll ist. Dazu setzt der Controller die Hard-(Soft)-Analyse ein.

Die Erhöhungen oder Reduzierungen von **Materialpreisen** und **Frachtkosten** beeinflussen zu 100% den EBIT in der Gewinn- und Verlustrechnung. **Bestände** werden in der Bilanz geführt. Sie betreffen das operative Ergebnis in der Erfolgsrechnung nur indirekt. Über den WACC werden die Auswirkungen auf den Operating Profit mit 10% verzinst. Das Beispiel unterstellt, dass die Vorräte an LCD-Panels bei Anlieferung aus Italien in ein Konsignationslager auf dem Werksgelände genommen werden und sich damit kein Bestand an LCD-Panels im Eigentum der *View AG* befindet. Daher strömt nach Lieferantenwechsel – und der damit verbundenen Aufgabe des Konsignationslagers – der komplette Bestand aus Chart III (vgl. S. 322), nach einer Verzinsung von 10%, in die Hard-(Soft)-Analyse. Weiter wird angenommen, dass die Bewirtschaftung des Konsignationslagers die *View AG* jährlich 20.000 Euro gekostet hat. Durch die Auflösung des Konsignationslagers wird dieser Wert als Hard Spot, über das Jahr gleich verteilt, in die Analyse eingestellt (pro Quartal 5.000 Euro; vgl. Abbildung E.14).

Verrechnung gegenläufiger Effekte

- **Perioden**: Die drei Größen Umsatz, EBIT sowie Jahresüberschuss werden selektiv pro Quartal und für das komplette Geschäftsjahr 2013 kumulativ angegeben.

  Perioden der P3-Analyse

- **Basisplanung**: In diesem Abschnitt findet sich die Basisplanung. Sie bezieht sich auf das Budget 2013. Die Zahlen für den Umsatz werden Chart II (vgl. S. 320, Cost Tracking der Frachtkosten) entnommen. Das Betriebsergebnis und der Jahresüberschuss stammen aus der Gewinn- und Verlustrechnung der *View AG*. Für das komplette Jahr 2013 lauten die Zahlen für Sales 24.000 T€, Operating Profit 3.200 T€ sowie Net Income After Tax 1.600 T€.

  Budget als Ausgangsplanung

- **Komponenten**: Aus den Formblättern des Cost Trackings sind die Zahlen für Materialpreisabweichung, Frachtkosten sowie Bestände abzulesen. Kalkulatorisch werden die Bestände auf das Betriebsergebnis mit 10% verzinst. Beispielsweise ergibt sich bei der Materialpreisabweichung im ersten Quartal 2013 ein Hard Spot von 95 T€ für den Operating Profit. Steuern und Zinsen reduzieren den Effekt auf den Jahresüberschuss auf 48 T€. Außerdem werden Effekte durch die Aufgabe des Konsignationslagers in der Position „Other" abgetragen.

  Inhalte der Überleitung

Controlling der Supply Chain

Pro Quartal betragen die Hard Spots 5 T€ (bezüglich des EBIT) sowie 3 T€ (Net Income After Tax). Der Bestandseffekt ergibt für das erste Quartal einen (Soft) Spot von 29 T€ für den Operating Profit und wird ebenfalls in der Position „Other" abgebildet. Da vereinfachend in dieser Position von keinen anderen Effekten bezüglich des EBIT ausgegangen wird, ist die Summe aus dem Bestandseffekt und den Auswirkungen aus der Aufgabe des Konsignationslagers zu bilden. Hierbei resultiert für das erste Quartal ein (Soft) Spot von 24T€.

Kein Netting der Aktivitäten

- **Operating Income**: Jetzt wird die Größe Operating Income errechnet. Die Effekte aus dem Cost Tracking von Materialpreisen, Frachtkosten und Beständen werden in einer Hard-(Soft)-Analyse mit weiteren Komponenten verrechnet. Grundsätzlich sind sämtliche erfolgsrelevante Größen auf die Ergebnisrechnung einzubeziehen. Um die Übersichtlichkeit zu wahren, sind hier lediglich einige mögliche Effekte verrechnet. Für das erste Quartal finden sich neben den drei oben erwähnten Zahlen beispielsweise Soft Spots aufgrund höherer Löhne (50 T€), gestiegener Abschreibungen (30 T€) und höherer Verwaltungsaufwendungen (10 T€). In Summe ergeben all diese Effekte für das operative im ersten Quartal einen Soft Spot von 99 T€.

Revidierte Zahlen

- **Change**: Schließlich leitet diese Hard-(Soft)-Analyse vom Budget 2013 auf Actual/Outlook 2013 über. Folgende Resultate lassen sich in übersichtlicher Weise ablesen:

	BUD 2013 YE	Act/Olk 2013 YE	Hard/(Soft)
Sales	24.000	25.000	1.000
Operating Profit	3.200	2.856	(344)
Net Income After Tax	1.600	1.468	(132)

Legende: YE = Year End, Bud = Budget, Act = Actual, Olk = Outlook
Alle Zahlen in Tausend Euro (T€).

E.4.1.3 Kritische Würdigung

Sehr übersichtliches Hilfsmittel

Die Hard-(Soft)-Analyse besticht durch ihre einfache Handhabung. Ein **Vorteil** des Formblatts ist seine universelle Nutzung. Nicht nur Insider überschauen den Inhalt schnell. Auf einen Blick wird die Erfolgswirksamkeit von Maßnahmen auf die Gewinn- und Verlustrechnung der Organisation visualisiert. Die Hard-(Soft)-Analyse erweist sich auch als didaktisches Hilfsmittel. Das komplette Geschäftsjahr wird auf die Quartalsebene verteilt. Das Instrument zeigt den Grund (das *Warum*) und den Zeitpunkt (das *Wann*) einer Ergebnisauswirkung auf.

Hilfsmittel des Controllings im Supply Chain Management

Aus der Simplifizierung der Hard-(Soft)-Analyse ergeben sich jedoch auch ihre **Nachteile**. Das Instrument erstreckt sich auf drei ausgewählte Größen der Gewinn- und Verlustrechnung (Sales, Operating Profit, Net Income After Tax). Bilanzgrößen bleiben ausgeklammert, wodurch sich die Aussagekraft der Hard-(Soft)-Analyse reduziert. Außerdem ist die Auswahl von Komponenten in der Überleitung subjektiv. Daraus resultiert eine latente Manipulationsgefahr: Wenn der Controller ein vorgefasstes Ergebnis untermauern möchte, wird er gegenläufige Effekte aus der Analyse weitgehend ausklammern. Schließlich deckt die Hard-(Soft)-Analyse auf, *dass* ein schlechtes Ergebnis erwirtschaftet wurde. Sie liefert jedoch keinen Automatismus zur Verbesserung.

Recht einfach gestrickt

Hard-(Soft)-Analyse

Abbildung E.14

Hard-(Soft)-Analyse															
View AG (LCD-Panel-Bezug aus Mexiko), Währung: Tausend Euro (T€)															
Hard-(Soft)-Komponenten	1. Quartal 2013			2. Quartal 2013			3. Quartal 2013			4. Quartal 2013			Gesamtjahr 2013		
	S	O	N	S	O	N	S	O	N	S	O	N	S	O	N
BUD 2013	6000	800	400	6000	800	400	6000	800	400	6000	800	400	24000	3200	1600
Materialpreise	-	95	48	-	69	35	-	78	39	-	80	40	-	322	162
Löhne/Gehälter	-	(50)	(27)	-	(50)	(27)	-	(50)	(27)	-	(50)	(27)	-	(200)	(108)
AfA	-	(30)	(13)	-	(30)	(13)	-	(30)	(13)	-	(30)	(13)	-	(120)	(52)
F&E	-	-	-	-	-	-	-	(40)	(27)	-	(89)	(40)	-	(129)	(97)
Frachtkosten	-	(80)	(40)	-	(56)	(28)	-	(71)	(36)	-	(76)	(38)	-	(283)	(142)
Marketing	-	-	-	-	25	13	-	60	33	-	95	46	-	180	72
Verwaltung	-	(10)	(7)	-	(10)	(7)	-	(10)	(7)	-	(10)	(7)	-	(40)	(28)
Other	(23)	(24)	(12)	1026	(21)	(10)	497	(16)	(8)	(500)	(13)	(6)	1000	(74)	(36)
Operating Income	(23)	(99)	(51)	1026	(73)	(37)	497	(79)	(46)	(500)	(93)	(45)	1000	(344)	(229)
Zinsen	-	-	28	-	-	12	-	-	19	-	-	18	-	-	77
Steuern	-	-	6	-	-	4	-	-	5	-	-	5	-	-	20
Change	(23)	(99)	(17)	1026	(73)	(21)	497	(79)	(22)	(500)	(93)	(22)	1000	(344)	(132)
ACT 2013	5977	701	383	7026	727	379	6497	721	378	5500	707	378	25000	2856	1468

Legende: S = Sales, O = Operating Profit, N = Net Income After Tax
Negative Zahlen werden in Klammern dargestellt.

E.4.2 Target Costing

Historie und Kernfrage

Die ersten wissenschaftlichen Veröffentlichungen zu Target Costing (Zielkostenmanagement) stammen von japanischen Autoren aus den späten 70er Jahren. Mitte der 80er Jahre fand Target Costing im angloamerikanischen Sprachraum Einzug. Die deutschsprachige Fachliteratur nimmt sich seit Ende der 80er Jahre des Zielkostenmanagements an. Die zentrale Frage lautet nicht länger: „Was *wird* ein Produkt kosten?" Target Costing beschäftigt sich vielmehr mit der Fragestellung: „Was *darf* ein Produkt kosten?". Target Costing ist in Form einer Vollkostenrechnung ausgestaltet. Der Schwerpunkt der Kostenbeeinflussung liegt nicht im eigentlichen Marktzyklus (Einführung, Wachstum, Reife und Degeneration). Die Möglichkeiten für das Kostenkneten erstrecken sich vielmehr auf die **frühen Phasen** der Produktentstehung.

E.4.2.1 Charakterisierung

Strategisches Kostenmanagement

Target Costing (vgl. *Dinger* 2002; *Joos-Sachse* 2006; *Kremin-Buch* 2012; *Schulte-Henke* 2012; *Seidenschwarz* 2011) bedeutet ein zumeist marktfokussiertes Kostenmanagement. Es besteht aus einer Zielkostenplanung, Maßnahmen zur möglichst **frühzeitigen Kostenbeeinflussung** sowie einer kostenorientierten Koordination von Prozessen. Der historische Vorläufer des Target Costings ist **Design-to-Cost** (vgl. Begriffsblock E.I). Dieses Konzept durchläuft folgende **Arbeitsschritte**:

Design-to-Cost: Vorgehensweise

(1) *Zielkostenbestimmung*: Zunächst wird ein interdisziplinäres Team gebildet. Die Zielkosten für das gesamte Projekt speisen sich aus Marktanalysen und Anforderungen des Auftraggebers. Wie auch beim Target Costing, sind die Gesamtproduktkosten auf Ebene einzelner Komponenten und Teile zu dekomponieren, wobei die Einzelvorgaben in einem Zielkostenkatalog zusammengefasst werden. Anschließend erfolgt die technische als auch nicht technische Identifizierung von Kostentreibern. Technische Kostentreiber sind gesamte Produkte oder Produktkomponenten. Da sie direkten Einfluss auf die Lebenszykluskosten haben, sind sie leicht zu erkennen. Im Gegensatz hierzu, leitet sich über eine mangelnde Produktbeschreibung ein nichttechnischer Kostentreiber ab.

(2) *Kostengerechte Auslegung*: Ein Team trägt im Design-to-Cost für die Bereitstellung diverser Hilfsmittel Sorge. Dazu zählen Konstruktionsrichtlinien, Fertigungskataloge oder Materialpreistabellen. Es werden jetzt die Lebenszykluskosten alternativer Entwicklungs-

Hilfsmittel des Controllings im Supply Chain Management — E.4

möglichkeiten berechnet. Die Variante mit den vergleichsweise geringsten Kosten ist zu wählen.

(3) *Kostenkontrolle*: Die Zielkosten der einzelnen Produktkomponenten und -teile werden laufend überwacht. Für die im Rahmen von Abweichungsanalysen festgestellten Problembereiche sind Maßnahmen zu erarbeiten, um Kostensenkungspotenziale auszuschöpfen.

Design-to-Cost | *Begriffsblock E.I*

Design-to-Cost (vgl. *Domin/Maskow* 1985) findet insbesondere in den USA bei der Bearbeitung von Großprojekten im staatlichen Sektor Verwendung. Zu den wesentlichen Unterschieden zum Target Costing zählt, dass der Startschuss für Design-to-Cost vom Kunden ausgeht und ein gemeinsames Vorgehen zwischen Auftraggeber und Auftragnehmer unabdingbare Voraussetzung ist. Das Zielkostenmanagement verlangt zudem im Unterschied zu Design-to-Cost keinen unmittelbar mit dem Kunden festgelegten und spezifizierten Anforderungskatalog. Des Weiteren meint Design-to-Cost einen ständigen Abstimmungs- und Anpassungsprozess zwischen Auftraggeber und Auftragnehmer und richtet sich im Kern eher auf B2A-Aktivitäten aus. Allerdings ist der Ausgangspunkt identisch zum Target Costing, denn auch hier geht es um die Vorgabe von möglichst nicht zu überschreitenden Kosten. Bekannte **Beispiele** für den Einsatz von Design-to-Cost stellen die Entwicklungen von Militärflugzeugen dar. In Europa wurde Design-to-Cost bereits von *Rolls-Royce*, *Aerospatiale* sowie *Messerschmitt-Bölkow-Blohm* angewendet.

Ein **Target-Costing-Prozess** verläuft in zwei grundlegenden Abschnitten. Zunächst werden die Gesamtzielkosten ermittelt, um anschließend eine Dekomposition produktbezogener Zielkosten vorzunehmen.

Phasen des Target-Costing-Prozesses

E.4.2.2 Festlegung der Zielkosten über Market-into-Company

Zur Festlegung der Gesamtzielkosten bietet sich die Variante Market-into-Company an (vgl. *Joos-Sachse* 2006, S. 75ff.; *Kremin-Buch* 2012, S. 43ff.). Die Bestimmung der Zielkosten fußt auf der Subtraktionsmethode. Hierbei ist zunächst der Zielverkaufspreis für ein neues Produkt durch das Marketing zu ermitteln **(Target Pricing)**. Dies kann zum Beispiel durch Marktforschung anhand einer Conjoint Analyse erfolgen. Basierend auf der vom Management vorgegebenen Umsatzrendite, wird der Zielgewinn für das Produkt **(Target Profit)** von den Umsätzen sub-

Market-into-Company als gängigste Variante

Controlling der Supply Chain

Ableitung der Allowable Costs

trahiert. Das Ergebnis stellen die für den Zielgewinn maximal erlaubten Kosten **(Allowable Costs)** dar, wobei gegebenenfalls allgemeine Verwaltungskosten (Overheads) separat auszuweisen sind, um in Einzel- und Gemeinkosten zu differenzieren. Anschließend kalkulieren Fachabteilungen ohne Innovationen anfallende Standardkosten **(Drifting Costs)**. Dann erst beginnt das Kneten der Kosten, wodurch die Lücke zwischen den Allowable Costs und den Drifting Costs geschlossen wird (vgl. Abbildung E.15).

Abbildung E.15

Festlegung der Gesamtzielkosten

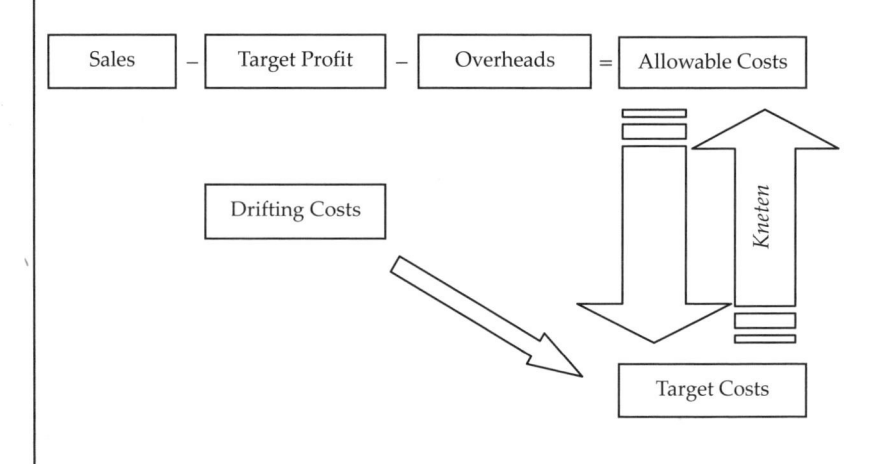

Sales − Target Profit − Overheads = Allowable Costs

Drifting Costs

Kneten

Target Costs

Möglichkeiten des Kostenknetens

Das **Kneten der Kosten** bezieht sich auf Produkte, Prozesse oder Kooperationen. Stichpunktartig werden im Folgenden einige Möglichkeiten der Kostensenkung diskutiert.

Kostengestaltung am Produkt

- **Produktbezogene Kostensenkungen**: Sie leiten sich beispielsweise aus Value Engineering ab, indem Konkurrenzleistungen auf Teileebene aufgelöst werden, um das Wissen der Wettbewerber abzukupfern (vgl. Begriffsblock E.II). Außerdem bietet sich die Nachverhandlung über Einkaufspreise an. Schließlich sind weitere Verbesserungsmöglichkeiten der Produktstandardisierung geschuldet (Baureihenkonzept, Mehrfachverwendungsteile).

Kombination mit Prozesskostenrechnung

- **Prozessbezogene Kostensenkungen**: Vor allem die Prozesskostenrechnung leistet gute Dienste, wenn es um das Aufspüren von Optimierungspotenzialen in den allgemeinen Verwaltungsbereichen geht. Dadurch gelingt es, die Kostentreiber im administrativen Sek-

Hilfsmittel des Controllings im Supply Chain Management

tor offenzulegen. Zum Beispiel bietet sich vielfach die Fremdvergabe selten durchgeführter oder personalintensiver Aktivitäten an.

- **Kooperationsbezogene Kostensenkungen**: Insbesondere die Einbindung vorgelagerter Wertschöpfungspartner verspricht Erfolg. Unter anderem können komplette Module von Systemlieferanten bezogen werden. Aber auch aus horizontalen Kooperationen leiten sich Kostensenkungspotenziale, mit der Bildung strategischer Allianzen, ab (Cost-Sharing der Entwicklungsaufwendungen).

Schnittstellenmanagement

Value Engineering und Value Analysis

Begriffsblock E.II

Value Engineering beschreibt eine Wertgestaltung. Das Verfahren dient dem Erkennen kostenkritischer Faktoren in den frühen Phasen von Produkten. Value Engineering findet vor allem bei dem Verfahren Out-of-Company Anwendung. Die Aktivitäten von **Value Analysis** (der Wertanalyse) beziehen sich hingegen auf Produkte, die bereits in ihrem Konstruktionsstadium oder auf einem Markt befindlich sind. Die Methode wird insbesondere für die Bestimmung der Out-of-Standard-Costs verwendet. Bei beiden Verfahren werden (Konkurrenz-) Produkte in deren Einzelteile zerlegt und Kosteneinflussfaktoren (Funktionen, Komponenten und Teile) geknetet.

Im Idealfall werden die Target Costs gleich den Allowable Costs gesetzt. Ist dies auf Grund der **Wettbewerbsintensität** nicht möglich, bietet es sich an, einen Korridor zwischen Allowable Costs und Drifting Costs abzustecken. Die Target Costs finden sich zunächst ungefähr in der Mitte dieser Grenzwerte. Wie nah die Target Costs beim Kostenkneten letztendlich an die Allowable Costs heranreichen, hängt freilich von der Wettbewerbsdynamik ab. Sollten die Target Costs den Allowable Costs entsprechen, werden die Kostenvorgaben im Unternehmen 1:1 als Kostenziele übernommen.

Nicht immer entsprechen die Target Costs den Allowable Costs

E.4.2.3 Dekomposition produktbezogener Zielkosten

Nachdem die Zielkosten für ein Produkt als Ganzes festgelegt wurden, ist dieser Kostenblock auf die Ebene von Funktionen, Komponenten oder Teilen zu zerlegen. Die Produktmerkmale werden in objektive und subjektive Bestandteile untergliedert.

Produktmerkmale erkennen und ableiten

- **Objektive Merkmale**: Hierunter fallen *Characteristics* (harte Faktoren). Bei einem Auto sind dies Allradantrieb, Airbag, Diebstahlsicherung oder Seitenaufprallschutz.

Controlling der Supply Chain

■ **Subjektive Merkmale**: Die weichen Faktoren werden als *Benefits* bezeichnet. Sie sind kundenspezifisch und resultieren aus der Wahrnehmung sowie der Beurteilung durch einen Kunden.

Instrumente der Dekomposition

Zur **Dekomposition** der produktbezogenen Zielkosten bieten sich insbesondere die Funktionskostenmatrix (*Function Cost Matrix*) und das Zielkostenkontrolldiagramm (*Value Control Chart*) an, was in den weiteren Ausführungen deutlich wird.

E.4.2.4 Weitere Target-Costing-Verfahren im Überblick

Neben der oben charakterisierten Technik Market-into-Company, stehen mit Out-of-Company, Into-and-out-of-Company, Out-of-Competitor und Out-of-Standard-Costs **weitere Verfahren** des Zielkostenmanagements zur Verfügung.

Zielkosten intern ableiten

■ **Out-of-Company:** Hier werden die Zielkosten nicht aus dem Markt abgeleitet, sondern auf Basis von Entwicklungs- und Produktionsgegebenheiten – und unter Berücksichtigung des vorhandenen Erfahrungsschatzes – bestimmt. Basis für die Zielkostenableitung sind interne Verfahrens- und Technologiestandards, sowie der notwendige Erfahrungsschatz. Bei dieser Methode werden Kosteninformationen früherer Produkte, entsprechend den Anforderungen des neuen Produkts, hochgerechnet, um danach über die Projektannahme zu entscheiden. Das Verfahren ist schnell (geeignet für kurzfristige **Ausschreibungen**) und bietet sich als Kalkulationsbasis von Innovationen an. Aufgrund der fehlenden Marktorientierung müssen die Zielpreise jedoch ständig hinsichtlich ihrer Durchsetzbarkeit am Markt überprüft werden (Flop-Gefahr).

Hybridverfahren

■ **Into-and-out-of-Company:** Diese Methode beschreibt eine **Kompromisslösung**, bei der die eingangs beschriebenen Ansätze Market-into-Company und Out-of-Company kombiniert werden. Into-and-out-of-Company ist theoretisch wünschenswert, da Markt- und Ressourcenorientierung Berücksichtigung finden. Doch auf Grund der komplexen Zielkostenbestimmung, ist mit der Verlängerung der Time-to-Market zu rechnen (geringe Praxisrelevanz).

Konkurrenzleistungen als Berechnungsbasen

■ **Out-of-Competitor:** Bei der Variante Out-of-Competitor werden die Kundenanforderungen nicht aus Kundenansprüchen abgeleitet. Stattdessen ist ein **Konkurrenzprodukt** als Ausgangsbasis auszuwählen (Value Analysis). Folgendes Vorgehen ist denkbar: Entweder wird ein vergleichbares Produkt zu einem niedrigeren Preis angeboten, oder einem vergleichbaren Preis müssen am Ende bessere Produkteigenschaften gegenüberstehen. Da die Drifting Costs der Konkurrenz nicht

Hilfsmittel des Controllings im Supply Chain Management

bekannt sind, können diese allenfalls geschätzt werden. Außerdem ist diese Variante vergangenheitsorientiert (die Konkurrenz wird nicht überholt, man zieht im besten Fall mit ihr gleich).

- **Out-of-Standard-Costs:** Out-of-Standard-Costs ist wohl am weitesten entfernt von der eigentlichen Vorstellung des Target Costings. Dieser Ansatz ist – wie auch Out-of-Company – primär nach innen gerichtet und verfolgt keine direkte Marktorientierung. Hier werden zunächst Drifting Costs bestimmt, um diese mit Plankosten **(Optimal Costs)** zu vergleichen. Aus der Differenz ergibt sich die Kostenknetmasse.

Standardkosten versus optimale Kosten

E.4.2.5 Beispiel für das Supply Chain Management

Im Folgenden wird ein **Beispiel** für die Variante Market-into-Company anhand des Produkts „TV-Show" beschrieben (vgl. *Usadel* 2002). Zunächst legt die Geschäftsleitung die einzubeziehenden Funktionen des Produkts „TV-Show" fest. Im gegebenen Beispiel werden die folgenden (Haupt-) Funktionen identifiziert: Quote/Marktanteil, Unterstützung zur Werbung, Beitrag zur Markenbildung, Unterhaltung, Bildung und Promotion. Im Anschluss werden die zuvor ermittelten Funktionen mit Hilfe einer Kundenbefragung gewichtet. Hieraus ergibt sich folgendes Bild:

Market-into-Company

	Funktionen der TV-Show	
1)	Quote/Marktanteil	11%
2)	Unterstützung zur Werbung	10%
3)	Beitrag zur Markenbildung	16%
4)	Unterhaltung	28%
5)	Bildung	32%
6)	Promotion	3%
Summe		100%

Im nächsten Schritt gilt es, die vom Markt erlaubten Kosten **(Allowable Costs)** zu bestimmen. Darüber hinaus sind die Produktstandardkosten **(Drifting Costs)** und der Kostensenkungsbedarf zu ermitteln. Nachdem die Gesamtzielkosten festgelegt sind, wird der komplette Kostenblock „TV-Show" in seine Komponenten zerlegt. Jeder Komponente ist ihr prozentualer **Kostenanteil am Gesamtprodukt** zuzuteilen. Die Kostenanteile der Produktstandardkosten sind früheren Kostenkalkulationen zu entnehmen. Die Komponenten „Moderator" und „Co-Moderator"

Festlegung der Komponenten

Controlling der Supply Chain

werden nicht weiter verfolgt, um keine Trade-offs zu erzielen (ohne guten Moderator floppt die komplette TV-Show).

Komponenten der TV-Show		Kostenanteile
K1	Protagonisten	2%
K2	Gäste	18%
K3	Inhalte/Autoren	26%
K4	Aktionen	6%
K5	Live-Aktionen	14%
K6	Einspieler	12%
K7	Band	19%
K8	Studio/Technik	3%
(K9)	(Moderator)	
(K10)	(Co-Moderator)	
Summe		100%

Funktionen und Komponenten bewerten

Anschließend sind die bereits identifizierten Funktionen der „TV-Show" den Komponenten gegenüberzustellen **(Funktionen-Komponenten-Matrix)**. Die Gewichtung erfolgt in Absprache mit den zuständigen Unternehmungsbereichen auf Basis einer subjektiven Beurteilung. Diese Aufstellung zeigt, mit welchem Gewicht einzelner Komponenten die Teilfunktionen realisiert werden. Zum Beispiel decken die „Gäste" zu 14% die Funktion „Unterhaltung" ab (vgl. *Usadel* 2002, S. 41ff.).

Komponenten / Funktionen		Quote / Marktanteil	Werbung	Markenbildung	Unterhaltung	Bildung	Promotion
K1	Protagonisten	27%	27%	25%	25%	26%	22%
K2	Gäste	23%	15%	10%	14%	15%	25%
K3	Inhalte/Autoren	18%	7%	7%	11%	7%	3%
K4	Aktionen	11%	20%	22%	21%	19%	14%
K5	Live-Aktionen	11%	20%	19%	18%	23%	18%
K6	Einspieler	7%	7%	3%	7%	10%	7%
K7	Band	-	4%	14%	4%	-	11%
K8	Studio/Technik	3%	-	-	-	-	-
Summe		100%	100%	100%	100%	100%	100%

Hilfsmittel des Controllings im Supply Chain Management

Die Werte der Funktionen-Komponenten-Matrix werden mit den Bedeutungsstärken der Funktionen verknüpft. Das Ergebnis bildet den prozentualen Beitrag einer Komponente zur Realisierung der gewichteten Funktionen ab (**gewichtete Funktionen-Komponenten-Matrix**):

Funktionen und Komponenten gewichten

Komponenten \ Funktionen	Quote / Marktanteil	Werbung	Markenbildung	Unterhaltung	Bildung	Promotion	Nutzenanteil
Gewichtung	11%	10%	16%	28%	32%	3%	100%
K1 Protagonisten	3,0%	2,7%	4,0%	7,0%	8,3%	0,7%	25,7%
K2 Gäste	2,5%	1,5%	1,6%	4,0%	4,8%	0,8%	15,2%
K3 Inhalte/Autoren	2,0%	0,7%	1,1%	3,0%	2,2%	0,1%	9,1%
K4 Aktionen	1,2%	2,0%	3,5%	5,9%	6,0%	0,4%	19,0%
K5 Live-Aktionen	1,2%	2,0%	3,0%	5,0%	7,4%	0,5%	19,1%
K6 Einspieler	0,8%	0,7%	0,5%	2,0%	3,2%	0,2%	7,4%
K7 Band	-	0,4%	2,2%	1,2%	-	0,3%	4,1%
K8 Studio/Technik	0,3%	-	-	-	-	-	0,3%

Im letzten Schritt werden aus dem Verhältnis Nutzenanteil zu Kostenanteil die **Zielkostenindizes** ermittelt. Beispielsweise berechnet sich K1 aus der Division von 25,7% zu 2,0% (12,8). Wünschenswert ist ein Zielkostenindex „gleich 1", dann entspricht der Ressourceneinsatz dem Kundennutzen. Ein Zielkostenindex „kleiner 1" bedeutet, dass die Produktkomponente „zu teuer" ist. Reziprok spiegelt ein Index „größer 1" eine „zu einfache" Produktion wider (vgl. *Usadel* 2002, S. 43).

Zielkostenindizes berechnen

Komponenten der TV-Show		Kosten-Anteil	Nutzen-anteil	Zielkos-tenindex
K1	Protagonisten	2%	25,7%	12,8
K2	Gäste	18%	15,2%	0,8
K3	Inhalte/Autoren	26%	9,1%	0,4
K4	Aktionen	6%	19,0%	3,2
K5	Live-Aktionen	14%	19,1%	1,4
K6	Einspieler	12%	7,4%	0,6
K7	Band	19%	4,1%	0,2
K8	Studio/Technik	3%	0,3%	0,1
Summe		100%	100%	-

Controlling der Supply Chain

Visualisierung der Zielkostenindizes

Die Ergebnisse der Zielkostenindizes für die einzelnen Produktkomponenten lassen sich in einem **Zielkostenkontrolldiagramm** (vgl. Abbildung E.16) visualisieren. Nach Durchführung einer Analyse, werden anschließend Maßnahmen zur Kostenoptimierung eingeleitet. Im gegebenen Beispiel besteht insbesondere für die Komponenten 3 und 7 ein konkreter Kostensenkungsbedarf (sie sind erheblich zu teuer). Hingegen sind die Komponenten 1 und 4 hinsichtlich ihres Kundennutzens „zu einfach" gestaltet. Sie weisen auf eine Funktionsverbesserung hin (vgl. *Usadel* 2002, S. 43).

Abbildung E.16 | *Zielkostenkontrolldiagramm*

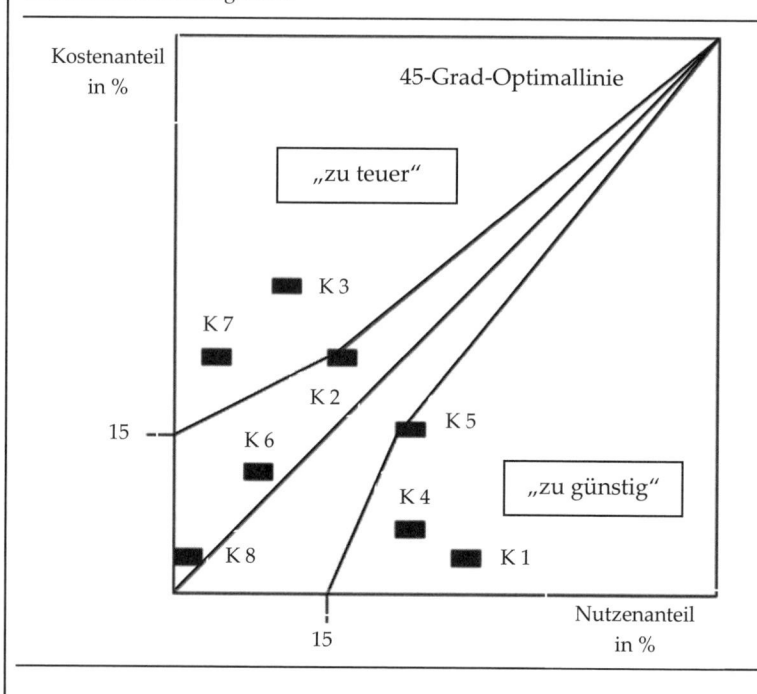

```
Kostenanteil
   in %                    45-Grad-Optimallinie

                    „zu teuer"

                              K 3
                    K 7
                              K 2
                                      K 5
      15                                      „zu günstig"
            K 6
                            K 4
              K 8                   K 1
                    |
                    15         Nutzenanteil
                                   in %
```

E.4.2.6 Kritische Würdigung

Steigerung der Transparenz

- Ein **Vorteil** des Target Costings ist der Zwang zur Aufdeckung von Schwachstellen im Entwicklungsprozess. Die Zielkosten sind nur schwer einzuhalten. Dadurch besteht die Notwendigkeit zur Identifizierung kostspieliger Prozesse innerhalb der Supply Chain. Es werden Lösungen mit geringeren Kosten gesucht. Allerdings darf die Qualität unter dem Kneten der Produktkosten nicht leiden (latente Trade-off-Gefahr).

Hilfsmittel des Controllings im Supply Chain Management E.4

- Wenn die Variante Market-into-Company eingesetzt wird, findet im Supply Chain Management die Berücksichtigung von Lieferanten-, Kunden- und Konkurrenzattributen statt. Die wesentlichen **Marktdeterminanten** sind also abgedeckt, und die Gefahr am Markt vorbei zu Entwickeln, wird minimiert.

    Einbeziehung des Marktes

- Nach der **80-20-Regel** besteht in den frühen Phasen die größte Möglichkeit zur Kostensenkung: 80% der Kosten werden im Entstehungszyklus determiniert. Nur 20% der Kosten sind im Marktzyklus (wenn das Produkt bereits auf dem Markt eingeführt ist) disponibel. Und Target Costing hat seine Stärken gerade in diesen frühen Phasen.

    Schwerpunkt F&E

- Jedoch ist die Einbeziehung der relevanten Kosten ein Problem des Target Costings. Ausgestaltet als **Vollkostenrechnung**, werden nicht unmittelbar oder mittelbar auf das Produkt bezogene Kosten den Produkteinheiten nach Anlastungsprinzipien zugeordnet. Die produktfernen Overheads (also die Verwaltungs- sowie Material- und Fertigungsgemeinkosten) werden, im Verhältnis zu den Einzelkosten oder den Herstellungskosten, auf die Produkteinheiten verteilt. Dadurch ergibt sich eine nicht gerechtfertigte Proportionalisierung.

    Ableitung von Verrechnungsschlüsseln für verwaltende Tätigkeiten

- Ein weiteres **Problem** des Target Costings besteht in der Bewertung der Nutzenanteile von Produkten **(Subjektivität)**.

    Subjektivität

- Sobald die Target Costs den **Allowable Costs** entsprechen, wird das Kneten allzu häufig eingestellt. Wenn im umgekehrten Falle die Messlatte für die Allowable Costs und die Target Costs zu hoch angesetzt ist, wird ein Projekt gar nicht erst gestartet, wodurch man sich vorab aus dem Markt katapultiert.

    Wie weit geht das Kneten?

- Ein weiterer Nachteil kann sich durch die mangelnde **Akzeptanz** des Verfahrens bei den Mitarbeitern einstellen, indem die Zahlen von der Führung Top-Down vorgegeben werden. Dann erscheint die Festlegung der Zielwerte willkürlich und für die Belegschaft wenig nachvollziehbar (zum Beispiel für den Target Profit).

    Geringer Gegenstrom

E.4.3 Prozesskostenrechnung

Den Anstoß zur Erarbeitung der Prozesskostenrechnung lieferten *Miller* und *Vollmann* in ihrem legendären Artikel *„The hidden Factory"* (vgl. *Miller/Vollmann* 1985). Sie erkannten das Problem: Dass die indirekten Bereiche einer Unternehmung kostenrechnerisch im Verborgenen lagen. Den Lösungsweg nannten sie jedoch leider nicht. Dies taten *Cooper* und *Kaplan* (vgl. *Kaplan/Anderson* 2007). Basierend auf diesen Überlegungen

„The best kept secret, no one can reach it…"

von *Miller* und *Vollmann*, entwickelten sie das **Activity Based Costing** (ABC). Ein Activity Based Costing bezog sich ursprünglich auf einzelne Aktivitäten. Im Laufe der Zeit näherte sich ABC der Prozesskostenrechnung an, indem diese Tätigkeiten mittlerweile zu Neben- und Hauptprozessen zusammengefasst werden. Beispielsweise kann der „Wareneingang" einen Hauptprozess abbilden. Dieser untergliedert sich in die prägenden Nebenprozesse „Wareneingangskontrolle", „Zoll" und „Vereinnahmung von Waren". Schließlich stellen Messen, Wiegen und Zählen Aktivitäten der Wareneingangskontrolle dar.

E.4.3.1 Charakterisierung

Ziele der Prozesskostenrechnung

Die Prozesskostenrechnung (vgl. *Balzer/Zirkler* 2007; *Kaplan/Anderson* 2007; *Remer* 2005) sucht nach einer Steigerung der **Kostentransparenz** in den indirekten Bereichen. Die Verwaltungstätigkeiten werden von der Prozesskostenrechnung aufgebrochen. Das *Fraunhofer Institut für Arbeitswirtschaft und Organisation* (IAO) in Stuttgart hat übrigens errechnet, dass ein Beschaffungsprozess in der Supply Chain durchschnittlich zwischen 80 Euro und 130 Euro verschlingt (vgl. *Werner* 2013a, S. 31).

Triade-Studie

Allerdings ist die Prozesskostenrechnung im Supply Chain Management nicht sonderlich verbreitet. Auf Basis der **„Triade-Studie"**, an der sich über 300 Unternehmungen branchenübergreifend und weltweit beteiligten, wurde festgestellt, dass lediglich 30% der befragten Unternehmungen ihre Wertschöpfungskosten auf Basis der Prozesskostenrechnung bestimmen. Viele dieser Wettbewerber (mehr als 20%) berechnen ihre Kosten in den Lieferketten noch nicht einmal separat. Sie weisen diese unter den Allgemein-, Vertriebs-, oder Verwaltungskosten aus. Mit Hilfe der Prozesskostenrechnung ist es einem japanischen Chemiekonzern gelungen, die Bestandsreichweiten auf knapp vier Tage zu drücken (der Branchendurchschnitt liegt bei 18 Tagen). Dazu haben sie den kompletten Supply-Chain-Prozess dekomponiert und Schwachstellen in den Bereichen physische Logistikfunktionen, Lagerung, Verpackung, Abschreibung und Verwaltung systematisch ausgemerzt (vgl. *Werner* 2006, S. 39).

Arbeitsschritte

Eine Prozesskostenrechnung beinhaltet vier prägende **Arbeitsschritte**: Prozessidentifizierung durch Tätigkeitsanalyse, Auswahl von Maßgrößen, Festlegung von Planprozessmengen und Prozesskosten sowie Ermittlung von Prozesskostensätzen. Im Folgenden werden diese Phasen der Prozesskostenrechnung näher charakterisiert.

Hilfsmittel des Controllings im Supply Chain Management

E.4

1. Prozessidentifizierung durch Tätigkeitsanalyse

Der komplette Tätigkeitsprozess zur Leistungserstellung wird aufgebrochen. Physische und wertmäßige Teilprozesse sind eine Kette homogener Aktivitäten. Sie werden den **Hauptprozessen** auf Kostenstellenebene zugeordnet. Ein Teilprozess schließt mit einem Arbeitsergebnis. So werden beispielsweise die Teilprozesse „Einlagerung" und „Auslagerung" unter den Hauptprozess „Lagerwesen" gefasst.

Haupt- und Nebenprozesse

2. Auswahl von Maßgrößen

Nachdem die Teilprozesse einer Kostenstelle identifiziert sind, ist das Volumen in variable (*leistungsmengeninduzierte*) und fixe (*leistungsmengenneutrale*) Bestandteile zu differenzieren. Für alle variablen Komponenten einer Kostenstelle, werden signifikante Einflussfaktoren (die so genannten **Cost Driver**) bestimmt. Kostentreiber sind Maßgrößen zur Quantifizierung repetitiver Aktivitäten. Für sie wird ein Mengengerüst aufgebaut, was für die leistungsmengenneutralen Kosten nicht notwendig ist.

Kostentreiber erkennen

3. Festlegung von Planprozessmengen und Prozesskosten

Für die gesamten leistungsmengeninduzierten Prozesse sind die Ausprägungen der **Maßgrößen** zu fixieren. Sie dienen als Grundlage zur Kostenplanung. Auf ihnen beruht die Quantifizierung der Aktivitäten. Die Planprozessmengen sind aus den Leistungsanforderungen der Engpassbereiche abzuleiten. Aus jedem Prozess werden – mit Hilfe technischer und kostenrechnerischer Analysen – Kostenarten spezifiziert. Als Berechnungsbasen dienen Planprozessmengen. In den indirekten Bereichen dominieren auf einer Kostenstelle häufig die Personalkosten. Zur Arbeitserleichterung werden weitere Kostenarten (Miete, Strom, Büromaterial) proportional zu den Personalkosten auf der Kostenstelle verteilt („geflext").

Proportionale Verrechnung der neutralen Kosten

4. Ermittlung von Prozesskostensätzen

Für alle leistungsmengeninduzierten Aktivitäten werden die Kosten für ihre einmalige Inanspruchnahme festgelegt. Dazu sind die Prozesskosten durch die Planprozessmengen zu dividieren **(Prozesskostensätze)**. Bei der Weiterverrechnung der Kosten in den internen Leistungsbereichen bleiben die leistungsmengenneutralen Prozesse, und die durch sie verursachten Kosten, unberücksichtigt. Eine permanente Vorgabe und die Kontrolle von Kosten in den indirekten Bereichen können kostenstel-

Prozesskostensätze berechnen

Controlling der Supply Chain

lenbezogen oder gesamtprozessbezogen erfolgen. Für einzelne Kostenstellen zeichnet der Kostenstellenleiter verantwortlich, für Gesamtprozesse der Process Owner.

E.4.3.2 Beispiel für das Supply Chain Management

Outsourcing der Kantine?

Der Einsatz einer Prozesskostenrechnung wird durch ein Beispiel verdeutlicht. Dieses bezieht sich auf das mögliche Outsourcing eines Betriebsrestaurants: Eine Zulieferunternehmung der Pharmaindustrie betreibt derzeit ein eigenes **Betriebsrestaurant** (eine „Kantine"). Die Geschäftsführung spielt mit dem Gedanken, entweder die gesamte Bewirtschaftung der Kantine in die Hände Dritter zu geben, oder zumindest Teile davon. Das Controlling ermittelt diesbezüglich, mit Hilfe der Prozesskostenrechnung, die Make-Alternative. Hinsichtlich der Kostenfeststellung möglicher Buy-Alternativen initiiert der Einkauf eine offene Ausschreibung, an der „Caterer" teilnehmen können.

Aktivitäten klären

Der Controller folgt den idealtypischen Arbeitsschritten zur Bestimmung von Prozesskostensätzen (vgl. die vier Hauptschritte der Vorseiten). Somit nimmt er über Interviews Tätigkeitsanalysen auf der Kostenstelle „Betriebsrestaurant" vor. Dazu definiert das Controlling folgende **Teilprozesse**: Zutaten bereitstellen, Speisen zubereiten, Essen ausgeben, Kassiervorgang, Tabletts einsammeln, Spülvorgang und allgemeine Verwaltung.

Zahlen für ein Catering zusammentragen

Abbildung E.17 zeigt diese sieben Teilprozesse auf. Die folgenden Angaben beziehen sich auf den selektiven Berichtsmonat März 2013. Anschließend werden die **Maßgrößen** pro Teilprozess festgelegt und **quantifiziert**. Beispielhaft steht die Maßgröße „Anzahl Menüs" für den Teilprozess „Speisen zubereiten". Aus Abbildung E.17 geht hervor, dass im März 2013 insgesamt 2.000 Speisen zubereitet werden. Eine Kostenzurechnung auf die Teilprozesse erfolgt über **Mannjahre**. Der Kostenstellenleiter verteilt die Gesamtzahl an Köpfen auf die Aktivitäten. Die betrachtete Aktivität „Zubereitung der Speisen" bindet 4,0 Personen (in Mannjahren). Von den 9,0 Mannjahren insgesamt, entfallen 2,0 Mannjahre auf verwaltende Tätigkeiten.

Fixe und variable Kosten trennen

Die nächsten Informationen zur Bestimmung der Prozesskostensätze entnimmt der Controller dem Monatsabschluss März 2013. An **Personalkosten** entstehen auf der Kostenstelle insgesamt 72.000 Euro. Diese sind in leistungsmengenneutrale als auch in leistungsmengeninduzierte Komponenten aufzuteilen. Als leistungsmengenneutral werden die verwaltenden Aktivitäten definiert (16.000 Euro für 2,0 Köpfe). Die restlichen 56.000 Euro stellen leistungsmengeninduzierte Kosten dar (7,0 Köpfe).

Im nächsten Schritt ermittelt der Controller die **Prozesskosten** für sämtliche **leistungsmengeninduzierten** Aktivitäten. Insgesamt sind 56.000 Euro auf die sechs direkten Tätigkeiten zu verteilen. Für das Beispiel „Speisen zubereiten" (Teilprozess 2) berechnen sich die leistungsmengeninduzierten Prozesskosten von 32.000 Euro folgendermaßen:

Leistungsmengen-induzierte Prozesse

$$\text{Prozesskosten (lmi)} = \frac{\text{Gesamtkosten} \times \text{Mannjahre je Teilprozess}}{\text{Summe Mannjahre}}$$

$$\text{Prozesskosten (lmi)} = \frac{72.000 \times 4,0}{9,0} = 32.000$$

Analog zu dieser Vorgehensweise, werden die **leistungsmengenneutralen** Teilprozesse bewertet. Die jeweiligen leistungsmengeninduzierten Prozesskosten sind proportional auf die leistungsmengenneutralen Aktivitäten umzulegen. Für den Teilprozess 2 („Speisen zubereiten") belaufen sich beispielsweise die leistungsneutralen Prozesskosten auf 9.143 Euro.

Proportionalisierung der leistungsmengen-neutralen Teilprozesse

$$\text{Prozesskosten (lmn)} = \frac{\text{Gesamtkosten lmn} \times \text{Mannjahre je Teilprozess}}{(\text{Summe Mannjahre - Mannjahre Verwaltung})}$$

$$\text{Prozesskosten (lmn)} = \frac{16.000 \times 4,0}{7,0} = 9.143$$

Die **totalen Prozesskosten** der Tätigkeit „Speisen zubereiten" betragen folglich 41.143 Euro (32.000 Euro + 9.143 Euro). Zur Berechnung der **Prozesskostensätze** einer jeweiligen Aktivität, sind die leistungsmengeninduzierten, wie auch die gesamten Prozesskosten, durch die zugehörigen Mengen zu dividieren. Für die Aktivität „Speisen zubereiten" ergeben sich somit leistungsmengeninduziert 16,00 Euro pro Durchführung und Zeiteinheit.

Zweite Aktivität als Kostentreiber

Controlling der Supply Chain

$$\text{Prozesskostensatz (lmi)} = \frac{\text{lmi - Prozesskosten je Teilprozess}}{\text{Menge je Teilprozess}}$$

$$\text{Prozesskostensatz (lmi)} = \frac{32.000}{2.000} = 16,00$$

Sämtliche Prozesskostensätze vergleichen

Entsprechend gestaltet sich die Ermittlung der **gesamten Prozesskostensätze** je Aktivität, indem die totalen Prozesskosten pro Teilprozess durch die Menge pro Aktivität zu teilen sind. Die Tätigkeit „Speisen zubereiten" bindet beispielsweise 20,57 Euro pro Zeiteinheit. In Abbildung E.17 sind die Prozesskosten und die Prozesskostensätze für sämtliche Aktivitäten der Kostenstelle Betriebsrestaurant wiedergegeben.

Interpretation

Im **Ergebnis** bleibt festzuhalten, dass die zweite Tätigkeit „Speisen zubereiten" die Kosten im Betriebsrestaurant besonders treibt. Der gesamte Prozesskostensatz dieser Aktivität beläuft sich auf 20,57 Euro. Auch die erste Tätigkeit („Bereitstellung der Zutaten") gestaltet sich sehr kostenintensiv, sie umfasst einen totalen Prozesskostensatz von 14,40 Euro. Bei näherer Betrachtung überraschen diese hohen Werte beider Aktivitäten nicht: Tendenziell steigen die Prozesskostensätze je Tätigkeit mit ihrer Personalintensität. Ebenso bewirken für die Aktivität „Zutaten bereitstellen" nicht die Mannjahre das schlechte Resultat, sondern die geringe Menge ist das Zünglein an der Waage.

Outsourcing forcieren?

Umgekehrt erweist sich der „Spülvorgang" – mit einem totalen Prozesskostensatz von 1,29 Euro pro Zeitintervall – als vergleichsweise günstig. Auf den ersten Blick erscheint es wenig sinnvoll, bei dieser Aktivität Kostenverbesserungspotenziale heben zu wollen. Zur **Entscheidung** über das Outsourcing des Betriebsrestaurants sind die vorliegenden Zahlen der Eigenerstellung mit den Angeboten der Dienstleister zu vergleichen. Selbstverständlich können diesbezüglich bloße Kostenfaktoren von strategischen Einflussgrößen ausgehebelt sein.

Hilfsmittel des Controllings im Supply Chain Management

Prozesskostenrechnung

Abbildung E.17

	Teilprozess	Maßgröße				Prozesskosten			PZK-Satz	
	Inhalt	Basis	Menge	MJ		lmi	lmn	Total	lmi	Total
1	Zutaten bereitstellen	Paletten	500	0,7		5.600	1.600	7.200	11,20	14,40
2	Speisen zubereiten	Menüs	2.000	4,0		32.000	9.143	41.143	16,00	20,57
3	Essen ausgeben	Ausgegebene Essen	2.000	0,5		4.000	1.143	5.143	2,00	2,57
4	Kassiervorgang	Kunden	2.000	0,5		4.000	1.143	5.143	2,00	2,57
5	Tabletts einsammeln	Tabletts	2.000	0,3		2.400	686	3.086	1,20	1,54
6	Spülvorgang	Geschirr u.ä.	8.000	1,0		8.000	2.285	10.285	1,00	1,29
7	Allgemeine Verwaltung			2,0			16.000			
Σ				9,0		56.000		72.000		

Legende: PZK = Prozesskosten
MJ = Mannjahre
lmi = Leistungsmengeninduziert
lmn = Leistungsmengenneutral

Alle Zahlen selektiv
Act. 03/(2013)

Wie erwähnt, kann die Fremdvergabe der Bewirtschaftung des Betriebsrestaurants einerseits en bloc erfolgen. Andererseits sind vielleicht nur einzelne Aktivitäten von einer Fremdvergabe betroffen. In diesem Beispiel scheinen die Tätigkeiten „Speisen zubereiten" sowie „Zutaten bereitstellen" besonders von einem Outsourcing bedroht. Sie verschlingen in der Tat vergleichsweise hohe Prozesskostensätze. Allerdings bedeutet dies **nicht automatisch**, dass eine auf externe Bewirtschaftung spezialisierte Organisation (ein „Caterer") diese Leistungen zwingend günstiger anbietet. Somit ergibt sich für Tätigkeiten mit hohen Prozesskostensätzen kein Automatismus für ihre Fremdvergabe.

Grundlage zur Entscheidungsfindung

E.4.3.3 Kritische Würdigung

Nutzen des Verfahrens

- **Traditionelle Verfahren** der Kostenrechnung beziehen sich im Schwerpunkt auf den direkten Bereich. Dabei bleiben kostenstellenübergreifende Aktivitäten, die Verrechnung innerbetrieblicher Leistungen und die Kosten für Neuentwicklungen wenig berücksichtigt. Die Prozesskostenrechnung deckt diese Bereiche ab.

Kombination mit Target Costing

- Ein weiterer **Vorteil** der Prozesskostenrechnung besteht in einer Unterstützung des Target Costings: Als vollkostenorientiertes Instrument ausgelegt, umfasst Target Costing nicht nur die Einzel- sondern auch die Gemeinkosten. Durch die Kombination der Prozesskostenrechnung mit dem Zielkostenmanagement, bleiben die Gemeinkosten nicht länger im Verborgenen. Die Prozesskostenrechnung bricht den indirekten Bereich auf und hilft dem Target Costing folglich beim „Kostenkneten".

Gefahr der anteiligen Verrechnung

- Der Prozesskostenrechnung ist allerdings das **Problem** einer Proportionalisierung von Fix- und Gemeinkosten inhärent. Sie ist eine Vollkostenrechnung. Originäre fixe und variable Kosten werden vermischt. Dies bedeutet, dass die leistungsmengenneutralen Kosten im Verhältnis zu den leistungsmengeninduzierten Größen **proportional** verrechnet werden. Bezogen auf das obige Beispiel "Catering" wird das Problem dieser Vorgehensweise deutlich. Der lmi-Teilprozess „Speisen zubereiten" erfordert den Personaleinsatz von 4,0 Mannjahren. Die folgende lmi-Tätigkeit „Essen ausgeben" beansprucht lediglich 0,5 Mannjahre. Die leistungsmengeninduzierten Kosten werden „nach bestem Wissen und Gewissen" ermittelt (Verteilung von 56.000 Euro). Von den Gesamtkosten (72.000 Euro) sind noch 16.000 Euro unangetastet. Diese stellen die Personalkosten der verwaltenden beiden Mitarbeiter dar. Inhaltlich völlig unbegründet, werden deren Kosten im gleichen Verhältnis („proportional") zu den lmi-Aktivitäten verrechnet. Bezogen auf die 4,0 Mannjahre zur „Speisenzubereitung" und die 0,5 Mannjahre zur „Essenausgabe" bedeutet dies, dass die zwei administrativen Köpfe acht Mal mehr an verwaltenden Tätigkeiten für die „Speisenzubereitung" erbringen würden, als für die „Ausgabe der Essen".

Logistische Sachkosten hinzurechnen

- Bei näherer Betrachtung obigen Beispiels fällt auf, dass sich die Prozesskostenrechnung ausschließlich auf die **Personalkosten** bezieht. Für einen indirekten Bereich – wie Treasury oder Rechtsabteilung – scheint diese Vorgehensweise gerechtfertigt, da auf einer Kostenstelle in diesen Sektoren der Personalkostenanteil teilweise um die 90% betragen dürfte. Sonstige Kostenartenkosten (wie Energie, Versicherungen oder Miete) sind, verglichen mit den Personalkosten, zu vernach-

Hilfsmittel des Controllings im Supply Chain Management | **E.4**

lässigen. Für ein Supply Chain Management ist die Ermittlung von Prozesskostensätzen über die Personalkosten jedoch mit Vorsicht zu genießen. In einer Lieferkette sind neben den Personalanteilen auch Abschreibungen (auf logistische Assets, wie Gebäude oder Förderzeuge) sowie Investitionen in IT von Bedeutung (Sachkosten).

- Durch eine Kombination der **Grenzplankostenrechnung** mit der **stufenweisen Fixkostendeckungsrechnung** nach *Agthe* (vgl. *Aghte* 1959) und nach *Mellerowicz* (vgl. *Mellerowicz* 1977), kann eine Lösung der Proportionalisierungsproblematik erfolgen. Durch dieses Zusammenspiel erfolgt eine Anpassung an divergierende Problemstellungen, die Kostentransparenz wird somit erhöht.

  Alternative Konzepte

- Auch die (relative) **Einzelkostenrechnung** nach *Riebel* (vgl. *Riebel* 1994) wird als adäquater Ersatz zur Prozesskostenrechnung ins Rennen geführt. Sicherlich besitzt die Kostendifferenzierung bei der Prozesskostenrechnung nicht die gleiche Stringenz, wie die der Einzelkostenrechnung. Doch gestalten sich die Grenzplankostenrechnung, die stufenweise Fixkostendeckungsrechnung und die (relative) Einzelkostenrechnung in ihrer Anwendung arbeitsintensiver als die Prozesskostenrechnung.

  Ansatz ohne proportionale Verrechnung

E.4.4 Economic Value Added

Ein weiteres Hilfsmittel der Financial Supply Chain ist der Economic Value Added (EVA, vgl. *Bach* 2007; *Gundel* 2011; *Hostettler* 2002; *Hostettler/Stern* 2007; *Kaminski* 2006; *Weber/König* 2012). EVA (vgl. auch S. 368f.) wurde Anfang der 90er Jahre von der amerikanischen Consultinggesellschaft *Stern Stewart & Co.* (vgl. *Stern et al.* 2004) entwickelt und ist die Basis für verwandte Konzepte, wie Economic Profit, Added Value, Market Value Added oder Cash Value Added.

„When it started to begin..."

E.4.4.1 Charakterisierung

Der Economic Value Added ist eine Kennzahl, die den *betrieblichen Übergewinn* misst. EVA findet in der **wertsteigernden Unternehmungsführung** Einsatz und aggregiert sich aus Größen der Gewinn- und Verlustrechnung sowie der Bilanz. Die **Basisformel** zur Berechnung des Economic Value Added lautet (vgl. Begriffsblock E.III):

Konzept zur Wertsteigerung

E — *Controlling der Supply Chain*

Begriffsblock E.III | *Basisformel des Economic Value Added*

$$EVA = NOPAT - (Capital \times c^*)$$

Legende:
- EVA = Economic Value Added
- NOPAT = Net Operating Profit After Tax
- Capital = Gebundenes Vermögen
- c^* = Gesamtkapitalkostensatz

Erfolgsgrößen

- Das Nettobetriebsergebnis nach Ertragsteuern (**NOPAT**) stammt aus der Gewinn- und Verlustrechnung. Es ergibt sich aus dem operativen Ergebnis einer Unternehmung. Das Fundament zu seiner Berechnung ist der EBIT (Operating Profit). Vom Steueraufwand in der G&V werden alle Steuerminderungen hinzugerechnet und Steuererhöhungen abgezogen.

Wie wird der Erfolg erwirtschaftet?

- Die Komponente **Capital** ist abhängig von Investitionsentscheidungen und stellt das betriebsnotwendige Vermögen dar. Das Capital wird für die Erzielung eines NOPAT benötigt. Im Mittelpunkt steht die Frage: "Welche Positionen sind betriebsnotwendig und ermöglichen die Erwirtschaftung eines operativen Ergebnisses?".

Wenig disponibel

- Der Gesamtkapitalkostensatz c^* beruht auf Finanzierungsentscheidungen. Er ist die Summe von gewichteten Fremdkapital- und Eigenkapitalkosten zu realen Marktwerten und wird häufig mit den „Weighted Average Cost of Capital" (WACC) gleichgesetzt.

Subtraktionsverfahren

Die **Berechnungsformel** für EVA bedeutet, dass die Multiplikation von Capital mit dem Gesamtkapitalkostensatz (c^*) die Finanzierungskosten des betrieblich gebundenen Kapitals ergibt. Die Finanzierungskosten werden vom betrieblichen Gewinn subtrahiert. Das Resultat ist der Economic Value Added.

Interpretation

Wenn die Kennzahl EVA einen **positiven** Wert annimmt, übersteigt das operative Ergebnis die gesamten Finanzierungskosten des betrieblichen Vermögens. Ein **negativer** Economic Value Added bedeutet, dass die Finanzierungskosten nicht durch das Nettobetriebsergebnis nach Steuern gedeckt wurden. Aus der Sicht von Kapitalgebern fand eine Wertvernichtung statt. Die Anteilseigner hätten ihr Kapital in einer anderen Unternehmung, mit ähnlichem Risikoprofil ausgestattet, zu einer höheren Verzinsung anlegen können.

Hilfsmittel des Controllings im Supply Chain Management E.4

Die Einsatzgebiete von EVA sind die Unternehmungsbewertung, die Erhöhung der Gesamtrendite von Aktionären (Shareholder Value) und seine Verwendung als Anreizsystem. Eine Möglichkeit von EVA als Instrument der wertsteigernden Unternehmungsführung wurde oben beschrieben. Der **Shareholder Value** kann als reine Finanzgröße oder Handlungsmaxime interpretiert werden.

Anwendungsbereiche

- Verstanden als reine **Finanzgröße**, bedeutet der Shareholder Value eine monistische Ausrichtung auf den ökonomischen Produktivitätszweck. Die Mehrung des Vermögens der Aktionäre wird verfolgt. Der Shareholder Value spiegelt den Marktwert des Eigenkapitals (*Shareholder-Approach*). Nicht nur in Deutschland wird diese Betrachtungsweise mittlerweile heftig diskutiert und kritisiert.

Negativimage durch Finanzkrise

- Ein Shareholder Value als **Handlungsmaxime** interpretiert, meint eine pluralistisch gesellschaftsorientierte Zielausrichtung. Diese Sichtweise beschreibt den *Stakeholder-Approach*. Ein Stakeholder ist das Mitglied einer Gruppe. Er hat gesellschaftliches Interesse am Fortbestand der Unternehmung. Stakeholder sind Mitarbeiter, Kunden, Lieferanten, Staat, Aktionäre oder Gläubiger.

Interessengruppen einer Unternehmung

Wird der Economic Value Added als **Anreizsystem** genutzt, besteht ein direkter Bezug zu dem vom Aktieninvestor angestrebten Handlungsergebnis. Insbesondere bei Führungskräften speist sich das Entlohnungssystem aus Bestandteilen zur Berechnung von EVA: Zum Beispiel aus dem Aktienkurs und dem Return on Equity. In diesen Fällen ist der Economic Value Added seitens der Unternehmungsleitung beeinflussbar. Der Anreiz für das Management besteht darin, dass die Erwirtschaftung eines hohen Finanzergebnisses zur Steigerung der eigenen Entlohnung führt.

Leistungssteigerung

E.4.4.2 Beispiel für das Supply Chain Management

Zur Forcierung der Wertschöpfung trägt das Supply Chain Management bei. Die wertsteigernden Aktivitäten finden ihren Niederschlag in der Gewinn- und Verlustrechnung. Das zu seiner Erzielung notwendige Vermögen (Maschinen oder Vorräte) entstammt der Supply Chain. Die Korrelation zwischen Economic Value Added und Supply Chain Management zeigt das folgende **Beispiel**.

EVA in der Supply Chain

Eine Zulieferunternehmung fertigt Bremssysteme für die Automobilindustrie. Sie erzielt im Geschäftsjahr 2013 einen EBIT (Operating Profit) von 113,2 T€. Zur Berechnung von EVA muss die Organisation zunächst

Ausgangslage

Controlling der Supply Chain

die Größe **NOPAT** ermitteln. Dazu verrechnet sie das Betriebsergebnis mit ausgewählten Komponenten der Gewinn- und Verlustrechnung (vgl. Beispielblock e.1).

Beispielblock e.1

Berechnung des Net Operating Profit After Tax

(1) Betriebsergebnis	113,2
+ (2) Ausgleich Firmenwert	1,5
+ (3) Erträge aus Joint Ventures	2,0
- (4) Gebühren für Dienste der Muttergesellschaft	(9,2)
+ (5) Zinsen aus Leasing	7,7
+ (6) Zinsen aus Pensionen	3,7
- (7) Ertragsteuern	(46,8)
= (8) Nettoergebnis nach Steuern	72,1

Alle Zahlen betreffen den Abschluss im Geschäftsjahr 2013 (in T€)

Von NOPAT zu Capital

Der Automobilzulieferer hat im Geschäftsjahr 2013 ein Nettobetriebsergebnis nach Ertragsteuern von 72,1 T€ erwirtschaftet. Als nächstes berechnet die Unternehmung das **Capital**, welches zur Erzielung des EBIT eingesetzt wurde (vgl. Beispielblock e.2).

Beispielblock e.2

Berechnung des Capital

(1) Aktiva	779,9
- (2) Liquide Mittel	(21,6)
- (3) Kurzfristige Verbindlichkeiten	(233,4)
+ (4) Leasing aus Anlagen	84,6
= (5) Capital	609,5

Alle Zahlen betreffen den Abschluss im Geschäftsjahr 2013 (in T€)

In diesem Beispiel konnte das betriebsnotwendige Vermögen durch die operative Tätigkeit gedeckt werden. Der Economic Value Added ist positiv, und er beläuft sich auf 11,05 T€. Beispielblock e.3 zeigt diesen Sachverhalt in übersichtlicher Form auf.

Berechnung des Economic Value Added

> Economic Value Added = NOPAT - (Capital × Kapitalkostensatz)
> 11,05 = 72,1 - (609,5 × 0,1)

Alle Zahlen betreffen den Abschluss im Geschäftsjahr 2013 (in T€)

Beispielblock e.3

E.4.4.3 Kritische Würdigung

Im betrieblichen Übergewinn verschmelzen Größen der Gewinn- und Verlustrechnung sowie der Bilanz. Das Betriebsergebnis wird nicht isoliert betrachtet, weil in die Kalkulation auch das zu seiner Erzielung notwendige Kapital fließt. Ein weiterer **Vorteil** des Economic Value Added ist das breite Anwendungsgebiet der Kennzahl. Als Instrument zur Unternehmungsbewertung, im Shareholder Value und als Anreizsystem, wird EVA unternehmungsintern und netzwerkgerichtet genutzt. Etliche Organisationen verwenden EVA mittlerweile zur Entlohnung ihrer Führungskräfte, weil eine Differenzierung in beeinflussbare (NOPAT und Capital) und kaum disponible (Gesamtkapitalkostensatz) Komponenten vorgenommen wird. Wenn Führungskräfte über eine gemeinsame Spitzenkennzahl anteilig entlohnt werden, bedeutet dies, einer strategischen Stoßrichtung zu folgen. Schließlich können Anleger erkennen, ob sie ihr Kapital sinnvoll investiert haben.

Was bringt EVA?

Probleme von EVA ergeben sich daraus, dass Investitionen direkt an EVA zehren (*Cash-out-Syndrom*): Wenn beispielsweise Führungskräfte, deren Entlohnung sich zum Teil aus EVA speist, demnächst in Ruhestand treten, werden sie Investitionen möglicherweise vertagen, da sie dadurch ihren eigenen Bonus schmälern. Weiterhin gereicht obiger Vorteil der gemeinsamen Entlohnung von Führungskräften über eine Spitzenkennzahl auch zum Nachteil der „Trittbrettfahrens": Auch diejenigen Manager, die nur bedingt zur Steigerung von EVA beigetragen haben, profitieren ebenso von der Wertsteigerung, wie die „Spitzenkräfte". Schließlich wird mit EVA ein Absolutwert berechnet. Moderne Controllingansätze, wie Better Budgeting und Beyond Budgeting, fordern relative Zielvorgaben ein.

Mangelnde Vergleichbarkeit

E.4.5 Working Capital Management

E.4.5.1 Charakterisierung

Liquiditätskiller

Unterschiedliche Studien zeigen, dass durchschnittlich bis 30% mehr Liquidität im Umlaufvermögen gebunden ist, als unbedingt notwendig wäre (vgl. *Wäscher* 2005, S. 118). Weiterhin nutzen Organisationen ihren **Innenfinanzierungsspielraum** offenkundig nur ungenügend. Insbesondere die Positionen des Umlaufvermögens (wie Forderungen und Vorräte) binden Kapital (vgl. *Klepzig* 2010; *Meyer* 2012; *Weber/König* 2012).

Bedeutung des Working Capital Managements

Ein Instrument, das unmittelbar auf die Finanzlage wirkt, ist das **Working Capital Management**. Es erstreckt sich insbesondere auf Vorräte, Kundenforderungen sowie Lieferantenverbindlichkeiten. Das Working Capital Management soll helfen, Kapitalbindung zu schmälern und Liquidität freizusetzen. Neben der Möglichkeit, durch ein erfolgreiches Working Capital Management verfügbares Kapital kurzfristig zu erhöhen, ergibt sich eine verbesserte Verhandlungsposition bei externen Kapitalgebern.

Kalkulationsbasen

Working Capital berechnet sich aus Umlaufvermögen, abzüglich aller nicht verzinslicher Verbindlichkeiten (vgl. *Klepzig* 2010, S. 31). Dieses Umlaufvermögen umfasst alle **Vermögensteile**, die sich innerhalb eines Jahres in liquide Mittel rückverwandeln lassen. Hierzu zählen Kasse, Bank, Vorräte, Forderungen aus Lieferungen und Leistungen sowie sonstige Forderungen und Vermögensgegenstände des Umlaufvermögens. Zu den **nicht verzinslichen Verbindlichkeiten** werden Schulden aus Lieferungen und Leistungen, kurzfristige Rückstellungen und sonstige unverzinsliche Verbindlichkeiten gerechnet (vgl. *Weber/König* 2012).

Disputes und Excess-and-Obsolete sind nicht Working Capital

Demnach sind Vermögensteile, die sich nicht innerhalb eines Jahres liquidieren lassen, kein Working Capital. Als Beispiel sind hier Forderungen **(Disputes)** anzuführen, deren Laufzeit größer als 365 Tage ist, sowie **Excess-and-Obsolete-Vorräte**, wenn sie eine Bestandsreichweite von mehr als 365 Tagen aufweisen.

Messung der Liquidität über Cash-to-Cash-Cycle

Das Primärziel des Working Capital Managements liegt in einer Optimierung der Bilanzpositionen Vorräte, Forderungen und Verbindlichkeiten. Dazu wird der Liquiditätskreislauf **(Cash-to-Cash-Cycle)** optimiert. Dieser bemisst die Zeitspanne zwischen Zahlungsausgang und Zahlungseingang. Somit erstreckt sich das Working Capital auf das Forderungs-, Bestands- und Verbindlichkeitsmanagement (vgl. *Heesen* 2012; *Hofmann et al.* 2007, S. 159; *Meyer* 2012, S. 91; *Ulbrich et al.* 2008, S. 25).

Hilfsmittel des Controllings im Supply Chain Management

- Im Rahmen des **Forderungsbereichs** verfolgt ein Working Capital Management das Ziel, Forderungen aus Lieferungen und Leistungen zu minimieren sowie den Forderungsumschlag zu erhöhen.

  Rascher Zahlungseingang

- Beim Management der **Vorräte** wird ein Anstieg der Lagerumschlagshäufigkeit anvisiert. Hierbei ist der latente Zielkonflikt zwischen Fehlmengenkosten und Bestandskosten auszuloten. Um die Balance hinsichtlich der „richtigen" Bestandshöhe zu finden, kann das Reichweitenmonitoring gute Dienste leisten (vgl. S. 240).

  Fluch von Überbeständen

- Dem Management der **Verbindlichkeiten** kommt die Aufgabe zuteil, Verbindlichkeiten aus Lieferungen und Leistungen durch Aufschub von Zahlungszielen und -dauer zu erhöhen und somit Working Capital zu verringern.

  Machtposition entscheidend

Des Weiteren wird das Working Capital Management als Instrument zur Steigerung der **Innenfinanzierungskraft** genutzt. Durch eine Reduzierung von Working Capital werden liquide Mittel freigesetzt, die zu einer Erhöhung des Unternehmungswerts führen. Nach einer Studie von *Horváth & Partners* sehen mehr als drei Viertel der Teilnehmer im Working Capital Management ein Instrument zur Generierung von Liquidität, Erhöhung der Kapitaleffizienz und allgemeiner Wertsteigerung (vgl. *Hofmann et al.* 2007, S. 155f.). Innerhalb von Supply Chains soll Working Capital Management jedoch nicht zur bloßen Verschiebung der Kapitalkosten, sondern zur nachhaltigen Liquiditätsverbesserung führen (vgl. *Heesen* 2012, S. 51).

Cash-Kühe melken

E.4.5.2 Besondere Bedeutung des Cash-to-Cash-Cycle

Der Cash-to-Cash-Cycle (**„Liquiditätskreislauf"**) ist wohl der bedeutsamste Vertreter eines Working Capital Managements. Dieser ermöglicht eine ganzheitliche und dynamische Betrachtung der Erfolgswirksamkeit von Maßnahmen entlang der kompletten Wertschöpfungskette. Nach der Basisformel, berechnet sich ein Cash-to-Cash-Cycle aus der Summe von Debitorentagen (Days Sales Outstanding) und Lagerreichweite (Days On Hand). Davon werden die Kreditorentage (Days Payables Outstanding) subtrahiert.

Messung über die Unternehmungsgrenze hinweg

Ein Cash-to-Cash-Cycle dient als ein Maßstab für das in der Unternehmung gebundene Kapital (vgl. *Losbichler/Rothböck* 2008, S. 55). Aus seiner Reduzierung leitet sich die Freisetzung von Liquidität aus dem Umlaufvermögen ab. Die Erhöhung flüssiger Mittel trägt zur Steigerung des Unternehmungswerts bei. Ein negativer Cash-to-Cash-Cycle bedeutet,

Determinanten der Kennzahl

Controlling der Supply Chain

dass eine Organisation die Forderungen der Kunden erhält, bevor die Verbindlichkeiten bei den Lieferanten beglichen werden (zinsloses Darlehen). Die **drei Bezugsgrößen** des Cash-to-Cash-Cycle leiten sich aus korrespondierenden Managementprozessen ab:

- Die Days Payables Outstanding (DSO) sind dem **Forderungsmanagement** entlehnt und bemessen die Zeitspanne zwischen Kundenbestellung und Kundenbezahlung („Order-to-Cash-Prozess").

- Das Bestandsmanagement errechnet sich über die **Lagerreichweite** [Days On Hand (DOH)]. Mit dem „Forecast-to-Fulfillment-Prozess" werden diesbezügliche Aktivitäten von Prognose, Produktion, Lagerung und Auslieferung beschrieben.

- Schließlich ist der „Procure-to-Pay-Prozess" in das **Verbindlichkeitsmanagement** eingebettet (Days Payables Outstanding [DPO]). Er umspannt die Dauer zwischen Einkauf und Zahlungsabgang (vgl. *Eitelwein/Wohlthat* 2005, S. 421f.; *Weber/König* 2012, S. 112).

Positive und negative Impacts

Somit besitzt der Liquiditätskreislauf die drei oben aufgeführten **Stellhebel**. Je geringer die durchschnittliche Vorrats- und Forderungsdauer ausfällt, desto positiver wirken sich diese Effekte auf den Cash-to-Cash-Cycle aus. Außerdem verbessert eine Erhöhung der durchschnittlichen Verbindlichkeitsdauer den Cash-to-Cash-Cycle.

E.4.5.3 Beispiel für das Supply Chain Management

Interdependenzen zwischen den Berechnungsbasen

Der Beitrag des Supply Chain Managements zur Optimierung des Working Capitals im Allgemeinen und zur Verbesserung des Cash-to-Cash-Cycle im Besonderen begründet sich aus Aktivitäten in Einkauf, Produktionslogistik und Vertrieb. Dieses **Zusammenwirken** wird an der Phantomunternehmung *Pharma AG* beispielhaft charakterisiert.

Vertrieb: Schnittstelle in Richtung Kunde

Eine der vorrangigen Aufgaben von **Vertriebsmitarbeitern** der *Pharma AG* besteht in der Realisation möglichst schneller Kundenzahlungen. Rasche Zahlungseingänge führen zur Minderung der Opportunitätskosten, da das eingenommene Geld alsbald einen Zins erwirtschaftet. Auf die Festlegung der Zahlungsfristen nehmen landesspezifische Gepflogenheiten und die Zahlungsmoral der Kunden gravierenden Einfluss (vgl. *Eitelwein/Wohlthat* 2005, S. 419; *Weber et al.* 2007, S. 112). Die *Pharma AG* wird ihre Machtstellung in der Supply Chain für einen möglichst raschen Zahlungseingang ausnutzen wollen. Aber auch die Kreditwürdigkeit der Kunden spielt eine gewichtige Rolle. Diesbezüglich sind

Hilfsmittel des Controllings im Supply Chain Management | E.4

beispielsweise der durchschnittliche Zahlungsverzug eines Geschäftspartners oder die Anzahl an Mahnungen pro Periode bedeutsam. Weitere Stellhebel der *Pharma AG* liegen in einer Festlegung von Kreditlinien (Begrenzung der Forderungsausfallrisiken), der elektronischen Rechnungsstellung, einer beschleunigten Reklamationsbearbeitung sowie dem verbesserten Mahnwesen begründet.

Die **Produktionslogistik** befindet sich in einem latenten Zielkonflikt. Einerseits wird die Absenkung der Lagerreichweite eingefordert. Andererseits darf der Lieferservicegrad unter dieser Bestandssenkung aber nicht leiden. Eine Verkürzung der Days on Hand bedingt in der Regel eine geringere Lieferflexibilität (vgl. *Eitelwein/Wohlthat* 2005, S. 419; *Weber et al.* 2007, S. 111f.). Die *Pharma AG* kann zur Vorratsreduzierung das Just-in-Sequence-Prinzip anwenden. Besonders erfolgversprechend erscheint diese Philosophie in Verbindung mit der Kanban-Steuerung. Weitere Optimierungspotenziale erschließen sich durch die Implementierung eines Lieferanten-Logistik-Zentrums. Diese Unterform der Konsignation kombiniert die *Pharma AG*, für besonders geeignete Sachnummern, mit Vendor Managed Inventory. Ebenso wird eine Gängigkeitsanalyse durchgeführt, um Langsamdreher im Internet zu verkaufen. Außerdem wenden die Disponenten der *Pharma AG* Reichweitenmonitoring zur Überprüfung der Lagerumschläge pro Artikel an.

Vabanquespiel der Logistik

Schließlich werden die **Einkäufer** der *Pharma AG* versuchen, den Zahlungsabgang in Richtung Lieferant hinauszuzögern. Bis zu diesem Zeitpunkt gewährt ein Lieferant der *Pharma AG* quasi ein zinsloses Darlehen. Eine frühzeitige Begleichung von Rechnungsbeträgen lässt sich die *Pharma AG* durch die Ziehung von Skonti abgelten (vgl. *Eitelwein/Wohlthat* 2005, S. 419; *Heesen* 2012, S.53; *Weber et al.* 2007, S. 112; *Weber/König* 2012). Weitere Stellschrauben des Lieferantenmanagements der *Pharma AG* sind elektronische Rechnungsstellung (Reduzierung von Fehlüberweisungen, bessere Ausnutzung von Skonti), Wahl der Zahlungsart und Anwendung von Purchasing Cards.

Einkaufspotenziale ausnutzen

E.4.5.4 Kritische Würdigung

Ein Working Capital errechnet sich aus Bilanzpositionen. Folglich stellt die Kennzahl eine Momentaufnahme dar, die sich aus historischen Größen ableitet. Der Cash-to-Cash-Cycle bringt zumindest eine Quasi-Dynamisierung in dieses eigentlich **statische Working Capital**: Er gewährleistet einen verbesserten Einblick in die Liquiditätslage. Ein Cash-to-Cash-Cycle zielt auf eine ganzheitliche Betrachtung der Leistungsfä-

Statische Berechnungsgrundlage

Controlling der Supply Chain

Hinkende Kennzahlenvergleiche

higkeit von Wertschöpfungspartnern, indem er simultan Lieferanten- und Kundenströme abdeckt (vgl. *Eitelwein/Wohlthat* 2005, S. 417; *Weber et al.* 2007, S. 110).

Zudem ist der Cash-to-Cash-Cycle für **Kennzahlenvergleiche** zwar grundsätzlich interessant. Jedoch hinken diese Benchmarks über Branchengrenzen hinweg, indem insbesondere die Lagerreichweite zwischen den Unternehmungen sehr verschieden ist. Sie hängt von der Fertigungstiefe ab. *Dell* verfügt über eine Lagerreichweite von wenigen Tagen. Daraus leitet sich für *Dell* ein exorbitant hoher Lagerumschlag per annum ab, was eine solide Basis für einen hervorragenden Cash-to-Cash-Cycle darstellt. In der Chemie gelten hingegen andere Regeln. Lange Durchlaufzeiten – beispielsweise hervorgerufen durch extreme Vorwärm- und Einrichtzeiten – und komplexe Prozesse führen zu hohen Eindeckintervallen. Darunter leidet die Lagerreichweite, die für chemische Hersteller zum Teil über 200 Tagen liegt. Und natürlich wirken sich diese extremen Days on Hand direkt (und negativ) auf den Cash-to-Cash-Cycle aus. Folglich macht ein Kennzahlenvergleich in Richtung Liquiditätskreislauf zwischen *Dell* und Chemiekonzernen kaum einen Sinn.

Andere Länder, andere Sitten...

Doch auch **landesspezifische Spielregeln** begrenzen den Aussagegehalt von Vergleichen des Working Capitals in Supply Chains. Dazu zählen Zahlungsmoral, Zahlungsgepflogenheiten, Rechnungslegungsvorschriften sowie steuerliche Aspekte.

E.4.6 Supply Chain Performance und Scorecard

E.4.6.1 Charakterisierung

Zur Begrenzung traditioneller Kennzahlensysteme

Traditionelle Kennzahlensysteme werden den Ansprüchen eines dynamischen und turbulenten Wettbewerbsumfelds kaum gerecht. Ihnen mangelt es an Zukunftsfokussierung, da sie sich primär aus Zahlen der Vergangenheit speisen. Ebenso vernachlässigen klassische Kennzahlensysteme „weiche" Faktoren (wie die Kundenzufriedenheit), sie sind im Kern monistisch geprägt. Weiterhin fehlt ihnen ein echter Strategiebezug, wie auch die Ableitung von Kausalzusammenhängen. Schließlich leiden diese tradierten Kennzahlensysteme unter einem zu hohen Aggregationsgrad, indem untere Organisationsebenen darin kaum gewürdigt werden.

Hilfsmittel des Controllings im Supply Chain Management E.4

Zur Überwindung eben jener Defizite klassischer Kennzahlensysteme wurden in den frühen 90er Jahren **Performance-Measurement-Konzepte** entwickelt. Diese messen die Erfolgswirksamkeit bestimmter Leistungsebenen einer Organisation. Als Leistungsebenen werden Prozesse, Geschäftseinheiten, Funktionsbereiche oder Mitarbeiter bezeichnet. Performance-Measurement-Systeme rücken dabei drei Dimensionen von Unternehmungsleistungen gleichermaßen in den Fokus: Effektivität, Effizienz und Agilität (vgl. Abbildung E.18; *Gleich* 2011, S. 17; *Richert* 2006, S. 54).

Leistungstreiber moderner Supply Chains

Dimensionen der Unternehmungsleistung | *Abbildung E.18*

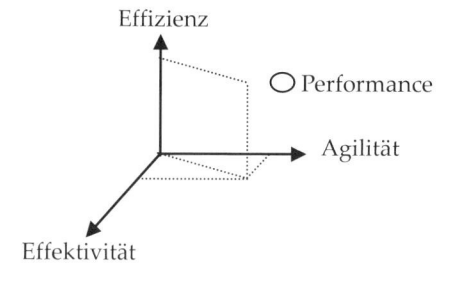

(Diagramm: dreidimensionales Koordinatensystem mit Achsen Effizienz, Agilität, Effektivität und Punkt "Performance")

Innerhalb dieses **dreidimensionalen Raums** („Erfolgskorridor") werden die einzelnen Leistungsebenen (zum Beispiel Produktionsprozesse innerhalb moderner Wertschöpfungsketten) bewertet. Die langfristige *Effektivitätsmessung* ist in Performance-Measurement-Systemen extern gerichtet und zielt auf die verfolgte Supply Chain Strategie. Bei der eher kurzfristig ausgelegten Supply Chain *Effizienz* wird die Wirtschaftlichkeit des internen Ressourceneinsatzes bewertet. Schließlich steht bei der *Agilitätsmessung* die Anpassungsfähigkeit (Wandlungsmöglichkeit) jeweiliger Leistungsbündel einer Supply Chain auf dem Prüfstand (vgl. *Gleich* 2011, S. 33ff.).

Drei Dimensionen des Performance Measurements

Der **Wertbeitrag in Supply Chains** manifestiert sich innerhalb der Performance-Measurement-Systeme gleichermaßen in finanziellen Assets (Bestände, Frachtkosten) sowie intangiblen Zielen (Lieferservicegrad, Durchlaufzeit, Absatzprognosegenauigkeit). Im Mittelpunkt dieser Ansätze steht die simultane Messung der relevanten Schlüsselfaktoren einer Wertschöpfungskette (Kosten, Zeit, Qualität, Flexibilität, Service).

Tangible und intangible Assets

E Controlling der Supply Chain

Harte Werttreiber einer Supply Chain

Innerhalb der Performanzsysteme einer Supply Chain werden auf den unterschiedlichen Leistungsebenen quantitative und qualitative Werttreiber unterschieden. Quantitative Werttreiber sind budgetierbar. Sie dienen dazu, Prozesse innerhalb moderner Wertschöpfungsketten zu bewerten, Gestaltungsalternativen zu vergleichen (zum Beispiel Make-or-Buy) und betriebswirtschaftliche Konsequenzen abzuleiten. Differenziert nach den Wettbewerbsfaktoren, sind in Supply Chains folgende **quantifizierbare Werttreiber** auszumachen (vgl. *Werner* 2011a, S. 599):

- **Kostenbezogene Werttreiber**: Gesamte Supply Chain Kosten, Lager-, System-, Steuerungs-, Handlings-, Distributions-, Fehler- und Transaktionskosten.

- **Qualitative Werttreiber**: Die qualitative Erfolgsmessung in Supply Chains leitet sich aus Servicegrad, Lieferbereitschaft, Verzugsquote, Lieferfähigkeit und Lieferzuverlässigkeit ab.

- **Zeitliche Werttreiber**: Auf Grund gestiegener Kundenanforderungen sowie der Verkürzung von Lebenszyklen, wird die Schlüsselgröße Zeit in Supply Chains immer bedeutsamer. Diesbezügliche Messgrößen in Performance-Measurement-Systemen sind Lieferzeit, Durchlaufzeit oder Time-to-Market. Mit dem Aufkommen von Postponement-Strategien, ergeben sich in Wertschöpfungsnetzen neuerdings auch Wettbewerbsvorteile aus bewusster Langsamkeit heraus.

- **Flexibilitätsbezogene Werttreiber**: Die Bewertung der Wandlungsfähigkeit gestaltet sich in Performance-Measurement-Systemen grundsätzlich schwierig. Dennoch bieten sich in diesem Kontext in Lieferketten die Zielgrößen Rüstvorgänge pro Zeitintervall und Upside Production Flexibility zur Messung an.

Supply Chain Relationship Management

Ein junges Gebiet von Performance-Measurement-Systemen in Wertschöpfungsketten ist die **qualitative Erfolgsmessung**. Diese „weichen" Werttreiber sind integrativer Bestandteil von Supply Chain Relationship Management (vgl. S. 22f. dieser Schrift). Untersuchungsgegenstand sind nicht länger Material-, Informations- oder Geldflüsse, sondern soziale Verflechtungen. Die Bewertung erstreckt sich beispielsweise auf Faktoren wie Vertrauen, Verbundenheit, Kommunikation und Transparenz. Gestaltungsmöglichkeiten leiten sich aus Personalaustausch (Resident Engineering, vgl. S. 109), Informationstransfer (gemeinsam genutzte Datenbestände) oder Lieferantentreffen ab (vgl. *Werner* 2011a, S. 600).

Hilfsmittel des Controllings im Supply Chain Management   **E.4**

In den letzten Jahren hat eine konsequente Weiterentwicklung von Ansätzen des Performance Measurements stattgefunden. Diese wurden integrativer Bestandteil von **Performance-Management-Systemen**. Performance Management ist der übergeordnete Bezugsrahmen, in dem das „Messen" (Measurement) der Erfolgswirksamkeit einzelner Leistungsebenen eingebunden ist. Performance-Management-Systeme können in folgende Stufen untergliedert werden (vgl. in ähnlicher Form *Erdmann* 2007, S. 89):

Performance Management

- **Phase 1 (Framework)**: Zunächst sind die grundsätzlichen Ziele der Leistungsebenen zu identifizieren. Diese richten sich im Schwerpunkt auf dem Markt aus (Kundenwünsche, Ressourcenverfügbarkeit).
- **Phase 2 (Design)**: Anschließend werden die Zielkomponenten („Oberziele") zwischen den einzelnen Mitgliedern einer Wertschöpfungskette festgelegt. Diese sind beispielsweise Vorgaben für Kapazitätsauslastungsgrade einzelner Produktionsstandorte.
- **Phase 3 (Managing)**: Im nächsten Schritt leiten sich die Austauschprozesse zwischen den Leistungsebenen ab. Dazu werden jeweilige „Unterziele" für die einzusetzenden Ressourcen determiniert. In diesem Zusammenhang sind kontinuierliche Effizienzsteigerungsprozesse einzuleiten.
- **Phase 4 (Measurement)**: Jetzt erfolgt die Messung der zuvor festgelegten Oberziele und Unterziele einer Supply Chain.
- **Phase 5 (Control)**. Schließlich werden in der Supply Chain fortwährende Leistungsüberwachung und Kontrolle abgesichert.

Wie oben deutlich wird, findet die Leistungsbewertung im vierten Arbeitsschritt eines Performance Managements statt: Performance Measurement ist somit einer der prägenden fünf Bausteine eines Performance-Management-Systems (vgl. Abbildung E.19). Im Zeitablauf kristallisierten sich wiederum unterschiedliche Ausprägungsformen von **Performance-Measurement-Konzepten** heraus. Diesbezüglich ist die Balanced Scorecard sicherlich der bekannteste Vertreter.

Bezug zwischen Performance Management und Performance Measurement

Die Ausarbeitung der Balanced Scorecard basiert zu weiten Teilen auf der **Performance Pyramid**. Diese wurde circa zwei Jahre vor der Scorecard entwickelt (vgl. *Lynch/Cross* 1995). Im Fokus dieses Performance-Measurement-Konzepts stehen die Interessen von Kunden, Anteilseignern und Mitarbeitern. Aus der Vision leiten sich die strategischen Ziele einer Organisation ab. Das Fundament der Pyramide sind

Performance Pyramid in der Supply Chain

Controlling der Supply Chain

die externe Effektivität und die interne Effizienz. Aktivitäten manifestieren sich in Kausalzusammenhängen (*Blocks of Success*): Pünktliche Auslieferungen an die Kunden (Arbeitsplatzebene) steigern die Kundenzufriedenheit (Hautgeschäftsprozessebene). Dadurch gewinnt die übergeordnete Geschäftseinheit Marktanteile (Ursache-Wirkungs-Kette). Nicht finanzielle Ziele (*Non Financials*) werden in der Performance Pyramid in finanzielle Größen (*Financials*) übergeleitet. Beispielsweise führen Qualitätsverbesserungen zu reduzierten Ausschuss- und Nacharbeitsraten, was der Entlastung des operativen Ergebnisses (EBIT) dient.

Abbildung E.19 — *Performance Management in Supply Chains*

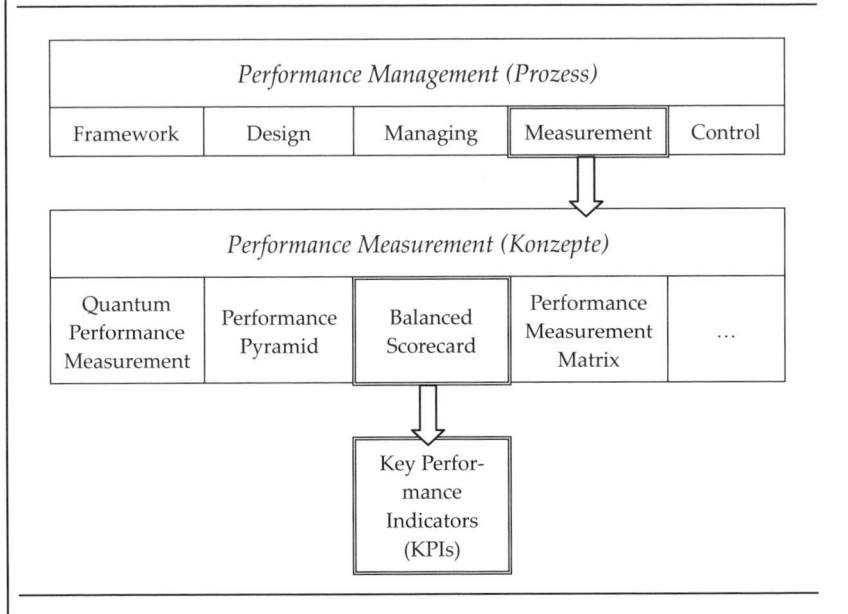

```
┌─────────────────────────────────────────────────────────────┐
│           Performance Management (Prozess)                  │
├───────────┬─────────┬──────────┬─────────────┬─────────────┤
│ Framework │ Design  │ Managing │ Measurement │   Control   │
└───────────┴─────────┴──────────┴─────────────┴─────────────┘
                                       │
                                       ▼
┌─────────────────────────────────────────────────────────────┐
│           Performance Measurement (Konzepte)                │
├──────────────┬────────────┬──────────┬──────────────┬──────┤
│   Quantum    │Performance │ Balanced │ Performance  │      │
│ Performance  │  Pyramid   │Scorecard │ Measurement  │ ...  │
│ Measurement  │            │          │    Matrix    │      │
└──────────────┴────────────┴──────────┴──────────────┴──────┘
                                │
                                ▼
                       ┌──────────────────┐
                       │  Key Perfor-     │
                       │     mance        │
                       │   Indicators     │
                       │     (KPIs)       │
                       └──────────────────┘
```

Von Performance Measurement zur Scorecard

Zur Ausgestaltung von Performance-Measurement-Systemen wird primär die **Balanced Scorecard** herangezogen (vgl. *Horváth et al. 2004; Kaplan/Norton 1997; Kaplan/Norton 2006; Preißner 2011*). Darin findet sich eine *Ausgewogenheit* verschiedenartiger Attribute einer Supply Chain:

- Strategische Kennzahlen und operative Kennzahlen.
- Monetäre Größen und nicht-monetäre Größen.
- Langfristige Positionen und kurzfristige Positionen.
- Kostentreiber und Leistungstreiber.
- Harte Faktoren und weiche Faktoren.

Hilfsmittel des Controllings im Supply Chain Management

E.4

- Interne Prozesse und externe Prozesse.
- Vergangene Leistungen und zukünftige Leistungen.

Die Visualisierung von Kennzahlen erfolgt auf einem **Berichtsbogen** (*Scorecard*). Im Mittelpunkt stehen die Vision (Außendarstellung, beispielsweise „Steigerung des Shareholder Value") und die Mission (quantifizierbare Innendarstellung, beispielsweise „Erhöhung des absoluten Marktanteils um 7% in den nächsten fünf Jahren") einer Organisation. Sie werden vom Top Management vorgegeben. Die Vision und die Mission sind durch Strategien und Aktivitäten umzusetzen, wobei sich diese Transformation in der Regel über vier generische Perspektiven ableitet: Finanzperspektive, Kundenperspektive, interne Prozessperspektive sowie Lern- und Entwicklungsperspektive (Innovationsperspektive). Um die Balanced Scorecard nicht zu überladen, sind für jede Dimension nicht mehr als fünf bis sieben Kennzahlen zu bilden.

„Don't turn this way, don't turn that way - get the balance right..."

Die **Finanzperspektive** spiegelt die Auswirkungen von Aktivitäten auf die Rentabilität sowie die Vermögens-, Kapital- und Ergebnislage einer Unternehmung. Es finden sich darin in der Supply Chain monistische Messgrößen (wie Lagerumschlagshäufigkeit, Frachtkosten oder gesamte Supply Chain Kosten). Eine Dynamik der Balanced Scorecard kommt zum Ausdruck, indem sich wandelnde Geschäftsstrategien in die Finanzperspektive fließen. Die eingesetzten Kennzahlen richten sich unternehmungsintern als auch netzwerkgerichtet aus. Charakteristisch für eine Balanced Scorecard ist die Verknüpfung der restlichen drei Perspektiven mit der Finanzsicht: In einer Ursache-Wirkungs-Kette (*Kausalität*) speist sich der Finanzerfolg aus den Ergebnissen von Kunden-, interner Prozess- sowie Lern- und Entwicklungsperspektive.

„Wie wollen wir aus Kapitalgebersicht dastehen?"

Mögliche Kennzahlen der **Kundenperspektive** sind Kundenzufriedenheit, Kundenakquisition, Kundentreue und Marktanteil. Eine Organisation identifiziert Segmente, in denen sie zukünftig agieren möchte. In Anlehnung an die Wertschöpfungskette von *Porter*, kann die Kundenperspektive zur **Marktperspektive** erweitert werden. Daraus resultiert die Möglichkeit zur expliziten Berücksichtigung von Lieferanten- *und* Konkurrenzattributen.

„Wie steigern wir unsere Erfolgswirksamkeit am Markt?"

Die Ziele von Finanz- und Kundenperspektive leiten sich aus den **Unternehmungsprozessen** ab. Dazu werden kritische Vorhaben lokalisiert und Kernkompetenzen aufgebaut. Die gesamte Wertschöpfungskette wird abgedeckt: Vom Kundenauftrag bis zur Bezahlung („Order-to-Payment"). Als möglicher strategischer Bezugsrahmen dient die Verbes-

„Bei welchen Prozessen müssen wir Herausragendes leisten"?

Controlling der Supply Chain

serung der prägenden Schlüsselgrößen des Wettbewerbs (Kosten, Zeit, Qualität und Flexibilität).

„Wie können wir uns ständig verbessern?"

Die vierte Perspektive orientiert sich an der Infrastruktur einer Supply Chain. Diese Dimension ist eine Plattform für die restlichen drei Perspektiven. Mögliche Messgrößen der **Lern- und Entwicklungsperspektive** sind Mitarbeiterzufriedenheit, Mitarbeitertreue und die Anzahl umgesetzter Verbesserungsvorschlägen pro Periode. Eine Beeinflussung dieser Messgrößen ist durch die Einleitung kontinuierlicher Verbesserungsprozesse (Continuous Improvement) und Schulungs- sowie Weiterbildungsmaßnahmen möglich.

Wildwuchs unter den Scorecards vermeiden

Diese vier Dimensionen sind zumeist die Bestandteile einer **generischen** Scorecard. Unterhalb dieses allgemein gültigen Berichtsbogens können weitere Scorecards („Sub-Scorecards") aufgebaut werden. Zum Beispiel besteht die Möglichkeit, für die Bereiche Einkauf oder Engineering spezielle Scorecards zu erstellen. Es ist jedoch darauf zu achten, dass diese „Berichtsbögen der zweiten Ebene" sowohl untereinander als auch mit der generischen Scorecard abgestimmt sind, damit kein „Wildwuchs" an Scorecards innerhalb einer Unternehmung entsteht.

E.4.6.2 Alternative Supply Chain Scorecards in der Diskussion

Scorecard der Supply Chain

Die Aufstellung von Balanced Scorecards ist, wie oben erwähnt, nicht nur auf generische Weise möglich. Scorecards sind sehr wohl auch für betriebliche Funktionsbereiche, Standorte oder Profit Center zu generieren. Die weiteren Ausführungen beziehen sich im Schwerpunkt auf die Ausgestaltung moderner Netzwerkkooperationen. Diesbezüglich werden **alternative Supply Chain Scorecards** diskutiert:

- Supply Chain Scorecard nach *Brewer/Speh*.
- Supply Chain Scorecard nach *Stölzle/Heusler/Karrer*.
- Supply Chain Scorecard nach *Weber/Bacher/Groll*.
- Supply Chain Scorecard nach *Richert*.
- Supply Chain Scorecard nach *Werner*.

E.4.6.2.1 Ansatz nach *Brewer/Speh*

Performance Framework

Die Supply Chain Scorecard nach *Brewer* und *Speh* (vgl. *Brewer/Speh* 2000) basiert im Kern auf den vier bekannten Perspektiven der generischen Scorecard nach *Kaplan* und *Norton* (vgl. *Kaplan/Norton* 1997). Daraus leiten *Brewer* und *Speh* einen Ansatz ab, den sie **Supply Chain Ma-**

Hilfsmittel des Controllings im Supply Chain Management   E.4

nagement Performance Framework nennen (vgl. *Brewer/Speh* 2000, S. 75ff.). Abbildung E.20 visualisiert diese Gedanken in übersichtlicher Weise. Die Inhalte des Bezugsrahmens werden in der Folge beschrieben (vgl. *Brewer/Speh* 2000, S. 86).

- **Financial Benefits** („Finanzieller Nutzen"): Zur Wahrung der Financial Benefits, benennen *Brewer* und *Speh* Anstrengungen zur Steigerung von Profitabilität, Cash Flow, Ertrag sowie Rentabilität (wobei sie diese über ROA messen). Allerdings erscheint der Vorschlag, die Erhöhung der Finanzmittelüberschüsse über die Kennzahl Cash-to-Cash-Cycle messen zu wollen, wenig sinnvoll, da neben diesem eine Vielzahl weiterer Einflussgrößen auf den Cash Flow wirken (zum Beispiel Rückstellungen, Abschreibungen, Wertberichtigungen oder die Aktivierung von Eigenleistungen).   *Financials*

- **(End) Customer Benefits** („Kundennutzen"): Die Kundenperspektive dieser Balanced Scorecard zielt auf den ultimativen Endverbraucher. Als ein mögliches Ziel der Dimension arbeiten *Brewer* und *Speh* den Kundenmehrwert heraus, welchen sie über die Kennzahl „Customer Valuation Ratio" messen. Die Definition dieser Größe geben die Verfasser allerdings nicht preis. Weitere Ziele dieser Dimension bestehen beispielsweise in der Verbesserung der Produkt- und Servicequalität, einem Herunterfahren von Wartezeiten und der Flexibilitätssteigerung.   *Sogwirkung des Endverbrauchers*

- **Supply Chain Goals** („Allgemeine Supply-Chain-Ziele"): Zur Wahrung der allgemeinen Supply-Chain-Ziele, lehnen sich *Brewer/Speh* an die interne Prozessperspektive der generischen Balanced Scorecard. Diesbezüglich führen die Autoren die Reduzierung von Ausschussraten, das Pushen der Durchlaufzeiten, eine Flexibilitätserhöhung sowie eine Sachkostenreduzierung als Zieldeterminanten an.   *Prozessanlehnung*

- **Supply Chain Improvement** („Supply-Chain-Verbesserung"): Die Lern- und Entwicklungsperspektive der generischen Scorecard nach *Kaplan* und *Norton* leistet den strategischen Überbau zur Ausfüllung dieser Dimension. Nach *Brewer* und *Speh* sind Anstrengungen eines Supply Chain Managements vor allem in Richtung Prozessinnovation, Schnittstellenmanagement, Informationsfluss und Wettbewerbsanalyse zu erbringen.   *Lernen und Entwickeln*

E Controlling der Supply Chain

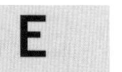

Abbildung E.20 *Supply Chain Scorecard nach Brewer/Speh*

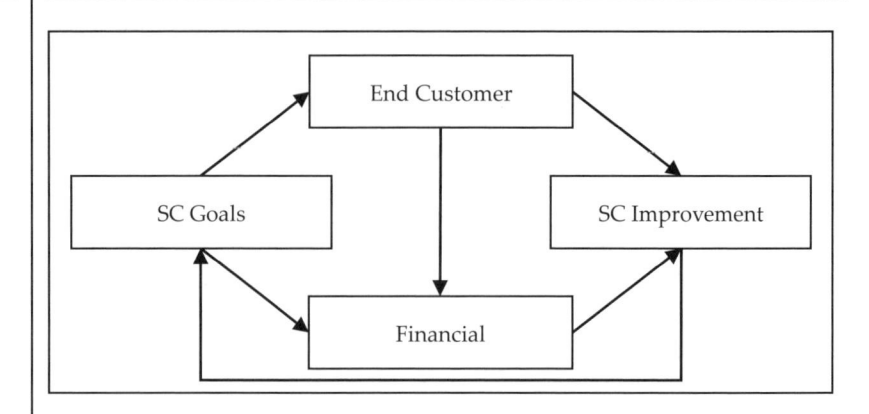

```
         ┌─────────────────────────────────────────┐
         │              End Customer               │
         │    ┌──────────────┐    ┌──────────────┐ │
         │    │   SC Goals   │    │ SC Improvement│ │
         │    └──────────────┘    └──────────────┘ │
         │              Financial                  │
         └─────────────────────────────────────────┘
```

„Give me hope Joanna…"

Die Kennzahlenfindung in der Supply Chain Scorecard nach *Brewer* und *Speh* richtet sich nach der Philosophie „Hope" aus (vgl. *Brewer/Speh* 2001, S. 50ff.). Der plakative Wunsch nach „**Hope**" steht für „**H**armonized", „**O**ptimal", „**P**arsimonious" and „**E**conomical".

Trade-offs vermeiden

- **Harmonized**: Die Kennzahlen der Supply Chain Scorecard nach *Brewer/Speh* streben nach *Harmonisierung*. Darunter verstehen die Protagonisten eine ausgeprägte Interaktion zwischen den KPI. Sollten Zielkonflikte auftreten, sind diese offen zu legen und proaktiv zu bewältigen. Wenn auch nicht explizit erwähnt, streben *Brewer* und *Speh* bei ihrer Kennzahlenauswahl wohl nach einer weitgehenden Vermeidung von **Trade-offs**: Eine Verbesserung von Produktivitäts- und Wirtschaftlichkeitskennzahlen um jeden Preis ist abzulehnen, wenn sie beispielsweise zur Verschlechterungen von Qualitätsindikatoren führen würden.

Kein Platz für Extremismus

- **Optimal**: Eine Mischung *optimaler* Leistungsgrößen schützt nach *Brewer* und *Speh* vor Extremismus. Beispielsweise rüttelt ein überproportionaler Krankenstand von Mitarbeitern sicherlich das Management wach. Dieser Anspruch reiht sich nahtlos an den Wunsch nach Harmonisierung.

Sparsamer Kennzahleneinsatz

- **Parsimonious**: Die Forderung nach *Sparsamkeit* bezieht sich auf eine geringe Korrelationen zwischen ausgewählten Key Performance Indicator. Anders ausgedrückt sind Pleonasmen zu vermeiden. Wird beispielsweise in der Finanzperspektive bereits über ROCE gemessen, bedarf es nicht der zusätzlichen Integration von ROA in diese Finanzsicht.

Hilfsmittel des Controllings im Supply Chain Management | **E.4**

■ **Economical**: Schließlich ist eine Kennzahl *wirtschaftlich*, wenn die Kosten zu ihrer Datenerhebung nicht den Nutzen dieser Größe überkompensieren (latente Gefahr von Trade-offs).

Amortisation der Datenerhebungskosten

E.4.6.2.2 Ansatz nach *Stölzle/Heusler/Karrer*

Eine weitere Alternative zur Diskussion um Supply Chain Scorecards stellt das Konzept nach *Stölzle et al.* dar (vgl. *Stölzle/Heusler/Karrer* 2001, S. 75ff.). Der **Bezugsrahmen** dieses Ansatzes findet sich in den Überlegungen von *Cooper et al.* (vgl. *Cooper/Lambert/Pagh* 1997, S. 1ff.). Letzte verweisen auf einen Regelungsprozess moderner Lieferketten, welchen ausgeprägte „Dynamik, Komplexität und Intransparenz" immanent sei.

Regelungsprozess als Überbau

Die Perspektiven der Scorecard nach *Stölzle/Heusler/Karrer* entsprechen denen von *Kaplan* und *Norton* weitgehend. *Stölzle et al.* erweitern diese bekannten Betrachtungsebenen jedoch um eine **Lieferantendimension**, da somit nicht nur Attribute des Outputs (Kundenperspektive), sondern auch die des Inputs (Lieferantenperspektive) abgedeckt sind. Vgl. zu dieser Modifizierung der Supply Chain Scorecard auch *Werner* 2000a und *Werner* 2000b. Abbildung E.21 (vgl. *Stölzle/Heusler/Karrer* 2001, S. 81) spiegelt diese Überlegungen.

Explizite Lieferanteneinbindung

Supply Chain Scorecard nach Stölzle/Heusler/Karrer | *Abbildung E.21*

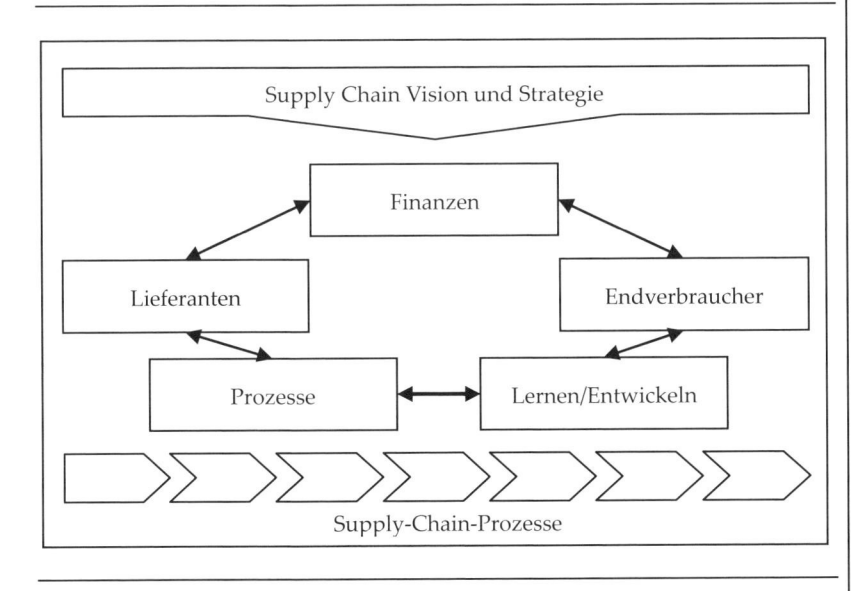

Kombiniertes Verfahren im Gegenstrom

Zur Entwicklung ihrer Scorecard propagieren *Stölzle/Heusler/Karrer* eine **kombinierte Bottom-Up und Top-Down-Vorgehensweise**. Nach den Verfassern sind Bottom-Up potenzielle Engpassfaktoren in den Supply-Chain-Prozessen herauszuarbeiten. Top-Down erfolgt die Verabschiedung von Visionen und Strategien der Scorecard. Diese kombinierte Top-Down-Bottom-Up-Vorgehensweise ermöglicht eine Verifizierung der Ergebnisse hinsichtlich ihres Pragmatismus. Außerdem verringern sich dadurch Akzeptanzprobleme in Linienorganisationen. Zur **Performancemessung** schlagen die Autoren sowohl selektive wie auch über die Grenzen der Unternehmung greifende Kennzahlen vor. Beispielhaft dafür stehen Cash-to-Cash-Cycle oder die „Supply-Chain-Cycle-Time" (der Abgleich zwischen Durchlaufzeit und Wertschöpfungszeit).

E.4.6.2.3 Ansatz nach *Weber/Bacher/Groll*

Gemeinsamkeiten und Differenzen zu Kaplan/Norton

Regen Charme versprüht die Supply Chain Scorecard nach *Weber et al.* (vgl. *Weber/Wallenburg* 2010, S. 245ff.). Wie die generische Scorecard nach *Kaplan* und *Norton*, berücksichtigt der Ansatz vier Perspektiven. Die Finanzdimension wie auch die (interne) Prozesssicht entsprechen inhaltlich weitgehend den Überlegungen von *Kaplan/Norton*, wobei nach *Weber et al.* der Fokus auf dem Supply Chain Management liegt (vgl. Abbildung E.22).

Neue Gedanken mit ausgeprägter Supply-Chain-Relevanz

Das wirklich **Neue** an dem Konzept sind die Perspektiven Kooperationsintensität und Kooperationsqualität. Inhaltlich wie strukturell modifizieren *Weber/Bacher/Groll* den bekannten Strukturrahmen nach *Kaplan* und *Norton*. Die einzelnen KPIs in den Perspektiven sind mit einer ausgeprägten Supply-Chain-Affinität ausgestattet. Im Kern strebt die Supply Chain Scorecard von *Weber et al.* nach der Abbildung unternehmungsinterner wie auch unternehmungsübergreifender Attribute. Durch die Berücksichtigung einer Kooperationsintensität und einer Kooperationsqualität entfallen explizit die Kunden- sowie die Lern- und Entwicklungsperspektive nach *Kaplan* und *Norton*. Inhaltlich werden deren Auszüge unter die Kooperationsdimensionen subsumiert.

Nachstehend sind die fundamentalen Aussagen von *Weber/Bacher/Groll* hinsichtlich der Kooperationsintensität und der Kooperationsqualität wiederzugeben (vgl. *Weber/Wallenburg* 2010, S. 245ff.).

Harte Faktoren

- **Kooperationsintensität**: Die Kooperationsintensität gilt der Darstellung *harter* Faktoren, um den Grad außerbetrieblicher Zusammenarbeit im Partnergeflecht zu messen. Beispielhaft steht dafür das Ziel „Datenaustausch zwischen den Partnern verbessern", welches über

Hilfsmittel des Controllings im Supply Chain Management E.4

den KPI „Qualität und Quantität ausgetauschter Datensätze" gemessen wird.

- **Kooperationsqualität**: Das Pendant zur Kooperationsintensität stellt die Kooperationsqualität dar. In dieser finden sich die *weichen* Faktoren einer Supply Chain wieder. Dieser Bezugsrahmen widmet sich der Identifizierung von Zufriedenheitsindizes oder Konfliktpotenzialen.

Weiche Faktoren

Supply Chain Scorecard nach Weber/Bacher/Groll

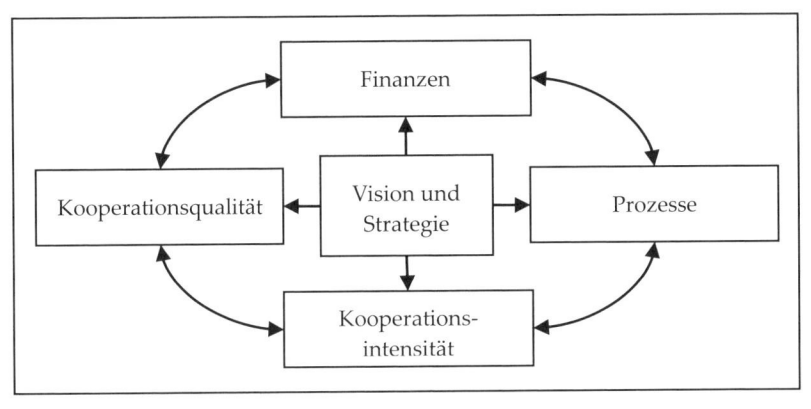

Abbildung E.22

```
        ┌──────────┐
     ┌─→│ Finanzen │←─┐
     │  └────┬─────┘  │
     │       ↕        │
┌────┴─────┐ ┌──────────┐ ┌──────────┐
│Kooperati-│←│Vision und│→│ Prozesse │
│onsqualität│ │Strategie │ │          │
└────┬─────┘ └────┬─────┘ └────┬─────┘
     │            ↕             │
     │     ┌────────────┐       │
     └────→│Kooperations│←──────┘
           │-intensität │
           └────────────┘
```

Laut *Weber et al.* (vgl. *Weber/Wallenburg* 2010, S. 247) ist die Heranziehung einer expliziten **Kundendimension** im Rahmen der Erstellung einer Supply Chain Scorecard nicht notwendig. Sie begründen diese Aussage, indem sich diese auf den Endkunden bezöge. Und nur ein Endproduzent in einer Lieferkette hätte direkten Kontakt mit eben jenem ultimativen Endverbraucher.

Kundensicht entfällt

Ebenfalls sei auf eine **Lern- und Entwicklungsdimension** zu verzichten. Diese hätte nur einen Einzelbezug innerhalb einer Organisation und keine direkte Verbindung zu den weiteren Akteuren der Lieferkette.

Auch Lernen und Entwickeln wird nicht berücksichtigt

Im Grundsatz ist die Integration der beiden Kooperationsperspektiven in eine Supply Chain Scorecard sehr zu begrüßen, da ihre Inhalte den Ansprüchen an ein unternehmungsübergreifendes Netzwerkmanagement entsprechen. Es sei allerdings der Einwand gewährt, ob die Grenze zwischen harten (Kooperationsintensität) und weichen (Kooperationsqualität) Faktoren wirklich immer zu ziehen ist. Harte und weiche Indikatoren innerhalb einer „**Kooperationsdimension**" miteinander zu ver-

Wahrung der Balance

Controlling der Supply Chain

schmelzen könnte allerdings zu einer Überfrachtung an strategischen Zielen und Messindikatoren innerhalb einer Perspektive führen.

E.4.6.2.4 Ansatz nach *Richert*

Ansatz nach Richert

Die nächste hier diskutierte Supply Chain Scorecard geht auf *Richert* zurück (vgl. *Richert* 2006). Insgesamt basiert das Konzept auf fünf Säulen, von denen vier gute Bekannte sind: Die Überlegungen zur Finanz-, Kunden-, (internen) Prozess- sowie Lern- und Entwicklungsperspektive orientieren sich weitgehend an den Ausarbeitungen von *Kaplan* und *Norton* (vgl. Abbildung E.23). Den fünften Mosaikstein bezeichnet *Richert* als „**Kooperationsperspektive**" (vgl. *Richert* 2006, S. 87f.).

Erweiterung um Kooperationsaspekte

Der Verfasser (vgl. *Richert* 2006, S. 89) begründet die Erweiterung der generischen Scorecard um die Kooperationssicht mit der dortigen Berücksichtigung struktureller, sozialer sowie technischer Faktoren.

Ständiges Ausloten

- **Strukturelle Merkmale**: Das Supply Chain Management befindet sich nach *Richert* (vgl. *Richert* 2006, S. 89) im latenten Spannungsfeld zwischen Flexibilität (zum Beispiel die Abdeckung „ausgefallener" Kundenwünsche) und Stabilität (um den beteiligten Akteuren das Gefühl von Sicherheit zu vermitteln). Die strukturellen Attribute einer Lieferkette zielen auf grundlegende Entscheidungen, wie die Partnerauswahl oder die Identifikation der „richtigen" Prozesse.

Vertrauen schaffen und pflegen

- **Soziale Merkmale**: Bezogen auf die sozialen Inhalte einer Supply Chain, stellt *Richert* (vgl. *Richert* 2006, S. 89) das „Vertrauen" im Partnergeflecht heraus. Der Autor orientiert sich diesbezüglich an den Ausführungen von *Brewer/Speh* (vgl. *Brewer/Speh* 2001, S. 50). Wird ein entgegengebrachtes Vertrauen von einem Partner jedoch missbraucht, kann dies zu bedrohlichen Wettbewerbssituationen führen (beispielsweise die unrechtmäßige Weitergabe sensitiver Informationen).

Harte Merkmale der Kooperation

- **Technische Merkmale**: Schlussendlich ist die Kooperationsdimension von technischen Faktoren getrieben. Darunter versteht der Verfasser den organisatorischen Aufbau und den Ablauf im Schnittstellenmanagement. Beispielhaft dafür steht eine EDI-Anbindung, die den Anspruch nach Standardisierung innerhalb einer Supply Chain sichert (vgl. auch die strukturellen Merkmale der Kooperationsperspektive).

Ultimativer Nutzer

Die Abgrenzung der Kooperationssicht zur Kundenperspektive möchte *Richert* rechtfertigen, indem er letzte ausschließlich auf den „ultimativen Endkunden" (*Richert* 2006, S. 86) bezieht. Er misst die Performance in der Kooperationsdimension beispielsweise über „Squeeze-in-Time": Die

Hilfsmittel des Controllings im Supply Chain Management | **E.4**

Zeitspanne (in Tagen) die verstreicht, bis ein neuer Partner in die Supply Chain vollständig integriert ist.

Supply Chain Scorecard nach Richert | *Abbildung E.23*

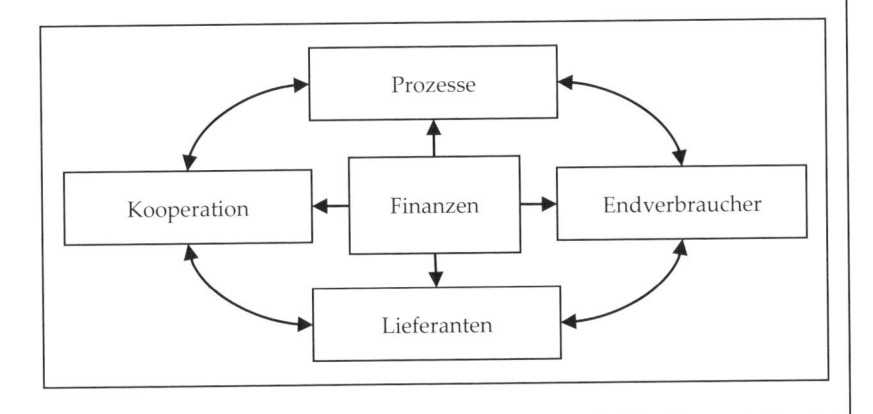

```
        ┌───────────┐
        │ Prozesse  │
        └───────────┘
             ↕
┌───────────┐  ┌──────────┐  ┌──────────────┐
│Kooperation│↔ │ Finanzen │↔ │ Endverbraucher│
└───────────┘  └──────────┘  └──────────────┘
             ↕
        ┌───────────┐
        │Lieferanten│
        └───────────┘
```

E.4.6.2.5 Ansatz nach *Werner*

In den folgenden Ausführungen wird eine eigenständige Balanced Scorecard für das Supply Chain Management entwickelt (vgl. *Werner* 2011a). Die Inhalte basieren teilweise auf den Überlegungen des Verfassers hinsichtlich der Generierung einer Supply Chain Scorecard aus dem Jahr 2000 (vgl. *Werner* 2000a und *Werner* 2000b). Auf Grund der Dynamik um das Supply Chain Management im Allgemeinen sowie der Supply Chain Scorecard im Besonderen, wird der vor einigen Jahren erstellte Ansatz im Folgenden überarbeitet (vgl. *Werner* 2011a). Diese **Modifizierungen** beziehen sich sowohl auf die zu berücksichtigenden Perspektiven, als auch die dort einzusetzenden Performance Indicators.

Eigenständiger Supply-Chain-Ansatz

Die hier vorgeschlagene Balanced Scorecard für ein Supply Chain Management speist sich aus **fünf Perspektiven**. Dabei werden drei Dimensionen der generischen Scorecard nach *Kaplan* und *Norton* im Grundsatz übernommen: Die Finanz-, die Kunden- und die (interne) Prozessperspektive. Jedoch ist deren inhaltliche Ausgestaltung speziell auf das Management von Supply Chains zugeschnitten. Einen erweiterten Bezugsrahmen bieten die Lieferanten- und die Integrationsperspektive.

Perspektiven der Supply Chain Scorecard

E Controlling der Supply Chain

Verzicht auf gesonderte Hervorhebung des Lernens und Entwickelns

Verglichen mit der generischen Scorecard nach *Kaplan* und *Norton*, **verzichtet** die hier vorgestellte Supply Chain Scorecard auf eine separate **Lern- und Entwicklungsperspektive**. Einerseits umspannen die strategischen Ziele der Lern- und Entwicklungsdimension letztendlich die gesamte Unternehmung. Ihre Inhalte lassen sich den erwähnten fünf Perspektiven der Supply Chain Scorecard trefflich zuordnen (wobei im Schwerpunkt ein Bezug zur Prozessdimension erfolgt). Andererseits besteht hinsichtlich der strategischen Ausrichtung der Lern- und Entwicklungsperspektive lediglich ein Bezug auf die Einzelorganisation. Weitere Akteure einer Supply Chain (Lieferanten, Kunden, Wettbewerber oder Handelspartner) bleiben von den Überlegungen der Lern- und Entwicklungsperspektive des Herstellers weitgehend ausgeschlossen (vgl. auch *Weber/Wallenburg* 2010, S. 227f.).

Charakterisierung der Dimensionen

Eine nähere Charakterisierung der fünf Dimensionen dieser Supply Chain Scorecard erfolgt nachstehend. Die Mehrzahl der unten diskutierten Key Performance Indicators ist der **Kennzahlentypologie des Supply Chain Managements** entlehnt (vgl. S. 323ff.). Für jede Perspektive sind die Messgrößen strategischen Zielen zugeordnet. Abbildung E.30 stellt die Supply Chain Scorecard in übersichtlicher Weise dar.

E.4.6.3 Perspektiven der Supply Chain Scorecard

E.4.6.3.1 Finanzperspektive

Interaktionen zur Finanzsicht

Die Ziele der Finanzsicht einer Supply Chain Scorecard stehen in ausgeprägter Interaktion zu den übrigen vier Dimensionen des Konzepts. Der Erfolg (oder Misserfolg) der weiteren Perspektiven strömt in die Finanzsicht. Die **monetär geprägten Indikatoren** decken eine umfassende Spannbreite an Finanzzielen der Lieferkette ab. In diesem Kontext werden im Folgenden die herausragenden Zielkorridore Erfolg, Liquidität, Rentabilität, Wert, Bestand und Kosten näher untersucht (vgl. *Gunasekaran et al.* 2001, S. 86; *Ueberall* 2006, S. 74; *Werner* 2007b, S. 72). Abbildung E.24 zeigt die strategischen Ziele der Finanzperspektive – unter Zuordnung möglicher Performanzindikatoren – auf. Die anvisierten finanziellen Positionen sind in die zwei **primären strategischen Zielfelder** „Sicherung/Steigerung" (Erfolg, Liquidität, Rentabilität und Wert) sowie „Senkung" (Bestand und Supply-Chain-Kosten) eingeteilt.

Erfolgsrechnung

■ **Erfolg**: Das Erreichen (oder Nichterreichen) des finanziellen „Erfolgs" ist in der Gewinn- und Verlustrechnung abzulesen. Mögliche Kennzahlen der Erfolgsmessung sind die Eckdaten der Ergebnisrechnung:

Hilfsmittel des Controllings im Supply Chain Management

E.4

Umsatz/Umsatzwachstum (Sales Revenue), *Rohertrag* (Gross Profit), *operatives Ergebnis* (EBIT) oder *Jahresüberschuss* (Net Income).

- **Liquidität**: Ein weiteres strategisches Finanzziel der Supply Chain Scorecard besteht in der Sicherung von Liquidität, um gegenüber den Zahlungsverpflichtungen Dritter gewappnet zu sein. Als KPIs finden der Finanzmittelüberschuss (*Cash Flow*) und der *Cash-to-Cash-Cycle* Einsatz.

  Finanzströme sichern

- **Rentabilität**: Allgemein beschreibt die Rentabilität den Rückfluss eingesetzten Kapitals. Für ein Supply Chain Management bietet sich beispielsweise die Integration des ROCE in die Finanzperspektive an. Wie bereits ausführlich charakterisiert (vgl. S. 348), berechnet sich *ROCE* aus der Division des EBIT zum eingesetzten Kapital. Alternativ zu dem Return on Capital Employed können *ROA* (Return on Assets), *ROS* (Return on Sales), *ROTC* (Return on Total Capital) oder *ROI* (Return on Investment) in die Scorecard fließen. Welche Größe auch immer ausgewählt wird, einer dieser Renditeindikatoren sollte in der Supply Chain Scorecard enthalten sein.

  Erfolgsgrößen

- **Wert**: Wertsteigerungskonzepte finden in der modernen Betriebswirtschaftslehre mittlerweile breiten Raum. Deren Berücksichtigung ist auch für das Supply Chain Management von Bedeutung. In diese Scorecard geht der wohl bekannteste Vertreter von Wertsteigerungsgrößen ein, der *Economic Value Added* (EVA). Zur Diskussion um den Economic Value Added vgl. S. 405ff.

  Shareholder Value als Rahmen

- **Bestand**: In der Kennzahlentypologie um das Supply Chain Management stachen unter den Bestandszielen die beiden „Könige" *Reichweite des Lagers* sowie *Umschlaghäufigkeit des Lagers* heraus (vgl. S. 309ff.). Einer der beiden Indikatoren sollte in die Finanzperspektive der Scorecard einziehen, um die Kapitalbindung zu messen. Zur kalkulatorischen Verrechnung auf den EBIT, sind Bestandseffekte über den Weighted Average Cost of Capital zu verzinsen.

  Kapitalbindung aufzeigen

- **Kosten**: Die oben beschriebenen Bestandskosten können auch unter diesen Punkt gefasst werden (je nach Bedeutung des Vorratsvermögens für eine Unternehmung). Ansonsten fallen beispielsweise *Transportkosten* und totale *Supply-Chain-Kosten* in diese Kategorie der Finanzperspektive.

  Supply-Chain-Kosten

Controlling der Supply Chain

Abbildung E.24   *Strategische Ziele und KPIs der Finanzperspektive*

	Strategische Ziele	Mögliche Kennzahlen
Finanzen	**Sicherung/Steigerung**	
	■ Erfolg	Umsatzwachstum, Rohertrag, EBIT, Jahresüberschuss
	■ Liquidität	Cash Flow, Cash-to-Cash-Cycle
	■ Rentabilität	ROCE, ROA, ROS, ROTC, ROI
	■ Wert	Economic Value Added (EVA)
	Senkung	
	■ Bestand	Lagerreichweite, Turn Rate
	■ Supply-Chain-Kosten	Transportkosten, Totale Supply-Chain-Kosten

E.4.6.3.2 Kundenperspektive

B2B vs. B2C

Die Kundenperspektive von Scorecards zielt zumeist auf den ultimativen Endverbraucher (**Business-to-Customer**). Richten Unternehmungen ihr Geschäft auf den Endverbraucher aus, ist die explizite Berücksichtigung einer Kundendimension für die Supply Chain Scorecard unerlässlich (beispielsweise im Handel). Doch auch für institutionelle Abwicklungen (**Buiness-to-Business**) sind Supply Chain Scorecards mit einer eigenen Kundendimension denkbar:

Sogwirkung des Endverbrauchers

■ Tendenziell gilt, dass bei einem **Customization** die Sogwirkung des Endverbrauchers sehr ausgeprägt vorliegt. Dann zieht der ultimative Endkunde die Produkte auch aus den – innerhalb der Lieferkette weiter hinten positionierten – Herstellern. Beispielhaft dafür steht der Autobau. Ein Produzent von Kabelbäumen orientiert sich in seinem Herstellungsprozess an verschiedenen Wünschen von ultimativen Autokäufern (Preis, Zuverlässigkeit, Sicherheit, Image oder Exklusivität). In Abhängigkeit von der jeweiligen Zielgruppe des Autobauers (OEM), kann der Kabelbaumhersteller seine Produkte entsprechend ausrichten. Mit einer Befriedigung der Wünsche des Endkunden

Hilfsmittel des Controllings im Supply Chain Management — **E.4**

deckt der Lieferant die Anforderungen der Automobilindustrie fast automatisch mit ab.

- Wenn in einer Supply Chain hingegen die Anforderungen nach **Standardisierung** majorisieren, streben die in eine Lieferkette einbezogenen Hersteller nach der Befriedigung der Wünsche direkt folgender Wertschöpfungsstufen. Im Investitionsgütersektor orientiert sich beispielsweise ein Produzent von Weißblechdosen an den Vorgaben und Anforderungen der unmittelbar folgenden Lieferstufe. Diese kann ein Produzent von Dosensuppen sein, welcher diese in Weißblechdosen abfüllt. Die Befriedigung der Wünsche ultimativer Endverbraucher spielt in diesem Fall nur eine untergeordnete Rolle.

Für Investitionsgüter gelten eigene Spielregeln

Einige Elemente dieser Dimension ähneln denen der generischen Scorecard nach *Kaplan/Norton*. Sie richten sich allerdings speziell auf die Ansprüche an ein Supply Chain Management aus. In Abbildung E.25 finden sich strategische Ziele und vorgeschlagene Indikatoren zu deren Messung. Die **primären strategischen Zielsegmente** der Kundenperspektive stellen insbesondere „Zufriedenheit und Service" (Kundentreue/Kundenzufriedenheit und Kundenreklamationen), „Akquisition" (Neukundengewinnung und Marktanteil), „Planungssicherheit" (Order Fulfillment, Absatzprognosegenauigkeit) sowie „Lernen/Entwickeln" (Innovation) dar.

Besonderheiten der Supply Chain

- **Kundentreue**: Zur Steigerung der Kundentreue setzen die Marktpartner mittlerweile recht raffinierte Hilfsmittel ein (wie Pay-Back-Kartensysteme). Seit Untersuchungen ergaben, dass über 90% der Kunden abwandern, ohne sich zu beschweren, hat die Kundentreue an Bedeutung gewonnen. Dieser Tatbestand wiegt umso schwerer, weil es durchschnittlich vier- bis fünfmal teurer ist, neue Kunden zu gewinnen, als bestehende Abnehmer zu halten. Das strategische Ziel einer *Kundenzufriedenheit* korreliert hochgradig mit der Kundentreue. Doch ist die Ermittlung dieser Kennzahl im Endkundengeschäft (B2C) ausgesprochen schwierig. In einem B2B-Segment hingegen ist ein Kundenfeedback vergleichsweise leicht zu erhalten. Dort können ausgehende Lieferservicegrade, Zurückweisungsquoten oder Verzugsquoten direkt gemessen werden.

Abwanderung „wichtiger" Kunden verhindern

- **Kundenreklamationen**: Eine weitere Zielsetzung der Kundensicht ist die Senkung an Reklamationen. Auch diese Kennzahl steht in enger Verbindung zur Kundenzufriedenheit. Ihre Messung kann im B2B-Segment über den ausgehenden Lieferservicegrad (sowie dessen Unterkennzahlen *Zurückweisungsquote* und *Verzugsquote*) erfolgen. Doch auch im Endkundengeschäft verfügt der After-Sales-Bereich – in Zei-

CRM intensivieren

ten des Customer Relationship Managements – durchaus über KPIs, die diese Forderung unterstützen (wie *Reklamationen pro Produkt und Zeiteinheit*).

Kundenakquisition

■ **Kundenneugewinnung**: Die Messung der Kundenakquisition kann über den Werttreiber *Umsatzanteil Neukunden* erfolgen. Beispielsweise wird die EC-Karte als Zahlungsmittel diesbezüglich als Identifikationsmittel dienen können.

Share-of-Market

■ **Marktanteil**: Grundsätzlich wird der Marktanteil *absolut* (Marktanteil der eigenen Organisation im Vergleich mit sämtlichen Konkurrenten) oder *relativ* (eigener Marktanteil im Vergleich zum stärksten Wettbewerber) gemessen. Als mögliche Basen zur Ermittlung von Marktanteilen dienen Umsätze, Verkaufsmengen oder Lizenzvergaben.

Vorlaufzeiten beachten

■ **Order Fulfillment**: Die *Order Fulfillment Time* (Liefervorlaufzeit) misst die Zeitspanne in Stunden (Tagen/Wochen), welche für die Abfolge von Tätigkeiten zur vollständigen Bearbeitung von Kundenaufträgen benötigt wird (vgl. Kennzahlentypologie S. 323ff.). Mit einer Optimierung der Order Fulfillment Time steigt zumeist auch die Zufriedenheit dieser Abnehmer.

Der Kunde, das unbekannte Wesen

■ **Absatzprognosegenauigkeit**: Schwankungen in den Absatzprognosen bedeuten, dass die geplante Nachfrage nicht mit den tatsächlichen Bestellungen übereinstimmt. Diese Diskrepanz beschreibt eine *Forecast Accuracy*. Häufige Änderungen in den Absatzprognosen erschweren das „Tagesgeschäft" eines Disponenten nachhaltig. Doch die Logistik agiert nur im Back-Office. Im Front-Office sitzt der Vertrieb, er ist die direkte Schnittstelle zum Kunden. Die Logistik ist folglich darauf angewiesen, dass der Vertrieb zur „Disziplinierung" des Kunden beiträgt. Der Kunde soll „berechenbarer" werden. Dazu kann der Vertrieb vielleicht gar ein Bonussystem einsetzen: Verbessert der Abnehmer nachweislich sein Abrufverhalten, könnte der Vertrieb ihn dafür direkt mit einem gestaffelten Preisnachlass belohnen.

Auszug des Lernens und Entwickelns

■ **Innovation**: Der *Innovationsgrad* eines Sortiments ist beispielsweise durch den Anteil neuer Produkte zu bisherigen Artikeln abzuleiten. Bei Vorhandensein einer eigenen Lern- und Entwicklungsperspektive (auch Potenzial- oder Innovationsperspektive genannt), könnte die Innovationsrate in dieser Dimension der Scorecard verankert sein. Doch sie ist auch trefflich in den Bezugsrahmen dieser Kundendimension einzubeziehen.

Hilfsmittel des Controllings im Supply Chain Management

E.4

Strategische Ziele und KPIs der Kundenperspektive

Abbildung E.25

	Strategische Ziele	Mögliche Kennzahlen
Kunden	**Zufriedenheit und Service** ▪ *Kundentreue/-zufriedenheit* ▪ *Kundenreklamation*	Kundentreueindex, Kundenzufriedenheitsindex Ausgehender Servicegrad
	Akquisition ▪ *Neukundengewinnung* ▪ *Marktanteil*	Umsatzanteil Neukunden Relativer Marktanteil, Absoluter Marktanteil
	Planungssicherheit ▪ *Order Fulfillment* ▪ *Absatzprognosegenauigkeit*	Order Fulfillment Time Forecast Accuracy
	Lernen/Entwickeln ▪ *Innovation*	Neuproduktrate

E.4.6.3.3 Prozessperspektive

Die Prozesse einer Supply Chain sind von den prägenden **Schlüsselgrößen des Wettbewerbs** (vgl. *Werner* 2000a, S. 9; *Werner* 2000b, S. 14) flankiert: Supply-Chain-Prozesse streben nach einer Optimierung des strategischen Dreiecks. Dieses setzt sich aus den Determinanten Kosten, Zeit und Qualität zusammen. Zusätzlich können sich die strategischen Ziele dieser Prozesssicht auf die Wettbewerbsfaktoren Flexibilität sowie Lernen und Entwickeln ausrichten.

Strategisches Viereck

Im Rahmen der weiteren Ausführungen erfolgt eine Integration der Prozessattribute unter die genannten Schlüsselgrößen des Marktes. Zunächst ist die Prozessperspektive – unter besonderer Berücksichtigung des Wettbewerbsfaktors **Kosten** – zu charakterisieren. Diesbezüglich sind die strategischen Zielsetzungen „Kapazitätsauslastung" und „Produktivität" von einer primären Kostenausrichtung umspannt. Hinsichtlich des Schlüsselindikators **Zeit** werden die Supply-Chain-Prozesse über Zugangszeiten (Time-to-Market für Produktentwicklungen) und Durchlaufzeiten gemessen. Allein von ihrer Semantik her, sind die stra-

Analyse der Schlüsselfaktoren des Wettbewerbes

tegischen Ziele Produkt-/Prozessqualität sowie die Auftragsabwicklungsqualität dem Wettbewerbsfaktor **Qualität** zuzuordnen. Das strategische Dreieck einer Betrachtung über Kosten, Zeit und Qualität kann zum Viereck geweitet sein, wenn eine zusätzliche **Flexibilitätsorientierung** erfolgt (Produktionsflexibilität). Seit einigen Jahren ist sogar ein strategisches Pentagon auszumachen, indem das **Wissen** eine ergänzende Schüsselgröße des Marktes darstellt. Im Sprachjargon einer Scorecard, wird das Wissen hier als kontinuierliches Lernen und Entwickeln verstanden (vgl. Abbildung E.26).

Fixkostenbelastung herunterfahren

■ **Kapazitätsauslastung**: Unter das Hauptsegment der *Kosten* fällt als strategisches Ziel eine gesteigerte *Kapazitätsauslastung*. Im Grundsatz wird diese Kennzahl über die Planbeschäftigung (effektive Fertigungsstunden zu geplanter Betriebsbereitschaft) gemessen.

Produktivitäten steigern

■ **Produktivität**: Beispiele für Arbeitsproduktivitäten innerhalb der Prozessperspektive stellen die Indikatoren *Lagerbewegungen je Mitarbeiter* oder *Kommissioniervorgänge pro Mitarbeiter* dar. Mit einer Verbesserung der Produktivität erfolgt tendenziell eine Reduzierung von Prozesskosten.

„Race against time..."

■ **Zugangszeit/Durchlaufzeit**: Innerhalb der Prozessperspektive wiegen Zugangszeiten wie Durchlaufzeiten schwer. Die *Time-to-Market* steht für die Zeitspanne, die von der Ideengenerierung bis zum Marktzugang eines Produkts oder Dienstes verstreicht. Besondere Anforderungen an das Supply Chain Management liegen diesbezüglich in der Einlaufsteuerung. Die *totale Durchlaufzeit* umspannt sich in der Kennzahlentypisierung vom Auftragseingang bis zur Warenauslieferung. Sie bezieht sich in einem Supply Chain Management – wie oben dargestellt – jedoch nicht nur auf Produkte, sondern auch auf sämtliche indirekten logistischen Aktivitäten und Akteure, welche zur Erbringung eines Supply-Chain-Outputs beitragen. Ein Beispiel aus dem Supply Chain Controlling ist die Planung von Logistikbudgets.

Messung über PPM

■ **Produkt-/Prozessqualität**: Die Bewertung der Produkt- und Prozessqualität des Supply Chain Managements erfolgt im direkten Bereich über die Kennzahlen *Ausschuss* (Scrap) sowie *Nacharbeit* (Rework). Gemessen wird der Zielerreichungsgrad mit Hilfe der „Parts per Million" (PPM). Ein „PPM von fünfhundert" bedeutet, dass fünfhundert Produktfehler bei 1.000.000 hergestellter Produkte vorliegen.

Abwicklungen straffer organisieren

■ **Auftragsabwicklungsqualität**: Nicht nur im direkten Bereich ist die Beurteilung des Wettbewerbsfaktors Qualität für Supply-Chain-Prozesse wichtig. Auch im indirekten Segment ist diese Qualität langfristig wie nachhaltig zu erbringen. Ein Beispiel dafür stellt die Auftragsabwicklungsqualität dar, welche sich aus einer *Auftragsabwicklungsdauer* sowie der *Auftragsabwicklungszuverlässigkeit* zusammensetzt.

- **Produktionsflexibilität**: Als Performanzgröße zur Bewertung dieses strategischen Ziels dient die *Upside Production Flexibility*. Im Rahmen der Kennzahlentypologie einer Supply Chain wurde sie als Zeitspanne definiert, welche in Tagen verstreicht, um einen ungeplanten Nachfrageschub (nach SCOR von 20%, vgl. S. 68f.) zu befriedigen. Dabei sind Möglichkeiten zur internen Kapazitätserweiterung ebenso einzubeziehen, wie extern gerichtete Outsoucing-Lösungen.

    Nichts ist so beständig wie der Wandel

- **Continuous Improvement**: Der Anspruch nach kontinuierlicher Verbesserung entstammt im Wesen dem Kaizen Management. Diese strategische Zielsetzung ist dem Anspruch ständigen Lernens und Entwickelns untergeordnet. Bildlich gesprochen, ist eine Schildkröte zwar nicht besonders schnell. Doch sie wird in der Regel sehr alt, wodurch sie auf lange Sicht eine beachtliche Distanz zurücklegt. Aber immer gemäß einer Politik „der kleinen Schritte". Dieser Leitgedanke kann auch einem Supply Chain Management inhärent sein, wobei die Leistungsmessung zur kontinuierlichen Verbesserung beispielsweise über *umgesetzte Verbesserungsvorschläge pro Mitarbeiter und Jahr* oder der Rate an *Schulungen/Weiterbildungen pro Mitarbeiter* erfolgt.

    Und die Schildkröte kommt doch weiter als der Hase...

- **Mitarbeiterzufriedenheit**: Auch dieses strategische Ziel der Prozessperspektive ist den Gedanken des Lernens und des Entwickelns geschuldet. Die Mitarbeiterzufriedenheit bezieht sich nicht ausschließlich auf den direkten Bereich (Produktion). Sie erstreckt sich vielmehr auf sämtliche Personen, welche in Supply-Chain-Aktivitäten involviert sind. Als Messgrößen dienen beispielsweise *Fluktuation*, *Krankenstand* oder *Fehlzeit*. Allerdings sind diese Key Performance Indicators mit Vorsicht zu genießen: Auch wenn sie sich innerhalb einer Unternehmung verbessern sollten, bedeutet dies nicht zwingend eine erhöhte Zufriedenheit der Mitarbeiter. Vielleicht lässt die Angst um den Verlust des Arbeitsplatzes den Krankenstand eher sinken, als dass die Mitarbeiterzufriedenheit zugenommen hätte.

    Kundenzufriedenheitsindex

E | *Controlling der Supply Chain*

Abbildung E.26 | *Strategische Ziele und KPIs der Prozessperspektive*

	Strategische Ziele	Mögliche Kennzahlen
Prozesse	**Kosten** ■ *Kapazitätsauslastung*	Kapazitätsauslastungsgrad, Maschinennutzungsintensität
	■ *Produktivität*	Lagerbewegungen je Mitarbeiter, Kommissioniervorgänge pro Mitarbeiter
	Zeit ■ *Zugangszeit/Durchlaufzeit*	Time-to-Market, Total Cycle Time
	Qualität ■ *Produkt-/Prozessqualität*	Ausschuss-/Nacharbeitsindex, Parts per Million (PPM)
	■ *Auftragsabwicklungsqualität*	Auftragsabwicklungsdauer, Auftragsabwicklungszuverlässigkeit
	Flexibilität ■ *Produktionsflexibilität*	Upside Production Flexibility
	Lernen/Entwickeln ■ *Continuous Improvement*	Verbesserungsvorschläge Schulungsrate/Weiterbildungsrate
	■ *Mitarbeiterzufriedenheit*	Fehlzeitenrate/Kündigungen pro Monat

E.4.6.3.4 Lieferantenperspektive

Lieferantensicht in Scorecards integrieren

Herausragende Treiber moderner Supply Chains sind Lieferantenkooperationen. Allein von ihrer Semantik, spiegeln Ansätze wie Vendor Managed Inventory, Lieferanten-Logistik-Zentrum oder Lieferantenpark diesen Sachverhalt. Ohne eine enge Lieferanten-Hersteller-Bindung

Hilfsmittel des Controllings im Supply Chain Management

E.4

könnten diese Konzepte kaum von Erfolg beseelt sein. Die **Lieferantenintegration** besitzt für Supply Chains eine nachhaltig hohe Bedeutung. Daher verwundert es schon, wenn *Kaplan/Norton* in ihrer (wenn auch generischen) Scorecard der Messung von Lieferantenleistungen keinen eigenen Raum bieten. Die Kundenattribute hingegen sind bekanntlich in einer separaten Perspektive gewürdigt. Dadurch gerät die *Balanced* Scorecard ein wenig aus dem Gleichgewicht.

Nach *Stölzle et al.* (*Stölzle/Heusler/Karrer* 2001, S. 81) ist die explizite Berücksichtigung einer Lieferantensicht für die Supply-Chain-Scorecard auf Grund folgender **Argumente** anzuraten:

- Verbesserte Berücksichtigung der gemeinsamen Ziele von Herstellern *und* Lieferanten (Heterogenität des Umfelds).
- Eindeutige Stakeholder-Orientierung (der Lieferant ist einer der bedeutsamsten Stakeholder im Shareholder Value).
- Erhöhte Transparenz in den Kausalzusammenhängen: Lieferanten leisten den Input für die internen Prozesse.
- Gängige organisatorische Trennung von Beschaffung und Vertrieb in der Unternehmungspraxis. Dieser Gedanke ist für die Implementierung betrieblicher Anreizsysteme bedeutsam.

Gründe zur expliziten Berücksichtigung von Lieferanten

Eine Alternative zum Aufbau einer eigenen Lieferantendimension innerhalb von Supply Chain Scorecards bietet die Schaffung der **Marktperspektive** (vgl. *Ueberall* 2006, S. 74; *Werner* 2000a; *Werner* 2000b). In dieser Marktdimension vereinen sich Kunden- *und* Lieferantenattribute. Doch besteht bei dem Aufbau einer Marktperspektive die latente Gefahr für einen „Overkill": Die Fülle an Informationen sprengt unter Umständen diese Perspektive. Verglichen mit den anderen Dimensionen, wiegt dann die Marktperspektive schwer. Der Anspruch nach „Balanced" ist in Gefahr. Deshalb fließt in die propagierte Supply Chain Scorecard eine separate Lieferantenperspektive.

„Don't sweat it, get it back to you – overkill…"

Nachstehend werden Ziele der Lieferantendimension benannt und mit KPIs ausgestattet (vgl. Abbildung E.27). Die angepeilten strategischen Ziele sind den **Oberbegriffen** Warenverfügbarkeit (Qualität/Service), Zufriedenheit (Lieferantenzufriedenheit) sowie Kosten (Produktivität Wareneingang und Wareneingangskontrollkosten) zugeordnet.

Ziele der Lieferantensicht

- **Qualität/Service**: Die Sicherung (oder Steigerung) der Lieferantenzuverlässigkeit bezieht sich auf qualitative, quantitative und zeitliche

Servicegrade messen

Controlling der Supply Chain

Abweichungen eingehender Sendungen (*Lieferservicegrad*). Mit der *Zurückweisungsquote* und der *Verzugsquote* stehen zwei Unterkennzahlen des Lieferservicegrads für ein Supplier Rating zur Verfügung.

Neue Schnittstellen verschlingen Geld

■ **Lieferantenzufriedenheit**: Das Ziel der gesicherten Lieferantenzufriedenheit stellt das Pendant für eine Kundenzufriedenheit dar. Zur Senkung von Transaktionskosten sind auch eingehende Zufriedenheitsindizes zu ermitteln. Mit einer Steigerung der *Lieferantenzufriedenheit* dürfte – zumindest in Tendenz – die Dauerhaftigkeit einer Lieferanten-Hersteller-Beziehung (Lieferantentreue) gestärkt sein. Denn eine Integration neuer Lieferanten in die Herstellprozesse führt zu Reibungsverlusten an den Schnittstellen. Beispielsweise verschlingt die Zertifizierung und die Auditierung neuer Lieferanten viel Geld.

Prozesskosten senken

■ **Produktivität Wareneingang**: Mit Hilfe einer gesteigerten Produktivität im Wareneingang, wird die Reduzierung von Prozesskosten verbunden sein. Mögliche Indikatoren sind *Sendungen pro Tag* oder *Warenannahmezeit je Sendung*.

Wirtschaftlichkeitsindikator

■ **Wareneingangskontrollkosten**: Die Ermittlung obiger Produktivitätskennzahlen kann auf das Messen von Wirtschaftlichkeiten ausgeweitet werden, indem die Produktivität zu bewerten ist. Beispielhaft stehen dafür die *Wareneingangskontrollkosten pro Tag*.

Abbildung E.27

Strategische Ziele und KPIs der Lieferantenperspektive

	Strategische Ziele	*Mögliche Kennzahlen*
Lieferanten	Warenverfügbarkeit ■ *Qualität/Service*	Lieferservicegrad, Zurückweisungsquote, Verzugsquote
	Zufriedenheit ■ *Lieferantenzufriedenheit*	Lieferantenzufriedenheitsindex
	Kosten ■ *Produktivität Wareneingang* ■ *Wareneingangskontrollen*	Sendungen pro Tag, Warenannahmezeit je Sendung Wareneingangskontrollkosten

E.4.6.3.5 Integrationsperspektive

Eine Integrationsperspektive der Supply Chain Scorecard bewertet die Leistung interner wie externer **Schnittstellen** von Organisationen. Bildlich gesprochen, wird innerhalb der Integrationsdimension das Fundament für das komplette Beziehungsnetzwerk einer Supply Chain gegossen. Derartige Entscheidungen richten sich beispielsweise nach der Wahl der beteiligten Akteure, der selektierten Prozesse und der Größe des gesamten Netzwerks aus (vgl. *Richert* 2006, S. 89).

Das Geld liegt in der Schnittstelle

Hinsichtlich der Netzwerkstruktur ist zu beachten, dass die einzelnen Partner im Beziehungsgeflecht einer Supply Chain gewachsene Gebilde mit spezifischer Kultur, Philosophie und Politik darstellen. Die Akteure befinden sich in einem **latenten Spannungsfeld** zwischen Interaktion und Interdependenz, Kooperation und Konkurrenz, Autonomie und Abhängigkeit sowie Standardisierung und Customization (vgl. *Zimmermann* 2003, S. 83). Ein Supply Chain Management „glockenartig" über die Beteiligten stülpen zu wollen, ist frühzeitig zum Scheitern verurteilt. Im Gegenteil, das komplette Netzwerkmanagement berücksichtigt sehr wohl die spezifischen Anforderungen beteiligter Akteure. Es schmiegt sich folglich individuell um die einbezogenen Organisationen.

Netzwerkstrukturen

Integrationsperspektiven beherbergen in der Supply Chain Scorecard Anforderungen an Technik und Kollaboration (vgl. Abbildung E.28). In Anlehnung an die Überlegungen von *Weber et al.* (vgl. *Weber/Wallenburg* 2010, S. 235f.), können die Attribute der Technik als harte Faktoren (**Kooperationsintensität**) bezeichnet werden. Die Anforderungen an eine Kollaboration entsprechen hingegen eher weichen Faktoren (**Kooperationsqualität**). Bei der **Technik** streben moderne Lieferketten nach einer Optimierung von Datentransfer und Infrastruktur. Die strategischen Ziele von Organisation/Vertrauen und Kooperation sind unter der **Kollaboration** vereint. In den nachstehenden Ausführungen werden diese Zusammenhänger näher beschrieben.

Aspekte der Kooperation berücksichtigen

- **Datentransfer**: Die Kennzahl *Digital Links* bemisst nach *Richert* (vgl. *Richert* 2006, S. 90) die Anzahl gemeinsam genutzter Systeme, in Relation zu der Gesamtzahl an Systemen. Mit einer Verbesserung dieser Rate lässt sich innerhalb einer Supply Chain die Notwendigkeit zur Einberufung zeitraubender Abstimmungssitzungen mindern.

Systeme gemeinsam nutzen

- **Infrastruktur**. Während der Datentransfer über die Digital Links zu bewerten ist, leitet sich die Messung der Infrastruktur aus den *Fleet Links* ab. Letzter Indikator steht für das Verhältnis gemeinsam genutzter Förderzeuge zu der Gesamtzahl an Förderzeugen. Zum Beispiel ist

Logistische Assets

Gemeinsam sind wir stark: Elf Freunde müsst ihr sein…

diese Kennzahl in einem „Multiple User Warehouse" von einiger Bedeutung. Eine hohe Rate an Fleet Links zeugt von ausgeprägtem Cost Sharing beim Einsatz logistischer Assets (et vice versa).

- ▪ **Organisation/Vertrauen**: In einer Supply Chain kooperieren – von der Source of Supply bis zum Point of Consumption – in der Regel rechtlich selbständige Partner. Jeder beteiligte Akteur wird zunächst die Optimierung seiner eigenen Ziele verfolgen (suboptimale Lösung). Wenn dem Management von Wertschöpfungspartnern dabei eine gesamtoptimale Lösung entspringt, von der letztendlich jeder profitiert (also eine „wirkliche" Win-Win-Situation entsteht), ist dies besonders wünschenswert. In letzter Konsequenz kann eine niedrig ausgeprägte *Vertrauensbasis* sogar zur Auflösung kompletter Supply Chain führen. *Weber/Bacher/Groll* (vgl. *Weber/Wallenburg* 2010, S. 240) schlagen zur Förderung des Vertrauens die gemeinsame Klärung von Visionen oder Grundsätzen im Partnergeflecht vor. Dabei gilt, je *länger* die Zuliefer-Abnehmer-Liaison hält, desto ausgeprägter dürfte das Vertrauensverhältnis gewachsen sein. Ebenso sind rigide Organisationsstrukturen innerhalb der Wertschöpfungsketten aufzuweichen. Dazu bietet sich Resident Engineering an. Darunter ist die zeitlich befristete *Entsendung von Mitarbeitern* der Zulieferunternehmung in das Entwicklungs-Team (Simultaneous Engineering) des Kunden zu verstehen (vgl. S. 109).

Squeeze-in-Time als mögliche Kennzahl

- ▪ **Kooperation**: Das strategische Kooperationsziel korreliert mit obigem Anspruch nach Organisation und Vertrauen. Wenn es den Akteuren in einer Supply Chain gelingt, eine „adäquate" Kooperationsbasis zu schaffen, stellt sich Vertrauen zwar nicht zwingend ein, doch ist diese Zielerreichung zumindest gefördert. Eine Messgröße für den Kooperationsgrad in Wertschöpfungsketten ist die *Anzahl gemeinsam genutzter Datensätze*. Mit dieser Kennzahl kann der Grad an Kollaboration bewertet sein. Gemeinsam genutzte Datensätze sind Kompatibilitäten in Supply Chains geschuldet. Die Gefahr von Redundanzen reduziert sich. Beispielsweise kommt ein Vendor Managed Inventory ohne gemeinsam genutzte Datensätze kaum aus. Allerdings besagt die reine Quantität der ausgetauschten Informationen nichts hinsichtlich ihrer Güte. Folglich kann dieser KPI zur *Anzahl gemeinsam genutzter fehlerfreier Datensätze* geweitet werden. Mit der *Squeeze-in-Time* ist ebenfalls schlussendlich die Kooperation der Supply-Chain-Akteure zu messen. Dieser Indikator bewertet die Zeitspanne, welche bis zur vollständigen Integration eines Partners in die Lieferkette verstreicht. Fraglich ist jedoch, wann eine „vollständige Integration" abgeschlossen ist (Messproblematik).

Hilfsmittel des Controllings im Supply Chain Management

Strategische Ziele und KPIs der Integrationsperspektive

Abbildung E.28

	Strategische Ziele	*Mögliche Kennzahlen*
Integration	Technik ■ *Datentransfer* ■ *Infrastruktur*	Digital Links Fleet Links
	Kollaboration ■ *Organisation/Vertrauen* ■ *Kooperation*	Vertrauensindex, Dauer der Kooperation, Mitarbeiteraustauschindex Anzahl gemeinsam genutzter Datensätze, Squeeze-in-Time

E.4.6.3.6 Supply Chain Scorecard im Überblick

Die vorgestellte Scorecard eines Supply Chain Managements setzt sich aus fünf verschiedenen Perspektiven zusammen (vgl. Abbildung E.29). Finanz-, Kunden- sowie Prozessdimensionen entsprechen weitgehend den Überlegungen der generischen Scorecard, allerdings aus dem speziellen Blickwinkel einer Supply Chain heraus. Der Empfehlung zur Berücksichtigung einer expliziten **Lern- und Entwicklungsperspektive** wird jedoch nicht gefolgt. Einerseits sind die strategischen Ziele einer Lern- und Entwicklungssicht trefflich in anderen Dimensionen der Scorecard zu verankern. Andererseits zielt die Lern- und Entwicklungsperspektive auf die eigene Organisation und nicht auf ein komplettes Netzwerk.

Scorecard der Supply Chain im Überblick

Eine weitere Modifizierung der bekannten Scorecard mit ihren vier Dimensionen erfolgt durch die Berücksichtigung einer separaten **Lieferantenperspektive**. Darin sind übergreifende Leistungen einer Supply Chain in Richtung Zulieferer darzustellen (vgl. die Ausführungen auf S. 436ff.). Schließlich stellt die **Integrationsdimension** eine weitere Neuerung gegenüber einer Balanced Scorecard nach *Kaplan/Norton* dar. In ihr sind kooperative (unternehmungsinterne wie netzgerichtete) Anforderungen an die Technik und den Kollaborationsgrad der Supply-Chain-Akteure zu bewerten.

Lieferanten und Strukturen gesondert hervorheben

Controlling der Supply Chain

Abbildung E.29 | *Supply Chain Scorecard nach Werner*

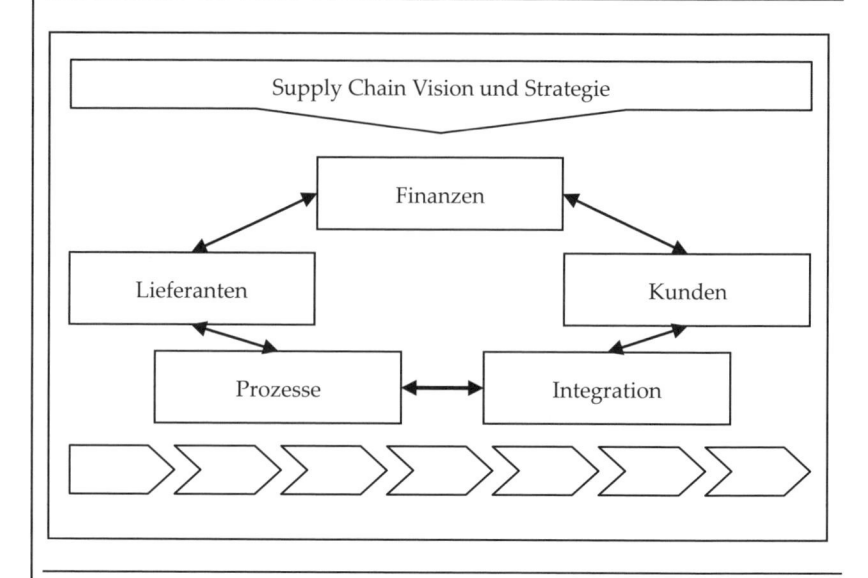

```
┌─────────────────────────────────────────────────────┐
│         Supply Chain Vision und Strategie            │
│                                                      │
│                    ┌──────────┐                      │
│                    │ Finanzen │                      │
│                    └──────────┘                      │
│                                                      │
│     ┌────────────┐              ┌──────────┐         │
│     │ Lieferanten│              │  Kunden  │         │
│     └────────────┘              └──────────┘         │
│                                                      │
│        ┌──────────┐          ┌─────────────┐         │
│        │ Prozesse │◄────────►│ Integration │         │
│        └──────────┘          └─────────────┘         │
│                                                      │
│   ▶▶▶▶▶▶▶▶▶▶▶▶▶▶▶▶▶▶▶▶▶▶▶▶                          │
└─────────────────────────────────────────────────────┘
```

Ziele und Kennzahlen vereinen

In Anlehnung an die oben beschriebenen Zusammenhänge, werden die fünf Perspektiven der Supply Chain Scorecard mit jeweiligen strategischen Zielen besetzt. Um kein „ungeordnetes Nebeneinander" dieser Attribute in einer jeweiligen Dimension der Supply Chain Scorecard zu erzeugen, erfolgt eine Zuordnung dieser strategischen Ziele unter Berücksichtigung von **Oberbegriffen**. Außerdem sind den strategischen Zielen Kennzahlen zur Seite zu stellen, welche zur Leistungsmessung dienen. Diese Schlüsselindikatoren beziehen sich sowohl auf die eigene Organisation, als auch auf netzwerkgerichtete Aktivitäten. Abbildung E.30 visualisiert diesen Sachverhalt. Die dort aufgezeigte Scorecard stellt die Zusammenführung der zuvor isoliert beschriebenen Perspektiven dar.

Kausalketten aufbauen

Die Ausführungen zur Supply Chain Scorecard finden ihre Erweiterung im Rahmen der Beschreibung einer speziellen Strategy Map für das Supply Chain Management (vgl. Gliederungsabschnitt E.4.6.4). Um die Gedanken zur Balanced Scorecard in modernen Wertschöpfungsketten vorläufig abzurunden, wird im Folgenden eine mögliche **Kausalkette** des Supply Chain Managements aufgezeigt.

Hilfsmittel des Controllings im Supply Chain Management

Strategische Ziele und Kennzahlen der Supply Chain Scorecard

Abbildung E.30

Strategische Ziele	Mögliche Kennzahlen
Finanzen	*Finanzen*
Erfolg	Umsatz, Rohertrag, EBIT, Jahresüberschuss
Liquidität	Cash Flow, Cash-to-Cash-Cycle
Rentabilität	ROCE, ROA, ROS, ROTC, ROI
Wertsteigerung	Economic Value Added (EVA)
Bestand	Lagerreichweite, Turn Rate
Supply-Chain-Kosten	Transportkosten, Supply-Chain-Kosten
Kunden	*Kunden*
Kundentreue/-zufriedenheit	Kundentreueindex
Kundenreklamation	Kundenzufriedenheitsindex, Servicegrad
Neukundengewinnung	Umsatzanteil Neukunden
Marktanteil	Relativer Marktanteil, Absoluter Marktanteil
Order Fulfillment	Order Fulfillment Time
Absatzprognosegenauigkeit	Forecast Accuracy
Innovation	Neuproduktrate
Prozesse	*Prozesse*
Kapazitätsauslastung	Kapazitätsauslastungsgrad und -nutzungsintensität
Produktivität	Lagerbewegungen pro MA, Picks pro Mitarbeiter
Zugangszeit/Durchlaufzeit	Time-to-Market, Total Cycle Time
Produkt-/Prozessqualität	Ausschuss-/Nacharbeitsrate, Parts per Million
Auftragsabwicklungsqualität	Auftragsabwicklungsdauer und -zuverlässigkeit
Produktionsflexibilität	Upside Production Flexibility
Continuous Improvement	Verbesserungsvorschläge, Schulungsrate
Mitarbeiterzufriedenheit	Fehlzeiten/Kündigungen, Schulungen pro MA
Lieferanten	*Lieferanten*
Qualität/Service	Servicegrad, Zurückweisungsquote, Verzugsquote
Lieferantenzufriedenheit	Lieferantenzufriedenheitsindex
Produktivität Wareneingang	Sendungen pro Tag, Warenannahmezeit je Sendung
Wareneingangskontrollen	Wareneingangskontrollkosten
Integration	*Integration*
Datentransfer	Digital Links
Infrastruktur	Fleet Links
Organisation/Vertrauen	Vertrauensindex, Kooperationsdauer,
Kooperation	Gemeinsam genutzte Datensätze, Squeeze-in-Time

E Controlling der Supply Chain

Integration als Plattform der Scorecard

Der hier diskutierte **Ursache-Wirkungs-Zusammenhang** einer Balanced Scorecard basiert auf den oben beschriebenen fünf Perspektiven der Supply Chain Scorecard. Eine jeweilige Ursache führt zu einer Wirkung. Die originäre Wirkung wird ihrerseits zur Ursache der nächsten Wirkung. Die Kausalbeziehungen der Balanced Scorecard sind jedoch nicht streng mathematisch, sondern eher sachlogisch miteinander verknüpft. Dadurch ist die Rückverfolgbarkeit des finanziellen Erfolgs (oder Misserfolgs) einer Unternehmung möglich. Nachstehend wird eine Beschreibung kausaler Verkettungen innerhalb einer Supply Chain beispielhaft Bottom-Up vorgenommen. Die alles umspannende **Integrationsperspektive** beschreibt eine Verbesserung hinsichtlich der strategischen Ziele Technik und Kollaboration. Beispielsweise werden im Partnergeflecht Datensätze vermehrt gemeinsam genutzt. Ebenso ist das Pushen der Digital Links und der Fleet Links denkbar.

Lieferanten und Prozesse

Auf Basis dieser forcierten Interaktionen im Beziehungsnetzwerk einer Supply Chain mit den **Lieferanten**, speist sich für den Hersteller eine verbesserte Warenverfügbarkeit wie auch ein Kostensenkungspotenzial (beispielsweise hervorgerufen über Wirtschaftlichkeitsverbesserungen, wie günstigere „Kosten pro Pick"). Dadurch ergeben sich positive Auswirkungen in Richtung Produkt- und Prozessqualität, Durchlaufzeit sowie Produktionsflexibilität **(Prozesssicht)**. Außerdem kann der Lieferant seinen Kostenvorteil – vielfach über den Preis realisiert – teilweise an den Hersteller weitergeben.

Ursprung des Finanzergebnisses erkennen

Mit einer Verbesserung der internen Prozesse über verschiedene Wettbewerbsfaktoren hinweg, geht die Möglichkeit zur Gewinnung neuer **Kunden** einher: Zum Beispiel, weil die Taktung interner Prozesse verbessert wird und dadurch ein zuvor in Richtung Kunde signalisiertes Versprechen bezüglich des Liefertermins einzuhalten ist (Available-to-Promise). Tendenziell führt die Akquisition zusätzlicher Kunden zur Verbesserung der Umsatzrendite (Return on Sales, ROS) in der **Finanzperspektive**. Freilich unter der Voraussetzung, dass die Kosten nicht aus dem Ruder laufen. Abbildung E.31 verdeutlicht diese Zusammenhänge in übersichtlicher Weise.

Hilfsmittel des Controllings im Supply Chain Management | **E.4**

Kausalkette einer Supply Chain Scorecard | *Abbildung E.31*

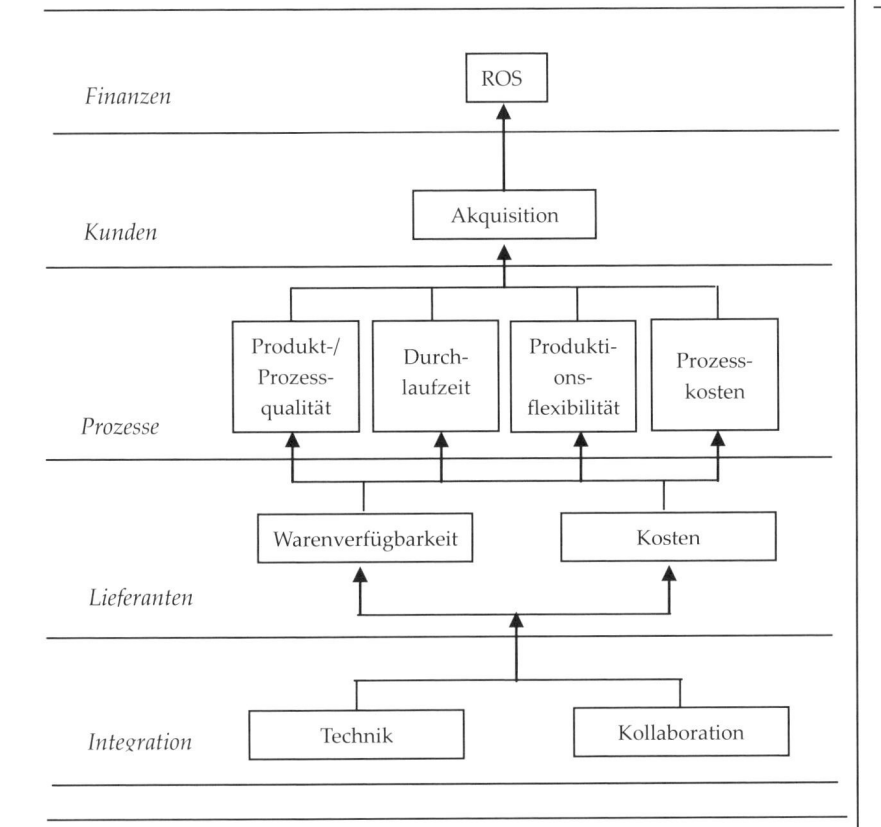

```
Finanzen                           ROS
                                    ↑
                                    |
Kunden                          Akquisition
                                    ↑
                     ┌──────┬───────┴──────┬──────┐
            Produkt-/      Durch-      Produkti-   Prozess-
            Prozess-       laufzeit    ons-        kosten
Prozesse    qualität                   flexibilität
                ↑           ↑              ↑          ↑
                └─────┬─────┘              └─────┬────┘
                Warenverfügbarkeit            Kosten
Lieferanten         ↑                           ↑
                    └─────────────┬─────────────┘
                          ┌───────┴───────┐
Integration            Technik        Kollaboration
```

E.4.6.4 Von der Scorecard zur Strategy Map

"Having trouble with your stratgy? Then map it." Derart pointiert überschrieben *Kaplan* und *Norton* einen Beitrag, der in der Zeitschrift *Harvard Business Review* im Jahr 2000 erschien (vgl. *Kaplan/Norton* 2000, S. 167ff.). Die beiden Protagonisten der Balanced Scorecard erprobten jenen Ansatz in einer Vielzahl von Projekten. Sie stellten fest, dass ein originär in die Scorecard gesetzter Anspruch nur unzureichend erfüllt war: Mit Hilfe der Balanced Scorecard sollte den Mitarbeitern die strategische Stoßrichtung der Organisation verdeutlicht werden. Diese Zielsetzung wurde aber nur wenig befriedigend erreicht. Die Transformation der Unternehmungsziele auf die Mitarbeiterebene erlitt **Sickerverluste**. Um dieses Defizit aufzuheben, waren es *Kaplan* und *Norton* selbst, die eine Balanced Scorecard zur Strategy Map weiteten.

Having trouble with your strategy?

Controlling der Supply Chain

E.4.6.4.1 Allgemeine Implikationen der Strategy Map

„333 bei Issos Keilerei..."

Am Beispiel von „Mobil North American Marketing and Refining" beschreiben *Kaplan* und *Norton* die Einsatzmöglichkeiten von Strategiekarten (vgl. *Kaplan/Norton* 2000, S. 167ff.). Strategy Maps sind **Schlachtpläne** von Organisationen. Wie die Balanced Scorecard, wird auch die Strategy Map Top-Down erstellt. Die Strategiekarte dient vor allem der Beschreibung jeweils verfolgter Ziele, Aufgaben und Bewertungsmaßstäbe. Dieser Schlachtplan sollte den eigenen Mitarbeitern die strategische Zielrichtung der Unternehmung „selbstredend" erläutern. Dabei bedient sich die Strategy Map – noch stärker als die Balanced Scorecard – der Visualisierung sachlogischer Zusammenhänge in kausalen Verkettungen.

Modifizierungen der Map

Ihre ursprünglichen Gedanken zur Strategy Map **überarbeiten** *Kaplan* und *Norton* in den Folgejahren (vgl. *Kaplan/Norton* 2001a; *Kaplan/Norton* 2001b; *Kaplan/Norton* 2004a; *Kaplan/Norton* 2004b). Die bekannten vier Perspektiven der Balanced Scorecard bleiben aber jeweils erhalten (Finanzen, Kunden, Prozesse sowie Lernen und Entwickeln). Teilweise bündeln *Kaplan* und *Norton* innerhalb der Strategy Map Auszüge bekannter Managementtheorien: So finden sich Überlegungen des Shareholder-Value-Ansatzes nach *Rappaport* (vgl. *Rappaport* 1999) darin ebenso, wie der Market-Based-View von *Porter* (vgl. *Porter* 2006; *Porter* 2008; *Porter* 2010). Nachstehend werden die prägenden **Inhalte der vier Perspektiven** einer generischen Strategy Map diskutiert (vgl. insbesondere *Kaplan/Norton* 2004a; *Spinnrock* 2006).

Strategische Implikationen der Finanzsicht

- **Finanzperspektive**: Die ersten Überlegungen von *Kaplan/Norton* (vgl. *Kaplan/Norton* 1997, S. 46ff.) in Richtung Finanzperspektive orientierten sich an Lebenszyklusdarstellungen. Später ersetzten verstärkt monistische Indikatoren diese Lebenszyklus-fokussierten Inhalte (vgl. *Kaplan/Norton* 2004a, S. 32ff.). In der Strategy Map finden sich die Zielfelder „Verbesserung der Kostenstruktur", „Steigerung der Vermögensnutzung", „Ausweitung der Umsatzmöglichkeiten" sowie „Erhöhung des Kundenwerts". Über eine Wirtschaftlichkeitsstrategie und eine Wachstumsstrategie streben diese Indikatoren nach der langfristigen „Steigerung des Shareholder Value". Die **Wirtschaftlichkeitsstrategie** erinnert an die „Kostenführerschaft" nach *Porter*. Analog ist die **Wachstumsstrategie** der „Differenzierungsstrategie" *Michael E. Porters* entlehnt (vgl. *Porter* 2006; *Porter* 2008; *Porter* 2010).

Hilfsmittel des Controllings im Supply Chain Management | **E.4**

- **Kundenperspektive**: In der Kundendimension finden sich innerhalb der Strategiekarte drei Segmente, in der sich diverse strategische Performanzindikatoren verdichten (vgl. *Kaplan/Norton* 2004a, S. 34ff. und S. 294ff.). Diese Strategiekategorien – inklusive ihrer möglichen Leistungsindikatoren – sind „**Produkt-/Serviceeigenschaften**" (Preis, Qualität, Verfügbarkeit, Auswahl und Funktionalität), „**Kundenbeziehung**" (Service und Partnerschaft) sowie „**Marke**" (Image). In letzter Konsequenz stützt dieses heterogene Treibergeflecht direkt die Steigerung des *Kundenwertbeitrags*.

    Inhalte der Kundensicht

- **Interne Prozesse**: *Robert S. Kaplan und David P. Norton* (vgl. *Kaplan/Norton* 2004a, S. 38ff.) beziehen in ihrer Strategy Map die internen Prozesse auf „**Produktion und Logistik**" (Beschaffung, Produktion, Vertrieb und Risikomanagement), „**Kundenmanagement**" (Kundenauswahl, Akquisition, Kundenbindung und Wachstum), „**Innovationen**" (Marktchancen, F & E-Portfolio, Entwicklung und Markteinführung) sowie „**Gesetzliche Vorschriften**" (Umwelt, Arbeitssicherheit, Gesundheit, Beschäftigung und Gesellschaft). Der oben aufgeführte Wertbeitrag des Kunden wird indirekt über die internen Prozesse determiniert. In ersten Beiträgen (vgl. *Kaplan/Norton* 2001a, S. 82) suchen die Verfasser die enge Verbindung zum Wertekettenmodells *Porters* (vgl. *Porter*2008; *Porter*2010). Später verwischt dieser Bezug weitgehend (vgl. *Kaplan/Norton* 2004a, S. 29).

    Ausgeprägter Supply-Chain-Bezugsrahmen

- **Lernen und Entwickeln**: Schließlich umfasst die Lern- und Entwicklungsperspektive (vgl. *Kaplan/Norton* 2004a, S. 45ff.) einer Strategy Map nach *Kaplan* und *Norton* den Bezugsrahmen „**Humankapital**" (Kompetenzen, Weiterbildung und Wissen), „**Informationskapital**" (Systeme, Datenbanken und Netzwerke) sowie „**Organisationskapital**" (Kultur, Führung, Ausrichtung und Teamwork). In dieser Dimension sind immaterielle Werte enthalten, die auf dem Weg zur „lernenden Organisation" bedeutsam sind. Im Laufe der Zeit schälte sich für die Lern- und Entwicklungsperspektive eine Betonung auf die Notwendigkeit des „Wandels" heraus (vgl. *Kaplan/Norton* 2004a, S. 47).

    Bezugsrahmen des Lernens und Entwickelns: Panta rhei...

Der **Aufbau** von Strategy Maps (vgl. *Spinnrock* 2006, S. 23f.) folgt, wie oben kurz beschrieben, dem „Top-Down-Prinzip". Ausgehend von der Finanzdimension, sind die einzelnen Zielhierarchien bis auf die Ebene intangibler Werte (Intangible Assets) zu zerlegen. Ein strategischer Schlachtplan wird zumeist deduktiv erstellt. Aus einem übergeordneten sachlogischen Ganzen heraus – zum Beispiel der nachhaltigen Steigerung des Shareholder Value – zielt die Strategy Map auf das Besondere (untergeordnete strategische Implikation).

Aufbau der Strategiekarte

Controlling der Supply Chain

Gemeinsames Bedingen und Fördern

Balanced Scorecard und Strategy Map stellen keine alternativen, sondern sich ergänzende Konzepte der Unternehmungsführung dar. Beide Ansätze kooperieren unmittelbar miteinander. Die Operationalisierung von Unternehmungsaktivitäten erfolgt in der Scorecard über Kennzahlen. Ihr **Hauptanliegen** ist die Fokussierung der gesamten Organisation auf ausgewählte Visionen und Strategien. Eine Strategy Map ist hingegen nachhaltig qualitativ getrieben. Sie versucht einen konsistenten Weg der strategischen Beschreibung (verbunden mit ausgeprägter Visualisierung) einzuschlagen, der sich in der Kommunikation einer Strategie gegenüber den Mitarbeitern, und im Verhalten des Managements selbst, ausdrückt (vgl. *Kaplan/Norton* 2004a, S. 5f.).

E.4.6.4.2 Strategy Map der Supply Chain

Supply Chain Map

Nachdem die Strategy Map zunächst in ihrem generischen Typus beschrieben wurde, zielen die folgenden Überlegungen auf den speziellen Einsatz der Strategy Map im Supply Chain Management. In diesem Kontext strömen die Inhalte einer logistischen Strategy Map in die oben abgeleiteten fünf **Perspektiven** der Supply Chain Scorecard:

- Finanzen,
- Kunden,
- Prozesse,
- Lieferanten und
- Integration.

Bezugsrahmen

Die nachstehenden Überlegungen sind in Abbildung E.32 grafisch dargestellt. Fette Pfeile symbolisieren die primäre strategische Stoßrichtung. Gestrichelte Pfeile stehen für sekundäre strategische Ziele. Das **Fundament** der kompletten Strategiekarte stellt die Integrationsperspektive dar (vgl. *Horváth/Gaiser/Vogelsang* 2006, S. 153; *Kaplan/Norton* 2004a, S.47).

Interne und externe Schnittstellen

- **Integrationsperspektive**: Die strategischen Oberziele der Integrationsperspektive lauten „Kollaboration", „Technik" und „Organisation". Dem Feld **Kollaboration** entstammen weiche Attribute der Supply Chain. Das Netzwerk der beteiligten Akteure strebt nach Konnektivität, Vertrauen sowie Mitarbeiterzufriedenheit und -entwicklung. Die ersten beiden Ziele richten sich intern wie extern aus. Letztes Anliegen bezieht sich auf die eigene Unternehmung. Ein zweites Oberziel stellt die **Technik** dar. Deren Merkmale sind von den „harten" Leistungsgrößen Digital Links und Fleet Links umgeben. Folglich streben die Inhalte des technischen Bezugsrahmens nach ei-

Hilfsmittel des Controllings im Supply Chain Management

ner standardisierten Systemlandschaft zwischen den Supply-Chain-Akteuren und der gemeinsamen Nutzung logistischer Assets. Schließlich zielen die Anforderungen an die **Organisation** einer Lieferkette nach einer „angenehmen Atmosphäre" im Beziehungsgerüst der Supply Chain. Darunter fallen Unternehmungskultur, -politik, -philosophie sowie Führungsstil.

- **Lieferantenperspektive**: Diese zweite Dimension einer Supply Chain Strategy Map orientiert sich an den drei Grundzielen „Lieferservicegrad", „Kosten/Preise" sowie „Transfer". Der **eingehende Servicegrad** ist über qualitative, quantitative wie zeitliche Indikatoren zu messen (Zurückweisungsquote, Verzugsquote und Warenverfügbarkeit). Im Zuge der Lieferantenintegration sind aus Sicht des Herstellers weiterhin die **Kosten/Preise** von besonderem Interesse. Einerseits liegen Kostensenkungspotenziale in einer Optimierung der Lieferantenanbindung (Steigerung der Produktivität im Wareneingang oder Senkung von Wareneingangskontrollen). Andererseits sind Möglichkeiten der Verbesserung über die Kennzahlen Rabatt, Skonto, Preise und Cash-to-Cash-Cycle abzulesen. Der dritte Sektor der Lieferantendimension beinhaltet die strategischen Ziele des **Transfers**. Stellvertretend für eine intensivierte Zulieferintegration sind die Ansätze Vendor Managed Inventory und Cross Docking aufgeführt. Beispielsweise können Lieferantenanbindungen – im Sinne von Vendor Managed Inventory und Cross Docking – im Verhältnis zu den Lieferantenschnittstellen insgesamt gemessen werden.

Notwendigkeit der nachhaltigen Lieferantenanbindung

- **Prozesse**: Verbesserte Lieferantenbeziehungen schlagen positiv in Richtung interner Prozesse zu Buche. Letzte orientieren sich vornehmlich an den Wettbewerbsfaktoren Kosten, Zeit, Qualität und Flexibilität. Ergänzend zu diesen Größen, sind gesetzliche Normen in die Prozesssicht aufzunehmen. Die Auswirkungen interner Supply-Chain-Prozesse auf die **Kostenstruktur** leiten sich über Kennzahlen zur Steigerung der Kapazität (Kapazitätsauslastungsgrad, Maschinennutzungsintensität) und Produktivität/Wirtschaftlichkeit (Lagerbewegungen je Mitarbeiter, Kommissionierungen pro Mitarbeiter) ab. **Zeitliche** Ziele in Supply Chains werden über die Durchlaufzeit und die Time-to-Market eingefordert. Dabei zeichnen sich Wertschöpfungsketten durch einen differenzierten Umgang mit der Zeit aus. Es geht dabei nicht nur um die einseitige Beschleunigung von Aktivitäten. Vielmehr werden auch die Möglichkeiten zur bewussten Entschleunigung ausgelotet (Postponement). Das Segment **Qualität** beinhaltet die Ziele Ausschuss/Nacharbeit, Kundenwert (der anwendungsbezogene Qualitätsbegriff besagt, dass der Anspruch nach Qualität mit der Zufriedenheit des Kunden erfüllt ist) sowie Auftragsabwicklungsqualität.

Strategische Implikationen der Prozesssicht

Controlling der Supply Chain

Letzte bezieht sich auch auf den indirekten Bereich, welcher durch hohe Gemeinkosten geprägt ist. Die logistische Anpassungs- und Wandlungsfähigkeit von Unternehmungen wird durch gesteigerte **Flexibilität** befriedigt. Die Upside Production Flexibility misst in Tagen die Zeitspanne, um auf ungeplante Nachfrageschübe (nach SCOR von 20%) zu reagieren. Die schließenden Überlegungen der Prozessperspektive orientieren sich an **gesetzlichen Normen**. Beispielhaft dafür stehen Umweltschutzauflagen oder Regelungen zur Arbeitssicherheit, sowie die Wahrung der Gesundheit von Mitarbeitern.

Produkte, Beziehungen und Akquisitionen als mögliche Primärstrategien

- **Kunden**: Die Leistungen von Herstellern werden durch aktuelle und potenzielle Marktpartner bewertet. Unter besonderer Berücksichtigung der Kundensicht, kristallisieren sich in der Strategy Map die drei Kernbereiche Produkt, Kundenbeziehung sowie Akquisition heraus. Mögliche Anforderungen bezüglich eines **Produkts** bestehen in den Merkmalen Preis, Qualität, Verfügbarkeit sowie Kompatibilität. Dabei ist der Produktbegriff nicht eng (physisch) auszulegen. Er umspannt auch Dienstleistungen. Eine Verbesserung der **Kundenbeziehungen** wird in den Kriterien Forecast Accuracy (im B2B-Segment zur Planung von Kundenanforderungen), Service (beispielsweise After-Sales-Aktivitäten), Order Fulfillment (Zeitspannen zur logistischen Abarbeitung von Kundenaufträgen) und Kundenzufriedenheit gesehen. Die ehrene Zielsetzung zur **Akquirierung** neuer Kunden wird über die Indikatoren Marktanteil sowie die Kennzahl Neukundengewinnung (Verhältnis neuer Kunden zu Gesamtkunden) bewertet.

EVA als Wurzelknoten

- **Finanzen**: In der Finanzperspektive einer Strategy Map des Supply Chain Management finden sich schließlich zwei grundsätzliche Stränge. Der erste Weg führt über die **Kostenführerschaft**. Um diese einzunehmen, sind Verbesserungen der Kostenstruktur oder der Vermögenswerte notwendig. In Anlehnung an *Michael E. Porter* (vgl. *Porter* 2006; *Porter* 2008; *Porter* 2010), besteht das Pendant zur Kostenführerschaft in einer **Differenzierung**. Die Verfolgung der Differenzierungsstrategie basiert primär auf Umsatzwachstum oder Steigerung des Kundenwerts. Allerdings bleibt der Anspruch *Porters* nach einem strikten „schwarz" oder „weiß" nicht erhalten. *Porter* warnte bekanntlich davor, ansonsten in ein „Stuck-in-the-Middle-Dilemma" zu geraten (vgl. S. 93). Vielmehr kann in der propagierten Strategy Map eine Organisation beispielsweise nach primärer Differenzierung streben, gleichzeitig jedoch eine (sekundäre) Optimierung ihrer logistischen Assets anvisieren. Dieser Anspruch scheint in Zeiten hybrider Wettbewerbsstrategien, wie Mass Customization, gerechtfertigt. In letzter Konsequenz stützen sämtliche Zielimplikationen dieser Strategiemappe eine Erhöhung des **Economic Value Added (EVA)**. Die strategische Supply-Chain-Stoßrichtung zur anvisierten Verbesserung des Economic Value Added ist der Strategy Map „auf einen Blick" zu entnehmen. Die fetten und die gestrichelten Pfeile symbolisieren diesen Schlachtplan. Mit Hilfe der Strategy Map wird das Zustandekommen des Finanzergebnisses deutlich (vgl. unten).

Für das **Beispiel** aus Abbildung E.32 zur Strategy Map im Supply Chain Management bestehen die treibenden Strategien der **Integrationsperspektive** in einer Optimierung der Kollaboration sowie der Technik (jeweils fette Pfeile). Eine sekundäre strategische Stoßrichtung umspannt die Inhalte zur Organisation. Technische wie integrative Strukturelemente zielen in der **Lieferantendimension** auf den Transfer. Beispielsweise ist zunächst eine Systemlandschaft zwischen den Akteuren zu schaffen, um auf dieser Basis eine Bestandsführung im Sine von Vendor Managed Inventory anzustoßen. Gleichzeitig wird die Verbesserung des eingehenden Servicegrads über eine intensivierte Hersteller-Lieferanten-Integration verfolgt. Als Sekundärziele leiten sich beispielsweise in der Lieferantendimension die Kostenverbesserung und die Preisreduzierung (über strukturell optimierte Technik) ab.

Beispiel eines Supply-Chain-Schlachtplans

Die strategische Primärstrategie in den **Prozessen** beruht auf dem Wettbewerbsfaktor Qualität. Fette Pfeile symbolisieren, dass die qualitativen Prozessinhalte aus dem eingehenden Lieferservicegrad und der optimierten Zusammenarbeit mit Lieferanten getrieben sind. Beispielsweise unterstützt ein Vendor Managed Inventory, aus der Lieferantensicht (Transfer), den Kundennutzen, indem der Ansatz eine ständige Warenverfügbarkeit gewährleistet (Continuous Replenishment). Als eine sekundäre strategische Zielsetzung der Prozessdimension erweist sich die Verkürzung der Durchlaufzeit. Das Pushen von Cycle Times resultiert aus einer Erhöhung des eingehenden Lieferservicegrads: Es fallen weniger Sendungszurückweisungen oder geringere Warenverzüge an.

Qualitätsführer

Im Rahmen der **Kundendimension** ragt das Streben nach einer Optimierung der Kundenbeziehungen heraus. Grundsätzlich verbessert sich durch qualitativ hochwertige Prozesse die Zufriedenheit der Abnehmer. Das strategische Sekundärziel zur Produktoptimierung speist sich aus optimierten Kostenstrukturen der Prozesssicht: Höhere Kapazitätsauslastungen und Produktivitäten des Prozessmanagements ermöglichen einen günstigeren Verkaufspreis.

Kundenbeziehungen dominieren

Controlling der Supply Chain

Primäres Differenzieren und sekundäres Kostenkneten

Dicke Pfeile im **Schlachtplan** zeigen auf, dass dieser Hersteller in seiner Finanzausrichtung vornehmlich der Differenzierungsstrategie folgt. Über optimierte Kundenbeziehungen wird insbesondere eine Steigerung des Kundenwerts angestrebt. Die Vision der Organisation besteht in der nachhaltigen Steigerung des Economic Value Added (EVA). Sekundär wird diese Zielsetzung mit der gestrafften Kostenstruktur untermauert: einer verbesserten Kapazitätsauslastungen interner Prozesse. Dieses Beispiel stellt Abbildung E.32 in übersichtlicher Weise dar.

E.4.6.4.3 Kombination von Scorecard und Strategy Map

Zur Integration von Scorecard und Map

Oben wurde bereits deutlich, dass Balanced Scorecard und Strategy Map eine **kongeniale Symbiose** darstellen. Es handelt sich nicht um zwei alternative oder gar konkurrierende Ansätze der strategischen Führung. Vielmehr sind Balanced Scorecard und Strategy Map erst in Kombination besonders stark. Neue Untersuchungen (vgl. *Horváth/Gaiser/Vogelsang* 2006, S. 153; *Kaplan/Norton* 2004a, S. 47) belegen diese These.

Beispiel „Schokoriegel"

In Abbildung E.33 wird die kombinierte Darstellung von Balanced Scorecard und Strategy Map aufgezeigt. Das folgende **Beispiel** bezieht sich auf einen Hersteller von „Schokoriegeln". Es knüpft zum Teil an die Arbeiten von *Kaplan* und *Norton* (vgl. *Kaplan/Norton* 2004, S. 45ff.) sowie *Horváth et al.* (vgl. *Horváth/Gaiser/Vogelsang* 2006, S. 151ff.) an. Allerdings wurden die Überlegungen auf die in dieser Schrift propagierten fünf Perspektiven einer Supply Chain Scorecard und Supply Chain Strategy Map modifiziert.

"Would you know my name, if I saw you in heaven…"

Strategy Map und Balanced Scorecard sind direkt nebeneinander abgebildet. Die Strategy Map dient der Visualisierung (**qualitative Betrachtungsebene**). Mit Hilfe der Balanced Scorecard erfolgt die **Quantifizierung** strategisch definierter Ziele. Auch ein nicht direkt an der Erstellung der Scorecard beteiligter Mitarbeiter, kann somit die strategische Stoßrichtung „auf einen Blick" erkennen. Durch die Vereinigung mit der Balanced Scorecard entsteht aber kein weiteres „Strategiepapier auf Wolke 7". Vielmehr erfolgt eine dezidierte Leistungsmessung anvisierter Zielsegmente. Anders ausgedrückt, leiten sich aus der Festlegung strategischer Zielkorridore (Strategy Map) fast automatisch Key Performance Indicator zu deren Operationalisierung ab (Balanced Scorecard).

Hilfsmittel des Controllings im Supply Chain Management

E.4

Strategy Map in der Supply Chain

Abbildung E.32

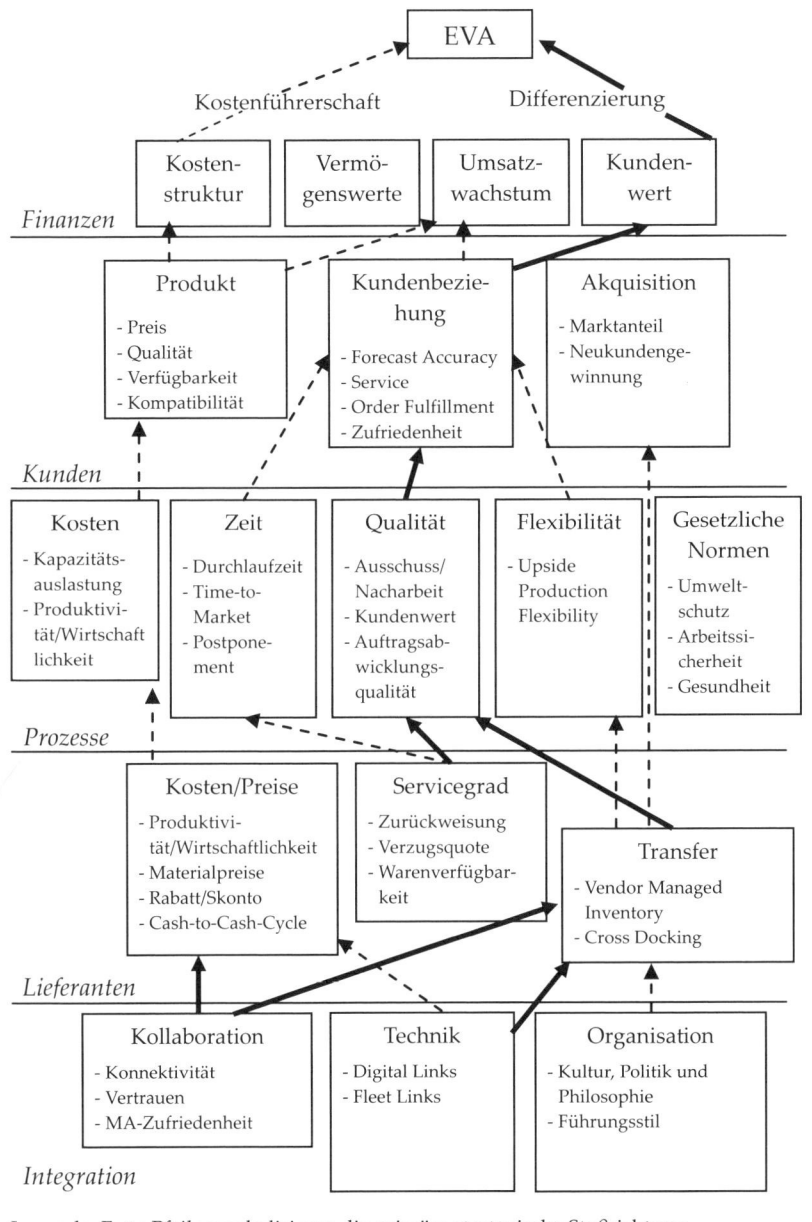

```
                              EVA
                    ╱                ╲
          Kostenführerschaft    Differenzierung
          
   Kosten-      Vermö-      Umsatz-     Kunden-
   struktur     genswerte   wachstum    wert
```

Finanzen

Produkt
- Preis
- Qualität
- Verfügbarkeit
- Kompatibilität

Kundenbeziehung
- Forecast Accuracy
- Service
- Order Fulfillment
- Zufriedenheit

Akquisition
- Marktanteil
- Neukundengewinnung

Kunden

Kosten
- Kapazitätsauslastung
- Produktivität/Wirtschaftlichkeit

Zeit
- Durchlaufzeit
- Time-to-Market
- Postponement

Qualität
- Ausschuss/Nacharbeit
- Kundenwert
- Auftragsabwicklungsqualität

Flexibilität
- Upside Production Flexibility

Gesetzliche Normen
- Umweltschutz
- Arbeitssicherheit
- Gesundheit

Prozesse

Kosten/Preise
- Produktivität/Wirtschaftlichkeit
- Materialpreise
- Rabatt/Skonto
- Cash-to-Cash-Cycle

Servicegrad
- Zurückweisung
- Verzugsquote
- Warenverfügbarkeit

Transfer
- Vendor Managed Inventory
- Cross Docking

Lieferanten

Kollaboration
- Konnektivität
- Vertrauen
- MA-Zufriedenheit

Technik
- Digital Links
- Fleet Links

Organisation
- Kultur, Politik und Philosophie
- Führungsstil

Integration

Legende: Fette Pfeile symbolisieren die primäre strategische Stoßrichtung

E *Controlling der Supply Chain*

Bottom-Up-Kennzeichnung

Nachstehend erfolgt eine kurze Kennzeichnung des Beispiels „**Schokoriegelhersteller**". Abbildung E.33 verdeutlicht diesen Zusammenhang. In der **Integrationsperspektive** der Strategiekarte verdienen die beiden Primärstrategien „Infrastruktur optimieren" und „Vertriebskompetenz stärken" besondere Beachtung. Eine verbesserte Infrastruktur zielt in der Strategy Map auf die Entwicklung von Unterstützungssystemen. Innerhalb der Balanced Scorecard erfolgt die Messung dieser strategischen Zielsetzung mittels der Kennzahl „Verfügbarkeit an Informationssystemen" (Zielwert: 100%). Eine Stärkung der Vertriebskompetenz manifestiert sich in der Schulung sowie Weiterbildung von Außendienstmitarbeitern. Die Bewertung „Schulungen/Weiterbildungen pro Mitarbeiter und Jahr" ist der Scorecard zu entnehmen (Zielwert: 5).

Lieferanten und Prozesse verzahnen

Aus der forcierten Vertriebskompetenz gehen in der **Lieferantensicht** der Strategy Map Anstrengungen in Richtung „Servicegrad" und „Kollaboration" hervor. Deren Bewertung innerhalb der Scorecard erfolgt mittels der Indikatoren „Lieferservicegrad" (Zielgröße: 95%) und „Digital Links" (30%). Basierend auf einer optimierten Lieferantenintegration, setzt der Schokoriegelhersteller auf „neue Vertriebswege" innerhalb der **Prozesssicht** (gemessen über das Verhältnis neuer Vertriebswege zu bisherigen Vertriebswegen in der Balanced Scorecard). Ebenso zeigt die Prozessperspektive die Zielsetzung einer „verstärkten Nutzung von CRM-Systemen" auf. Das intensivierte Management der Kundenbeziehungen wird in der Balanced Scorecard über die Kennzahl „Available-to-Promise" bewertet: Wenn der Schokoriegelhersteller in Richtung Handel das Versprechen hinsichtlich eines anvisierten Liefertermins abgibt, ist dieser Richtwert unbedingt einzuhalten (Zielwert: 100%).

Ziele der Kundensicht

Innerhalb der **Kundendimension** zeigt die Strategy Map das Oberziel „Schokoriegel weltweit ausrollen". Getragen wird dieses Anliegen aus der „gestärkten Marke" sowie der „Gewinnung neuer Kunden" (gemessen über den Indikator „neue Kunden zu bestehenden Kunden", Zielwert 20%). Die Anstrengung intensivierter Internationalisierung des Schokoriegelherstellers misst in der Scorecard der KPI „Umsatzanteil Ausland" (mindestens 75%). Die gestärkte Marke wird just über eben jenen „Markenwert" gemessen (400 Millionen Euro).

EVA als finanzielles Oberziel

Schließlich ist der **Finanzdimension** die Zielsetzung zur Verbesserung des Economic Value Added innerhalb der Strategy Map zu entnehmen. Die in der Strategy Map angestrebte Wertsteigerung wird in der Scorecard mit 50 Millionen Euro bewertet. Eine optimierte Kostenstruktur (gemessen über die Kapitalkosten) sowie eine Erhöhung der Um-

Hilfsmittel des Controllings im Supply Chain Management

E.4

satzrendite (bewertet über den Return on Sales) stützen die Bemühungen des Schokoriegelherstellers zur Forcierung eines Economic Value Added. In der Balanced Scorecard liegt die Messlatte für den ROS (Gewinn zu Umsatz) auf 15%. Der Zielwert der Kapitalkosten beträgt 150 Millionen Euro.

Verzahnung von Scorecard und Strategy Map in der Supply Chain

Abbildung E.33

Strategy Map		Balanced Scorecard		
	Ziele	KPI	Zielwert	Aktion
Finanzen (EVA, Kostenstruktur, Umsatzrendite)	Wertsteigerung	EVA	50 Mio. €	
	Umsatzrentabilität	ROS	15%	
	Kostenstruktur	Kapitalkosten	150 Mio. €	
Kunde (Schokoriegel weltweit ausrollen, Marke stärken, Neue Kunden)	Internationalisierung	Umsatzanteil Ausland	75%	
	Marke stärken	Markenwert	400 Mio. €	
	Neue Kunden	Neue/besteh. Kunden	20%	
Prozess (CRM-Systeme stärker nutzen, Neue Vertriebswege)	CRM	Available-to-Promise	100%	
	Vertriebswege (VTW)	Neue VTW/ bisherige VTW	15%	
Lieferant (Servicegrad, Kollaboration)	Servicegrad	Lieferservicegrad	95%	
	Kollaboration	Digital Links	30%	
Integration (Infrastruktur optimieren, Vertriebskompetenz stärken)	Unterstützungssystem entwickeln	Verfügbarkeit Informationssystem	100%	
	Schulung und Weiterbildung von Außendienst-MA	Schulungen / Weiterbildungen pro MA	5	

Controlling der Supply Chain

E.4.6.5 Kritische Würdigung

Im Rahmen dieser kritischen Würdigung werden zunächst die **Stärken** der Scorecard diskutiert. Anschließend sind die Schwächen des Ansatzes aufzuzeigen (vgl. Werner 2000e, S. 455ff.).

Visualisierung

- Die Scorecard ist ein **didaktisches Hilfsmittel**. Durch ihre Visualisierung schafft sie die Basis für Diskussionen und Kommunikationsprozesse im Supply Chain Management. Nicht nur der Insider erkennt rasch die Kerninhalte der Scorecard.

Machen wir alles richtig?

- Es besteht für die beteiligten Personen ein Zwang, sich dezidiert mit der Vision, den Strategien sowie den Maßnahmen im Supply Chain Management auseinanderzusetzen. Dadurch wird das kritische **Überdenken des Status quo** gefördert.

Integration der Finanzen

- Die Kausalität der Balanced Scorecard gestattet innerhalb der Wertschöpfungskette eine **Rückverfolgung** von Ursachen für ihren finanziellen Erfolg oder Misserfolg. Zum Beispiel kann eine Erhöhung der Umschlagshäufigkeit um 13% primär in der Einführung von Kanban begründet liegen.

Extern und intern

- Durch die gleichzeitige Berücksichtigung von Markt- und interner Prozessperspektive verschmelzen im Supply Chain Management **Market-Based-View** und **Resource-Based-View**. Die Nachteile einer isolierten Anwendung der beiden Managementansätze werden ausgehebelt.

Auflösung des Nebels

- Die Balanced Scorecard zeigt nicht nur die aktuelle oder anvisierte Position (das *Wo*) in der Supply Chain. Das Konzept beschreibt auch das *Wie*, den konkreten Weg in diese Position. Vision und Mission werden auf die Ebene strategischer Ziele aufgebrochen. Anschließend sind diese Ziele durch Aktivitäten umzusetzen. Anders formuliert: Bei der Aufstellung der Balanced Scorecard findet eine Begrenzung des Interpretationsspielraums statt, indem eine – zunächst wenig klar erscheinende – Vision in konkrete Maßnahmen unternehmungsindividuell transformiert wird.

Diesen potenziellen Vorteilen der Supply Chain Scorecard stehen jedoch einige **Nachteile** (im Supply Chain Management) gegenüber. Im Folgenden sind diese Schwächen aufzulisten:

Wurden die richtigen Größen selektiert?

- Die Auswahl von Kennzahlen pro Perspektive sowie die Bestimmung der konkreten Ausprägungen je Messgröße sind **subjektiv**, sie fallen quasi wie Manna vom Himmel.

- Bei der Balanced Scorecard treten durch Auf- oder Abrundungen **Skalenbrüche** auf. In der Logistikkette kann sich die Reduzierung der Nacharbeitsrate auf 14,6% belaufen. Zumeist wird dieser Wert auf 15,0% aufgerundet und damit einer abgerundeten Nacharbeitsrate von 15,4% gleichgesetzt. Obwohl zwischen den Zahlen eine Spannweite von 0,8% besteht. Dadurch ergeben sich strukturelle Divergenzen. — *Strukturbrüche*

- Das Auflegen der Messlatten in den Perspektiven ist speziell für **weiche Faktoren** mit Problemen behaftet. Beispielhaft dafür stehen die Kennzahlen Image, Zufriedenheit oder Design. Eng verbunden ist die Schwierigkeit zur Vorgabe von Kennzahlen für **Innovationsleistungen**, die unternehmungsintern oder netzwerkgerichtet nicht vergleichbar sind. — *Intangibilität und mangelnde Vergleichbarkeit*

- Die generische Scorecard von *Kaplan* und *Norton* ist im Schwerpunkt **funktional und intern** orientiert und damit für ein echtes Netzwerkmanagement nur bedingt geeignet. Durch die Ausformulierung expliziter Kooperationsziele (untermauert durch die Ableitung modifizierter Perspektiven) lässt sich dieses Manko beheben. — *Funktionale Innenausrichtung*

- Beim Aufbau der Scorecard werden Vision, Mission, Strategien und Ausprägungen seitens des Managements Top-Down vorgegeben. Die Realisierung der anvisierten Vorgaben obliegt den Mitarbeitern. Sie müssen sich mit den Inhalten der Supply Chain Scorecard identifizieren und die Richtwerte nachvollziehen. Eine mangelnde Mitarbeiterintegration und die Festlegung irrealer Ziele führen zu einem **Motivationsverlust** der Belegschaft. — *Schuss geht nach hinten los…*

E.5 Verständnisfragen

- Welches sind die Aufgaben eines Supply-Chain-Controllings?
- Beschreiben Sie das Supply-Chain-Controlling als Regelkreis.
- Begründen Sie die Notwendigkeit zur Bestandsreduzierung aus betriebswirtschaftlicher Sicht.
- Definieren Sie die Lagerumschlagshäufigkeit. Gehen Sie dabei auf die Unterscheidung zwischen Brutto- und Nettobestand ein.
- Charakterisieren Sie das Cost Tracking für Materialpreise.
- Nennen Sie fünf „Königskennzahlen" der Supply Chain.
- Diskutieren Sie Werttreiberbäume über ROCE und EVA.

Controlling der Supply Chain

- Beschreiben Sie die Hard-(Soft)-Analyse anhand eines Beispiels.
- Nehmen Sie eine kritische Würdigung der Hard-(Soft)-Analyse vor.
- Kennzeichnen Sie den Target-Costing-Prozess (gestützt durch ein Beispiel).
- Wie berechnet sich im Target Costing der Zielkostenindex?
- Zeigen Sie Unterschiede und Gemeinsamkeiten zwischen Value Engineering und Value Analysis auf.
- Wo liegen die Schwerpunkte der Prozesskostenrechnung im Supply Chain Management? Gehen Sie bei der Beantwortung auf die Arbeitsschritte des Instruments ein.
- Beschreiben Sie das Problem der Proportionalisierung bei der Prozesskostenrechnung anhand eines Beispiels.
- Diskutieren Sie das Für und Wider der Kennzahl EVA als betriebliches Anreizsystem.
- Welche Stellhebel bietet das Supply Chain Management zur Beeinflussung des Working Capital?
- Vom Performance Measurement zur Balanced Scorecard: Kennzeichnen Sie diese Weiterentwicklung.
- Welches sind die Perspektiven der generischen Scorecard? Geben Sie pro Perspektive drei spezielle Kennzahlen für das Supply Chain Management an.
- Entwerfen Sie eine Balanced Scorecard für das Supply Chain Management. Nennen Sie Vor- und Nachteile der Balanced Scorecard.
- Zeigen Sie beispielhaft die Kausalität einer Balanced Scorecard anhand des Supply Chain Managements auf.
- Worin unterscheiden sich Balanced Scorecard und Strategy Map?
- Entwerfen Sie eine Strategy Map für einen Konsumgüterhersteller. Beschreiben Sie die Arbeitsschritte.

> „You've been reading some old letters –
> You smile and think how much you've changed.
> All the money in the world
> Couldn't buy back those days."
> *(The The)*

Glossar

3PL	Systemdienstleister in Supply Chain.
4PL	Systemintegrator in Supply Chain.
ABC-Analyse	Vorratsdifferenzierung nach Wert und Menge.
Advanced Planning and Scheduling (APS)	Weiterentwicklung ERP-System. Übergreifende und simultane Echtzeitabstimmung.
Alert Management	Verfolgungs- (Alarm-) System zum frühzeitigen Erkennen von Soll-Ist-Abweichungen.
Arbeitsplan	Reihenfolgefestlegung von Arbeitsgängen.
Auslaufsteuerung	Serienauslauf von Produkten.
Available-to-Promise (ATP)	Versprechen zur fristgerechten Erledigung von Kundenaufträgen.
Balanced Scorecard (BSC)	Weiterentwicklung Performance Measurement. Ausgewogenes Kausalkonzept zur Strategieableitung. Basis: Vision und Mission der Organisation. Bewertung der Zielerreichung über Kennzahlen pro Perspektive.
Barcode	Opto-elektronische Impulsfolge, Übersetzung in rechnerverständliche Signale (Decodierung), Identifikationstechnik.
Bedarfsgerechte Beschaffung	Fertigungssynchrone Beschaffung.
Belastungsorientierte Auftragsfreigabe (BOA)	Auftragssteuerung nach Dringlichkeit (Termin- und Belastungsschranke).
Benchmarking	Systematischer Bewertungsprozess. Interner, wettbewerbsbezogener oder branchenübergreifender Leistungsvergleich.
Beschaffung	Weiter als Einkauf (strategische Sicht), Gewährleistung von Versorgungssicherheit.
Beziehungsmanagement	Leitbilder und Maßnahmen vertikal kooperierender Akteure. Aufbau, Erhalt oder Ausbau von Beziehungen.

Glossar

Black-Box-Lieferant	Eigenverantwortliche Übertragung der Produktentwicklungshoheit auf Lieferant.
Bottleneck Engineering	Instrument zur Aufdeckung entwicklungsspezifischer Engpässe.
Bullwhip-Effekt	Peitschenschlag-Effekt. Bestandsaufbau auf Grund von Informationsdefiziten bei der Bedarfsplanung.
Business Reengineering	Bombenwurfstrategie, prozessorganisatorische Neuorientierung der Organisation.
Capable-to-Promise (CTP)	Interne Fähigkeit, ein an Kunden abgegebenes Lieferversprechen einzuhalten.
Cash-to-Cash-Cycle	Liquiditätskreislauf. Days Payables Outstanding plus Days on Hand abzüglich Days Receivables Outstanding. Indikator des Working Capital Managements.
Collaboration	Abstimmung der Zusammenarbeit von Supply-Chain-Akteuren in Echtzeit.
Co-Managed-Inventory	Vorstufe von VMI. Herstellervorschlag zur Bestandsführung, den der Kunde bestätigen muss.
Computer Aided Design (CAD)	Technische Komponente von CIM, Rechnergestützte Entwicklung.
Computer Aided Engineering (CAE)	Technische Komponente von CIM, Rechnergestützte Konstruktion.
Computer Aided Manufacturing (CAM)	Technische Komponente von CIM, Rechnergestützte Fertigung.
Computer Aided Planning (CAP)	Technische Komponente von CIM, Rechnergestützte Planung.
Computer Aided Quality Assurance (CAQ)	Technische Komponente von CIM, Rechnergestützte Qualitätssicherung.
Computer Integrated Manufacturing (CIM)	Integrierter IT-Einsatz sämtlicher mit der Produktion vernetzter Funktionsbereiche.
Conjoint Measurement	Ableitung von Teilnutzenwerten aus Gesamtnutzen eines Produkts durch Aufbruch. Das Produkt ist nicht homogenes Ganzes, sondern heterogenes Bündel von Teileigenschaften.

Glossar

Continuous Replenishment	Kontinuierlicher Warennachschub. Strategischer Überbau von VMI.
Coopetition	Besondere Form horizontaler Integration. Setzt sich aus Corporation (Zusammenarbeit) und Competition (Wettbewerb) zusammen.
Cost-Charge-Back	Automatische Rückbelastung von Kosten auf Grund qualitativer, quantitativer oder zeitlicher Lieferdefizite.
Cost Tracking	Spezielles Überwachungssystem zum Aufzeigen der Erfolgswirksamkeit von Aktivitäten.
Cross Docking	Filialgerechte Kommissionierung in Zentrallagerstätte (Transshipment-Point).
Customer Relationship Management (CRM)	Planung, Steuerung und Kontrolle von Maßnahmen zur Intensivierung von Kundenbeziehungen.
Data Mining	Managementunterstützung im Data Warehouse. Automatisches Erkennen und Aufzeigen von Datenmustern.
Data Warehouse	Von operationalen IT-Systemen getrennte Datenbank. Unternehmungsweite Informationsspeicherung und -verarbeitung.
Dekomposition von Beständen	Zerlegung des Gesamtbestands auf Ebene von Kontengruppen.
Demand Chain Management (DCM)	Chain of Customer. Integration von Aktivitäten in Richtung Kunde (Pullorientierung).
Design-for-Manufacturing-and-Assembling (DFMA)	Fertigungs- und montagegerechte Konstruktion in den frühen Phasen.
Design-to-Cost (DTC)	Vorläufer des Target Costings. B2A-Segment, Zielkosten leiten sich aus enger Kooperation zwischen Auftraggeber und Auftragnehmer ab.
Detailvorgabelieferant	Fertigt nach strikten Anweisungen (Zeichnungen, Skizzen) des Herstellers.
Digital Links	Kennzahl. Anzahl gemeinsam genutzter Systeme innerhalb einer Supply Chain.
Disputes	Zweifelhafte Forderungen.

Glossar

Double Sourcing	Freiwilliger Zweiquellenbezug pro Materialart.
Downcycling	Spezifische Unterform des Recyclings. Zunehmender Qualitätsverlust pro Recyclingdurchgang.
Duale Internationalisierung	Hybride Wettbewerbsstrategie. Strategiemix Inland und Ausland ausloten.
Durchlaufzeit	Fristzeit. Zeitraum vom Auftragseingang bis zur Kundenauslieferung (Total Cycle Time).
Dynamische Produktdifferenzierung	Hybride Wettbewerbsstrategie. Unterschiedliche Fertigungsverfahren ermöglichen Erzeugniswechsel.
Economic Value Added (EVA)	Absolute Kennzahl im Wertsteigerungsmanagement. Einsatz auch für Shareholder Value und Führungskräfteentlohnung (Anreizsystem).
Efficient Consumer Response (ECR)	Effiziente Kundenreaktion. Abgeleitet aus Quick Response. Integration von Logistik- und Marketinginstrumenten, gewährleistet über moderne IT.
Efficient Produkt Introduction (EPI)	Effiziente Produktneueinführung zur Reduzierung der Flopraten. Marketing-Hilfsmittel von ECR.
Efficient Promotion (EP)	Effiziente Verkaufsförderung zwischen Hersteller und Handel. Marketing-Hilfsmittel von ECR.
Efficient Store Assortment (ESA)	Effiziente Sortimentsgestaltung durch Mischung Strategie- und Profitartikel. Marketing-Hilfsmittel von ECR.
Efficient Unit Load (EUL)	Optimierter Einsatz adäquater Ladungsträger zur herstellergesteuerten Bestandsführung (VMI).
E-Commerce	Elektronischer Handel. Teilbereich des Electronic Business über E-Hubs (Marktknotenpunkte).
E-Fulfillment	Operative und systematische Maßnahmen zur elektronisch gestützten Abwicklung von Kundenaufträgen.

Glossar

Einkauf	Operative, abwickelnde Tätigkeiten zur Materialbereitstellung.
Einkaufskarten	Synonym „Purchasing Card". Elektronische Einkaufssysteme zum Bezug von Gemeinkostenmaterialien.
Electronic Data Interchange (EDI)	Elektronischer Datenaustausch zwischen mindestens zwei Partnern.
Electronic Data Interchange for Administration, Commerce and Transport (EDIFACT)	Weltweit einsetzbarer und branchenunabhängiger Standard für EDI.
Elektronischer Marktplatz	Marktknotenpunkt gewerblichen und elektronischen Güteraustauschs (E-Hub).
Enterprise Relationship Management (ERM)	Durchgängige Verfolgung von Kundenaufträgen. Sämtliche Systeme richten sich nach vollständiger Kundenintegration aus.
Enterprise Resource Planning (ERP)	Unternehmungsweites Sukzessivplanungssystem. Enthält Module für Instandhaltung und Personalwirtschaft.
Entsorgung	Synonym „Retrodistribution". Beseitigung von Reststoffen.
E-Supply Chain	Sichert die elektronisch gestützte Versorgung, Entsorgung und das Recycling von Gütern. Erstreckt sich auch auf Informations- sowie Geldströme.
Excess-Waren	Zum Teil ungängige Waren. Wertberichtigung bis maximal 50%.
Fachportal	Eingangstor für Transaktionen auf elektronischen Märkten.
Failure Mode and Effects Analysis (FMEA)	Instrument zur präventiven Fehlervermeidung. Berechnung der Risikoprioritätszahl aus drei Eintrittswahrscheinlichkeiten.
Fallweise Beschaffung	Synonym „Einzelbeschaffung".
Fertigungstiefe	Kennzahl. Anteil der Eigenfertigung am erzielten Umsatz im direkten Bereich.
Forecast Accuracy	Synonym „Absatzprognosegenauigkeit".

Glossar

Forrester-Aufschaukelung	Basis des Bullwhip-Effekts. Ungeplante Nachfrageschübe sind Initialzündung überproportionaler Fertigung.
Fortschrittszahl	Aufbrechen des Beschaffungs- und Fertigungsprozesses in Kontrollblöcke. Zeigt den Fortschritt der Produktion an.
Frachtkosten-Beständekosten-Portfolio (FREDI)	Kombination von Beständekosten und Frachtkosten.
Geschäftsfeldattraktivität-Kernkompetenzen-Porfolio (GEKKO)	Kombination von Market-Based-View und Resource-Based-View.
Global Sourcing	Systematische Ausdehnung der Beschaffungspolitik auf internationale Quellen.
Green Supply Chain	Nachhaltiger Wandel von Ertragsketten zu Substanzketten unter strikter Wahrung ökonomischer, ökologischer und sozialer Aspekte (Sustainability).
Hard-(Soft)-Analyse	Abweichungsanalyse. Überleitung von Umsatz, EBIT und Jahresüberschuss. Synonym P-3-Analyse.
Horizontale Kooperationsstrategien	Zusammenarbeit mit Partnern der gleichen Wertschöpfungsstufe in der Supply Chain. Zumeist in Form Strategischer Allianzen.
House of Quality	Aufzeigen von Kunden- und Designanforderungen in der Produktentwicklung. Hilfsmittel für QFD.
Internet Retailer	Organisation, die Geschäftsabwicklung primär über das Internet betreibt.
Inventory Reserve	Wertberichtigung von Beständen auf Grund von Ungängigkeit.
Just-in-Sequence (JiS)	Beschaffungskonzept. Reihenfolgegerechte Anpassung der Bandgeschwindigkeit an jeweilige Kundennachfrage zur Bestandssenkung.
Just-in-Time (JiT)	Beschaffungskonzept. Produktionssynchrone Beschaffung von Waren mit dem Ziel möglichst geringer Lagerbestände. Historischer Vorläufer von JiS.

Kaizen Management	Politik der kleinen und kontinuierlichen Verbesserungsschritte (Continuous Improvement).
Kanban	Pullkonzept (Holkonzept). Bestandssenkungsinstrument durch Bildung vermaschter, selbst steuernder, dezentralisierter Regelkreise.
Kataloglieferant	Abruf von Standardteilen (DIN-Normen) quasi aus Katalog.
Kennzahlenradar	Spinnenbild. Instrument zur Aufdeckung von Soll-Ist-Abweichungen.
Key Performance Indicator (KPI)	Synonym „Kennzahl" oder „Ratio". Abgeleitet aus Performance Measurement.
Kollaborative Prozesse	Interorganisatorische Zusammenarbeit rechtlich selbständiger Partner in Echtzeit.
Konsignation	Eigentums- und Gefahrenübergang von Waren nach Abruf oder Fristverstreichung.
Kurier-, Express- und Paketdienst (KEP)	Selbständige Dienstleister zur flexiblen Warenverteilung kleiner Sendungsgrößen.
Lagerumschlagshäufigkeit	Kennzahl. Synonym „Turn Rate". Misst die Anzahl an Lagerumschlägen pro Jahr. Reziprok der vergangenheitsbezogenen Lagerreichweite.
Lean Management	Ausschöpfung von Optimierungspotenzialen durch Verschlankung von Hierarchien.
Lieferanten-Logistik-Zentrum (LLZ)	Sonderform der Konsignation. Ein von 3PL betriebenes Lager in der Nahe vom Verbaupunkt. Bestände sind im Eigentum der Lieferanten und im Besitz des 3PL.
Lieferservicegrad (LSG)	Kennzahl. Prozentsatz termin-, mengen- oder qualitätsgerechter Bestellpositionen.
Lifecycle Costing	Berücksichtigung von Kosten über den gesamten Produktlebensweg (Vorlaufphase, Marktphase, Nachlaufphase). Ansatz des strategischen Kostenmanagements.
Logistik	Primär physischer Material- und Warenfluss zur Raum- sowie Zeitüberbrückung. Grundausprägungen sind Beschaffungs-, Produktions- und Distributionslogistik.

Glossar

Logistikkette	Verknüpfung tradierter physischer Logistikaktivitäten zur Raum- und Zeitüberbrückung zwischen Wertschöpfungspartnern.
Make-to-Engineer (MTE)	Kundenauftragsbezogene Fertigung. Hervorbringung spezieller Entwicklungsleistungen. Häufig vorzufinden bei B2B- oder B2A-Abwicklungen.
Make-to-Order (MTO)	Kundenbezogene Fertigung (Built-to-Order). Fertigung standardisierter Artikel nach Kundenauftrag, Pull-Konzept.
Make-to-Stock (MTS)	Fertigung auf Lager (Push-Prinzip) zur Ausschöpfung von Skaleneffekten und Preisvorteilen.
Market-Based-View	Marktfokussierter Strategieansatz (Outside-In-Perspektive).
Market-into-Company	Hauptvariante von Target Costing. Ableitung von Zielkosten aus dem Markt.
Marketing Channel Management	Spezifizierung der Warendistribution in Richtung Kunde durch Optimierung der Absatzwege (Absatzmittler).
Mass Customization	Hybride Wettbewerbsstrategie, kundenindividuelle Massenfertigung durch gemischtes Push-Pull-Prinzip.
Material Requirement Planning (MRP I)	Sukzessivplanungskonzept von Materialbedarfen. Verfügbare Kapazitäten bleiben unberücksichtigt.
Material Resource Planning (MRP II)	Weiterentwicklung von MRP I. Sukzessivplanungskonzept von Materialbedarfen und Kapazitäten, recht langwierige Abstimmungsprozesse.
Materialflussanalyse	Umfassendes System zur räumlichen und zeitlichen Abgrenzung von Logistiknetzwerken.
Materialwirtschaft	Weiter gefasst als Beschaffung. Berücksichtigt gesamtes Materialhandling (Lagerhaltung, innerbetrieblichen Transport, Materialversorgung bis in die Fertigung).

Maverick-Buying	Wilder, unkontrollierter Einkauf vorbei an Rahmenverträgen. Besonders B- und C-Teile sind betroffen, Steigerung der durchschnittlichen Einkaufskosten.
Milk Run	Direkttransport. Simultane Distribution voller und gleichzeitige Einsammlung leerer Ladungsträger.
Modular Sourcing	Intensivierte Form „System Sourcing". Anlieferung vormontierter Module.
Multiple Sourcing	Freiwilliger Mehrquellenbezug. Pendant des Single Sourcings. Ausnutzung von Preisvorteilen. Spotmarktbeziehung, häufig auf Basis elektronischer Ausschreibungen zur Beschaffung von Katalogteilen.
Multiple User Warehouse	Gemeinsame Nutzung einer Lagerstätte durch mehrere rechtlich selbständiger Akteure. Cost Sharing der Logistikkosten.
Obsolete-Waren	Völlig ungängige Waren. Wertberichtigung bis maximal 95%.
Ökobilanz	Gegenüberstellung von Input- und Outputrelationen zur Förderung grüner Supply Chains. Nach der Thermodynamik können Energie und Masse weder erzeugt oder vernichtet, sondern nur umgewandelt werden.
Offshoring	Geografische Verlagerung von Aktivitäten primär ins Ausland an Tochtergesellschaften (Interner Offshore) oder rechtlich selbständige Partner (Offshore Outsourcing).
On Time Delivery to Commit	Kennzahl. „Liefertreue zum bestätigten Termin". Prozentsatz an Aufträgen, die zeitgerecht erledigt werden.
On Time Delivery to Request	Kennzahl. „Kundenwunschliefertreue". Prozentsatz pünktlich an Kunden ausgelieferter Bestellungen.
Online Analytical Processing (OLAP)	Managementunterstützung im Data Warehouse. Prägende Eigenschaften sind Multidimensionalität, Flexibilität, ergonomische Benutzeroberfläche und Schnelligkeit.

Glossar

Order Fulfillment Leadtime	Auftragsabwicklungszeit. Zeit in Tagen zur Bearbeitung von Kundenaufträgen.
Order Promising	Verfügbarkeitsprüfung. Hauptvarianten Available-to-Promise und Capable-to-Promise.
Order-to-Payment-S	Stufenförmiger Ablauf des Supply Chain Managements. Reicht vom Kundenauftrag (Order) bis zur Bezahlung (Payment). Pullorientierung.
Organization for Data Exchange by Teletransmission in Europe (ODETTE)	Europäischer Standard der Automobilindustrie zum elektronischen Datenaustausch (auf Basis von EDI).
Out-of-Stock	Nullbestand. Synonym "Stock-out".
Outpacing	Hybride Wettbewerbsstrategie. Rechtzeitiger Wechsel zwischen Kostenführerschaft und Differenzierung.
Payment-on-Production (POP)	Bezahlung erst nach Produktfertigstellung.
Performance Measurement	Basis für Balanced Scorecard (Performance Pyramid), Messung über Leistungskennzahlen.
Pionier-Follower-Management	Konzept zur Festlegung der optimierten Time-to-Market (Beschleunigung versus Entschleunigung).
Postponement	Bewusste Verzögerung von Supply-Chain-Aktivitäten. Fertigung unter der Berücksichtigung der Kostenaufwuchskurve.
Product Carbon Footprint	CO_2-Fußabdruck von Produkten und Prozessen zur Reduzierung der Treibhausgase. Umrechnung sämtlicher Treibhausgaspotenziale auf CO_2-Äquivalente.
Produktionsplanung und Produktionssteuerung (PPS)	Betriebswirtschaftliche Komponente von CIM. Rechnergestützte Produktionsplanung und Produktionssteuerung.
Prozesskostenrechnung	Kostentransparenz in indirekten Bereichen durch Identifizierung von Kostentreibern. Senkung von Gemeinkosten. Instrument des strategischen Kostenmanagements.
Quality Function Deployment (QFD)	Kunden- und ressourcenfokussierte Koordination qualitätsgetriebener Prozesse.

Glossar

Quick Response	Vorläufer von ECR. Ansatz aus der Bekleidungsindustrie, rasches Erkennen von Kundenwünschen.
Rack Jobbing	Automatische und selbständige Regalauffüllung durch Lieferanten.
Rapid Prototyping	Generatives Fertigungsverfahren (CAD-gestützt) zur Erstellung von Prototypen.
Recycling	Verwendung (Aufarbeitung) oder Verwertung (Aufbereitung) von Stoffen.
Reichweite der Bestände	Kennzahl. Synonym "Inventory Days of Supply" (Eindeckzeit). Messung der Kapitalbindung. Reziprok der Lagerumschlagshäufigkeit.
Resident Engineering	Temporäre Entsendung von Mitarbeitern der Lieferanten zu Kunden.
Resource-Based-View	Ressourcenfokussierter Ansatz zur Ausnutzung von Erfolgspotenzialen. Zumeist auf der Basis von Kernkompetenzen.
Retrodistribution	Entsorgung von Reststoffen.
Retrograde Terminierung	Fertigungssteuerung entgegen Materialfluss. Berücksichtigung diskontinuierlicher Prozesse.
Return on Capital Employed (ROCE)	Kennzahl. Bemessung der Kapitalrendite, indem die Relation EBIT zu eingesetztem Kapital abgeleitet wird.
Reverse Engineering	Dekomposition von Konkurrenzprodukten auf Teileebene.
Radio Frequency Identification (RFID)	Kontaktlose, elektronische Objektidentifizierung. Bestehend aus Rechner, Leseeinheit sowie Transponder (Tag). Identifikationstechnik.
Roll Cage Sequencing (RCS)	Beladung von Fahrzeugen zur filialgerechten Kommissionierung. Hilfsmittel von VMI.
Rüstkosten	Synonym „Einrichtkosten". Optimierung durch Erarbeitung von Rüstmatrizen.
Simultaneitätshypothese	Hybride Wettbewerbsstrategie. Gleichzeitige Kostenführerschaft und Differenzierung.

Glossar

Simultaneous Engineering	Parallelisierte Bearbeitung von Aufgaben in multifunktionalen Expertenteams.
Single Sourcing	Freiwilliger Einquellenbezug pro Materialart.
Sole Sourcing	Erzwungener Einquellenbezug pro Materialart.
Squeeze-in-Time	Kennzahl. Zeitspanne zur vollständigen Integration von Akteuren in Supply Chains.
Stereolithographie	CAD-orientierte Technik zur Erstellung von Prototypen aus Photopolymeren.
Strategische Allianz	Horizontale Kooperationsstrategie.
Strategy Map	Strategiekarte auf Basis der Balanced Scorecard. Visualisierungsmöglichkeit der strategischen Stoßrichtung.
Sublieferant	Indirekter Lieferant für Hersteller (2nd Tier oder höhere Ordnung).
Supplier Rating System (SRS)	System zur Lieferantenbewertung. Bewertung von Logistikfehlern.
Supplier Relationship Management (SRM)	Aktivitäten zur Auswahl, Entwicklung und Integration von Lieferanten.
Supply Chain Design (SCD)	Strategische Netzwerkgestaltung. Strategischer Überbau von Supply Chains.
Supply Chain Event Management (SCEM)	Frühwarnmechanismen für Supply-Chain-Systeme (permanente Überwachung).
Supply Chain Management (SCM)	Interne und netzgerichtete integrierte Aktivitäten von Versorgung, Entsorgung und Recycling, inklusive begleitende Geld- und Informationsflüsse.
Supply Chain Execution	Initiierung von Logistikaktivitäten durch Transportabwicklung, Produktionsabwicklung und Lagermanagement.
Supply Chain Operations Reference Model (SCOR)	Prozessreferenzmodell zur Standardisierung von Abläufen innerhalb der Supply Chain. Messung über Kennzahlen.
Supply Chain Relationship Management (SCRM)	Beziehungsaffiner Teil des Supply Chain Managements (Intensivierung sozialer Beziehungen).

Glossar

Supply Chain Scorecard	Scorecard unter besonderer Berücksichtigung von Supply-Chain-Aspekten. Z. B. Finanzen, Kunden, Prozesse, Lieferanten, Kooperation.
Synchronized Production	Synchronisierte Fertigung. Hilfsmittel von ECR.
Systemlieferant	Beliefert den Hersteller direkt, Lieferant erster Ordnung (First-Tier).
Target Costing	Zielkostenmanagement, Vollkostenrechnung, Instrument des strategischen Kostenmanagements.
Time Based Competition	Zeitfokussierte Optimierung, Time-to-Market in einer Supply Chain.
Time-to-Market	Zeitspanne im Innovationsprozess. Reicht von der Produktentwicklung bis zur Markteinführung.
Total Benefit of Ownership (TBO)	Gesamtnutzen einer Investition. Erweiterung von Total Cost of Ownership.
Total Cost of Ownership (TCO)	Anschaffungs- und Folgekosten über kompletten Produktlebensweg.
Total Quality Management (TQM)	Primär qualitätsfokussierte Prozesssteuerung zur Steigerung der Kundenzufriedenheit.
Tracking and Tracing	Sendungsverfolgungssystem. Bestehend aus Monitoring (Tracking) und Datenarchivierung (Tracing).
Transaktionskosten	Kosten, die bei Objektwechsel in neuen Wirkungskreis anfallen.
Transshipment Point	Docking Station, zentraler Umschlagspunkt (Cross Docking).
Upcycling	Recyclingform. Recyclete Stoffe konkurrieren mit Innovationen.
Upside Production Flexibility	Produktionssteigerungsflexibilität. Zeit in Tagen, um auf ungeplanten Nachfrageschub von 20% zu reagieren.
Value Analysis	Wertanalyse. Dekomposition von Produkten im Marktzyklus.

Glossar

Value Engineering	Wertgestaltung. Dekomposition von Produkten im Entstehungszyklus.
Vendor Managed Inventory (VMI)	Herstellergesteuerte Bestandsführung. Logistisches Kernelement von ECR. Abgeleitet aus Continuous Replenishment.
Vertikale Kooperationsstrategien	Systematische Einbeziehung vor- oder nachgelagerter Wertschöpfungsebenen in Supply Chains.
Virtuelle Frachtbörse	Elektronische Plattform gewerblichen Anbietens und Nachfragens von Frachtvorhaben.
Virtuelle Unternehmung	Organisation, die Kunden gegenüber als Einheit auftritt, ohne über aufbauorganisatorische oder juristische Strukturen zu verfügen.
Vorratsbeschaffung	Beschaffungsprinzip. Pufferbildung im Lager von B- und C-Teilen, insbesondere um Preisvorteile auszuschöpfen.
Web-EDI	Offener und standardisierter elektronischer Datenaustausch über das Internet. Bietet KMU die Möglichkeit, Änderungen der Bedarfe in Supply Chains rasch zu erkennen.
Wertschöpfungskette	Berücksichtigung sämtlicher Faktoren zur Wertsteigung und Wertvernichtung. Historischer Vorläufer des Supply Chain Managements.
Werttreiberbaum	Analytische oder sachlogische Verknüpfung von Kennzahlen in Systemen. Spitzenkennzahl ist ein Wurzelknoten.
Working Capital	Kennzahl. Liquiditätsbestimmung durch Umlaufvermögen (Liquidierbar kleiner ein Jahr) abzüglich kurzfristiger Verbindlichkeiten.
XYZ-Analyse	Differenzierung von Vorräten nach ihrem Verbrauchsverhalten.

Literaturverzeichnis

- ADAM, D./SIBBEL, R./WILDEMANN, H. (1999): Retrograde Terminierung. Ein integratives Konzept zur Fertigungssteuerung bei vernetzter Produktion und diskontinuierlichem Materialfluss, München 1999.
- AGHTE, K. (1959): Stufenweise Fixkostendeckungsrechnung im System des Direct Costing. In: Zeitschrift für Betriebswirtschaft, 03/(1959), S. 404-418.
- AKAO, Y. (1992): Quality Function Deployment. Wie die Japaner Kundenwünsche in Qualität umsetzen, Landsberg/Lech 1992.
- ALBRECHT, W. (2006): Im Spannungsfeld zwischen Kosten und Nutzen. „Total Cost of Ownership" eines Warehouse-Management-Systems und Lösungsansätze. In: Fördern und Heben, 05/(2006), S. 84-85.
- AMENT, K. (2004): Single Sourcing. Building Modular Documentation, New York 2004.
- ANDERSON, D. J. (2010): Kanban. Successful Change in your Technology Business, London 2010.
- ANGELES, R./NATH, R. (2007): Business-to-Business e-procurement. Success factors and challenges to implementation. In: Supply Chain Management, 02/(2007), S. 104-115.
- APPELFELLER, W./BUCHHOLZ, W. (2010): Supplier Relationship Management. Strategie, Organisation und IT des modernen Beschaffungsmanagements, 2. Aufl., Wiesbaden 2010.
- ARNOLD, D./KUHN, A./FURMANS, K./ISERMANN, H./TEMPELMEIER, H. [Hrsg.] (2008): Handbuch Logistik, 3. Aufl., Heidelberg 2008.
- ARNOLD, D./FURMANS, K. (2009): Materialfluss in Logistiksystemen, 6. Aufl., Berlin et al. 2009.
- ARNOLD, D./EßIG, M. (2000): Sourcing-Konzepte als Grundelemente der Beschaffungsstrategie. In: Wirtschaftswissenschaftliches Studium, 03/(2000), S. 122-128.
- ARNOLDS, H./HEEGE, F./RÖH, C./TUSSING, W. (2013): Materialwirtschaft und Einkauf. Grundlagen – Spezialthemen – Übungen, 12. Aufl., Wiesbaden 2013.
- ARNDT, H. (2010): Supply Chain Management. Optimierung logistischer Prozesse, 5. Aufl., Wiesbaden 2010.

Literaturverzeichnis

- ARNTZEN, B. C./BROWN, G. G./HARRISON, T. P./TRAFTON, L. L. (1995): Global Supply Chain Management – Digital Equipment Corporation. In: Interface, 01/(1995), S. 69-93.
- BACH, D. (2007): Das Instrument des Economic Value Added. Implementierungen und Bewertungen, Saarbrücken 2007.
- BÄCHLE, M./LEHMANN, F. R. (2010): E-Business. Grundlagen elektronischer Geschäftsprozesse im Web 2.0, München et al. 2010.
- BALZER, B./ZIRKLER, B. (2007): Time-driven Activity Based Costing. Entwicklung, Methodik, Anwendungsfelder, Saarbrücken 2007.
- BATCHELOR, J./SCHMIDT, S. (2004): Just in time – das Missverständnis eines Jahrzehnts. Der „schlanken Produktion" folgt ein schwerfälliger Vertrieb. In: FAZ vom 10.01.2004, S. 25.
- BAUER, A./GÜNZEL, H. (2008): Data-Warehouse-Systeme. Architektur, Entwicklung, Anwendung, 3. Aufl., Berlin 2008.
- BAUMGARTEN, C. (2009): Möglichkeiten und Grenzen der Materialflussanalyse zur Optimierung der Supply Chain – am Beispiel der Dow Corning GmbH, Master-Thesis, Hochschule RheinMain, Wiesbaden Business School, Wiesbaden 2009.
- BAUMGARTEN, H. (2001a): Trends und Strategie in der Logistik – Die Entwicklung und Zukunft der Logistik. In: BAUMGARTEN, H. [Hrsg.] (2001), S. 9-34.
- BAUMGARTEN, H. (2001b): 4PL in der Praxis: Auf halbem Weg. In: Logistik Heute, 03/(2001), S. 9-10.
- BAUMGARTEN, H. (2004): Entwicklungsphasen des Supply Chain Managements. In: BAUMGARTEN, H./DARKOW, I.-L./ZADEK, H. [Hrsg.] (2004), S. 51-70.
- BAUMGARTEN, H. [Hrsg.] (2001): Logistik im E-Zeitalter. Die Welt der globalen Logistiknetzwerke, Frankfurt 2001.
- BAUMGARTEN, H./WIENDAHL, H.-P./ZENTES, J. [Hrsg.] (2002): Logistik-Management. Strategien – Konzepte – Praxisbeispiele, Berlin et al. 2002.
- BAUMGARTEN, H./DARKOW, I.-L./ZADEK, H. [Hrsg.] (2004): Supply Chain Steuerung und Services. Logistik-Dienstleister managen globale Netzwerke – Best Practices, Berlin et al. 2004.
- BECHTEL, C./JAYARAM, J. (1997): Supply Chain Management. A Strategic Perspective. In: The International Journal of Logistics Management, 01/(1997), S. 15-34.
- BECKER, T. (2004): Supply Chain Prozesse: Gestaltung und Optimierung. In: BUSCH, A./DANGELMAIER, W. [Hrsg.] (2004), S. 63-87.

Literaturverzeichnis

- BECKMANN, H. (2004): Supply Chain Management. Grundlagen, Konzept und Strategien. In: BECKMANN, H. [Hrsg.] (2004), S. 1-97.
- BECKMANN, H. (2007): SCM-Kompass Vendor Managed Inventory: Leitfaden zur systematischen Potenzialanalyse. In: Jahrbuch Logistik 2007, S. 90-94.
- BECKMANN, H. [Hrsg.] (2004): Supply Chain Management. Strategien und Entwicklungstendenzen in Spitzenunternehmen, Berlin et al. 2004.
- BELLOVODA, B. (2011): Die Entwicklung von Postponement. Rückblick, Gegenwart, Ausblick, München 2011.
- BERENTZEN, C. (2000): Bündelung der Kräfte. Der Supply Chain Management-Ansatz der Berentzen-Gruppe AG. In: PFOHL, H. C. [Hrsg.] (2000), S. 71-105.
- BETGE, D. (2006): Koordination in Advanced Planning und Scheduling-Systemen, Wiesbaden 2006.
- BIEDERMANN, H. (2008): Ersatzteilmanagement. Effiziente Ersatzteillogistik für Industrieunternehmen, 2. Aufl., Berlin et al. 2008.
- BIEL, A./DEYHLE, A. [Hrsg.] (2003): Controlling mit Kennzahlen, Offenburg 2003.
- BÖNNEKEN, M. (2005): Entsorgungslogistik, Frankfurt 2005.
- BOLSTORFF, P. A./ROSENBAUM, R. G./POLUHA, R. G. (2008): Spitzenleistungen im Supply Chain Management. Ein Praxisbuch zur Optimierung mit SCOR, Berlin et al. 2008.
- BOTHE, K. (1989): Strategic Supply Chain. A Blueprint for revitalising the manufacturer-supplier-partnership, Amacon 1989.
- BOWERSOX, D. J./CLOSS, A. J. (1996): Logistical Management. The Integrated Supply Chain Process, New York 1996.
- BOWERSOX, D. J. (1997): Lessons Learned from the World Class Leaders. In: Supply Chain Management Review, 01/(1997), S. 61-67.
- BOWERSOX, D. J. (1998): Integrated Supply Chain Management. A Strategic Imperative. In: Journal of Logistics Management, 03/(1998), S. 181-193.
- BRAUER, J.-P./HORN, T. (2009): Gestaltungsmöglichkeiten zum Aufbau Ihres Qualitätsmanagementsystems, 5. Aufl., Berlin et al. 2009.
- BRETZKE, W.-R. (2007): „Supply Chain Management". 7 Thesen zur zukünftigen Entwicklung logistischer Netzwerke, Unterlagen der GOR Tagung in St. Leon/Rot 2007.
- BRETZKE, W.-R. (2010): Logistische Netzwerke, 2. Aufl., Berlin et al. 2010.
- BRETZKE, W.-R./BARKAWI, K. (2012): Nachhaltige Logistik. Antworten auf eine globale Herausforderung, 2. Aufl., Berlin et al. 2012.

Literaturverzeichnis

- BREWER, P. C./SPEH, T. W. (2000): Using the Balanced Scorecard to Measure Supply Chain Performance. In: Journal of Business Logistics, 01/2000, S. 75-93.
- BREWER, P. C./SPEH, T. W. (2001): Adapting the Balanced Scorecard to Supply Chain Management. In: Supply Chain Management Review, 03-04/(2001), S. 48-56.
- BRUHN, M. (2010): Qualitätsmanagement für Dienstleistungen. Grundlagen, Konzepte, Methoden, 8. Aufl., Berlin et al. 2010.
- BRUHN, M. (2011): Kundenorientierung. Bausteine für ein exzellentes Customer Relationship Management (CRM), 4. Aufl., München 2011.
- BRÜLL, L./HÜBL, P./METZ, R./ROSSI, H. (2007): Ein neues Rüstzeug für optimales Bestandsmanagement. In: Jahrbuch Logistik 2007, S. 95-98.
- BRUNNER, F. J. (1992): Produktplanung mit Quality Function Deployment. In: IO Management, 06/(1992), S. 42-46.
- BRUNNER, P./RECHBERGER, H. (2003): Practical Handbook of Material Flow Analysis. Advanced Methods and Waste Management, London 2003.
- BUCHHOLZ, W./APPELFELLER, W. (2010): Supplier Relationship Management. Strategie, Organisation und IT des modernen Beschaffungsmanagements, 2. Aufl., Wiesbaden 2010.
- BUCHHOLZ, W./WERNER, H. (1997): Strategien und Instrumente zur Verkürzung der Produktentwicklungsdauer. In: Die Betriebswirtschaft, 05/(1997), S. 694-709.
- BUCHHOLZ, W./WERNER, H. [Hrsg.] (2001): Supply Chain Solutions. Best Practices in e-Business, Stuttgart 2001.
- BUSCH, A./DANGELMAIER, W./PAPE, U./RÜTHER, M. (2003): Marktspiegel Supply Chain Management. Potenziale – Konzepte – Anbieter im Vergleich, Wiesbaden 2003.
- BUSCH, A./DANGELMAIER, W. [Hrsg.] (2004): Integriertes Supply Chain Management. Theorie und Praxis effektiver unternehmensübergreifender Geschäftsprozesse, 2. Aufl., Wiesbaden 2004.
- CAMP, R. C. (2006): Benchmarking. The search for Industry Best Practices that Lead to Superior Performance, New York 2006.
- CAVINATO, J. L. (1992): A Total Cost/Value Model for Supply Chain Competitiveness. In: Journal of Business Logistics, 02/(1992), S. 285-301.
- CHENG, T. C. E./LI, J./WAN, J. (2010): Postponement Strategies in Supply Chain Management, Berlin et al. 2010.
- CHOW, G./HEAVER, T. D./HENRIKSSON, L. E. (1994): Logistics Performance: Definition and Measurement. In: International Journal of Physical Distribution and Logistics Management, 01/(1994), S. 17-28.

Literaturverzeichnis

- CHOPRA, S./MEIDL, P. (2008): Supply Chain Management. Strategy, Planning, Operation, 3. Aufl., New York 2008.
- CHRISTOPHER, M. [Hrsg.] (1992): Logistics. The Strategic Issue, London 1992.
- CHRISTOPHER, M. (2004): Logistics and Supply Chain Management. Creating Value-Adding Networks, 3. Aufl., New York 2004.
- COHEN, S./ROUSSEL, J. (2006): Strategisches Supply Chain Management, Heidelberg 2006.
- COOPER, M. C./LAMBERT, D. M./PAGH, J. D. (1997): Supply Chain Management: More Than a New Name for Logistics. In: The International Journal of Logistics Management, 01/(1997), S. 1-14.
- COPACINO, W. C. (1997): Supply Chain Management: The Basics and Beyond, New York 1997.
- CORNELSEN, J./DILLER, H. (2000): Kundenwertanalysen im Beziehungsmarketing. Theoretische Grundlagen und Ergebnisse einer empirischen Studie im Automobilbereich, Nürnberg 2000.
- CORSTEN, D. (2001): Gestaltungsprinzipien des Supply Chain Managements. In: IO Management 04/(2001), S. 36-41.
- CORSTEN, D. (2004): Efficient Consumer Response. Adaption, Theory, Model and empirical Results, München et al. 2004.
- CORSTEN, D./GÖSSINGER, R. (2007): Einführung in das Supply Chain Management, 2. Aufl., München 2007.
- CORSTEN, D./GABRIEL, C. (2012): Supply Chain Management erfolgreich umsetzen. Grundlagen, Realisierung und Fallstudien, Berlin et al. 2011.
- CROOM, S./ROMANO, P./GIANNAKIS, M. (2000): Supply Chain Management. An analytical framework for critical literature review. In: European Journal of Purchasing & Supply Chain Management, 06/(2000), S. 67-83.
- DANGELMAIER, W. (2003): Produktion und Information. System und Modell, Darmstadt 2003.
- DANKMEIER, W. (2013): Grundkurs Codierung, 4. Aufl., Köln 2013.
- DAUGHERTY, P. J./ELLINGER, A. E./GUSTIN, C. M. (1996): Integrated logistics. Achieving logistics performance improvements. In: Supply Chain Management, 03/(1996), S. 25-33.
- DAVIS, T. (1993): Effective Supply Chain Management. In: Sloan Management Review, 04/(1993), S. 35-46.
- DELFMANN, W. (2004): Postponement. In: KLAUS, P./KRIEGER, W. [Hrsg.] (2004), S. 380-381.

Literaturverzeichnis

- DEMING, W. E. (2000): Out of crises. The Deming Management Method, Chicago 2000.
- DEYHLE, A. (2003): Kennzahlen-Darstellung mit Bildern. In: BIEL, A./DEYHLE, A. [Hrsg.] (2003), S. 94-108.
- DICKMANN, P. (2008): Schlanker Materialfluss mit Lean Production, Kanban und Innovationen, 2. Aufl., Darmstadt 2008.
- DINGER, H. (2002): Target Costing. Praktische Anwendung in der Produktentwicklung, München 2002.
- DOMINIK, K./HERMANN, S. (2007): Netzwerkkompetenz als zentrale Herausforderung für kleine und mittelständische Logistikdienstleister. In: Jahrbuch Logistik 2007, S. 50-53.
- DOUGLAS, M. L./EMMELHAINZ, M. A./GARDNER, J. T. (1996): Developing and Implementing Supply Chain Partnership. In: The International Journal of Logistics Management, 02/(1996), S. 1-17.
- DREESER, C. (2007): Efficient Consumer Response aus Sicht der Logistik. Grundlagen, Konzepte, Lösungen, München 2007.
- EL-BERISHI, E. (2011): An advanced production and planning system, New York 2011.
- EILAM, E. (2005): Secrets of Reverse Engineering, New Orleans 2005.
- EITELWEIN, O./WOHLTHAT, A. (2005): Steuerung des Working Capital im Supply Chain Management über die Cash-to-Cash-Cycle Time. In: Zeitschrift für Controlling und Management, 06/(2005), S. 416-425.
- ELLRAM, L. M. (1990): Supply Chain Management, Partnerships and the Shipper-Third Party Relationship. In: International Journal of Logistics Management, 01/(1990), S. 1-10.
- ELLRAM, L. M. (1991): Supply Chain Management: The Industrial Organization Perspective. In: International Journal of Physical Distribution and Logistics Management, 01/(1991), S. 13-22.
- ELLRAM, L. M./COOPER, M. C. (1993): The Relationship between Supply Chain Management and Keiretsu. In: The International Journal of Logistics Management, 01/(1993), S. 1-12.
- EMMETT, S./SOOD, V. (2010): Green Supply Chains. An Action Manifesto, London 2010.
- EMRICH, C. (2008): Multi-Channel-Communications- und Marketing-Management, Wiesbaden 2008.
- ESSIG, M./HÜLSMANN, M./KERN, E.-M.; KLEIN-SCHMEIK, S. (2012): Supply Chain Safety Management. Security and Robustness in Logistics, Berlin et al. 2012.

Literaturverzeichnis

- EVERSHEIM, W./SCHUH, G. (2004): Integrierte Produkt- und Prozessgestaltung, Berlin 2004.
- FAWCETT, S. E./ELLRAM, L./OGDEN, J. (2006): Supply Chain Management. From Vision to Implementation. An Integrative Approach, Boston 2006.
- FIEDLER, K. (2010): Green Logistics. Logistikunternehmen im Spannungsfeld zwischen Ökonomie und Ökologie, München 2010.
- FINKENZELLER, K (2012): RFID-Handbuch. Grundlagen und praktische Anwendungen induktiver Funkanlagen, Transponder und kontaktloser Chipkarten, 6. Aufl., München et al. 2012.
- FISHER, M. L. (1997): What is the right Supply Chain for your Product? In: Harvard Business Review, 05-06/(1997), S. 105-116.
- FLECK, A. (1995): Hybride Wettbewerbsstrategien, Wiesbaden 1995.
- FLAPPNER, S. D. P./NUNEN, J. A. E. E./WASSENHOVE, L. N. V. (2005): Managing closed loop Supply Chains, Berlin et al. 2005.
- FORRESTER, J. (1958): Industrial Dynamics. A major Breakthrough for Decision Makers. In: Harvard Business Review, 04/(1958), S. 37-66.
- FRANKE, W./DANGELMAIER, W./SPRENGER, C./WECKER, F. (2006): RFID. Leitfaden für die Logistik, Wiesbaden 2006.
- FRUNZKE, H. (2004): Von der Kompetenz im strategischen Management zur Netzkompetenz. In: PFOHL, H. [Hrsg.] (2004), S. 13-41.
- FÜRSTENBERG, F./VOGELER, S. (2012): Supply Chain Event Management, Berlin 2012.
- GABRIEL, R./GLUCHOWSKI, P./PASTWA, A. (2009): Datawarehouse und Data Mining, Witten 2009.
- GAMWEGER, J./JÖBSTL, O./STROHMANN, M. (2009): Design for Six Sigma. Kundenorientierte Produkte und Prozesse fehlerfrei entwickeln, München 2009.
- GARBER, T. (2005a): RFID-Technologie. Goldene Zukunft oder nur ein Marketing-Hype? In: Absatzwirtschaft – Zeitschrift für Marketing, 02/(2005), S. 30-34.
- GARBER, T. (2005b): Auf dem Grad zwischen Kundenservice und Protest. In: Absatzwirtschaft – Zeitschrift für Marketing, 02/(2005), S. 35-38.
- GATTORNA, J. L. [Hrsg.] (1998): Strategic Supply Chain Alignment. Best Practice in Supply Chain Management, Aldershot 1998.
- GEBHARDT, A. (2006): Generative Fertigungsverfahren. Rapid Prototyping, Rapid Tooling, Rapid Manufacturing, Wiesbaden 2006.
- GEIGER, G./HERING, E./KUMMER, R. (2011): Kanban. Optimale Steuerung von Prozessen, 3. Aufl., Leipzig 2011.

Literaturverzeichnis

- GEISLER, M. (2003): Quality Function Deployment als Instrument zielorientierter Unternehmensführung, Köln 2003.
- GIENKE, H./KÄMPF, R. (2007): Handbuch Produktion. Innovatives Produktionsmanagement: Organisation, Konzepte, Controlling, München 2007.
- GILBERT, X./STREBEL, P. (1985): Outpacing Strategies. In: Imede – Perspectives for Managers, 09/(1985).
- GLEICH, R. (2011): Performance Measurement. Konzepte, Fallstudien und Grundschema für die Praxis, 2. Aufl., München 2011.
- GOLDMAN SACHS (2004): eAutomotive – Gentlemen, Start Your Search Engines, 01/(2004).
- GOLLEK, D. (2011): Erfolgsfaktoren elektronischer Märkte, München 2011.
- GOMEZ, J. M./RAUTENSTRAUCH, C./CISSEK, P. (2006): Einführung in SAP Business Information Warehouse, Berlin et al. 2006.
- GOMM, M./TRUMPFHELLER, M. (2004): Netzwerke in der Logistik. In: PFOHL, H. [Hrsg.] (2004), S. 43-65.
- GÖBBERT, M./ZÜRL, K. H. (2006): FMEA Grundlagen, Freiburg 2006.
- GÖPFERT, I. (2004): Einführung, Abgrenzung und Weiterentwicklung des Supply Chain Managements. In: BUSCH, A./DANGELMAIER, W. [Hrsg.] (2004), S. 25-44.
- GÖPFERT, I. (2012): Recycling. In: KLAUS, P./KRIEGER, W. [Hrsg.] (2012), S. 399-401.
- GRONAU, N. (2010): Enterprise Resource Planning. Architektur, Funktionen und Management von ERP-Systemen, 2. Aufl., Berlin 2010.
- GRONAU, N. (2006): Advanced Planning and Scheduling, München et al. 2006.
- GROOVER, M. P. (2008): Automation, Production Systems and Computer-Integrated-Manufacturing, London 2008.
- GRUNDIG, C.-G. (2012): Fabrikplanung. Planungssystematik, Methoden, Anwendung, 4. Aufl., München 2012.
- GRUNWALD, A./KOPFMÜLLER, J. (2012): Nachhaltigkeit, 2. Aufl., München 2012.
- GUDEHUS, T. (2010): Logistik. Grundlagen, Strategien, Anwendung, 4. Aufl., Heidelberg et al. 2010.
- GUNDEL, T. (2011): Der Economic Value Added als Steuerungs- und Bewertungsinstrument, Wiesbaden 2011.
- GÜNTER, H.-O./VAN BEEK, P. (2010): Advanced Planning and Scheduling Solutions in Process Industry, Berlin et al. 2010.

- GUSTAFSSON, A./HERRMANN, A./HUBER, F. (2007): Conjoint Measurement. Methods and Applications, 2. Aufl., Berlin et al. 2007.
- HAASIS, H.-D. (2008): Produktions- und Logistikmanagement. Planung und Gestaltung von Wertschöpfungsprozessen, Wiesbaden 2008.
- HÄBERLE, S. G. [Hrsg.] (2008): Lexikon der Betriebswirtschaftslehre, Stuttgart 2008.
- HAHN, D./TAYLOR, B. [Hrsg.] (2006): Strategische Unternehmungsplanung – Strategische Unternehmungsführung, 9. Aufl., Berlin 2006.
- HAMMER, M./CHAMPY, J. (2004): Reengineering the Corporation, New York 2004.
- HANDFIELD, R. B./NICHOLS, E. L. (1999): Introduction to Supply Chain Management, Upper Saddle River 1999.
- HANISCH, S. (2006): Das Konzept der Mass Customization: Grundlagen, Praxis und Perspektiven für Anbieter-Kunden-Beziehungen, Saarbrücken 2006.
- HARNISCH, D. M. (2011): Cross Docking. Optimierungspotentiale im Distributionsprozess, München 2011.
- HARPS, L. H. (1996): Crossdocking for Savings. In: Inbound Logistics, 05/(1996), S. 13-20.
- HARRINGTON, J. (1973): Computer Integrated Manufacturing, New York 1973.
- HARRINGTON, L. (1995): Logistics, Agent for Change: Shaping the Integrated Supply Chain. In: Journal of Transportation & Distribution, 02/(1995), S. 30-34.
- HAUSEN, T. (2005): Elektronischer Handel. Einbettung der Geschäftsbeziehungen und Supply Chains, Berlin 2005.
- HAUSSTÄDTLER, U. (2008): Der Einsatz von Virtual Reality in der Praxis. Handbuch für Studenten und Ingenieure, Aachen 2008.
- HEESEN, B. (2012): Cash- und Liquiditätsmanagement, Wiesbaden 2012.
- HELLINGRATH, B. (2007): Szenarien zukünftiger Logistiksysteme und Logistikprozesse in der Automobilindustrie. In: Jahrbuch Logistik 2007, S. 16-22.
- HELLINGRATH, B./HEGMANNS, T./MAAß, J.-C./TOTH, M. (2008): Prozesse in Logistiknetzwerken - Supply Chain Management. In: ARNOLD, D./KUHN, A./FURMANS, H./ISERMANN, H./TEMPELMEIER, H. [Hrsg.] (2008), S. 459-486.
- HERMANNS, A./BAGUSAT, A. (2008): E-Commerce. In: HÄBERLE, S. G. [Hrsg.] (2008), S. 315-319.

Literaturverzeichnis

- HERTEL, J./ZENTES, J./SCHRAMM-KLEIN, H. (2011): Supply Chain Management und Warenwirtschaftssysteme im Handel, 2. Aufl., Berlin et al. 2011.
- HESS, G. (2010): Supply-Strategien in Einkauf und Beschaffung. Systematischer Ansatz und Praxisfälle, 2. Aufl., Wiesbaden 2010.
- HEWITT, F. (1994): Supply Chain Redesign. In: The International Journal of Logistics Management, 05/(1994), S. 1-9.
- HEYDT, A. V. D. (1998): Efficient Consumer Response, 3. Aufl., Frankfurt 1998.
- HEYDT, A. V. D. (1999): Handbuch Efficient Consumer Response. Konzepte, Erfahrungen, Herausforderungen, München 1999.
- HILDEBRAND, H. [Hrsg.] (2002): Supplier Relationship Management, Heidelberg 2002.
- HILDEBRANDT, H./KOPPELMANN, U. [Hrsg.] (2000): Beziehungsmanagement mit Lieferanten. Konzepte, Instrumente, Erfolgsnachweise, Stuttgart 2000.
- HIPPNER, H./HUBRICH, B.; WILDE, K. D.; ARNDT, D. (2011): Grundlagen des CRM. Strategie, Geschäftsprozesse und IT-Unterstützung, 3. Aufl., Wiesbaden 2011.
- HOFMANN, N./SASSE, A./HAUSER, M./BALZER, B. (2007): Investitions-, Finanz- und Working Capital Management als Stellhebel zur Steigerung der Kosteneffizienz. In: Controlling, 03/(2007), S. 153-163.
- HOLLAND, H./HERRMANN, J./MACHENHEIMER, G. (2001): Efficient Consumer Response. Praxisbeispiele zur Effizienzsteigerung für Handel und Industrie, Frankfurt 2001.
- HOLZMÜLLER, B. (2003): Einführung eines Kanban-Systems als Teil des Kostenmanagements, Ravensburg 2003.
- HOPPE, M. (2006): Absatz- und Bestandsplanung mit SAP APO, Köln 2006.
- HORVÁTH, P. (2011): Controlling, 12. Aufl., München 2011.
- HORVÁTH, P./KAPLAN, R. E./NORTON, D. P./MENDE, M. (2004): Balanced Scorecard. Unternehmen erfolgreich steuern. Die Scorecard verstehen, die Scorecard optimieren, Hamburg 2004.
- HORVÁTH, P./GAISER, B./VOGELSANG, P (2006): Quo vadis Balanced Scorecard? Implementierungserfahrungen und Anregungen zur Weiterentwicklung. In: HAHN, D./TAYLOR, B. [Hrsg.] (2006), S. 151-171.
- HOSTETTLER, S. (2002): Economic Value Added (EVA). Darstellung und Anwendung auf Schweizer Aktiengesellschaften, 5. Aufl., Bern 2002.

Literaturverzeichnis

- HOSTETTLER, S./STERN, H. J. (2007): Das Value Cockpit. Sieben Schritte zur wertorientierten Führung für Entscheidungsträger, 2. Aufl., Weinheim 2007.
- HOULIHAN, J. B. (1985): International Supply Chain Management. In: International Journal of Physical Distribution and Materials Management, 01/(1985), S. 22-38.
- HUGHES, J./RALF, M./MICHELS, B. (2001): Supply Chain Management, Landsberg/Lech 2001.
- HUNDT, L. (2008): Electronic Data Interchange und seine rechtliche Dimension (E-Business), Saarbrücken 2008.
- HUMMEL, T./MALORNY, C. (2011): Total Quality Management. Tipps für die Einführung, 4. Aufl., München 2011.
- HUNEWALD, C. (2005): Supply Chain Event Management. Anforderungen und Potenziale am Beispiel der deutschen Automobilindustrie, Berlin 2005.
- IJIOUI, R./EMMERICH, H./CEYP, M. [Hrsg.] (2007): Supply Chain Event Management. Konzepte, Prozesse, Einflussfaktoren und Praxisbeispiele, Berlin et al. 2007.
- JANSEN, R./REISING, A. (2001): E-Demand Chain Management als kundenorientierte „real time" Prozesssteuerung. In: Controlling, 04-05/(2001), S. 197-202.
- JESTON, J. (2006): Business Process Management. Practical Guidelines to Successful Implementations, London 2006.
- JONES, T. C./RILEY, D. W. (1985): Using Inventory for Competitive Advantage through Supply Chain Management. In: International Journal of Physical Distribution and Materials Management, 05/(1985), S. 16-26.
- JOOS-SACHSE, T. (2006): Controlling, Kostenrechnung und Kostenmanagement. Grundlagen, Instrumente und neue Ansätze, 4. Aufl., 2006.
- JUSTIN, H. (2005): Möglichkeiten und Grenzen der Radio Frequency Identification (RFID)-Technologie in der Supply Chain: Möglichkeiten und Grenzen. Diplomarbeit, Hochschule RheinMain, Wiesbaden Business School, Wiesbaden 2005.
- KAIRIES, P. (2008): So analysieren Sie Ihre Konkurrenz. Konkurrenzanalyse und Benchmarking in der Praxis, 8. Aufl., Köln 2008.
- KAMINSKI, T. (2006): Economic Value Added. Konzept, Analyse, Einsatzmöglichkeiten und Vergleich, Saarbrücken 2006.
- KAMISKE, G. F./BRAUER, J.-P. (2011): Qualitätsmanagement von A bis Z. Erläuterung moderner Begriffe des Qualitätsmanagements, 7. Aufl., München et al. 2011.

Literaturverzeichnis

- KAPLAN, R. S./NORTON, D. P. (1997): Balanced Scorecard. Strategien erfolgreich umsetzen. Aus dem Amerikanischen von HORVÁTH, P. ET AL., Stuttgart 1997.
- KAPLAN, R. S./NORTON, D. P. (2000): Having Trouble with your Strategy? Then Map It, Harvard Business Review, 09-10/(2000), S. 167-176.
- KAPLAN, R. S./NORTON, D. P. (2001a): Die Strategiefokussierte Organisation, Führen mit der Balanced Scorecard, Stuttgart 2001.
- KAPLAN, R. S./NORTON, D. P. (2001b): Wie Sie die Geschäftsstrategie den Mitarbeitern verständlich machen. In: Harvard Business Manager, 02/(2001), S. 60-70.
- KAPLAN, R. S./NORTON, D. P. (2004a): Strategy Maps – Der Weg von immateriellen Werten zum materiellen Erfolg, Stuttgart 2004.
- KAPLAN, R. S./NORTON, D. P. (2004b): In Search of Excellence – der Maßstab muss neu definiert werden. In: Harvard Business Manager 10/(2004), S. 146-156.
- KAPLAN, R. S./NORTON, D. P. (2006): Alignment. Mit der Balanced Scorecard Synergien schaffen, Stuttgart 2006.
- KAPLAN, R. S./NORTON, D. P. (2009): Der effektive Strategieprozess. Erfolgreich mit dem 6-Phasen-System, Frankfurt et al. 2009.
- KAPLAN, R. S./ANDERSON, S. R. (2007): Time-Driven Activity-Based Costing, New York 2007.
- KAPLAN, S./SAWHNEY, M. (2000): Revolution im Einkauf – neue elektronische Marktplätze. In: Harvard Business Manager, 06/(2000), S. 56-63.
- KARJALAINEN, K./KEMPPAINEN, K./VAN RAAIJ, E. M. (2008): Non-Complaint Work Behaviour in Purchasing. An Exploration of Reasons Behind Maverick Buying. In: Journal of Business Ethics, 01/(2008), S. 1-19.
- KERKHOFF, G. (2006): Global Sourcing. How to Benefit from International Procurement, Wiesbaden 2006.
- KERKMANN, L. (2005): Vendor Managed Inventory goes Hollywood. Umsetzung am Beispiel der Home Entertainment Sparte von Twentieth Century Fox Deutschland. Diplomarbeit, Hochschule RheinMain, Wiesbaden Business School, Wiesbaden 2005.
- KERN, C. (2006): Anwendung von RFID-Systemen, Berlin et al. 2006.
- KILGER, C./STAHUBER, A. (2002): Integrierte Logistiknetzwerke in der High-Tech-Industrie: Case Study i2 Technologies. In: BAUMGARTEN, H./WIENDAHL, H.-P./ZENTES, J. [Hrsg.] (2002), S. 477-505.
- KILIMANN, S. (1997): Entsorgungslogistik in der Kreislaufwirtschaft, Dresden 1997.

Literaturverzeichnis

- KLAUS, P. (2012): Supply Chain Management. In: KLAUS, P./KRIEGER W. [Hrsg.] (2012), S. 454-461.
- KLAUS, P./KRIEGER, W. [Hrsg.] (2012): Gabler Lexikon Logistik, 5. Aufl., Wiesbaden 2012.
- KLAUS, P./STABERHOFER, F./ROTHBÖCK, M. [Hrsg.] (2007): Steuerung von Supply Chains. Strategien, Methoden, Beispiele, Wiesbaden 2007.
- KLEEMANN, F. C. (2006): Global Sourcing, Köln 2006.
- KLEPZIG, H.-J. (2010): Working Capital und Cash Flow. Finanzströme durch Prozessmanagement optimieren, 2. Aufl., Wiesbaden 2017
- KLEVERS, T. (2012): Agile Prozesse mit Wertstrommanagement. Bestände abbauen – Durchlaufzeiten senken – flexibler reagieren, München 2012.
- KLIMANT, H./PIORASCHKE, R./SCHÖNFELD, D. (2012): Informations- und Kodierungstheorie, 4. Aufl., Kiel 2012.
- KLINKER, R./NÜRBCHEN, N./THOM, A. (2007): Präventive Qualitätssicherung zur operativen Risikostreuung in der industriellen Logistik. In: Jahrbuch Logistik 2007, S. 104-108.
- KLÖPPFER, W./GRAHL, B. (2012): Ökobilanz (LCA), Berlin 2012.
- KÖCHER, M.-T. (2006): Fulfillment im E-Commerce. Gestaltungsansätze, Determinanten, Wirkungen (Innovation und Konzeption), Wiesbaden 2006.
- KÖNIG, R. (2009): Advanced Planning. Vergleich traditioneller Planungssysteme vs. APS-Systeme, Hamburg 2009.
- KOETHER, R. (2006): Taschenbuch der Logistik, Leipzig 2006.
- KRACKLAUER, A./MILLS, Q. D./SEIFERT, D. (2002): Kooperatives Kundenmanagement. Gemeinsames Gewinnen im Markt. In: KRACKLAUER, A./MILLS, Q. D./SEIFERT, D. [Hrsg.] (2002), S. 21-84.
- KRACKLAUER, A./MILLS, Q. D./SEIFERT, D. (2002) [Hrsg.]: Kooperatives Kundenmanagement, Wiesbaden 2002.
- KRCMAR, H. (2009): Informationsmanagement, 5. Aufl., Berlin 2009.
- KRMNIN-BUCH, B. (2012): Strategisches Kostenmanagement. Grundlagen und moderne Instrumente, 5. Aufl., Wiesbaden 2012.
- KROKOWSKI, W. (1993): Total Cost of Ownership (Toco). Ein unterstützendes Instrument zur Lieferantenauswahl im Bereich der Beschaffungslogistik. In: RKW-Handbuch Logistik, 01/(1993), Artikel 5070.
- KRÜGER, G. H. (2011): Mit Kennzahlen Unternehmen steuern. Spezifische Bereichskennzahlen, Kennzahlensysteme, Branchen-Benchmarks, Herne 2011.

Literaturverzeichnis

- KRÜGER, R. (2004): Das Just-in-Time-Konzept für globale Logistiknetzwerke, Berlin 2004.
- KRUPP, M./KLAUS, P. (2008): Beziehungsnetzwerke. In: KLAUS, P./KRIEGER, W. [Hrsg.] (2008), S. 64-69.
- KUHN, A./HELLINGRATH, B. (2002): Supply Chain Management. Optimierte Zusammenarbeit in der Wertschöpfungskette, Berlin et al. 2002.
- KUHN, P. (2007): Analyse und Darstellung des Total Cost of Ownership Ansatzes, Ravensburg 2007.
- KÜHNEL, A. (2009): Demand Side von Efficient Consumer Response im Handel. Ziele, Strategien, Implementierungsansätze und Probleme am Beispiel eines Handelsunternehmens, Saarbrücken 2009.
- KUMMER, S./EINBOCK, M./WESTERHEIDE, C (2005): RFID in der Logistik. Handbuch für die Praxis, Wien 2005.
- KURBEL, K. (2005): Produktionsplanung und -steuerung im Enterprise Resource Planning und Supply Chain Management, 6. Aufl., Berlin 2005.
- LAAKMANN, F./NAYABI, K./HIEBER, R./HELLINGRATH, B. (2003): Marktstudie 2003. Supply Chain Management Software-Planungssysteme im Überblick, Stuttgart et al. 2003.
- LAMBERT, D. M./POHLEN, T. L. (2001): Supply Chain Matrics. In: International Journal of Logistics Management, 12/(2001), S. 1-19.
- LAMMERS, L. M. (2012): Efficient Consumer Response. Strategische Bedeutung und organisatorische Implikationen absatzorientierter ECR-Kooperationen, Wiesbaden 2012.
- LARGE, R. (2009): Strategisches Beschaffungsmanagement. Eine praxisorientierte Einführung, 4. Aufl., Wiesbaden 2009.
- LAWRENZ, O./HILDEBRAND, K./NENNINGER, M. [Hrsg.] (2000): Supply Chain Management. Strategien, Konzepte und Erfahrungen auf dem Weg zu E-Business Networks, Braunschweig et al. 2000.
- LEE, H. L./PADMANABHAN, V./WHANG, S. (1997): Information distortion in a Supply Chain: The Bullwhip Effect. In: Management Science, 04/(1997), S. 543-558.
- LEE, H. (1998): Postponement for Mass Customization. Satisfying Customer Demands for Tailor-made Products. In: GATTORNA, J. L. [Hrsg.] (1998), S. 77-91.
- LEWE, N. O./SCHNEIDER, K.-J. (2004): Kennzahlen für die Unternehmenspraxis, Würzburg 2004.
- LILLIG, G./WILLE, J. H./BRUNS, R. (2005): Ein Kommen und Gehen. In: Logistik Heute, 03/(2005), S. 30-31.

Literaturverzeichnis

- LONSDALE, C./WATSON, G. (2005): The internal client relationship, demand management and value for money. A conceptual model. In: Journal of Purchasing and Supply Management, 11/(2005), S. 159-171.
- LOSBICHLER, H./ROTHBÖCK, M. (2008): Der Cash-to-Cash-Cycle als Werttreiber im SCM – Ergebnisse einer europäischen Studie. In: Zeitschrift für Controlling und Management, 01/(2008), S. 47-57.
- LUKCZAK, H./WEBER, J./WIENDAHL, H.-P. [Hrsg.] (2004): Logistik-Benchmarking, 2. Aufl., Berlin et al. 2004.
- MACBETH, D. K./FERGUSON, N. (1993): An Integrated Supply Chain Management Approach, London 1993.
- MARBACHER, A. (2001): Demand & Supply Chain Management, Bern et al. 2001.
- MARTIN, C. (1993): Logistics and supply chain management: strategies for reducing costs and improving services, London 1993.
- MARTIN, H. (2008): Transport- und Lagerlogistik. Planung, Struktur, Steuerung, und Kosten von Systemen der Intralogistik, 7. Aufl., Wiesbaden 2008.
- MAU, M. (2003): Supply Chain Management. Prozessoptimierung entlang der Wertschöpfungskette, Weinheim 2003.
- MCKINNON, A./CULLINANE, S./BROWN, M. (2010): Green Logistics. Improving the environmental Sustainability of Logistics, London 2010.
- MEHRWALD, C. (2010): Datawarehousing mit SAP BW.7. Architektur, Konzeption, Implementierung, 5. Aufl., Berlin 2010.
- MELLEROWICZ, K. (1977): Neuzeitliche Kalkulationsverfahren, 6.Aufl., Freiburg 1977.
- MENTZER, J. T. (1993): Managing Channel Relations in the 21st Century. In: Journal of Business Logistics, 10/(1993), S. 27-42.
- MEYER, C. A. (2012): Working Capital und Unternehmenswert. Eine Analyse zum Management der Forderungen und Verbindlichkeiten aus Lieferungen und Leistungen, 2. Aufl., Wiesbaden 2012.
- MEYER, C. (2011): Betriebswirtschaftliche Kennzahlen und Kennzahlen-Systeme, 6. Aufl., Frankfurt 2011.
- MERTENS, K. (2009): Benchmarking. Leitfaden für den Vergleich mit den Besten, 2. Aufl., Freiburg 2009.
- MEYR, H./WAGNER, M./ROHDE, J. (2000): Structure of Advanced Planning Systems. In: STADTLER, H./KILGER, C. [Hrsg.] (2000), S. 75-77.
- MICHALAK, P. (2009): Ökologische Logistik. Analyse von Wirkungszusammenhängen und Konzeption von ökologischen Wettbewerbs- und Logistikstrategien, Hamburg 2009.

Literaturverzeichnis

- MIEBACH, J./SCHLICHTING, T. (2007): Montage Versorgung im DaimlerChrysler Werk Berlin. In: Jahrbuch Logistik 2007, S. 138-140.
- MILLER, J. G./VOLLMANN, T. E. (1985): The hidden factory. In: Harvard Business Review, 09-10/(1985), S. 142-150.
- NEELY, A./ADAMS, C./KENNERLY, M. (2002): The Performance Prism. The Scorecard for Measuring and Managing Business Success, London et al. 2002.
- NENNINGER, M./HILLEK, T. (2000): eSupply Chain Management. In: LAWRENZ, O./HILDEBRAND, K./NENNINGER, M. [Hrsg.] (2000), S. 1-14.
- NOLLAU, H. G./ZIEGLER, O. (2002): EDI und Internet, Freiburg 2002.
- NORTH, K. (2012): Wissensorientierte Unternehmensführung. Wertschöpfung durch Wissen, 5. Aufl., Wiesbaden 2012.
- O. V. (2005): Cross Docking bei Danzas. Die Nummer der Versandeinheit lenkt die Warenströme. In: Coorganisation, 02/(2005), S. 40-46.
- O. V. (2007b): McDonald's im Preiskampf. Lieferanten in Deutschland wollen erheblich mehr Geld. In: FAZ vom 28.02.2007, S. 16.
- O. V. (2007c): Fabriken auf bebender Erde. In: FAZ vom 24.07.2007, S. 18.
- O. V. (2011): Gekauft wird jetzt, gezahlt wird später. In: Handelsblatt online vom 20.07.2011.
- OLIVER, K./WEBBER, M. (1992): Supply-chain Management. Logistics catches up with strategy. In: CHRISTOPHER, M. [Hrsg.] (1992), S. 61-75.
- OLLE, W. (2001): Produktion in Partnerschaft durch vernetzte Logistik. In: BAUMGARTEN, H. [Hrsg.] (2001), S. 55-67.
- OSSOLA-HARING, C. (2006): Das große Handbuch Kennzahlen zur Unternehmensführung, 3. Aufl., München 2006.
- OSTERTAG, R. (2008): Supply-Chain-Koordination im Auslauf in der Automobilindustrie. Koordinationsmodell auf Basis von Fortschrittszahlen, Wiesbaden 2008.
- OTTO, A./KOTZRAB, H. (2001): Der Beitrag des Supply Chain Management zum Management von Supply Chains – Überlegungen zu einer unpopulären Frage. In: Zeitschrift für betriebswirtschaftliche Forschung, 03/(2001), S. 157-176.
- OTTO, A. (2002): Management und Controlling von Supply Chains. Ein Modell auf der Basis der Netzwerktheorie, Wiesbaden 2002.
- OTTO, A. (2012): Auftragsabwicklung. In: KLAUS, P./KRIEGER, W. [Hrsg.] (2012), S. 14-20.
- OTTWASKA, C. (2009): Das Lager als Schlafplatz des Kapitals. Probleme und Chancen der Lagerpolitik, Hamburg 2009.

Literaturverzeichnis

- PAGH, J. D./COOPER, M. C. (1998): Supply Chain Postponement and Speculation Strategies. How to Choose the Right Strategy. In: Journal of Business Logistics, 02/(1998), S. 13-33.
- PALEVICH, R. (2012): The Lean Sustainable Supply Chain: How to create a Green Infrastructure with Lean Technologies, New York 2012.
- PAWELLEK, G. (2012): Integrierte Instandhaltung und Ersatzteillogistik: Vorgehensweisen, Methoden Tools, Berlin et al. 2012.
- PEPELS, W. [Hrsg.] (2002): E-Business-Anwendungen in der Betriebswirtschaftslehre, Herne 2002.
- PFOHL, H.-C./ELBERT, R./HOFMANN, E. (2003): Management der "finanziellen" Supply Chain. Charakterisierung, Aufgabenbereiche und Interdependenzen. In: BVL [Hrsg.] (2003), S. 1-64.
- PFOHL, H. C. [Hrsg.] (2000): Supply Chain Management: Logistik plus? Logistikkette, Marketingkette, Finanzkette, Berlin 2000.
- PFOHL, H.-C. [Hrsg.] (2004): Netzkompetenz in Supply Chains. Grundlagen und Umsetzung, Wiesbaden 2004.
- PFOHL, H.-C. (2010): Logistiksysteme. Betriebswirtschaftliche Grundlagen, 8. Aufl., Berlin et al. 2010.
- PILLER, F. (1997): Kundenindividuelle Produkte – von der Stange. In: Harvard Business Manager, 03/(1997), S. 15-26.
- PILLER, F. (2012): Mass Customization: Ein wettbewerbsstrategisches Konzept im Informationszeitalter, 5. Aufl., Wiesbaden 2012.
- PINE, B. J. (1993): Mass Customization, Boston 1993.
- PIONTEK, J. (2009): Bausteine des Logistikmanagements. Supply Chain Management, E-Logistics, Logistikcontrolling, 3. Aufl., Herne 2009.
- POLUHA, R. G. (2007): Spitzenleistungen im Supply Chain Management. Ein Praxishandbuch zur Optimierung mit SCOR. Berlin et al. 2007.
- POLUHA, R. G. (2010a): Quintessenz des Supply Chain Managements. Was Sie wirklich über Ihre Prozesse in Beschaffung, Fertigung, Lagerung und Logistik wissen wollten, Berlin et al. 2010.
- POLUHA, R. G. (2010b): Anwendung des SCOR-Modells zur Analyse der Supply Chain, 5. Aufl., Lohmar 2010.
- PORTER, M. E. (2008): Wettbewerbsstrategie – Methoden zur Analyse von Branchen und Konkurrenten, 11. Aufl., Frankfurt et al. 2008.
- PORTER, M. E. (2010): Wettbewerbsvorteile – Spitzenleistungen erreichen und behaupten, 7. Aufl., Frankfurt et al. 2010.
- PORTER, M. E. (2006): Creating Tomorrow`s Advantages. In: HAHN, D./TAYLOR, B. [Hrsg.] (2006), S. 267-274.

Literaturverzeichnis

- PRADEL, U.-H./SÜSSENGUTH, W. [Hrsg.] (2005): Praxishandbuch Logistik. Lose Blattsammlung, Köln 2005.
- PRAHALAD, C. K./HAMEL, G. (1990): The Core Competence of the Corporation. In: Harvard Business Manager, 03/(1990), S. 79-91.
- PRAHALAD, C. K./RAMASWAMY, V. (2004): Die Zukunft des Wettbewerbs. Einzigartige Werte mit den Kunden gemeinsam schaffen, Wien 2004.
- PREIßNER, A. (2011): Balanced Scorecard anwenden. Kennzahlengestützte Unternehmenssteuerung, 4. Aufl., Köln 2011.
- PROBST, H. J. (2012): Kennzahlen;: Richtig anwenden und interpretieren, Berlin 2012.
- RAAB, G./WERNER, N. (2010): Customer Relationship Management. Aufbau dauerhafter und profitabler Kundenbeziehungen, 3. Aufl., Frankfurt 2010.
- RAPP, R. (2001): Customer Relationship Management. Das neue Konzept zur Revolutionierung der Kundenbeziehungen, Frankfurt 2001.
- RAPPAPORT, A. (1999): Shareholder Value. Ein Handbuch für Manager und Investoren, Stuttgart 1999.
- REICHMANN, T. (2011): Controlling mit Kennzahlen und Managementtools, 8. Aufl., München 2011.
- REINECKE, S./SIEGWART, H./SANDER, S. (2009): Kennzahlen für die Unternehmensführung, 7. Aufl., Bern 2009.
- REDER, B. (2008): RFID-Chips können medizinische Geräte stören. In: networking computer.de (www.networking computer.de).
- REMER, D. (2005): Einführen der Prozesskostenrechnung. Grundlagen, Methodik, Einführung und Anwendung der verursachungsgerechten Gemeinkostenzurechnung, 2. Aufl., Stuttgart 2005.
- RICHERT, J. (2006): Performance Measurement in Supply Chains. Balanced Scorecard in Wertschöpfungsnetzwerken, Wiesbaden 2006.
- RIEBEL. P. (1994): Einzelkosten- und Deckungsbeitragsrechnung, 7.Aufl., Wiesbaden 1994.
- RITTER, B. (2008): Enterprise Resource Planning (ERP), 4. Aufl., Kiel 2008.
- ROTHLAUF, J. (2010): Total Quality Management in Theorie und Praxis. Zum ganzheitlichen Unternehmensverständnis, 3. Aufl., Berlin 2010.
- SADOWSKI, P. (2010): Grüne Logistik. Grundlagen, Ansätze und Hintergründe zur Optimierung Energieeffizienz in der Logistik, München 2010.
- SAATWEBER, J. (2011): Kundenorientierung durch Quality Function Deployment. Systematisches Entwickeln von Produkten und Dienstleistungen, 3. Aufl., Düsseldorf 2011.

Literaturverzeichnis

- SCHEER, A.-W. (1992): CIM. Computer Integrated Manufacturing, 4. Aufl., Berlin et al. 1992.
- SCHERER, R./WERNER, H. (2001): Virtuelle Marktplätze in der Automobilzulieferindustrie. In: BUCHHOLZ, W./WERNER, H. [Hrsg.] (2001), S. 155-169.
- SCHMITZ-NORMANN, R. (2004): Die dritte Generation. In: McKinsey Wissen, 05/(2004), S. 110-115.
- SCHNEIDER, A./GILBERT, H. (2010): Quo Vadis RFID? Ein Ausblick… In: forward textile technologies, 02/(2010), S. 36-38.
- SCHNEIDER, C. (2002): Controlling von Working Capital bei Logistikdienstleistern. In: Controller Magazin, 06/(2002), S. 540-546.
- SCHNEIDER, C. (2003): Working Capital Management. In: Das Wirtschaftsstudium, 03/(2003), S. 315-318.
- SCHNEIDER, D. (2012): E-Markets. B2B-Strategien im Electronic Commerce, Marktplätze, Fachportale, Plattformen, Wiesbaden 2012.
- SCHNEIDER, J. (2012): Methoden der Materialbedarfsplanung unter besonderer Berücksichtigung der ABC- und XYZ-Analyse, München 2012.
- SCHÖMER, R./HEBSAKER, H. (2007): E-Fulfillment – Optimierung gesucht und gefunden. In: Logistik Heute, 11/(2007), S. 46-47.
- SCHÖNSLEBEN, P. (2011): Integrales Logistikmanagement: Operations und Supply Chain Management in umfassenden Wertschöpfungsnetzwerken, 6. Aufl., Berlin et al. 2011.
- SCHWAIGER, F. (2007): Benutzung von 2D-Barcodes auf mobilen Endgeräten, Frankfurt 2007.
- SCHULTE, C. (2012): Logistik. Wege zur Optimierung der Supply Chain, 6. Aufl., München 2012.
- SCHULTE, G. (2001): Material- und Logistikmanagement, 2. Aufl., München et al. 2001.
- SCHULTE-HENKE, C. (2012): Kundenorientiertes Target Costing und Zulieferintegration für komplexe Produkte: Entwicklung eines Konzepts für die Automobilindustrie, Wiesbaden 2012.
- SCHUMACHER, N. (2006): EDI via XML. Potenziale und Strategien für global orientierte kleine und mittlere Unternehmen, Köln 2006.
- SCHUMACHER, T. (2001): Die Mär von der strategischen Ausrichtung. Mit der Balanced Scorecard zur Unternehmenssteuerung der dritten Generation. In: FAZ vom 12.02.2001, S. 31.
- SCHWETZ, W. (2000): Customer Relationship Management. Mit dem richtigen CRS-/CRM-System Kundenbeziehungen erfolgreich gestalten, Wiesbaden 2000.

Literaturverzeichnis

- SCOTT, C./WESTBROOK, R. (1991): New strategic Tools for Supply Chain Management. In: International Journal of Physical Distribution and Logistics Management, 01/(1991), S. 23-33.
- SEIDENSCHWARZ, W. (2008): Marktorientiertes Prozessmanagement. Wie Mass Customization Kundenorientierung und Prozessstandardisierung integriert, München 2008.
- SEIDENSCHWARZ, W. (2011): Target Costing. Marktorientiertes Zielkostenmanagement, 2. Aufl., München 2011.
- SEIDLER, F. (2005): Quality Function Deployment, Köln 2005.
- SEIFERT, D. (2004): Supply Chain Management (SCM), Category Management (CM) und Collaborative Planning Forecasting and Replenishment (CPFR) als neue Strategieansätze, 3. Aufl., München et al. 2004.
- SEIFERT, D. (2006): Efficient Consumer Response, München 2006.
- SEISER, M. (1999): Aus Österreichs Eigenbrötlern werden Teamspieler. In: FAZ vom 26.06.1999, S. 15.
- SENGER, E./ÖSTERLE, H. (2003): Fallstudie L'Oreal. Vendor Managed Inventory zwischen L'Oreal und „dm-Drogeriemarkt". Hochschule Sankt Gallen, Interne Studie 2003.
- SIEGWART, H. (2002): Kennzahlen für die Unternehmensführung, 6. Aufl., Bern et al. 2002.
- SIMCHI-LEVI, D./KAMINSKY, P./SIMCHI-LEVI, E. (2007): Designing and Managing the Supply Chain. Concepts, Strategies and Case Studies, Boston 2007.
- SIXT, A. (2005): Systematische Bestandsoptimierung durch Anwendung der beschaffungszeitnormierten Bestandsreichweite, München 2005.
- SPECKBACHER, G./NEUMANN, K./IRO, A. (2004): Performance Management im kundenorientierten Unternehmen. Seminarunterlage Universität Wien, Institut für Unternehmensführung, Wien 2004.
- SPECKBACHER, G. (2005): Performance Management. Kennzahlenbasierte Erfolgssteuerung. Seminarunterlage Universität Wien, Institut für Unternehmensführung, Wien 2005.
- SPINNROCK, M. (2006): Von der Balanced Scorecard zur Strategy Map. Unter der besonderen Berücksichtigung der Implementierung einer Werksscorecard. Am Beispiel des Unternehmens HP Pelzer k. s. Zatec (Tschechien). Diplomarbeit, Hochschule RheinMain, Wiesbaden Business School, Wiesbaden 2006.
- SROUFE, R./SARKIS, J. (2007): Strategic Sustainability. The state of the Art in Corporate Environmental Management Systems, Sheffield 2007.

Literaturverzeichnis

- STABAUER, M. (2009): Logistische Kennzahlensysteme – unter besonderer Berücksichtigung von Nachhaltigkeit, Hamburg 2009.
- STADLER, H./KILGER, C. (2009): Supply Chain Management and Advanced Planning: Concepts, Models, Software and Case Studies, 4. Aufl., Berlin et al. 2009.
- STADLER, H./KILGER, C./MEYR, H. (2010): Supply Chain Management und Advanced Planning: Konzepte, Modelle und Software, Berlin et al. 2010.
- STALK, G./HOUT, T. M. (2003): Competing against time, New York 2003.
- STEINER, S. (2012): Category Management. Zur Konfliktregulierung in Hersteller-Handels-Beziehungen, Berlin 2012.
- STERN, J. M./SHIELY, J. S./ROSS, I. (2004): The EVA challenge. Implementing Value Added Change in an Organization, New York 2004.
- STEVENS, G. C. (1989): Integrating the Supply Chain. In: The International Journal of Distribution & Logistics Management, 08/(1989), S. 3-8.
- STICKEL, M. (2006): Planung und Steuerung von Crossdocking-Zentren, Karlsruhe 2006.
- STOCKER, S./RADTKE, P. (2005): Supply Chain Quality, 2. Aufl., Berlin 2005.
- STOCKRAHM, V./SCHOCKE, K.-O./LAUTENSCHLÄGER, M. (2001): Zur werksübergreifenden Planung und Optimierung mit SAP APO. In: BUCHHOLZ, W./WERNER, H. [Hrsg.] (2001), S. 261-274.
- STÖLZLE, W./HEUSLER, K. F./KARRER, M. (2001): Die Integration der Balanced Scorecard in das Supply-Chain-Management-Konzept (BSCM). In: Logistik Management, 02-03/(2001), S. 75-85.
- STÖLZLE, W./HEUSLER, K. F./KARRER, M. (2004): Erfolgsfaktor Bestandsmanagement, Frankfurt 2004.
- STOLL, P. (2007): Handbuch E-Procurement. Grundlagen, Standards, Marktsituation, Berlin et al. 2007.
- STOLLENBERG, A. (2011): Wertschöpfungsmanagement im Einkauf. Analysen, Strategien, Methoden, Kennzahlen, Wiesbaden 2011.
- STRAUBE, F. (2001): E-Business braucht E-Logistics. In: BAUMGARTEN, H. [Hrsg.] (2001), S. 177-196.
- STRAUBE, F./DOCH, S./HANG HUYNH, T./DREWES, T. (2007): Supply Chain Design. Prozessorientiertes Vorgehensmodell zur ganzheitlichen Optimierung von Supply Networks. In: Jahrbuch Logistik 2007, S. 12-15.
- STRIGL, R./COLSMANN, J./SESTERHENN, A./RÖDER, B./WERTZ, B./BLUM, H. (2004): Kennzahlenkataloge. In: LUKCZAK, H./WEBER, J./WIENDAHL, H.-P. [Hrsg.] (2004), S. 143-185.

Literaturverzeichnis

- SULAJ, S. (2008): E-Sourcing – Elektronische Ausschreibungen und Auktionen, München 2008.
- SWAMINATHAN, J. M./SMITH, S. F./SADEH, N. M. (1998): Modeling supply chain dynamics: A multiagent approach. In: Decision Sciences, 03/(1998), S. 607-631.
- TAKEDA, H. (2009): Das synchrone Produktionssystem. Just-in-Time für das ganze Unternehmen, 6. Aufl., Berlin 2009.
- TAMM, G./TRIBOWSKI, C. (2010): RFID, Berlin et al. 2010.
- TEN HOMPEL, M./BÜCHTER, H. (2007): Identifikationssysteme und Automatisierung (VDI), Berlin et al. (2007).
- TEMPELMEIER, H. (2012): Bestandsmanagement in der Supply Chain, 4. Aufl., Köln 2012.
- THOMSEN, E.-H. (2006): Lean Management, Darmstadt 2006.
- THONEMANN, U./HILTNER, P. (2012): Supply Chain Champions. Was sie tun und wie Sie einer werden können, Wiesbaden 2012.
- TIETJEN, T./MÜLLER, D. H. (2003): FMEA-Praxis, Wiesbaden 2003.
- TOWILL, D. R. (1996): Time compression and supply chain management - a guided tour. In: Supply Chain Management, 01/(1996), S. 15-27.
- TRUMPFHELLER, M./GOMM, M. (2004): Gestaltungsoptionen des Supply Chain Relationship Managements. In: PFOHL, C. [Hrsg.] (2004), S. 299-318.
- TRUMPFHELLER, M./HOFMANN, E. (2004): Supply Chain Relationship Management. Beziehungsmanagement als konstitutives Element der Netzkompetenz in Supply Chains. In: PFOHL, C. [Hrsg.] (2004), S. 67-91.
- UEBERALL, V. (2006): Möglichkeiten und Grenzen der Erfolgsmessung im Supply Chain Management (SCM). Diplomarbeit, Hochschule Rhein-Main, Wiesbaden Business School, Wiesbaden 2006.
- ULBRICH, P./SCHMUCK, M./JÄDE, L. (2008): Working Capital Management in der Automobilindustrie. Eine Betrachtung der Schnittstelle zwischen OEM und Zulieferer. In: Zeitschrift für Controlling und Management, 01/(2008), S. 24-29.
- USADEL, J. (2002): Target Costing für TV-Produktionsunternehmen, Arbeitspapier des Instituts für Rundfunkökonomie der Universität zu Köln, Köln 2002.
- WÄSCHER, D. (2005): Working Capital Management. In: Controller Magazin, 02/(2005), S. 118-124.
- WALTER, A. (2002): Der Beziehungspromotor. Ein personaler Gestaltungsansatz für erfolgreiches Relationship Marketing, Wiesbaden 2002.

Literaturverzeichnis

- WALTHER, J. (2001): Konzeptionelle Grundlagen des Supply Chain Managements. In: WALTHER, J./BUND, M. [Hrsg.] (2001), S. 11-31.
- WALTHER, J./BUND, M. [Hrsg.] (2001): Supply Chain Management. Neue Instrumente zur kundenorientierten Gestaltung integrierter Lieferketten, Frankfurt 2001.
- WANNENWETSCH, H. (2005): Vernetztes Supply Chain Management. SCM-Integration über die gesamte Wertschöpfungskette, Berlin et al. 2005.
- WANNENWETSCH, H. (2008): Erfolgreiche Verhandlungsführung in Einkauf und Logistik. Praxiserprobte Erfolgsstrategien und Wege zur Kostensenkung, 3. Aufl., Berlin et al. 2008.
- WASSEL, M. (2001): Mass Customization stellt neue Herausforderungen an die Logistik. In: BAUMGARTEN, H. [Hrsg.] (2001), S. 164-173.
- WATSON, G. H. (2007): Strategic Benchmarking reloaded with Six-Sigma, New York 2007.
- WEBER, J./EITELWEIN, O./WOHLTHAT, A. (2007): Cash-to-Cash-Cycle als Instrument zur Steuerung des Working Capital im Supply Chain Management. In: Jahrbuch Logistik 2007, S. 110-114.
- WEBER, J./WALLENBURG. C. M. (2010): Logistik- und Supply Chain Controlling, 6. Aufl., Stuttgart 2010.
- WEBER, J./König. A. (2012): Wertorientierte Unternehmenssteuerung. Konzepte, Implementierung, Praxisstatements, Wiesbaden 2012.
- WEBER, R. (2011): Kanban-Einführung, 7. Aufl., Stuttgart 2011.
- WEIGELT, C. (2011): Die Belastungsorientierte Auftragsfreigabe (BOA). Ein bestandsorientiertes PPS-System, München 2011.
- WERDICH, M. (2012): FMEA – Einführung und Moderation. Durch systematische Entwicklung zur übersichtlichen Risikominimierung, München 2012.
- WERNER, H. (1996): Marktorientierte versus ressourcenorientierte Produktentwicklung. In: IO Management, 11/(1996), S. 23-27.
- WERNER, H. (1997a): Strategisches Forschungs- und Entwicklungs-Controlling, Wiesbaden 1997.
- WERNER, H. (1997b): Verfahren und Ziele des Beständecontrollings. In: Beschaffung Aktuell, 10/(1997), S. 34-39.
- WERNER, H. (1997c): Innovationsinstrumente im strategischen F & E-Controlling. In: Controlling, 03/(1997), S. 150-155.
- WERNER, H. (1999a): Benchmarking der Bestände zur Optimierung des Supply Chain Managements. In: PPS Management, 03/(1999), S. 36-39.

Literaturverzeichnis

- WERNER, H. (1999b): Die Hard-(Soft)-Analyse als Instrument des Logistikcontrollings. In: Beschaffung Aktuell, 07/(1999), S. 32-36.
- WERNER, H. (1999c): Monitoringsystem zur Bestimmung der Lagerreichweiten. In: Distribution, 03/(1999), S. 8-12.
- WERNER, H. (1999d): Die Hard-(Soft)-Analyse im F & E-Controlling. In: Zeitschrift für Planung, 10/(1999), S. 307-317.
- WERNER, H. (1999e): Die Materialpreisabweichung als Instrument des Einkaufscontrollings. In: Controller Magazin, 02/(1999), S. 150-155.
- WERNER, H. (1999f): Reichweitenmonitoring. Optimierung des Supply Chain Managements. In: Zeitschrift für Unternehmensentwicklung und Industrial Engineering, 06/(1999), S. 268-275.
- WERNER, H. (2000a): Die Balanced Scorecard im Supply Chain Management. Teil 1. In: Distribution, 04/(2000), S. 8-11.
- WERNER, H. (2000b): Die Balanced Scorecard im Supply Chain Management. Teil 2. In: Distribution, 05/(2000), S. 14-15.
- WERNER, H. (2000c): Supply Chain Management - Partnerschaft zwischen Lieferant und Kunde. Teil 1. In: Das Wirtschaftsstudium, 06/(2000), S. 813-816.
- WERNER, H. (2000d): Supply Chain Management – Partnerschaft zwischen Lieferant und Kunde. Teil 2. In: Das Wirtschaftsstudium, 07/(2000), S. 941-945.
- WERNER, H. (2000e): Die Balanced Scorecard. Ziele, Hintergründe und kritische Würdigung. In: Wirtschaftswissenschaftliches Studium, 08/(2000), S. 455-457.
- WERNER, H. (2000f): Gängigkeitsanalyse. In: Einkauf, Materialwirtschaft und Logistik, 01-02/(2000), S. 11-12.
- WERNER, H. (2000g): Die Konsignation von Beständen. Dargestellt am Beispiel der Automobilzulieferindustrie. In: Logistik für Unternehmen, 03/(2000), S. 74-76.
- WERNER, H. (2001): e-Supply Chains: Konzepte und Trends. In: BUCHHOLZ, W./WERNER, H. [Hrsg.] (2001), S. 11-27.
- WERNER, H./SCHERER, S. (2001): Virtuelle Marktplätze in der Automobilzulieferindustrie. In: BUCHHOLZ, W./WERNER, H. [Hrsg.] (2001), S. 155-159.
- WERNER, H./RENNER, M./ZIRBS, J. (2001): Konsignation in der Automobilzulieferindustrie. In: Beschaffung Aktuell, 05/(2001), S. 54-59.
- WERNER, H. (2002a): Radio Frequency – Viel Licht, ein bisschen Schatten. In: DVZ, Deutsche Verkehrszeitung, Sonderbeilage zum 19. Deutschen Logistik-Kongress, Nr. 123/2002, S. 16.

Literaturverzeichnis

- WERNER, H. (2002b): Electronic Logistics. In: PEPELS, W. [Hrsg.] (2002), S. 156-174.
- WERNER, H. (2003): Elektronische Supply Chains. In: Festschrift des Bundesverbandes für Materialwirtschaft, Einkauf und Logistik zum 50jährigen Bestehen, S. 58-60.
- WERNER, H. (2004): Elektronische Supply Chains (E-Supply Chains). In: BUSCH, A./DANGELMAIER, W. [Hrsg.] (2004), S. 413-425.
- WERNER, H/JUSTIN, H./PLEYER, F. (2005): Grundlagen des Logistik-Controllings. In: PRADEL, U.-H./SÜSSENGUTH, W. [Hrsg.] (2005), lose Blattsammlung, Kapitel 13, Köln 2005.
- WERNER, H. (2006): Erfolgsmessung im SCM. Beitrag zu dem schriftlichen Managementlehrgang „Der Supply Chain Manager", Management-Circle, Eschborn 2006.
- WERNER, H. (2007): Die Top-Kennzahlen und die Balanced Scorecard in der Logistik. Beitrag zu dem schriftlichen Managementlehrgang „Logistik-Controlling", Management-Circle, Eschborn 2007.
- WERNER, H./JUSTIN, H./PLEYER, F./UEBERALL, V. (2008): Einkaufcontrolling. In: HÄBERLE, S. G. [Hrsg.] (2008), S. 333-336.
- WERNER, H./BRILL, F. (2011): Vendor Managed Inventory. Verlagerung der Bestandshoheit auf den Hersteller. In: Wirtschaftswissenschaftliches Studium, 01/(2011), S. 17-23.
- WERNER, H. (2011a): Kennzahlenmanagement in der Supply Chain. In: Controlling, 11/(2011), S. 597-603.
- WERNER, H. (2011b): Bestandsfinanzierung. Die Logistik macht jetzt alles. In: Beschaffung aktuell, 05/(2011), S. 24-26.
- WERNER, H. (2011c): Quality Function Deployment (QFD) in der Logistik. In: Supply Chain Management, 01/(2011), S. 21-26.
- WERNER, H. (2013a): Lieferantenlagerkonzepte: VMI & Co. im Vergleich. Beitrag zu dem schriftlichen Managementlehrgang „Moderne Disposition", Management-Circle, Eschborn 2013.
- WERNER, H. (2013b): Vom Dispositions- zum SCM-Controlling. Beitrag zu dem schriftlichen Managementlehrgang „Moderne Disposition", Management-Circle, Eschborn 2013.
- WIEDMANN, H./DUNZ, R. (2000): Beziehungsmanagement in der Automobilzulieferindustrie am Beispiel der Sachs AG (Atecs Mannesmann). In: HILDEBRANDT, H./KOPPELMANN, U. [Hrsg.] (2000), S. 25-47.
- WIENDAHL, H.-P. (1987): Belastungsorientierte Fertigungssteuerung, München 1987.

Literaturverzeichnis

- WILDEMANN, H. (1984): Flexible Werkstattsteuerung durch Integration von Kanban-Prinzipien, München 1984.
- WILDEMANN, H. (2006): Unternehmensübergreifende Logistik: Supply Chain Management. In: KOETHER, R. [Hrsg.] (2006), S. 201-209.
- WILDEMANN, H. (2011): Kanban-Produktionssteuerung, 19. Aufl., München 2011.
- WILDEMANN, H. (2012): Efficient Consumer Response. Leitfaden zur konsumentenorientierten Neugestaltung von Distributionskanälen und Warengruppen, 14. Aufl., München 2012.
- WINTER, W. C. (2007): Benchmarking als Instrument der strategische Planung. Formen und Prozesse, München 2007.
- WOLFRAM, G. (2006): Themen im Fokus: Das Metro Group Innovation Center. Internetquelle (http://www.future-store.org).
- WOMACK, J. P./JONES, D. T. (2004): Lean Thinking. Ballast abwerfen, Unternehmensgewinn steigern, Frankfurt 2004.
- WOMACK, J. P./JONES, D. T./Roos, D. (2007): The Machine that changed the World: The Story of Lean Production, New York 2007.
- ZAJAC, E./OLSEN, C. P. (1993): From transaction Costs to Transaction Value Trees Analysis: Implications for the Study of Interorganizational Strategies. In: Journal of Management Sciences, 01/(1993), S. 131-145.
- ZELEWSKI, S./HOHMANN, S./HÜGENS, T (2008): Produktionsplanungs- und Steuerungssysteme. Konzepte und exemplarische Implementierungen mit Hilfe von SAP R/3, München 2008.
- ZENTES, J./SCHRAMM-KLEIN, H./NEIDHART, M. (2004): Logistikerfolg im Kontext des Gesamtunternehmenserfolges. Analyse der Beziehung zwischen Marketingerfolg. In: Logistik Management, 03/(2004), S. 47-66.
- ZIMMERMANN, K. (2003): Supply Chain Balanced Scorecard. Unternehmensübergreifendes Management von Wertschöpfungsketten, Wiesbaden 2003.
- ZINK, K. J. (2004): TQM als integratives Managementkonzept, 2. Aufl., München 2004.
- ZIRKEL, T. (2004): Fertigungssteuerung durch retrograde Terminierung. Grundlagen und Anwendungsbeispiel, Hannover 2004.
- ZOLLNODZ, H.-D. (2011): Grundlagen Qualitätsmanagement. Einführung in Geschichte, Begriffe, Systeme und Konzepte, 3. Aufl., München 2011.

Stichwortverzeichnis

4PL 202
ABC-Analyse 232
Abrufe 172, 240
Advanced Planning
  and Scheduling 14, 306
Arbeitsplan 255
Available-to-Promise 146

Balanced Scorecard
  (vgl. SC-Scorecard)
Barcode 285
Belastungsorientierte
  Auftragsfreigabe 174
Benchmarking 264
Benchmarking-*Arten* 265
Benchmarking-*Begriff* 264
Benchmarking-*Kritik* 268
Beschaffungsstrategien 165, 233
Beschleunigungsmanagement 109
Bestandsfinanzierung
  (vgl. Konsignation)
Bestände 228, 314, 321
Bestände-*ABC* 232
Bestände-*Dekomposition* 230
Bestände-*Gängigkeit* 235
Bestände-*Gesamtkosten* 230
Bestände-*XYZ* 233
Betriebsvergleich 264
Beziehungsmanagement 21
Bottleneck Engineering 281
Bullwhip-Effekt 47, 131, 344
Business Reengineering 104
Buyer Managed Inventory 128

Capable-to-Promise 146
Cash-to-Cash-Cycle 77, 360, 411
Chargenrückverfolgung 104
CIM-*CAD* 300
CIM-*CAM* 302
CIM-*CAP* 301
CIM-*CAQ* 304
CIM-*PPS* 298

Collaborative Planning 86, 195
Collaborative Processing 194
Co-Managed-Inventory 128
Computer Integrated
  Manufacturing (vgl. CIM)
Conjoint Measurement 123
Continuous Replenishment 128
Coopetition 124
Cost Tracking 314
Cost Tracking-*Bestände* 321
Cost Tracking-*Frachtkosten* 319
Cost Tracking-*Materialpreise* 316
Cross Docking 136
Cross Docking-*Arten* 137
Cross Docking-*Beispiel* 139
Cross Docking-*Kritik* 138
Customer Relationship
  Management 19, 143

Data Warehouse 294
Demand Chain Management 19
Design-for Assembling 114
Design-for Manufacturing 114
Design-to-Cost 389
Durchlaufzeit 255

E-Commerce 188
Economic Value Added
  (vgl. EVA)
EDI 115, 283
Effektivität 30
Efficient Consumer
  Response 125, 141
Efficient Product Introduction 141
Efficient Promotion 142
Efficient Store Assortment 141
Effizienz 30
E-Fulfillment 204
Einkauf 16, 168
Einkaufskarte
  (vgl. Purchasing Card)

Stichwortverzeichnis

Electronic Commerce 192
Electronic Commerce
 -*Elektronische Auktion* 199
Electronic Commerce
 -*Elektronische Ausschreibung* ... 199
Electronic Commerce
 -*Elektronischer Marktplatz* 193
Electronic Commerce
 -*Kollaborative Prozesse* 195
Electronic Commerce
 -*Tracking and Tracing* 201
Electronic Commerce
 -*Virtuelle Frachtbörse* 197
Electronic Data Interchange
 (vgl. EDI)
Elektronische Auktionen 199
Elektronische Ausschreibung..... 199
Elektronische Supply Chains 186
Elektronischer Marktplatz 193
Enterprise Relationship
 Management........................... 146
Enterprise Resource Planning.... 306
Entschleunigung
 (vgl. Postponement)
Entsorgung 209
Ersatzteilmanagement 179
Ersatzteilmanagement
 -*Bestandsmanagement*............... 181
Ersatzteilmanagement
 -*Kooperation* 185
Ersatzteilmanagement
 -*Lager und Infrastruktur* 184
Ersatzteilmanagement
 -*Prozessmanagement* 182
EVA 361, 368, 405
EVA-*Beispiel* 407
EVA-*Kritik* 409
Excess-and-Obsolete
 (vgl. Gängigkeit)

Fachportal.................................. 194
Failure Mode and Effects
 Analysis (FMEA)..................... 278
Fortschrittszahlen 172
Frachtkosten 257
Frachtkosten-*maschinell*.............. 260

Gängigkeit 235, 363
Global Sourcing 164

Globalisierung............................. 50
Green Supply Chain 216

Hard-(Soft)-Analyse 383
Hybride Strategien 148

Informationsgewinnung 263
Informationstechnologie............. 282

Just-in-Sequence 106, 170
Just-in-Time.........................106, 170
Just-in-Time-*Automobilindustrie* . 170
Just-in-Time-*Kritik* 171
Just-in-Time-*Voraussetzungen* 169

Kaizen Management 101
Kanban....................................... 166
Kanban-*Arten* 166
Kanban-*Beispiel* 167
Kennzahlen................................ 323
Kennzahlen-*Arten* 324
Kennzahlen-*Input* 334
Kennzahlen-*Kritik* 382
Kennzahlen-*Output* 351
Kennzahlen-*Payment* 356
Kennzahlen-*Scorecard* 418
Kennzahlen-*Throughput* 338
Kennzahlen-*Typologie* 332, 364
Kennzahlen-*Werttreiberbaum* 366
Kennzahlenradar 378
Key Performance Indicator
 (vgl. Kennzahlen)
Kollaborative Planung
 (vgl. Collaborative Planning)
Konsignation 244
Konsignation-*Arbeitsschritte* 246
Konsignation
 -*Bestandsfinanzierung* 250
Konsignation-*Gründe* 245
Konsignation-*LLZ*...................... 249
Kooperationsstrategien............... 118
Kooperationsstrategien
 -*Vertikal* 118
Kooperationsstrategien-
 -*Horizontal* 123
Kostenaufwuchskurve 154
Kurier-, Express-,
 Paketdienst (KEP) 147, 203

Stichwortverzeichnis

Lagerumschlagshäufigkeit............78
Lean Management 100
Lieferantenintegration..........107, 118
Lieferanten-Logistik-Zentrum....249
Lieferkettenmanagement 7
Lifecycle Costing...........................220
Logistik...16
Logistikkette 18

Make-or-Buy.................................213
Make-to-Order................................68
Make-to-Stock.................................68
Market-Based-View 92
Marketing Channel
  Management............................125
Mass Customization 148
Mass Customization-*Arten*..........150
Mass Customization-*Kritik*..........152
Materialpreisabweichung 316
Materialflussanalyse......................56
Materialwirtschaft..........................16
Maverick-Buying............................41
Milk Run 262
Modular Sourcing 162
Multiple Sourcing 161
Multiple User Warehouse 139

Nachhaltigkeit...............................216
Netzebenen.....................................54
Netzkompetenz...............................55
Netzwerkkoordination...................51
Netzwerkplanung...........................83

Ökobilanz.......................................219
OLAP..295
Order Promising 84
Order-to-Payment-S........................7
Offshoring......................................214
Outsourcing...................................214

Payment-on-Production 245
Peitschenschlag-Effekt
  (vgl. Bullwhip-Effekt)
Performance Management
  (vgl. SC-Performance)
Performance Measurement
  (vgl. SC-Performance)
Postponement......................113, 153
Postponement-*Arten* 156

Product Carbon Footprint...........217
Produktionsplanung
  und -steuerung (PPS)..............298
Prozesskostenrechnung...............397
Prozesskostenrechnung-*Beispiel* .400
Prozesskostenrechnung-*Kritik*....404
Pullkonzept...................................166
Purchasing Card.............................43

Qualitätsmanagement 100, 270
Quality Chain Management 270
Quality Function Deployment....273
Quick Response............................125

Rack Jobbing.................................128
Rapid Prototyping 111
Recycling...............................206, 212
Recycling-*Automobilindustrie* 215
Recycling-*Netzwerk* 213
Recycling-*Strategien* 212
Reichweite...............................78, 235
Reichweitenmonitoring...............240
Rentabilität....................................325
Rentabilität-*Kennzahlen*...............325
Rentabilität-*ROCE*................361, 372
Rentabilität-*ROI* 328
Resident Engineering 109
Resource-Based-View 94
Retrograde Terminierung............177
Return on Capital Employed
  (vgl. ROCE)
Reverse Engineering....................269
RFID..286
RFID-*Arten*....................................287
RFID-*Beispiele*...............................290
RFID-*Ebenen*.................................288
RFID-*Eigenschaften* 289
ROCE 361, 372
Rückrufaktion...............................272
Rüstzeit..256

SC-Controlling..............................313
SC-Design 81
SC-Event Management..................87
SC-Execution 86
SC-Performance...........................414
SC-Planning...................................82
SC-Scorecard.................414, 418, 441
SC-Scorecard-*Brewer/Speh* 420

Stichwortverzeichnis

SC-Scorecard-*Richert* 426
SC-Scorecard-*Stölzle* *423*
SC-Scorecard-*Weber* 424
SC-Scorecard-*Werner* 427
SC-Strategien............................ 117
SC-Strategy Map.......................... 445
SC-Strukturierung 25
SC-Strukturierung-*Hierarchisch*.... 25
SC-Strukturierung-*Polyzentrisch* .. 27
SCM.. 3
SCM-*Abgrenzung*.......................... 15
SCM-*Aufgaben* 29
SCM-*Aufgabenmodell*...................... 80
SCM-*Beispiel* 31
SCM-*Begriff*............................ 3, 6
SCM-*Elektronisch* 186
SCM-*Entwicklungsstufen*.................. 13
SCM-*Fulfillment*........................ 205
SCM-*Globalisierung* 50
SCM-*Kosten*.............................. 76
SCM-*Motive* 36
SCM-*Schlüsselprinzipien* 32
SCM-*Software*............................ 80
SCM-*Typisierung* 8
SCM-*Zielkonflikte*................... 33, 258
SCOR..................................... 64
SCOR-*Benchmarking*...................... 73
SCOR-*Kritik* 79
SCOR-*Messung*........................... 72
SCOR-*Prozessstufen*..................... 65
Simultaneous Engineering 109
Single Sourcing 160
Sourcing-Strategien 159
Sourcing-Strategien-*Double* 161
Sourcing-Strategien-*Global* 164
Sourcing-Strategien-*Modular*....... 162
Sourcing-Strategien-*Multiple* 161
Sourcing-Strategien-*Single*......... 160
Sourcing-Strategien-*Sole* 161
Sourcing-Strategien-*System* 162
Strategische Allianz 123
Strategy Map
 (vgl. SC-Strategy Map)
Supplier Relationship
 Management (SRM).................. 21

Supplier Managed Inventory 128
Supply Chain Relationship
 Management............................ 22
SupplyOn................................. 194
Sustainability
 (vgl. Nachhaltigkeit)
Synchronized Production 140

Target Costing............................ 388
Target Costing-*Beispiel* 393
Target Costing-*Design-to-Cost* 386
Target Costing-*Kritik* 396
Time Based Competition 108
Total Benefit of Ownership........... 38
Total Cost of Ownership....... 36, 221
Total Quality Management........... 99
Tracking and Tracing.................. 201
Transaktionskosten................... 5, 46

Upside-Production
 Flexibility 75

Vendor Managed Inventory 127
Vendor Managed Inventory
 -*Rahmenbedingungen*............... 130
Vendor Managed Inventory
 -*Beispiele* 132
Vendor Managed Inventory
 -*Hilfsmittel* 129
Vendor Managed Inventory
 -*Kritik*................................ 131
Verpackungen 211, 262
Virtuelle Frachtbörse.................. 197

Web-EDI................................... 283
Wertschöpfungskette................ 5, 17
Werttreiberbaum......................... 366
Werttreiberbaum-*EVA* 368
Werttreiberbaum-*ROCE*.............. 372
Wettbewerbsfaktoren 30
Working Capital Management... 410

XYZ-Analyse 233